DER GROSSE BILDATLAS

INDIANER

DER GROSSE BILDATLAS

INDIANER

DIE UREINWOHNER NORDAMERIKAS
GESCHICHTE, KULTUREN, VÖLKER UND STÄMME

ORBIS VERLAG

Die Originalausgabe erschien unter dem Titel
„The Native Americans" bei Salamander Books, London

Aus dem Englischen übersetzt von Werner Petermann

Sonderausgabe 1994 Orbis Verlag für
Publizistik GmbH, München

Filmsatz: Typographischer Betrieb
Walter Biering, Hans Numberger, München

Printed in Italy

ISBN 3-572-00666-X

INHALT

EINLEITUNG

Vor hunderttausend Jahren hatte die Welt unter den Auswirkungen der letzten Eiszeit zu leiden. Große Teile Nordamerikas lagen unter ausgedehnten Eisflächen, und der Meeresspiegel sank in einem Maße, daß Landbrücken aus dem Wasser auftauchten. In dieser Zeit gelang dem Neandertaler die Nutzbarmachung des Feuers. Es spendete Wärme und ermöglichte das Kochen. Vor etwa 35000 Jahren erschien der *Homo sapiens sapiens* auf der Bildfläche, ein Großwildjäger mit verfeinertem Gerät und ausgeprägten geistigen Fähigkeiten. Körperlich nicht so robust wie der Neandertaler, verstand er es besser, sich Klimaveränderungen anzupassen. Die Familien lebten in dauerhaften Unterkünften und bestatteten ihre Toten mit Grabbeigaben. Grabungsfunde des *Homo sapiens sapiens* machte man zuerst in Afrika, Asien und im Vorderen Orient; wo er erschien, verschwand der Neandertaler oder ging in der neuen Bevölkerung auf, die sich einige Jahrtausende später bereits in Australien und Sibirien nachweisen läßt. Als Europa unter Gletschern begraben lag, war das nördliche Asien kalt, trocken und eisfrei.

Wann die ersten Menschen Amerika erreichten, ist bis heute umstritten, doch legen archäologische Fundstätten eine Datierung von höchstens 14000 Jahren nahe. Der amerikanische Doppelkontinent wurde jedenfalls während der ausgehenden Eiszeit von Menschen des Typs *Homo sapiens sapiens* (entwicklungsgeschichtlich der Jetzt-Mensch) besiedelt. Um hier ein Leben zu sichern, war eine entsprechende Grundausrüstung erforderlich: warme Kleidung und Behausung, Kenntnisse in der Vorratshaltung, Transportmittel für den Weg durch Schnee und Eis und eine bewegliche Lebensweise.

Unter Geologen herrscht Einigkeit, daß während zweier langer Perioden (die 75000–45000 und 25000 bis 14000 Jahre zurückliegen) die Beringstraße eine Landbrücke war. Über sie kamen aus Sibirien die ersten Amerikaner. Nachweislich gibt es bis heute zu beiden Seiten der Beringstraße gemeinsame sprachliche und kulturelle Traditionen, Fauna und Flora beider Landmassen sind weitgehend identisch.

Mehrere tausend Jahre war die zentrale Region von Beringland (Beringia) trockenes Land. Eine kalte Gegend, mit heftigen Winden, bedeckt von einer dünnen Schneeschicht, wohl baumlos, und doch mit ausreichend Vegetation und Grasflächen versehen, um die Säugetiere der späten Eiszeit (Mammut, Bison, Wildpferd und Karibu) zu ernähren. Untersuchungen fossilen Blütenstaubs erlauben die Annahme, daß es sich dabei um Steppen- oder Tundragebiete handelte, in denen Rentierherden umherzogen. Vielleicht war Beringland in den kalten Phasen der letzten Eiszeit ein Zufluchtsgebiet für Menschen und Tiere. Als sich die Verhältnisse änderten, zogen die Tiere weiter. Und der Mensch folgte ihnen.

In den Regionen, die an Beringland angrenzten, hatten sich die Menschen vor 11000 Jahren an ganz unterschiedliche Umweltgegebenheiten angepaßt: Meeresküste, Tundra, Flußtäler und Gebirge. So existierten während der Eiszeit in Nordostasien Kulturen, die entsprechend der jeweiligen Umwelt verschiedene Lebensweisen ausbildeten. Nur die Großwildjäger, meinen einige Wissenschaftler, seien auf den Spuren der Tiere über die Landverbindung zwischen den Eismassen und dann nach Süden gezogen, nach Amerika, wo sie sich unter dem Einfluß der landschaftlichen und klimatischen Verhältnisse und der vorhandenen Ressourcen entwickelten.

Vor ungefähr 14000 Jahren begann der Meeresspiegel wieder zu steigen und vor 9000 Jahren war die Landbrücke verschwunden. Die Einwanderung der Indianer aus Sibirien gilt weithin als sicher.

Paläarktische Fundstätten am Yukon und in Alaska beweisen eine postglaziale Besiedlung vor ca. 12–11000 Jahren. Man fand Artefakte (kleine Steinknollen, Klingen und Mikroklingen), die jenen ähnelten, wie sie vom Baikalsee in Sibirien bekannt waren. An solchen Siedlungsplätzen wohnte man in zeltähnlichen Behausungen und lebte vom Jagen, Fischen und Sammeln wilder Früchte.

Die vergleichende Untersuchung von Schädeln, die im Umkreis der großen Mounds gefunden wurden, mit denen kontemporärer Indianer und Mongolen führte zu dem Schluß, daß es sich um den gleichen Menschentyp handelte: die ersten Amerikaner seien somit asiatischer Abstammung. Biologen haben zwischen Zähnen von Menschen aus Nordchina und aus Nordamerika eine auffallende Beziehung erkannt. Offenbar gab es eine frühe, singuläre Wanderbewegung von Jäger-Sammlern, die sich durch kulturelle Differenzierung weiterentwickelten. Es folgten zwei weitere, aus denen die Athapasken und die Eskimo-Aléuten hervorgingen.

Schlüssel
1 Der Südosten
2 Der Südwesten
3 Die Plains
4 Plateaus und Hochbecken
5 Kalifornien
6 Die Nordwestküste
7 Die subarktische Region
8 Die arktische Region
9 Der Nordosten

Diese Karte zeigt annähernd die territorialen Verläufe der Stämme und Sprachgruppen um 1850; die Grenzen lagen etwas früher fest für Nordwestalaska und die Labradorküste, für Südalaska und Grönland etwas später. Viele Gruppen verloren danach ihr Territorium, einige verschwanden gänzlich. Die verschiedenen farblichen Auszeichnungen bezeichnen die neun im Buch behandelten Kulturregionen.

Oben: *Ein Seminole des Südostens. Wie die etwas nördlicher lebenden Creek, von denen sie sich abspalteten, sind die Seminolen („die Unbesiegten") ein Muskogee-Stamm. In Florida mischten sie sich mit Resten der ursprünglichen indianischen Bevölkerung, zu der vor 1600 mehr als 25 eigenständige Stämme zählten.*

Oben: *Ein Gesicht des Südwestens. Ein Angehöriger der Quecha, die besser unter dem Namen Yuma bekannt sind. Sie lebten an beiden Ufern des Colorado im südwestlichen Arizona und östlichen Kalifornien. Sprachlich gehören sie zur Yuma-Unterfamilie der Hoka-Familie.*

Oben: *Ein Cheyenne-Krieger der Plains. Die Cheyenne gehören zur Algonkin-Sprachgruppe. Um 1750 verließen sie Minnesota und siedelten sich schließlich auf den zentralen Plains an, wo sie sich zu einem typisch nomadischen Stamm von Prärie-Indianern entwickelten.*

Christy Turner (1984) zufolge, einer Expertin für prähistorische Zahnkunde, fand die erste Einwanderung von Asiaten nach Alaska vor mehr als 14000 Jahren statt. Es folgten nur wenige Jahrtausende später zwei Einwanderungswellen aus Sibirien: Vorfahren der Eskimo-Aléuten sowie der heutigen Athapasken und Nordwestküstenindianer.

Verschiedene Forschergruppen haben die voreuropäische Bevölkerung Amerikas in drei Gruppen unterteilt: die Paläoindianer (Pueblo, Pima, Pai), die Athapaskisch-Sprachigen (Apache und Navajo) und die Eskimo-Aléuten. Weder die Athapasken, geschweige die Eskimo-Aléuten drangen sonderlich weit nach Süden vor: die mittel- und südamerikanischen Indianer waren Paläoindianer (Fagan 1987). Alle kamen sie aus Nordost-Sibirien und können drei Sprachgruppen zugeordnet werden, nämlich den „eigentlichen" Indianersprachen (Amerindian) – die meisten nord- und alle südamerikanischen Indianersprachen gehörten zu einer einzigen Sprachfamilie –, dem Na-Dene und dem Eskimo-Aléutischen. Einigen Wissenschaftlern zufolge korrespondieren diese drei Sprachgruppen mit den drei Einwanderungswellen: Die Amerindian-Gruppe sei vor 11000 Jahren als erste hervorgetreten, vor ca. 9000 Jahren sei Na-Dene und vor ca. 4000 Jahren schließlich das Eskimo-Aléutische gefolgt.

Im äußersten Nordwesten Amerikas herrscht eine größere sprachliche Vielfalt. Hier finden sich auch gegensätzlichere Landschaften und Naturräume als im Nordosten, aus dem sich die Gletscher erst in jüngerer Zeit zurückgezogen haben. Man nimmt an, daß sich das Eskimo-Aléutische, das Na-Dene und das Algonkin von den Rändern der Eisflächen ins eben eisfrei gewordene Land ausbreiteten. Die beiden späteren Wanderungsbewegungen beschränkten ihre Siedlungsgebiete auf den Norden und die Nordwestküste, ohne weiter ins Innere des Kontinents vorzustoßen.

Der Zeitraum zwischen der ersten Überquerung des Bering-Landrückens (vor etwa 14000 Jahren) und der Ankunft der sogenannten Clovis-Menschen (vor etwa 11500 Jahren) ist in der Archäologie Thema heftiger Dispute. Die Clovis-Kultur ist dagegen durch Fundstätten in ganz Nord- und Südamerika weithin gesichert und präzise datierbar.

In den folgenden Abschnitten werden einige der Fundstellen vorgestellt, um die sich die Kontroverse entsponnen hat.

Im Westen der Vereinigten Staaten könnte es bereits in der frühesten nacheiszeitlichen Periode vor etwa 14–13000 Jahren zur Besiedlung der Pazifikküste und ihres Hinterlandes gekommen sein, da man von Menschenhand bearbeitete Steinsplitter gefunden hat. Auf Santa Rosa Island, Kalifornien, gab es Lagerplätze, wo Jäger-Sammler auf ihren saisonalen Wanderzügen für einige Tage Halt machten und Mammuts erlegten. Dieser Fundort hat ein fest datierbares Alter von 7500 Jahren, obwohl auch eine wesentlich frühere Besiedlung vertreten worden ist. Es waren womöglich Prä-Clovis-Menschen, denen die Fundplätze am China Lake in Kalifornien zuzuschreiben sind. Die Stratigraphie ist jedoch wissenschaftlich nicht gesichert. Andere Fundorte auf den Hochebenen von Colorado und in Texas mögen gleichfalls von Prä-Clovis-Menschen aufgesucht worden sein, doch erhebt sich dagegen eine Überfülle an gelehrten Einwänden.

Links: *Amerika vor 11500 Jahren. Die Karte zeigt die Wanderung der Paläo-Indianer durch Nord- und Südamerika. Die ersten Amerikaner kamen aus Sibirien über die Beringstraße. Auf beiden Seiten der Meerenge haben sich gemeinsame sprachliche und kulturelle Traditionen erhalten.*

Eisdecke, 9500 v. Chr. Später von den frühen Athapasken und Eskimo-Aléuten besiedelte Region.

Der Weg der Paläoindianer während der ersten Wanderungswelle.

Wanderungsroute durch Amerika während der ersten tausend Jahre.

Im Osten der Vereinigten Staaten war der Meadowcroft Rockshelter am Cross Creek unweit des Ohio eine der frühesten Siedlungsstätten Nordamerikas. Hier wurden Knochenteile von 45 Säugetierarten und 68 Vögeln gefunden und nicht weniger als 30000 pflanzliche Überreste. Die Umweltgegebenheiten blieben 11000 Jahre lang stabil, und in all diesen Jahrtausenden – bis ins 13. Jahrhundert unserer Zeitrechnung – wurde der Abri [rockshelter, d.i. eine Wohnstätte unter einem Felsüberhang, Anm. d.Übs.] genutzt; einige Archäologen rechnen sogar mit einer viel früheren Nutzung.

Im südlichen Florida war es damals kühler und trockener als heute. Paläoindianische Fundstellen am Rande von Senkgruben sind heute unter den Meeresspiegel abgesackt; ein Alter von mehr als 11500 Jahren ist möglich. Die Menschen schlugen hier während der Jagdsaison für kurze Zeit ihr Lager auf. Anscheinend durchstreiften sie riesige Territorien. Die von ihnen hinterlassenen Artefakte weisen auf eine Prä-Clovis-Kultur hin.

Obgleich für dieses Buch nicht unmittelbar von Belang, geben die archäologischen Nachweise menschlicher Wohnstätten in Mittel- und Südamerika doch interessantes Vergleichsmaterial ab. Archäologen wie MacNeish (1986) sind überzeugt, daß das Auftreten des Menschen in Mexiko 20000 Jahre zurückdatiert werden kann, selbst wenn die verläßlichsten Funde nur 11000 Jahre alt sind. Dabei handelte es sich um jägerische Gruppen südlich des Rio Grande, die Speerspitzen vom Clovis-Typ verwendeten. Die älteste südamerikanische Besiedlung mit einem Alter von 14000 Jahren vermutet man in der Pikimachay-Höhle in Peru, die Datierung ist aber höchst umstritten. In Brasilien sind Abris mit herrlichen Felsmalereien entdeckt worden, die meisten zwischen 8000 und 7600 Jahren alt.

Fundmaterial, das für eine menschliche Besiedlung Amerikas zu einem Zeitpunkt vor 14000 Jahren herangezogen wird, ist keineswegs unangefochten. Dagegen wird etwa angeführt, „frühe" Artefakte seien auf Intrusion [Vorgang, bei dem Magma zwischen die Gesteinsschichten eindringt und erstarrt, Anm. d.Übs.] zurückzuführen, Häufungen hätten natürliche Ursachen, für die Vergesellschaftung von Mammutknochen und Steinwerkzeugen sprächen keine echten Beweise, datierbares Material stamme aus früheren Schichten und zudem seien Radiokarbondatierungen unzuverlässig. Einigkeit herrscht jedoch darüber, daß vor weniger als 12000 Jahren Paläoindianer aus dem Norden, die ihre Steinbearbeitungstechniken mitbrachten, erstmals Spuren ihrer Anwesenheit in Südamerika hinterließen.

Die Clovis-Menschen waren Jäger, die den Routen der Großsäugetiere folgten. Sie lagerten an größeren und kleineren Wasserläufen, wohin das Großwild zum Trinken kam. Den Winter verbrachten sie im Schutz ihrer Felsbehausungen. Wildwachsende Früchte, Beeren, Nüsse und Gemüse waren eine reichhaltige Ergänzung zum Fleisch großer und kleiner Säugetiere, deren Knochen man an den Wohnstätten fand. Diese Menschen waren Meister der Steinbearbeitung: als Clovis-Spitzen bekannt sind ihre prächtigen zweischneidig-gerieften, durchscheinenden Steinspitzen.

Innerhalb weniger Jahrhunderte nach ihrer Ankunft verbreiteten sich die Paläoindianer an den Küsten Nordamerikas; im Süden stießen sie bis nach Mexiko vor. In den Great Plains hat man Steinwerkzeuge der Clovis-Kultur zusammen mit den Knochen ausgestorbener eiszeitlicher Großsäugetiere gefunden.

Die Archäologen sind sich zwar einig über die nördliche Herkunft der Clovis-Menschen von jenseits des Eises und ihre mit dem Schmelzen der Gletscher verbundene Südwanderung. Dennoch bleibt die Frage ihres Ursprungs ein Geheimnis, da sich zu ihren feingearbeiteten, hochentwickelten Steinwerkzeugen keinerlei Präzedenzien ausmachen ließen. Man glaubt, daß die Clovis-Steinspitzen in den Plains und nicht in der Arktis hergestellt wurden (in Alaska gefundene Steinspitzen sind andersartig). Sie wurden im kanadischen Westen, auf den Great Plains und überall in den Vereinigten Staaten, aber auch in Mexiko und Südamerika gefunden.

Als Großwildjäger erlebten die Clovis-Menschen auf den Plains eine kulturelle Blüte, die etwa 500 Jahre dauerte. Dann, vor etwa 11000 Jahren, verschwanden sie plötzlich, und eine Vielzahl unterschiedlicher Jäger-Sammler-Völker trat an ihre Stelle. Für ihr Ver-

Unten: *Menschen der Zwischenregion: Umatilla und Palus vom Columbia-Plateau. Östliche Gruppen wie diese standen unter dem starken Einfluß der Plains-Stämme und der „equestrischen Revolution", d.h. des durch die Einführung des Pferdes herbeigeführten kulturellen Wandels auf den Plains um 1750.*

schwinden wurden verschiedene Erklärungsmodelle herangezogen. Eines davon besagt, durch Klimaveränderung sei ein drastischer Rückgang der Wasserressourcen verursacht worden. Die sich an den wenigen verbliebenen Quellen sammelnden Tiere seien als leichte Beute schließlich überjagt worden.

Hingegen vertrat Paul Martin (1974) die Ansicht, die ersten Amerikaner hätten überaus günstige Umweltbedingungen vorgefunden, mit großen Herden von Mammuts und anderen Säugetieren, die keinerlei Scheu zeigten. Die Folge sei eine Bevölkerungsexplosion gewesen und eine rasche Expansion, der Säugetiere mit langsameren Aufzuchtzeiten zum Opfer fielen. Als das Großwild rar wurde, zogen die Jäger weiter, quer durch Amerika, und wo einmal das Großwild ausgerottet war, folgte rasch der Kollaps der Bevölkerung. Nach einer von Martin entwickelten Computerprojektion erreichten Paläoindianer vor 10930 Jahren Panama und vor 10500 Jahren Feuerland. Ihm zufolge dauerte es lediglich 1000 Jahre, bis der gesamte Kontinent südlich des Eises in Menschenhand war.

Nach dem Verschwinden des eiszeitlichen Mammuts wandten sich seine Jäger dem Bison zu. Zehn Jahrtausende lang folgten die Erben der Clovis-Kultur dem Bison über die Ebenen. Nach dem Erweis der Fundplätze war der Bison vor 10500 Jahren die dominante Spezies auf den Plains. Der Bison überlebte, weil er es verstand, sich den postglazialen Verhältnissen anzupassen und sich von Gras zu ernähren.

Oben: *Gesicht aus einem Land der Nomaden und Wanderer: eine Yurok-Frau aus Nordkalifonien. Ein Gebiet geprägt von starken Gegensätzen, der vielleicht höchsten Bevölkerungsdichte Nordamerikas und mindestens sechs völlig verschiedenen Sprachgruppen.*

Oben: *Gesichter der Nordwestküste: Tillamook aus dem nordwestlichen Oregon. Zu Anfang des 19. Jahrhunderts waren sie ein bekannter salish-sprachiger Stamm, der gut und gerne acht Dörfer bewohnte und 2200 Menschen zählte. Um 1850 waren von ihnen noch 300 übriggeblieben.*

Unten: *Gesichter einer lebendigen Vergangenheit: Ute-Indianer der Great-Basin-Region, in der nur wenige Flüsse den Weg zum Meer fanden. Die Ute waren die südlichste Gruppe der Basin-Kultur, die über Jahrtausende hin im wesentlichen unverändert und isoliert blieb.*

Massentreibjagden fanden statt: der Fundort Olsen-Chubbock in Colorado barg 152 Kadaver von Bisons, die vor 8500 Jahren in einen Canyon gehetzt worden waren. Solche Bisonjagden wurden gemeinschaftlich und wohl einmal im Jahr durchgeführt. Sie erreichten um 500 n.Chr. mit der Einführung von Pfeil und Bogen auf den Plains das größte Ausmaß. Die von den Spaniern 1547 mitgebrachten Pferde lösten dramatische Veränderungen aus. Die Bisonherden wurden weiter reduziert, die nomadische Bevölkerung wuchs und war stärker auf die Ackerbauprodukte seßhafter Gruppen angewiesen. Spannungen waren unausbleiblich, es entwickelten sich unterschiedliche kulturelle Wertordnungen, und Überfälle waren an der Tagesordnung. Im 19. Jahrhundert beteiligten sich die Europäer mit Gewehren an der Bisonjagd, was zur endgültigen Dezimierung führte. Im 20. Jahrhundert wurden dann große Anstrengungen unternommen, den Bison vor dem Aussterben zu bewahren – mit weitgehendem Erfolg, denn heute grasen wieder Herden auf den Plains, wenn auch längst nicht so zahlreich wie einst.

Im hohen Norden war nur eine kleine Bevölkerung überlebensfähig, saisonale Wanderschaften waren daher üblich. Als erste kamen na-dene-sprachige Waldland-Jäger und -Sammler, die sich nach Süden und Westen und ins Innere des Kontinents verbreiteten, wo sie als Athapasken bekannt wurden. Zu einem späteren Zeitpunkt trennte sich eine Gruppe ab und zog weiter nach Süden: die Vorfahren der heutigen Navajo und Apache. Die Eskimo-Aleuten kamen nach den Paläoindianern, aber noch über die bestehende Landbrücke. (Man findet allerdings auch die Ansicht, sie seien in Booten angekommen.) Sie sind die „asiatischsten" Nordamerikaner, mit sibirischen Sprachwurzeln.

Die Eskimo verbreiteten sich nach ihrer Abspaltung von den Aleuten (vor etwa 4000 Jahren) über weite Strecken des Festlandes. Da sich die einzelnen Gruppen ganz unterschiedlichen Umweltgegebenheiten anzupassen hatten, lockerten sich die Zusammengehörigkeitsbande. Die Eskimo benutzten zur Jagd Kajaks aus Tierhäuten, fuhren mit Hundeschlitten und expandierten im zehnten und elften nachchristlichen Jahrhundert von der Beringstraße bis nach Grönland. Diese Vorfahren der modernen Eskimo jagten zu Lande Karibus und Moschusochsen, Walrosse und Wale zu Wasser. Ihre Behausungen waren zum Schutz vor dem arktischen Winter in den Erdboden eingegraben; Türklappen sollten die Kälte draußen halten. Die Aléuten lebten vom Fischfang und der Jagd auf Seesäuger; sie waren ausgezeichnete Bootsleute, die sich aufs offene Meer hinauswagten, um Robben, Seelöwen und Seeotter zu jagen.

Als erste drangen in die eisfrei gewordenen Gebiete der Nordwestküste Waldland-Jäger und -Sammler aus Alaska vor, die nicht den Eskimo-Aléuten zuzurechnen sind. Vor 5000 Jahren stabilisierten sich das Klima und der Meeresspiegel. Das Meer wurde zu einer sicheren Nahrungsquelle, und es entstanden differenziertere Jäger- und Sammlergesellschaften, in denen Wohlstand und sozialer Status entscheidende Bedeutung erlangten. Machtvolle Einzelgestalten profilierten sich; sie brachten den zeremoniellen Ablauf und die Güterverteilung unter ihre Kontrolle.

Man lebte das ganze Jahr über in festen Dörfern aus Blockhütten und hielt die Verbindung zwischen den einzelnen Niederlassungen – so den frühen Siedlungsstätten auf den Queen Charlotte Islands – mit dem Kanu aufrecht. Ein anderer an der Küste gelegener Fundort ist Ozette im Bundesstaat Washington, wo ein Erdrutsch vor 500 Jahren ein Walfängerdorf unter sich begrub. Alle Haushaltsgeräte blieben im Schlamm erhalten. Körbe, Netze, Angelhaken und Webstühle wurden in den Langhäusern aus Zedernholz gefunden, die durch niedrige Wände und Hängematten in kleine Räume unterteilt waren.

Ob Regenwälder, Wüsten, Prärien oder Arktis – als die Europäer auf dem Schauplatz erschienen, bewohnten die Indianer den gesamten amerikanischen Kontinent. In den Wüsten- und Waldgebieten waren die ersten Bewohner kleine verstreute Gruppen, die in Sommer- und Winterlagern lebten. Vor 9000 bis 4500 Jahren entwickelte sich eine intensivere Sammelwirtschaft, und Jahr für Jahr kehrten die Menschen stets an die gleichen Plätze zurück. Vor 1500 Jahren ging man zum Maisanbau über: der Kreislauf von Aussaat und Ernte nahm den Menschen ihre Mobilität und machte eine umfassendere Vorratshaltung notwendig. Ein Netz von Handelsverbindungen überzog das Land.

Die Eskimo-Aléuten hatten bis zum 12./13. Jahrhundert die Inseln und Küsten der zentralen kanadischen Arktis zu ihrem festen Lebensraum gemacht. Das Klima erwärmte sich. Wikinger hatten sich um 1000 in das Gebiet vorgewagt und trieben Handel. Und im 16. Jahrhundert überschwemmte eine neue Welle von europäischen Einwanderern das Land.

In den östlichen Waldgebieten entwickelten die Ackerbauern vor 4000 Jahren eine Vorliebe für Bestattungen: die Adena-Menschen errichteten Erdbauten und zeremonielle Einfriedungen. Die Grabhügel der Hopewell-Kultur waren sogar noch großartiger als die der Adena. Künstlerische Traditionen standen in Blüte. Um 700 n.Chr. trat die Mississippi-Kultur in Erscheinung, in der neben dem Ackerbau auch die Jagd- und

Links: *Gesichter der großen subarktischen Region: Ahtna aus dem Tal des Copper River in Alaska. Sie sprachen – typisch für viele subarktische Stämme – Athapaskisch und führten eine halbseßhafte, halbnomadische Lebensweise. Der Fischfang war ihre wichtigste Nahrungsquelle; die Jagd auf Kleintiere ergänzte den Speisezettel.*

Unten: *Häuptlingstracht des Nordostens: ein frühes Chippewa (Ojibwa)-Gewand, getragen vom Sohn eines Mississaugi-Anführers. Für die Region typisch sind das Wildleder und die großzügige Verzierung mit Perlen und Federn.*

Sammelwirtschaft eine Rolle spielte. Die Bevölkerung wuchs auf 10000 Menschen an, in den Tälern herrschten mächtige Häuptlinge. Zur gleichen Zeit brachte die mexikanische Zivilisation stark befestigte Ansiedlungen mit Tempelhügeln und Plätzen hervor, wie sie die Spanier noch Mitte des 16. Jahrhunderts zu sehen bekamen.

In den pazifischen Küstenregionen lebten die meisten Gesellschaften bis zum Kontakt mit den Europäern von der Jagd und vom Sammeln. Im 17. Jahrhundert lebten im Norden des heutigen Bundesstaates Mississippi die Cherokee in 100 Dörfern – mit einer Bevölkerung von etwa 60000 Menschen. Die kalifornischen Indianer lebten bei großem Reichtum an natürlichen Ressourcen so gut von ihrem Land und vom Meer, daß feste Großsiedlungen entstanden unter Führung eigener Häuptlinge; auch hier wuchs die Bevölkerung.

Im Südwesten begannen in Arizona die Hohokam vor ca. 2000 Jahren ihre Feldfrüchte im Einklang mit den Niederschlägen anzubauen: sie legten Terrassen, Kanäle und Dämme an, um das abfließende Wasser zu regulieren. Um 900 n.Chr. lebten in New Mexico die Anasazi (Vorfahren der heutigen Hopi, Zuni und anderer Pueblo-Indianer); sie waren Bauern und bewohnten mehrräumige Wohngebäude.

In der Ethnologie ist es gegenwärtig üblich, die indigenen Bewohner Nordamerikas in neun Kulturgruppen zu unterteilen, wobei die geographischen Gegebenheiten ausschlaggebend sind, da sich die frühen Einwanderer den jeweiligen Umweltbedingungen anpaßten. Es handelt sich um folgende Kulturareale: den Südosten, den Südwesten, die Plains, Plateaus und Hochbecken, Kalifornien, die Nordwestküste, Subarktis, Arktis und den Nordosten.

Unten: *Gesichter eines findigen Volkes: Eskimo der Beringstraßen-Region. Heutige Eskimo bezeichnen sich selbst als Inuit, d.h. „Menschen". Das Wort Eskimo stammt aus einer Algonkin-Sprache und bedeutet „Rohfleischesser". Wie andere Gruppen in diesem riesigen Gebiet konnten sie ihre materielle Existenz vielfältig sichern. Einen Großteil des Rohmaterials für ihre Gerätschaften gewannen sie aus dem Karibu und den Meeressäugern. Die Eskimo sind mit der sich schnell wandelnden Zeit gegangen. Viele der Jugendlichen heute verfügen über höhere Schulbildung.*

Die Ankunft der Europäer veränderte das Gesicht des gesamten Kontinents unwiederbringlich. Wikinger, Engländer, Franzosen und Spanier erkundeten die Küsten Amerikas und ließen sich auf Dauer nieder. Es kamen Kolonisten, Missionare und Forscher; allesamt verbreiteten sie Krankheiten, brachten Zerstörung und unterbanden die traditionelle Lebensweise der Indianer. Innerhalb weniger Jahrhunderte war es mit der alten indianischen Kultur für immer vorbei.

Der Wandel setzte langsam ein. Erst nach dem Zweiten Weltkrieg entstand ein stärkeres Bewußtsein für den multikulturellen Charakter der Gesellschaft. Die verschiedenen ethnischen Gruppen der Nation gewannen breites Interesse, und der Markt für indianische Kunst und indianisches Handwerk erlebte einen Boom, ein Markt, der zum Teil von den ärmlichen Lebensbedingungen in den Reservaten und der Anpassungsfähigkeit der amerikanischen Urbevölkerung an Kundenwünsche in Schwung gehalten wurde. Heute erfreuen sich indianische Gebrauchsgegenstände, deren ursprüngliche soziale Funktion nicht mehr übersehen wird, und ihre Hersteller weltweit hoher Wertschätzung.

„Mein Volk ist zerstreut und verschwunden; wenn ich rufe, höre ich meine Stimme in der Tiefe des Waldes, aber keine Stimme antwortet mir – um mich herum herrscht Stille.“

COLONEL COBB VON DEN CHOCTAW

DER SÜDOSTEN

Was von den Indianerkulturen des Südostens im 19. und in der ersten Hälfte des 20. Jahrhunderts noch übrig war, war das Produkt einer langen Periode des Wandels, der gewaltsamen Auflösung und Zerstörung – man könnte beinahe von Völkermord sprechen, auch wenn dahinter keine gezielte staatliche Politik stand. Der Jahrtausende währenden kulturellen Entwicklung in diesem Gebiet wurde durch die Ankunft der Europäer im frühen 16. Jahrhundert ein brutales Ende gesetzt. Unser Wissen über die Lebensweise der südlichen Indianervölker, bevor die Eindringlinge kamen, ist begrenzt, da die ersten schreibkundigen Beobachter nur wenige Aufzeichnungen hinterließen – für den Großteil des Gebietes überhaupt keine – und die Archäologie viele wichtige Fragen nicht beantworten kann. Auch einheimische Traditionen sind nicht hilfreich, da die Einzelheiten einer altangestammten Lebensweise nicht über 400 Jahre hinweg ausschließlich mündlich bewahrt werden können, zumal in einer Gesellschaft, die einem rasanten sozialen und kulturellen Wandel unterliegt. Fortschritte in der Deutung archäologischer Daten, ergänzt um kleinste Hinweise und Informationen in den Berichten der ersten Europäer, erlauben es uns jedoch seit kurzem, das wahre Ausmaß der kulturellen und biologischen Katastrophe, die die Indianer des Südostens traf, klarer zu sehen.

Gewiß war der Südosten ein von der Natur bevorzugtes Gebiet. Es liegt im wärmsten Teil der nördlichen gemäßigten Zone, und das südliche Florida ge-

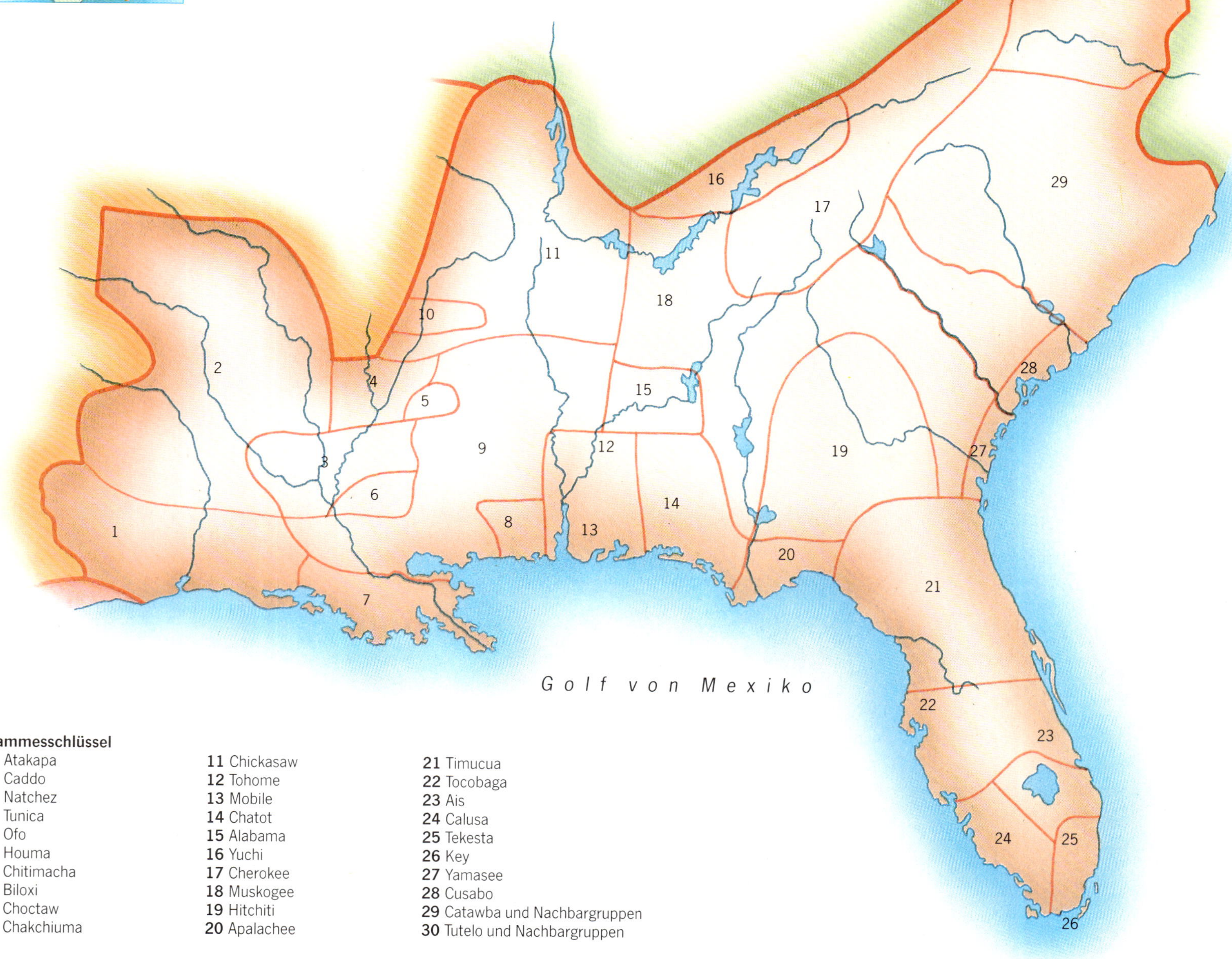

Stammesschlüssel
1 Atakapa
2 Caddo
3 Natchez
4 Tunica
5 Ofo
6 Houma
7 Chitimacha
8 Biloxi
9 Choctaw
10 Chakchiuma
11 Chickasaw
12 Tohome
13 Mobile
14 Chatot
15 Alabama
16 Yuchi
17 Cherokee
18 Muskogee
19 Hitchiti
20 Apalachee
21 Timucua
22 Tocobaga
23 Ais
24 Calusa
25 Tekesta
26 Key
27 Yamasee
28 Cusabo
29 Catawba und Nachbargruppen
30 Tutelo und Nachbargruppen

hört klimatisch sogar zu den Subtropen. Den größten Teil des Südöstlichen Kulturareals nimmt die breite Küstenebene am Atlantik und am Golf von Mexiko ein. In dieser Tieflandzone bilden die Flüsse Mäander und lagern fruchtbare alluviale Böden ab. In den breiten Tälern gab es viele seenartige Flußschleifen und ausgedehnte Zypressen- und Schilfrohrsümpfe. Auf dem Schwemmland entlang der Flüsse ließen sich problemlos Felder anlegen, deren Fruchtbarkeit durch den Schlamm der saisonalen Überflutungen schnell erneuert wurde. Der Fischreichtum, besonders in den toten Seitenarmen der Flüsse, war enorm, und Wasservögel gaben eine leichte Beute ab. In manchen Gegenden, wie etwa am unteren Mississippi, sorgten Fische und Wasservögel mindestens für die Hälfte der Proteine in der indianischen Ernährung. Weißschwanzhirsch, Waschbären und andere Säuger boten zusätzliche tierische Nahrung. Wildpflanzen wie Nüsse, Früchte und Beeren waren eine wichtige Nahrungsquelle. Und mit Ausnahme des südlichen Florida, wo es zumindest an der Südwestküste Fische und Schalentiere in einer Hülle und Fülle gab, die es den Calusa ermöglichte, eine komplexe seßhafte Gesellschaft zu entwickeln, wie sie üblicherweise nur durch Ackerbau entstehen kann, standen Mais, Bohnen, Kürbisse, Sonnenblumen und Flaschenkürbisse überall ganz vorne auf dem Speisezettel. Im Nordosten gehören die Piedmontzone oberhalb der Fall-Linie und die niedrigen Berge der Appalachen zu diesem Kulturareal. Hier waren die Umweltgegebenheiten zwar verschieden, doch kaum weniger günstig. Die Täler sind enger, aber dennoch fruchtbar, und in den Untiefen der Flüsse wimmelte es von Fischen. Der Wirtschaftskreislauf beruhte im allgemeinen auf Feldbau und Fischfang während der warmen Jahreszeit und war in der kälteren Jahreszeit weitgehend auf die Hirschjagd beschränkt.

Diese Karte zeigt annähernd die territorialen Verläufe der Stämme und Gruppierungen um 1600 in Florida und entlang der Atlantikküste und um 1700 in der übrigen Region. Danach verloren alle Stämme Land, viele verschwanden völlig, viele zogen nach Westen, und einige neue Stämme entstanden.

Oben: *Ben P. Harris, ein prominenter Catawba, ca. 1899, in der traditionellen Ausstaffierung eines an einer „medicine-show" Beteiligten: ein Truthahnfeder-Kopfputz, der für die Catawba nicht belegt ist; Fransenjacke und Fransenhose aus Stoff; eine perlenbestickte Weste à la Plains-Indianer; Pfeil und Bogen.*

Die heutigen Verhältnisse unterscheiden sich stark von den ursprünglichen. Wälder und Röhrichte sind verschwunden, viele Flüsse sind eingedämmt, die Sümpfe trockengelegt und der Boden ist von minderer Qualität und erodiert. Grund dafür ist eine ruinöse Landwirtschaft, die den Anbau von Indigo und danach Tabak, Baumwolle und Mais mit industriellen Methoden und unter kommerziellen Gesichtspunkten betrieb. Die Wandertaube ist ausgestorben, und andere Vögel, Fische und die meisten Wildtiere sind viel seltener als noch zu Beginn des 19. Jahrhunderts.

Die radikalen und katastrophalen Umwälzungen im Leben der Indianer gingen der Beeinträchtigung der Umwelt voraus. In der Frühzeit des Kontakts kam es durch die Einschleppung europäischer Krankheiten wie der Pocken, gegen die die Indianer anfangs keine körpereigenen Abwehrstoffe besaßen, zu rapider Bevölkerungsabnahme. In vielen Gemeinschaften starb innerhalb weniger Wochen die Hälfte der Bevölkerung (und mehr). Die sozialen und psychischen Auswirkungen dieser Katastrophe sind kaum vorstellbar, vor allem, was den Verlust an Wissen und Traditionen angeht, deren Träger dahingerafft wurden. Später, als die Indianer gegen die neuen Krankheiten immuni-

STÄMME DES SÜDOSTENS

Ais. Ein kleiner Stamm an der Ostküste von Südflorida, vielleicht 1000 Mitglieder um 1650 und in den zwanziger Jahren des 18. Jahrhunderts bereits ausgestorben. Sie trieben keinen Feldbau und lebten hauptsächlich vom Fischfang. Von ihrer Sprache hat sich keine Spur erhalten.

Alabama. Ihre Sprache – zur Muskogee-Familie gehörend – steht dem Koasati sehr nahe; vielleicht handelte es sich um zwei Dialekte einer einzigen Sprache. Die Zahl der Alabama betrug 1704 weniger als 1000; nach 1763 waren sie in alle Winde zerstreut: einige hatten sich den Creek und den Seminolen angeschlossen, die Mehrzahl war mit den Koasati nach Texas abgewandert. Um 1910 gab es nur noch 300 Alabama, von denen abgesehen, die unter den Creek lebten.

Apalachee. Sie sprachen eine Muskogee-Sprache und wurden von den Spaniern missioniert. 1676 hat sich ihre Zahl wohl auf 5000 belaufen. Im 18. Jahrhundert wurden sie Opfer der Überfälle von seiten der Engländer und der Creek. Die wenigen Überlebenden schlossen sich den Creek an.

Atakapa. Anfang des 18. Jahrhunderts waren es etwa 1000, um 1900 war die Gruppe ausgestorben. Ihre Sprache war isoliert, d.h. es gab keine nachweisbaren Beziehungen zu irgendeiner anderen lebenden Sprache.

Biloxi. 1650 betrug ihre Zahl vielleicht 1000. Die Biloxi-Sprache gehört zur Sioux-Familie. Am Ende des 19. Jahrhunderts waren nur noch wenige überlebende Biloxi auszumachen, die in Louisiana, Oklahoma und im östlichen Texas lebten.

Caddo. Eine Bezeichnung, die mehrere Stämme einschließt. Die meisten gehörten zu drei Konföderationen und sprachen Caddo – das ist der südliche Zweig der Caddo-Sprachfamilie, deren andere Sprachen in den Plains verbreitet waren. Die Caddo zählten um 1700 vielleicht 8000 Menschen. Bis 1910 war ihre Zahl auf 550 gesunken, die in Oklahoma lebten.

Calusa. Ein nicht Feldbau treibender Stamm in Südflorida, in einem Häuptlingstum organisiert, mit einer Bevölkerung von vielleicht 10000 in den sechziger Jahren des 16. Jahrhunderts. Um 1750 gab es sie nicht mehr. Von der Calusa-Sprache ist so wenig aufgezeichnet worden, daß sie nicht einzuordnen ist.

Catawba. Dieser Stamm des South-Carolina-Piedmont ist der Nachfahre mehrerer kleiner Stämme, die sich im 17. und 18. Jahrhundert zusammengeschlossen haben. Wahrscheinlich waren Sprecher verschiedener Sprachen darunter, aber nur dem Catawba, einer Sioux-Sprache, ist es gelungen, bis ins 20. Jahrhundert lebendig zu bleiben.

Chakchiuma. Ein heute ausgestorbener kleiner Stamm, der wahrscheinlich eine Muskogee-Sprache (vielleicht sogar Choctaw) sprach.

Chatot. Ein anderer kleiner Stamm, auch sie wohl Muskogee-Sprecher. Die Chatot wurden von den Creek zunächst nach Mobile und dann nach Louisiana vertrieben. Wahrscheinlich gingen sie im Indianerterritorium (Oklahoma) in den Choctaw auf.

Cherokee. Der größte Stamm des Südostens seit dem 18. Jahrhundert bis in die Gegenwart, Sprecher einer irokesischen Sprache. Bis heute lebt eine geringe Zahl von ihnen in ihrer Heimat, den Appalachen im westlichen North Carolina. Die meisten Cherokee leben jetzt jedoch in Oklahoma.

Chickasaw. 1650 waren es etwa 8000. Wie andere Stämme wurden auch sie nach Oklahoma deportiert, wo sie noch heute leben. Ihre Sprache ist eine Variante des Choctaw, obwohl sich die beiden Gruppen in ihrer politischen Struktur immer unterschieden haben.

Chitimacha. Ihre Zahl mag um 1700 vielleicht 4000 betragen haben. Davon waren 1930 weniger als 100 übrig. Die Sprache ist isoliert; es sind keine verwandten Sprachen bekannt.

Choctaw. Sprecher einer Muskogee-Sprache, etwa 15000 um das Jahr 1650. 1930 waren es etwa 18000, von denen die meisten in Oklahoma, einige wenige auch in Mississippi und Louisiana, ihrem ursprünglichen Territorium, lebten.

Creek. Der englische Name der Stammeskonföderation, die sich um die Muskogee bildete und zu der die Hitchiti und andere Gruppen gehörten.

Cusabo. Ein kleiner Stamm, der bei einer Zählung im Jahr 1735 mit 535 Personen angegeben wurde und mittlerweile ausgestorben ist. Ihre Sprache ist gänzlich unbekannt geblieben.

Hitchiti. Eine Muskogee-Sprache, die in sieben oder mehr großen Städten gesprochen wurde, die zur Creek-Konföderation gehörten.

Houma. Ein kleiner Stamm in Louisiana, 600–700 Menschen um 1700 zählend. Ihre Zahl war auch 1930 noch die gleiche. Ihre Sprache gehörte vielleicht zur Muskogee-Familie und ist heute verschwunden.

Key. Die Bewohner der Florida Keys scheinen von ihren mächtigeren Nachbarn politisch unabhängig gewesen zu sein. Von ihrer Sprache haben sich keinerlei Aufzeichnungen erhalten. Das Ende der spanischen Herrschaft über Florida (1763) erlebten sie nicht.

Koasati. Ein Muskogee-Stamm, der 1750 vielleicht 250 Personen zählte, von denen 1910 noch 100 in Texas und in einer Creek-Stadt in Oklahoma lebten. Ihre Sprache steht dem Alabama sehr nahe; womöglich handelt es sich gar um ein und dieselbe Sprache.

Lumbee. Heute einer der größten Stämme des Südostens (1970: etwa 30000). Sie stammen von den Cheraw und anderen Nachbarstämmen der Catawba ab, die sich mit schwarzen und weißen Flüchtlingen aus dem europäischen Grenzgebiet zusammentaten. Im 18. Jahrhundert sprachen sie bereits ausschließlich Englisch. Sie unterscheiden sich in vieler Hinsicht kulturell nicht von ihren schwarzen und weißen Nachbarn, sind jedoch, was ihre soziale und politische Ordnung angeht, eindeutig Indianer.

Mikasuki. Etwa zwei Drittel aller Florida-Seminolen sprechen Mikasuki, eine mit dem Hitchiti identische Sprache, wie das früher schon bei vielen Seminolen in Oklahoma der Fall war.

Muskogee. Das dominierende Element der Creek-Konföderation. Die Sprache – zur Muskogee-Familie gehörend – wird auch von einem Drittel der in Florida lebenden Seminolen und von den meisten Oklahoma-Seminolen gesprochen.

Natchez. 1650 belief sich ihre Zahl auf annähernd 4500. Die Überlebenden gingen in den Creek und Cherokee auf. Ihre Sprache ist isoliert und nicht einzuordnen.

Ofo. Sprecher einer Sioux-Sprache, die von den expandierenden Irokesen aus dem Ohio-Gebiet nach Süden abgedrängt wurden.

Seminolen. Dieser Stamm entstand im 18. Jahrhundert, als Angehörige der Creek-Konföderation nach Florida vordrangen. Die Seminolen-Kriege in den dreißiger und fünfziger Jahren des 19. Jahrhunderts führten zur Deportation der Mehrzahl des Stammes nach Oklahoma. Nur eine Minderheit überlebte in Südflorida.

Tekesta. Ein kleiner Stamm, der keinen Feldbau betrieb und in der Gegend von Miami lebte; starb im 18. Jahrhundert aus. Ihre Sprache ist gänzlich unbekannt.

Timucua. Eine große Gruppe von Stämmen im nördlichen Florida (1650: etwa 13000, und ein Jahrhundert früher noch viel zahlreicher). Spanische Missionare haben ihre Sprache gut dokumentiert; sie gilt als isoliert. Als die Spanier 1763 abzogen, verließen auch die letzten Timucua Florida.

Tocobaga. Ein fast völlig unbekannter kleiner Stamm im Gebiet der Bucht von Tampa.

Tohome und **Mobile.** Zwei ethnische Gruppen, die offensichtlich eine Variante des Choctaw sprachen.

Tunica. 1650 waren es vielleicht 2500, von denen bis 1910 weniger als 50 überlebten. Ihre Sprache ist zwar gut dokumentiert, aber nicht einzuordnen.

Tutelo. Um 1600 betrug ihre Zahl etwa 2700, deren Nachfahren sich bis 1800 den Irokesen in Kanada angeschlossen hatten. Sie sprachen eine Sioux-Sprache.

Yamasee. Vielleicht Sprecher einer Muskogee-Sprache. Etwa 1200 Menschen um das Jahr 1715. Flohen ins spanische Florida, wo sie bereits 1763 verschwunden waren.

Yuchi. Ein ursprünglich im Appalachen-Hochland ansässiger Stamm mit etwa 1500 Angehörigen um 1650. Davon lebten 1930 nur noch an die 300 unter den Creek in Oklahoma. Die Yuchi-Sprache ist isoliert und nicht einzuordnen.

Oben: *Ein Caddo-Lager, wahrscheinlich unweit des Washita River in Oklahoma, ca. 1869. Die Caddo bewohnten Teile des heutigen Arkansas und Louisiana. Die Szene zeigt traditionelle Caddo-Behausungen mit Kegeldächern, die mit Gras oder Rinde (wie links) gedeckt sind.*

siert waren, richteten die umfassenden Folgen des europäischen und euro-amerikanischen Vordringens weitere Verheerungen an: Handel, neue Formen der Kriegsführung, Versklavung, die Aneignung von Nahrungsvorräten, Gütern und schließlich Land, Epidemien neuer Krankheiten und zuletzt die Verdrängung der Indianer durch Europäer und Afrikaner.

Aus den letzten 100 bis 150 Jahren wissen wir ziemlich viel über die südlichen Indianerkulturen. Wie es aussieht, können uns diese Kenntnisse aber weniger als in jeder anderen Region des Kontinents einen Hinweis darauf geben, wie das Leben der Indianer aussah, bevor der europäische Einfluß spürbar wurde. Erste Erschütterungen zeichneten sich in der Mitte des 16. Jahrhunderts ab. Die ersten akzeptablen Beschreibungen von Indianern des Südostens stammen hingegen vom Ende des 18. und Anfang des 19. Jahrhunderts, mehr als 200 Jahre später, nachdem es in den indianischen Gesellschaften bereits zu massiven Umorientierungen und Umstrukturierungen gekommen war. Wirklich gründliche Aufzeichnungen (und repräsentative Museumssammlungen oder ausführliche Fotoserien) haben wir erst ein weiteres Jahrhundert später, als die Mehrzahl der im Südosten überlebenden Indianer in die so gänzlich anderen kulturellen und natürlichen Gegebenheiten des Indianerterritoriums westlich des Mississippi (heute Oklahoma) deportiert worden war.

Über die ersten Kontakte von Europäern mit Indianern des Südostens wissen wir nichts. Der erste geschichtlich nachweisbare „Besucher" war Ponce de León, der 1513 an der Küste von Florida, wahrscheinlich im Calusa-Gebiet, landete. Der feindselige Empfang, den ihm die Indianer bereiteten, legt jedoch den starken Verdacht nahe, daß sie schon früher mit Europäern zu tun hatten, von denen ansonsten nichts bekannt ist. Es folgten weitere kurze Begegnungen in Florida und an der Atlantikküste, über die wir nur sehr spärlich unterrichtet sind, obwohl sie für die Indianer ernste Folgen gehabt haben dürften: wahrscheinlich wurden europäische Krankheiten eingeschleppt, und immer mehr Indianer machten die Erfahrung, wie gefährlich die Fremden werden konnten. 1539–43 schließlich führte Hernando de Soto seinen langen Vorstoß bis tief ins südöstliche Landesinnere. Er landete mit etwa 700 Männern, 200 Pferden, einer Schweineherde und riesigen Mengen von Waffen und Vorräten an der Bucht von Tampa und marschierte in nördlicher Richtung durch das heutige Georgia und South Carolina bis hinein nach Tennessee, dann südwärts nach Alabama und wieder nach Norden, durch das nördliche Mississippi und Arkansas, bevor er sich erneut nach Süden wandte und in Louisiana den Unterlauf des Mississippi erreichte. Für De Soto und seine Männer verlief die Expedition katastrophal, aber noch schlimmer für die Indianer, von denen die Spanier Hunderte töteten und verschleppten sowie mit Krankheiten infizierten, an denen mit Gewißheit viele Tausende starben.

Unten: *Benjamin Paul, ein Chitimacha-Häuptling, ca. 1910. Dieser kleine Stamm lebte am Rande des Mississippi-Deltas in Louisiana. Paul war J. R. Swantons wichtigster Informant über die traditionelle Kultur seines Volkes. Von Swanton in seinem Haus in Louisiana fotographiert.*

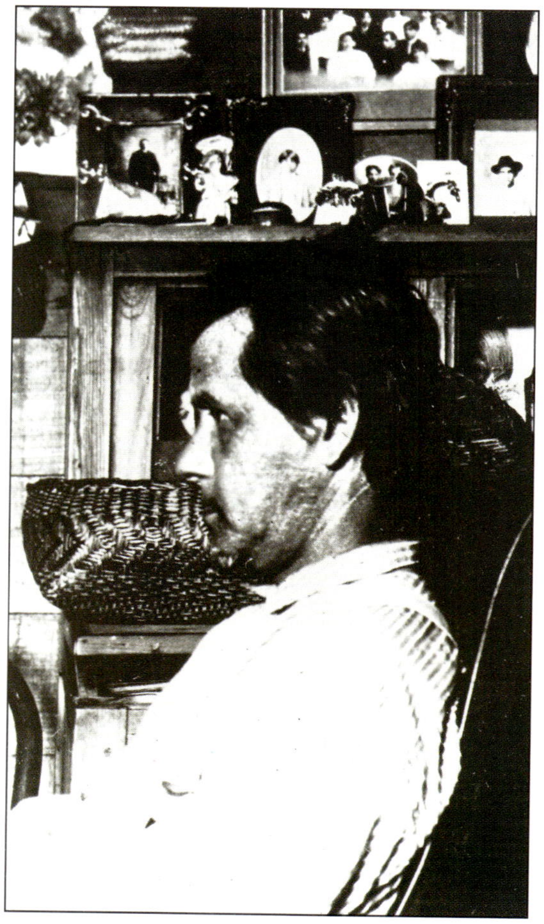

Die verschiedenen zeitgenössischen Berichte über De Sotos Expedition reichen aus, um uns wie durch ein schmales Fenster einen Blick auf die indigenen Gesellschaften des Südostens zu gewähren, so ernüchternd knapp und ungenau sie auch sein mögen. Der Archäologie verdanken wir weitere Informationen, allerdings anderer Art, und so ergeben sich viele Probleme, versucht man spezifische archäologische Funde mit den nur dürftig lokalisierten Darstellungen der De-Soto-Berichte zu identifizieren. Um diese unterschiedlichen Daten auf vernünftige Weise vereinheitlichen zu können, kam jüngst der Vorschlag, sich nach Vergleichsmöglichkeiten umzusehen: etwa mit den zeitlich späteren Gesellschaften des Südostens oder mit vergleichbaren Gesellschaften aus anderen Teilen der Welt.

Eine unspekulative Rekonstruktion des Südostens, wie er war, als die Europäer ankamen, zeigt uns das Bild vieler, über das ganze Binnenland verstreuter Häuptlingstümer, deren Territorien an einigen Stellen auch die Küste erreichten. Es waren komplexe Gesellschaften, mit Hauptstädten, die durch massive Erdbauten in Form künstlicher Hügel (mounds) charakterisiert waren, auf denen Tempel und Versammlungshäuser standen, Städte, oft umgeben von breiten Kanälen und gewöhnlich durch Palisaden geschützt. Zu jedem Häuptlingstum gehörten in der Regel mehrere kleinere Städte, die nur einen oder zwei Mounds aufzuweisen hatten und der Hauptstadt untergeordnet waren. Das größte dieser Zentren war Cahokia im heutigen Illinois, von St. Louis aus auf der anderen Seite des Mississippi, der Lage nach also um einiges außerhalb des historischen Südostens. Eine der Folgen früher Kontakte mit den Europäern war die territoriale Einschränkung der Häuptlingstümer. Cahokia scheint um 1250 auf dem Höhepunkt seiner Entfaltung gestanden zu haben, danach ging seine Bevölkerung zurück. Zur Zeit seiner größten Ausdehnung bedeckte Cahokia eine Fläche von 13 Quadratkilometern und hatte vielleicht an die 10000 Einwohner. Mit Sicherheit die größte Stadt nördlich von Zentralmexiko, beherbergte sie das größte von Menschenhand errichtete Bauwerk Nordamerikas. Der zentrale Erdhügel erhob sich in vier Terrassenstufen bis zu einer Höhe von 30 Metern. Hier stand auf einer Plattform ein großes Gebäude. An der Basis maß der Mound 215 x 305 Meter, bei einer Grundfläche von 650 Ar. Mehr als hundert weitere Mounds waren um Plätze herum gruppiert. In ihrer Mehrzahl trugen sie öffentliche Gebäude und vielleicht die Häuser herausgehobener Einwohner. Daneben gab es auch kegelförmige Begräbnishügel. Das Zentrum der Stadt – mehr als 80 Hektar – war von einem großen Wall aus aufrechten Baumstämmen umgeben, der aus einem tiefen Graben aufragte und dem entlang Wachtürme und Tore verteilt waren.

Ein anderes Häuptlingstum hatte seine Hauptstadt in Moundville, etwa hundert Kilometer südwestlich vom heutigen Birmingham in Alabama, am Nordostrand des Gebietes, das später die Muskogee innehatten (um deren alte Hauptstadt es sich vielleicht handelt). Moundville erstreckte sich über eine Fläche von 1,2 Quadratkilometern und lag auf einem Steilufer über dem Black Warrior River. Hier fand man zu beiden Längsseiten eines rechteckigen Platzes (plaza) mit einer Fläche von über 30 Hektar zwanzig größere Mounds. Die Mounds sind mehr oder weniger pyramidenförmig, allerdings mit einer Plattform auf der Kuppe. Die größten erreichen eine Höhe von 18 Metern über der Plaza. Gekrönt wurden sie von Gebäuden, wahrscheinlich Tempeln oder anderen Zeremonialbauten, aber auch Häusern für die Herrschenden. Von der benachbarten Ansiedlung trennte die Plaza ein hölzerner Wall, und die ganze Stadt war von einer

Rechts: *Johnnie, ein Choctaw, der New Orleans besuchte und 1833 von Karl Bodmer gemalt wurde. Zur Zeit von Bodmers Reise waren viele Choctaw bereits umgesiedelt worden, und nur wenige konnten in Louisiana und Mississippi bleiben.*

Unten: *1833 von Karl Bodmer gemaltes Lager der Choctaw am Mississippi bei Natchez. Diese Reisenden kochen in Metallgefäßen. Bei einer der Kochhütten sieht man die typischen Schilftragekörbe.*

Palisade umgeben. In etwa der Hälfte der Mounds am Rande des Platzes waren hochrangige Personen bestattet, wie man annehmen darf, die Inhaber ritueller Ämter. Mit ihnen wurden oft Kleinkinder beerdigt und Schädel oder Köpfe ohne die Körper. Die Häuser der Einwohner wurden außerhalb der Plaza, aber noch innerhalb der Palisade errichtet. Unter der Herrschaft von Moundville standen zwanzig kleinere Ansiedlungen (die meisten mit einem einzigen kleinen Mound), die sich über das Tal nördlich und südlich von Moundville verteilten. Darüber hinaus gehörten Hunderte von kleinen Weilern zum Machtbereich der Stadt. Man hat geschätzt, daß Moundville seine Arbeitskräfte noch aus 75 Kilometern Entfernung heranholte und vor allem aus den sekundären Zentren im Umkreis von 15 Kilometern einen großen Teil seines Tributs bezog.

Eine andere archäologische Fundstätte repräsentiert ein Häuptlingstum auf dem späteren Territorium der Cherokee, das selbst allerdings einer größeren Stadt weiter südlich untertan gewesen sein mag. Toqua, am Little Tennessee River etwa 50 Kilometer südwestlich von Knoxville gelegen, hat zwei flachkuppige Mounds aufzuweisen, 7 Meter hoch der eine (nach achtmaliger Erweiterung), während der andere, 90 Meter entfernte nur eine Höhe von 1,8 Metern hat und in zwei Bauphasen entstand. Beide dienten einerseits als Begräbnishügel, anderseits als Unterbauten. Das Dorf umfaßte an die vierzig Haushalte auf 20 Hektar.

Die Arbeiten an solch großen Bauwerken erforderten sicherlich eine gute Organisation. Es gibt hinreichend Beweise für die hierarchische Struktur dieser Gesellschaften. Regiert wurden sie jeweils von einem Oberhäuptling, der in einer großen Stadt residierte, um die sich kleinere Städte und Dörfer reihten, an deren Spitze untergeordnete Häuptlinge standen. Der Häuptling und seine Verwandtschaft galten als Abkömmlinge der Sonne. Häuptlinge besaßen große Macht und Prestige, mit einer Anzahl persönlicher Vorrechte in Form besonderer Insignien und Besitztümer. Umgeben von Gefolgsleuten empfingen sie Tribute und die Ehrerbietung ihrer Untergebenen. Die Häuptlingstümer waren expansionistisch und bekämpften einander. Die Mehrzahl der Menschen gehörte zum einfachen Volk. Darüber stand ein Adel mit abgestufter Rangordnung. Als Einzelperson war man Mitglied eines Klanverbandes, und jeder Klan umfaßte sowohl Adelige als auch Gemeine. Die Klane waren totemistisch, insofern jeder seinen eigenen, meist tierischen Schutzgeist hatte und von den Klanangehörigen angenommen wurde, daß sie Wesensmerkmale und Verhaltensweisen ihres Totems teilten. Die Klane waren matrilinear – man wurde in den Klan der Mutter geboren – und exogam, d.h. die Heirat innerhalb des Klans war verboten. Aber sie waren keine organisierten Gruppen, und jeder Klan verteilte sich auf viele Dörfer, die von den Mitgliedern mehrerer Klane bewohnt wurden.

Obwohl die Klane relativ egalitär waren – die meisten Angehörigen standen auf gleicher Stufe –, bestand ein hierarchisches Verhältnis zwischen den Klanen. Die Gesellschaft war in zwei Seiten oder Hälften gegliedert, und auf jeder Seite gab es eine Reihe von Klanen, die einer festen Rangordnung unterlagen. Überdies galt, wie es scheint, auch eine Seite als der anderen überlegen. Häuptlingsämter waren – gewiß in der Matrilinie – erblich. Entsprechendes läßt sich auch für die niederen Ränge sagen, doch war hier wohl auch die patrilineare Erbfolge vom Vater auf den Sohn möglich. Es hat jedoch den Anschein, als ob Adelige nur Gemeine ehelichen konnten, wobei die Kinder aus diesen Ehen einen geringeren Rang einnahmen als ihr adeliges Elternteil und ihre Nachkommen nach vier oder fünf Generationen zu Gemeinen wurden.

Sicherlich unterschieden sich die politischen und sozialen Systeme der einzelnen Häuptlingstümer voneinander; sie waren ziemlich komplex aufgebaut und Europäern kaum verständlich. Ein besonders treffendes Beispiel hierfür sind die Calusa im südwestlichen Florida, die in den 1560er Jahren von einem Jesuitenmissionar relativ gründlich erforscht wurden. Hier war der Oberhäuptling vom Rest der Gesellschaft durch eine Ausnahme von der Inzestregel abgesetzt: er mußte seine Schwester heiraten (zum Kummer des Missionars), ein Brauch, der weltweit nur noch von wenigen anderen Gesellschaften bekannt ist, die sich alle durch eine ausgeprägte soziale und politische Schichtung mit erblicher Rangfolge auszeichnen. Die Heirat zwischen königlichen Vollgeschwistern ist dann

Unten: *Joe Silestine (Toshkachito), ein Choctaw vom Bayou Lacombe, Louisiana, 1909. Er demonstriert den Umgang mit einem Schilfblasrohr. Die mit Distelwolle gefiederten Holzpfeile hatten eine Reichweite von 8 Metern.*

Oben: *Choctaw-Ballspiel, 1925 bei Philadelphia, Mississippi, aufgenommen. Rechts außen steht David Jim. Das bei den Choctaw in Mississippi nach wie vor sehr beliebte Spiel ist eine Variante des im Südosten weitverbreiteten indianischen Mannschaftsspiels.*

Unten: *Haylaema, eine Choctaw-Frau in Louisiana, 1909. Der robuste Tragekorb, aus längsgespaltenem Flußschilfrohr gefertigt, ist in Köpertechnik geflochten und wird mit Hilfe eines wildledernen Gurts quer über der Brust getragen.*

besonders angemessen, wenn der Adel exogam ist und kein Kind den vollen Rang seines adeligen Elternteils erben kann.

In französischen Berichten über den Tod und die Bestattung eines hochrangigen Natchez-Häuptlings erhalten wir einen historisch späten Eindruck von der einst für den Südosten weitgehend typischen gesellschaftlichen Stratifikation[1]. Die Natchez kannten zwei soziale Klassen, Adelige und einfaches Volk. Der Adel wiederum war in drei Rangstufen unterteilt: „Sonnen", „Edle" und „Geehrte", die allesamt exogam waren und nur Nichtadelige heiraten konnten. Die Klassenzugehörigkeit und der Adelsrang wurden von der Mutter mit der Geburt erworben, nur daß die Kinder von Vätern, die der Rangstufe der „Sonnen" bzw. der „Edlen" angehörten, in den nächsttieferen Rang geboren wurden, anstatt nichtadelig wie ihre Mütter zu werden. Der Rang eines Menschen wurde im allgemeinen vererbt, doch gab es einige Gemeine, die aufgrund besonderer Verdienste mit ihren Frauen die Rangstufe der „Geehrten" erreichen konnten. Der König oder höchstrangige Häuptling trug den Titel „Große Sonne"; ihm folgte der Sohn seiner Schwester im Amt nach. Es gibt eine Menge Beweise für die Ehrerbietung und die besonderen Privilegien, die diesem Mann zukamen. Die anderen hohen zivilen, militärischen und wahrscheinlich auch religiösen Ämter wurden gleichfalls von „Sonnen" bekleidet. Beim Tode einer „Sonne" wurde der Gatte/die Gattin geopfert – freiwillig, so daß man von Selbstmord reden könnte –, um den Geist des Toten ins Jenseits begleiten zu können.

Im Jahr 1725 starb der Große Kriegshäuptling Tatauierte Schlange, heißgeliebter Bruder der „Großen Sonne". Klagerufe verbreiteten die Nachricht von seinem Tod von Dorf zu Dorf. Der Leichnam wurde in seinen schönsten Ornat gekleidet und – das Gesicht mit Zinnober bemalt – auf einem Rohrbett in seinem Haus aufgebahrt, das vermutlich auf einem kleinen Mound nahe der Plaza stand. Man band seine Waffen ans Bett und stellte alle Kalumets (Friedenspfeifen), die er je erhalten hatte, um es herum zur Schau. Seine Besitztümer wurden aus dem Haus gebracht und zusammengepackt, um mit ihm begraben zu werden. Man stellte ihm zu Ehren einen rotbemalten Pfahl auf und behängte ihn mit 46 aus Schilf geflochtenen Reifen, die für die Zahl der von ihm getöteten Feinde standen.

Am ersten Tag fasteten die Trauernden. Dies war bei den meisten Indianern des Südostens eine Methode, um spirituelle Kraft zu erlangen. Die acht Menschen, die ihn in die Nachwelt begleiten sollten, wurden vorbereitet. (Auch die „Große Sonne" wäre ihm gefolgt, wenn die Franzosen es ihm nicht mühsam ausgeredet hätten.) Es waren dies die Hauptfrau und die zweite Gemahlin der Tatauierten Schlange, fünf Beamte oder Diener (einer führte den Titel „Erster Krieger" oder „Kanzler", wie ihn die Franzosen nannten; eine „Edle", Medizinfrau und spezielle Freundin des Verstorbenen; sein „Erster Diener", vielleicht mit seinem Pfeifenträger identisch, und dessen Frau; und der Verfertiger von Kriegskeulen) und eine Frau, die bereits beim Tod einer anderen „Sonne" für den Opfertod vorgesehen war, wäre sie zu dem Zeitpunkt nicht eine Geisel der Franzosen gewesen. Ein Mann, der gleichfalls einem früheren Opfer entronnen, dessen französischer Beschützer aber inzwischen abgereist war, wurde von dreißig Kriegern herangeschafft. Da er aber nach wie vor nicht bereit war zu sterben, ließ ihn die Hauptfrau der Tatauierten Schlange als unwürdig, sie und die anderen ins Jenseits zu begleiten, fallen. Die andere Welt beschrieb man den Franzosen als einen Ort, wo es weder Hunger noch Tod oder Krieg gäbe und immer schönes Wetter herrschte. Zwei oder drei Tage lang waren die Tänze nur Proben für die

Yuchi

Die Yuchi waren mindestens seit Anfang des 18. Jahrhunderts Teil der Creek-Konföderation und wurden 1836 zusammen mit den Creek aus dem Land ihrer Ahnen in Georgia ins Indianerterritorium, das heutige Oklahoma, deportiert. Ihre langanhaltende Verbindung mit den Creek führte zu zahlreichen kulturellen Ähnlichkeiten, auch wenn sie ihre eigene Identität bewahrten und bis in die Mitte des 20. Jahrhunderts noch ihre eigene Sprache besaßen. 1904–5 forschte der Ethnologe Frank G. Speck bei den Yuchi. Er fand Ackerbauern und Viehzüchter, die in weithin verstreuten Haushalten in drei Siedlungsgebieten lebten und in der politischen Struktur der Creek-Gemeinschaft eine einzige Stadt bildeten. Specks Monographie, die er 1909 veröffentlichte, verdanken wir die Beschreibung vieler Aspekte des Yuchi-Lebens zu Beginn des 20. Jahrhunderts. Besondere Aufmerksamkeit widmete er der Heilkunst und den Ritualen. Alle hier abgebildeten Stücke wurden in den Jahren 1904–5 von Speck gesammelt.

1 Männer-Jagdjacke aus grünem Baumwollstoff, mit roten Kalikoborten.
2 Männerhemd aus schwarzem Baumwollstoff, mit aufgenähten Zierstreifen.
3 Männer-Lendenschurz aus rotem Flanell, der Saum mit blauem Baumwollstoff eingefaßt.
4 Männerleggings aus grobem Wollstoff, mit Borten am Innensaum der Beinlappen.
5 Kratzer: sechs Nadeln in einem Rahmen aus Truthahnfederkielen, an dem ein Schlangenwurzblatt [Polygala senega oder Aristolochia serpentaria, Anm. d. Übs.] befestigt ist.
6 Schilfrohr, mit dem Medizinmänner den Medizinen Heilkraft einbliesen.
7 Flageolett aus Zedernholz, junge Männer spielten bei der Liebeswerbung darauf
8 Tanzstab mit Reiherfedern; beim Fest des Jungen Maises trug der Anführer beim Federtanz zwei dieser Stäbe.
9 Weiße Reiherfeder, an einer Spiralfeder befestigt; von den Männern beim Tanz des Jungen Maises am Hut getragen.
10 Stoff für den Turban eines Medizinmannes.
11 Hutband eines Medizinmannes.
12 Perlenbesticktes Männer-Halsband.
13 Bogen aus bois d'arc [„Bogenholz", dem Holz des Osage-Orangenbaums, Maciura aurantiaca, Anm. d. Übs.], mit einer tordierten Rohledersehne.

14 Pfeile; einer mit gerader Spitze für Kleinwild, ein stumpfer Pfeil für die Vogeljagd und einer mit facettierter Spitze zum Schießen von Fischen.
15 Einer aus einem Paar von Ballschlägern, wie sie beim Mannschaftsballspiel Verwendung fanden.
16 Stampfer, wie ihn Medizinmänner bei der Zubereitung ritueller Brechmittel für das Fest des Jungen Maises benutzten.
17 Tongefäß zum Kochen.
18 In Köpertechnik geflochtener Korb mit Zierband.
19 In Köpertechnik geflochtener Mehrzweckkorb.
20 Trinklöffel, aus einer Kalebasse gefertigt.
21 Ahle zum Nähen und Korbflechten.
22 Hölzerner Löffel zum Umrühren beim Kochen.
23 Hakenmesser zum Holzschnitzen.
24 Kattunkleid für Mädchen.
25 Frauenschürze.
26 Stoffbeutel.
27 Modell eines Stößels zum Zermahlen von Maiskörnern, vom Vater bei der Geburt einer Tochter geschnitzt und aufbewahrt, um eine normale Entwicklung des Kindes zu gewährleisten.
28 Männerhemd aus rotem Baumwollstoff mit blauem Besatz.
29 Männerhemd.
30 Frauengürtel; perlenbestickt und mit Stoffapplikation. Es sollen aufbrechende Gewitterwolken dargestellt sein.
31 Ein Paar Männerkniebänder.
32 Handgewebte Männerschärpe aus roter Wolle.
33 Ein Paar Männerleggings aus schwarzem Wollstoff mit roter Einfassung.

Oben: *Der Zeremonialplatz der Creek-Stadt Asilanapi in Oklahoma, 1912. Das busk (Fest des Jungen Maises) ist im Gange. Beim zentralen Feuer wird die rituelle Medizin bereitet.*

eigentlichen Opferfeierlichkeiten, die am vierten Tag nach dem Tod stattfanden. Die dem Tod Geweihten wurden schön gekleidet, ihr Haar mit roter Farbe beschmiert, und jeder erhielt eine große Muschelschale mit auf den Weg und wurde von acht männlichen Verwandten mit roten Federn im Haar eskortiert: der eine trug eine Kriegskeule, einer die Sitzmatte des Opfers, einer die Schnur, mit der es erwürgt, einer den Lederstreifen, der ihm vor die Augen gebunden werden sollte, einer eine Tonschale, die sechs Tabakkügelchen (oder vielleicht ein stärkeres Narkotikum) enthielt, einer ein kleines Trinkgefäß mit Wasser; die beiden übrigen sollten die Würgeschnur zuziehen.

Die zum Sterben Bestimmten und ihr Gefolge zogen in einer Prozession vom Haus der Tatauierten Schlange vor einen Tempel auf einem Mound bei der Plaza und stießen Todesrufe aus. Der Oberste Priester kam aus dem Tempel mit einer Botschaft des Schöpfers. Danach teilten sich die Zelebranten in zwei Gruppen unter Leitung der beiden Ehefrauen des Toten, die Hauptbeteiligten ließen sich auf ihre Matten nieder und stimmten unisono in den Todesruf ein; sie tanzten, wo sie waren, und hinter ihnen tanzten die sie geleitenden Verwandten. Der Tanz wurde vor dem Haus der Tatauierten Schlange wiederholt; auch der Kriegstanz und andere Tänze wurden abgehalten.

Am zweiten Tag wiederholten sich die Tänze. Diesmal trug jeder von den Todgeweihten eine rote Kriegskeule und einen Bund roter Schnüre. Zwei weibliche Verwandte des Mannes, der von der Hauptfrau als untauglich weggeschickt worden war, erboten sich freiwillig, an seiner Stelle zu sterben; dementsprechend wurden sie stranguliert, wodurch sie ihn selbst nicht nur von seiner Verpflichtung befreiten, sondern ihn überdies in den Status eines „Edlen" erhoben.

Der Schlußtag war charakterisiert durch Fasten und Tabakrauchen (beides, um Kraft zu gewinnen). Das Ende nahte, als der Zeremonienmeister, den Körper rot bemalt, mit einem Kopfschmuck aus roten Federn und einem Gürtel oder Schurz aus roten und schwarzen Federn, einen roten Stab mit schwarzen Federn in der Hand, das Haus der Tatauierten Schlange betrat und den Todesruf ausstieß, den die auf dem Platz versammelte Menge wiederholte. Sechs Männer beförderten die Bahre, auf der der Leichnam lag, mit dem ältesten Kriegshäuptling, der ein Kalumet und den Pfahl mit den sechsundvierzig Reifen trug, und

Rechts: *George W. Stidham und seine Familie, 1869. Stidham war ein Anführer der Mischlingsaristokratie unter den Creek im Indianerterritorium, Sklavenhalter und Anhänger der Konföderierten im Bürgerkrieg.*

dem Zeremonienmeister vorneweg. Hinter der Bahre gingen die Todgeweihten und ihr Gefolge. Deren Dienste bei dieser Zeremonie hoben sie in den Rang von „Geehrten" und befreiten sie von der Verpflichtung, einer anderen „Sonne" in den Tod zu folgen. Nach der Umkreisung des Hauses wand sich die Prozession in gemächlichen Schleifen über die Plaza. Wo die Schleifen ihre größte Ausbuchtung erreichten, schritten sie über den Körper eines Säuglings hinweg, der von seinen Eltern geopfert worden war (und sie damit von der Pflicht befreite, sich beim künftigen Tod einer „Sonne" opfern zu lassen; zugleich wurden sie auf diese Weise in den Adelsrang erhoben).

Sobald die Prozession den Tempel erreichte, wurden die Truhen mit den Besitztümern der Tatauierten Schlange ins Innere gebracht, um mit ihm verbrannt zu werden. Die Todgeweihten nahmen in einem Halbkreis mit dem Gesicht zum Tempel auf ihren Matten Platz. Alle brachen in den Todesruf aus. Sie schluckten die Tabakkügelchen mit Wasser hinunter, was sie gleichgültig werden ließ. Man band ihnen die lederne Augenbinde um und legte ihnen die Schlinge um den Hals, deren Enden von den für diese Aufgabe ausgewählten Verwandten fest zugezogen wurden, was einen schnellen Tod herbeiführte.

Einem der Berichte zufolge wurden daraufhin weitere fünf Personen auf der Plaza stranguliert: die „Amme" der Tatauierten Schlange, ein Heiler aus einer Nachbarstadt und drei alte Frauen.

Die Tatauierte Schlange und seine beiden Frauen wurden in einem Langgrab innerhalb des Tempels beerdigt, die adelige Heilerin und der „Kanzler" auf dem Mound, aber außerhalb des Tempels bestattet. Die anderen Toten brachte man auf Tragen in ihre Heimatdörfer und begrub sie dort im Tempel. Zuletzt brannte man das Haus der Tatauierten Schlange nieder.

Es kommt wenig überraschend, daß mehrere französische Beobachter aus dem 18. Jahrhundert diese Begräbnisfeierlichkeiten ausführlich geschildert haben. Über den religiösen Hintergrund, der solche Rituale rechtfertigte, wußten sie zwar wenig zu sagen, aber es kann kaum ein Zweifel darüber bestehen, daß das hierarchische Sozialsystem eine starke ideologische Absicherung erfuhr. Einige Jahre später griffen die Natchez die Franzosen an, die zurückschlugen und sie nahezu auslöschten. Die Überlebenden schlossen sich schließlich den Creek und Cherokee an, und bis zum Ende des 19. und dem Beginn des 20. Jahrhunderts ist es still um sie. Ihr kompliziertes Sozialsystem haben sie später durch eines ersetzt, das dem der Creek sehr ähnlich war.

Voraussetzung für die dichte Bevölkerung des Südostens und seine komplexen politischen und sozialen Systeme war die wirtschaftliche Basis. Von der Subsistenzwirtschaft (= Bedarfsdeckungswirtschaft, Anm. d. Übs.), wie sie die Choctaw im späten 18. Jahrhundert betrieben, erhalten wir durch die von Gideon Lincecum in den Jahren 1823-25 in Mississippi durchgeführten Sammlungen an dinglichem Kulturbesitz eine ausgezeichnete Vorstellung. Lincecum war ein Arzt der Grenze, der bei einem Choctaw-Medizinmann in die Lehre ging und zudem lange historische Überlieferungen niederschrieb und übersetzte, die ihm ein alter Choctaw namens Chahta Imataha erzählte[2].

Im 18. Jahrhundert hatten die Choctaw weniger Land als ihre Nachbarn und waren wahrscheinlich auch abhängiger von der Landwirtschaft als diese. Sie waren jedoch so produktiv, daß sie einen Überschuß an Mais erwirtschafteten, den sie „exportierten". Wie überall im Südosten waren die saisonalen Unterschiede auch für die Subsistenz der Choctaw von Bedeutung. Im Mittwinter wurden die Felder für den Anbau vorbereitet. Nach einer von Tänzen begleiteten Zeremonie rodete man auf den neuen Ackerflächen das Unterholz und die niedrigwachsenden Bäume, wohingegen größere Bäume geringelt wurden. Das trockene Gestrüpp wurde dann zweifellos verbrannt und die Asche über die Felder verstreut – der einzige Dünger, den man verwendete. Angebaut wurde im Frühling; nach dem Umgraben des Bodens wurden mit Hilfe eines speziellen Grabstocks Saatlöcher angelegt. Der Grabstock war ein kurzer Hartholzstecken, dessen eines Ende zugespitzt und im Feuer gehärtet war. Die schwerste Arbeit beim Roden und Säubern der neuen Feldern fiel den Männern zu; alle übrigen landwirtschaftlichen Tätigkeiten führten Männer, Frauen und Kinder gemeinsam aus. Ansonsten waren im Südosten die auf das Roden folgenden Arbeiten meist ausschließlich Frauensache. Die wichtigste Anbaupflanze war der Mais. Er wurde zusammen mit Bohnen und Kürbissen kultiviert. Von geringerer Bedeutung waren Sonnenblumen, Wasserholunder und Flaschenkürbisse. Bis zum Ende des 18. Jahrhunderts kamen Erbsen, Wassermelonen, Süßkartoffeln und Obstbäume hinzu.

Unten: Ein Einfamiliendorf der Mikasuki Seminolen im Big Cypress Swamp, Florida, ca. 1920. Die Schleifspuren von Kanus führen zu zwei „Docks". Die auf der Rückseite offene Hütte dient zum Kochen.

Später mußten die Feldfrüchte vor Eichhörnchen und Krähen geschützt werden; das ließ den meisten dennoch Gelegenheit, an Flüssen und Seen fischen zu gehen und Schildkröten zu fangen oder Wildfrüchte, Nüsse und Beeren zu sammeln, beispielsweise Persimonen, Pflaumen, Hickorynüsse, Kastanien, Wal- und Pekannüsse, Eicheln (die wahrscheinlich zermahlen und dann entbittert wurden), Kirschen, Trauben und Maulbeeren. Zu den Fischfangmethoden gehörte das gemeinschaftliche Fischtreiben im Flachwasser; die Verwendung von reusenartigen Fischfallen (man überzog eine lange, aus Reifen konstruierte Röhre mit Tierhaut und versah sie mit einer Zugschnur, um sie schließen zu können); das Aufwühlen von Schlamm an einer strömungslosen Flußstelle (auch wenn Lincecum dies nicht ausdrücklich erwähnt, scheint dabei der Gebrauch von Roßkastanie oder Honigpilz [„devil's shoestring": schwarze schnürsenkelähnliche Fäden deuten auf Befall durch Armillaria mellea, den Honigpilz; Anm. d. Übs.] als betäubendes Pflanzengift nicht ausgeschlossen); das Schießen der Fische mit Pfeil und Bogen; und das Angeln mit Metallhaken, die von den Franzosen erworben wurden.

Wenn im Frühsommer der erste Mais reifte, versammelten sich alle zum Fest des Jungen Maises. Danach nahm man den Fischfang, die Jagd auf Wasservögel und die Sammeltätigkeit wieder auf, bis es Zeit war im Herbst mit der Ernte und dem Speichern des reifen Maises. Anschließend, bis in den frühen Winter hinein, gingen die Männer auf die Jagd, während Frauen, Kinder und Alte in den Wäldern Nüsse und Beeren sammelten. Im Mittwinter kehrten die Jäger zurück, und der Kreislauf begann von neuem mit dem Roden.

Zur Jagd benutzten die Männer Pfeil und Bogen, bevor sie von den Europäern Feuerwaffen erhielten. Das am meisten geschätzte Wild war der Hirsch; Hirsche wurden in großer Zahl getötet. Aus der Haut vom Kopf und dem Geweih des Hirschbocks wurden Lockmasken angefertigt, und die Jäger riefen die Tiere mit nachahmenden Lockrufen. Auf Bärenjagd ging man in den Rohrdickichten. Bären wurden vor allem ihres Fetts wegen erlegt. Jungen (aber auch Männer) jagten Kleintiere wie Schildkröten, Alligatoren, Kaninchen, Waschbären, Truthühner, Wachteln und Präriehühner. Ihre Lieblingswaffe war das zwei Meter lange Schilfblasrohr, aus dem Pfeile abgeschossen wurden, die mit Distelwolle am Schaftende zielsicher gemacht wurden. Das Fleisch wurde in der Sonne oder auf Gestellen über dem Feuer getrocknet und geräuchert.

Für die Zubereitung von Mais gab es viele unterschiedliche Rezepte. Junger Mais wurde auf dem Kolben geröstet, und seine Körner, mit Fleisch und unter Hinzugabe von etwas Lauge aus Pflanzenasche lange gekocht, gaben ein beliebtes Gericht ab. Reifer Mais wurde geröstet oder getrocknet und im Holzmörser mit einem Stößel zu Mehl zerstampft. Der Choctaw-Mörser bestand aus dem geraden Teil eines Hickorystamms und war etwa 60 Zentimeter hoch mit einem Durchmesser von etwa 30-45 Zentimetern. Die vom oberen Ende her ausgebrannte Höhlung war bis zu 45 Zentimeter tief. Der Stößel maß etwa anderthalb Meter und war ebenfalls aus Hickoryholz. An seinem oberen Ende blieb er auf eine Länge von etwa 30 Zentimetern an die 15 Zentimeter dick, um dem Stampfen Wucht zu verleihen, während er nach unten sich in einem runden Schaft von etwa 5 Zentimetern Durchmesser fortsetzte und in eine Spitze auslief. Neben dem Rösten und Trocknen konnten die Maiskörner auch gekocht werden, bevor sie zerstampft wurden. Um den zerstampften Mais zu sieben und zu säubern, benutzte man drei Körbe aus geflochtenem Schilf: einen schaufelförmigen Worfler, ein flaches, fast quadratisches Sieb und einen großen, flachen Behälter. Maisbrei machte man, indem man getrocknete Maiskörner zerstampfte, um die Hülsen zu entfernen, und dann die Bruchstücke (ein noch sehr grobes Mehl) zwölf bis achtzehn Stunden lang in Laugenwasser kochte. Dies war ein beliebtes Gericht, das im Choctaw tanfula hieß. Nichtindianer übernahmen es unter dem Namen Tom Fuller. Viele Sorten Brot wurden aus Maismehl gemacht, durch einfaches Backen oder indem man es leicht gären ließ, um gesäuertes

Unten: *Mikasuki Seminolen: Männer, Frauen und Kinder, um 1930, am Kochfeuer in der Mitte ihrer Ansiedlung. Die Baumstämme wurden nach und nach ins Feuer geschoben und brannten langsam von einem Ende her.*

Oben: Fred Smith, Seminolenjunge, mit der typischen Babyfrisur und der Kleidung kleiner Jungen – mit Patchwork-Streifen und vorne offen (Die Kleider kleiner Mädchen waren hinten offen). Das Foto wurde 1943 von W. D. Boehmer aufgenommen.

Rechts: Cow Creek-Seminolinnen, ca. 1917. Ihre Röcke waren aus Baumwollstreifen in kontrastierenden Farben zusammengenäht. Damals kam die Patchwork-Technik gerade erst auf. Die sitzende Frau in der Mitte trägt Broschen aus Silbermünzen.

Brot zu erhalten, oder indem man für den Brotteig eine Mischung aus gemahlenen Sonnenblumensamen und Maismehl vorbereitete. Man füllte auch Maishülsen mit Maismehlteig und buk sie in heißer Asche. Oder der Maismehlteig wurde mit untergemengten Bohnen bzw. Hickorynüssen in Maishülsen gegeben und gekocht. Oder es wurden noch grüne Maiskörner zermahlen und der Brei mit heißem Wasser verrührt. Ein ganz besonderes Gericht wurde von den Brauteltern bei der Hochzeit aufgetischt; es war aus dem durchgepreßten Saft gekochter Trauben bereitet, in dem Nocken aus Maismehlteig gekocht wurden. Ein leichtes, nahrhaftes Essen für unterwegs, das Jäger und Krieger überall im östlichen Nordamerika mit sich führten, bestand aus sorgfältig gesiebten, im Mörser zerstampften gerösteten Maiskörnern. Man konnte es als kalte „Mehlspeise" essen, indem man einfach eine Handvoll Mehl mit Wasser anfeuchtete. Die Bedeutung des Maisbrots für die gastronomischen Traditionen des Südens ist ein Vermächtnis der Indianer.

Ungefähr hundert Jahre lang (1550–1650) schweigen die historischen Berichte über den Süden, detaillierte Darstellungen gibt es mit regionalen Ausnahmen erst ein weiteres Jahrhundert später. Dies war eine entscheidende Periode des Wandels, in der die traditionellen Häuptlingstümer zerbrachen und jene Städte, Stämme und Konföderationen an ihre Stelle traten, die wir bis in die Gegenwart verfolgen können. Der archäologische Befund scheint zu bestätigen, daß es in dieser Zeit zu einem massivem Bevölkerungsrückgang kam, der hauptsächlich auf die Verbreitung europäischer Krankheiten zurückzuführen war, und daß die indianischen Gesellschaften darauf mit der Reorganisation ihrer sozialen und politischen Systeme reagier-

ten. Andererseits ergaben sich daraus umfangreiche Bevölkerungsbewegungen, und starke kulturelle Verluste blieben nicht aus. Die Zahl der Ansiedlungen ging drastisch zurück. Einhergehend mit den demographischen Veränderungen – die keineswegs überall gleichmäßig und mit gleicher Intensität abliefen – kam es zu Verschiebungen in den Machtverhältnissen zwischen den Stämmen. Viele Stätten, die seit Jahrhunderten besiedelt gewesen waren, wurden aufgegeben. Fortan wurden keine Mounds und andere größere Erdarbeiten mehr errichtet. Die markanten Unterschiede, die es zwischen den städtischen Zentren größenmäßig und vermutlich auch hinsichtlich ihrer Macht und Hoheitsrechte gab, verschwanden. Im späten siebzehnten Jahrhundert übten die Irokesenkriege – Hintergrund war der Pelzhandel im Norden – einen Dominoeffekt auf den Süden aus. Die große Zahl an Feuerwaffen, die von den am Pelzhandel interessier-

Oben: *Stakende Mikasuki Seminolen, photographiert in der Nähe von Miami, ca. 1920. Bei den meisten Indianerstämmen des Südostens waren kiellose Einbäume in Gebrauch, die sowohl gepaddelt als auch gestakt wurden.*

Unten: *Eine Mikasuki Seminolin zerreibt coontie-Wurzeln (Zamia intigrifolia, zu den Zykadeen oder Palmfarnen gehörend), aus denen Stärkemehl bereitet wurde; die Seminolen aßen es in einer sofkie genannten Suppe.*

ten Franzosen, Holländern und Engländern eingeführt wurde, trug maßgeblich zur Expansion der Irokesen bei und zur Flucht vieler ihrer indianischen Feinde in den Süden. Die Gründung von Charleston im Jahre 1670 hatte für den Südosten neue Erschütterungen zur Folge. Die Stadt wurde zum englischen Umschlagplatz von Indianersklaven für Westindien. Zugleich entwikkelte sich ein reger Handel mit Wildleder, das für Europa bestimmt war. In dieser Epoche entstand aus den Trümmern ehemaliger Häuptlingstümer die Konföderation der Creek als Reaktion auf den Druck von außen. Der Untergang der Indianer Floridas, das nominell zu Spanien gehörte, war eine Folge ihres Mangels an Feuerwaffen, um sich gegen die Creek und die englischen Eindringlinge zu verteidigen. Im Laufe des 18. Jahrhunderts wurde Florida von Creek neu besiedelt. Ihre Nachfahren verloren die Verbindung zur Creek-Konföderation und heißen seither Seminolen.

Nach einem weiteren Jahrhundert änderte sich die Lage der Indianer des Südostens erneut radikal. Das Vordringen weißer Siedler vor allem in Georgia und Alabama führte zur Vertreibung und Enteignung der Indianer. In den 1820er und 1830er Jahren wurden schließlich die allermeisten ins sogenannte „Indianerterritorium" deportiert. Viele starben bei diesem „Umzug". Nur wenige entgingen der Deportation, darunter waren einige Gruppen von Seminolen in Südflorida, einige Cherokee im westlichen North Carolina, einige wenige Creek weit im Süden von Alabama und viele Choctaw in Mississippi. Es gab sogar Stämme, die ihrer „Verlegung" gänzlich entrannen: die Catawba in South Carolina, die Tunica und Chitimacha in Louisiana und die Lumbee und andere Mischlingsbevölkerungen in den beiden Carolinas.

Oben: *Billy Smith, ein Cow Creek-Seminole, 1910, in seinem Maisfeld. Solche Felder wurden vom Unterholz befreit, größere Bäume gestutzt und abgebrannt. Mais, Bohnen und Kürbisse konnten angebaut werden.*

Unten: *Zwei Mikasuki Seminolinnen, ca. 1895, mit hölzernen Mörsern und Stößeln. Der Mais wurde in einem Mörser gestampft, der aus dem ausgebrannten Teilstück eines Baumstamms bestand. Das so hergestellte Mehl war gewöhnlich für Suppen bestimmt.*

In Oklahoma reorganisierten sich die Deportierten und setzten neue Stammesregierungen in Kraft, vor allem jene, die als die „Fünf Zivilisierten Stämme" bekannt wurden – Cherokee, Choctaw, Chickasaw, Creek und Seminolen. Der Bürgerkrieg sah viele von ihnen auf beiden Seiten kämpfen und sterben. Nach dem Krieg kam es zur Umbildung der Stammesregierungen, ohne daß dadurch die großen Landverluste an die Weißen in den 80er und 90er Jahren verhindert werden konnten. Als Oklahoma 1907 zum Bundesstaat wurde, verloren die Stammesregierungen einen Großteil ihrer noch verbliebenen Souveränität.

Die Konföderation der Creek gründet(e) sich auf sogenannte towns („Städte"); das sind nicht so sehr Wohn-Orte als soziale und politische Einheiten, die eher dem entsprechen, was andernorts Stämme heißt. „Städter" war, wer mit dem entsprechenden zeremoniellen Zentrum, einem quadratischen Platz (oder „Revier" [stomp ground], wie man heute in Oklahoma dazu sagt), affiliiert war. Oft lebten sie recht weit vom Zentrum entfernt, in verstreuten Flecken und Gehöften. Die Zahl der Städte variierte im Laufe der Zeit, da es sowohl zu Spaltungen, wenn eine Fraktion einen neuen, eigenen Zeremonialplatz anlegte, als auch zu Zusammenschlüssen kam, wenn sich zwei Städte auf einen gemeinsamen Zeremonialplatz einigten. Zwischen circa den 1850er und den 1930er Jahren gab es etwa 25 – 30 Creek-Städte, wobei die Gesamtzahl teilweise davon abhing, wie man eng assoziierte Städte zählte. In ihrer Mehrzahl sprachen sie Muskogee, doch um die fünf oder zehn sprachen Hitchiti (wenn sie es nicht in jüngerer Zeit zugunsten von Muskogee aufgaben). Daneben existierte zumindest jeweils eine Stadt von Anderssprachigen: Alabama, Koasati, Natchez und Yuchi. Muskogee war jedoch die Verkehrssprache der Konföderation.

Die Städte waren in zwei Gruppen unterteilt, die manchmal als „Parteien" bezeichnet, für gewöhnlich aber mit den Namen Weiß und Rot charakterisiert

Ballspiel der Seminolen, 1895

Spieler eines Ballspiels zwischen Männern und Frauen, das beim Fest des Jungen Maises auf Pine Island nördlich von Miami veranstaltet wurde. Der Ball muß das obere Pfostenende treffen, und bei jedem Treffer wird eine Holzkohlenmarkierung gelöscht, um den Spielstand festzuhalten. Die Frauen werfen mit den Händen, Männer dürfen nur Schläger verwenden. Am Rande des Tanzplatzes sieht man das „Bett", eine zeremonielle Sitzgelegenheit, und am rechten Bildrand das Gerüst für eine Schwitzhütte. 1895 waren die Seminolinnen erst seit etwa fünf Jahren mit Nähmaschinen vertraut; maschinengenähte Patchwork-Kleidung hatte daher die alten Applikationsarbeiten noch nicht ersetzt. Die Leggings sind aus Wildleder. Typisch für die Frauentracht der Zeit und der nächsten fünfzig Jahre waren Halsbänder aus vielen Schnüren. Auch die Jungenfrisur blieb noch für einige Jahrzehnte danach typisch.

wurden. Die „Weißen" oder „Friedensstädte" hatten in zivilen Angelegenheiten das Sagen, den „Roten" oder „Kriegsstädten" sprach man die größere Autorität in militärischen Fragen zu. Die Weißen Städte sollen für die Exekutive in der Konföderation Verantwortung getragen haben, die Roten Städte für die Gesetzgebung und Rechtsprechung. Der Creek-Tradition zufolge dominierten die Weißen Städte die Konföderation bis zur Amerikanischen Revolution. Fortan, bis Ende des Bürgerkriegs, wurden die Creek häufig in kriegerische Konflikte verstrickt, weshalb in dieser Zeit die Roten Städte die Vorherrschaft übernahmen. Nach 1865 waren die Weißen Städte wieder obenauf.

Die Zuordnung einer Stadt als Weiß oder Rot galt jedoch nicht auf Dauer. Eine Stadt wechselte die Seiten, wenn sie viermal nacheinander von einer Stadt der anderen Seite in dem so bedeutsamen Ballspiel besiegt worden war. Es war die südliche Variante jenes Mannschaftsspiels auf zwei „Tore", das im Norden als Lacrosse bekannt war. In der südlichen Spielart, im Englischen häufig als stick ball („Stockball") bezeichnet, benutzte jeder Spieler zwei Schläger anstelle des einen beim Lacrosse. Wie das Lacrosse war es ein sehr rauher Sport, der bei den Creek als Ersatz für den Krieg galt, weshalb sie es manchmal „den jüngeren Bruder des Kriegs" nannten und meinten, es gewährleiste den Frieden innerhalb der Konföderation.

Die Creek-Konföderation war nach dem Modell der Städte organisiert, da sich ja auch die Städte jeweils in zwei „Seiten" oder „Parteien" teilten. Die sozialen Einheiten dieser Dualorganisation waren die Klane. Man wurde in den Klan seiner oder ihrer Mutter geboren. Es gab fünfzig Muskogee-Klane, von denen dreiundzwanzig auch Hitchiti-Klane waren. Die meisten trugen Tier- oder Vogelnamen, einige wenige waren nach Pflanzen benannt, und es gab die Klane „Wind", „Medizin", „Salz" und „Pfeil". Totemisch waren sie in dem Sinne, daß ihre Mitglieder zur namensgebenden Spezies oder was es auch war ein besonderes Verhältnis hatten, aber von diesen Totems leiteten sie ihre Herkunft nicht her. Die Klane waren jeweils in verschiedenen Städten vertreten, so daß Klan-Mitglieder, die zu Besuch kamen, der Gastfreundschaft ihres Klans sicher sein konnten. Eine der wichtigsten Funktionen der Klane war die Bestrafung in Mordfällen: die Klan-Angehörigen des Opfers nahmen Rache am Mörder oder an einem Mitglied seines Klans. Eine allgemeine Klan-Organisation existierte nicht. Vielmehr erfüllten die Klane besondere Funktionen in einer Stadt und stellten die Amtsträger (das war von Stadt zu Stadt oft verschieden). Jede Stadt war ein unabhängiges, selbstverwaltetes Gemeinwesen, an dessen Spitze ein micco oder Häuptling stand, der aus einem bestimmten Klan gewählt wurde, und zwar in der Regel einem weißen, da seine Aufgaben friedlicher Art waren. Gewöhnlich gab es neben ihm einen Vize- oder „Zwillings"-Häuptling und eine Reihe von Hilfshäuptlingen (die manchmal sogar aus verschiedenen Klanen stammten). Und es gab überdies ein Gremium von Unterhäuptlingen, die meist dem Klan des micco angehörten. Eine andere Gruppe von Beamten leitete die Arbeit auf den Feldern und an öffentlichen Bauwerken. Zu ihren Pflichten gehörte auch die Durchführung der Black-Drink-Zeremonie. Sie, die Hilfshäuptlinge und eine Reihe geachteter Ältester, die als „Geliebte Männer" bekannt waren, stellten den Stadtrat. In den meisten Städten kamen sie alle aus den Weißen Klanen. Doch hatte

Die wichtigsten Städte der Creek um 1900:

Weiße:	*Rote:*
Kasihta	Coweta
Hitchiti	Tukabahchee
Abihka	Laplako
Okfuskee	Atasi
Okchai	Kealeychi
Ochiapofa	Chiaha
Tulsa	Osochi
Lochapoka	Alabama
Tuskegee	Eufaula
Koasati	Hilabi
Wiwohka	Hothliwahali
Wiogufki	Talmuchasi
Tokpafka	
Nuyaka	
Okmulgee	
Asilanapi	
Yuchi	
Pakana	

Unten: Der Haushalt von Little Tiger, einem Mikasuki Seminolen, auf einer kleinen Insel (hammock) im Big Cypress Swamp, Florida, 1910. Im Vordergrund ist ein „Dock" für Einbäume. Zur Rechten sieht man eine Bananenpflanzung, und andere Feldfrüchte wachsen in der nächsten Umgebung. In der Mitte hinten steht die Kochhütte.

Seminolen

Als Alanson Skinner 1910 diese Objekte bei den Mikasuki Seminolen in Südflorida sammelte, lebten sie in ziemlicher Unabhängigkeit in den Everglades und im Big Cypress Swamp. Sie fuhren im Einbaum nach Miami, Fort Lauderdale und Fort Myers, wo sie in den Geschäften Alligatorenhäute und Federn tauschten und mit dem Geld, das sie als Führer von Sportjägern verdienten, Stoffe, Kaffee, Salz, Tabak, Nähmaschinen, Gewehre und Munition und einige andere Dinge erstanden, die sie zur Ergänzung ihrer eigenen, durch Fischfang, Jagd und Ackerbau gewonnenen Produkte benötigten. Sie blieben unberührt von Missionaren und Regierungsbeamten, die sie zu überreden versuchten, in eine Reservation umzuziehen. Als die Bevölkerungsdichte an der unteren Ostküste Südfloridas rapide zunahm und man mit der Entwässerung der Everglades begann, änderten sich die Verhältnisse stark. Andere Seminolen lebten unweit des Okeechobee-Sees; sie sprachen Muskogee, eine verwandte, aber eigenständige Sprache, und ihre Lebensweise entsprach der der Mikasuki. Die heutigen Florida-Seminolen sind Nachkommen beider Gruppen.

1 Frauenbluse aus Baumwollstoff mit capeartigem aufgesetzten Kragen, Applikationen und zwei Reihen von Broschen aus Silbermünzen.
2 Langer, zur Bluse passender Rock mit Rüschen und applizierten Streifen.
3 Holzstampfer zum Mahlen von Maiskörnern in einem aufrechtstehenden Mörser aus dem Teilstück eines Baumstamms; da für Mädchen bestimmt, ist die Ausführung kleiner.
4 Korbsieb für zermahlenen Mais, aus den Blattstielen von Kohlpalmen in Köpertechnik geflochten.
5 Worfel- und Vorratskorb, aus den Blattstielen von Kohlpalmen in Köpertechnik geflochten.
6 Fächer aus Truthahnschwanzfedern, die auf einen Wildledergriff genäht wurden; zum Feueranfachen.
7, 8 Zwei Holzlöffel, als Trinkschalen für Suppen und andere flüssige Nahrung verwendet.
9 Gehirnmasse vom Hirsch, mit Wurzeln und Fasern vermischt, getrocknet und aufbewahrt, bis man sie fürs Gerben von Hirschhäuten brauchte.
10 Kleid eines schmächtigen Mädchens.
11 Webgitter, um perlenverzierte Bänder herzustellen.
12 Männerhemd mit Bund und langem Schoß, mit einem Muster aus applizierten Streifen; ohne Hosen getragen.

13 Flaum vom Silberreiher und andere Federn sind an einem Stab befestigt, der in den Stoffturban der Männer gesteckt wird.

14 Aus Wolle und weißen Perlen gewebter Gürtel, mit langen roten Wolltroddeln, die auf beiden Hüften herabhängen.

15, 16 Zwei Paar Wildledermokassins, jeweils aus einem Stück gefertigt und am Saum zusammengezogen.

17 Mit Wildleder überzogener Stab, vom Silberschmied Miami John Tiger zum Polieren von Silberschmuck verwendet.

18 Körbchen mit Deckel, ineinanderschiebbar, nur als Medizinbehältnis benutzt.

19 Mit Perlen besticktes, gewebtes Armband mit Wolltroddeln.

20 Doppeltes, perlenbesticktes Gehänge mit Wolltroddeln, von den Männern an den Turban geheftet.

21 Perlenbestickter Schultergürtel mit einem Klapperschlangenmuster, um eine Schulter und quer über die Brust getragen, mit langen Wolltroddeln an der Hüfte.

22 Männerjacke, vorne offen, mit einem großen dreieckigen capeartigen Kragen und komplexem Applikationsmuster auf dem Jackenschoß.

23 Gerade geschnittenes Männerhemd, mit Streifenapplikation vorne an der Passe.

24 Ein Paar Ballschläger, wie sie von Männern im Spiel auf einen Pfosten benutzt wurden.

25 Männer-Lendenschurz aus dunklem Stoff, am Saum mit Borten eingefaßt.

26 Ein Paar Männerleggings aus rotgefärbtem Wildleder, mit daran befestigten gefransten, wildledernen Kniebändern

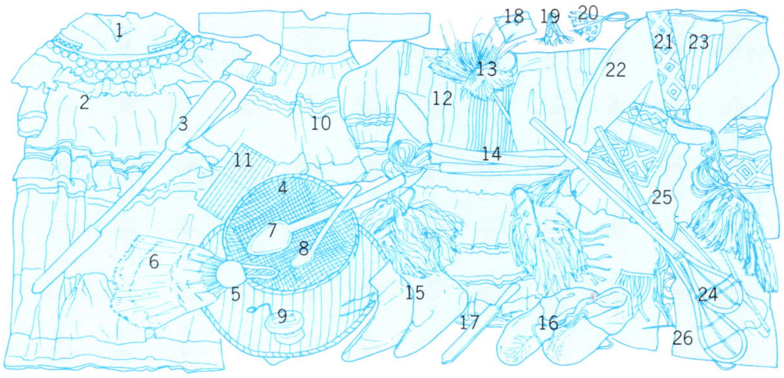

jede Stadt auch Beamte aus den Roten Klanen – drei militärische Dienstgrade, deren Posten nicht erblich waren, sondern aufgrund kriegerischer Taten verliehen wurden. Ihr Aufgabenbereich waren der Krieg und die Ballspiele zwischen den Städten. Die ranghöchsten Krieger bildeten zugleich die Stadtpolizei.

Die Konföderation der Creek als Ganze wurde von einem Rat regiert, der sich aus den Stadthäuptlingen zusammensetzte. Sie versammelten sich in unregelmäßigen Abständen und waren nicht unbedingt ein einheitliches Gremium. Zumindest vor der Deportation der Stämme nach Oklahoma war die Konföderation eine eher lockere und keineswegs staatsähnliche Organisation und diente, wie es scheint, hauptsächlich der Erhaltung des Friedens zwischen den ihr zugehörigen Städten. Eine gemeinsame Verteidigung im Kampf gegen äußere Feinde brachte sie jedoch nicht zustande.

Das wichtigste Ritual der Creek war – und ist es für viele noch heute – das alljährlich stattfindende Fest des Jungen Maises, nach seiner Muskogee-Bezeichnung *poskitá* [„fasten", Anm.d.Übs.] auch busk genannt. Es wies von Stadt zu Stadt leichte Unterschiede auf und erlebte im Laufe der Zeit auch einige Veränderungen, blieb jedoch in seinem Kern in allen Creek-Städten gleich; große Nähe bestand hier auch zu den Verwandten der Creek, den Seminolen. Entsprechende Feste kannten auch die Cherokee, Choctaw und wahrscheinlich noch andere Stämme des Südostens. Eine der besten Schilderungen des Rituals stammt von dem Schauspieler und Bühnenschriftsteller John Howard Payne, Autor von „*Home Sweet Home*", der die Cherokee in ihrem fehlgeschlagenen Kampf gegen die Deportation unterstützt hatte. Payne war 1835 beim busk der Stadt Tukabahchee in Alabama dabei.

> „Nie zuvor sah ich tiefere Frömmigkeit; den Zeremonien wohnte ein rechtschaffener und religiöser Geist inne. Das Jahr wurde begonnen mit Fasten, mit Demut, mit Läuterung, Gebeten und Dankbarkeit. Zwistigkeiten sollten begraben werden, der Mut gestärkt. Man hielt inne, um dem Himmel zu danken, bevor man es wagte, an Seinen Wohltaten teilzuhaben."[3]

Die Städte hielten ihr busk auf einem speziellen quadratischen Platz ab, der im Muskogee „Großes Haus" heißt und offensichtlich als Weltsymbol zu verstehen ist. Der von Payne beschriebene alte Zeremonialplatz von Tukabahchee lag abgeschieden; zwei rechteckige Plätze grenzten hier aneinander. Auf allen vier Seiten des Hauptplatzes befand sich ein etwa 12 Meter langer Unterstand („Bett" genannt), der an den Ecken zwischen den „Betten" Öffnungen von jeweils 3 Metern frei ließ. Jedes „Bett" umfaßte drei Abteile, und in jedem nahm ein bestimmter Klan (oder eine Gruppe von Klanen mit besonderen Bindungen) Platz; vor diesen Abteilungen saßen auf speziellen Stühlen bestimmte städtische Beamte (ungeachtet ihrer Klanzugehörigkeit). An einer Ecke, bereits außerhalb des Hauptplatzes und am Rande des zweiten Platzes, befand sich ein großes, zur Hälfte unterirdisches Beratungshaus mit einem Kegeldach. Auf diesem zweiten Platz stand ein hoher Ritualpfosten, der in einem von den Männern mit Schlägern und von den Frauen ohne Schläger ausgetragenen Ballspiel als „Tor" diente. Der Ballplatz war auf zwei Seiten von Maisfeldern umgeben, auf einer dritten Seite zog sich ein Erdrücken hin, während die vierte Seite von der Rückseite eines der „Betten" begrenzt wurde, die zum anderen Platz hin lagen. In seiner Mitte erhob sich ein Hügel, der aus dem Erdreich aufgehäuft wurde, das man alljährlich bei der Vorbereitung des busk von den Plätzen ent-

Unten: *Der Haushalt des Cow Creek-Seminolen Jim Osceola, 1910/11. Dies ist der traditionelle Haustyp der Florida-Seminolen, ein chickee, mit Palmstroh gedeckt, ohne Seitenwände und deshalb gut durchlüftet. Auf einer Plattform im Inneren aßen, arbeiteten und schliefen die Bewohner.*

fernte und durch eine frische Schicht ersetzte, um den Boden neu zu weihen. An einer Ecke außerhalb des Ballplatzes war eine zweite Erhebung, aufgehäuft aus der Asche des Zentralfeuers. Der Komplex erinnert an die massiven Bauten der alten Häuptlingstümer, auch sie auf oder am Rande von Plätzen errichtet, und stellt einen sehr viel einfacheren „Nachfahren" dieser rituellen Anlagen dar, mit ähnlichen Funktionen.

Das busk der Creek war ein Neujahrsfest und fiel mit der ersten Reife des Maises zusammen. Die neue Ernte vor dem busk zu verzehren, war verboten. Durch die Zeremonie wurden die Beziehungen zur spirituellen Welt, aber auch zu der Welt der Pflanzen und Tiere und zu anderen Menschen erneuert. Eine Besonderheit war die Amnestie für alle, die im vergangenen Jahr ein Verbrechen (Mord als Ausnahme) verübt hatten. Ein wichtiges Element der Zeremonie war das rituelle Entfachen eines neuen Feuers, das an alle Haushalte verteilt wurde, wo man überall die Feuer gelöscht hatte, während die Häuser gefegt und geputzt wurden. Das gleiche neue Feuer diente dazu, das heilige Feuer in der Mitte des Zeremonialplatzes zu entzünden, wo die Ritualmedizinen zubereitet wurden.

In Tukabahchee dauerte das Fest des Jungen Maises acht Tage, wobei die Zeremonien der ersten und

Oben: *Margaret Brown, eine der letzten Personen, die Catawba sprach, beim Töpfern vor ihrem Haus, 1918. Nur bei den Catawba haben die alten Töpfereitechniken des Südostens ohne Unterbrechung überlebt.*

Unten: *Eine Gruppe bedeutender Cherokee-Persönlichkeiten auf Besuch in Washington 1866, um den Vertrag mit den Vereinigten Staaten auszuhandeln, der dann am 19. Juli unterzeichnet wurde. Von links nach rechts: John Rollin Ridge, Saladin Watie, Richard Fields, Oberst Elias C. Boudinot, Oberst William P. Adair.*

die Zeremonien der zweiten vier Tage einander in Struktur und Ablauf entsprachen. Am ersten Tag wurde der Zeremonialplatz gesäubert; dort versammelten sich die Teilnehmer und Besucher. Der zweite Tag war ein richtiger Festtag, und am Abend wurde getanzt. Ein Frauentanz hatte es Payne besonders angetan. Die Nacht über schliefen (nur) die Männer auf dem Zeremonialplatz. Am dritten Tag erreichte das busk vielleicht seinen Höhepunkt. Die Männer fasteten den ganzen Tag; nach Entfachung des neuen Feuers mittels eines Feuerbohrers nahmen sie zwei Medizinen ein, darunter den als Brechmittel wirkenden „Schwarzen Trank". Das darauf folgende allgemeine Erbrechen auf dem Platz wurde von Payne mit einer Libation verglichen; es war eine Form der rituellen Reinigung. Mit Nadeln zerkratzte man die Gliedmaßen junger Männer und Knaben, um ihnen so Kraft zu geben. Männer, die Stangen mit daran befestigten Federn trugen, die den Frieden symbolisierten, führten den Federtanz auf. Es folgte eine Reihe von Tänzen, die nach Tieren benannt waren. Die ganze Nacht wurde gesellig durchgetanzt. Am vierten Tag wurde zum ersten Mal vom neuen Mais gegessen, auch dies Teil eines Festes. Die geheiligten alten Kupferplatten – ein Tukabahchee eigentümliches Palladium – wurden ins Freie gebracht und ehrerbietig ausgestellt. Sängerinnen boten die musikalische Begleitung zu einem Scheinkampf, der als „Feuerwaffentanz" bekannt war. Am Abend trat der Stadtrat zusammen. Der fünfte Tag war einer rituellen Hirschjagd vorbehalten. Der sechste Tag war wiederum ein Festtag, an dem zum ersten Mal im neuen Jahr Salz benutzt wurde (Salz galt als schwächend und gesundheitsschädlich). Wieder tanzten die Frauen mit den für den Süden so typischen Rasseln an den Waden. Zum Schluß wurde der Alte Tanz getanzt, der die Feiernden von allen rituellen Beschränkungen befreite. Der siebte Tag war wieder ein Tag des Fastens, und am achten Tag hielt der Häuptling eine Schlußansprache, bevor die Leute auseinandergingen.

In mehrfacher Hinsicht manifestiert sich im busk-Fest die Bedeutung, die die Indianer des Südostens der Gesundheit und dem Heilen beigemessen haben – vielleicht eine Folge des demographischen Desasters, das ihren Vorfahren widerfahren war. In den traditionellen Kulturen des Südostens gab es keine scharfe Trennung zwischen religiösen und medizinischen Vorstellungen, zwischen Ritual und Praxis. Am besten von allen wissen wir über die traditionelle Medizin der Cherokee Bescheid, was u.a. damit zusammenhängt, daß sich die Heiler der Cherokee der bemerkenswerten Erfindung Sequoyahs bedienten. Obwohl er Englisch weder lesen noch schreiben konnte, verstand er es, Sprache durch Zeichen auf Papier wiederzugeben. Nach mehreren Jahren des Experimentierens legte er 1819 seine Ergebnisse vor. Er hatte ein Alphabet mit 85 Symbolen ersonnen; fünf davon repräsentieren Vokale, einer bezeichnet den Laut s, der Rest steht für Silben, die allesamt aus einem Konsonanten und einem Vokal bestehen. Da es nicht von Missionaren eingeführt worden war (wie andere Schreibsysteme für nordamerikanische Indianersprachen), wurde Sequoyahs Silbenzeichensystem gerne für so elementare nichtchristliche Zwecke wie das Aufzeichnen geheimer Zauberformel zum Zwecke des Heilens benutzt. Cherokee-Heiler sammelten medizinische Zaubersprüche, Gebete und Formeln. Für das Studium und die Beschreibung der Cherokee-Medizin boten sie sich als Einführung an, auch wenn die Berichte selbst überwiegend in Kurzfassung und mit vielen Anspielungen geschrieben sind, um die eigenen Geheimnisse vor konkurrierenden Heilern zu bewahren.

Dem Cherokee-Glauben zufolge lag die Ursache der Krankheiten hauptsächlich bei den Geistseelen der Tiere, da diese die Krankheiten erfunden hätten, um

Unten: *Heimstatt der Cherokee in der Qualla-Reservation, North Carolina, 1888. Die Blockhütte gehörte Ayunini, dem „Schwimmer", der zur Rechten steht. Er war ein wichtiger Informant des Anthropologen James Mooney, gut bewandert in der Mythologie, Geschichte, Botanik und Heilkunst der Cherokee.*

sich an den Menschen dafür zu rächen, daß sie von ihnen getötet und mißbraucht wurden. Es gab allerdings auch Krankheiten, für die menschliche und tierische Geister verantwortlich waren, wie die zwergähnlichen „Kleinen Leute", oder Hexerei. Träume galten manchmal als Symptom oder Omen, in früherer Zeit vielleicht sogar als direkte Ursachen. Krankheiten hießen nach ihren Ursachen und nicht nach ihren Symptomen. Der Heiler begann seine Diagnose mit der Frage, wo es schmerze, bevor er vom Patienten wissen wollte, ob irgendwelche Verbote oder Tabus verletzt worden seien und ob er sich an irgendwelche vielsagenden Träume oder Vorzeichen erinnern könne. Oft mußte der Heiler viele mögliche Krankheiten in Erwägung bringen, auf die die Symptome passen mochten, und für ein und dasselbe Symptom wiederum boten sich unbegrenzte Möglichkeiten der Erkrankung an. Wenn nach Befragung des Kranken die Krankheitsursache nicht feststand, konnte der Heiler es mit Divination versuchen, wobei er die Bewegung der Perlen deutete, die er zwischen Daumen und Zeigefinger jeder Hand hielt.

Heilungen dieser Art erfolgten durch eine Kombination von Heilkräutern und magischen Gesängen oder Rezitationen. Die in der Sequoyah-Silbenschrift niedergeschriebenen Zauberformeln nennen in der Regel zunächst eine Krankheitsursache, setzen dann den Krankheitsgeist herab, drohen ihm mit einem rivalisierenden Geist, der beschworen wird, um ihn zu vertreiben. Diese Formeln haben oft mit Farb- und Richtungssymbolik zu tun. Erfahrene Cherokee-Heiler kannten einige hundert verschiedene Heilpflanzen. Oft hing ihre Eignung davon ab, daß zum krankheitsverursachenden Agens eine gewisse Ähnlichkeit im Namen oder in der Erscheinung bestand, manchmal davon, daß zwischen der Pflanze und dem jeweiligen Krankheitssymptom Ähnlichkeiten wahrnehmbar waren (dem alten Grundsatz der Volksmedizin von der Signatur entsprechend). Heilpflanzen wurden bedarfsweise gesammelt und gewöhnlich in Wasser gekocht. Anschließend wurde die Medizin meist eingerieben, wozu man manchmal die Haut ritzte, oder der Heiler blies die Medizin mit einem Schilfrohr über den Patienten.

Die Wirksamkeit der Cherokee-Medizin kann natürlich unmöglich nachvollzogen werden, da sie einerseits auf psychosomatischen Faktoren beruhte und andererseits auf den pharmakologischen Eigenschaften der Pflanzen (von denen die meisten nie wissenschaftlich überprüft wurden). Zumindest aber war die Medizin der Cherokee vor hundert und mehr Jahren so effektiv wie die zeitgenössische europäische bzw. euro-amerikanische.

Links: *Tsolocha, ein Cherokee, von Karl Bodmer 1833 in Natchez gemalt. Bodmer hatte Schwierigkeiten, einen „alten Cherokee" zu skizzieren, „der damit zunächst nicht einverstanden war, später aber zustimmte... nachdem er ein paar Skizzen zu Gesicht bekommen hatte." Mit ziemlicher Gewißheit bezog sich dies auf Tsolocha.*

Unten: *Tanz der Cherokee vor einem Ballspiel, aufgenommen von James Mooney in der Qualla-Reservation, 1888. Sieben Tänzerinnen stehen in einer Reihe hinter ihrem Tanzführer, der eine Trommel vor sich hat. Man beachte die an einem Gestell vor den Frauen aufgehängten Ballschläger. Ganz links steht der Tanzführer der Männer und schwingt eine Kalebassenrassel.*

Nachweise

1 Übersetzungen dieser Berichte finden sich auf den Seiten 139–157 von John R. Swantons „Indian Tribes of the Lower Mississippi Valley and Adjacent Coast of the Gulf of Mexico" (*Smithsonian Institution, Bureau of American Ethnology Bulletin* 43) von 1911.
2 T. N. Campbell, „Choctaw Subsistence: Ethnographic Notes from the Lincecum Manuscript". In: *Florida Anthropologist* 12 (1): 9–24, 1959.
3 John Howard Payne (mit einer Einleitung von John R. Swanton), „The Green Corn Dance". In: *Chronicles of Oklahoma* 10: 170–195, 1932.

Cherokee

Die Cherokee sind seit der Deportation von 1838 ein geteiltes Volk; die östliche Gruppe lebt in den Bergen des westlichen North Carolina, während die Mehrheit in Ostoklahoma Nachkommen der ins Indianerterritorium Deportierten sind. Zwei der hier gezeigten Objekte stammen aus dem Indianerterritorium, der Rest aus dem Osten; die auf 1868 und 1881 datierten Stücke wurden von Edward Palmer gesammelt, alle anderen von James Mooney, dem großen Pionier in der Ethnographie der Östlichen Cherokee.

1 Wassertrommel, 1887, wurde bei Tänzen gespielt. Sie besteht aus einem Faß aus Sassafrasholz und ist mit einem Trommelfell aus der Haut des Waldmurmeltiers bespannt.
2 Hölzerner Trommelstock für Tanztrommel. 1887.
3 Kratzer: sieben Splitter aus den Beinknochen eines Truthahns in einem Rahmen aus Truthahnfederkielen, diente dazu, Brust und Gliedmaßen von Ballspielern zu kratzen, um sie geschmeidig zu machen. 1886.
4 Stäbe für den Adlertanz. 1889.
5 Schilfblasrohr, etwa 3 Meter lang. 1887.
6 Blasrohrpfeile aus scharfen Stäbchen, gefiedert mit Distelwolle. Vor 1913.
7 Kugelgußform aus regional vorkommendem weißen Talkum, mit Holznadeln zusammengehalten. 1886.
8 Ein Paar Rasseln aus dem Schildpatt von Schmuckschildkröten, von einer Frau außen an den Beinen über den Knöcheln getragen.
9 Eine Kalebassenrassel, die Kieselsteine enthält; sie wurde beim Tanz vom führenden Sänger verwendet. 1887.
10 Ein Paar kurzer Hosen mit rotem Applikationsmuster, von einem Ballspieler getragen. 1888.
11 Zauber, den ein Ballspieler auf dem Kopf trug, bestehend aus Adlerfedern und Hirschhaar, die Schnelligkeit verleihen sollten, und der Rassel einer Klapperschlange, um die Gegner zu erschrecken. 1889.
12 Zwei steinerne Pfeifenköpfe, mit einem Taschenmesser geschnitzt und dann eingefettet; die Verzierung stellt ein Eichhörnchen dar. 1887.
13 Steinerner Pfeifenkopf mit Bär als Verzierung. 1887.
14 Pfeifenstiel aus sourwood [d.i. der sogenannte sorrel tree oder Sauerbaum, Oxydendrum arboreum, Anm. d. Übs.]. 1887.
15 Hölzerne Maske, die beim Adlertanz in Big Cove, Oktober 1901, getragen wurde.
16 Maske, 1901 getragen; Masken dieser Art verkörpern Fremde.
17 Maske aus Roßkastanienholz. 1887.
18 Ball aus Wildleder, mit Hirschhaaren ausgestopft, für das Mannschaftsballspiel. 1881.
19 Ein Paar Ballschläger aus Hickoryholz für das Mannschaftsspiel, vom älteren langen Typ. 1881.
20 Ein Paar Ballschläger, der kürzere jüngere Typ. Vor 1911.
21 Ballschläger, mit Rindenstreifen umwickelt (Spiralmuster). Vor 1911.

22 Spielzeugpflug, von einem zwölfjährigen Jungen angefertigt. 1889.
23 Ahle mit Geweihgriff. 1881.
24 Lockpfeife für die Hirschjagd. 1889.
25 Aus Schilfrohr in Köpertechnik geflochtener Korb. 1881.
26 Maulkorb für Ochsen. Vor 1913.
27 Trinkbecher aus Ton. 1913.
28 Hölzerne Kelle. 1900.
29 Löffel aus Lorbeerholz, für Maisbrei. 1910.
30 Tontopf. 1881.
31 Tontopf. 1887.
32 In Köpertechnik geflochtener Korb. 1881.
33 Fischkorb, Flechtarbeit aus Hickoryspänen. 1900.
34 Wahrsagesteine, hingen an einer Schnur und dienten zusammen mit Zaubermitteln und Gebeten dazu, verlorene Gegenstände wiederzufinden. 1888.
35 Zwei geschnitzte Holzkämme, von Frauen am Hinterkopf getragen. 1887.
36 Geschnitzter Holzkamm. 1881.
37 Ein Paar kurzer Ballspielerhosen. 1888.
38 Ein Paar Ballspielerhosen, 1888 von Rope Twister, dem Kapitän der Mannschaft von Wolftown, getragen.
39 Ein Paar kurzer Ballspielerhosen. 1888.
40 Paddelstempel aus Pappelholz, wurde dazu benutzt, den Topf Nr.41 zu markieren. 1887.
41 Kochtopf mit rundem Boden, mit Paddelmarkierung an der Außenseite. 1887.
42 Maschiger Wollschal, Indianerterritorium. 1868.
43 Gewebter Wollschal, Indianerterritorium. 1868.
44 Ein perlenbesticktes gewebtes Band. Vor 1913.

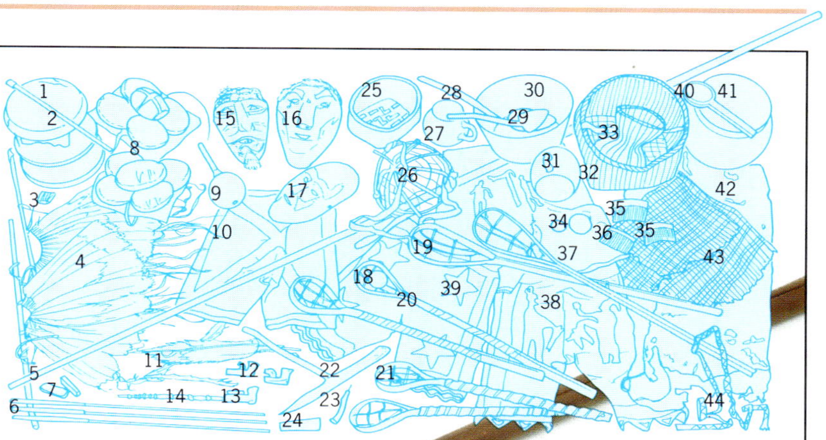

„Es gibt kein Klima und keinen Boden … die dem von Arizona gleichkämen … Es ist mein Land, meine Heimat, meines Vaters Land, in das ich jetzt zurückkehren zu dürfen bitte. Ich will meine letzten Tage dort verbringen und in jenen Bergen begraben werden."

GERONIMO VON DEN CHIRICAHUA APACHE

DER SÜDWESTEN

Der Südwesten hat keine augenfälligen oder definitiven Grenzen; er umfaßt annähernd die Bundesstaaten Arizona und New Mexico in den USA und Teile von Sonora und Chihuahua in Mexiko. Hinzugehören kleinere Teile von Colorado, Texas, Utah und Sinaloa. Auf dem Gebiet zweier moderner Nationalstaaten erstreckt sich ein einheitliches Kulturareal, das durch eine gemeinsame aride Umwelt und eine multikulturelle Gegenwart als Ergebnis einer multikulturellen Vergangenheit gekennzeichnet ist. Neuankömmlinge europäischer, afrikanischer und asiatischer Herkunft vermischten sich im Südwesten mit Indianern. Dabei ist eine charakteristische kraftvolle Gesellschaft entstanden. Es sind zwar an die hundert ethnische Gruppen, aus denen der Südwesten sich zusammensetzt, aber es sind die Indianer, die ihm seine bezeichnende Note geben und seine kulturellen Grundlagen geschaffen haben. Im Unterschied zu anderen Regionen Nordamerikas haben hier mehr als fünfundzwanzig indianische Gruppen den Ansturm der

Diese Karte zeigt annähernd die territorialen Verläufe von Stämmen und Sprachgruppen zum frühesten Zeitpunkt, für den es verläßliche Angaben gibt. Für die Pueblo (von den Hopi über die Piro zu den Nördlichen Tiwa) ist es das 16. Jahrhundert, für den äußersten Südwesten der Region das 17. Jahrhundert und das 18. Jahrhundert für die Apache, Navajo und die Gruppen am Nordwestrand.

Später verloren viele Stämme Land, einige verschwanden und einige wenige vergrößerten ihr Gebiet.

Stammesschlüssel:

1 Cocopa
2 Quechan
3 Halchidhoma
4 Mohave
5 Walapai
6 Havasupai
7 Yavapai
8 Maricopa
9 Papago und Obere Pima
10 Seri
11 Hopi
12 Westliche Apache
13 Chiricahua Apache
14 Zuni
15 Rio-Grande-Keres
16 Jemez
17 Navajo
18 Tewa
19 Nördliche Tiwa
20 Tano
21 Pecos
22 Südliche Tiwa
23 Tompiro
24 Laguna
25 Acoma
26 Piro
27 Jicarilla Apache
28 Mescalero Apache
29 Jocome und Jano
30 Suma
31 Jumano
32 Opata
33 Eudeve
34 Jova
35 Untere Pima (Pima Bajo)
36 Yaqui
37 Guarijio
38 Tarahumara
39 Tubar
40 Mayo
41 Concho
42 Toboso
43 Guasave
44 Acaxee
45 Xixime
46 Tahue
47 Tepehuan
48 Zacateca
49 Pame
50 Karankawa
51 wenig bekannte Stämme der Golf-Küstenebene und ihres Hinterlandes
52 Ñakipa
53 Paipai
54 Kiliwa
55 Cochimi
56 Guaycura
57 Pericú

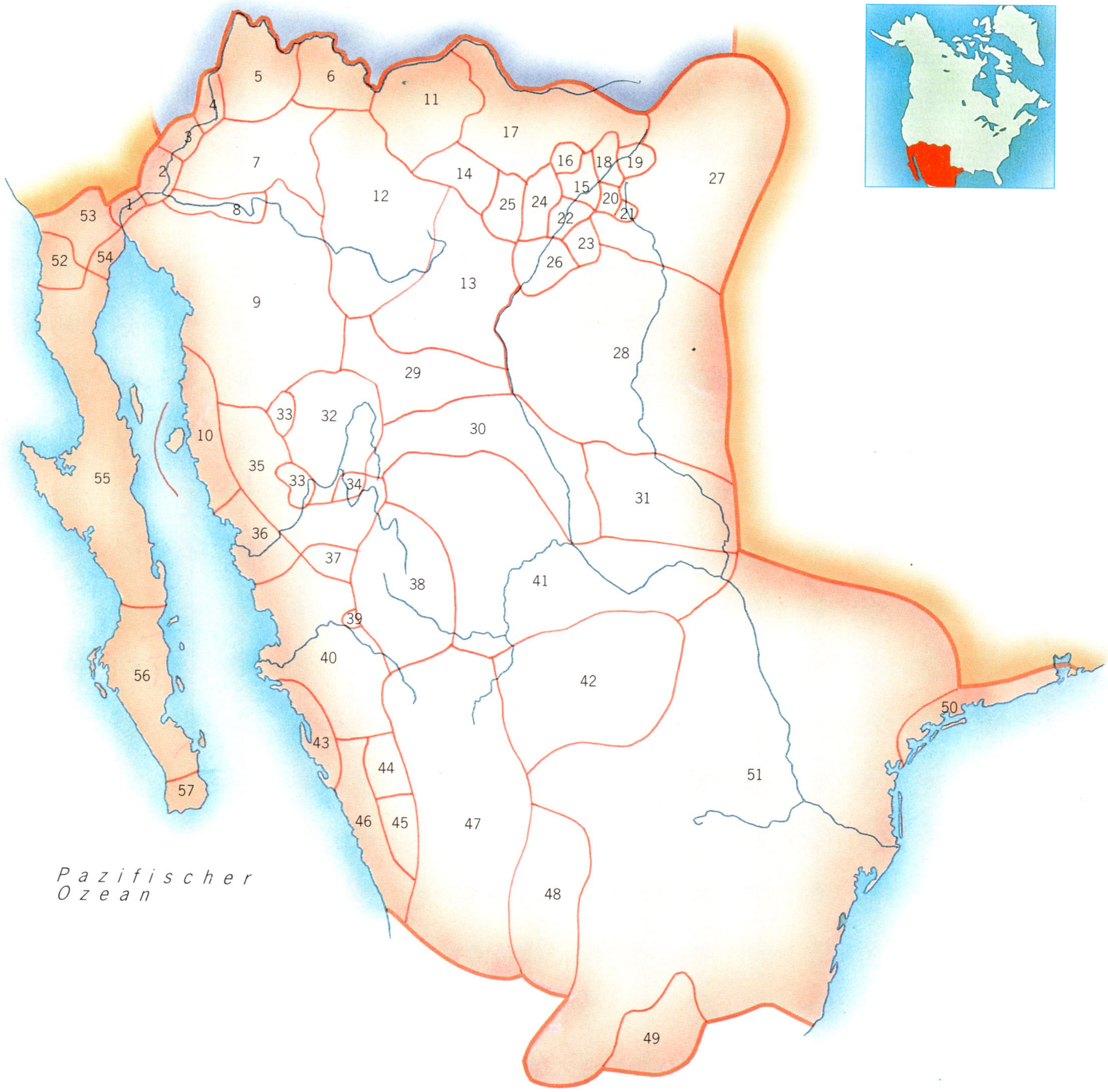

europäischen Expansion überlebt und es fertiggebracht, auf ihren angestammten Territorien zu bleiben und sich überdies ihre eigenständigen Sitten und Gebräuche in kulturellen Enklaven zu erhalten. Sie stehen für nahezu drei Viertel der indianischen Kulturen, die in diesem Gebiet zur Zeit der ersten spanischen Erkundungsexpeditionen heimisch waren.

Die Region des Südwestens ist mit dem Land und seinen alten Traditionen verwurzelt. Es ist ein abwechslungsreiches Land – hohe, zerklüftete, schneebedeckte Berge, fruchtbare Flußtäler, ausgedehnte Grasweiden und trockene Wüsten. Das weite, oft rauhe Land machte umfassende ökologische Anpassungen nötig, ließ in seinen Bewohnern aber auch jene bei indigenen Völkern so häufig anzutreffende Liebe zur Heimat wurzeln. Diese Ortsverbundenheit, das Gefühl, eins zu sein mit dem Land, das als Mutter Erde aufgefaßt wird, durchdringt das Denken und die Kultur der Indianer des Südwestens heute noch genauso stark wie vor 300 Jahren. Das Land ist lebendig, alle Menschen bewahren ihm Achtung. Die Indianer des Südwestens sind Teil des Landes; sie beuten es nicht aus. Es ist diese Anschauung, die sie für die Nachfahren der europäischen Einwanderer unterscheidbar macht. Es bedeutet nicht, daß alle indianischen Gesellschaften des Südwestens gleich oder auch nur gleichartig sind oder daß sie sich nie ändern. Jede einzelne besitzt eine eigenständige Kultur, das Ergebnis einer langen historischen Entwicklung. Es sind würdige, selbstbewußte Menschen, die ihre Lebensweise den lokalen und regionalen Ressourcen abgerungen haben. Ihre heutigen Kulturen sind ein Vermächtnis der Vergangenheit für die Gegenwart und die Zukunft – wie nirgendwo sonst in Nordamerika.

Die Indianer erreichten den Südwesten vor mindestens 12000 Jahren. In dieser Frühzeit waren die Menschen Jäger und Sammler wildwachsender Pflanzen. Als Nomaden lebten sie in kleinen Familiengruppen und jagten zunächst Großwild wie Mammut und Bison; später, nachdem die Umweltbedingungen sich verändert hatten, erlegten sie kleinere Tiere wie Hirsch und Hase. Den Übergang charakterisierte mit der Anpassung an die Umwelt eine neue Lebensweise, und so hat man den Menschen in Erkenntnis dieses Wandels einen neuen Namen gegeben: Archaische oder Wüsten-Völker. Es waren diese um 6000 v.Chr. auftretenden Kulturen, die dann um 3000 – 2500 v.Chr. mit dem Anbau von Pflanzen zu experimentieren begannen.

Langsam entwickelten die Völker des Südwestens eigengeprägte Kulturen; die in den Gebirgsgegenden lebten, nennt man Mogollon, die auf dem Colorado-Plateau Basketmaker und Anasazi und die im westlichen und mittleren Teil der Region Patayan [pataya, „die Alten" in der Sprache der Walapai, Anm.d.Übs.], Sinagua und Salado. (Bedauerlicherweise ist über die Vorgeschichte Nordwestmexikos fast nichts bekannt.) Alle diese Gruppen wurden zu Gartenbauern, die den Ertrag an Mais, Bohnen und Kürbissen durch die Jagd und das Sammeln wilder Früchte ergänzten. Um 300 v.Chr. wanderten neue Gruppen aus Mexiko zu, deren sich schnell entwickelnde Kultur agrarischen Traditionen folgte und als Hohokam bekannt ist. Sie lebten im mittleren und südlichen Arizona, wo sie ausgedehnte Bewässerungssysteme, verfeinertes Werkzeug und eine monumentale Architektur schufen. Jede der vier Gruppen ist auf ein geographisches Gebiet begrenzbar – Wüste, Gebirge und Plateau. All jene ausgenommen, deren Lebensraum sich für den Ackerbau nicht eignete, lebten diese vorgeschichtlichen Menschen in festen oder halbfesten Siedlungen. Einige dieser Dörfer waren so weiträumig und komplex angelegt, daß sie kleinen Städten mit umfassenden und komplizierten Organisationsformen glichen.

Im 14./15. Jahrhundert kam es zu großen Bevölkerungsbewegungen, die man bis heute nicht zu erklären weiß. Nach einer langen Dürreperiode wurden alte Territorien aufgegeben, und die größeren Handelszentren verödeten. Damals ließen sich die wichtigsten ethnischen Gruppen des Südwestens – ihre Nachkommen sind die heutigen Pueblo, O'Odham (Pima) und Yuma – in ihren seither traditionellen Stammesgebieten nieder. Die reiche mündliche Überlieferung, die jede Gruppe über diese Zeit besitzt, wird von ausführlichen Clan- oder Wanderlegenden eingeleitet. Von Norden her kamen andere Gruppen in die Region – Navajo und Apache. Plains-Indianer aus dem Osten kamen zu Handelszwecken. Hin und wieder stießen Gruppen aus dem Great Basin auf die seßhafte Bevölkerung im Norden des Gebiets und an den Flüssen. Wiederholt von Dürre heimgesucht und von den neuen nomadischen Neuankömmlingen bedroht, zogen sich Gruppen wie die Anasazi auf die Hochebenen der Mesas und östlich bis zum Rio Grande zurück. Als Region blieb der Südwesten durch starke wechselseitige Beeinflussung und kulturelle Anleihen gekennzeichnet.

Zum Schluß kamen die Europäer, erst die Spanier und später die Anglo-Amerikaner. Im trockenen Südwesten begegneten und überlappten sich die Grenzen der spanischen und englischen Eroberungen in der Neuen Welt. Als die Spanier Mitte des 16. Jahrhunderts in die Region vorstießen, fanden sie sie von zahlreichen ethnischen Gruppen bevölkert. Darunter waren Feldbauern, die in Städten wohnten, die Pueblo-Indianer, aber auch angriffslustige halbnomadische Jäger; wieder andere lebten in Kleingruppen (bands) vom Jagen und Sammeln. Diese Völker mit ihren vielfältigen Lebensweisen sprachen eine verwirrende Vielzahl von Sprachen. Eine Gemeinsamkeit jedoch hatten sie: sie unterschieden sich in ihrer politischen und wirtschaftlichen Organisation merklich von dem Niveau, das die Spanier in Zentralmexiko vorgefunden hatten. Da es im Südwesten keine dominierenden Agrarreiche wie das aztekische gab, blieben die Völker der Region politisch unabhängige,

Unten: *Frauen aus dem San-Ildefonso-Pueblo, wo bis auf den heutigen Tag eine der besten Pueblo-Keramiken hergestellt wird. Sie tragen die klassische manta [Kleid aus Baumwolltuch, Anm. d.Übs.], verziert mit Edelsteinen (Türkisen oder Korallen), und Mokassins mit festen Sohlen.*

sozial und wirtschaftlich autarke Feldbauern; bis auf wenige hundert Menschen zählende Gruppen an der Küste des Golfs von Kalifornien und am Nordende der Sierra Madre war der Anbau von Mais, Bohnen und Kürbissen überall bekannt. Je nachdem, ob der Feldbau die wesentliche Form der Nahrungsmittelproduktion darstellte oder nur eine Ergänzung zur Jagd und Sammelwirtschaft war, waren die einzelnen Gruppen zwar recht verschieden, doch in ihrer Gesamtheit setzten sie sich sowohl von den Büffeljägern der östlichen Plains, als auch von den Grassamensammlern und Hasenjägern des Nordens oder den Eichelsammlern Kaliforniens deutlich ab. Der sporadische Handel mit Überschußgütern und Luxusartikeln hielt sich im bescheidenen Rahmen und beruhte eher auf Gegenseitigkeit als auf geregelten Tributlieferungen von Nahrungsmitteln und Menschen. Keine Gesellschaft behauptete die militärische oder politische Macht über eine andere, was nicht bedeutete, daß einzelne Gruppen im Kriegsfall nicht vorübergehende Bündnisse eingingen, doch diente der Krieg nicht der Eroberung und Unterwerfung. Die Menschen kämpften, um Rache zu nehmen oder neues Ackerland zu gewinnen.

Oben: *In Taos, dem nördlichsten Pueblo, spielen Kinder an im Freien stehenden Bienenkorböfen. Die heutige Siedlung wurde um 1700 errichtet und ist ein Zeugnis für die bleibenden Qualitäten der Pueblo-Bauweise.*

Links: *Zwei Frauen und ein Kind aus dem Santa-Clara-Pueblo fertigen Keramik an. Dieser Pueblo ist berühmt für seine polierte schwarze Ware. Auch polierte rote und rote buntbemalte Keramiken werden noch im traditionellen Stil hergestellt.*

Die Spanier begannen rasch mit der Besiedlung des Südwestens, doch wurden sie in ihrem Vormarsch von den Apache aufgehalten. Wo sie auch hinkamen, errichteten sie eine Kultur der Eroberung, die darauf abzielte, die „Wilden zu zivilisieren" und ihnen eine neue Weltanschauung aufzuzwingen. Gestützt auf militärische Gewalt, setzten die Missionare, Soldaten und Siedler Zivilisation mit spanischer Kultur gleich und verbreiteten die kastilische Sprache (die zur Lingua franca der Region wurde), eine spezifische Siedlungsweise (einzeln stehende Häuser um eine zentrale Plaza), Männerhosen, neue Zeit- und Arbeitsbegriffe, den Reichs- und Politikgedanken und die Idee des Christentums. Zudem etablierten sie ein Zwangstributsystem, führten die Zwangsarbeit für Bedienstete, Landarbeiter und Bergleute ein und riefen einen ausgedehnten Sklavenhandel mit Menschen aus der ganzen Region für die mexikanischen Silberminen ins Leben. Einige nützliche Dinge fielen dabei auch ab: neue Nahrungsmittel und Haustiere, vor allem Schafe und Pferde, und die Silberschmiedekunst. Die spanische und später mexikanische Politik, die kleinen nomadischen bands in Chihuahua zu konzentrieren, führte zur Verschmelzung und zum Verschwinden zahlreicher Gruppen. In Mexiko waren diese Veränderungen so drastisch, daß manche Gruppen – so zum Beispiel die Opata – Mitte des 18. Jahrhunderts nicht mehr von der spanischen bzw. mexikanischen Bevölkerung zu unterscheiden waren. Einige Gruppen begrüßten diesen Kulturwandel sogar. Für andere war er bedeutungslos; geographisch isolierte Ethnien wie die Seri und Tarahumara blieben relativ unberührt. Es gab jedoch auch heftigen Widerstand. Veränderungen wurden den Menschen derart brutal aufgezwungen, daß die Pueblo-Indianer 1680 revoltierten und die Spanier erfolgreich aus dem Rio-Grande-Gebiet vertrieben. Zwar eroberten diese die Region letztlich zurück, wurden aber der Apache, der Tarahumara, der Hochland-Yuma und der Yaqui nie Herr. Bis in die 1880er Jahre blieben diese Gruppen eine militärische Bedrohung, und der Nordwesten Mexikos wurde von den Mexikanern zuallerletzt besiedelt. Diese interessierten sich jetzt nicht mehr für die religiöse Bekehrung der Indianer, sondern für die politische und wirtschaftliche Kontrolle des Landes. Ethnischen Gruppen wurde der Wandel nicht mehr aufgezwungen, dem einzelnen war die Assimilation überlassen. Viele Indianer verließen ihre Heimatgemeinden freiwillig, um in den Städten Mexikos Arbeit zu finden.

1848 trat die mexikanische Regierung die nördliche Hälfte Neuspaniens an die Anglo-Amerikaner ab. Wie im Süden die mexikanische wurde im Norden die amerikanische Besiedlung für die Indianer zum großen Hindernis, ihre alte Lebensweise beizubehalten. Am schwersten wogen die Einführung des Reservatssystems, da es zur Isolierung der einzelnen Gruppen auf dem ihnen verbliebenen Restterritorium führte, und eine Politik der Zwangsassimilation. Indianer wurden mit europäischen Ackerbautechniken vertraut gemacht und ihre Kinder in Schulen geschickt, weit entfernt von ihren Familien. Als abhängige Nationen erhielten diese Völker neue Regierungsformen – konstitutionelle Stammesregierungen mit eigenen und souveränen Machtbefugnissen, eingeschränkt durch Pakte, Statuten und Verträge mit den Bundes- und Staatsregierungen. Sie wurden in eine Abhängigkeitsrolle gezwungen und einem Wertesystem unterworfen, das keine Rücksicht auf ihre Wünsche nahm. Der Paternalismus hat die wirtschaftliche Entwicklung und Selbstbestimmung weitgehend verhindert, er hat jedoch nicht dazu geführt, daß irgendwelche Gruppen aufgrund staatlicher Politik ausgelöscht wurden.

Durch die Zerstörung ihrer traditionellen Subsistenzmethoden und aufgrund neuer Handelsstrukturen wurden die Indianer des Südwestens in die nationalstaatliche Marktwirtschaft einbezogen. Handwerksprodukte, die man früher einmal für den Hausgebrauch oder den Tauschhandel mit (überschüssigen) Surplusgütern herstellte, wurden zur wichtigen zusätzlichen Einkommensquelle. Die handwerkliche Produktion gewann für viele Familien große wirtschaftliche Bedeutung, auch wenn der Stundenertrag für die geleistete Arbeit niedrig blieb. Weben, Korbflechten, Malen, Silberschmiedekunst und Töpferei erlaubten wirtschaftliche Flexibilität. Und auch die Lohnarbeit auf Farmen, für die Eisenbahn, in Bergwerken und in den Städten hielt Einzug in die indianische Gesellschaft.

Unten: *Kriegshauptmann und oberster Jäger des Pueblo Nambe in New Mexico, 1880. Er trägt ein Halsband aus Bärenklauen, ein Pulverhorn und einen Lederbeutel. Seine Decke aus Hasenfell ist der Vorläufer späterer Wolldecken.*

Auch wenn die Europäer die politische Herrschaft an sich rissen, in ihrem Gefolge Not und Entbehrung brachten und kraft der Gesetze und des Militärs die traditionelle Lebensweise unmöglich machten, so löschten sie doch nicht sämtliche Kulturen aus. Das heißt wiederum nicht, daß es nicht zu demographischen Umwälzungen kam: viele epidemische Krankheiten wüteten im Südwesten und verlangten ihren Zoll an Menschenleben. So starb zum Beispiel 1883 die Hälfte der Hopi an den Pocken, und über die Hälfte aller Jicarilla Apache und fast ein Viertel der Navajo erlagen der pandemischen Grippe von 1918. Seit den 1920er Jahren jedoch sind die Bevölkerungszahlen langsam, aber stetig wieder angewachsen. Andere indianische Gruppen – etwa die Halchidhoma – fielen internen kriegerischen Auseinandersetzungen zum Opfer. Mehr jedoch als in jeder anderen Region Nordamerikas haben die Indianer des Südwestens die Veränderungen überstanden. Gewiß haben sie einen Wandel durchlebt. Aber es ist falsch anzunehmen, es gäbe keine Indianer mehr, weil ihre Kultur nicht mehr ursprünglich und „rein“ (d.h. von europäischen Einflüssen „unbefleckt“) ist. Das stimmt nicht. Die Indianerkulturen des Südwestens sind sehr lebendig. Zusammen bilden sie einen Teil der Kultur des Großraums Südwesten, vertreten zugleich aber einzigartige Lebensweisen. Ausgehend von älteren Kulturen, gemeinsamer Abstammung, ökologischer Anpassung, Wirtschaftsformen und Sprachzugehörigkeit, lassen sich unter den Indianern des Südwestens vier Hauptgruppen bestimmen. Im folgenden werfen wir einen Blick auf einige Ethnien des Südwestens, die schon nach 1600 bekannt waren. Der Kern der Bevölkerung überdauerte, und bis heute bleiben die verschiedenen Gruppen – die Pueblo-Indianer, die Rancheria-Bevölkerung [span. rancheria, eine kleine, meist nur aus Hütten bestehende Ansiedlung, Anm. d.Übs.], die halbnomadischen Banden (bands) und die Jäger und Sammler – deutlich unterschieden.

Im nördlichen Mexiko und Arizona, auf dem Colorado-Plateau und am Rio Grande und seinen Nebenflüssen traten am stärksten die Pueblo-Völker in Erscheinung. In neunzig Dörfern lebten mehr als 40000 Menschen. Heute gibt es nur noch dreißig Siedlungen; Dürre, Krankheit und Krieg waren die Gründe, warum die anderen aufgegeben wurden. Von den frühen spanischen Entdeckern wurden sie, die Nachfahren der Anasazi und Mogollon, aufgrund ihrer charakteristischen Bauweise – dauerhafte, feste, vielräumige Häuser aus Stein und luftgetrockneten Lehmziegeln (Adobe) – Pueblo-Indianer („Dorfbewohner“) genannt. Sie bildeten keinen Stamm: jede Pueblo-Kultur bestand aus einem Dorf, das als autonome politische Einheit funktionierte – was nicht bedeutet, daß diese Gruppen in einem Vakuum lebten. Sie trieben mit den anderen Gruppen Handel, anerkannten die gemeinsame Herkunft, heirateten gelegentlich Partner aus einem anderen Pueblo und besaßen ähnliche Weltanschauungen und viele gemeinsame Wertvorstellungen.

Die Pueblo-Indianer sprechen viele verschiedene Sprachen. Die größte Sprachgruppe ist das *Tano*, das zur Kiowa-Tano-Sprachfamilie zählt. Das Tano besteht aus drei Hauptsprachen – *Tiwa*, *Tewa* und *Towa*. Die Einwohner von Taos, Picuris, Sandia und Isleta sprechen Tiwa-Dialekte. In San Juan, Santa Clara, San Ildefonso, Pojoaque, Nambe und Tesuque wird Tewa gesprochen. Auch in Hano im Hopi-Land spricht man Tewa, weil um 1700 zahlreiche Tewa-Familien aus dem Rio-Grande-Tal hierher geflohen waren, als die Spa-

Maistanz in Santa Clara, 1950

Zwei Tänzer verlassen die Kiva des Nordens und treten auf die Plaza von Santa Clara, einem der Tewa-Pueblos. Sie nehmen am Maistanz teil; die Frau trägt den für diesen Tanz typischen tablita-Kopfschmuck [span. tablita, „Brettchen, Täfelchen", mit symbolischen Mustern bemalt und mit Federn geschmückt; Anm. d. Übs.], eine wollene manta, einen aus Wolle und Baumwolle gewebten Gürtel und sehr hohe Wickelmokassins, des weiteren Türkis- und Silberarmbänder und Halsschmuck aus Türkisen und Korallen. Beide halten Fichtenzweige in den Händen, der Mann zusätzlich eine Kalebassenrassel. Am Körper ist er weiß und schwarz bemalt, und sein Halsband besteht aus Muscheln und Korallen. Er trägt einen baumwollenen Tanzschurz mit Wollstickereien, einen feingewebten Baumwollgürtel und einen mit Glöckchen besetzten Ledergürtel. An den Knöcheln hat er Bänder aus Stinktierfell um die weißen Mokassins gebunden, und ein Fuchsschwanz hängt auf seiner Rückseite herab. Eine ganz ähnliche Szene inspirierte die Künstlerin Pablita Velarde aus Santa Clara zu einem Aquarell.

Oben: *Der Pueblo Cochiti (1879), der bis in die Mitte des 13. Jahrhunderts zurückgeht. Cochiti ist nicht nur bekannt für seine Keramik und exakt gestimmten Trommeln, sondern auch berühmt wegen seiner Zeremonien, worunter auch Kachina-Tänze sind.*

Rechts: *Governor Ahfitche aus dem San-Felipe-Pueblo verwendet einen Drillbohrer, um Löcher in Muschelschalen und flache Türkisstücke zu bohren (1880). San Felipe liegt zwischen dem Rio Grande und dem Fuß der Black Mesa.*

nier das Gebiet zurückeroberten, das sie durch den Pueblo-Aufstand verloren hatten. Jemez ist heute der einzige Pueblo, in dem noch Towa zu hören ist. Früher sprach man es auch im berühmten Pecos-Pueblo, doch wurde er zu Anfang des 19. Jahrhunderts aufgegeben.

Verstreut unter den Tano-Sprechern leben die *Keres*. Am Rio Grande und seinen Nebenflüssen liegen die Keres-Dörfer Cochiti, Santo Domingo, San Felipe, Santa Ana und Zia; weiter westlich Laguna und Acoma. Noch weiter westlich liegt der Zuni-Pueblo, wo *Zuni* gesprochen wird. Zuni gehört zur Penuti-Sprachfamilie und ist mit keiner anderen Sprache des Südwestens verwandt. (Die anderen Penuti-Sprecher leben in Kalifornien.) Schließlich haben wir die Hopi im nördlichen Teil von Zentralarizona. Die Hopi, das sind einige Dörfer, die auf drei Mesas des Colorado-Plateaus erbaut wurden. Sprachlich gehört *Hopi* zum Shoshoni-Zweig der uto-aztekischen Sprachfamilie. Es ist also mit dem Pima, Ute und Paiute im Südwesten und mit zahlreichen Sprachgruppen in Zentralmexiko verwandt.

Die Pueblo lassen sich nach der Lage ihrer Dörfer und gemäß ihrer ökologischen Anpassung in zwei Gruppen unterteilen. Die Östlichen Pueblo (Tano- und Keres-Sprecher), die am Rio Grande und seinen Nebenflüssen leben, haben darin eine permanente Wasserquelle, die ihnen den Bewässerungsfeldbau ermöglicht. Die Westlichen Pueblo (Hopi, Hopi-Tewa, Zuni, Acoma und Laguna) sind mangels steter Wasserversorgung auf Trockenfeldbau angewiesen. Die unterschiedlichen Wasserressourcen wirken sich von der Nahrungsbeschaffung bis hin zur Religion auf viele Aspekte der Kultur aus. Wirtschaftlich gesehen sind alle Pueblo Feldbauern. Viele halten auch kleine

Zuni

Der Zuni-Pueblo ist seit mindestens 600 Jahren besiedelt. Seit Coronados Expedition – 1540 – brachen die wechselseitigen Beziehungen zu den Spaniern und Mexikanern nicht mehr ab, doch bewahrten sich die Zuni ihre Unabhängigkeit, auch wenn sie von den Europäern einiges übernahmen (bestimmte Feldfrüchte, Schafe und Esel) und ein säkulares Regierungssystem aufbauten, um mit der Außenwelt zu verhandeln. In veränderter Form existiert dieses System bis auf den heutigen Tag neben dem theokratischen, das für die inneren Angelegenheiten des Pueblos verantwortlich ist. Das komplexe Zeremonialleben wird von sechs Kiva-Gruppen, zwölf Medizinbünden und zwei Gruppen von Priestern organisiert, die mit den vierzehn matrilinearen Klanen in Interaktion stehen. Mitte des 20. Jahrhunderts war die Herstellung von Silber- und Juwelenschmuck und in geringerem Umfang Keramik eine wesentliche Einkommensquelle. Bis in die siebziger Jahre allerdings war die Zuni-Weberei bereits völlig zum Erliegen gekommen, und dem Korbflechten erging es ähnlich. Als die hier abgebildeten Stücke von A.L. Kroeber, F.W. Hodge und H.I. Spinden zwischen 1899 und 1916 gesammelt wurden, blühten diese Handwerke noch.

1 Große Tonschale mit vier stufenförmigen „Zinnen", die auf der Innenseite ein Libellenmotiv zeigen und auf der Außenseite modellierte Frösche. 1915.
2 Eßschale. 1912.
3 Rotwarige Behälter in Form von Mokassins zum Aufbewahren von Zündhölzern und Kleinkram; für den Verkauf bestimmt.
4, 5 Hölzerne Blitzsymbole, die beim Tanz getragen werden. 1915.
6 Schurz aus Baumwolle, mit Wollstikkereien verziert, von einem Tänzer getragen. 1915.
7 Wurfholz für die Hasenjagd, rot und schwarz bemalt. 1915.
8 Steinschale, enthält grüne Farbe. 1899.
9 Kleiner rotwariger Topf mit Enten- und stufenförmigen Regenbogen-Motiven. 1899.
10 Drillbohrer für die Bearbeitung von Edelsteinen usw., mit einer metallenen Spitze und einem Schwungrad aus Stein. 1915.
11 Hölzerne Greifzange zum Pflücken von Kaktusfrüchten. 1915.
12 Flacher Korb, durchbrochen geflochten. 1899.
13 Spindel mit hölzernem Wirtel und gesponnenem Wollfaden. 1915.
14 Kleiner Korb, in Köpertechnik aus Yucca-Blättern geflochten. 1916.

15 Ein Paar Mokassins, für einen Tänzer im Knabenalter. 1915.
16 Frauenmokassins und Wickelgamaschen aus Wildleder. 1915.
17 Baumwollener Tanzschurz, mit Wollstickereien verziert. 1915.
18 Große Keramikschale. 1899.
19 Kleiner hölzerner Brotschieber. 1915.
20 Steinerner Jaguarfetisch des „Jäger"-Bundes. 1915.
21 Armbinden eines Gottesdarstellers mit durchlöcherten gelben Aufschlägen und Lederbehang. 1915.
22 Ein Paar Tanzmokassins mit Fersenbändern in Quillarbeit [quillwork: Stachelschweinborsten-Applikation, Anm.d.Übs.]. 1915
23 Bestickter Baumwollumhang eines Shalako-Tänzers [Der Shalako ist ein mythisches riesenhaftes Wesen; Anm. d.Übs.]. 1915.
24 Federschmuck aus kurzen Truthahnfedern und einer langen weißen Feder, beim Hopi-Tanz auf der Seite des Kopfes getragen. 1915.
25 Großes Tongefäß mit klassischem Regenvogel-Muster. 1899.
26 Große Keramikschale. 1899.
27 Ringförmiger Untersatz für heiße Töpfe, mit Yucca-Blättern umwickelt. 1915.
28 Weißbemalte nackte Kachina-Puppe mit Blumenkranz [Kachina, nach dem Hopi-Wort qacina für „übernatürlich", bezeichnet zunächst götterähnliche Ahnengeister der Pueblo-Indianer: sie besuchen die Pueblos regelmäßig und sind u.a. für den Regen verantwortlich; dann die maskierten Tänzer, die die Kachinas bei den jährlich wiederkehrenden Ackerbauriten verkörpern und den Kindern Puppen geben. Anm.d. Übs.]. 1916.
29 Geflochtener Korb. 1899.
30 Mit Schalltrichter versehenes Flageolett für eine bündische Zeremonie. 1915.
31 Hölzernes Blitzsymbol, beim Tanz getragen. 1915.
32 Halsband aus Adlerklauen (Holzimitation), beim Comanche-Tanz getragen. 1915.

Oben: *Pueblo Zuni, New Mexico 1879. Der junge Mann steht neben einem Adlerkäfig aus Adobe und Holzstangen. Den Adler hielt man seines zeremoniell hochgeschätzten Gefieders wegen in Gefangenschaft.*

Unten: *Blick von den Dächern des Pueblo Zuni auf die Mesa von Taaiyalone (Maisberg). Nach einem Konflikt mit den Franziskanern im Jahr 1632 flohen die Zuni nach dem südöstlich gelegenen Taaiyalone.*

Schaf- und Rinderherden, stellen kunsthandwerkliche Produkte her – Webwaren etwa oder Silberschmuck, Juwelen, Kachina-Puppen, Keramik und Körbe. (Heute sind die meisten Pueblo-Indianer wie alle anderen im Südwesten auch Lohnempfänger. Das bedeutet, daß viele in die nahegelegenen großen Städte wie Albuquerque, Santa Fe, Gallup, Flagstaff oder Phoenix gehen müssen. Alle kehren sie jedoch zurück, wenn es gilt, an wichtigen Zeremonien teilzunehmen.)

Die Religion transzendiert und durchdringt bei den Pueblo-Indianern alle Bereiche des Lebens, so auch die Wechselbeziehungen mit dem Land, mit anderen Menschen und mit den Mächten des Übernatürlichen. Sämtliche Aspekte des Lebens – Kunst, Handwerk, Wirtschaft, Sozialstruktur und Familie – sind unter dem Dach einer einheitlichen Weltanschauung zusammengefaßt und unauflöslich miteinander verwoben. Ausgehend von der einfachen Ansicht, daß die Menschen mit der Natur in Einklang leben müssen, haben die Pueblo-Indianer reiche kulturelle Traditionen entwickelt, die in ihrer Dichtung, ihren Legenden, Liedern, Tänzen und in ihrer Kunst zum Ausdruck kommen. So erhalten zentrale Werte ihre sichtbare Formulierung. Beispielsweise leiten sich viele Keramikmuster von Motiven her, die mit dem Zeremonialbereich verknüpft sind. Der architektonische Mittelpunkt eines Dorfes – und dies sowohl im wörtlichen wie im symbolischen Sinne – ist ein besonderer, *kiva* genannter Raum. Hier finden täglich und an geeigneten Zeitpunkten im Jahr private und kommunale Riten statt.

Gebete werden gesprochen, um Segen zu erhalten, das Keimen und Reifen der Feldfrüchte zu gewährleisten und Dank abzustatten für gute Gesundheit.

Weltliche und geistliche Autoritäten sind in den Pueblos scharf voneinander getrennt. Jedes Dorf ist eine bestens durchstrukturierte Theokratie, in der sich alles um die komplizierten, das gesamte Leben begleitenden Zeremonien dreht. An der Spitze dieser Theokratie, die auf alten Vorbildern beruht und über die nur die Dorfbewohner Bescheid wissen, steht ein sogenannter „*Kazike*" (cacique). Für die Außenwelt sind die säkularen politischen Strukturen augenscheinlicher. In den östlichen Pueblos liegt die weltliche Organisation in den Händen eines „*Gouverneurs*" (governor), der alljährlich ernannt oder gewählt wird. In den 1860er Jahren erhielten diese „Gouverneure" von Präsident Lincoln Rohrstöcke als Insignien, die zu hochgeschätzten Symbolen ihres Amtes geworden sind. Der „Gouverneur" hat mehrere Assistenten, „*Prinzipale*" (principales) genannt, eine Gruppe hochgeachteter älterer Männer, deren weise Entscheidungen einen Ausgleich zwischen zivilen und religiösen Angelegenheiten herstellen. In allen Pueblos gibt es einen Jagdhäuptling und einen Kriegshäuptling oder -priester.

Die Pueblos der Tewa gliedern sich in zwei gesellschaftliche Hälften oder moieties, wie die Anthropologen sie nennen. Die Zugehörigkeit zu einer moiety verläuft über den Vater; allerdings kann eine Frau ihre moiety-Eingliederung verändern, wenn sie einen Mann aus der anderen moiety heiratet. Jede Hälfte hat politische Würdenträger. Die eine Hälfte des Jahres liegen die politischen und zeremonialen Pflichten in den Händen des „Sommervolks", wohingegen das „Wintervolk" (die andere moiety) sie für die andere Jahreshälfte übernimmt. Zu jeder moiety gehören bestimmte religiöse Bünde, andere Bünde setzen sich über die verwandtschaftliche Unterteilung hinweg. Unter den Keres ist die Sozialorganisation geschlossener. Es gibt pro Dorf nur einen Kaziken, dem ein aus den Anführern der religiösen Bünde – die dieses Amt lebenslang innehaben – gebildeter Rat zur Seite steht.

Oben: *Spinnender Hopi, der mittels einer Spindel, die er mit dem rechten Fuß festhält, Garn zwirnt; die Zwirnung schiebt sich dabei den Faden hinauf* (*undatierte Fotographie*).

In allen Pueblos ist die Familie der Grundstein des Lebens. Während in den Tewa-Gemeinschaften entweder die Großfamilie väterlicher- oder mütterlicherseits im Mittelpunkt steht, bildet bei den Zuni und Hopi die matrilineare Großfamilie die Grundlage der Gesellschaft. Verglichen mit anderen Gruppen des Südwestens sind die Pueblo-Indianer keine Individualisten; Neuerungen werden durch Gruppenentscheid, Konsens und Überredung angenommen oder verworfen. Die Pueblo-Indianer besitzen viele gemeinsame Wertvorstellungen, Ideen und Traditionen, und doch ist jede einzelne Gruppe auf ihre Weise einzigartig. Ein Pueblo ist eine eng zusammengeschlossene und in hohem Grade systematisierte Organisation. Heiraten innerhalb der eigenen Gruppe werden in allen Dörfern bevorzugt. In den Zeremonien der einzelnen Gruppen wie bei Keramikformen und Dekorstil lassen sich charakteristische Unterschiede feststellen.

In der Zeit der Spanier bildeten die sogenannten Rancheria-Indianer – die Cahita, Tarahumara, Pima und Yuma – mit mehr als 150 000 Menschen oder annähernd drei Viertel der Gesamtbevölkerung die größte indianische Untergruppe des Südwestens. Sie lebten in weitverteilten Siedlungen entlang der Flüsse oder in gut bewässerten Gebirgs- und Wüstengebieten im südlichen Arizona und nördlichen Mexiko. Die Rancheria-Gruppen waren Feldbauern und auf künstliche Bewässerung und Überschwemmungsfluten angewiesen. Die Großfamilie und nicht so sehr das Dorf bildete die grundlegende soziale Einheit; jede Familie besaß ein Haus und verstreut am Flußufer gelegene Felder, die bis zu einer halben Meile auseinander lagen. Die

Unten: *Die natashka- oder Bohnenanbau-Zeremonie der Hopi, Pueblo Walpi, First Mesa, Arizona 1893. Diese Kachinas stellen Unholde dar, die den Kindern Angst einjagen sollen, damit sie ihren Eltern gehorchen.*

Verwandtschaftsordnung war meistens bilateral oder patrilinear. Dennoch verstanden sich die Bewohner einer Siedlung als Gemeinschaft, sie handelten als Einheit, und ein Gemeindehaus im Zentrum einer jeden Siedlung symbolisierte diese Einheit. Rancheria-Gruppen hatten oft mehrere Dörfer, die sie, von einem zum anderen ziehend, je nach Jahreszeit aufsuchten. Alle Rancheria-Indianer haben starkes Interesse an geselligen Zusammenkünften, verachten allerdings zur Schau gestellten Reichtum und finden keinen sonderlichen Gefallen an durchreglementierten Situationen. Im Umgang miteinander achten sie empfindlich auf Sitte und Form. Zwar bedeutete dies, daß sich keine starken religiösen Autoritäten herausbilden konnten – die wesentlichen religiösen Führer waren eher Schamanen als Priester, und als politische Führer fungierten ältere Männer, die sich als einflußreiche Redner erwiesen hatten –, doch erfreuen sich alle kenntnisreichen und weisen Leute ihrer Hochschätzung. So ist eine hochentwickelte indigene Literatur (Mythen, Gesänge, volkstümliche Erzählungen und formalisierte Redekunst) entstanden. Herausragend sind hier die Huichol.

Die Rancheria-Stämme gehören im wesentlichen zu zwei Sprachfamilien, Uto-Aztekisch und Hoka. Die Uto-Azteken lassen sich wiederum in vier Hauptgruppen unterteilen: Pima, Cahita, Opata und Tarahumara. Die Pima leben in Arizona – Obere Pima, Tohono O'Odham, Sobaipuri – und in Mexiko: Pima Bajo und Tepehuan. Cahita-Sprecher (Mayo und Yaqui), Opata-Sprecher (Opata, Eudebe und Jova) und Tarahumara-Sprecher (Tarahumara, Warihio und Concho) leben in Gebirgsregionen und entlang größerer Flüsse in Mexiko. Die Hoka-Sprecher sind in Arizona und dem nördlichen Teil von Baja California beheimatet und unter dem Namen Yuma bekannt. Die Oberen oder Hochland-Yuma – Walapai, Yavapai und Havasupai – leben in der Hochlandregion des westlichen und nördlichen Arizona, die Tiefland-Yuma – Mohave, Halchidhoma, Yuma, Cocomaricopa, Cocopa und Cochimi – hingegen am Colorado und seinen Nebenflüssen. Der Kriegszustand, der zwischen den einzelnen Stämmen herrschte, ließ sie ihre Wohngebiete ständig wechseln, und zu Beginn des 19. Jahrhunderts hatten sich einige Gruppen fast gegenseitig ausgelöscht. Die Maricopa schlossen sich schließlich den Fluß-Pima an und zogen nach der Vertreibung aus dem Tal des Colorado mit ihnen zusammen ins Gebiet von Phoenix.

Die in einer Gebirgsregion lebenden Tarahumara sind in Mexiko wohlbekannt. Ihre Behausungen konnten ebensogut Höhlen in schroffen Felswänden wie gemauerte Steinhäuser (und alles dazwischen) sein. Im Sommer bestellten sie ihre kleinen Maisfelder in den Bergtälern, im Winter zogen sie ins Tiefland. Wie andere Rancheria-Gruppen verschmähten die Tarahumara auch wildwachsende Pflanzen nicht als Nahrungsquelle. Erst in jüngster Zeit sind sie mit der Außenwelt stärker in Berührung gekommen: noch vor zehn Jahren gab es keine Eisenbahnstrecke in ihr Gebiet.

In den Ebenen, den tiefer gelegenen Tälern und den Mündungsgebieten größerer Flußsysteme im Westen leben Gruppen wie die Huichol, die Mayo und die Yaqui; in ganz Mexiko findet sich kaum besseres Ackerland. Diese günstigen landwirtschaftlichen Bedingungen erlaubten eine größere Siedlungsdichte als in den Gebirgs- und Wüstenregionen. Die Yaqui und Mayo entwickelten aus Gründen der gemeinsamen Kriegsführung und Verteidigung Stammesorganisationen.

Oben: *Lieta, eine Pima-Frau aus der Gila-River-Reservation, Sacaton, Arizona 1902. Die Gesichtsbemalung gehörte damals schon der Vergangenheit an und wurde für die Fotographie rekonstruiert.*

Die Yaqui waren so erfolgreich, daß sie als einzige Gruppe in der Gegend nicht von den Spaniern unterworfen wurden. Interessanterweise waren sie aber auch die einzigen, die von sich aus nach Missionaren verlangten und freiwillig zu Christen wurden. Allerdings wandelten sie den Ritus und seine Bedeutung so sehr ab, daß daraus praktisch eine neue Religion entstand – der Sonora-Katholizismus, eine Mischung aus spanischen, mexikanischen und traditionell indianischen Glaubensvorstellungen und Bräuchen. Das zentrale Ritual ist die Osterzeremonie, die vierzig Tage lang dauert und mit der Vernichtung des Bösen durch das Gute in einem Scheinkampf am Tag vor dem Ostersonntag ihren Höhepunkt hat. Wie viele andere im Südwesten noch praktizierten Rituale soll auch dieses den Fortbestand der Welt garantieren.

Im Südwesten sind die Yaqui noch aus einem anderen Grund berühmt. Nach jahrelangen Kämpfen wurden sie schließlich von den Mexikanern besiegt, die Ende der 1880er Jahre ihr Territorium besetzten. Die siegreichen Mexikaner deportierten den Großteil der Stammesangehörigen in Zwangsarbeiterlager nach Yucatán. Einige entkamen. Sie gelangten in die Vereinigten Staaten, wo sie in Südarizona mehrere Gemeinden gründeten. Die Yaqui wollten und erhielten den Status politischer Flüchtlinge und durften auch dann noch bleiben, als Mitte der 1920er Jahre allen Yaqui in Yucatán die Rückkehr gestattet wurde. Einer der Gründe dafür, daß man ihnen politisches Asyl gewährte, waren ihre unverwechselbaren religiösen Zeremonien.

Weiter nördlich lebten die O'Odham-Stämme (Pima) in geschlosseneren Siedlungen als die Tarahumara. Die Pima haben eine lange Geschichte, die weit in die archäologische Vergangenheit des südlichen Arizona und nördlichen Mexiko zurückreicht. *O'Odham* ist ihr Eigenname; er bedeutet einfach „das Volk". Sie lassen sich in vier Hauptgruppen unterteilen – die Fluß-Pima an den Flüssen in Zentralarizona, die Tohono O'Odham (früher Papago genannt), die Pima Bajo, die in Mexiko leben, und die von den Apache und Spaniern aus dem südöstlichen Arizona vertriebenen Sobaipuri. Die Überlebenden dieser letzten Gruppe sind in den anderen Pima aufgegangen. Alle Pima-Gruppen waren Feldbauern; die Fluß-Pima waren sogar so erfolgreich, daß sie während des Bürgerkriegs die US-Armee auf ihren Feldzügen im Westen und nach 1860 die angloamerikanischen Siedler, die im Gefolge des kaliforni-

Rechts: *Auf einem horizontalen Webstuhl webten Mayo-Frauen Decken, serapes (von Männern als Umhang getragene Wolldekken, Anm. d. Übs.) und Schärpen aus handgesponnener Wolle. Als Bettzeug wurden große Matten verwendet, aber auch, wie hier zu sehen ist, um Wände einzuziehen. Aus Schilf wurden kleine Körbe geflochten.*

schen Goldrausches kamen, mit den wichtigsten Lebensmitteln versorgen konnten. Fluß-Pima stellten während des Bürgerkriegs auch die einzigen Unionstruppen im Arizona-Territorium; sie schlugen die Konföderierten und hielten die Verkehrsverbindungen nach Kalifornien offen. Nach dem Krieg dienten sie als Scouts in den Kämpfen gegen die Apache. Die Fluß-Pima waren solange vom Glück begünstigt, bis die amerikanischen Einwohner von Florence, einer flußaufwärts von ihnen gelegenen Stadt, sich des Flußwassers bemächtigten und ihnen so alle Möglichkeiten zum Feldbau nahmen. Der Fluß vertrocknete zur Saatzeit, und viele Menschen verhungerten. Unglückseligerweise brauchte der US-Kongreß bis zum Jahr 1924, um die Wasserrechte der Pima anzuerkennen und ihnen, als der Coolidge-Staudamm gebaut wurde, wieder Wasserressourcen zuzusprechen. Es dauerte noch viele weitere Jahre, bis die Pima sich in wirtschaftlicher und sozialer Hinsicht wieder erholt hatten. Sie sprechen von dieser Zeit als den „Vierzig Hungerjahren".

Am Colorado lebte noch eine andere Gruppe von Rancheria-Stämmen, die Yuma. Wie die Cahita kannten sie keine Wasserprobleme und konnten somit ihre Wohnstätten weniger verstreut anlegen. Aus Gründen der Kriegsführung besaßen auch sie eine Stammesorganisation, und ihr ethnischer Identitätssinn war stark ausgeprägt. In zivilen Angelegenheiten traf allerdings die Lokalgruppe (local group; Kleingruppe) die Entscheidungen. Weitaus mehr als die Cahita waren sie, was zusätzliche Nahrung sowie Rohmaterialien für den Hausbau und die Kleidung betraf, auf Wildpflanzen angewiesen. In ihrer materiellen Kultur ähnelten sie eher den Pima und ihren westlichen Nachbarn in Kalifornien. Die Fluß-Yuma hingen aufs engste von den jährlich wiederkehrenden Überschwemmungen ab. Da ihre Behausungen periodisch den Wasserfluten zum Opfer fielen, bestand für sie kein kultureller Anreiz zur Anhäufung von Reichtümern. Selbst heute noch verachten beispielsweise die Cocopa die demonstrative Zurschaustellung von Wohlstand. Das Hab und Gut eines Menschen wird bei seinem/ihrem Tod zerstört. Sogar die Habseligkeiten von Verwandten und Freunden werden beim Tod ins Begräbnisfeuer geworfen, ein Vorgang, der sich beim Jahresfest, der wichtigsten religiösen Zeremonie, wiederholt. In historischer Zeit schlossen sich die Chemehuevi, eine Gruppe aus Zentralkalifornien, mit einer Lebensweise ähnlich derjenigen der Mohave, den Fluß-Yuma an.

Eine letzte Yuma-Gruppe, die Hochland-Yuma, können entweder den Rancheria-Stämmen oder den nicht

Rechts: *Zwei Yuma-Männer, ca. 1870. Ihre wichtigsten Waffen waren Hartholzkeulen; die hier gezeigten schwachen Langbogen und stumpfen Pfeile waren ziemlich wirkungslos und wurden nur zur Jagd auf Kleinwild und Vögel verwendet.*

Unten: *Zwei nicht namentlich bekannte Cocopa-Männer – die Cocopa waren der südlichste aller Yuma-Stämme – an Bord der „Narragansett", des Schiffs von Admiral Dewey, 1874. Die Lendenschurze der Cocopa waren hinten länger als vorne.*

Tarahumara

Die Tarahumara leben in verstreuten Siedlungen im südwestlichen Chihuahua. Sie sind Feldbauern (besonders Mais, Bohnen und Kürbisse) und Viehzüchter (Rinder, Schafe, Ziegen, Schweine und Esel). Die erste ernsthafte wissenschaftliche Studie über die Tarahumara stammt von Carl S. Lumholtz (1902), der die hier gezeigten Stücke (mit Ausnahme von Nr. 1, einem Poncho, der jüngeren Ursprungs ist) in den 1890er Jahren sammelte. Die meisten dieser Exemplare wurden nie veröffentlicht und keines davon jemals in Farbe.

Die Mehrzahl der abgebildeten Objekte ist bei den Tarahumara auch heute noch in Gebrauch. Das Holzkreuz am Halsband aus Hiobstränen [harte perlenähnliche Samenkapseln, Anm. d. Übs.] (aus Carichi, Nr. 3) weist darauf hin, daß die Tarahumara nominell Katholiken sind. Pinole (Nr. 8) ist Mehl, das aus geröstetem Mais bereitet wird. Mittels Spindel und Wirtel (Nr. 13) stellte man Wollfäden zum Weben her. Die Lanze mit Schilfrohrschaft (Nr. 16) ist ein seltenes Stück und daher bemerkenswert. Die geköperten Palmblätter des Korbs mit Deckel (Nr. 18) sind doppelt geflochten.

1 Männerponcho aus selbstgesponnener Wolle, auf einem horizontalen Webstuhl gewebt.
2 Ein Paar Frauenohrringe – Muschelschalengehänge an Glasperlenschnüren.
3 Halsband aus Hiobstränen mit Holzkreuz. Aus Carichi.
4 Fransenbesetzter Lederbeutel.
5 Großes Kalebassengefäß. Aus Guajochi.
6 Als Schöpfer verwendete halbierte Kalebasse. Aus Aboreachi.
7 Holzlöffel.
8 An der Sonne getrocknete Kuchen aus den zermahlenen Blättern einer Wildpflanze (span. hierba colorado [„rotes Kraut", Anm. d. Übs.]), die ein Ingrediens von pinole waren.
9 Hölzerne Rassel, von matachines benutzt. [Bei mexikanischen Indianern bezeichnet span. matachin das Mitglied einer rituellen Tanzgruppe; Anm.d.Übs.]
10 Schilfrohrpfeife, Begleitinstrument für die während der Osterzeremonien gespielten Trommeln. Vom Rande des Copper Canyon.
11 Musikraspel – über einem Resonanzkörper wird ein glattes Stöckchen an einem gekerbten Stab gerieben, bei den Peyote- und bakánowa-Zeremonien ver-

wendet. Aus Barranca de San Carlos. [Peyote und bakánowa, religiös verehrte Pflanzen von kultischer Bedeutung, Anm. d. Übs.]

12 Holzschale, gewendet als Resonanzkörper für Musikraspeln benutzt. Aus Guajochi.

13 Spindel und hölzerner Wirtel. Aus Guajochi.

14 Jagdbogen aus Ulmen- oder Maulbeerholz. Aus Carichi.

15 Köcher aus dem Fell eines Berglöwen und 17 Pfeile, die meisten mit Eisenspitzen. Aus Carichi.

16 Lanze, der Schaft aus Schilfrohr, mit Eisenspitze. Aus Carichi.

17 Kalebassenrassel, von Ritualsängern und matachines verwendet.

18 Korb mit Deckel, aus gekörperten Palmblättern.

19 In Köpertechnik doppelt geflochtener Korb, enthält Federn (die wahrscheinlich zeremonielle Verwendung fanden).

20 Tönernes Eßgefäß, in Wulstflechttechnik gefertigt, an der Sonne getrocknet und dann gebrannt. Aus Aboreachi.

21 Wolldecke, auf einem horizontalen Webstuhl gewebt, als Bettzeug verwendet, aber auch von Männern bei kaltem Wetter getragen. Aus Guajochi.

22 Gewebter Wollgürtel für beide Geschlechter. Aus Carichi.

23 Gewebter Wollgürtel.

24 Gewebter Wollgürtel. Aus Narárachi.

25 Gewebter Wollgürtel. Aus Carichi.

26 Gewebter Wollgürtel. Aus Guajochi.

27 Ein Paar Ledersandalen für Männer und Frauen. Aus Guajochi.

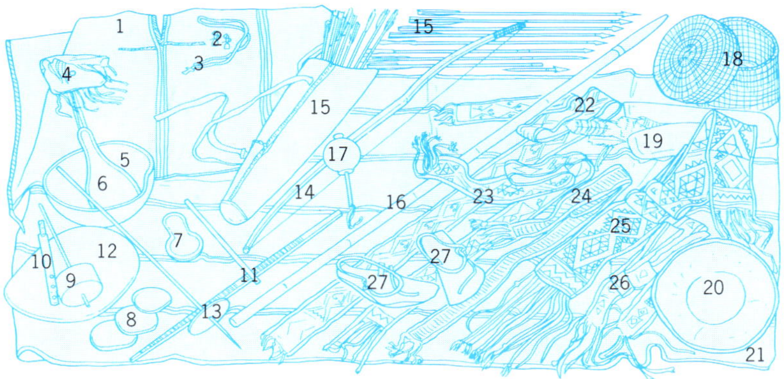

Feldbau treibenden Gruppen zugerechnet werden, hatten sie auf ihren Ländereien doch nicht genügend Wasser, um Dauerfeldbau zu betreiben. Die Hochland-Yuma – d.h. die Walapai, Yavapai und Havasupai – lebten in den Hochlandgegenden des westlichen und nördlichen Arizona hauptsächlich von der Jagd und vom Sammeln. Bei einer Lebensweise, die sich von der anderer Jäger- und Sammlervölker nicht sonderlich unterschied, besaßen die Walapai nur begrenzte technische Fertigkeiten. Sie lebten in kleinen Gruppen, deren Wanderungen häufig in einem traditionell festgelegten Kreis abliefen. Das Siedlungsgebiet der Havasupai lag in dem als Cataract Canyon bekannten Abschnitt des tiefeingeschnittenen Colorado – in direkter Nachbarschaft zum Grand Canyon. Sie haben viele Kulturzüge der Hopi übernommen. Diese Hochland-Yuma hatten wenige gegenseitige Kontakte mit den Spaniern und Mexikanern, davon einmal abgesehen, daß es gelegentlich einen Erzschürfer in ihre Gegend verschlug. Heute leben die Yavapai und Walapai in kleinen Reservationen, züchten Rinder oder leben von Lohnarbeit. Weil sie in den Apache-Reservationen zwangsinterniert waren und es häufige Heiraten untereinander gab, kam es zu einer starken kulturellen Vermischung mit den Westlichen Apache. Um 1900 begannen die Yavapai von der San-Carlos-Reservation in ihre traditionellen Gebiete zurückzukehren, die von anglo-amerikanischen Prospektoren noch nicht in Beschlag genommen worden waren.

Jeder hat schon von den Apache gehört, aber nur wenige kennen von diesen „angriffslustigen Kriegern und Plünderern" so vieler Spielfilme mehr als nur Klischees. Wenn auch die ungestümen Angriffe der Apache mit gutem Recht gefürchtet waren – ihre reiche Kultur wurde dabei nicht berücksichtigt und ist weitgehend unerforscht geblieben. Die Südlichen Athapasken oder Apache waren Neuankömmlinge im Südwesten, die nicht lange vor den ersten Europäern kamen und mit anderen Athapaskisch sprechenden Gruppen im Norden verwandt waren. Die meisten Apache lebten in kleinen, aus Großfamilien zusammengesetzten Einheiten und führten ein halbnomadisches Leben;

Unten: Juan Chivaria, Kriegsführer und Schamane der Maricopa, eines der Stämme im Tal des Colorado, mit Sohn und Nichte (Sye-cui-Sall). Obwohl sie in engem Kontakt mit den Pima standen, war die Lebensweise der Maricopa doch typisch für die im Colorado-Tal ansässigen Yuma.

Oben: Jodrava, ein Havasupai, trinkt aus einer traditionellen Wasserkorbflasche. Diese innen und außen mit piñon-Harz verpichten Flaschen sind stabil, haltbar und wasserdicht und oft jahrelang in Gebrauch. [span. piñon: mehrere Kiefernarten des westlichen Nordamerika, deren Samen eßbar sind; Anm.d.Übs.]

Unten: Ein Havasupai enthaart ein auf einem Holzgerüst ausgebreitetes Fell. Die Havasupai tauschten Wildleder bei den Hopi und Navajo gegen Pferde, Keramik und Juwelen ein.

Mohave-Familie, 1851.

Die Frau ist mit einem doppelten Rock aus Rindenfasern bekleidet – der vordere ist aus Weidenrinde. Ihr Perlenhalsband besteht aus mehreren Schnüren. Auf dem Kopf trägt sie einen Pima-Korb. Das Kinn der Frau ist tatauiert (in dem auch von Olive Oatman gezeigten Muster), Gesicht (im hotahpava-Muster) und Körper sind rot bemalt. Der Mann trägt sein Haar in langen gezwirbelten und gefestigten Strähnen, wie es für die Mohave zu der Zeit und auch später noch typisch war; sein langer Schurz ist aus Stoff. Das Gesicht hat er im avkek-Muster bemalt. An einer Schnur hält er eine jener Hartholzkeulen, die im Nahkampf benutzt wurden von Männern, die aus Träumen Kraft für den Krieg schöpften. Im Hintergrund steht ein strohgedecktes und mit Sand bedecktes Blockhaus. Davor sind zwei große Mohave-Tongefäße und eine flache Tonschale zum Rösten von Mais- und Weizenkörnern zu sehen.

Pima

Als die Spanier 1694 in ihr Gebiet eindrangen, lebten die Pima in sieben Dörfern am und nahe dem Gila River, dessen Wasser sie für den Anbau von Mais, Bohnen, Kürbissen, Baumwolle und Tabak nutzten, wo sie Wildfrüchte sammelten (hauptsächlich Mesquite-Schoten [stark zuckerhaltige Früchte des mesquite genannten stacheligen, niedrigwachsenden Baums, Prosopis juliflora, Anm.d.Übs.] und die Früchte des Saguaro-Kaktus) und Hirsche und Hasen jagten. Im 18. Jahrhundert veränderte der Weizen als neue Feldfrucht die Wirtschaft der Pima, da sein Anbau bei ausreichender Bewässerung Überschüsse für den Export ermöglichte. Das Vierteljahrhundert nach 1853 (als die Amerikaner Südarizona unter ihre Kontrolle brachten) war für die Pima ein Goldenes Zeitalter. Es endete damit, daß Weiße oberhalb des Pima-Gebiets das Wasser des Gila River ableiteten, was die Wirtschaft der Pima zum Untergang verurteilte. Als Frank Russell, ein Ethnologe aus Harvard, 1901/2 bei den Pima weilte, um ihre Geschichte und Kultur (vor allem den materiellen Kulturbesitz) zu dokumentieren, war vieles von dem, was er sammelte und später beschrieb, bereits veraltet oder fiel dem Vergessen anheim. Ein kleiner Teil seiner Sammlung wird hier vorgestellt; hinzukommen datierte Objekte, die früher von anderen erworben worden waren.

1 Decke aus selbstgesponnener Baumwolle, 1877 erworben, 1901 bereits nicht mehr hergestellt.
2 Stirnband aus Baumwolle und Wolle; Nachbildung im alten Stil.
3 Wildlederjacke. 1877.
4 Streitkolben aus Mesquiteholz.
5 Modell eines Streitkolbens und eines bemalten Schilds aus Rohleder.
6 Ein Paar Rohledersandalen. 1895 bei den Papago erworben und denen der Pima ähnlich.
7 Kalenderstab mit Kerben und mnemotechnischen Zeichen für die wichtigen Ereignisse jedes einzelnen Jahres zwischen 1833 und 1902.
8 Unfertiger Löffel aus Mesquiteholz.
9 Spaten für die Feldarbeit; das Blatt ist aus mexikanischem Stahl, der Stiel aus dem Holz einer Pima-Eiche.
10 Als Unterlage beim Töpfern gebrauchter Stein.
11 Steinstößel.
12 Alter Kriegsbogen aus Maulbeerholz, mit einer Tiersehne bespannt.
13 Pfeil. Erworben 1885.
14 Pfeile, darunter einer mit Steinspitze. Erworben 1877.

15 Kriegskopfschmuck aus Raubvogelfedern. Erworben 1885.
16 Halsband aus Glasperlen.
17 Holztablett zur Brotbereitung und für andere Zwecke. 1885 erworben.
18 Löffel aus Mesquiteholz, wie es heißt, ist die mexikanische Form den Papago abgeschaut.
19 Schöpfer aus Kalebasse. 1885.
20 Eßnapf eines Kriegers in Form eines Körbchens.
21 Halsband aus Glasperlen.
22 Rassel, aus dem Verschlußblech von vier Austernkonserven gefertigt und mit Draht in der Aussparung eines Holzstabs befestigt. Die Pima erhielten das Stück von den Papago oder Yaqui.
23 Schilfröhrchen, wurden beim Spiel verwendet; alle waren mit Sand gefüllt: das jeweils gegnerische Team hatte zu raten, in welchem zusätzlich eine Bohne versteckt war.
24 Adlerfedern, an kurzen Gerten befestigt, für das zeremonielle Versprengen von Wasser.
25, 26 Zwei Schiefertäfelchen aus dem Inventar eines Schamanen.
27 Korb aus Weizenstroh, in Wulstflechttechnik gefertigt, diente zur Aufbewahrung von Weizen.
28 Korb in Wulstflechttechnik. 1885.
29 Korb in Wulstflechttechnik.
30 Eichenholzspachtel, mit einer Unterlage beim Formen von Ton benutzt.
31 Korb in Köpertechnik, gehörte zur Schamanenausrüstung. 1885.
32 Kalebasse, in der Samen aufbewahrt wurden. 1885.
33 Sieb aus Weidenruten für die Essenszubereitung.
34 Gekerbter und ungekerbter Stock – Musikraspel.
35 Flageolett aus Schilfrohr
36 Puppe aus Stoffresten auf Wiegenbrett, aus einem Holzbrett improvisiert.
37 Auf einer Schnur aufgereihte Kokons, als Fußrassel getragen.

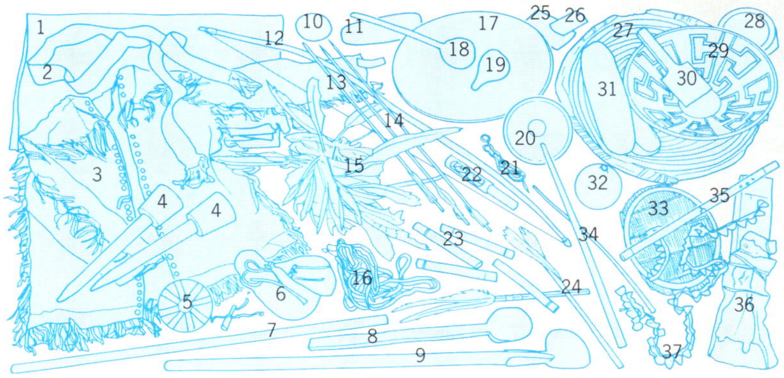

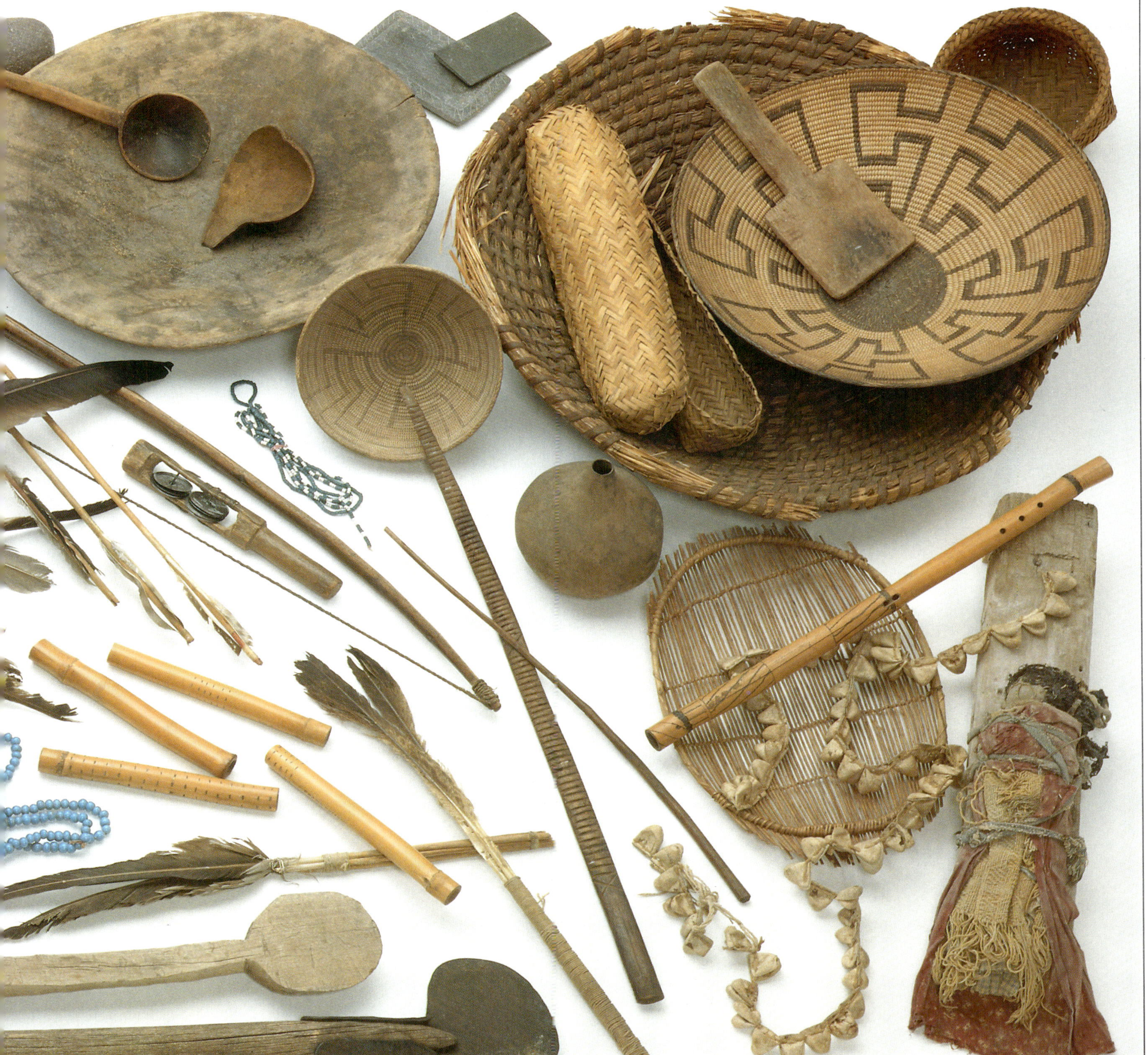

ihre Niederlassungen waren nicht ganzjährig, sondern auf die schlechte Zeit des Jahres beschränkt. Lokalgruppen bestanden aus mehreren matrifokalen [weitgehende Hervorhebung der Frauenseite gegenüber der männlichen, Anm. d.Übs.] Großfamilien und bildeten Banden; damit war die höchste und umfassendste Ebene politischer Organisation erreicht. Stämme, wie sie sich die Hollywood-Produzenten und Autoren von Groschenliteratur vorstellten, gab es nicht. Heute spricht allerdings jede Gruppe von sich selbst als von einer Nation.

Die Apache können geographisch in eine westliche und eine östliche Abteilung geschieden werden. Im Osten haben wir die Jicarilla, Mescalero, Lipan (die eigentlich eine Südliche Plains-Gruppe sind) und Chiricahua Apache; im Westen die White-Mountain-, Carrizo-, San-Carlos-, Fort-Apache-, Pinal-, Arivaipa-, Apache-Peaks-, Mazatzal-, Tonto- und Cibecue-Banden, die insgesamt als Westliche Apache bekannt sind, und die Navajo. Alle haben die weitgehend gleiche Weltanschauung, religiöse Ausrichtung und zyklische Mythologie. Zeremonien dienen der Heilung von Krankheiten, der Abwehr von möglichem Übel oder zur Wiederherstellung der Weltordnung. Alle Gruppen sind matrilinear und haben bedeutende und komplexe Pubertätszeremonien für Mädchen. Bei den Mescalero beispielsweise errichtet die Familie ein großes Tipi [kegelförmiges Stangenzelt insbesondere der Plains-Indianer] oder Wickiup [für den Südwesten typische einfache Hüttenform, Anm.d.Übs.], in dem die Mädchen zu einer Abfolge von rituellen Gesängen tanzen. Die Zeremonie wird von einem Schamanen oder Medizinmann geleitet, der den Titel „Sänger" trägt. Im zweiten Teil der Zeremonie, dem sogenannten „Sonnengruß", wird das Mädchen nach einer Phase des Fastens und der Unterrichtung durch einige Älteste als Erwachsene vorgestellt.

Die Athapaskisch sprechenden Völker waren die letzte große Indianergruppe, die in den Südwesten, und auch die letzten, die unter anglo-amerikanische Herrschaft kamen. Ursprünglich im nordwestlichen Kanada und in Alaska zu Hause, drangen die Athapasken Ende des 14. und Anfang des 15. Jahrhunderts, also nicht allzu lange vor Ankunft der Spanier, in den Südwesten vor. Um 1600 gab es wahrscheinlich an die 15000 Apache in der Region. Bei ihrer Ankunft waren es kleine nomadisierende Banden ohne soziale und politische Differenzierung. Die Gruppen verbreiteten sich rasch im größeren Umkreis der Pueblo-Siedlungen, wo sie ihren Anspruch auf bestimmte Gebiete als traditionelle Territorien mit erkennbaren heiligen Plätzen geltend machten. Einige Gruppen vermischten sich mit Plains-Stämmen – die Lipan Apache stießen nach Westtexas vor und vertrieben die dortigen Comanche. Die Mescalero und Chiricahua Apache zogen in das Gebiet östlich des Rio-Grande-Tals, die Jicarilla und Navajo hingegen ins nördliche New Mexico, während die Westlichen Apache und andere Chiricahua sich in den alten Siedlungsgebieten der westlichen Anasazi und Mogollon heimisch machten.

Die Apache-Gruppen lebten vom Jagen und Sammeln. Als sie den Südwesten erreichten, gesellten sich der Feldbau und das Beutemachen auf Raubzügen zu dieser wirtschaftlichen Basis. Rasch nahmen sie die Bräuche der Plains-, Pueblo- oder Rancheria-Indianer an und erwarben sich darüber hinaus den Ruf großer Wildheit. Gleichermaßen schnell lernten sie sich des Pferdes zu bedienen. Ein Großteil der Geschichte des Südwestens dreht sich um die Beutezüge der Apache und die Vergeltungsmaßnahmen und Racheüberfälle der Pueblos, Pima, Spanier und Anglo-Amerikaner. Um 1700 war der Südwesten in weiten Teilen ein einziges Waffenlager mit wechselnden Bündnissen, für die allein ökonomische Vorteile ausschlaggebend waren.

Oben: *Jäger der Apache, einer in gestrickten Socken (wahrscheinlich von der Armee). Man beachte die typische Apache-Kleidung: das Stirnband und die hohen Mokassins. Die Pfeile sind wesentlich länger als bei den Plains-Indianern.*

Die Jicarilla Apache hatten sich auf die Seite der Spanier gegen die Franzosen und Pawnee geschlagen. Ihnen schlossen sich die Ute und Tewa, vor allem aber die Einwohner von Taos im Kampf gegen die Comanche und Kiowa der Plains an. Andere Apache verstärkten ihre Angriffe gegen einzelne Pueblo-Siedlungen dermaßen, daß die Pueblo-Gemeinden höhergelegene und besser zu verteidigende Wohnplätze aufsuchten. Viele Pima-Dörfer waren mit Palisaden umgeben und ständig bewacht. Wieder andere Apache-Gruppen verstärkten ihre Überfälle auf mexikanisches Gebiet so sehr, daß ganze Landstriche von der Bevölkerung aufgegeben wurden. Aufgrund der genannten ökonomischen Strukturen und aus Furcht vor Vergeltung lebten die Apache in geschützten Hochlandzonen, Canyons und Gebirgstälern. Sie behielten ihre kleinen Gemeinschaften bei, da sie schnell aufgelöst und verlegt werden konnten. Dies blieb über 200 Jahre hin unverändert, bis die letzte Apache-Gruppe Mitte der 1880er Jahre endgültig besiegt war.

Unten: *Eskiminzin und seine Frau, zwei Pinal Coyotero Apache. Die Coyotero lebten nahe den Pinal Mountains und waren für ihre angenehmen Gesichtszüge und die Schönheit ihrer Frauen bekannt.*

Die Überfälle der Apache wurden von Lokalgruppen, nicht auf Stammesebene verübt. Sie liefen nach einem Muster ab, das man in etwa mit Guerillataktiken gleichsetzen könnte. Ziel war es nicht, zu töten; die Männer erlangten keinen besonderen Status, wenn sie töteten, und niemals nahmen sie Skalps. Doch errangen sie Prestige, wenn es ihnen glückte, für ihre Familien Nahrungsvorräte und Pferde zu besorgen. Begegnungen mit dem Feind galt es zu vermeiden. Diese Raubzüge wurden organisiert, wenn die Vorräte im Lager zur Neige gingen. Es gab keine Stammesführer, nur Banden und Lokalgruppen hatten anerkannte Führer. Diese einflußreichen Männer und Frauen besaßen ihres Reichtums, ihrer Fähigkeiten und ihrer persönlichen Überzeugungskraft wegen Prestige. Zwischen Überfällen und Kriegszügen bestand für die Apache ein scharfer sozialer Unterschied. Ein Kriegszug wurde organisiert, um den Tod eines anderen Apache zu rächen, und immer war ein Verwandter des Erschlagenen dabei Anführer. Die Ansichten der Apache über den Krieg standen generell in starkem Gegensatz zu den Vorstellungen der Plains-Indianer; es gab keine Kriegerbünde, und jene kämpferische Begeisterung, auch in aussichtsloser Situation standhalten zu wollen, war ihnen ebenso fremd wie der Brauch des Coup-Zählens. [Als Coup wird das Berühren eines Gegners im Kampf bezeichnet. Viele Coups brachten bei den Plains-Indianern größeren Ruhm ein, als den Feind zu töten; Anm.d.Übs.] Legendäre Gestalten wie Geronimo, Naiche oder Cochise wurden berühmt, weil es ihnen immer wieder gelang, der US-Kavallerie ein Schnippchen zu schlagen. Zur Machtergreifung durch Stammesführer kam es erst nach Einführung angloamerikanischer politischer Institutionen.

Manche Apache-Gruppen trieben nur sehr wenig Feldbau und lebten nahezu wie die Plains-Stämme. Die Jicarilla Apache [mexikan.-span. jicarilla, „kleiner Korb"; die Korbflechtarbeiten ihrer Frauen waren berühmt; Anm.d.Übs.] waren im Norden New Mexicos heimisch, die Mescalero (oder Mescal-Sammler [Mescal ist zum einen eine kleine Kakteenart, die den Indianern als Heilpflanze diente, zum anderen werden damit jene Agaven bezeichnet, aus deren Blättern der gleichnamige Schnaps gewonnen wird; Anm.d.Übs.]) im südlichen Zentral-New-Mexico. Beide Gruppen dehnten ihre Streifzüge bis in die Plains aus und weisen daher viele Kulturzüge auf, die Kontakte mit Plains-Gruppen in Texas verraten. So wohnten die Jicarilla und Mescalero traditionellerweise in Tipis. (Andere Apache, die in kleinen bewaldeten Bergtälern lebten, errichteten windschirmähnliche Hütten, Wickiups, aus Buschwerk.) Nach ihrer Niederlage gegen Kit Carson und die US-Armee im Jahr 1868 wurden die Jicarilla zusammen mit den Mescalero in eine gemeinsame Reservation gesteckt; es kam aber laufend zu Kämpfen, so daß die Jicarilla 1887 eine eigene Reservation auf ihrem traditionellen Territorium erhielten.

Die San Carlos Apache begannen 1884, als ihnen die US-Regierung lebende Rinder für ihre Fleischrationen zuteilte, mit der Viehzucht. Die Männer wurden Viehzüchter, während die Frauen die Einkünfte der Familie durch das Sammeln von Wildfrüchten und das Flech-

Oben: *Frauen der White Mountain Apache in ihrem Lager; eine arbeitet mit einem Mahlstein. Zur Linken ist ein klassischer in Zwirnbindung geflochtener Tragekorb der Westlichen Apache zu sehen; über die Stangen sind rohlederne, in Ausschneidetechnik gearbeitete Satteltaschen gehängt.*

ten von Körben, die zum Verkauf bestimmt waren, ergänzten. Wie so oft waren Teile der Reservation exzellentes Weideland, was amerikanische Rancher zu Übergriffen veranlaßte. Ende der 90er Jahre hatte die Chiricahua Cattle Company (ein Unternehmen in amerikanischem Besitz) durch ihre enge Beziehungen zur Armee stillschweigend das Weiderecht für eine Herde von 2000 Rindern bei Ash Flats erworben. Andere amerikanische Rancher trieben ihre Rinder illegal auf San-Carlos-Land und erschossen das Vieh der Apache. Um 1900 war die Situation so kritisch geworden, daß ein Weidekrieg drohte und die Armee auf den Plan gerufen wurde. Dennoch dauerte es weitere zehn Jahre, bis die Situation unter Kontrolle war.

Als die Apache ihren traditionellen Wirtschaftsformen – Beutemachen und Jagen – nicht mehr nachgehen konnten, zeigten sie sich anpassungsfähig und entwikkelten im 20. Jh. eine flexible, zum Teil auf der Haltung von Rindern und Schafen basierende Ökonomie.

Die Navajo nennen sich selbst Diné – „das Menschenvolk". Das Wort Navajo entstammt der Tewa-Sprache: navahuu bezeichnet ein bestelltes Feld in einem Arroyo (Trockental). Die Pueblo-Indianer und spanische Chronisten vom Beginn des 17. Jahrhunderts unterschieden die Navajo von anderen Apache westlich und südlich des Rio Grande, weil sie „ganz ausgezeichnete Bauern" seien. Diese landwirtschaftlichen Leistungen wurden 150 Jahre später auch in den Berichten der US-Armee erwähnt. Heute sehen wir in den Navajo Schafzüchter und Weber, aber dazu wurden sie erst nach dem Übergang zur Landwirtschaft. Wie andere Apache überfielen die Navajo Pueblos und spanische Ansiedlungen, um Schafe und Pferde zu stehlen. Schnell etablierten sie eine neue Wirtschaftsform, die auf Viehhaltung, Feldbau und Beutemachen beruhte, und da sie letzteres nicht aufgeben wollten, führten sie ein zumindest halbnomadisches Leben.

Als die Regierung der Vereinigten Staaten das Territorium der Navajo 1849 annektierte, waren diese als ein Haufen kriegerischer, angriffslustiger Banden gefürchtet. Sie waren nicht als Stamm organisiert – jede Gemeinschaft, jede Verwandtschaftsgruppe war unabhängig. Viele Jahre lang versuchte die Regierung den Beutezügen Einhalt zu gebieten, um anglo-amerikanischen und mexikanischen Farmern die Ansiedlung zu ermöglichen, aber die anhaltenden Überfälle von Sklavenhändlern, die im Territorium keine Ruhe einkehren lassen wollten, weil sie so leichter Sklaven erbeuten konnten, führte zur Fortsetzung des Kriegszustandes.

Während des amerikanischen Bürgerkriegs wollte die US-Regierung, daß die Territorien von New Mexico und Arizona in der Union blieben. Dadurch sollte sichergestellt werden, daß die Verkehrs- und Nachrichtenverbindungen nach Kalifornien offen blieben. Dazu aber war den Apache-Überfällen, vor allem von seiten der Mescalero und Navajo, ein Ende zu machen. Die Kampagne gegen die Mescalero dauerte fünf Monate des Jahres 1862. Die Mescalero wurden nach Fort Sumner (oder Bosque Redondo), einem neuen Militärposten am Pecos River, umgesiedelt. Diesem Platz am Rande der Great Plains mangelte es an Brennholz, gutem Trinkwasser und Ackerland.

1863 wurde Oberst Christopher („Kit") Carson von General Carleton damit beauftragt, das „Menschenvolk" zusammenzutreiben und in die neue Militärreservation im östlichen Zentral-New-Mexico zu verbringen. Das Militär schickte Friedensunterhändler an einige wenige Banden und lokale Führer mit der Aufforderung, sie möchten abziehen; sonst würde man sie dazu zwingen. Die meisten der in weitverstreuten

Unten: *Eine Gruppe von Apache-Scouts in Arizona. Unter den Apache wurden erstmals 1871 Scouts im Camp Apache rekrutiert. Sie erhielten ein Gewehr, einen Patronengurt, eine Decke und eine Feldflasche – wer wollte, auch eine Uniform.*

Westliche Apache

Zu den Westlichen Apache gehören fünf unabhängige Abteilungen, die voneinander leicht abweichende Versionen der gleichen Sprache sprechen; eine dieser Abteilungen sind die San Carlos Apache. Jede Abteilung bestand aus zwei bis fünf unabhängigen Banden mit zwischen fünfzig und siebenhundert Mitgliedern (1880). Jede dieser Banden wiederum setzte sich ihrerseits aus Lokalgruppen von fünfunddreißig bis zweihundert Menschen zusammen; dies waren die eigentlichen landbesitzenden politischen Einheiten. Die Apache lebten in einem gebirgigen, von Canyons zerklüfteten Landstrich, in dem es neben Wäldern und gutbewässerten Tälern auch Wüstengebiete gab. Ihre Lebensweise beruhte weitgehend auf der Jagd (Hirsche und Antilopen) und dem Sammeln von wilden Früchten (Mescal-Knollen, Kaktusfrüchten, Mesquite-Schoten und Piñon-Samen). Mit Feldbau bestritten sie etwa ein Viertel ihres Nahrungsaufkommens – Mais, Bohnen und Kürbisse, die auf kleinen bewässerten Feldstücken in den Bergen kultiviert wurden. Durch die Übernahme des Pferdes und der dazu gehörenden Ausrüstung sowie den Erwerb von Feuerwaffen, Textilien und metallenen Gerätschaften in der spanisch-mexikanischen Periode veränderte sich die Kultur der Westlichen Apache in starkem Maße. Zu den indianischen und spanischen Nachbarn ringsum unterhielten sie Handelsbeziehungen – wenn sie ihnen nicht das Vieh raubten. In der zweiten Hälfte des 19. Jahrhunderts waren die Westlichen Apache fast unaufhörlich in Kampfhandlungen mit der US-Armee verwickelt. Die Feindseligkeiten wurden erst durch die Gefangennahme und Internierung Geronimos im Jahre 1885 beendet. 1909, als die hier gezeigten Stücke bei den San Carlos Apache gesammelt wurden, waren viele Apache bereits zu Lohnarbeitern geworden, einige davon als Cowboys auf amerikanischen Ranches. Nach 1920 wurde die Viehzucht zu einem entscheidenden Wirtschaftszweig der Apache, und auf den Reservationen gewann die Holzfällerei an Bedeutung.

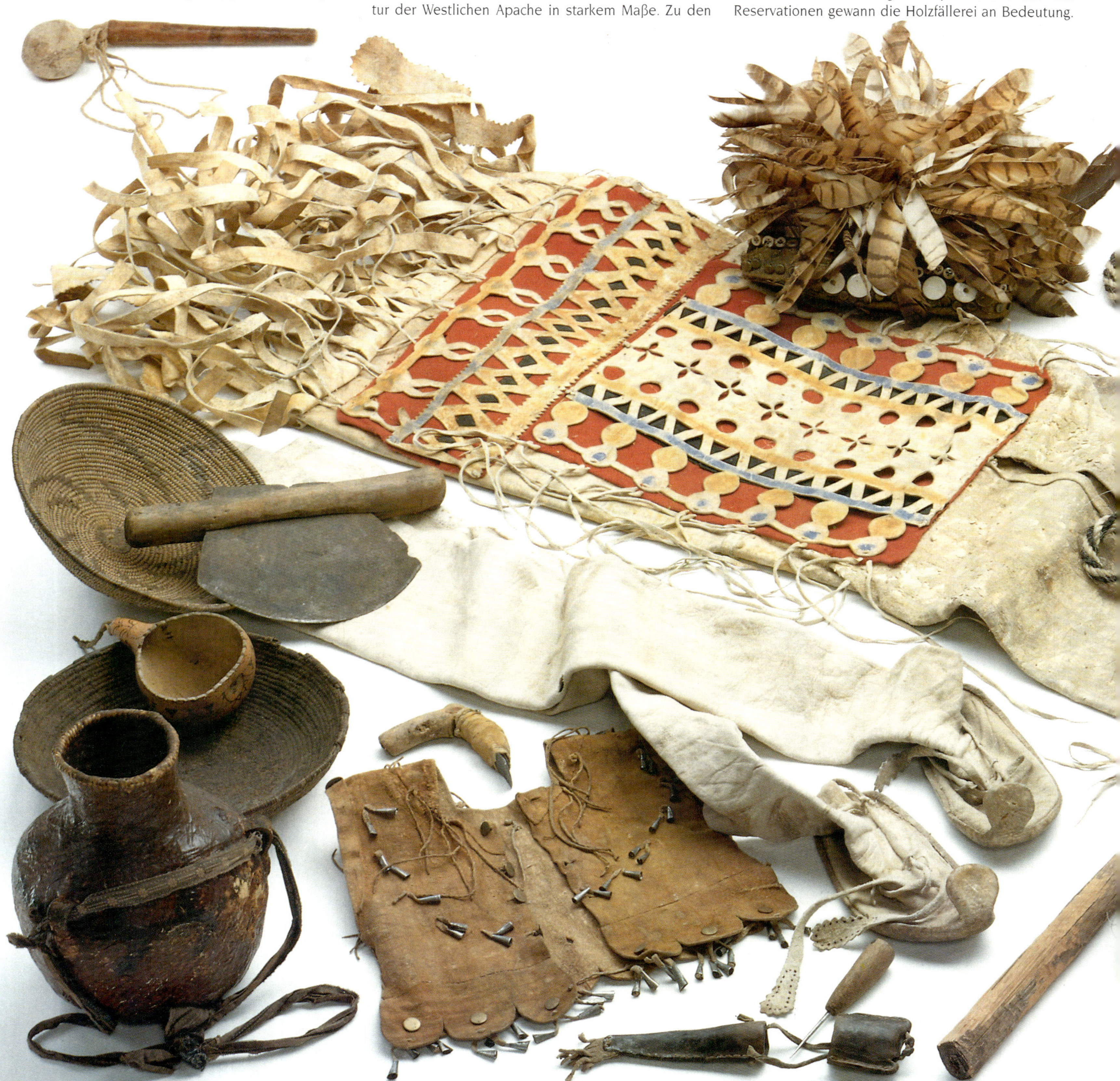

1 Streitkolben, in Wildleder gehüllter Stein an einem Holzstiel [sogenannte „Totschlägerkeule", Anm. d. Übs.].
2 In Wulstflechttechnik gefertigter Korb zum Bereiten und Auftischen von Essen; älterer Stil.
3 Messer, mit dem die eßbaren Agavenblätter von den Knollen abgeschnitten wurden.
4 Aus Kalebasse gefertigter Schöpflöffel.
5 Mit Lehm verkleideter alter Flachkorb, zum Kochen von Mais auf glühenden Kohlen verwendet.
6 In Zwirntechnik geflochtener kleiner Wasserkrug, inseitig wasserdicht gemacht und außen mit Piñon-Harz verpicht.
7 Fellschaber mit Stahlklinge.
8 Wildlederweste eines Jungen.
9 Ahle, wahrscheinlich fürs Korbflechten, mit Lederetui.
10 Kopfbedeckung mit Eulenfedern.
11 Sehr große doppelte Satteltasche, lederne Applikation in Ausschneidetechnik auf rotem Flanell.
12 Frauenmokassins aus Wildleder, mit Stulpen, die umschlagbar waren.
13 Seil aus Pferdehaaren.
14 Seildreher; die Haarsträhnen wurden am eingekerbten Ende des längeren Stabes, der sich um den kleineren dreht, befestigt.
15 Glatter gerillter Stein, der dazu diente, Pfeilschäfte gerade auszurichten.
16 Perlenbestickte Frauenmokassins.
17 In Wulstflechttechnik gefertigtes Gefäß, in der Form eines gewöhnlichen Wasserbehälters.
18 In Zwirnbindung geflochtener kleiner Wasserkorb.
19 In Zwirnbindung geflochtener kleiner Tragkorb, Kinderspielzeug.
20 Haarbürste, aus einem zusammengebundenen Strohbüschel bestehend.
21 In Wulstflechttechnik gefertigter flacher Korb.
22 In Wulstflechttechnik gefertigte flache Korbschale.
23 In Wulstflechttechnik gefertigter flacher Korb.
24 Samenklopfer, Flechtarbeit in durchbrochener Zwirnbindung.

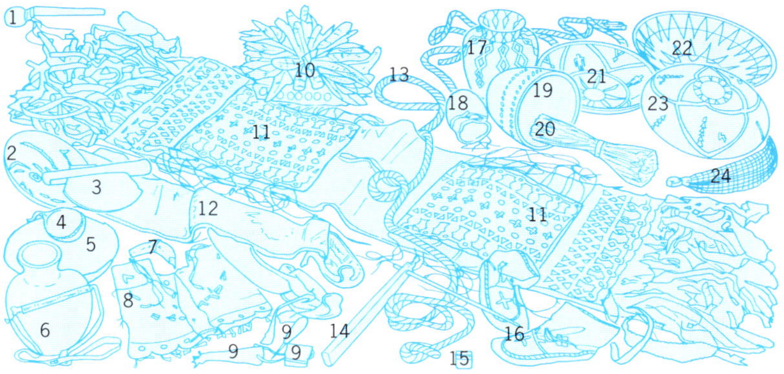

Lokalgruppen lebenden Navajo hörten nie etwas von dem Ultimatum, und General Carleton machte keinen Versuch, sie aufzuspüren. Stattdessen gab er an Carson den Befehl aus, die wirtschaftlichen Grundlagen der Navajo zu zerstören. Carson, dem sich Ute, Pueblo-Indianer und Freischärler aus New Mexico anschlossen, verfolgte eine Politik der verbrannten Erde und ließ Maisfelder und Obstgärten, Hogans [charakteristische Navajo-Behausung aus Stämmen und Ästen, die mit Schlamm, Rasenstücken oder Adobe bedeckt wurden; Anm.d.Übs.], Wasserlöcher und Viehherden vernichten. Mehr als tausend Angehörige des „Menschenvolks" wurden getötet, verwundet oder gefangengenommen. Die Navajo hatten keine Verstecke und nur wenig zu essen; 1864 ergaben sie sich.

Nach der Kapitulation machten sich über 8000 Navajo auf den Langen Marsch – eines der düstersten Kapitel in der Navajo-Geschichte. Von den Gefangenen starben mehr als zehn Prozent auf dem Weg nach Fort Sumner. Grauen und Not waren ihre Begleiter. Da es keine Wagen gab, mußten sie über 300 Meilen zu Fuß laufen. Wer darüber klagte, krank oder erschöpft zu sein, ja selbst Frauen in den Wehen wurden getötet.

Nicht alle Navajo traten den Langen Marsch an. Viele wurden in die Sklaverei verkauft oder aber versteckten sich in unzugänglichen Gegenden wie dem Grand Canyon oder schlossen sich anderen Gruppen an. Wer nach Fort Sumner gekommen war, wußte von Entbehrungen und Verzweiflung zu berichten. Es gab nur wenige Lebensmittel und keine Decken. Und auch für die Unterbringung der Menschen war unzureichend gesorgt. Epidemien nahmen überhand. Zudem waren die Navajo mit ihren traditionellen Feinden, den Mescalero Apache, zusammengepfercht; kein Wunder, daß sich die Gemüter erhitzten und Streitigkeiten an der Tagesordnung waren. Dürreperioden und schlechtes Ackerland verurteilten die Reservation zum Scheitern.

Als man den Navajo fünf Jahre später gestattete, in ihr angestammtes Gebiet zurückzukehren, nahmen sie ihre Lebensweise als Gartenbauern und Hirten schnell wieder auf. Mit den Überfällen war es vorbei; an ihre Stelle traten neue ökonomische Tätigkeitsfelder – Handwerksproduktion und Lohnarbeit. Für ihr handwerkliches Können als Weber und Silberschmiede sind die Navajo berühmt. Der Stamm erlebte eine Zeit relativen Wohlstands, und seine Zahl wuchs, so daß die Navajo heute die bevölkerungsstärkste indigene Gruppe in Nordamerika sind und nicht mehr alle auf Reservatsland leben können. Unglücklicherweise nahmen die Schaf- und Pferdeherden dermaßen zu, daß das ökologisch anfällige Land überweidet wurde. In den 30er Jahren ordnete die Bundesregierung die Verkleinerung des Viehbestands an, weil die Tiere nicht mehr zu ernähren waren – für die Navajo eine Katastrophe.

Oben: *Navajo-Mutter mit Kind; der Schmuck besteht aus Silber und Türkisen. Als erster Navajo soll 1880 Atsidi Chon („Häßlicher Schmied") diesen Edelstein in Silber gefaßt haben. Der concha-Gürtel [span. „Muschel"] ist typisch für die Silberschmiedearbeiten der Navajo, die sich durch massive Beschaffenheit und Einfachheit der Ausführung auszeichnen.*

Wie andere apachesprachige Gruppen vollziehen die Navajo ihre Zeremonien nicht nach dem Kalender, sondern nach dem Bedarfsfall, etwa um Kranke zu heilen oder sich des Segens zu versichern, der ein Überleben gewährleistet. In der Weltordnung der Navajo existieren zwei Klassen von Menschen – das Volk der Irdischen (die Menschen) und das Heilige Volk (übernatürliche Wesen, heilig, mächtig und geheimnisvoll). Die Navajo glauben, daß der Ablauf der Welt von bestimmten Regeln abhängig ist, an die sich alle – das Heilige Volk ebenso wie sie selbst – zu halten haben. Werden diese Regeln befolgt, gibt es ein Leben in Sicherheit und Überfluß; die Welt ist voll Eintracht und Schönheit. Wenn man sie mißachtet, wenn Krankheiten den einzelnen befallen oder ihn Unfälle treffen, dann bittet man das Heilige Volk in Zeremonien, das prekäre Gleichgewicht des Universums wiederherzustellen. Bei diesen überaus komplizierten und ausgeklügelten Zeremonien werden Sandmalereien ausgeführt und Gebete gesprochen. Sandmalereien sind nicht von Dauer (zu ihrer Anfertigung werden getrocknete und pulverisierte Materialien verwendet) und veranschaulichen das Heilige Volk. Bei den Zeremonien dienen sie als Altar. Sandmalereien gibt es in mehr als 800 verschiedenen Ausprägungen, und zu jeder einzelnen gehört ein ganz bestimmter Gesang, eine bestimmte Zeremonie. Sie werden im Hogan angelegt.

Ein paar Stämme, die unter äußerst marginalen Umweltbedingungen am Rande des Südwestlichen

Unten: *Pesh-lakái-ilhini, ein Navajo-Silberschmied (links), der auf einem stählernen Amboß Silber hämmert; sein Sohn steht am Blasebalg, wahrscheinlich lernt er das Handwerk. Der Mann rechts hält einen Drillbohrer. Hinter den Personen steht ein Hogan, hier der älteste Stil: ein mit Erde bedecktes Gabelpfostengerüst.*

Kulturareals leben, haben nie eine agrarische Lebensweise entwickelt. Im Norden zählten dazu isolierte Gruppen im Umkreis des ariden Great Basin – darunter, in unserem Gebiet, die Ute und Paiute –, dann einige Shoshoni-Sprecher aus Kalifornien, die an den Colorado zogen, wo sie zu Farmern wurden, und die bereits erwähnten Hochland-Yuma; im Süden die Chemehuevi und eine Gruppe der Sand Papago (eine Untergruppe der Tohono O'Odham), ferner die Seri und verschiedene Ethnien Niederkaliforniens (Baja California). Es waren nie mehr als einige tausend Menschen, die auf dieser Stufe der wirtschaftlichen Entwicklung lebten. Die bekanntesten sind die Seri.

Diese Gruppen, die keine Nahrung produzierten und eine nomadische oder halbnomadische Lebensweise führten, lebten in kleinen bilateralen Banden zusammen. Häufig unterwegs, lebten sie vom Land, das alle ihre Bedürfnisse befriedigte; so blieb ihr materieller Kulturbesitz spärlich. Die Seri beispielsweise, die kleinste ethnische Gruppe des Südwestens, aber auch Gruppen in Niederkalifornien waren stark von Meeresprodukten abhängig. Sie jagten auch Hirsche und Hasen und sammelten die überreichlich vorhandenen Kaktusfrüchte, Grüngemüse und Seegrassamen von der Wüstenküste und den nahen Inseln. Heute noch fristen diese Gruppen an den Wüstenküsten von Baja California mit Fischfang und Schildkrötenjagd ihr Leben in Armut.

In der Ethnologie ist es üblich, die Ute und ihre Verwandten, die Paiute, im Zusammenhang mit den Kulturarealen des Great Basin und der Plains zu besprechen. Beide Ethnien sprechen eine uto-aztekische Sprache aus der Shoshoni-Sprachfamilie und waren daher in ferner Vergangenheit mit den Hopi verwandt.

Unten: *Kriegshauptmann der Navajo, mit einem Kriegshut aus gegerbtem Leder; er trägt eine Lanze und einen Rohlederschild. Zur traditionellen Kriegsausrüstung der Navajo gehörten ferner Pfeil und Bogen und häufig eine Keule. Diese Fotographie entstand 1892/3 unweit des Keam's Canyon in der Navajo-Reservation.*

Diese Gruppen waren so isoliert und zahlenmäßig schwach, daß sie von der spanischen Expansion nur ganz geringfügig in Mitleidenschaft gezogen wurden. Erst Mitte des 19.Jahrhunderts und später veränderte die europäische Expansion ihre Lebensweise.

Die vier erörterten Hauptkulturgruppen des Großen Südwestens sind in modifizierter Form auch heute noch erkennbar. Alle sind heute Teil entweder des US-amerikanischen oder des mexikanischen sozio-ökonomischen Systems und vereinen in ihrer Kultur eine Mischung aus traditionellen Bräuchen und europäischen Strukturen. So handelt es sich zwar um eigenständige Kulturen, aber nicht länger um separate Gesellschaften. Ihre ethnische Identität bewahren sie auf ganz unterschiedliche Weise, etwa indem sie charakteristische Kunstformen entwickeln und sich ihre emotionalen Beziehungen und Interaktionen mit der Umwelt erhalten. Es ist dieses Gefühl eines fortdauernden Zusammenhangs mit dem Land, das ihnen geholfen hat, Jahre der Unterdrückung durch Eroberer-kulturen zu überstehen.

Die Indianer des Südwestens haben sich „Identitätssysteme bewahrt, in denen das Symbol der Verwurzelung mit dem Land eine bedeutende Rolle spielt – es sind übernatürlich sanktionierte, uralte Wurzeln, die als nicht veränderlich angesehen werden", so der berühmte Ethnologe des Südwestens Edward Spicer. Aus einer solchen Sicht heraus beziehen diese Gruppen nachhaltige mythologische Bestätigungen für ihr Recht, im Südwesten zu leben.

Das Denken der Indianer ist integrativ und umfassend. Es scheidet nicht in intellektuelle, moralische, emotionale, ästhetische, ökonomische und andere Aktivitäten, Motivationen und Funktionen. Schönheit ist genauso in der Natur der Dinge wie in den Menschen – es ist der natürliche Seinszustand. Das Land ist erklärtermaßen schön, weil es von den übernatürlichen Wesen als ein wunderschöner harmonischer, glücklicher und gesunder Ort geplant worden ist. Damit Schönheit erhalten bleibt, glauben die Navajo etwa, sie müsse in Handlungen wie dem künstlerischen Schaffen oder Bewahren zum Ausdruck gebracht werden. Das Land ist eine Grundlage des Lebens, deswegen ist es schön und muß folglich erhalten werden. Die Anlage der Häuser und Dörfer spiegelt diese Anschauungen von Land und Universum wider.

Die Indianer sehen sich vielen Herausforderungen gegenüber. Als Angehörige zweier Welten leben sie in isolierten Reservationen ebenso wie in Großstädten und müssen in beiden überleben. Die europäische Expansion hat dieses Leben weitreichend verändert, doch die Veränderungen waren nicht gleichmäßig und durchaus verschieden; und nie waren sie total. Heute kämpfen die Indianer um ihre wirtschaftliche und politische Unabhängigkeit. Es ist paradox, daß in einem „Land des Überflusses" [land of plenty, Anspielung auf die Nationalhymne der USA, Anm.d.Übs.] einstmals autarke und gesunde Gesellschaften sich in armseligen Verhältnissen lebend wiederfinden. Doch keine Kultur ist statisch, auch wenn wir dazu neigen, indigene Völker als homogen und in Zeit und Raum erstarrt darzustellen. Die Indianer des Südwestens betrachten sich nicht als ausgenutzte Mitglieder der Gesellschaft. Nach wie vor haben sie ein starkes Selbstwertgefühl und wissen um ihren besonderen Platz im multikulturellen Südwesten. Und sie sind sich im klaren darüber, daß sie anderen viel anzubieten haben, wenn diese nur zuhören wollen – ein reicher Austausch, der sich in Zukunft fortsetzen wird.

Navajo

Bevölkerungs- und (reservats-)gebietsmäßig sind die Navajo der größte nordamerikanische Indianerstamm. Bekannt wurden sie für ihre Handwerksprodukte: qualitätvolle Decken und Umhänge, von den Frauen aus der Wolle eigener Schafe gewebt, und den von Männern geschmiedeten Silberschmuck. Andere wohlbekannte Züge der Navajo-Kultur sind die im Rahmen von Heilzeremonien angefertigten Sandmalereien und die Hogan genannten, charakteristischen erdbedeckten, kuppelförmigen Häuser. Im späten 18. Jahrhundert waren die Navajo erfolgreiche Feldbauern, Jäger und Viehhirten, die gegen Spanier und Mexikaner und später auch gegen die Anglo-Amerikaner Krieg führten, um ihre Ländereien, ihren Besitz und ihre Familien zu schützen. Der Frieden kam 1864 mit dem Langen Marsch, als nahezu alle Navajo nach Fort Sumner deportiert wurden. Ihre neuere Geschichte begann 1868 mit der Rückkehr in die neu eingerichtete Reservation auf ihrem alten Territorium. Die hier gezeigten Stücke sind allesamt Beispiele für die Navajo-Kultur, wie sie vor hundert und mehr Jahren war; Jahreszahlen bezeichnen das Sammeldatum.

1 In Wulstflechttechnik gefertigter Korb. 1870.
2 Wollenes Frauenkleid aus zwei gewebten Rechtecken, die an Seiten und Schultern zusammengenäht wurden. Wahrscheinlich zwischen 1850 und 1870 gefertigt.
3 Verziertes Schutzarmband [gegen den Rückprall der Bogensehne, Anm.d.Übs.] aus Silber, ketoh genannt. 1893.
4 Silberner Halsbandanhänger, ein Halbmond, der in Hände ausläuft – die naja genannte Form. 1893.
5 Naja. Die Form verbreitete sich aus dem moslemischen Nordafrika über Spanien nach Mexiko, von wo sie die Navajo übernahmen. 1893.
6-11 Sechs silberne conchas, am Gürtel und Zaumzeug angebracht. 1893.
12 Silberschnalle. 1893.
13, 14 Zwei silberne Armreifen. 1893.
15 Silberner Fingerring. 1884.
16 Silberner Fingerring mit Kupfereinsatz. 1893.
17, 18 Silberknöpfe. 1893.
19, 20 Silberbroschen. 1893.
21 Haarbürste. 1870.
22 Männermokassins. 1870.
23 Hemd aus Eichhörnchenfell. 1870.
24 Wollene Beinstrümpfe. 1874.

25 Gestrickte Wollkappe. 1874.
26 Anschlagholz, diente dazu, beim Weben die Schußfäden anzuschlagen (aus Berberitzenholz).
27 Webgitter, um die Kettfäden zu halten. 1870.
28 Tanztrommel. Vor 1902.
29 Hut eines Kriegers, bemaltes Leder, mit Federn und gefärbten Haaren besetzt. 1895 alt.
30 Wildledergürtel und -beutel. 1893.
31 Kleine Decke, wurde über den Sattel gelegt; aus Wollgarn gewebt, das teils selbstgesponnen war, teils aus Germantown stammte; im „nachklassischen" Design. 1886.
32 Sattelgurt; die Kettfäden hat man direkt an die Eisenringe geknüpft, dann wurde zwischen den Ringen gewebt. 1887.
33 Gutgearbeiteter Bogen, mit Auflagen aus Tiersehnen und durch Sehnenwicklung verstärkt. 1885.
34 Am Köcher befestigtes Bogenfutteral aus Berglöwenfell; am Köcher befindet sich die Haarseite außen, beim Bogenfutteral ist sie innen; ins Bogenfutteral eingesetzt ist eine hölzerne Verstärkung. Der Köcher enthält zwei Pfeile. 1893.
35 Vier Pfeile mit Stahlspitzen. 1893.
36 Trinkschale und Beutel. Vor 1869.
37 Schulterdecke für Männer, gewebt im „Häuptlingsdecken"-Design. 1893.
38 Lederner Kriegshut, mit Eulenfederflaum besetzt und an der Stirnseite mit Abalon-Schalen [Abalonen: Meeresschnecken der Gattung Haliotis mit flachovalen, leicht spiralig angelegten, perlmuttüberzogenen Schalen; Anm.d.Übs.] verziert. Nach 1870 nicht mehr in Gebrauch. 1887 erworben.
39 Kappe. 1898.
40 Wolldecke mit Streifenmuster. 1893.
41 Meßgerät für Kupferpulver 1887.

„Es ist seltsam, wenn die Amerikaner darüber jammern, daß die Indianer Büffel töten. Wir töten Büffel … der Nahrung und der Kleidung wegen … um unsere Behausungen warm zu halten. Euere jungen Männer schießen zum Vergnügen … Was ist das? Räuberei? Ihr nennt uns Wilde? Was sind dann sie?"

SITTING BULL VON DEN HUNKPAPA SIOUX

Die Plains

DIE GROSSEN PLAINS sind das wahre Herzland Nordamerikas. Ein Land der Sonne, des Windes, des Grases, erstrecken sich die Plains in nordsüdlicher Richtung mehr als 3000 Kilometer weit vom North Saskatchewan River in Kanada nahezu bis zum Rio Grande in Mexiko, ein Gebiet, dessen östliche und westliche Begrenzung in etwa durch das Mississippi-Missouri-Tal und die Vorberge der Rocky Mountains gegeben ist – alles in allem eine Fläche von zweieinhalb Millionen Quadratkilometern.

Im 18. und 19. Jahrhundert, zur Zeit des ersten Kontakts mit Europäern, herrschten in den Plains Algonkin- und Sioux-Sprachgruppen vor, obgleich auch Athapasken und Uto-Azteken vertreten waren. Die Tafel auf S. 63 listet die wichtigsten Plains-Stämme der Zeit auf.

In den nördlichen Plains dominierten Algonkin-Gruppen, in den zentralen Plains Sioux-Sprecher. Auf den südlichen Plains hingegen waren beide Sprachgruppen kaum vertreten, auch wenn Cheyenne und Arapaho mit den in der Region vorherrschenden Kiowa und Comanche starke militärische Bündnisse eingingen. Die Bevölkerungsdichte war relativ gering; so schätzte man 1870 die Blackfeet (oder Blackfoot), eine der größten Gruppen in den nördlichen Plains, auf 15 000, die Lakota auf 10 000 und die Cheyenne auf 3500, während halbseßhafte Stämme wie die Omaha, Mandan und Arikara am Missouri allesamt auf weniger als 4000 geschätzt wurden (siehe Kroeber 1939 und Swanton 1952).

Das Klima auf den Plains ist nicht einheitlich. Aufgrund begrenzter Niederschläge überwiegt vor allem im Westen und Süden ein halbwüstenartiges Terrain, und gebietsweise bringen die ariden Verhältnisse dort sogenannte badlands hervor [vegetations- und wasserarme Ödnisse, durch auffällige Hügel- und Felsformationen gekennzeichnet, Anm.d.Übs.]. Der Osten jedoch, das Mississippi-Missouri-Tal, ist eine humide Zone, hier fällt mehr Regen, und die Prärien sind grün. Das Gras wächst höher und üppiger, wohingegen es weiter westlich, im Gebiet etwa der heutigen Bundesstaaten North und South Dakota, Nebraska und Kansas, kürzer wird; dieses „Büffelgras" ist für viele Tiere in den Plains eine lebenswichtige Nahrungsquelle.

Die Fauna der Plains zeigt die für die Natur des Landes typischen Merkmale. Alle Tierarten können über längere Perioden ohne Wasser auskommen, und von Wolf und Coyote abgesehen sind alle Grasfresser. Die meisten Tiere sind überaus scheu und nur sehr schwer zu jagen und zu erlegen, ein Charakteristikum, das besonders für die Gabel- oder Prärieantilope gilt. Ihr ausgezeichnetes Sehvermögen, ihre große Fluchtgeschwindigkeit und die Fähigkeit, mit Hilfe eines weißen Flecks auf dem Hinterteil Gefahr zu signalisieren, verleihen ihr große Überlebenschancen. Im 19. Jahrhundert und davor war die Antilope überall auf den Plains in riesigen Herden zu finden, zahlreicher vielleicht sogar als der bekanntere Büffel, der aufgrund seiner Größe zuerst die Aufmerksamkeit der frühen weißen Entdecker auf sich zog.

Die Antilope war für die prähistorischen wie für spätere Bewohner der Großen Plains eine wichtige Nahrungsquelle. Als zum Beispiel die Cheyenne gegen Ende des 18. Jahrhunderts in die Plains vordrangen, fanden sie Spuren von Hürdenfallen – in Form konvergierender Bachläufe, Busch- oder Felsreihen, an deren Ende ein tiefer Graben oder eine Ausschachtung auf die Antilopen wartete –, die von einer früheren, weniger mobilen Bevölkerung benutzt worden waren. Die Cheyenne stellten sie wieder her und erweiterten sie, da sie schnell erkannten, daß ihnen damit die wirksamste Fangmethode für ein so schlaues Geschöpf zur Verfügung stand. Die Plains-Stämme waren von der Antilope offenbar sehr beeindruckt; nicht nur lieferte sie Fleisch, ihre Hörner wurden für einen speziellen Kopfschmuck verwendet oder auf Zeremonialabzeichen gemalt, während aus dem Fell Hemden, Leggings (Beinlinge) und Frauenkleider gefertigt wurden.

Diese Karte zeigt annähernd die territorialen Verläufe von Stämmen und Sprachgruppen, wie sie um 1800 waren. Nach dieser Zeit verloren alle Stämme Land, einige mußten ihre angestammten Gebiete verlassen.

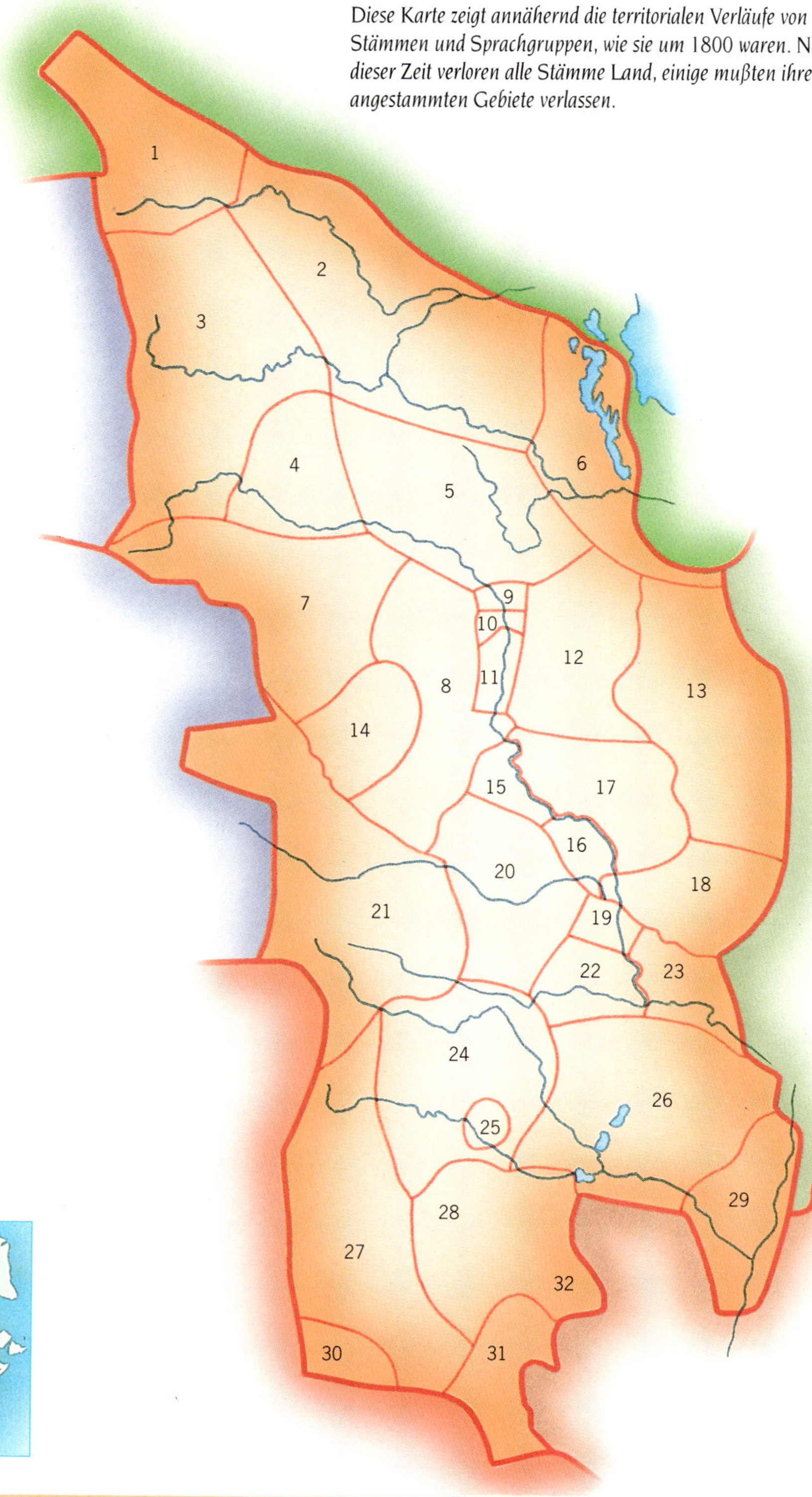

Stammesschlüssel:
1 Sarcee
2 Plains Cree
3 Blackfeet
4 Gros Ventre
5 Assiniboin
6 Plains Ojibwa
7 Crow
8 Teton Sioux
9 Hidatsa
10 Mandan
11 Arikara
12 Yanktonai Sioux
13 Santee Sioux
14 Cheyenne
15 Ponca
16 Omaha
17 Yankton Sioux
18 Iowa
19 Oto
20 Pawnee
21 Arapaho
22 Kansa
23 Missouria
24 Kiowa
25 Kiowa-Apache
26 Osage
27 Comanche
28 Wichita
29 Quapaw
30 Lipan Apache
31 Tonkawa
32 Kitsai

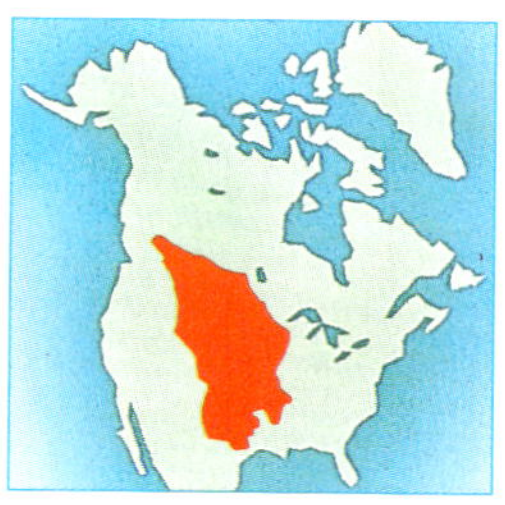

Das Tier, das die Plains beherrschte, war jedoch der üblicherweise als Büffel bezeichnete Bison. Obwohl archäologische Funde und die Schilderungen früher Forschungsreisender zeigen, daß dieses Tier in Nordamerika einmal weithin vertreten war, beschränkte sich sein Verbreitungsgebiet um die Mitte des 19. Jahrhunderts größtenteils auf die Plains, auf denen riesige Herden umherschweiften, an die sechzig Millionen Tiere nach vorsichtiger Schätzung. Der Bisonbulle erreichte fast 2 Meter Schulterhöhe und wog ca. 900 Kilogramm. Im Unterschied zur Antilope sah der Büffel jedoch schlecht, und trotz seines gutentwickelten Geruchs- und Gehörsinns konnte sich ein umsichtiger Jäger gegen den Wind leicht anschleichen.

Die frühen unberittenen Menschen der Plains jagten den Bison auf ähnliche Weise wie die Antilope, indem sie die Tiere in Panik versetzten und die in wilder Flucht davonstürzenden Herden in eine V-Form zwangen und vor sich hertrieben, bis sie über den Rand einer Klippe stürzten. Belege für solche Treibjagden aus der Zeit des Frühmenschen finden sich in der Einleitung; ein derartiger Schauplatz im südlichen Alberta wurde von Paläo- und historischen Plains-Indianern noch bis in die Mitte des 19. Jahrhunderts, als die Herden zu verschwinden begannen, genutzt. Von den Blackfeet *Estipah-Siki-kini-Kots* („Wo-ihm-der-Schädel-eingeschlagen-wird") genannt, war dies auch ein zeremoniell und rituell bedeutsamer Ort, an dem sich die Praxis der Büffeljagd mit Gebeten an die höheren Mächte verband, wo die Geister der Berge und der Winde und des Raben beschworen wurden, der den Blackfeet als weisester aller Vögel gilt.

An solchen Stellen wurden alljährlich Tausende von Büffeln getötet, oft so viele auf einmal, daß es unmöglich war, die gewaltigen Frischfleischmengen zu verbrauchen. Obwohl ein Gutteil des Fleisches getrocknet und für den Winter zu Pemmikan (Dörrfleisch) verarbeitet wurde, während die Häute als Zeltdecken für die Tipis (Stangenzelte) dienten, war Vergeudung nicht zu vermeiden. Als der Pelzhändler und Forschungsreisende Alexander Henry im Dezember 1809 am Vermilion River (im heutigen Alberta) auf eine frische Massentötung stieß, stellte er fest: „Die Bullen waren überwiegend unversehrt, und nur die guten Kühe hatte man zerlegt." (Henry und Thompson 1897, 576/7)

Wer die *archaischen* pferdelosen Plains-Bewohner waren, wird Mutmaßung bleiben. Es steht jedoch mit ziemlicher Sicherheit fest (vergleiche hierzu die Erörterung im Kapitel über die Plateaus und Hochbecken), daß Stämme wie die Kutenai, Flathead und vor allem die Shoshoni die Plains-Region üblicherweise zu Fuß aufsuchten, um dort auf Büffeljagd zu gehen. Auch gibt es archäologische Hinweise darauf, daß einige Gruppen ihren Lebensraum möglicherweise „über Jahrtausende hin" unverändert am Westrand der Plains behaupteten (Hultkrantz 1968, 70).

Doch erst nach der Adaption des Pferdes aus dem Süden und der Feuerwaffen aus dem Osten erreicht die historische Plains-Kultur ihre volle Blüte. Und während das Pferd größere Beweglichkeit gestattete und die allgemeine Lebensqualität verbesserte – die Alten wurden nicht länger zurückgelassen, größere Tipis konnten gebaut und mehr Güter und Nahrungsmittel transportiert werden –, setzte das Gewehr beispielsweise die unberittenen Blackfeet und Cree in die Lage, es mit den berittenen Shoshoni aufzunehmen und sie schließlich aus dem Plains-Gebiet zu verdrängen. Auf dramatische Weise beschrieb ein

Oben: *Eine Blackfeet (Blood)-Familie vor ihrem Tipi, ca. 1900. Um 1870 wurde anstelle von Büffelhäuten bereits weithin Leinwand verwendet. Motive wie das Malteserkreuz wurden noch im traditionellen Stil gemalt.*

Region	Stamm	Sprachgruppe/Kommentar
NÖRDLICHE PLAINS	Blackfeet Plains Cree Plains Ojibwa Gros Ventre	*Algonkin.* Die alten Bewohner des Gebiets. Archäologische Funde und Ähnlichkeiten in der Mythologie lassen vermuten, daß es zwischen Blackfeet und Cree enge Verbindung gab
	Sarcee	*Athapaskisch.* Dieser kleine Stamm war im 19. Jahrhundert mit den Gros Ventre und Blackfeet verbündet.
ZENTRALE PLAINS	Sioux (Lakota, Nakota, Dakota) Crow Mandan	*Sioux.* Die Lakota waren der westlichste der Sioux-Stämme. Die Dakota, Mandan und Hidatsa waren halbseßhaft.
	Arikara	*Caddo.* Manchmal als „Nördliche Pawnee" bezeichnet. Halbseßhaft, lebten südlich der Mandan am Missouri.
SÜDLICHE PLAINS	Comanche Kiowa Wichita und Pawnee Kiowa-Apache	*Uto-Aztekisch* *Kiowa* *Caddo* *Athapaskisch*

alter Piegan-Häuptling, Saukamappee, 1787 dem Forschungsreisenden David Thompson eine Begegnung, bei der die Überlegenheit der Feuerwaffen sich auch gegen einen berittenen Feind als entscheidend herausstellte. Der Kampf fand um 1740 (wahrscheinlich im heutigen Saskatchewan) zwischen Shoshoni und vereinten Kräften der Assiniboin und Piegan statt. Letztere galten als ein Grenzstamm der Blackfeet-Konföderation, die sich, mit einigen wenigen Gewehren bewaffnet (aber ohne Pferde), einen Weg in die nördlichen Plains bahnten. Saukamappee erklärte zunächst kurz, wie rasant sich die Verhältnisse in vielleicht etwas mehr als einem Jahrzehnt geändert hatten:

„Zu diesem Zeitpunkt hatte sich die Lage auf beiden Seiten stark gewandelt; wir hatten mehr Gewehre und Pfeile mit Eisenspitzen als früher; aber unsere Feinde, die Schlangenindianer [= Shoshoni, Anm. d. Übs.] und ihre Verbündeten, hatten Misstutim („Große Hunde", d.h. Pferde), auf denen sie ritten, geschwind wie der Hirsch, über die Peeagans hereinbrachen und sie mit ihren Stein-Pukamoggans über den Kopf schlugen, und so verloren diese mehrere ihrer besten Männer. Diese Neuigkeiten haben wir nicht richtig verstanden, wir waren erschrocken, da wir uns unter Pferden nichts vorstellen und nicht begreifen konnten, was sie waren."

(Thompson 1916, 330)

Oben: *Ein Tanz des „Tauben"-Bundes der Blackfeet (Piegan) in Heart Butte (Montana), ca. 1922. Die von der Figur in der Mitte getragene Kriegshaube ist an den Federspitzen mit Haarzusätzen versehen, ein zu der Zeit übliches Merkmal der Blackfeet-Insignien.*

Dann beschrieb Saukamappee, wie der gemeinsame Kriegszug der Piegan und Assiniboin zustandekam, schilderte die einleitenden Kriegszeremonien und wie die Kriegshäuptlinge die Waffen begutachteten. Nach einigen Tagen Fußmarsches stießen sie auf einen großen Kriegstrupp der Shoshoni; Saukamappee fuhr fort:

„Als wir zu unseren Verbündeten kamen, [wurde] wie immer mit viel Feiern und Tanzen das Große Kriegszelt [aufgestellt]; und als der Kriegshäuptling uns alle in Augenschein genommen hatte, ergab sich, daß wir mit den Steinindianern [= Assiniboin, ein Ojibwa-Wort, das soviel wie „die mit Steinen kochen" bedeutet; Anm.d.Übs.] zusammen zehn Gewehre hatten und jeder von uns etwa dreißig Kugeln und Pulver für den Krieg; und wir galten als die Stoßkraft in der Schlacht. Nach wenigen Tagen Fußmarsches brachten uns unsere Fährtensucher die Nachricht, der Feind sei nahe, ein großer Trupp Krieger, die aber keine Pferde mit sich führten, denn damals hatten sie erst sehr wenige davon. Als wir uns wie gewohnt gegenübertraten, stellte jede Seite ihre Kampfstärke, Waffen und Schilde zur Schau, worin in allem sie uns überlegen waren, ausgenommen unsere Gewehre, die wir aber nicht herzeigten, sondern in

Links: *Krieger der Blackfeet, ca. 1922. Zwei tragen den frühen traditionellen Kopfschmuck mit aufrecht stehenden Adlerfedern und Hermelinbesatz. Die sich nach außen bauschende Federhaube (mittlere Figur) wurde von den Sioux her übernommen.*

Rechts: Bemalte Tipis der Blackfeet, ca. 1900. Solche Behausungen strotzen vor religiöser Symbolik, wobei viele der Muster und Formgebungen auf die Visionen und Träume der ersten Besitzer der Zelte zurückgehen.

den ledernen Futteralen ließen, und auch wenn wir [sie] gezeigt hätten, wären sie für lange Keulen gehalten worden. Lange Zeit ließen sie uns im ungewissen; ein hochgewachsener Häuptling stellte eine starke Truppe auf, die unsere Mitte angreifen sollte, wonach die übrigen den Kampf mit denen auf der Gegenseite aufnehmen würden. Wir bereiteten uns, so gut wir konnten, auf den Kampf vor. Diejenigen von uns, die Gewehre besaßen, standen in vorderster Linie, und jeder [hatte] zwei Kugeln in den Mund [gesteckt] und genügend Pulver in der linken Hand, um nachladen zu können. Wir bemerkten, daß sie viele kurzstielige Steinkeulen, eine gefährliche Waffe, für den Nahkampf bereit hielten, und wenn sie uns kühn angegriffen hätten, wären wir unbedingt unterlegen, da sie sehr viel zahlreicher und auch besser bewaffnet waren als wir. Unsere Gewehre hätten wir nämlich im besten Fall zweimal abfeuern können; auf der weiten Ebene waren wir unschlüssig, was zu tun sei, also ermunterte jeder Häuptling seine Männer standzuhalten. Unser aller Augen waren auf den hochgewachsenen Häuptling und seine Aktionen gerichtet, die nicht mit dem Rat mehrerer alter Häuptlinge übereinzustimmen schienen; die ganze Zeit über trennte uns nicht mehr als die Strecke, die ein kraftvoll abgeschossener Pfeil zurücklegt. Endlich zog sich der hochgewachsene Häuptling zurück, und sie bildeten ihre übliche langgezogene Kampfreihe, wobei sie ihre Schilde so auf den Boden stellten, daß sie aneinanderstießen – ein Schild war drei volle Fuß oder mehr breit. Wir hockten uns ihnen gegenüber hin, und die meisten von uns warteten auf den Einbruch der Nacht, damit wir uns schnell zurückziehen konnten. Der Kriegshäuptling hielt sich in unserer Nähe auf, da er begierig war, die Wirkung unserer Gewehre zu sehen. Noch standen sich die Kampfreihen in zu großer Entfernung gegenüber, als daß wir einen sicheren Schuß hätten anbringen können. Wir baten ihn, er möchte unsere Linie auf etwa sechzig Yards [= 55 Meter, Anm.d.Übs.] heranbringen, was nach und nach geschah, und, flach hinter unseren Schilden auf dem Boden liegend, nahmen wir die Gelegenheit wahr, als sie ihre Bogen nahmen, um auf uns zu schießen, und sich dabei Blößen gaben; wir schossen alle mit tödlicher Sicherheit, als sich die Gelegenheit bot, und jeder, auf den wir gezielt hatten, wurde getötet oder schwer verwundet.

Der Kriegshäuptling war sehr zufrieden, und als die Schlangenindianer so viele der ihren tot und verwundet sahen, rührten sie sich hinter ihren Schilden nicht mehr von der Stelle; der Kriegshäuptling wollte dann, daß wir uns jeweils zu zweien über die ganze Kampflinie verteilen sollten, was wir auch machten; unsere Schüsse riefen Bestürzung und Mutlosigkeit in der gegnerischen Reihe hervor. Gegen Mittag hatte der Kampf begonnen, und die Sonne war noch nicht einmal halbwegs untergegangen, als wir sahen, daß einige ihre Schilde zurückgelassen und die Flucht ergriffen hatten. Sobald der Kriegshäuptling das bemerkte, schritt er unsere ganze Reihe ab und sprach mit jedem einzelnen Häuptling, er solle seine Männer für einen Großangriff auf die gegnerische Reihe bereit halten, sobald er das Zeichen dazu gebe; er tat es, indem er selbst mit dem Speer in der Hand vortrat und aufrief, ihm zu folgen, während er bereits auf die feindliche Reihe zustürmte, und wir im Nu ihm hinterher. Die meisten Feinde nahmen Reißaus, einige aber kämpften tapfer, und wir verloren über zehn Mann und viele von uns wurden verwundet. Ein Teil von uns machte sich auf die Verfolgung und tötete noch einige mehr, doch mußte die Jagd bald abgebrochen werden, da sich an der Leiche jedes einzelnen Schlangenindianers fünf oder sechs der unsrigen drängelten und versuchten, seinen Skalp zu ergattern oder ein Stück von seiner Kleidung, seinen Waffen oder sonst

Rechts: *Eine Abordnung der Blackfeet in Washington, 1916. Sitzend: Wolf Plume, Curly Bear (mit Nackenfedernflaum, einem Handelsartikel, auf dem Kopfschmuck) und Bird Rattler; ihre Kleidung ist perlenbesetzt und mit Wildlederfransen und Hermelinbesatz verziert.*

Links: *Blackfeet-Mädchen in Wildlederkleid, das mit blauen und weißen Ponyperlen [Glasperlen von weißer, blauer, roter oder schwarzer Farbe, 2,5–3 Millimeter im Durchmesser; Handelsware, deren Herkunftsort Venedig war; Anm.d.Übs.] verziert ist. Gemalt von Karl Bodmer (1833). Bodmer malte selten Kinder von Plains-Indianern; dieses Blackfeet-Mädchen lebte bei den Assiniboin.*

etwas, das sich als Kampftrophäe eignete. Da wir nur zu dritt waren, unsere Freude, die Steinindianer, aber sieben, mischten wir uns nicht ein und bekamen nichts." (Thompson 1916, 330-32)

Solchem Druck ausgesetzt, zogen sich die Shoshoni allmählich aus den nördlichen Plains zurück, ein Vorgang, der sich beschleunigte, als die Blackfeet, Assiniboin und Cree, der Ausweitung des Pelzhandels folgend, immer mehr Feuerwaffen erwarben und ihre Kampftaktik entsprechend umstellten; nun überfielen sie die Shoshoni, um ihnen die Pferde wegzunehmen.

Dagegen konnten die Shoshoni von den Spaniern in New Mexico zwar Kleidungsstücke, Eisenkessel, metallenes Zaumzeug, Steigbügel und Maultiere einhandeln; dagegen verbot es die spanische Politik, Feuerwaffen an Indianer zu verkaufen. Den Shoshoni brachte das einen entscheidenden Nachteil ein, wie einer ihrer berühmten Häuptlinge, Cameahwait, Lewis und Clark anvertraute. „Das dürfte nicht sein, ...falls wir Gewehre besäßen, würden wir, anstatt uns in den Bergen zu verstecken und wie die Bären von Wurzeln und Früchten zu leben, in die Ebene hinabsteigen und im Büffelland leben, unseren Feinden zum Trotz, die wir nicht fürchten, wenn wir uns zu gleichen Bedingungen gegenüberstehen." (Lewis und Clark 1893, 559)

Zwar war der zeitliche Ablauf und auch der ausgeübte Druck ein anderer, ansonsten jedoch liefen auch in den mittleren und südlichen Plains ganz ähnliche Prozesse ab. Auf diese Weise drangen Algonkin und Athapaskisch sprechende Gruppen aus dem Norden und Osten – die Blackfeet-Konföderation, die Cree, Arapaho, Cheyenne, Sarcee (Sarsi) und Kiowa-Apache – in das riesige Gebiet vor, und aus dem Osten und Südosten die Sioux-Stämme, die Nakota, Lakota und Dakota, die Crow, Hidatsa und Mandan, während die Pawnee, Arikara, Comanche und Kiowa aus westlicher wie südöstlicher Richtung kamen. Sie brachten eine kulturelle Vielfalt in die Plains, woraus sich bis etwa 1800 aufgrund der neuen Umwelteinflüsse ein einheitlicher Lebensstil entwickelte, den Krieg und Handel umwälzten und verstärkten, in dem sich aber die kulturelle Wesensart der einzelnen Ethnien meist weitgehend erhielt.

Rechts: *Eine Cree-Frau, von Karl Bodmer gemalt (1833). Ihr Hirschledergewand repräsentiert ebenso wie die aus Dentalium (Zahnschnecken)-Schalen und blauen Perlen gefertigten Ohrringe den typischen Plains-Stil. Ihr Kinn ist tatauiert – wie bei den Cree üblich.*

Auf den nördlichen Plains wurde vieles – vor allem, was mit dem Pferdenomadismus zu tun hat – von der früher hier vorherrschenden Bevölkerung, insbesondere den Shoshoni, übernommen, die, wie Lewis und Clark 1805 feststellten, „sich daran erinnern", vormals auf den Plains gelebt zu haben, aber „von den Pawkees [Piegan] oder herumschweifenden Indianern des Sascatchewan in die Berge getrieben worden waren" (Ebd., 554). Lewis' und Clarks Darstellung der Shoshoni paßt in vielerlei Hinsicht zu dem Bild, das für die nomadischen Plains-Indianer in historischer Zeit typisch werden sollte: die große Bedeutung, die dem Krieg als Mittel und Möglichkeit, hohen sozialen Status zu erlangen, beigelegt wurde; die Hierarchie des Coup-Zählens; das Skalpieren; die Nutzung des Pferdes in allen Lebensbereichen; kurze Bogen – in ihrer charakteristischen Ausführung einen knappen Meter lang –, die wirkungsvoll vom Pferderücken eingesetzt

Unten: *Gros Ventre verlegen ihr Zeltlager mittels sogenannter travois (Schleppgerüste). Travois waren gänzlich aus Holz und Rohleder gefertigt – was Frauenarbeit war. Die Seitenstangen waren stabile Tipi-Stangen aus Kiefernholz, die am unteren Ende gewöhnlich 10–12 cm im Durchmesser stark waren.*

werden konnten und durch Sehnenwicklung verstärkt hohe Elastizität erlangten; Bogenfutterale und Köcher aus Fischotterfell; kleine kreisrunde Büffellederschilde, die während der zeremoniellen Fertigung und Bemalung mit übernatürlichen Abwehrkräften ausgestattet wurden; und der Gebrauch überaus gefährlicher Hammer- und Totschlägerkeulen. Desgleichen war auch ein Großteil der Pferdeausrüstung wie Steigbügel, Sättel und Zaumzeug vom Stil her sehr ähnlich und zeigte in mancher Hinsicht zweifellos starken spanischen Einfluß. So wurde zum Beispiel der übliche Packsattel dahingehend umgeändert, daß er einen hohen, oben abgeflachten Sattelknopf und eine Hinterpausche erhielt. Dieser modifizierte Sattel erfreute sich zur Zeit von Lewis' und Clarks Besuch bei den Shoshoni großer Beliebtheit bei den Frauen und wurde später zum klassischen Crow-Sattel im Frauenstil. Auch das kunstvoll gearbeitete Pferdegeschirr, das so typisch für die Crow wurde, scheint von dem Brauch des Shoshoni herzurühren, „vor der Brust seines Pferdes den schönsten Schmuck, den er besitzt, herabhängen zu lassen." (Ebd., 563)

Zweifellos war die Entwicklung des Tipi ein wesentlicher Faktor, der den erfolgreichen Übergang der historischen Plains-Indianer zum Nomadismus begünstigte. Es ist unklar, in welcher Art von Behausung die früheren Plains Shoshoni eigentlich lebten: möglicherweise handelte es sich um eine konische, kleinräumige „Wohneinheit", die mit zerschnittenen Elch- oder Büffelhäuten bedeckt war. Das echte Tipi – das aus einer großen halbkreisförmigen Zeltdecke bestand, die über ein konisches Gerüst aus geraden Stangen gezogen wurde, und in dem der Rauchabzug des Zentralfeuers üblicherweise mittels Ösen und Windklappen oben reguliert werden konnte – wurde von spanischen Expeditionen in den südlichen Plains bereits um die Mitte des 16. Jahrhunderts beobachtet. Weil damals für den Transport Hunde benutzt wurden, ist es wahrscheinlich, daß diese Zelte klein waren, vielleicht nicht mehr als 2,5 Meter im Durchmesser. Als Anregung für diese Behausungen fungierte vielleicht der Typ des konischen Wigwams, wie er überall in den nördlichen Regionen der Alten und der Neuen Welt zu finden war, denn diese von den Spaniern beobachteten Tipi-Bewohner waren wahrscheinlich Athapaskisch sprechende Plains Apache, die erst kürzlich aus dem Umfeld der nördlichen Plains nach Süden gezogen waren. (Brasser 1982, 312)

Das Tipi wurde im allgemeinen mit der Rückwand gegen den vorherrschenden Westwind aufgeschlagen, wobei die große Grundfläche und die schräg abfallenden Wände dem Zelt hohe Stabilität verliehen, ein Vorteil bei den manchmal jähen und heftigen Windböen auf den Plains. Die Tipis glichen sich alle, doch gab es von Stamm zu Stamm bestimmte Variationen, die grob gesprochen nach der Zahl der Pfosten für das Grundgerüst klassifiziert werden. In Gegenden, wo es besonders heftige Winde gab, wurde eine Dreipfahl-Konstruktion verwendet, in geschützteren Gegenden – in der Nähe von Bergen oder bewaldeten Flußtälern – ein Vierpfahl-Gerüst bevorzugt. Weit voneinander entfernt lebende Stämme wie die Blackfeet in den nordwestlichen Plains und die Omaha im Südosten zogen daher den Vierpfahl-Grundriß vor, während die östlich der Blackfeet auf den windgepeitschten Plains des heutigen Saskatchewan und Manitoba lebenden Assiniboin und die Kiowa der südlichen Plains zur Dreipfahl-Variante neigten. Die Crow liebten elegante, unbemalte Tipis, die Lakota hingegen Zelte, die mit realistischen wie geometrischen Malereien geschmückt waren, am eindrucksvollsten aber waren vielleicht Tipis der Blackfeet, wie sie bereits 1809 von Henry beschrieben wurden: reich geschmückt mit Piktogrammen [= graphische Symbole mit festgelegter Bedeutung, ohne den Charakter einer systematisierten Bilderschrift; Anm. d.Übs.] von Landtieren und Vögeln, in der Natur vorkommenden ebenso wie mythologischen.[1]

Die gemalten Zeichen auf den Tipis sollten den Besitzern Schutz vor Unglück und Krankheit gewährleisten, und beim Malen der symbolischen Motive galten bestimmte Konventionen. Diese Motive wurden zwar von den Hütern der religiösen Traditionen des jeweiligen Stammes klar verstanden, nicht unbedingt aber von den einfachen Menschen. So symbolisierte bei den Blackfeet das Malteserkreuz (wie man es nennen könnte) traditionsgemäß den Morgenstern – in dessen Macht es lag, jene zu beschützen, die sich dieses Motivs bedienen durften – und wurde in roter Farbe auf das rückwärtige obere Ende des Tipis gemalt. Der Besitz eines heiligen bemalten Tipis mit allem, was damit verbunden war, verriet bereits nach außen hin den hohen sozialen Rang, den der Besitzer innerhalb des Stammes einnahm.

Fester Dreh- und Angelpunkt für einen hohen Status ist allerdings der Erfolg im Krieg, wobei das Erbeuten der Pferde des Feindes in der historischen Periode ein wichtigeres Kriegsziel als das Töten war. Die Weltanschauung der Plains-Indianer kreiste zu einem großen Teil um beobachtete Tierkräfte – die physische Kraft des Büffels, die Schnelligkeit der Antilope, die Kühnheit des Adlers und Wiesels und so weiter –, doch wurde auch eine unfaßbare Macht im Universum anerkannt, was in den verschiedenen Sprachgruppen freilich unterschiedlich zum Ausdruck kam. Es waren uralte Glaubensvorstellungen, die ungeachtet ihrer Veränderungen in der Umwelt der Plains auf die einstige Waldheimat mehrerer Plains-Stämme zurückgeführt werden können.

Weitverbreitet war die Vorstellung von drei parallelen Welten. Unter der Oberfläche des Sees, auf dem die Erde dahintrieb, existierten mächtige Geister, die die Tiere und Pflanzen an Land und im Wasser beherrschten, während über der Erde jenseits der Kuppel des blauen Himmels der Bereich der oberen Welt lag. In dieser Welt herrschten Geister, die denen der Unterwelt gleichkamen; zu den mächtigsten gehörten die Donnervögel, die im Aufblitzen ihrer Augen und im Schlagen ihrer Flügel Blitz und Donner erzeugten. Zwischen den Himmels- und Wassergeistern herrschte ein ständiger Kriegszustand. Die Sonne wurde zwar oft aufs engste mit dem Donnervogel in

Unten: *Kill Spotted Horse*, ein Assiniboin-Krieger, ca. 1898. *Der Kopfschmuck aus Adlerfedern repräsentiert einen ziemlich ungewöhnlichen Stil: die Federn sind ein gutes Stück von der Stirn abgesetzt, wodurch sie dicht am Kopf anliegen.*

Verbindung gebracht, doch galten sie und der Mond als jene Energiequellen, die Tag und Nacht und die Jahreszyklen unter ihrer Kontrolle hatten. Auf Erden waren es die Geister der vier Winde, die für den Wechsel der Jahreszeiten verantwortlich waren, wobei der Kreislauf des Lebens von ihren Energien getragen und durchdrungen wurde. Jahrhundertelang fanden diese großen Mächte in der religiösen Kunst der Waldlandstämme freien Ausdruck.

Diese alten Vorstellungen wurden von den historischen Plains-Indianern auf verschiedene Weise modifiziert und umgedeutet, wobei Umweltfaktoren zweifellos einen beträchtlichen Einfluß ausübten. So ersetzten die östlichen Sioux den für die Waldlandstämme so wichtigen Unterwasserjaguar durch die Symbole eines gehörnten Unterwassermonsters, das aus den Seen heraufkam und auf den Bäumen leben konnte (Carver 1976, 98-9). Weiter westlich, bei den Blackfeet, symbolisierte die Kaulquappe solche machtvollen Unterwassergeister, und das Erscheinen des Kaulquappensymbols auf der Kleidung der Besitzer des mit Prestige verbundenen „Biberbündels" [Heilige Bündel waren überall auf den Plains geschätzte und gehütete Objekte. Bei den Blackfeet war das Biberbündel das älteste und bedeutsamste Bündel. Mit diesen Biberbündeln, die von den Bibermännern gehütet wurden, waren komplizierte Riten verbunden; Anm. d.Übs.] erklärte sich durch eine Blackfeet-Mythe, die den Frosch mit dem Kulturheros der Blackfeet, Alter Mann, verknüpfte, der die schrecklichen Unterwasserfeinde der Menschheit vernichtet. Die Metamorphose des Frosches und seine Fähigkeit, sich frei vom Wasser aufs Land zu bewegen, zeigt eindeutige Parallelen zur Mythologie der Östlichen Sioux.

Von altersher bestand auf den Plains ein umfassendes Netz von Handelsbeziehungen zwischen den Stämmen. Zwar gab es für Stämme mit ähnlicher Lebensweise wenig Handelsanreize, doch erwies sich der Handel zwischen Jägern und Gartenbauern für beide Seiten als förderlich. Die nomadischen Stämme hatten getrocknetes Büffelfleisch und andere Produkte der Jagd wie gegerbte Hirsch- und Büffelhäute, zahlreiche Bekleidungs- und Schmuckartikel und Tipis aus Büffelhäuten (die von den in Dörfern ansässigen Stämmen auf Jagdausflügen verwendet wurden) anzubieten, und im Tausch dafür boten die Gartenbauern Mais, Bohnen und Kürbisse. Nach der Einführung des Pferdes und europäischer Waren übernahmen Neuankömmlinge in den Plains wahrscheinlich die etablierten Handelsstrukturen der von ihnen vertriebenen unberittenen Nomaden und weiteten die Aktivitäten einfach aus. Zu den am besten dokumentierten Handelsbeziehungen zählen die der Cheyenne und Crow, und zwar der ersteren mit Missouristämmen – Mandan, Hidatsa und Arikara – und der letzteren vor allem mit den Hidatsa und Mandan. Solche Handelsunternehmungen müssen farbige und spektakuläre Angelegenheiten gewesen sein. So erlebte der Pelzhändler Charles Mackenzie, der 1805 die Hidatsa-Dörfer aufsuchte, die Ankunft von mehr als 2000 Krähenindianern mit, die sich auf einer Handelsexpedition befanden (Mackenzie in: Masson 1889, 360). Prächtig herausgeputzt schlugen sie in unmittelbarer Nachbarschaft der Erdhäuser der Hidatsa ein aus 300 Tipis bestehendes Zeltdorf auf. Der Tauschvorgang selbst erhielt den Charakter eines komplizierten Rituals. Nach dem Rauchen der Friedenspfeife breiteten die Hidatsa vor den Crow ihre Tauschobjekte aus: 200 Gewehre mit jeweils 100 Schuß Munition, 100 Scheffel Mais sowie große Mengen von Äxten, Kleidungsstücken (wahrscheinlich europäischer Herkunft) und Kesseln. Die Crow gaben ihrerseits 250 Pferde, eine große Anzahl von Bisonroben, Leggings und Hemden. Der Handel war für beide Seiten lukrativ. So verkauften die Crow ihre Pferde an die Dorfbewohner zum doppelten Preis verglichen mit dem, was sie beim Treffen mit den Shoshoni bezahlt hatten, und die Dorfstämme wiederum verdoppelten diesen Einkaufspreis beim Weiterverkauf der Pferde an die Assiniboin und Cree, die europäische Waren aus dem Nordosten mitbrachten. Jüngere Forschungsergebnisse geben Anlaß zu der Annahme, daß der schnelle Gütertransfer über die Plains durch einen festen Treff irgendwo zwischen den Banden der Westlichen und Östlichen Crow – den sogenannten Mountain und River Crow – erleichtert wurde (Taylor 1984, 34). Rasch und sicher gelangten über dieses Netzwerk Gewehre von den Handelsposten der englischen Hudson's Bay Company (im heutigen Manitoba und Ontario) vermittelt durch die Assiniboin und Cree zu den Hidatsa- und Mandan-Dörfern und wurden von den River und Mountain Crow weiter über die Plains bis zu den Shoshoni und Nez Percé gebracht, wo sie gegen Pferde, spanische Satteldecken und spanisches Zaumzeug eingetauscht wurden. Die Verbreitungsgrenze der Feuerwaffen

Links: *Star That Travels, ein Osage, ca. 1897. Es war Sitte bei den Osage, ausgewählten Kriegern das „Ehrenzeichen" einzutatauieren, um zu gewährleisten, daß sie die alten Rituale getreu der Überlieferung bewahrten.*

schob sich daher nach Westen und Süden vor, während die des Pferdes sich schnell nach Norden und Osten bewegte.

Kleidungsstile wurden von solchen Handelsstrukturen bis weit über die Plains-Regionen hinaus klar beeinflußt, aber es ging nicht nur um Handelsgüter. Über ein altes und sich stetig erweiterndes Netzwerk erreichten kulturelle Einflüsse aus dem unteren Mississippi-Tal über die Zwischenstation der Mandan- und Hidatsa-Dörfer am mittleren Missouri die Plains. Dies führte in zunehmendem Maße zur Vereinheitlichung religiöser Anschauungen und Praktiken: Ritual, Kosmologie und Kunst in den frühen nördlichen Plains vermischten sich mit der im Südosten beheimateten Weltanschauung und ausgeprägten Vorliebe für Zeremonien zu einem neuen Ganzen. Zweifellos waren die Assiniboin, die im Gebiet des Qu'appelle Souris und des Assiniboine River (im heutigen Manitoba) lebten, auch hier als Vermittler am Werk, was zur Folge hatte, daß die Kosmologie der Mississippi-Kulturen der Weltanschauung und den Ritualen der Bisonjäger in den Plains einverleibt wurde. „Die Rolle von Sonne und seinem Sohn Morgenstern, der kosmische Streit zwischen Donnervögeln und Wasserungeheuern, die vom Elchgeist bezogene Manneskraft und viele andere Vorstellungen können in den Südosten zurückverfolgt werden" (Brasser 1987, 101). Anders als der gutdokumentierte *Güterhandel* über die Plains war der entscheidende Import aus der Region des unteren Mississippi geistiger Art. Ein zusätzlicher Beleg für diese Annahme sind Petroglyphen, die, gemalt oder eingeritzt, auf Höhlen- und Felswänden der Plains-Region gefunden wurden und bei denen sich nach etwa 1730 ein deutlicher Wandel von Tierbildern (die spirituelle Beziehungen zwischen Künstler und Tiergeistern vermuten lassen) zu Kriegsszenen feststellen läßt. „In Erscheinung trat eine neue Lebensweise aus Bruchstücken der alten Weltanschauung, die so weit verändert waren, daß sie innerhalb des neuen Kontexts ihren Sinn erfüllten; eine Lebensweise zunehmend motiviert durch die Ehren, die im Krieg zu gewinnen waren, und den Erwerb materieller Reichtümer, die durch den Einsatz im Kampf und die Zurschaustellung bei Stammeszeremonien demonstriert werden mußten. Vieles an all dem bunten Drum-

Unten: *Osage-Mädchen in einer mit Borstenapplikationen verzierten Robe. Auch wenn die Robe aus Handelsware gefertigt ist, wurde dieser Stil für die Osage geradezu typisch. Hände sind auf solchen Kleidungsstücken ein gängiges dekoratives Motiv. Man beachte die schön gearbeiteten Silberbroschen.*

Unten: *Utse-tah-wah-ti-an-kah, ein Osage, ca. 1880. Er trägt einen „Turban" aus Fischotterfell und hält eine großartige Gewehrkolbenkeule, eine Waffe, die man als Besonderheit der Stämme des mittleren Missouri-Gebiets ansehen kann.*

Osage

Zu sehen sind hier Insignien und Zubehör eines Festtagsgewands, das dem bekannten Osage Tom Baconrind (Washin-ha; 1860–1932) gehörte. Er wurde 1912 zum Häuptling gewählt und war aktives Mitglied des Peyote-Kults [religiöse Bewegung, die, ausgehend von nordmexikanischen Stämmen, nach Ende des Geistertanzes (ca. 1895) auch bei den Plains-Indianern Boden faßte; Anm.d.Übs.] wie der katholischen Kirche und in den 1920er Jahren, der Zeit des größten Wohlstands der Osage, herausragender Sprecher der Vollblut-Traditionalisten des Stammes.

1 Atelieraufnahme von Häuptling Baconrind (Washin-ha), 1930, in seinem Besitz.
2 Lederbehälter mit Adler- und Pfauenfedern.
3 Bandelier aus Porzellanröhrchen und blauen Glasperlen, mit einem Nerzfellgehänge.
4 Ein Paar Wildlederleggings, mit Wollquasten und perlenbesetzt.
5 Perlenbesetzte Legging-Zierstreifen.
6 Perlenbesetzte Mokassins, wahrscheinlich von den Arapaho stammend.
7 Perlenbesetzter wildlederner Pfeifenbehälter.
8 Pfeifenkopf und -hals aus Catlinit [Pfeifenstein, ein mit Eisenoxyd – daher die rötliche Farbe – durchmengtes Aluminiumsilikat, benannt nach dem Maler George Catlin, der den heiligen Steinbruch im südwestlichen Minnesota, den die Plains-Indianer abbauten und der seiner Bedeutung wegen zu einer Art Wallfahrtsort wurde, als erster Weißer genau beschrieb; Anm. d.Übs.].
9 Seidenes Halstuch mit vergoldetem Messingstern als Brosche; die Inschrift ist in Osage und lautet „Baconrind, Osage-Häuptling, 1920".
10 Brustschild aus Röhrenknochen sowie blauen und grünen Glasperlen.
11 Fächer aus Pfauenfedern, der Griff ist perlenbesetzt; wurde beim Peyote-Ritual verwendet.
12 Perlenbesetzte Kniebänder mit Wollfransen.
13 Fächer aus den Schwungfedern eines Adlers, mit einem Behang aus Fischotternpelz.
14 Zeremonialstab aus Ebenholz in der Art eines Bogenstabs, mit Fischotterfell und Perlstickereien bedeckt; das dazu gehörende schlauchförmige Futteral ist aus chinesischer Seide.
15 Enges Halsband aus Muschelschalen und Röhrenknochen, schwarzen Glasperlen und ledernen Verbindungselementen.
16 Ein Paar Armreifen aus Neusilber, mit eingeritztem Adler- und Sternenmotiv.
17 Sternförmige Halstuchbrosche aus Neusilber mit eingeritztem Herz- und Pfeilmotiv.
18 Kopfputz in Form einer „Tolle" aus Hirsch- und Stachelschweinhaar, in der üblichen Weise auf einem Holzstab angebracht.
19 Spreizer aus Neusilber, zusammen mit der „Haartolle" getragen.
20 Halstuchbrosche aus Neusilber mit eingeritzten Motiven (Pfeife, Streitkolben, Adler, Bogen, Köcher).

21 Tomahawk, dessen Schaft mit rotem Filz überzogen ist; mit einem Behang aus Wolle, Adlerfedern und Messingglöckchen.
22 Kopfband aus Fischotterfell, auf der Innenseite mit blauem grobwollenem Tuch (strouding) ausgeschlagen, die Ränder (auch des wildledernen Aufnähers) sind perlenbesetzt.
23 Halsband aus weißen und blauen, auf einer Wildlederschnur aufgezogenen Perlen, mit einer Muschelschalenscheibe.
24 Silbernes Kruzifix, mit Holzkern und Wildlederschnur zum Umhängen.
25 Hemd aus rotem Samt mit perlenbesetzter Passe.
26 Ledergürtel mit Perlenwebarbeit und einer Einfassung aus Messingnieten.
27 Ein Paar Kniebänder, Perlenwebarbeit, Garnfransen.
28 Ein Paar wildlederner Leggings, eingefaßt mit Perlen und Nickelnieten, innen mit blauem Samt ausgeschlagen und mit Troddeln aus Pferdehaar behängt.
29 Perlenbesetzte Mokassins mit Metallglöckchen; Kiowa-Herkunft ist möglich.
30 Kopfband aus einer handgeknüpften Wollschärpe, mit Wollsatin gefüttert.
31 Lendenschurz aus dunkelblauem groben Wollstoff (strouding), eingefaßt mit roter Seide, perlenbesetztes Dekor.
32 Fächer aus Pfauenfedern, im Peyote-Ritual verwendet.
33 Fächer aus weißen Federn, mit perlenbesetztem Griff.
34 Kalebassenrassel, der Griff perlenbesetzt, im Peyote-Ritual verwendet.
35 Pfeife.
36 Federfächer.
37 Fächer aus Adlerfedern, mit perlenbesetzten Griffen und einem Gehänge aus Messingglöckchen.

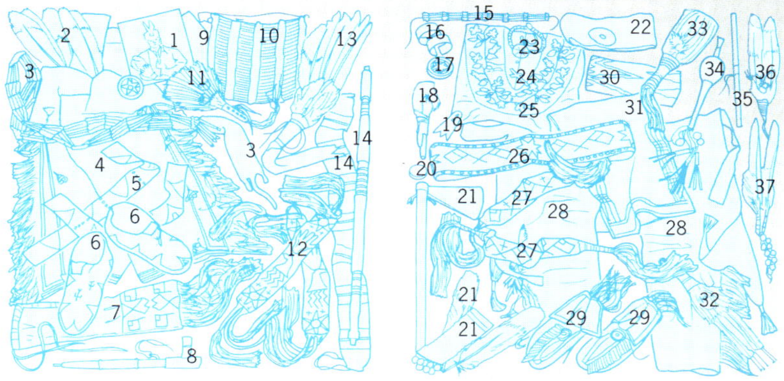

herum und zeremoniellem Gepränge stammte unzweifelhaft aus alten Zeiten und verdankte sein Überleben nur einer den kriegerischen Kategorien angepaßten Neuinterpretation des symbolischen Systems" (Ebd., 106). Mit dieser Akzentuierung ging eine kulturelle Verfeinerung einher, die der Überfülle natürlicher Ressourcen und der Aneignung des Pferdes zugeschrieben werden kann; die Folge war ein regionaler Kulturwandel: aus in Dörfern ansässigen Gartenbauern wurden berittene Nomaden.

Der kriegerische Geist vieler, wenn nicht *aller* Plains-Stämme kann nicht durch materielle Reichtümer erklärt werden, da eine typische Familie von Plains-Indianern keine riesigen Pferdeherden brauchte, um ihre materiellen Wünsche zu befriedigen; in Anbetracht ihres Nomadenlebens mochte solch offensichtlicher Reichtum eher hinderlich sein, und überhaupt sollten wir uns in diesem Fall den Plateau-Stämmen zuwenden, bei denen der persönliche Besitz mehrerer hundert Pferde belegt ist. Großzügigkeit konnte zwar dem Status eines Mannes förderlich sein, doch waren es allem Anschein nach jene *Ehren*, die im *Kampf* zu gewinnen waren – ein ererbtes Streben nach Auszeichnung und Ruhm –, die dem Kriegswesen der Plains-Stämme die Grundlage geschaffen haben. Eine Analyse möglicher Einflüsse der Kriegskultur des Südostens auf die Plains zeigt, daß der Krieg dort als soziale Institution galt und daß große Heldentaten nötig waren, wollte man gesellschaftlich vorwärtskommen. Solche für das Kriegswesen auf den Plains charakteristische Züge wie das Zählen von Coups, d.h. das Berühren lebender Feinde mit einem harmlosen Stock, kennen wir aus Berichten über die Illinois-Konföderation schon vom Anfang des 18. Jahrhunderts.

Das Nehmen eines Skalps bezeichnete mehr als nur den Tod eines Feindes[2], und altehrwürdige Traditionen legten fest, daß eine solche Tat mehrere strenge Verpflichtungen mit sich brachte. So berichtete im frühen 18. Jahrhundert ein Missionar von den „Nationen Louisianas", daß diejenigen, die zum erstenmal einen Skalp genommen oder einen Gefangenen gemacht hätten, „bei ihrer Rückkehr nicht mit ihren Frauen schlafen und keinerlei Fleisch essen; sie sollen nichts zu sich nehmen außer Fisch und Dickmilch. Diese Abstinenz dauert sechs Monate. Wenn sie sich nicht daran hielten, so stellen sie sich vor, würden sie von der Seele des Getöteten mittels Zauberei selbst zu Tode gebracht, sie gewännen nie wieder irgendeinen Vorteil über ihre Feinde, und die leichtesten Wunden, die sie empfingen, könnten sich als tödlich erweisen." (Kenton 1954, 417)

Unter den unberittenen Nomaden, die etwa zur gleichen Zeit die nördlichen Plains bevölkerten, waren die Sitten – wenn auch mit anderer Betonung – offensichtlich nicht weniger rigoros. So erzählte der Piegan-Häuptling Saukamappee von der Rückkehr eines erfolgreichen Trupps von Kriegern, die mehr als fünfzig Skalps mit sich brachten[3]. Es wurde viel über die symbolische Bedeutung jener Skalps diskutiert, die von den tot unter ihren Schilden aufgefundenen Feinden genommen worden waren, da niemand sagen konnte, er habe den Feind auch tatsächlich erschlagen, dessen Skalp er in Händen hielt; was die anderen anging, gab es weniger Zweifel, und schließlich entschied der Kriegshäuptling: wer „die Trophäe vom Kopf eines von ihm getöteten Feindes" genommen habe, solle „sagen, daß die Seelen der Feinde, die jeder von uns erschlagen hat, uns gehören, und wir sie unseren Verwandten in der anderen Welt zu Sklaven gegeben haben und es zufrieden sind." (Henry und Thompson 1897, 332-3)[4].

Die ersten Begegnungen von Plains-Indianern mit Weißen verliefen im allgemeinen durchaus freund-

Oben: *Ein Pawnee-Dorf aus Erdhäusern am Loup Fork in Nebraska. Solche Siedlungen waren für die halbseßhaften Stämme des Missouri-Gebiets charakteristisch. Die Behausungen drängten sich gewöhnlich um eine zentrale „Plaza".*

Rechts: *Pawnee-Dorf aus Erdhäusern. Die Häuser wurden aus schweren Pfosten, Querbalken, Buschwerk und Erde errichtet. Nachdem die Stämme aus ihren angestammten Gebieten vertrieben worden waren, verschwanden solche Dörfer unter dem Pflug.*

schaftlich, insbesondere in Kanada, doch das systematische Abschlachten von Bibern und Büffeln – ausgelöst durch die Nachfrage im Pelzgeschäft und den Zustrom weißer Auswanderer in und über die Plains nach 1840 – verursachte eine fortschreitende Verschlechterung in den Beziehungen zwischen Rot und Weiß. Zu einem früheren, unglückseligen Zusammentreffen kam es, als Meriwether Lewis, einer der beiden Anführer [der zweite war William Clark, Anm.d.Übs.] auf jener abenteuerlichen Erkundungsreise im Anschluß an den Louisiana Purchase von 1803 [als die Vereinigten Staaten von Frankreich das riesige Louisiana-Territorium – zwischen dem Mississippi und den Rocky Mountains – durch Kauf erwarben; Anm.d.Übs.] zwei Piegan-Krieger tötete, was viele Jahre lang zu einem feindseligen Verhältnis zwischen Blackfeet und Amerikanern führte. Aufgrund der Politik der American Fur Company, die weiße Trapper ins Blackfeet-Gebiet schickte, anstatt sich wie die Hudson's Bay Company „auf die Lieferungen der Indianer zu verlassen" (Lewis 1942, 27), verschlimmerte sich die Lage zunehmend. Erst 1846, als Alexander Culbertson, der mit der Tochter eines Blood-Häuptlings verheiratet war, unweit des Zusammenflusses von Missouri und Maria River das Fort Benton gründete, stabilisierte sich das Verhältnis zu den hitzigen Blood, Piegan und Siksika, die zusammen die Blackfeet-Nation bildeten, zumindest teilweise: der Handel mit Büffelhäuten der Blackfeet wurde wieder aufgenommen und über die nächsten dreißig Jahre fortgesetzt, sahen doch beide Seiten darin ein vorteilhaftes Geschäft[5].

Die Lukrativität des Fellhandels bedeutete den Anfang vom Ende für die Plains-Stämme, als die Nachfrage nach Büffelhäuten stieg. Ein englischer Augenzeuge, William Blackmore, der 1868 durch das Tal des Platte River reiste, berichtete von unermeßlich großen Büffelherden, die sich über hundert Meilen hinzogen. Die Plains waren „schwarz von ihnen" , und gelegentlich hielt der Zug, in dem er fuhr, um sie vorbeizulassen. Etwa fünf Jahre später, im Herbst 1873, sah er sich einer völlig veränderten Szenerie gegenüber: Das ganze Land war weiß von bleichenden Büffelknochen, und in einigen Gebieten „sah ich eine ununterbrochene Strecke verwesender Kadaver, deren Gestank wie ein Pesthauch in der Luft lag und auf das Unerträglichste widerwärtig war. ...Die berufsmäßigen Büffelabdecker waren in die Gegend gekommen." Spätere Nachforschungen Blackmores ergaben, daß bereits 1872 mindestens eine Million Büffel jährlich allein wegen ihrer Häute abgeschlachtet wurde. Die professionellen Jäger schlugen an den Ufern des Arkansas ein Lager neben dem anderen auf und *schossen pausenlos Büffel*, bei Tag und bei Nacht, die zum Trinken an den Fluß kamen (Taylor 1980, 31-2).

Das rücksichtslose Gemetzel beunruhigte und entsetzte die Plains-Indianer. Von Sitting Bull ist folgende Stellungnahme überliefert:

> „Es ist seltsam, wenn die Amerikaner darüber jammern, daß die Indianer Büffel töten. Wir töten Büffel, wie wir andere Tiere töten, der Nahrung und der Kleidung wegen und um unsere Behausungen warm zu halten. Sie töten Büffel – wofür? Geht durch [das] Land. Seht die Tausende von Kadavern, die auf den Plains verrotten. Euere jungen Männer schießen zum Vergnügen. Sie nehmen von einem toten Büffel allein den Schwanz oder Kopf oder etwa seine Hörner, nur um zu zeigen, daß sie einen Büffel getötet haben. Was ist das? Räuberei? Ihr nennt uns Wilde. Was sind dann *sie*?"
>
> (*New York Herald*, 16. November 1877)

Nicht nur die Plains-Stämme wurden ihrer Lebensgrundlagen beraubt, auch die Siedler, denen die Büffel stets den nötigen Fleischvorrat für den Winter lieferten, konnten sich, wie Blackmore betonte, nicht mehr auf ihr Erscheinen verlassen und wurden zu erbitterten Gegnern einer Büffeljagd allein um der Häute willen.

Zu dem Problem mit den Büffeln kam ein anderes hinzu – das der Auswanderertrecks nach Oregon. Um 1845 waren die typischen Planwagen bereits ein gewohnter Anblick. Der Oregon Trail begann im östlichen Kansas und folgte dann dem Platte River durch Nebraska bis nach Fort Laramie in Wyoming. Im westlichen Wyoming überschritt er die kontinentale Wasserscheide, folgte dem Snake River nach Idaho und dann nach Oregon und erreichte sein Ziel in The Dalles am Columbia River, der in den Pazifischen Ozean fließt. Streckenweise – in Nebraska und Wyoming – führte der Oregon Trail durch die Jagdgründe der Oglala, eines der größten und mächtigsten Unterstämme der Lakota. Im Sommer 1850 „strömten" Tausende von Auswanderern „wie in einer Springflut das Tal des Platte und Sweetwater hinauf", angelockt von Erzählungen über ein Land (das wir heute Kalifornien nennen), wo es nicht schneite und keine Krankheiten gab, und von der „unerschöpflichen schwarzen Erde Oregons" (Lavender 1965, 219; Utley 1967, 59).

Der große Zustrom von Auswanderern verscheuchte oder vernichtete nicht nur das Großwild in den Durchzugsgebieten, sondern verbreitete auch Krankheiten, denen die Plains-Stämme nur wenig oder gar keine Widerstandskraft entgegenzusetzen hatten. Im Zeitraum von wenigen Jahren sah sich die Welt der Plains-Indianer in jäher und erschreckender Weise der schwersten Bedrängnis ausgesetzt. „selbst der, wie es schien, in unbegrenzter Zahl vorhandene Bison der Großen Plains war mit einem Mal weniger zahlreich, und gebietsweise blieben die Tiere sogar auf ihren Wanderrouten aus. ...Der Alkohol raubte all denen die Lebenskraft, die von den Niederlassungen und Überlandrouten angezogen wurden. ...Fortwährend verschoben sich ...Stammesterritorien, wenn von ihrem Land vertriebene oder verdrängte Gruppen ihrerseits Druck auf andere ausübten" (Utley 1967, 5). Die Situation geriet immer schneller außer Kontrolle. Der Schutz der Emigranten einerseits und der indigenen Bevölkerung andererseits wurde nunmehr zu einem Hauptanliegen der Regierung, und um eine potentiell explosive Lage in den Griff zu bekommen, wurden dringliche

Rechts: *Quanah Parker, Oberhäuptling der Comanche, ein kluger Politiker, Verbreiter der Peyote-Religion, mit seiner Ehefrau Tonasa, ca. 1892, auf der Frontveranda ihres Fünf-Schlafzimmer-Hauses.*

Kiowa

Traditionell gehörten die Kiowa zu den kriegerischsten Plains-Stämmen. Im frühen 18. Jahrhundert lebten sie im Umfeld der Black Hills und am oberen Yellowstone River, wo sie mit den Crow verbündet und mit den Cheyenne und Sioux verfeindet waren. Um 1805 zogen sie südwärts ins heutige östliche Colorado und westliche Oklahoma. Etwa um 1790 schlossen sie mit den Comanche, 1834 mit den Osage und etwa 1840 mit den Cheyenne und Arapaho Frieden auf Dauer. Zu den Wichita hielten sie freundschaftliche Beziehungen, wohingegen sie die Caddo, Tonkawa, Navajo und Ute ebenso zu ihren Feinden zählten wie die Grenzorte in Texas und im nördlichen Mexiko (dem heutigen Durango) und die Überlandtrecks der Auswanderer aus dem Osten. In Fort Sill schlossen sie schließlich 1875 Frieden mit der US-Regierung und erhielten nahebei eine Reservation zugewiesen, die sie sich mit den Comanche teilten und die sie aufgrund der nationalen Parzellierungspolitik 1901 wieder verloren. Die meisten Kiowa leben heute im westlichen Oklahoma auf dem Gebiet ihrer alten Reservation. James Mooneys Forschungen bei den Kiowa, die er in den 90er Jahren des vorigen Jahrhunderts machte, wurden zur Grundlage seiner berühmten Monographie. Sie erzählt die Geschichte der Kiowa nach ihren mündlichen Überlieferungen, vor allem jenen, die sich mit den bedeutsamen piktographischen Kalenderaufzeichnungen, die von historischen Ereignissen gemacht wurden, korrelieren lassen. Danach untersuchte er die „Heraldik" der Kiowa, jene gemalten Motive, die persönliches Eigentum waren und auf Tipis und heiligen Schilden angebracht wurden, ihre Ursprünge und die Geschichte ihrer Weitergabe von Eigner zu Eigner. Zur Dokumentation dieser wissenschaftlichen Untersuchung gehörten Modelle, die die Kiowa für Mooney machten, und andere Artefakte, die er für die Smithsonian Institution sammelte.

1 Haarzierat – Gehänge aus aneinandergereihten Neusilberscheiben.
2 Modell eines Schilds; das Dekor gehörte Tsenbo II.
3 Modell eines Schlangenschilds; das Dekor gehörte in den Jahren 1835–58 Guitonkagya (Ringboned Wolf).
4 Modell eines Libellenschilds; das Dekor gehörte Pa-akanti (Rough Bull), nach 1875 nicht mehr im Gebrauch.
5 Modell eines Schilds; das Dekor war Eigentum von Setäpeto.
6 Modell eines Vogelschilds; das Dekor gehörte dem berühmten Kriegshäuptling Setängya (Sitting Bear), der 1871 in Fort Sill getötet wurde.
7 Modell eines Schilds; das Dekor gehörte Götara.
8 Modell eines Schilds in voller Größe – das Dekor gehörte Padohgai –, bemalt von seinem Urgroßenkel Padalti.
9 Kriegshaube aus Adlerfedern mit langer Schleppe, von der Art, wie sie beim Reiten getragen wurden.
10 Kampfhemd von Dohasän (Little Bluff) dem Jüngeren, der ca. 1894 starb. Vom Stil her typisch Crow (und von diesen Verbündeten der Kiowa erworben?); die Haarlocken auf der rechten Schulter sollen vom Skalp eines feindlichen Navajo sein.
11 Ein Paar Männermokassins.
12 Fächer, beim Peyote-Ritual gebraucht.
13 Pfeifentomahawk aus Metall, mexikanischen Ursprungs (?).
14 Frauenkleid.
15 Ein Paar Frauenstiefel, bemaltes Leder mit Perlenapplikation und Metallscheiben.
16 Ein Paar Knabenmokassins.

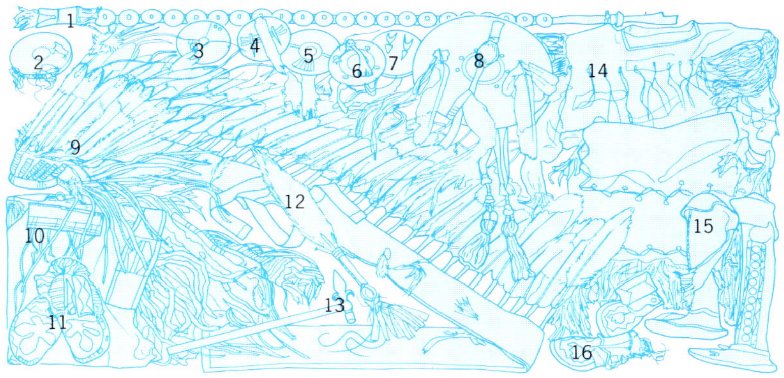

Oben: *Ein Mitglied des „Büffelstier"-Bundes der Mandan, gemalt von Karl Bodmer (1837). Er trägt eine vollständige Büffelkopfmaske, was ihn als einen der Führer des Stier-Tanzes kennzeichnet.*

Oben: *Mató-Tópe oder Four Bears, gemalt von Karl Bodmer (1837). Die Ausstattung symbolisiert seinen Erfolg im Krieg. Das geschnitzte Messer am gehörnten Adlerfederkopfschmuck steht für den Kampf mit einem Cheyenne-Häuptling.*

Maßnahmen in Erwägung gezogen: das Ergebnis waren Vertragsschlüsse und militärische Aktionen.

Zwei wichtige Verträge mit den Plains-Stämmen wurden Anfang der fünfziger Jahre abgefaßt: der Vertrag von Fort Laramie[6] im September 1851, der zu Verhandlungen mit einer Abordnung der Lakota, Cheyenne und Arapaho, Crow, Arikara, Assiniboin, Gros Ventre und Mandan führte; und der Vertrag von Fort Atkinson im Juli 1853, ein Versuch, die Beziehungen zu den Stämmen der südlichen Plains wie den Comanche, Kiowa und Kiowa-Apache zu stabilisieren. Im Vertrag von Laramie wurden Stammesgrenzen festgelegt und Oberhäuptlinge wie Conquering Bear, ein Brulé Lakota, ernannt. Großzügige Geschenke und Versprechungen, daß sie mehr davon zu erwarten hätten, waren ein wichtiges Element in der Regierungspolitik[7], wenn es darum ging, Häuptlinge zum Unterzeichnen zu überreden; zusammen mit der Ernennung der „Papierhäuptlinge" (als welche sie bekannt wurden) rief dies besonders bei den Gruppierungen und Fraktionen, die den Vertrag nicht unterzeichneten, großen Mißmut hervor. Im Vorgriff auf die zu erwartenden Probleme mit dieser letzteren Gruppe wurde die militärische Präsenz stark verstärkt; dies erreichte man zum Teil dadurch, daß die Armee die alten etablierten Handelsposten der Pelzhändler aufkaufte oder mit Truppen belegte. So war Fort Laramie, für $4000 von der American Fur Company gekauft, jetzt ein strategisch wichtiger Militärposten; es war bereits vor dem Vertrag von 1851 zur Garnison geworden – im August 1849 –, mit einer Besatzung von zwei Offizieren und dreiundfünfzig Mann. Ähnlich verfuhr man bald auch auf den mittleren und südlichen Plains. Während die bestehenden Pelzhandelsposten einer militärischen Funktion zugeführt wurden, wurden andere wie Fort Riley und Fort Larned von vornherein zu dem Zweck errichtet, militärischen Schutz zu bieten – für eine andere berühmte Route südlich des Oregon Trails, den Santa Fe Trail. Auf der Wegstrecke von San Antonio nach El Paso und tief im Herzen des Territoriums von Comanche, Kiowa, Mescalero Apache und Tonkawa boten neu gegründete Militärposten wie Clark (1852), Hudson (1851), Stockton (1852) und Bliss (1849) nahe oder an dem Rio Pecos und Rio Grande zusätzlichen Schutz. Ein unsicherer Friede war erreicht, aber es dauerte noch nicht einmal ein Jahrzehnt, bis von Mexiko bis Kanada die Comanche, Kiowa, Arapaho, Cheyenne, Sioux und andere Stämme jeder weiteren Expansion machtvollen Widerstand entgegensetzten und damit einem weiteren Vorrücken der Grenze fast eine Generation lang Einhalt geboten.

Der Refrain eines beliebten Lagerfeuersongs zeichnet ein prägnantes Bild von den Gefahren, die auf die Auswanderer warteten, und ihrer Einstellung dazu:

„The Injuns will catch you while crossing the Plains.
They'll kill you, and scalp you, and beat out your brains.
Uncle Sam ought to throw them all over the fence.
So there'll be no Red Injuns a hundred years hence."

(„Die Indianer kriegen dich schon auf dem Weg durch die Plains.
Sie töten und skalpier'n dich und schlagen dir den Schädel ein.
Uncle Sam sollte sie alle über den Zaun werfen.
Damit's in hundert Jahren hier keine Rothäute mehr gibt.")
(Smith 1943, 156).

Der sich lange hinziehende Krieg mit den Plains-Indianern begann mit dem Tod einer Kuh, so dünn und abgemagert, daß sie von ihrem Besitzer, einem mormonischen Auswanderer, zurückgelassen worden war. Weil er sich etwas Rohleder erhoffte und obendrein vielleicht eine (eher fragwürdige) Mahlzeit für sich herausspringen sah, erschoß High Forehead, ein Miniconjou Sioux, der zu Besuch in Conquering Bears Lager war, das Tier am Nachmittag des 18. August 1854.

Die Auswanderer verlangten Entschädigung, und obwohl Conquering Bear sofort ein Pferd als Zahlung anbot, hielt Leutnant Hugh B. Fleming die Sache für so bedeutungslos, daß man an diesem Abend zu keiner Einigung kam. Wahrscheinlich wäre es dabei geblieben, hätte Leutnant John Grattan die Auswanderer nicht stark unterstützt und sein Recht geltend gemacht, mit einer Infanterieabteilung auszurücken und den Missetäter in Haft zu nehmen[8]. Widerstrebend ließ Fleming sich auf den Vorschlag ein und wies

Grattan an, sich den Missetäter ausliefern zu lassen, und im Falle, daß die Auslieferung verweigert werde, nach seinem eigenen Gutdünken vorzugehen, aber „sich auf kein Gefecht einzulassen, ohne des Erfolgs sicher zu sein" (McCann 1956, 8).

Grattan ritt mit Feldwebel W. Faver, sechsundzwanzig Infanteristen, zwei Musikern und einem verängstigten Dolmetscher (einem gewissen Lucien Auguste) in Richtung des Lakota-Lagers. Zweimal wurde er eindringlich vor der Gefahr gewarnt, die durch die Situation gegeben war. Obridge Allen, ein professioneller Treckführer, holte den Trupp ein und wies Grattan darauf hin, „daß die Oglala damit begonnen hätten, ihre Ponyherden zusammenzutreiben – ein typisches Anzeichen, daß die Indianer sich auf einen Kampf vorbereiteten." Wenig später meinte James Bordeaux, ein erfahrener und gewiegter Händler, der zu der Zeit direkte Handelsgeschäfte mit den Lakota machte, zu Grattan: „Warum lassen sie die alte Kuh nicht einfach sein. Sie lag da ohne was zu fressen und zu saufen und wäre sowieso bald krepiert; sie war zu lahm, um noch gehen zu können; ihre Füße waren bis aufs Fleisch wundgelaufen. Ein paar Jungs, die ein Stück Haut wollten, haben sie abgeschossen" (Ebd., 6). Grattan teilte Conquering Bear mit, daß er gekommen sei, High Forehead mit ins Fort zu nehmen. Die Antwort war, daß High Forehead „in seinem Dorf zu Gast sei und nicht unter seiner Autorität stehe." Obwohl man Grattan weitere Ponies als Zahlung für die Kuh anbot und ihn drängte, nichts zu unternehmen, bevor nicht Major John W. Whitfield, der Indianeragent, eingetroffen war, befahl der Leutnant, in das Brulé-Dorf einzurücken. Etwas über fünfzig Meter von High Foreheads Behausung, die nicht weit vom Tipi Conquering Bears stand, ließ er haltmachen, gab den Befehl, die Haubitzen zu laden und ließ seine Männer links und rechts von den Kanonen Aufstellung nehmen.

Die Verhandlungen wurden nun zunehmend unfreundlich, und selbst der diplomatische Conquering Bear verlor allmählich die Geduld mit dem arroganten Grattan. Man-Afraid-Of-His-Horses berichtet: „Der Bär sagte, das Ganze sei schwer verständlich in Anbetracht der armseligen Kuh, und heute schämte er sich dafür, und das hätten die Soldaten zu verantworten, daß er von den Weißen zum Häuptling gemacht worden sei, und heute kommst du in mein Dorf und baust deine großen Kanonen auf... Ich kann sagen, was ich will, du hörst es nicht. Wäre ich nicht Häuptling, würde ich dich schlagen. Aber da ich ein Häuptling bin und als solcher von den Weißen eingesetzt wurde, werde ich es nicht tun" (Ebd., 18).

Binnen kurzer Zeit brach der frustrierte Grattan das Gespräch ab und gab, während er zu seinen Leuten zurückging, einen Befehl, den die Indianer nicht verstanden. Zwei oder drei Schüsse wurden abgefeuert, ein Krieger wurde getroffen. Bordeaux hörte darauf den Zuruf des Häuptlings an seine Krieger, nicht zu schießen, daß es vielleicht nur ein Schuß war, um die Ehre der Truppen zu wahren, und daß sie abziehen würden. Grattan war jetzt jedoch von der Notwendigkeit einer weiteren Demonstration überzeugt und gab der Infanterie den Befehl, eine Salve abzufeuern. Pfeile begannen durch die Luft zu schwirren, abgeschossen von Bogenschützen in der Flanke, und Grattans Männer, die kaum Erfahrungen im Kampf mit Plains-

Oben: *Krieger der Oto, ca. 1880. Besonders bemerkenswert sind die großartige Pfeife mit einem Pfeifenkopf aus rotem Catlinit (des Dritten von links) und die schöne Brosche aus Neusilber, die der Krieger rechts trägt.*

Rechts: *Gewöhnlich verwendeten die Crow ein Grundgerüst aus vier Pfosten, über das andere Stangen gelegt wurden, so daß die Zeltdecke über ein konisches Stützwerk zu liegen kam. Bei dieser Anordnung wurden die Rauchklappen meist weiter geöffnet, um für die größere Anzahl der Stangenenden Platz zu bieten. Anders als die Blackfeet hatten die Crow immer nur eine begrenzte Zahl von bemalten Tipis in Gebrauch, während die meisten von einem schlichten Grauweiß waren.*

Medizin-Tipi der Crow

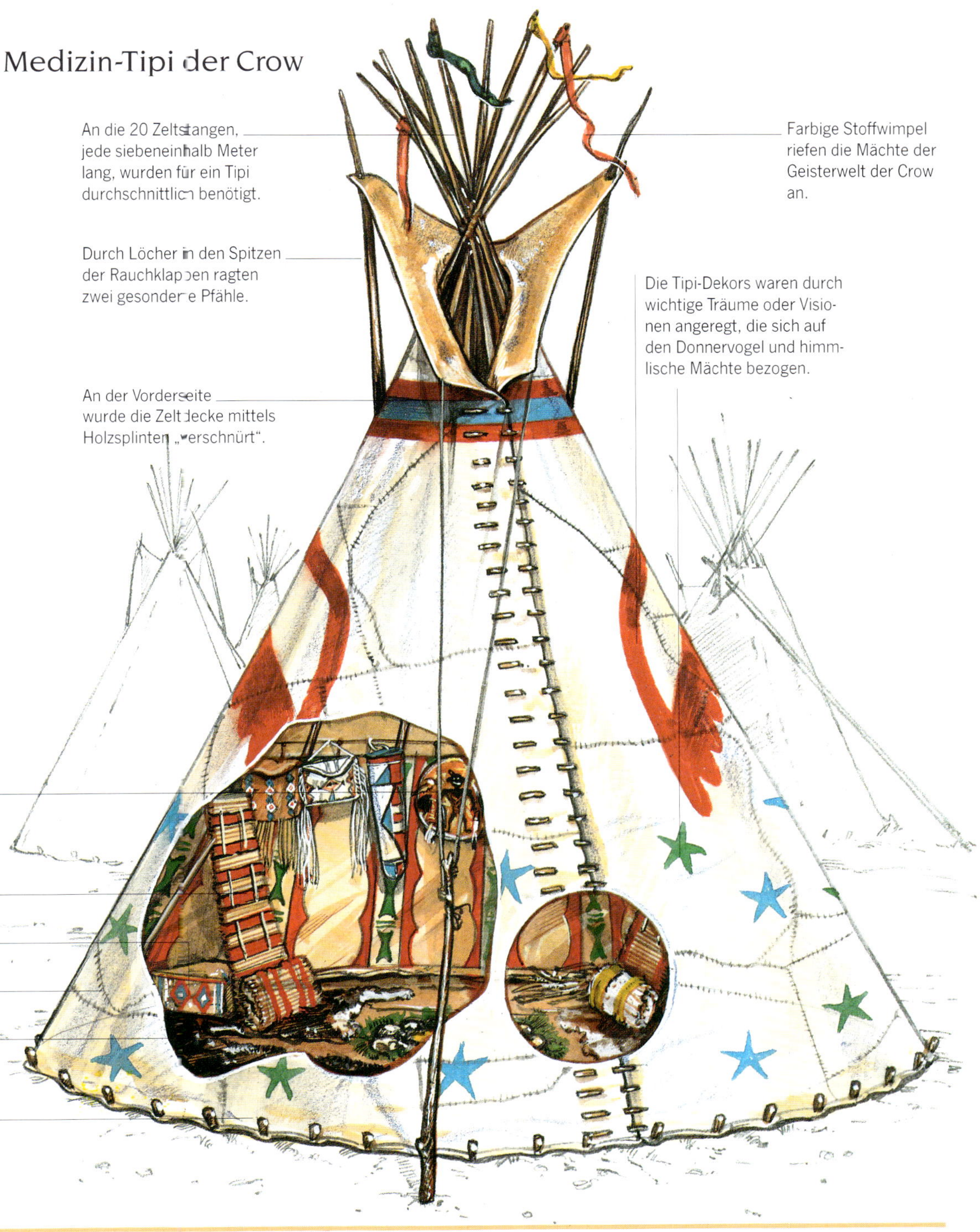

Indianern hatten, begannen in wilder Panik auseinanderzulaufen. Von Pfeilen getroffen stürzte Grattan zu Boden, und als sein Leichnam später gefunden wurde, steckten vierundzwanzig Pfeile in ihm. Einer hatte seinen Kopf vollständig durchbohrt, und nur anhand seiner Taschenuhr konnte er identifiziert werden. Binnen kurzem war das gesamte Kommando ausradiert. Der einzige Überlebende war der Gemeine John Cuddy, der schwer verwundet in ein Wildrosengebüsch gekrochen war. Cuddy starb zwei Tage nach dem Kampf, ohne irgendetwas darüber erzählt zu haben.

Der Zusammenstoß unterstrich die enormen Unterschiede zwischen den beiden Kulturen und diente anderen Möchtegern-„Papierhäuptlingen" zur Warnung. Der prekäre Friede war dahin. Das Grattan-Massaker, wie es fortan genannt wurde, kündigte den Beginn heftiger und oft brutaler Kämpfe an, die erst nahezu vierzig Jahre später, im Dezember 1890, mit der Massakrierung von Big Foots Lakota an einem kleinen Bach in South Dakota, den die Welt heute als Wounded Knee kennt, ihr endgültiges und tragisches Ende finden sollten.

Bereits 1834 hatte die feindselige Haltung der Comanche weißen Siedlern gegenüber, die von Arkansas aus westwärts in die Plains von Kansas und Texas zogen, dazu geführt, daß Oberst Henry Dodge mit seinen Dragonern ein Expeditionskorps auf die Beine stellte, das die Grundlagen für einen Friedensvertrag schaffen sollte. Nahe dem Zusammenfluß des Washita und Red River (im heutigen Texas) stießen sie auf ein riesiges Dorf, das aus etwa sechs- bis achthundert Tipis bestand. Dodge erklärte den Comanche die freundschaftlichen Beweggründe der Unternehmung; daß er vom Präsidenten der Vereinigten Staaten geschickt worden sei und hoffe, ein Handelssystem etablieren zu können, „das für beide Seiten von Nutzen wäre" (Catlin 1926, II 63). Die Expedition war ein Erfolg, und im darauffolgenden Jahr wurden die Abkommen ratifiziert.

Für die Comanche zeichneten sich jedoch neue Probleme am Horizont ab, als ein Teil der Cheyenne, der an den guten Handelsmöglichkeiten in Bent's Fort partizipieren wollte, südwärts zog und sich den Arapaho anschloß. Gemeinsam zwangen diese beiden Stämme die Comanche, Kiowa und Plains Apache, den Arkansas als die Nordgrenze ihres Machtbereichs anzuerkennen. Unter dem Eindruck möglicher Gefahren, die sich daraus ergeben mochten, wenn gutbewaffnete Indianer aus dem Osten und Weiße in die südlichen Plains vordrängen, kam es zwei Jahre später zum *Großen Friedensschluß*; dadurch war nicht nur gewährleistet, daß die Cheyenne und Arapaho jetzt über genügend Pferde (von den pferdereichen Comanche) verfügten und die Kiowa und Comanche (über den nördlichen Handel) Zugang zu Schußwaffen und Munition hatten, sondern auch, daß jedem weiteren Vordringen von Weißen aus dem Osten ein machtvoller Riegel vorgeschoben war. Die Comanche hatten allen Grund, vor den Weißen auf der Hut zu sein, und selbst dieses große Bündnis reichte nicht hin, sie zu beschützen. Ein Beispiel: Im März 1840 trafen zwölf Comanche-Häuptlinge in der Hoffnung auf einen Friedensvertrag mit Bevollmächtigten der Regierung von Texas zusammen; die Texaner verlangten jedoch, daß die Comanche ihre weißen Gefangenen freiließen. Als die Häuptlinge dieses Ansinnen ablehnten, wurden Soldaten in den Konferenzraum befohlen und bei dem sich entspinnenden Kampf alle zwölf Häuptlinge, zusammen mit zwanzig anderen Comanche, niedergemacht.

Nach der Annexion von Texas 1845 durch die Union versuchte die Regierung des neuen Bundesstaats gegenüber den Stämmen der südlichen Plains eine widerspruchsfreie und faire Politik zu treiben. 1847 wurde Robert S. Neighbours, ein verständnisvoller und geduldiger Mann, zum Sonderagenten für die Indianer in Texas ernannt, und mehrere Jahre lang garantierte sein Einfluß die Aufrechterhaltung eines unsicheren Friedens auf den südlichen Plains. Dann führte jedoch ein nicht ratifizierter Vertrag mit den Kiowa und Comanche im April 1863 zu weiterer Unzufriedenheit, und Comanche, Kiowa, Cheyenne und Arapaho (ferner einige Sioux) sorgten dafür, daß die Wegstrecken nach Denver und weiter südlich bis zum Santa Fe Trail gefährlich wurden: es war das Ende für die Auswanderertrecks, „und große Teile des Landes entvölkerten sich" (Wallace und Hoebel 1952, 306).

Vergeltungsmaßnahmen des Obersten J.M. Chivington, der eine Freiwilligenbürgerwehr aus Colorado, die sogenannten Colorado Volunteers, befehligte, führten zu einem neuerlichen Massaker, der Auslöschung eines Dorfes friedlicher Cheyenne unter Black Kettle, White Antelope und Left Hand, am Sand Creek, etwa

Links: *Powder Face, ein Arapaho-Häuptling,* 1870. *Seine krumme Lanze verweist auf seine Mitgliedschaft im „Speer"-Bund der Arapaho – einem jener Kriegerbünde, von denen erwartet wurde, daß sie sich im Kampf niemals zurückzogen.*

Oben: *Der sogenannte Krähentanz der Arapaho,* 1893. *Er entstand in den neunziger Jahren bei den Südlichen Cheyenne und Arapaho als Modifikation des pittoresken Omaha-Tanzes der Plains-Stämme und war Vorbereitung auf den Geistertanz.*

160 Kilometer südöstlich von Denver. Während die beiden letzteren Häuptlinge im Kugelhagel fielen, überlebte Black Kettle auf wundersame Weise, aber die Barbarei und Grausamkeit der Miliz – Männer, Frauen und Kinder wurden skalpiert und brutal verstümmelt – schockierte die Nation. Das Sand-Creek-Massaker, wie es fortan hieß, führte auf seiten der militanteren Cheyenne, insbesondere der von Tall Bull und White Horse geführten Hundesoldaten[9], deren Reihen durch einige Nördliche Cheyenne unter Roman Nose und Lakota unter Pawnee Killer anschwollen, zu einer fortdauernden Zermürbungsstrategie. Im Juni 1867, als Denver praktisch abgeschnitten war, griffen die Krieger Fort Wallace an, das unmittelbar nordöstlich des berüchtigten Sand-Creek-Schauplatzes lag. Die sich daraus ergebenden Kampfhandlungen gewährten einem Engländer, Dr. William Bell, Einblick in die Brutalität, mit der der Krieg auf den Plains geführt wurde, und machte einen Landsmann von ihm, einen Feldwebel (= Sergeant) Frederick Wylyams, für immer berühmt. Laut Bell war Wylyams, ein Eton-Absolvent, in jungen Jahren, als „er sich die Hörner abstieß, eine folgenschwere Beziehung in London eingegangen und hatte sich selbst ins Unglück gestürzt" (Bell, 1869, 146, in: Taylor 1975, 90-93). Wylyams war daraufhin nach Amerika abgereist, wo er in die US-Armee eintrat; er war bei der 7. Schwadron –

Rechts: *Eine Geistertanz-Szene,* 1893. *Aufgrund der Unterdrückung durch die Weißen wandten sich die Arapaho der Peyote-Religion und Geistertanzbewegung zu. Wiederholte man den Tanz regelmäßig, würde die Erde erneut den Indianern gehören.*

Oben: *Tipis der Arapaho nahe Camp Supply im Indianerterritorium, 1870. Die Tipi-Eingänge rechts sind alle gleich ausgerichtet – nach Osten, um die aufgehende Sonne zu begrüßen.*

Unten: *Arapaho-Medizinhütte für den Sonnentanz [zentrales Ritual vieler Plains-Stämme, dessen Grundgedanke in der rituellen Neuschöpfung der in Urzeiten durch eine Katastrophe zerstörten Erde und allen Lebens bestand; Anm.d.Übs.], 1893. Die Hütte stand im Mittelpunkt des Lagers. Der Sonnentanz der Arapaho ähnelte dem der Kiowa, Dakota und Cheyenne.*

unter Hauptmann Albert Barnitz – der 7. Kavallerie, als ihm Bell begegnete. Als die Kavallerie einem kleinen Trupp von Indianern über einen Höhenrücken folgte, sah sie sich plötzlich einer großen Zahl von Kriegern gegenüber. Bell berichtet: „Ein paar Minuten lang bewegten sie sich nicht von der Stelle ... dann, wie ein Wirbelsturm, ... brachen sie über die kleine Abteilung von fünfzig Soldaten herein ... Die Sättel leerten sich, und die Soldaten wurden in Richtung Fort zurückgedrängt ... die Indianer drängten heftig nach und schnitten fünf Mann von den andern ab, unter ihnen Sergeant Frederick Wylyams ... ein Soldat nach dem anderen fiel, sein Leben teuer verkaufend." Schließlich warf Barnitz' besser bewaffnete Kavallerie die Indianer zurück; dabei entdeckte man die Leichen der fünf Gefallenen. Der entsetzte Dr. Bell schrieb später: „In der Vergangenheit habe ich blutige Bilder des Schreckens gesehen – den Tod in allen Formen der Agonie und Entstellung –, noch nie jedoch verspürte ich jenes widerliche Gefühl, jenes Gefühl des Schwindels und

der Ohnmacht, das mich überkam, als ich nach diesem Kampf mit den Indianern unsere Toten, Sterbenden und Verwundeten erblickte. Eine Handvoll Männer nur, gewiß, aber so mit Wunden übersät, daß sie, gleichmäßig verteilt, hingereicht hätten, eine ganze Kompanie zu töten." Der Körper des Sergeants war barbarisch verstümmelt. Mit wissenschaftlicher Objektivität beschrieb Bell detailliert die verschiedenen Zeichen, die jeder Stamm auf seinem Körper hinterlassen hatte, so die Beteiligung am Kampf dokumentierend. „Die bis auf die Knochen zerhackten Muskeln des rechten Arms verraten die Arbeit der Cheyenne oder ‚Armabschneider', die aufgeschlitzte Nase ist für den ‚Kleineren Stamm', die Arapaho, kennzeichnend, und die durchschnittene Kehle legt Zeugnis davon ab, daß auch die Sioux mitgemischt haben. ...Bis heute weiß ich nicht, welcher Stamm sich durch die Einschnitte an den Oberschenkeln und die klaffenden schräg-parallelen Rißwunden in den Waden bemerkbar machte. Auch die Pfeile unterscheiden sich von Stamm zu Stamm in Machart und Farbe, und aufgrund der Formenvielfalt war klar, daß Krieger mehrerer Stämme absichtlich jeweils einen Pfeil im Körper des Toten zurückgelassen hatten" (Ebd., 61-64)[10].

Ein gemischter Sonderausschuß der Regierung, der die Ergebnisse seiner Arbeit 1867 unter dem Titel '*Conditions of the Indian Tribes*' (Lebensbedingungen der Indianerstämme) veröffentlichte, wies auf das entscheidende Problem mit diesen südlichen Stämmen hin: daß die weiße Invasion in ihr Territorium größte Ausmaße angenommen hatte. Dies führte im Oktober 1867 zum Vertrag von Medicine Lodge bei Fort Dodge, Kansas; es war ein aufrichtiger Versuch der damaligen Regierung, einen Ausgleich zwischen den so gänzlich anderen Interessen von Rot und Weiß zu erreichen. Schließlich war es soweit: Unweit des Medicine Lodge Creek, der so hieß, weil die Kiowa nahebei erst kürzlich ihr jährliches Sonnentanzritual veranstaltet hatten und die Medizinhütte zur Zeit der Konferenz noch stand[11], versammelten sich an die 5000 Indianer – Cheyenne, Arapaho, Comanche, Kiowa und Kiowa-Apache waren vertreten – in einem großen Dorf aus etwa 850 Tipis. Die vielleicht einhundert Weißen, Regierungsbeauftragte, Dolmetscher, Sekretäre und Zeitungsleute, wurden von einem Battalion der 7. Kavallerie unter Major Joel H. Elliott eskortiert. Die Versammlung ist als eine der „größten und farbigsten Zusammenkünfte von Indianern und Regierungsvertretern, die man auf den Plains je erleben konnte", beschrieben worden, und es „gab freie Verpflegung und viel Kaffee, um sicherzustellen, daß die Indianer nicht abzogen" (Nye 1968, 107).

Obwohl der Vertrag von so berühmten Häuptlingen wie Little Raven (Arapaho), Black Kettle und Little Robe (Cheyenne), Satank und Satanta (Kiowa), Wolf Sleeve (Kiowa-Apache) und Ten Bears (Comanche) unterzeichnet wurde und die Angriffe auf Weiße mehrere Monate lang unterblieben, wurden die Kämpfe zwischen den Stämmen fortgesetzt. Cheyenne und Arapaho überfielen die Osage und Kaw; Kiowa und Comanche die Navajo, Caddo und Wichita. Später begannen sie Raubzüge zu den Farmen und Siedlungen der Chickasaw[12], von denen einer bitter bemerkte: „Der Wolf wird einen Vertrag genau so wenig respektieren wie Mr. Wild Indian" (Ebd., 113).

Die Wurzel des Problems lag in diversen Mißverständnissen und Schwierigkeiten, ein Muster, das sich bei späteren Verhandlungen mit Stämmen der mittleren und nördlichen Plains wiederholen sollte. Im Vertrag war festgelegt, daß als Gegenleistung für die sichere Passage durch die Plains Handelsvertretungen und Schulen gebaut und landwirtschaftliches Gerät, Saatgut, Ärzte, Ausbilder und Handwerker zur Verfügung gestellt würden. In den neuen Handelsvertretungen sollten Rationen und Jahreszahlungen regelmäßig verteilt und dafür Sorge getragen werden, daß skrupellose Agenten und Händler die Indianer nicht betrügen könnten. Die Regierung hatte es jedoch nicht eilig, den vertraglichen Vereinbarungen nachzukommen. Auch stellte sich später heraus, daß auf indianischer Seite viele der Unterzeichner die von ihnen eingegangenen Verpflichtungen nicht gänzlich verstanden hatten – oder wenn doch, daß sie die jüngeren Krieger nur schwer unter Kontrolle halten konnten, besonders die der Comanche und Kiowa, die nach wie vor Raubzüge nach Texas unternahmen. Diese Beutezüge gen Süden waren der traditionelle Weg zu Reich-

Unten: *Arapaho aus Fort Washakie (Wyoming) mit dem Paiute-Propheten Wovoka. Der Ethnologe Mooney berichtete, daß die Arapaho großes „Vertrauen in die unsichtbaren Dinge der Geisterwelt" setzten, und in den neunziger Jahren besuchten mindestens zwei ihrer Abordnungen Wovoka an seinem Wohnort Mason Valley, Nevada.*

Arapaho

Diese Objekte gehören zu den vielen, die A.L.Kroeber 1899 und 1900 in Oklahoma und Wyoming im Rahmen seiner berühmten Untersuchung der Arapaho-Symbolik gesammelt hat. Sie sind typisch für die in dieser Zeit von den Arapaho hergestellten Gebrauchsgegenstände. Heute werden Gegenstände dieser Art wohl kaum noch angefertigt. Die im folgenden gegebene jeweilige Bedeutung der Dekors entspricht den Erklärungen, die die ursprünglichen Eigentümer oder Hersteller Kroeber gegenüber gemacht haben. Von den meisten dieser schönen Objekte sind bisher keine Farbfotographien veröffentlicht worden.

1 Kindermokassins.
2 Federturnüre, von einem Mann beim Krähentanz getragen.
3 Kindermokassins. Grüne Dreiecke stehen für Pferdeohren.
4 Mokassins. Das Muster stellt Wolken und Sterne in einem blauen Himmel dar, mit einem Tipi an den Zehen und einem roten Flußkrebs in der Mitte.
5 Mokassins. Das Kreuz stellt den Morgenstern dar, der Querbalken auf dem Spann ist der Horizont.
6 Haarzierat eines Jungen, während des Geistertanzes getragen; aus Kuhhaaren und zwei Uhrrädern aus Messing angefertigt: das größere repräsentiert die Sonne, das kleinere Nahrung.
7 Mokassins. Die Reihen blauer Dreiecke stellen Felsen dar, die Reihen roter und blauer Quadrate sind Berge, während drei auf jeder Reihe sitzende rote Quadrate drei Menschen repräsentieren; ein blauer, von roten Felsen gesäumter Pfad verläuft quer über die Schuhmitte; die zwei roten Balken an den Stulpenseiten sind stehende Personen.
8 An Mokassins befestigte Frauenleggings.
9 Täschchen für Streichhölzer und andere kleine Sachen, von einer Frau am Gürtel getragen.
10 Tasche zur Aufbewahrung von Kämmen, Farbbeuteln und anderen Toilettenartikel. Die drei Kreuze stellen den Morgenstern dar.
11 Medizinbeutel, für eine Medizin, die „Zwei Säuglinge" hieß.
12 Am Gürtel getragenes Täschchen.
13 Mokassins. Die grünen Quadrate sind Lebenssymbole und werden von roten Tipis berührt.
14 Mokassins.
15 Mokassins. Die Zickzacklinie stellt einen Blitz dar.
16 Kindermokassins.
17 Mokassins. Das grüne Rechteck ist ein Büffel, der auf einem weißen Weg steht.
18 Die großen Dreiecke stehen für Büffelhörner (rot bedeutet den bloßen Boden, grün das Gras); Zickzacklinien stellen Pfeifen dar; die gespaltenen Zungen sind die Zungen von Klapperschlangen; das gefleckte Blau repräsentiert die Haut, winzige Blechkegel die Rasseln der Schlangen.

19 Mokassins. Der gefleckte Streifen bedeutet Büffelspuren.
20 Mokassins. Der blaugestreifte Bereich repräsentiert Fische; die kleinen paarigen Dreiecke sind Schmetterlinge.
21 Kindermokassins. Alle hier angebrachten Streifen repräsentieren Pfade.
22 Mokassins. Die weiße Grundfarbe steht für Schnee; blaue Dreiecke bedeuten Tipis mit quadratischen Türen; die beiden großen Dreiecke auf den Stulpen sind Seen.
23 Mokassins.
24 Rassel aus Afterklauen.
25 Federfächer, der bei der Peyote-Zeremonie verwendet wurde.
26-31 Sechs kreisförmige Lederornamente mit Borstendekoration, die an der Tipi-Spitze auf der Rückseite angebracht wurden. [Die Borsten (quills) des Baumstachelschweins hatten als Rohmaterial für Schmuck und Dekoration auf den Plains eine enorme Bedeutung; sie wurden aufgenäht. Anm. d.Übs.]
32 Lederornament mit Borstendekoration.
33 Mokassins. Die roten Karos stehen für das rohe Innere von Büffeleingeweiden.
34 Perlenbesetzte Männerweste.
35 Haarbehang, an der Skalplocke eines Mannes beim Krähentanz befestigt.
36 Adlerknochenflöte.
37 Mädchenleggings. Die Dreiecke repräsentieren Pfeilspitzen; die kleineren Dreiecke symbolisie ren auch Tipis.
38 Leggings eines kleinen Mädchens mit angenähten Mokassins.
39 Frauenmokassins. Die breiten Streifen stehen für den Weg, den die Trägerin geht.
40 Mokassins.

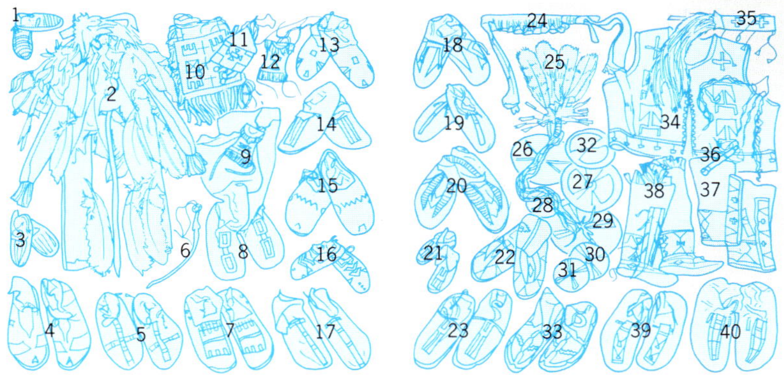

Pawnee-Kriegstanz, 1821

1821 führte eine Abordnung von sechzehn Pawnee und anderen Indianern des Westens für Präsident Monroe im Weißen Haus einen Kriegstanz auf, der von der Baronin Hyde de Neuville, der Frau des französischen Gesandten in den USA, skizziert wurde. Bewundertes Mitglied der Delegation war der hier abgebildete Petalesharo, der 1817 eine Frau gerettet hatte, die von den Pawnee dem Morgenstern geopfert werden sollte. Sein von C. B. King gemaltes Porträt zeigt eine der frühesten Darstellungen der klassischen Kriegshaube aus Adlerfedern und andere Details der Bekleidung. Er trägt eine James-Madison-Friedensmedaille, eingehandelte silberne Armreifen, als Ohrschmuck eine Vielzahl von Silberkegeln und hält eine Gewehrkolbenkeule in der Hand, die mit Messingstiften verziert ist. Seine handgeknüpfte perlenverzierte Wollschärpe und die Wildlederleggings ähneln Pawnee-Stücken in der Smithsonian-Sammlung.

tum und Ruhm, während die fortgesetzten feindlichen Aktivitäten der südlichen Stämme zur Forderung nach wirkungsvollerem Schutz durch das Militär führten.

Der Tod von Roman Nose in der Schlacht von Beecher's Island im September 1867 und die Abschlachtung von Black Kettle zusammen mit mehr als hundert Männern, Frauen und Kindern am Washita durch Custer im November 1867, der unaufhörliche Rückgang der Büffel, überlegene Waffen und die Fähigkeit der Kavallerie, gegen die festen Winterlager loszuschlagen, rieben die Stämme auf. Anfang der 70er Jahre waren die wichtigsten Kriegsführer der Kiowa und Comanche – Satank, Satanta und Kicking Bird – tot; neue Anführer – wie Feathered Lance bei den Kiowa und der fähige Quanah Parker bei den Comanche – spürten das Unvermeidliche und wollten verhandeln; viele besuchten den Großen Vater in Washington[13]. 1875 war der Krieg auf den südlichen Plains mitnichten beendet; noch weniger weiter nördlich, wo an die Stelle

Rechts: *Cheyenne-Lager, Datum der Aufnahme nicht bekannt, aber wahrscheinlich um 1890. Die Frauen gerben auf der Erde ausgespannte Häute, die wohl kaum Jagdprodukte, sondern eher bei einer Fleischverteilung abgefallen waren.*

Unten: *Man on a Cloud, Südliche Cheyenne, 1892. Es handelt sich wahrscheinlich um den gleichen Mann wie Alights on the Cloud, der in den fünfziger Jahren des 19. Jahrhunderts Washington besuchte. Seine großartige Kriegshaube und das Skalphemd weisen auf einen hochrangigen Krieger hin.*

Cheyenne

Die Cheyenne sprechen eine Algonkin-Sprache. Ihre Vorfahren zogen um 1700 aus den Wildreisgebieten des östlichen Waldlandes in die nördlichen Prärien, wo sie als Feldbauern und Jäger ihre Dörfer errichteten. Etwa ein Jahrhundert später zogen sie weiter westwärts auf die höhergelegenen Plains und übernahmen die Lebensweise der Plains-Stämme: Sie bewohnten Tipi-Dörfer, die nicht auf Dauer angelegt waren, jagten Büffel mit Hilfe des Pferdes und waren mit Überfällen und Kriegsführen – vor allem gegen die Crow, Pawnee, Shoshoni und Ute – beschäftigt. Im Vertrag von Fort Laramie (1851) wurden die Nördlichen Cheyenne von den Südlichen getrennt, die sich mit den Arapaho zusammentaten. Zum Krieg mit der US-Armee und der Colorado-Bürgerwehr kam es, als Cheyenne-Gebiet von weißen Einwanderern, Büffeljägern und Goldschürfern heimgesucht wurde. 1876 brachten die Cheyenne und ihre Sioux-Verbündeten General Custer die vernichtende Niederlage bei. 1879 wurde schließlich Frieden geschlossen. Die meisten der hier gezeigten Stücke stammen von den Südlichen Cheyenne aus dem Indianerterritorium. Jahreszahlen zeigen das jeweilige Sammeldatum an.

1 Parflèche (Falttasche) zur Kleideraufbewahrung. 1868.
2 Halsband eines Medizinmanns, mit imitierten Bärenkrallen (aus Horn geschnitzt). 1891.
3 Leggings und Mokassins in einem, perlenverziert. 1891.
4 Ein Paar perlenverzierter Mokassins. 1891.
5 Wildledernes Kissen mit Perlendekor. 1891.
6 Wildledertasche zur Kleideraufbewahrung. Das Perlendekor imitiert in Quillarbeit gefertigte Muster. 1868.
7 Ein Paar perlenverzierter Frauenmokassins. 1891.
8 Satteldeckenschmuck – ein perlenbestickter Wildlederstreifen. 1891.
9 Schlangendarstellung – zu einem Netz geknüpfte Schnur; als persönliche Kriegsmedizin getragen [Medizin hier im Sinne eines mit spiritueller Kraft aufgeladenen Gegenstandes oder einer machtvollen Substanz, die ihrem jeweiligen Besitzer meist in Träumen oder Visionen offenbart wurden; sie verleihen Macht über die Natur, besitzen spezialisierte magische, schützende oder heilende Kräfte; Anm. d.Übs.]. 1891.

10 Kopfschmuck aus Adlerfedern und Bisonhörnern, mit langer Schleppe. 1881.
11 Hölzerne Medizinschale. 1891.
12 Ein Paar Frauenleggings. 1891.
13 Armband aus Neusilber. 1916.
14 Farbiger Beutel aus Schildkrötenhaut. 1891.
15 Steinhammer zum Aufbrechen von Knochen (um an das Mark heranzukommen) und zum Zerquetschen wilder Pflaumen. 1891.
16 Knöcherner Fellschaber mit Metallklinge. Nördliche Cheyenne, 1901.
17 Kleine Frauenfalttasche. 1891.
18 Von Red Eagle erstandener Bogen. 1891.
19 Fünf Pfeile mit Eisenspitzen. Nördliche Cheyenne, 1868.
20 Flageolett. 1891.
21 Pulverhorn mit flanellbezogenem Tragriemen, liegt auf einem Wildlederbeutel. 1891.
22 Ein Paar Frauenmokassins, perlenverziertes grünbemaltes Leder. 1891.
23 Halsband aus Bärenkrallen und Messingglöckchen. Vor 1931.
24 Halsband aus Dentaliumschalen und Messingbeschlägen. 1891.
25 Halsband für Mädchen aus Knochenperlen und vierzehn dimes (Zehn-Cent-Stücken), die zwischen 1857 und 1888 datiert sind. 1891.
26 Ledergürtel eines Mädchens. 1891.
27 Reitpeitsche eines Kriegers, Holz mit Messingzwecken. 1877.
28 Trommel zum Heilen; das aufgemalte Motiv an der Innenseite stellt einen Sumpfhordenvogel [Agelaius phoeniceus, in Nordamerika weitverbreiteter Singvogel, Anm. d.Übs.] dar, der den indianischen Namen ihres Besitzers, des später als Woman's Heart bekanntgewordenen Medizinmanns, repräsentiert. Vor 1915.
29 Kappe eines Medizinmanns. War 1891 bereits antiquiert.
30 Wildlederhemd, von Little Chief erworben; bemalt, mit Quillarbeit und menschlichen Haarbüscheln dekoriert. 1879.

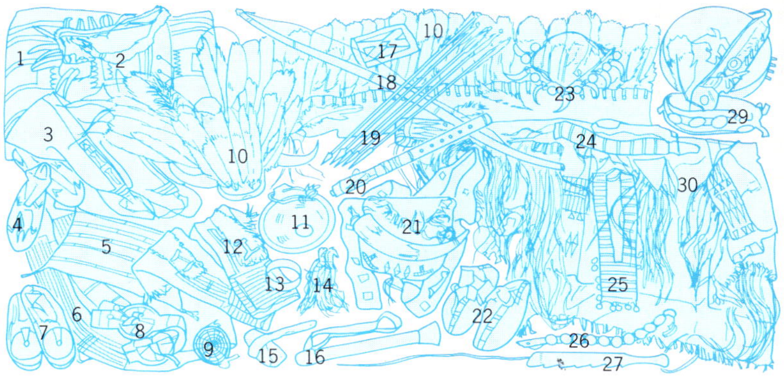

unterschwelliger Gleichgültigkeit bei Vertragsbruch schon bald offene Feindseligkeit trat.

Im Vertrag von Fort Laramie, der im November 1868 mit der Unterzeichnung Red Clouds und weiterer ca. zweihundert Anführer der Lakota – Brulé, Oglala, Miniconjou, Hunkpapa, Blackfeet, Sans Arc und Two Kettle – sowie der Santee und Yanktonai endlich besiegelt war, wurden sämtliche Forderungen Red Clouds anerkannt: „eine Medizin, die der Armee zwar schlecht schmeckte, aber nicht unverdaulich war" (Utley 1973, 134). Sie bestand darin, daß die Armee sich vom Bozeman Trail zurückzog [Der Bozeman Trail zweigte nordwestlich von Fort Laramie vom Oregon Trail ab und führte am Ostrand der Rocky Mountains entlang in zunächst nördlicher, dann nordwestlicher Richtung über Fort Reno, Fort Phil Kearny und Fort C.F. Smith nach Fort Ellis; Anm.d.Übs.], Stützpunkte wie Fort Phil Kearny und C.F. Smith aufgab und Jagdrechte am Republican River in Nebraska und Wyoming zugestand. Ferner blieb das Powder-River-Gebiet als „nicht abgetretenes Indianerland" erhalten, zu dem kein Weißer ohne indianische Zustimmung Zutritt hätte (Ebd., 135). Wie schon beim Vertrag von Medicine Lodge aus dem Vorjahr sollte für den Bau von Schulen, die Verteilung von Lebensmittelrationen und jährlichen Zahlungen gesorgt sein. Der Vertrag von Laramie war in mehreren Punkten ein Erfolg; er beendete den nach Red Cloud benannten Krieg, bei dem es auf beiden Seiten zu so viel Blutvergießen gekommen war, insbesondere durch die Vernichtung von Fetterman und seinen mehr als achtzig Männern am 21. Dezember 1866 und die „Wagenburg"(Wagon Box)-Schlacht vom 2. August 1867, in der zwar die weißen Verluste nicht so hoch waren, von deren Tortur aber einige der Männer sich weder seelisch noch körperlich jemals wieder völlig erholten[14].

Der Erschließung von Bodenschätzen dienten 1874 und 1875 mehrere von der Regierung geförderte Expeditionen in die Black Hills, die zu weitgehend unbegründeten Gerüchten von großen Goldvorkommen führten. Der Vertrag von 1868 hatte die Grenzen der Großen Sioux-Reservation festgelegt; sie umfaßte ein ausgedehntes Gebiet westlich des Missouri im heutigen Bundesstaat South Dakota, das die *Pa Sapa* oder „Schwarzen Berge" (Black Hills) einschloß, eine Region, die den Lakota heilig war. Ende 1875 hatte ein Goldrausch eingesetzt. Übergriffe auf das Lakota-Territorium bedeuteten eine Verletzung des Vertrags von 1868; zwar bemühte sich die Armee, Goldschürfer und andere fernzuhalten. Doch wie vorhersehbar stellte sich die Aufgabe als undurchführbar heraus. „Ich sage Ihnen, die Regierung besitzt nicht genügend Macht, das Vorrücken dieser [unserer] Rasse von Eroberern zu unterbinden ...das Volk dieses Landes ...läßt sich nicht unterdrücken ...niemand hat die Macht, die Wanderung unseres Volkes aufzuhalten" (Senator Hurlbut, Kongreßberichte vom Juli 1876. Siehe Taylor 1975, 110).

Im Februar 1876 war ein neuer Krieg mit den Lakota im Gange, heraufbeschworen durch Sitting Bulls Weigerung, das Powder-River-Gebiet zu verlassen und sich in einer der Indianervertretungen registrieren zu lassen – wobei das Ultimatum von niemand anderem als Ulysses Grant, dem Präsidenten der Vereinigten Staaten, gestellt wurde. „Falls sie es versäumen oder sich weigern abzuziehen, werden sie dem Kriegsministerium als feindliche Indianer gemeldet, woraufhin Truppen geschickt werden, um sie zu zwingen, den Befehlen des Indianerbüros [offiziell: Bureau of Indian Affairs, gegründet 1824, dem Innenministerium unterstellt; Anm.d.Übs.] Folge zu leisten" (Chandler an Belknap, Kongreßberichte vom Juli 1876)[15].

Unten: *Krieger der Crow, zum Tanz angezogen, ca. 1890. Man beachte die großen Messingglöckchen unterhalb der Knie, die mit der Trommel und den Sängern zusammen zum Tanzrhythmus beitrugen. Regenschirme erfreuten sich damals als Sonnenschutz großer Beliebtheit.*

Ein von Brigadegeneral George Crook im März 1876 gegen Sitting Bull und seine Cheyenne-Verbündeten geführter Winterfeldzug ins Powder-River-Gebiet, an dem zehn Kompanien Kavallerie und zwei Kompanien Kavallerie und zwei Kompanien Infanterie beteiligt waren, wurde wegen schlechten Wetters schleunig abgebrochen. Daher war für das Frühjahr eine größere und besser organisierte Kampagne unter Brigadegeneral Alfred H. Terry geplant. Am 29. Mai 1876 berichtete Generalleutnant P.H. Sheridan über das Vorhaben des in drei Marschkolonnen vorgetragenen Feldzugs unter Terry und Crook „Brigadegeneral Terry verließ sein Hauptquartier in Fort Abraham Lincoln in Richtung auf die Mündung des Powder River ...Die Gesamtstärke seiner Kolonne beläuft sich auf etwa 900 Mann ...General Crook wird von Fort Fetterman mit einer annähernd gleich starken Kolonne aufbrechen. Oberst John Gibbon marschiert gerade nördlich des Yellowstone und östlich der Mündung des Big Horn mit einer Streitmacht von etwa vierhundert Mann in südlicher Richtung ...jede Kolonne sollte in der Lage sein, auf sich selbst gestellt klarzukommen und die

Oben: *Crow-Tänzer; wahrscheinlich um 1900. Auf der linken Seite steht ein als Clown gekleideter Mann; in der Reservatszeit bestanden solche Kostüme aus Ponchos und Leggings, die aus Jutesäcken angefertigt wurden. Das Publikum hatte an diesen Tänzern seine helle Freude.*

Unten: *Dorf der Crow, wahrscheinlich nahe der Crow-Agentur am Little Big Horn River in Montana, ca. 1900. Die Tipis der Crow sind wegen der langen Zeltstangen aus Kiefernholz bemerkenswert, die aus den Big-Horn-Bergen stammen. Man beachte die Lieblingsponies, die neben einigen der Tipis angebunden sind.*

Oben: *Das Innere eines Initiationstipis des „Tabak"-Bundes der Crow. Einige der Mitglieder haben Handtrommeln vor sich. Tabak (Nicotiana multivalvis) war eine bedeutende Crow-Medizin.*

Unten: *Eine Abordnung der Crow in Washington, 1880. Die Indianer von links nach rechts sind: Old Crow, Medicine Crow, Two Belly (stehend, im perlengeschmückten Hemd), Long Elk, Plenty Coups und Pretty Eagle.*

Indianer zu züchtigen, so sich die Gelegenheit dazu bietet ...Vermutlich wird alles wie folgt ablaufen: General Terry wird die Indianer auf das Big-Horn-Tal zutreiben und General Crook wird sie in Richtung auf Terry zurückdrängen, während Oberst Gibbon am Nordufer des Yellowstone südwärts zieht, um ihnen den Fluchtweg abzuschneiden ...der Vorstoß dieser drei Kolonnen dürfte viele feindliche Indianer am Ende dazu zwingen, in ihre Agenturen zurückzukehren..." (Generalleutnant P.H. Sheridan an General W.T. Sherman in Washington am 29. Mai 1876. Siehe Taylor 1975, 113).

Angezogen vom Charisma zweier Führer, des Hunkpapa Sitting Bull und des Oglala Crazy Horse, formierte sich im Tal des Little Big Horn eine der größten Ansammlungen von Plains-Indianern in der Geschichte eilig zur Streitmacht, ohne daß auch nur eine der drei Marschkolonnen etwas davon wußte. An die 1500 Tipis, die zwischen zwölf- und fünfzehntausend Indianer – hauptsächlich Sioux und Cheyenne – beherbergten, säumten auf einer Strecke von nahezu fünf Kilometern die Ufer des Little Big Horn. Sitting Bulls Botschaft war weit gelangt; ein paar Wochen zuvor hatte er den mächtigen und einflußreichen Blackfeet-Häuptling Crowfoot in Kanada dazu aufgefordert, „sich den Sioux in ihrem Kampf gegen die Amerikaner anzuschließen ... sobald die Amerikaner und Crow besiegt wären, würden die Sioux mit den Blackfeet nach Kanada kommen und die Weißen dort auslöschen" (Dempsey 1972, 88)[16].

Wer einen Rückzug der Indianer vor Crooks Streitkräften vorhergesagt hatte, wurde durch den Angriff von Crazy Horse am Morgen des 17. Juni eines Besseren belehrt. Crook hatte sein Lager im Quellgebiet des Rosebud aufgeschlagen; er hatte mehr als 1000 Offiziere und Mannschaften und an die 260 Shoshoni- und Crow-Scouts bei sich. Die Indianer schlugen ohne Vorwarnung zu – Crook spielte gerade Karten, seine Männer waren beim Frühstück. Die folgende Schlacht dauerte sechs Stunden; frei von aller Rücksicht auf Frauen und Kinder – sie lagerten etwa 28 Kilometer weiter nördlich –, bedienten sich die Truppen von Crazy Horse unüblicher offensiver Taktiken; Crooks Kolonne war am Ende fast ohne Munition und hatte an die hundert Tote und Verwundete zu beklagen, entscheidend war jedoch, daß er damit für den geplanten Feldzug in drei Angriffsspitzen ausfiel.

Vier Tage später, am Nachmittag des 21. Juni, hielten Terry, Gibbon, Custer und Brisbin „Kriegsrat an Bord der *Far West*" (Taunton 1977, 21). Noch am gleichen Tag schickte Mark Kellogg seine letzte, wie sich herausstellte, Depesche an den *New York Herald*; darin skizzierte er, wie der Feldzug weitergehen sollte. Custer würde „mit seinem ganzen Kommando das Rosebud-Tal hinaufziehen und die Indianer so lange und so weit verfolgen, wie Pferdefleisch und menschliche Ausdauer seine Truppen trügen ... [er] beabsichtigt, wie die Indianer zu leben und sich wie sie zu bewegen; auf diese Weise wird das Kommando in der Lage sein, den Indianern überallhin auf den Fersen zu bleiben. Gibbons Abteilung ist zur Mündung des Big Horn aufgebrochen" (Ebd., 24). Custers Siebte Kavallerie bestand aus gut 31 Offizieren, 586 Soldaten und zusätzlich 33 Indianerscouts sowie 20 Mann Personal und Zivilisten. Als Custer sich verabschiedete, soll ihm Gibbon nachgerufen haben: „Also Custer, seien Sie nicht zu gierig! Warten Sie auf uns!" Custer gab die zweideutige Antwort: „Nein, werd' ich nicht" (Ebd., 29).

Am 25. Juni, einem Sonntag, um 12.05 Uhr teilte Custer seine Truppen in vier Kolonnen auf und traf Vorbereitungen zum Angriff. Major Marcus Reno sollte mit 131 Mann parallel zu Custer vorrücken; Hauptmann Benteen mit 113 Mann in südwestlicher Stoßrichtung und Custer selbst mit fünf Kompanien (insgesamt 215 Mann) folgten einer Hügelkette, die bis ans untere Ende des Indianerdorfes führte. Bei der Schlacht am Washita im November 1868 hatte Custer seine Streitkräfte ähnlich aufgeteilt, das Dorf gleichzeitig von verschiedenen Punkten aus angegriffen und so ein Maximum an Verwirrung ausgelöst. Um 3.15 Uhr griff Reno den Südteil des großen Sioux-Cheyenne-Lagers an – Sitting Bulls Hunkpapa:

> „...in einer sich auftürmenden Staubwolke erspähten sie die glänzenden Gewehrläufe, sahen einen Wimpel flattern, die blauen Hemden der Soldaten ... Blei pfiff über ihre Köpfe hinweg, schmetterte gegen die Tipi-Pfähle. In gestrecktem Galopp kamen die Soldaten direkt auf das Hunkpapa-Dorf zugeritten. Im Lager selbst herrschte ein großes Durcheinander. Alte Männer riefen lauthals Ratschläge ... auf der Flucht vor den Soldaten ... stürzten Frauen und Kinder zu Fuß und auf Pferden davon ... griffen sich ihre Babies, riefen ihre älteren Kinder. ...Die Hunkpapa hielten bravourös stand ... Alle Augenblicke kamen Verstärkungen an, und das Gewehrfeuer wurde immer heftiger..."
>
> (Vestal 1948, 241-2)

Einige Wochen vorher hatte Sitting Bull während der Sonnentanz-Zeremonien am Rosebud Creek eine dramatische Vision gehabt: Sie sagte ihm einen großen Triumph der Sioux voraus und den Tod vieler Soldaten, die ins Lager einfielen. Das Bild dieser Verheißung vor Augen, wichen die Hunkpapa nicht zurück. „Anstatt wegzurennen, wurden es immer mehr Indianer, bis sie vor dem Dorf eine feste Front bildeten." Renos Streitmacht sah sich jetzt in eine Verteidigungsposition gezwungen, schnell wurden seine Truppen von Sioux- und Cheyenne-Kriegern umzingelt, und

Unten: *Die Hunká-Alowanpi-Zeremonie der Oglala, 1907. Unter den Lakota war diese Zeremonie mit der mythologischen Figur des Weißen-Büffel-Mädchens verknüpft. Hier wird die Zeremonialpfeife geweiht – vor einem bemalten Bisonschädel, der auf einem Bett aus heiligem sagebrush [nordamerikanischer Beifuß, Artemisia tridentata, von großer Bedeutung in den religiösen Vorstellungen der Plains-Indianer, galt als geweihte Nahrung für den Büffel; Anm.d.Übs.] liegt.*

Crow

Diese Objekte wurden von dem Anthropologen Robert H. Lowie zwischen 1910 und 1913 in der Crow-Reservation in Montana gesammelt. Zu der Zeit waren die Crow Farmer geworden, deren materielle Alltagskultur weitgehend nichtindianischen Ursprungs war, obwohl weiterhin Mokassins getragen wurden und sich die alten Formen der Kleidung, wenn schon nicht das Material, erhalten hatten. Bisonjagd und kriegerische Lebensweise wurden einige Jahrzehnte vorher eingestellt, doch blieb die „Kriegspsychologie" (wie Lowie es nannte) eine starke kulturelle Komponente, und auch die alten Rituale wurden noch größtenteils vollzogen, wozu häufig besondere Kleidung und Gerätschaft gehörten. Der „Tabak"-Bund war wichtig für die Crow; die „Vielfraße" (vgl. Nr.6) waren eine religiöse Organisation bestehend aus Männern und Frauen, die sich dem Anbau und der Ernte eines speziellen heiligen Tabaks widmeten. Die Hirschklauen-Mokassins (Nr.23) wurden bei einem Tanz des „Tabak"-Bundes getragen. Es gab auch soziale und militärische Bünde: die „Holzklötze" (vgl. Nr.8) gehörten um 1910 zu den zwei bedeutendsten dieses Typs von Männerbünden.

1 Rohleder-Parflèche, mit einem aufgemalten typischen Crow-Dekor. Diente in früherer Zeit vor allem zur Aufbewahrung von Dörrfleisch.

2, 3 Perlenverzierte Mokassins.

4 Rassel – ein Ring aus Rohleder an einem Holzgriff; eine charakteristische Form; von einem jungen Mann verwendet, der zum Kriegerbund der „Tollen Hunde" gehörte.

5 Miniaturausfertigung der dreieinhalb Meter langen roten Flanellschärpe, die paarweise um den Kopf geschlungen von den Führern der „Schlammigen Hände", eines auch gesellschaftlich tätigen Kriegerbundes, den es 1910 längst nicht mehr gab, als Rangabzeichen getragen wurde.

6 Fell eines Vielfraßes – Emblem der „Vielfraße", einer Untergruppe des „Tabak"-Bundes.

7 Pferdezaumzierat, aus einem alten Rohleder-Parflèche ausgeschnitten und danach mit Perlen bestickt.

8 Tanzschmuck aus Fischotterfell, gehörte zu den typischen Insignien der „Holzklötze".

9 Perlenverzierte Mokassins.

10 Mit rotgefärbten Stachelschweinborsten und hellblauen Perlen verzierte Mokassins.
11 Frauenleggings.
12 Hemd mit Pferdehaarquasten; diese Form wurde von jungen Männern, die bei Ritualen als Clowns agierten, getragen.
13 Aus der Rippe eines großen Tiers angefertigtes und von Frauen benutztes Werkzeug zum Glätten von Tierhäuten.
14 Holzschale zum Mischen von heiligem Tabak.
15 Löffel aus dem Horn des Bergschafes, mit Nr. 14 zusammen benutzt.
16 Eiserner Schaber, Frauenwerkzeug für die Fellbearbeitung.
17 Fellschaber älteren Typs, aus Knochen mit gezackter Metallklinge.
18 Dechsel mit Knochenschaft und Metallklinge, als Schaber verwendet; Frauenwerkzeug für die Fellbearbeitung.
19 Schwerer Steinhammer mit Holzgriff, zum Zertrümmern von Knochen, um das Mark freizulegen.
20 Borsten- und perlenverzierte Mokassins.
21 Wildlederhülle für einen Schild aus Rohleder; das aufgemalte Dekor rührt von einer Vision her – es handelt sich offensichtlich um einen Donnervogel (einen Adler mit Zickzacklinien).
22 Männerweste, zur Gänze mit Perlen bestickt.
23 Mokassins mit den Afterklauen eines Hirsches.
24 Stoffhemd, beim Tanz des „Tabak"-Bundes getragen.
25 Perlenbesetztes Spiegeletui, die Ränder in Quillarbeit verziert.
26 Fell zum Einwickeln von Büffelmedizin.
27 Grüne Flanellschärpe, Abzeichen des Führers eines Männerbundes.

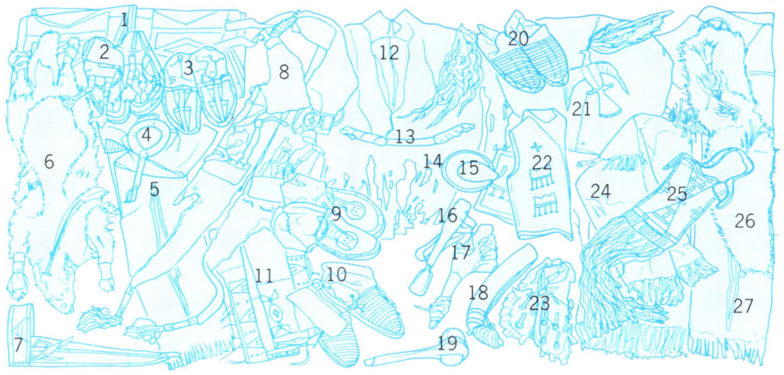

„aus dem Rückzug wurde ein wildes Gerangel" (Taylor 1975, 134). „Das Gefecht verlief ganz und gar nicht, wie ich mir das vorgestellt hatte. Der sogenannte Sturmangriff aus dem Tal heraus war fast schon eine Schlappe. Ich fühlte mich angesichts dessen, was da vor sich ging, elend und niedergeschlagen..." (Thomas H. French, 7. Kavallerie, in: Johnson 1989, 17).

Custer war vom Kampfschauplatz durch ein Felsengewirr abgeschnitten; so erwies sich die zeitliche Koordination der Truppenbewegungen als Fehlkalkulation, und „mit Custers Glück hatte es ein Ende; sein Regiment wurde zerschlagen und jeder Teil der Gefahr einer separaten Niederlage ausgesetzt, bevor die Truppen sich wieder zusammenschließen konnten. Wäre Renos Anfangsattacke nicht zusammengebrochen, wäre ein Sieg nicht ausgeschlossen gewesen, aber Renos Aussichten auf Erfolg standen zu schlecht: kurz nachdem er seine Männer hatte absitzen lassen, gab er den Befehl: „Zieht euch zu euren Pferden zurück, Männer!" Konfusion herrschte. „Ich dachte, wir sollten Hals über Kopf auf sie losstürmen und durchbrechen – das war die einzige Chance. Indianern den Rücken zuzukehren, ohne besser beritten zu sein als sie, heißt sein Leben wegwerfen. Als er [Reno] sich auf diesen Hügel abzusetzen begann, da hatte er mir gerade erst – es war noch keine Minute her, daß ich ihn gefragt hatte – geantwortet, er werde kämpfen" (Ebd.). Während sich Reno auf dem Rückzug befand, griff Custer, etwa fünfeinhalb Kilometer entfernt, das andere Ende des Dorfes an. Wie Reno sah auch er sich einer großen Ansammlung von Sioux- und Cheyenne-Kriegern gegenüber: es waren Hunkpapa unter Gall, Oglala und andere unter Crazy Horse und Cheyenne unter Lame White Man, die Custers Angriff zurückschlugen. Binnen Minuten war die 12. Kompanie unter James Calhoun, deren Pferde Crow King und seine Krieger davongejagt hatten, ausgelöscht. Die anderen vier Kompanien, die 3., die 5., die 6. und die 9., kämpften zu einem Großteil bereits zu Fuß, konnten aber auf den höher gelegenen Felsen standhalten. Vor 5 Uhr nachmittags war Custer jedoch mit all seinen Truppen bereits völlig eingeschlossen, und in weniger als einer Stunde waren sie alle tot. „Custers Schlachtfeld" wurde am Morgen des 27. Juni, eines Dienstags, entdeckt, laut Hauptmann Edward S. Godfrey „ein Schauplatz des entsetzlichsten Grauens": Sitting Bulls Prophezeiung war in Erfüllung gegangen[17].

Oben: *Ein Sioux-Lager, gemalt von Karl Bodmer (1833). Die Tipis aus Büffelhaut sind exakt wiedergegeben; so sieht man beispielsweise die typischen schweren Nähte und die „Verschnürung" mit Holzsplinten.*

Unten: *Sitting Bull, der Hunkpapa-Häuptling, mit William F. Cody (Buffalo Bill), ca. 1885. Er schätzte Cody sehr, nannte ihn Pahaska (Langhaar) und beschrieb den Scout als ehrlich und aufrichtig.*

Das große Indianerlager löste sich rasch auf; Dörfer dieser Größe konnten nicht von Bestand sein, da die Weideflächen bald abgegrast waren und das Wild vertrieben. Viele Indianer kehrten in die Reservationen zurück, aber die meisten der Vertragsgegner unter Führung von Sitting Bull, Crazy Horse, American Horse, Dull Knife und Little Wolf blieben im Powder-River-Gebiet; ihr freies Leben auf amerikanischem Territorium näherte sich jedoch schnell seinem Ende.

Im Spätsommer begann sich eine gegen die Cheyenne und Lakota gerichtete Zangenbewegung auszuwirken, doch zog sich der Feldzug noch weit in den Winter 1877 hinein. Bei Slim Buttes griffen am 8. September 1876 Miles und Crook das Dorf von American Horse an; der Häuptling wurde getötet und das Dorf zerstört. Red Cloud und andere im Umkreis der Agenturen lebende Sioux unterwarf Crook durch ostentative Machtdemonstration. Er enthob Red Cloud seines Amtes, da dessen Sympathien für die Vertragsgegner allzu offensichtlich waren. Am 25. November 1876 zerstörte Ronald S. Mackenzie das Dorf von Dull

Knife am Willow Creek (südlich der Big Horn Mountains), dreißig Cheyenne wurden getötet und siebenhundert Ponies erbeutet[18]. Am Cedar Creek, Yellowstone River, hat Hauptmann Nelson A. Miles am 20. Oktober 1876 eine Unterredung mit Sitting Bull, der Frieden unter den alten Bedingungen – mit der Freiheit umherzuziehen und zu jagen – verlangt. Miles berichtete später, Sitting Bull habe „wie ein Eroberer gesprochen und wie ein solcher ausgesehen" (Miles 1896, 223). Wolf Mountain, Big-Horn-Jagdgründe, 8. Januar 1877: Miles greift die Lakota unter Crazy Horse an. Das Dorf wird zerstört, Crazy Horse zieht sich zurück. März 1877: Sitting Bull geht mit rund neunhun-

Rechts: Dieser Lakota-Kopfschmuck datiert von etwa 1875. Die Abbildung wurde durch einen ähnlichen angeregt, den Sinte Maza oder Iron Tail trug, ein Oglala-Sioux, der um 1860 im White-Clay-Distrikt im nordwestlichen Nebraska geboren wurde. Der Kopfschmuck setzt sich aus ungefähr siebzig Schwanzfedern eines nicht ausgewachsenen Steinadlers zusammen; jede Feder ist mit gelben Pferdehaaren verlängert und an den Spitzen mit weißem Gips eingefärbt. Die sorgfältig präparierten Federn sind mit einer roten Stoffunterlage (Handelsware) verknüpft; auf dem Kopf sitzt eine Kappe, die einen Kreis von Federn trägt.

Lakota-Kopfschmuck

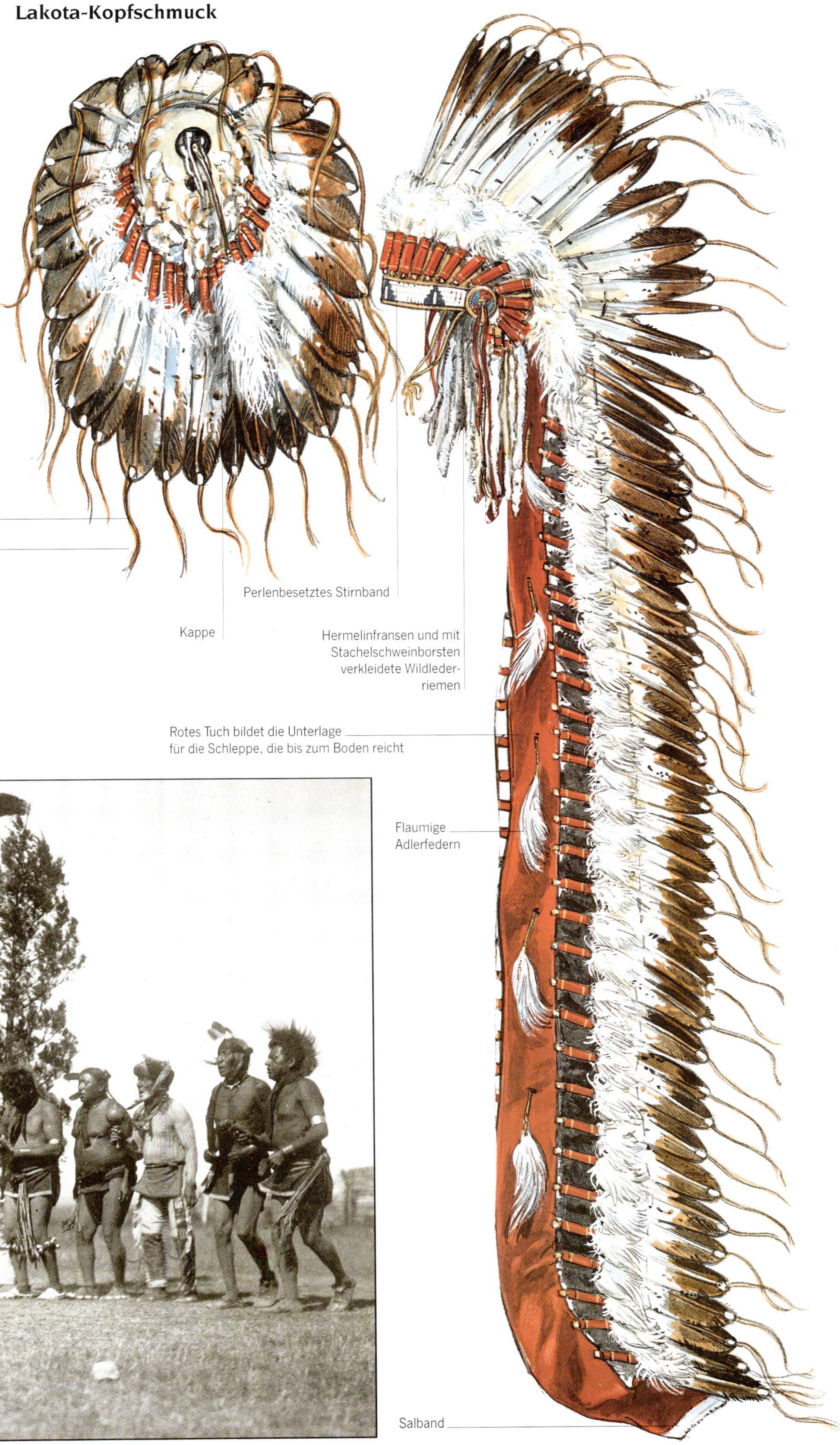

Unten: Mitglieder des „Bären"-, „Bison"- und „Nacht"-Bundes tanzen um die heilige Zeder und den heiligen Stein, ca. 1890. Das heilige Medizinbündel des Bundes hatte keine funktionale Bedeutung mehr für den Stamm, als es 1973 vom letzten Hüter erworben wurde. Die Männer tragen Schurze aus Stoff, perlenverzierte Mokassins, Pelz- und Federkopfschmuck und weiße Körperbemalung.

Hidatsa

Zwischen 1906 und 1918 arbeitete Gilbert L. Wilson mit mehreren bejahrten Hidatsa-Männern und -frauen auf der Fort-Berthold-Reservation zusammen. Das Ergebnis war eine wunderbare und ausführliche Dokumentation des alltäglichen Lebens, das diese Hidatsa ihrer Erinnerung nach von 1840 bis 1885 im Dorf Like-a-Fishhook (Wie-ein-Angelhaken) geführt hatten. Bis zur Jahrhundertwende hatte sich vieles verändert, und auch die ertragreichen Schwemmlandgebiete, die die Hidatsa bewohnten und wo sie Feldbau trieben, sind seit der Zeit, als Wilson diese Objekte sammelte, in den Fluten eines Stausees untergegangen.

1 Frauentanzkleid aus Stoff mit aufgemalten piktographischen Kampfszenen.
2 Täschchen (mit Stachelschweinborsten verziert), das die Utensilien eines Mannes zum Feuermachen (Feuerstein, Stahl und Zunder) oder den Wetzstein einer Frau enthielt. Am Gürtel getragen oder ans Handgelenk gebunden.
3 Borstenverziertes Behältnis für einen Wetzstein aus Flint; von Owl Woman erworben.
4 Aus dem Schwanz eines Stachelschweins, aus dem die Stacheln entfernt waren, gefertigte Haarbürste; von einem Mann oder einer Frau benutzt.
5 Perlenverzierte Mokassins.
6 In Quillarbeit verzierte Mokassins (Die quills sind hier wahrscheinlich Federkiele).
7 Perlen- und borstenverzierte Mokassins.
8 Perlenbesetzte Mokassins.
9 In Quillarbeit verziertes Armband.
10 Männerhemd aus gegerbter Elchhaut mit Borstendekoration und V-förmigem Brustlappen im Halsausschnitt, einem Merkmal, das bereits etwas altmodisch war, als dieses Hemd (ca. 1910) geschneidert wurde. Solche Hemden wurden vormals nur bei besonderen Anlässen oder unfreundlichem Wetter getragen.
11 Tanzkappe, wahrscheinlich für eine Frau.
12 Pferdehaarrute, beim Aufenthalt in der Schwitzhütte benutzt.
13 Harke aus Eschenholz mit Geweihsprossen; Modellanfertigung eines Geräts, das um 1860 von den Frauen bei der Gartenarbeit verwendet wurde. Von Maxidiwiac (Buffalo Bird Woman) hergestellt.
14 Hacke mit Ulmenholzgriff und Blatt aus dem Schulterblatt eines Bisons oder anderen großen Tiers. Dieser Typ wurde von Frauen bei der Gartenarbeit (kultiviert wurden Mais, Bohnen, Kürbisse und Sonnenblumen) verwendet. Es handelt sich um ein von Maxidiwiac angefertigtes Modell.
15 Pfeilspitze, aus der Nackensehne eines Bisons angefertigte. Gemäß der Hidatsa-Tra-

dition gingen diese Pfeilspitzen denen aus Stein voraus. Sie galten als besonders fest und geeignet für die Büffeljagd. Beim abgebildeten Objekt handelt es sich um ein Modell, da solche Pfeile augenscheinlich letztmals in den 1830er Jahren in Gebrauch waren.

16 Sattelbaum eines Frauensattels.

17 Pfeile aus einem schwarzen Pfeifenstein, wie er in der Fort-Berthold-Reservation gefunden wurde, mit Metall eingelegt.

18 Schachtel aus bemaltem Rohleder zur Aufbewahrung von Kleidern und anderen Sachen.

19 Frauentragkorb, wurde vor allem dazu benutzt, um geernteten Mais, Kürbisse und Bohnen zu transportieren. Hergestellt aus eingefärbter und ungefärbter Weiden- und Holunderrinde, im Diamanten- und Sparrenmuster auf einen Rahmen aus gebogenem Weidenholz geflochten.

20-22 Drei Keramikgefäße auf kreisförmigen Untersätzen aus Weidenzweigen und -rinde. Solche Töpfe wurden als Wasserbehälter und zum Kochen verwendet. Sie waren aus Ton hergestellt, den man mit zermahlenem Gestein härtete, und wurden vor dem Brennen mit Modellierholz und Untersatz geformt. 1908, als diese Töpfe von einer Hidatsa-Frau namens Hides and Eats eigens für den Sammler angefertigt wurden, konnte niemand mehr die großen dünnwandigen Gefäße herstellen, die vor der Verwendung von Metallgefäßen in Gebrauch waren.

23 Knochenhacke (wie Nr. 14). Der kurze Griff wurde für die späteren Eisenhacken übernommen, um der üblichen Handhabung durch die Hidatsa-Frauen entgegenzukommen.

24 Schöpflöffel aus dem Horn eines Bergschafes.

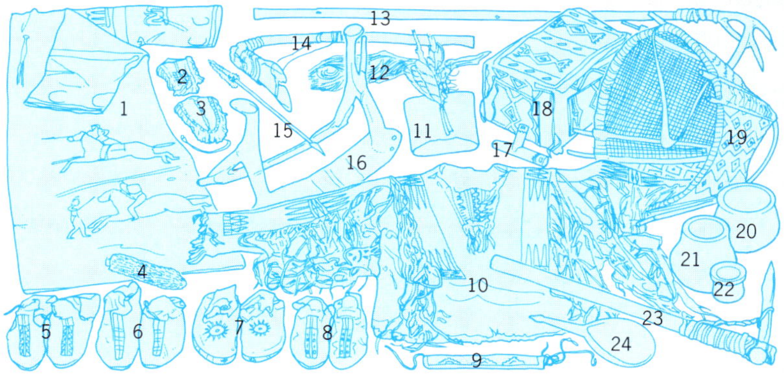

dert Gefolgsleuten nach Kanada. Am 7. Mai 1877 greift Miles westlich des Tongue River das Miniconjou-Dorf von Lame Deer an; bei der Einnahme werden die Häuptlinge Iron Star und Lame Deer getötet. Im Mai 1877 ergibt sich Crazy Horse in der Red-Cloud-Indianeragentur[19]. Fort Robinson (Nebraska), 7. September 1877: Crazy Horse widersetzt sich seiner Verhaftung und wird von einem Wachposten mit dem Bajonett niedergestochen: „Mein Vater, ich bin schwer verletzt. Sag dem Volk, daß es keinen Sinn mehr hat, sich weiter auf mich zu verlassen" (Vestal 1948, 272). Im Januar 1879 brechen Dull Knifes Cheyenne, die durch Hunger unterwürfig gemacht werden sollen, aus ihren Baracken in Fort Robinson aus; 64 werden getötet, 50 verwundet[20].

Es gibt kaum Zweifel, daß in dieser Zeit Sitting Bull den Inbegriff des freien, unabhängigen Plains-Indianers verkörperte. Die Zukunft hielt auf seinem Weg allerdings besondere Schwierigkeiten bereit, da das Wild auf den kanadischen Plains selten wurde; so überquerten nach und nach hunderte Lakota die Grenze der Vereinigten Staaten, um sich ihren Freunden und Verwandten in den Reservationen anzuschließen. 1881 hatte Sitting Bull keine zweihundert Anhänger mehr. Schließlich, am 20. Juli 1881, ritt er an der Spitze seines kleinen Trupps in Fort Buford (Dakota-Territorium) ein und ergab sich: „Die endgültige Aufgabe der geliebten Freiheit war für seinen Stolz ein harter Schlag. Er war ein gebrochener Mann" (Vestal 1957, 232).

Rechts: *Medizinhütte, die mit dem Medizinbündel des „Bison"-Bundes der Arikara assoziiert war, 1908. Hier sind Mitglieder der Medizinbrüderschaft zu sehen, die gerade dabei sind einzutreten; ihnen folgen die Schamanen des „Bison"-Bundes. Das Zeremoniell verband das rituelle Herbeirufen der Büffel und Erntedankriten mit Heilfunktionen.*

Zwei Jahre lang wurde Sitting Bull als Kriegsgefangener behandelt, bevor er 1883 zu seinem Volk in die Standing-Rock-Reservation zurückkehrte. Die Zeichen versprachen nichts Gutes...Seine Rückkehr fiel mit der letzten großen indianischen Büffeljagd zusammen. Die riesigen Herden waren für immer verschwunden.

Durch den nicht abreißenden Zustrom von Siedlern und den Bau der Eisenbahnen wuchs der Druck auf die Indianer. Immer häufiger wurde die Große Sioux-Reservation als ein lästiges Hindernis für jede weitere Westexpansion angesehen. Die Siedler „forderten, daß die Indianer den Weg freigeben sollten" (Utley 1963, 42). 1889, nach langem Hin und Her und fragwürdigen Versprechungen von seiten der Regierung, wurden per Federstrich riesige Gebiete der Reservation abgetrennt, wogegen Sitting Bull erbitterten Protest einlegte[21]. Der Winter 1889/90 brachte die Vorboten epidemischer Krankheiten, und die brutale Wirklichkeit des Reservatslebens wurde schlagartig und erschreckend offenbar: die politische Organisation der Lakota war zertrümmert, ihre religiösen Zeremonien wurden unterdrückt, die jägerische Wirtschaftsweise gehörte der Vergangenheit an, und jetzt wurden ihnen sogar die Kinder weggenommen und in ferne Schulen gesteckt, wo sie die Lebensweise des weißen Mannes lernen sollten. So wurden die alten Werte allesamt bedeutungslos, hinfällig die Grundbedingungen für Selbstverwirklichung und Glückserfüllung. Die Lakota hatten einen Zustand der Anomie [Zusammenbruch der soziokulturellen Ordnung, Anm.d.Übs.] erreicht. Wovokas Botschaft von einer kommenden Neuen Welt war einfach und klar. Der Sohn Gottes werde den

Links: *Black Fox, ein Arikara-Krieger. Die Grizzlybärkrallen an seinem großartigen Halsband sind an einem Kragen aus Fischotterfell befestigt. Die turbanartige Kopfbedeckung ist gleichermaßen aus Fischotterfell und wird von drei Steinadlerfedern gekrönt, die zweifellos außerordentliche Kampftaten repräsentieren.*

weißen Mann für das Unrecht, das er den Indianern zugefügt hat, bestrafen, er werde die Weißen von der Erdoberfläche tilgen, die Toten würden wieder lebendig werden, Büffel und andere Tiere zurückkehren. „Tanzt vier Nächte in Folge … ihr dürft niemanden verletzen … wenn die Erde bebt [beim Kommen der neuen Welt], fürchtet euch nicht. Es wird euch nichts geschehen“ (Mooney 1896, 781).

„They swore that this Messiah came to them in visions sleep
And promised to restore their game and Buffalo a heap“
(Sie glaubten fest, es wäre ihr Messias, der im Schlaf zu ihnen kam
Und die Wiederkunft der großen Herden für sich in Anspruch nahm)

Nach dem Geister- oder Geisttanz bebte in der Tat die Erde: kurz donnerten Kanonen und Hotchkiss-Gewehre.

„They claimed the shirt Messiah gave, no bullet could go through.
But when the soldiers fired at them they saw this was not true…
A fight took place, 'twas hand to hand, unwarned by trumpet call,
While the Sioux were dropping man by man – the 7th killed them all“
(Das Hemd des Erlösers sei kugelfest – sagten sie.
Und sahen, wie im Feuer der Soldaten zerschossen ward die Utopie…
Ein Kampf fand statt, Mann gegen Mann, und kein Signal warnt' vor der Falle,
Ein Sioux nach dem andern fiel – die 7. tötete alle.)

(Auszüge aus W.H. Prathers [I. Kompanie, 9. Kavallerie], „The Indian Ghost Dance and War“. In: Ebd., 883)

Am 15. Dezember 1890 stürzt Sitting Bull, von Kugeln in Kopf und Brust getroffen, tot zu Boden. Am 29. Dezember sterben Big Foot und 146 Männer, Frauen und Kinder der Miniconjou Lakota am Wounded Knee[22]. „Habt keine Angst“, hatte Wovoka gesagt. „Es wird euch nichts geschehen.“ Aber der heilige Reifen der Lakota-Nation war zerbrochen, die Bruchstücke waren verstreut, es gab keinen Mittelpunkt mehr, der heilige Baum war gestorben – die Unterwerfung der Plains-Indianer war Wirklichkeit geworden. Wovokas neue Botschaft erklang laut und deutlich. „Meine Kinder, heute rufe ich euch auf, einen neuen Pfad zu beschreiten, den einzigen Weg, der euch noch offensteht – die Straße des Weißen Mannes“ (Smith 1975, 200).

Nachweise:

1 Für Blackfeet-Tipis dieses Typs mochten bei der Herstellung der Zeltdecke, die auf einem Gerüst von etwa zwanzig, über acht Meter langen Pfosten (die der Crow konnten sogar noch länger sein) auflag, bis zu zwanzig Büffelhäute verwertet werden. Siehe Laubin (1957), der die grundlegende Studie über das Tipi der Plains-Indianer geschrieben hat.

2 Das Skalpieren war allerdings nicht unbedingt tödlich. Es sind mehrere Fälle bekannt geworden, wonach Opfer einer Skalpierung die Tortur überstanden haben. Catlin zum Beispiel zeichnete einen Menschen, „der skalpiert worden war und sich von seiner Wunde erholt hatte“ (Catlin 1841, I 240). Die vielleicht bizarrste Episode jedoch betraf den Bremser Edward Thompson, der 1868 auf einem Güterzug der Union Pacific Railroad bei einer Fahrt durch Kansas seinen Dienst tat. Verbündete Cheyenne-, Arapaho- und Lakota-Krieger brachten den Zug zum Entgleisen. Thompson, in die Dunkelheit geschleudert, wurde von einem Schuß niedergestreckt; später berichtete er, daß die Kugel ihn zwar zu Boden geworfen, ihn aber nicht bewußtlos gemacht hatte und daß seine größte Prüfung in dieser Nacht darin bestand, sich tot zu stellen und keinen Laut von sich zu geben, als ein Indianer mit einem sehr stumpfen Messer langsam an seinem Haarschopf herumzusägen begann. Die Rettungsmannschaft fand später den Skalp und steckte ihn in einen Eimer voll Wasser. In Omaha versuchten die Ärzte den Skalp wieder anzunähen, aber ohne Erfolg (siehe Taylor 1975, 93 und Dodge 1876, 400, in: ebd. 1980, 23).

3 Dies wurde dem Forschungsreisenden David Thompson 1787 berichtet. Es bezieht sich auf eine Episode in Saukamappees Jugend und trug sich um 1730 zu.

4 Wie im Falle der Louisiana-Stämme beachte man auch hier die Betonung jener Glaubensvorstellung, daß der Geist oder die Seele eines skalpierten Menschen „etwas in und aus menschlichem Haar war“ – eine Auffassung, die auch unter den Sioux herrschte (Hassrick 1964, 84).

5 Fort Benton hieß zunächst Fort Clay und sollte an die Stelle von Fort McKenzie (1844 aufgegeben) und später auch Lewis (im Frühjahr 1847 aufgegeben) treten. An Weihnachten 1850 wurde es zu Ehren von Senator Thomas Hart Benton aus Missouri, der den Pelzhandel nach Kräften förderte, umbenannt. Das erste Dampfboot erreichte den Stützpunkt ein Jahrzehnt später, am 2. Juli 1860. Bis in die späten 1880er Jahre wurde der Verkehr auf dem Fluß aufrechterhalten; dann übernahm die neue Eisenbahn den größten Teil des Frachtguts. Der Missouri war zwar bis St. Louis schiffbar, mußte aber ständig ausgebaggert und von Baumstümpfen befreit werden.

6 Genau genommen lag der Verhandlungsort für diesen wichtigen Vertrag fast 70 Kilometer den North Platte River abwärts bei Horse Creek im Südosten des heutigen Wyoming.

7 Als Gegenleistung für die Zusage, daß die Auswanderertrecks den Platte aufwärts bis zu den Bergen im Westen vor Überfällen sicher seien, erklärte sich die US-Regierung einverstanden mit „einer jährlichen Zahlung von Gütern im Wert von 50 000 US-Dollar, die im Gebiet von Fort Laramie an die Sioux auszuhändigen seien, und dies für einen Zeitraum von fünfzig Jahren … sollte eine der an diesem Vertrag beteiligten indianischen Nationen eine seiner Bestimmungen verletzen, können die Vereinigten Staaten die im vorhergehenden Artikel erwähnten Jahreszahlungen an die eines solchen Verstoßes schuldige Nation zur Gänze oder zum Teil einbehalten, bis nach Auffassung des Präsidenten der Vereinigten Staaten angemessene Genugtuung geleistet worden ist“ (McCann 1956, 3-4).

8 Der folgende Bericht über diesen tragischen Zusammenstoß beruht auf der exzellenten Forschungsarbeit von Dr. Lloyd E. McCann (1956) von der Butler University, Indianapolis, der Dokumente aus den Ausschüssen des Abgeordnetenhauses und des Senats, eine Schilderung von Man-Afraid-Of-His-Horses, die sich heute im Nationalarchiv befindet, und eine am 24. November 1906 in Pine Ridge (South Dakota) vom Richter E. S. Ricker durchgeführte Befragung Red Clouds auswertete. Sie führt viele der damals herrschenden Geisteshaltungen und Vorurteile vor Augen und gewährt ungewöhnliche Einblicke in Diplomatie und Fairplay auf seiten der überlegt handelnden Anführer der Plains-Indianer. Conquering Bear, der sich als ein Mann außerordentlicher Fähigkeiten und ebensolchen Feinsinns erwies, wurde bei dem Gefecht tödlich verwundet.

9 In einer Legende der Cheyenne wird berichtet, „wie nach einem verhängnisvollen Gefecht mit einem anderen Stamm alle zusammen beschlossen, furchteinflößende Kämpfer zu werden, und auf diese Weise große Männer wurden.“ Der Kriegerbund der Hotam itan iu, der „Hundemänner“, war eine lebendige Erinnerung an diese Legende. Die „Hundesoldaten“, wie sie bei den Weißen hießen, betrachteten sich als die Wachhunde des Cheyenne-Volks (siehe Vestal 1948, 63).

10 Bell und Wylyams hatten Stunden früher an diesem schicksalhaften Tag eine Zusammenarbeit verabredet; einige Fotos, die Bell unterwegs aufgenommen hatte, wollten sie drucken lassen. Später meinte der schockierte Bell: „So mußte ich also meine Negative selbst abziehen und ein Foto von dem armen Kerl machen, wie er dalag; einen Abzug davon schickte ich nach Washington, damit die Behörden sähen, wie ihre Soldaten auf den Plains behandelt wurden“ (Bell 1869, I 54).

11 Heute steht die Stadt Medicine Lodge (Barber County, Kansas) an der Stelle.

12 Dieser bedeutende Stamm aus der Muskogee-Sprachfamilie saß ursprünglich am Mississippi nahe dem heutigen Memphis (Tennessee). Unter dem Druck der Weißen begannen sie zusammen mit den Choctaw bereits 1822 über den Mississippi nach Westen abzuwandern.

13 Indianische Delegationen wurden gewöhnlich gut behandelt und erhielten oft Gelegenheit, ihre Version des Geschehens publik zu machen. Die Zeitungsberichterstattung war meist freundlich, und es wurde auf die Schwierigkeiten hingewiesen, mit denen beide Rassen fertigzuwerden hatten. Die Delegation der Cheyenne, Arapaho und Wichita, die unter Führung des Arapaho-Oberhäuptlings Ohnastie (oder Little Raven) 1871 in den Osten reiste, ist ein typisches Beispiel. Wie es die New York Times vom 1. Juni 1871 ausdrückte: „Ihr wichtigstes Ziel war es, mit dem 'Großen Häuptling der Amerikanischen Nation' zusammenzutreffen und eine klare Grenzziehung für ihre Reservationen zu erreichen.“ Sie „staunten über unsere Städte; so viele Menschen, alle an einem Ort versammelt … unsere Eisenbahnen, Telegraphen usw. verstehen sie nicht. Sie wissen, daß diese Dinge möglich sind, aber sie begreifen nicht, welche Macht dahintersteckt, usw. … in ihrer Sprache haben sie keine Begriffe, um alles verstehen zu können, was sie sehen.“ (Zu weiteren Einzelheiten dieser Reise und auch derjenigen von Red Cloud im Jahr 1872 siehe Taylor 1975, 106-7).

14 Für die Lakota, deren Taktik darin bestand, den Gegner niederzureiten, bevor er zum Nachladen kam, war es allerdings ein teuer bezahlter Sieg. Red Cloud hatte keine Ahnung, daß kurze Zeit vorher neue Springfield-Hinterlader an die Truppen ausgegeben worden waren. Dem tödlichen Feuer fielen mehr als sechzig Indianer zum Opfer, und einhundertundzwanzig wurden verwundet in einer Schlacht, die über vier Stunden dauerte. Für die wenig zahlreichen Plains-Stämme waren derartig hohe Verluste verheerend. Man erwartete von den Anführern, daß sie „wenn möglich keine Männer verloren“ (Pakes 1989, 21; hier auch eine ausgezeichnete Analyse der Kriegsführung der Plains-Indianer).

15 Nach dem Vertrag von Laramie (1868) teilten sich die Lakota in drei Hauptgruppen auf: Reservatsindianer, die von der Regierung völlig abhängig waren; jene, die nur im Winter bei den Agenturen blieben und im Frühjahr ins Powder-River-Gebiet aufbrachen, und schließlich jene, die sich auf Dauer von den Agenturen fern hielten, da sie ein freies Leben in den Yellowstone- und Powder-River-Regionen bevorzugten. Diese dritte Gruppe „wurde von der Armee als das entscheidende Hindernis für ein weißes Vordringen betrachtet“ (Taunton 1977, 7).

16 Crowfoot weigerte sich mitzumachen, was mit ziemlicher Gewißheit auf die gerechte und ehrliche Behandlung zurückzuführen ist, die die kanadischen Plains-Stämme von seiten der 1783 auf Empfehlung von Oberst W. F. Butler gegründeten North-West Mounted Police erfuhren (Butler 1891, 378-9). Sitting Bull und Crowfoot schlossen später Freundschaft, und Sitting Bull sollte seinen Sohn zu Ehren des Blackfeet-Häuptling benennen.

17 Eine detaillierte Analyse der Nachwirkungen dieses historischen Tags findet sich bei Taunton (1986).

18 Dieses spezielle Gefecht wurde von Hauptmann John G. Bourke von der 3. Kavallerie anschaulich dokumentiert. Bis ins kleinste Detail beschreibt er die völlige Vernichtung des Cheyenne-Dorfes (das aus rund zweihundert Tipis bestand) und wie dabei „viele Erzeugnisse des Fleißes und des Geschmacks der Ureinwohner, die in den Museumskabinetten als Glanzstücke gegolten hätten, vom Antlitz der Erde getilgt wurden … Niemals wurden Befehle gründlicher ausgeführt“ (Bourke 1890, 29). Dies Vorgehen sollte von der Armee der Vereinigten Staaten bei der Unterwerfung der Plains-Indianer viele Male praktiziert werden.

19 Offenbar hatten Crazy Horse und Sitting Bull bei zahlreichen Gelegenheiten über eine Kapitulation gesprochen, aber Sitting Bull war der Meinung: „Ich habe noch nicht den Wunsch zu sterben“ (Vestal 1957, 182).

20 Jüngste Untersuchungen durch Angehörige der University of South Dakota und des Dull Knife Memorial College gestatten die von den Cheyenne eingeschlagene Fluchtroute unter neuen Aspekten zu sehen, die die mündliche Überlieferung des Stammes stützen (siehe McDonald, Douglas u.a. 1989: 265-9).

21 Auf diese Gebietsverluste der Großen Sioux-Reservation geht Utley (1963: 40-60) im Detail ein.

22 Unter den Stämmen, die sich der Geistertanz-Bewegung anschlossen, herrschte das allgemeine Empfinden, daß die Oberherrschaft der weißen Rasse bald zu Ende wäre „und eine wunderbare neue Welt heraufziehe, in der jeder ewig leben würde“ (Smith 1975, 74).

Anmerkung des Autors:
Als Hauptquartier und Zufluchtsstätte für Mitglieder des American Indian Movement [radikale Indianerbewegung, Anm. d.Übs.], die versuchten, die Aufmerksamkeit der Öffentlichkeit auf den „Trail of Broken Treaties“ (Weg der gebrochenen Verträge) zu lenken, wurde im Februar 1972 eine kleine katholische Kirche in Wounded Knee zum Schauplatz von Wounded Knee II – ein Aufschrei, geboren aus der Verzweiflung und dem Ende der Geduld über die Vergeudung von Menschenleben, wie sie in den Reservationen beinahe ein Jahrhundert lang zum Alltag gehörte. Jetzt, mehr als hundert Jahre nach dem Tod von Big Foot und seinen 146 Lakota, kann Wounded Knee II als Wendepunkt in der Erneuerung und Wiederherstellung der Lakota-Kultur und ihrer Wertbegriffe gesehen werden. Die Grundlagen der alten Glaubensvorstellungen fassen aufs neue Wurzeln.

„Ich begrub ihn im Tal der sich schlängelnden Wasser. Ich liebe dieses Land mehr als den Rest der Welt."
JOSEPH VON DEN NEZ PERCÉ

PLATEAUS UND HOCHBECKEN

Die Plateau-Region erstreckt sich vom mittleren British Columbia südwärts über die Grenze der Vereinigten Staaten, umfaßt das östliche Oregon und Washington, den größten Teil der Nordhälfte von Idaho und zieht sich auf beiden Seiten der kontinentalen Wasserscheide bis ins nordwestliche Montana hinein. Sie wird durchzogen von Flüssen mit sprechenden Namen wie Clearwater, Boulder, Salmon, Beaverhead und Cascade und von Gebirgsketten wie den Blue und Bitterroot Mountains, die das Columbia Plateau einsäumen. Durch diese für die Region typische geographische Einheit fließt der mächtige Columbia River, der zusammen mit dem Fraser im Norden die Lebensader des Landes und seiner Bevölkerung ist. Das ganze Gebiet von gut einer halben Million Quadratkilometern Fläche ist von großer landschaftlicher Vielfalt und Schönheit: hier finden sich bewaldete Berge, tiefe Täler und Schluchten, klare reißende Flüsse, weite Wiesengründe und im Süden, am Nordrand des Great Basin, vom Wind gepeitschte Ebenen und Wüstenregionen mit Sagebrush-Dickichten und Felsen.

Die Flüsse sind reich an Fischen, besonders Lachsen, die vom Pazifik stromaufwärts bis in die Nebenflüsse des Fraser und Columbia schwimmen; auch Stör, Neunauge, Amerikanischer Weißfisch und Forelle sind überreichlich. Die klaren, kalten Gewässer mit ihrem hohen Sauerstoffgehalt sind verglichen mit den wärmeren und oft trüben Flüssen der Großen Plains voller Leben. In der regionalen Fauna war der Büffel eher selten, während Elch, Hirsch und Dickhornschaf sowie Fischotter und Biber überall vorkamen.

Zwei größere Sprachgruppen waren in der Plateau-Region vorherrschend: im Norden, im Inneren des heutigen British Columbia, saßen die salish-sprachigen Shuswap, Lillooet, Thompson und Okanagan, jenseits der Grenze im heutigen Washington und Idaho die Kalispel, Coeur d'Alêne, Spokane, Colville, Sanpoil und Flathead. Das zentrale Columbia Plateau war die Heimat der sahaptin-sprachigen Klikitat, Yakima, Umatilla, Walla Walla, Palus, Nez Percé und Cayuse. Auch weitere Sprachfamilien waren vertreten, so die Kutenai im Nordosten, die eine eigenständige Sprache sprachen, deren entfernte Verwandtschaft mit dem Algonkin erst neuerdings nachgewiesen wurde, und im Westen die Chinook am unteren Columbia, die kulturell allerdings eher mit den Stämmen an der Pazifikküste in Verbindung zu bringen wären. In diesen Zusammenhang gehört die Entstehung der gleichnamigen Mischsprache, des sogenannten Chinook, das zunächst von den Indianern der Columbia-River-Region als Handelssprache benutzt wurde, sich in dieser Funktion aber bis zur Pazifikküste durchsetzte und schließlich von Kalifornien bis Alaska verbreitet war.

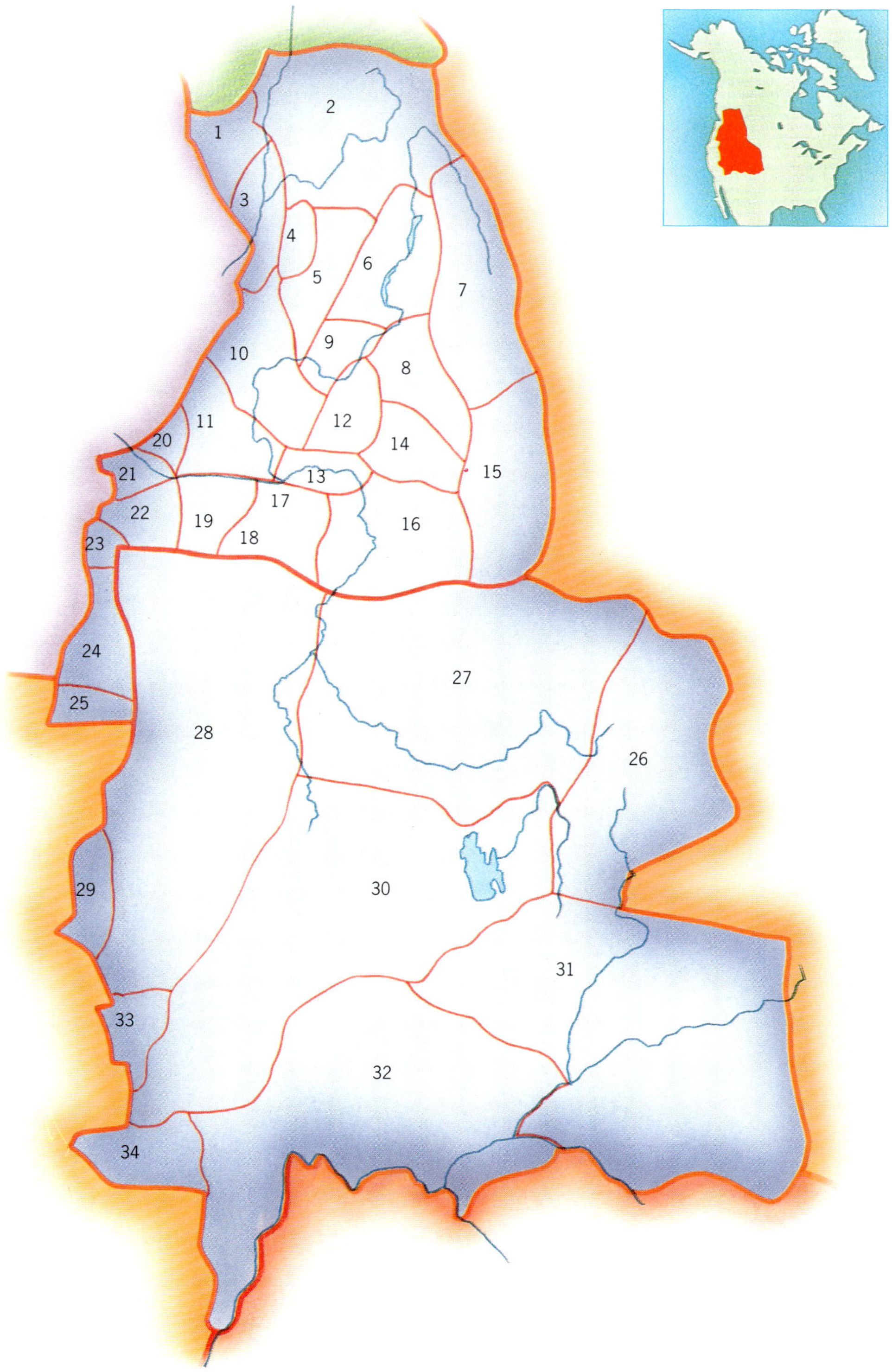

Diese Karte zeigt annähernd die territorialen Verläufe der Stämme und Sprachgruppen um 1850 (und etwas früher, was den West- und Ostrand des Great Basin angeht). Danach verloren alle Stämme Land und einige wanderten in andere Gebiete ab.

Stammesschlüssel:
PLATEAU

1 Lillooet
2 Shuswap
3 Thompson
4 Nicola
5 Okanagan
6 Lakes
7 Kutenai
8 Kalispel
9 Sanpoil
10 Columbia Salish
11 Yakima
12 Spokane
13 Palus
14 Coeur d'Alêne
15 Flathead
16 Nez Percé
17 Walla Walla
18 Cayuse
19 Umatilla
20 Klikitat
21 Wishram
22 Tenino
23 Molala
24 Klamath
25 Modoc

BASIN (HOCHBECKEN)
26 Östliche Shoshoni
27 Nördliche Shoshoni und Bannock
28 Nördliche Paiute
29 Washoe
30 Westliche Shoshoni
31 Ute
32 Südliche Paiute
33 Owens Valley Paiute
34 Kawaiisu

Sammelwirtschaft und Jagd waren für die Bevölkerung der Plateau-Region zwar nicht unwichtig, doch subsistentiell hingen sie in erster Linie vom Lachs ab, den man speerte, angelte, in Netzen oder Reusen fing; für letztere Methode baute man quer über den Fluß- oder Bachlauf Wehre aus Weidenruten und Flußsteinen. Mächtige Lachse wurden in großen Mengen von eigens dafür errichteten Plattformen, die über das Wasser hinausragten, oder von Felsenvorsprüngen gespeert. Die Plattformen wurden meist über den Wehren konstruiert, die die Fische in ihrer Fortbewegung behinderten. Ein großartiges Bild des kanadischen Künstlers Paul Kane veranschaulicht auf überaus lebendige Weise die verschiedenen Fischfangmethoden, die die Spokane am Columbia River nahe den Kettle Falls im Nordosten des heutigen US-Bundesstaats Washington anwandten. 1846, als die Skizzen entstanden, die dem späteren Gemälde als Vorlage dienten, schätzten die Indianer diese reiche Gegend zweifellos sehr; bedauerlicherweise verloren sie sie 125 Jahre später, als der Grand-Coulee-Damm über den Columbia gebaut wurde, dessen Stausee (wie es auch bei einer Reihe anderer gestauter Flüsse in den Vereinigten Staaten der Fall war) diese Stätte vormaligen indianischen Lebens für immer überflutet hat.

Die von Kane abgebildeten Speere, die mit einem von den weiter südlich beheimateten Nez Percé verwendeten Typ identisch waren, bestanden aus einem etwa 2,5 Meter langen Schaft, an dem ein dreizinkiger Fischrechen angebracht war. Jede Zinke war aus biegsamen Holz (beispielsweise Zürgelbaum [Hackberry: nordamerikanische Sträucher und Bäume der Gattung Celtis; Anm.d.Übs.]) und wurde mit knöchernen Nadeln durchbohrt, deren Spitzen ein- und schaftwärts gerichtet waren. Dieser Fischspeer wurde nicht geworfen, sondern senkrecht ins Wasser gestoßen, wobei die gespreizten Zinken die Treffsicherheit vergrößerten; damit wurde vor allem nachts gefischt, wenn das Licht von Pechfackeln die Lachse anlockte. Ein anderer Speertyp, mit abnehmbarer Spitze, wurde ebenfalls von den Nez Percé benutzt; die Speerspitze war hier aus einem schweren Knochenstück gefertigt (das man aus dem dicksten Teil des Beinknochens eines Elchs herausschnitt) und steckte in einer Tülle aus Holunderholz. Das Ganze wurde fest zusammengebunden und etwa 30 Zentimeter unterhalb der Speerspitze am Schaft befestigt. Sobald der Lachs gespeert wurde, löste sich die Spitze vom Schaft; mit Hilfe einer zusätzlich angebrachten, zopfartig geflochtenen Schnur konnte der Fisch nunmehr eingeholt werden. Ein Gutteil der erbeuteten Fische wurde frisch gegessen, die meisten jedoch wurden für den Winterbedarf auf Gestellen getrocknet und geräuchert.

Die Nez Percé kamen wie so viele andere Plateau-Stämme zum großen Dalles-Jahrestreffen am Columbia, das jeden Herbst an jener Stelle stattfand, wo der Fluß durch die Kette der Cascade Mountains bricht[1]. Aus verschiedenen ökologischen und historischen Gründen wurde The Dalles zu einem der wichtigsten Handelszentren, an dem es bereits den ganzen Sommer hindurch lebhaft zuging; doch erst im Herbst erreichte die Geschäftigkeit ihren Höhepunkt. In der Nachbarschaft von The Dalles lebten die Wishram und Wasco, die Chinook-Dialekte sprachen und als Verbindungsleute zwischen den Plateau- und den Küstenstämmen bekannt waren; sie gewährten vielen Gruppen Gastfreundschaft, die während der Handelstreffen im Herbst in ihre Dörfer kamen.

Um zu erhalten, was sie brauchten, spezialisierten sich einzelne Stämme auf die Herstellung oder den Erwerb von Materialien, die sie beim Dalles-Treffen wohlweißlich gut losschlagen konnten. So brachten die Nez Percé, die ihre Jagdgebiete zum Teil weit im Osten auf den Plains von Montana und Wyoming hatten, Bisonroben mit, während die Klamath auf die süßen und nahrhaften Camas-Knollen [Auch camash oder quamash (im Chinook-Jargon kamass, mit dem Nootka-Wort chamas, „süß", verwandt), ein Liliengewächs der im Westen der USA verbreiteten Gattung Camassia, insbesondere Camassia quamash; Anm. d.Übs.], eine weithin geschätzte Nahrung, spezialisiert waren; die Wishram und Wasco brachten Dentalium- und andere Schnecken- und Muschelschalen von der Pazifikküste mit. Obwohl das Jahrestreffen lange vor dem ersten Kontakt mit Weißen eine feste Einrichtung gewesen zu sein scheint, so ist nach den Forschungsreisenden Lewis und Clark, die The Dalles im Januar 1806 besuchten, „der Umstand, daß Weiße sich beteiligen, die Seele des Handels" (Lewis und Clark 1893, II 787). Über solche Kontakte gelangten die Plateau-Stämme in den Besitz von einigermaßen altertümlichen „britischen und amerikanischen Musketen, Pulver, Kugeln und Schrot, Kupfer- und Messingkesseln, Teekesseln aus Messing und Kaffeetöpfen, Decken ... scharlachrotem und blauem Tuch ... Messingdraht [und] Messern" (Ebd., 788). Natürlich wurde die Plateau-Bevölkerung von europäischen Waren immer abhängiger, bis diese Güter schließlich keine Luxusartikel mehr waren, sondern lebenswichtig.

Die Behausungen der Plateau-Indianer unterschieden sich in der Machart und in der Hervorhebung bestimmter Elemente. Wenigstens vier charakteristische Typen sind erkennbar. So benutzten die nördlichen Plateau-Stämme wie die Shuswap, Thompson und Okanagan traditionsgemäß halbversenkte Erdhäuser, die – bei einem Durchmesser von etwa vier Metern – von einer oder zwei Familien bewohnt wurden. Man grub den trockenen Sandboden bis zu einer Tiefe von etwa zwei Metern aus. (Die Größe der Häuser konnte jedoch beträchtlich variieren.) Über die Grube wurden Stangen gelegt und bis zu zehn Zentimeter dick mit Gras und Erdreich bedeckt. Der Eingang war im allgemeinen, aber nicht immer, ein Einstieg: Man stieg durch ein Loch im Dach einfach eine Leiter hinab. Ähnliche Konstruktionen wurden weiter südlich bei den Nez Percé überwiegend von Frauen vor und nach der Geburt und während der Menstruationsphase benutzt; Jungen von etwa 14 Jahren hatten kleinere Erdhäuser als Schwitzhütten.

Oben: *Berittener Nez-Percé-Krieger. Er trägt eine Adlerfedern-Kriegshaube im Plains-Stil. Das große Tipi hinter ihm ist aus Segeltuch. Es ist nicht an den Boden angeschmiegt, was auf ein nur zeitweiliges Lager schließen läßt.*

Eine bevorzugte Art der Behausung vieler Plateau-Stämme winters wie sommers war jedoch das kegelförmige Zelt. Es bestand aus einem Grundgerüst von drei Pfählen, um das herum sieben bis neun weitere Stangen aufgebaut wurden. Als Zeltdecke dienten aus den Blättern von Katzenschwanz (Typha latifolia [Cattail: Rohrkolbenart; Anm.d.Übs.]) und Tule (Scirpus lacustris [Binsenart, Anm.d.Übs.]) geflochtene Matten. Solche Zelte sahen aus wie Plains-Tipis, waren jedoch im Durchschnitt etwas kleiner. Als Winterbehausungen wurden die Zelte mit zwei bis vier Mattenlagen bedeckt und meist bis zu sechzig Zentimeter tief in den Boden versenkt: die ausgegrabene Erde häufte man ringsum auf. Gelegentlich konnten solche Behausungen sehr groß werden. Lewis und Clark erschien ein alter kreisförmiger Hausring berichtenswert, dessen Durchmesser etwa zehn Meter betrug, dessen Randaufschüttung einen Meter hoch war und der in der Mitte über einen Meter tief ausgehoben war.

Es gab auch Gemeinschaftslanghäuser: Wenn Lewis und Clark ihren Besuch bei Neeshnepahkeook oder Cut-nose, einem Nez-Percé-Häuptling, beschreiben, erwähnen sie, daß das ganze Dorf aus zwei großen Häusern bestand, die von etwa 38 Familien bewohnt wurden. „in einiger Entfernung von uns sind zwei Chopunnish-Häuser, von denen das eine acht Familien beherbergt, während das andere, das bei weitem das größte ist, das wir je gesehen haben, von mindestens dreißig Familien bewohnt wird. Es ist eher eine Art Schuppen und wie alle anderen Hütten aus Stroh und Matten in der Form eines Hausdaches errichtet, 156 Fuß |= 14,5 Meter| lang und ungefähr 15 Fuß |= 4,5 Meter| breit, an den Enden verschlossen, mit Türen auf beiden Seiten. Der riesige Innenraum ist ohne Unterteilungen, aber die Familienfeuer brennen im Abstand von etwa zehn Fuß |= 3 Meter| in einer Reihe in der Mitte des Baus" (Ebd., II 988-9). Durch die senkrechten Stützpfosten dieser Häuser wurden die Firstbalken einige Zentimeter auseinander geschoben, so daß sich auf die ganze Länge des Hauses eine Öffnung ergab, die als Rauchabzug diente[2]. Schräg an die horizontalen Firstbalken wurden, quasi als Dachsparren, Stangen angelehnt und darauf nach Schindelart lange Matten befestigt; gegen das untere Mattenende, das in der Regel durch eine Umhüllung aus getrocknetem Gras vor Fäulnis bewahrt wurde, häufte man Erde auf. Die Matten wurden sorgfältig ausgesucht. Die aus Katzenschwanzblättern geflochtenen waren einfacher gefertigt als die aus Tule-Blättern, sie hielten dem Regen nicht sonderlich stand, weshalb man die exponierteren Flächen mit Tule-Matten abdeckte. Beide Mattentypen waren ungefähr gleich groß und maßen 1,2 x 3 Meter. Als Schutzmaßnahme gegen den Wind lehnte man oft weitere Stangen gegen das Mattendach, und wenn es kalt war, wurden besonders bei kleineren Behausungen die Innenwände mit Häuten ausgekleidet.

Die Okanagan und andere nördliche Stämme hatten ein ähnliches Langhaus, es war jedoch, glaubt man einem Beobachter, nur als vorübergehende Herberge bei Versammlungen und an Fischplätzen vorgesehen. Wenn mehrere Gemeinschaften ihr Lager nebeneinander aufschlugen, wurde dieser Haustyp bevorzugt, da, um eine gleiche Zahl von Menschen unterzubringen, weniger Matten erforderlich waren als für die konischen Zelte. Wahrscheinlich beschrieben Lewis und Clark daher ein temporäres Lager der Nez Percé. Dies stimmt mit der Beobachtung von Mylie Lawyer überein, daß das Langhaus (das sie Lah-pit-ahl Ain-neet nannte) immer dann beliebt war, wenn große Menschenmengen zusammenströmten – als „ein Sammelplatz zur Abhaltung sozialer, religiöser und Kriegszeremonien" (Gespräch mit dem Verf., Lapwai 1969).

Als mit der Einführung des Pferdes ihre Mobilität wuchs, unternahmen die Stämme auf der Ostseite der Plateau-Region – Pend d'Oreilles, Flathead, Colville und auch einige Nez-Percé-Banden – Streifzüge ins Büffelland der Plains. Sie tauschten Büffelhaut-Tipis ein, die die mattenbedeckten konischen Zelte nach und nach ersetzten, erwiesen sie sich doch für Jagd- und Handelsunternehmungen als viel geeigneter.

Vor der Einführung des Pferdes im frühen 18. Jahrhundert besiedelten kleine unabhängige Banden die Plateau-Region, die sich meist an den Ufern der vielen, für dieses Gebiet so charakteristischen Flüsse und Ströme oder nicht weit davon niederließen. Aufgrund ihrer ökologischen Anpassung hatten sie eine spezifische Lebensweise entwickelt (wozu es zweifellos mehrerer Jahrtausende bedurfte), die durch extensive Nahrungsverwertung (Fisch vor allem), weite Reisen, gegenseitige Abhängigkeit, Handelsverbindungen und, in geringerem Maße, den Krieg als umfassende kulturelle Komponente gekennzeichnet war.

Zu den großen Handelstreffen an Plätzen wie The Dalles, Kettle Falls und Celilo Falls reiste man meistens in Booten, wobei gefährliche Stromschnellen wie die des Upper Clearwater über Portagen bewältigt wurden. Die Form der Kanus variierte. Stämme des

Oben: *Tum-se-ne-ho oder The Man Without Blood, ein Spokane-Häuptling, gemalt von Paul Kane* (1847). *Er trägt eine Kombination aus Bogenfutteral und Köcher sowie einen zweiten Bogen, was bei den Spokane üblich war.*

Nordens wie die Shuswap, Thompson und Okanagan benutzten den spitzbugigen „Störnasen"-Typ aus Zedernrinde; der gleiche Typ (wie er auch auf Kanes Zeichnung zu sehen ist, rechts) war aber auch bei den südlicheren Coeur d'Alêne und Kutenai in Gebrauch. Gelegentlich baute man auch Flöße, indem man Tule-Dachmatten zusammenrollte, die Bündel zusammenband und an beiden Enden wie Kanus zuspitzte. Stämme im östlichen Teil der Plateau-Region wie die Kalispel und Pend d'Oreilles waren als ausgezeichnete Bootsbauer weithin bekannt; der Form nach ähnelten ihre Fahrzeuge denen der nördlichen Salish-Stämme, unterschieden sich aber darin von ihnen, daß sie gerade abgeschnittene Bootsenden aufwiesen. Teit hat dies auf irokesischen Einfluß zurückzuführen versucht. Irokesen im Dienst der Pelzhändler „stellten auf dem Flathead-See Rindenkanus vom östlichen oder irokesischen Typ her" (Teit 1930, 350).

Die Nez Percé (südlich der Pend d'Oreilles in den Tälern des Clearwater) scheinen den einfachen Einbaum bevorzugt zu haben: hergestellt aus einem einzigen Stamm, der mit Hilfe von Feuer ausgehöhlt wurde. Er wurde entweder mit Paddeln oder Stangen vorwärtsbewegt und war zwischen fünf und dreizehn Metern lang. Welche Bedeutung die Flußreisen für die Nez Percé einst gehabt haben dürften, geht aus dem Namen hervor, den ihnen die Crow gaben: A-pu-pe, was so viel wie „paddeln" bedeutet. Doch schon 1806 waren Kanus in den von Lewis und Clark aufgesuchten Nez-Percé-Lagern selten, und einige große Dörfer waren „völlig ohne Kanus" (Spinden 1908, 223). Mittlerweile, so scheint es, war das Pferd zum wesentlichen Fortbewegungsmittel geworden; es brachte wie bei den Plains-Indianern für alle Völker der Plateau-Region große kulturelle Veränderungen mit sich. Lewis und Clark waren stark beeindruckt von der Zahl der Pferde, die sich im Besitz jener Stämme befanden, mit denen sie auf ihren Erkundungen in der Plateau-Region Kontakt hatten. Verglichen mit den Plains-Indianern der Zeit, war ihr Reichtum an Pferden enorm. Die Forscher berichteten, daß bei den Nez Percé der individuelle Besitz von fünfzig bis hundert Pferden nichts besonderes war, und vierzig Jahre später hörte man von bis zu 1500 Pferden im Besitz einzelner Familienverbände bei den Cayuse und Nez Percé, wohingegen Angaben aus dem Jahr 1805 über die Crow – die unter den nordwestlichen Plains-Stämmen als die wohlhabendsten galten – von sieben Pferden je Tipi sprechen und 1830 von fünfzehn die Rede ist (Ewers 1955, 25).

Den Traditionen der Flathead und Nez Percé zufolge waren es die Shoshoni, von denen sie ihre ersten Pferde bezogen. Die Shoshoni ihrerseits sagten, sie hätten sie von ihren Verwandten, den Comanche, erhalten, die schon 1705 Überfälle auf die pferdereichen spanischen Siedlungen im heutigen New Mexico unternahmen. Der sich in der Folgezeit entwickelnde Pferdehandel verlief demnach über eine komplizierte Route: Ausgehend von Orten wie Santa Fe, führte er

Unten: *Eine Studie der Kutenai-Indianer am Columbia River von Paul Kane zeigt genau das typische „Störnasen"-Kanu und die von den Plateau-Gruppen traditionsgemäß verwendeten temporären Behausungen.*

wahrscheinlich westlich der kontinentalen Wasserscheide nach Norden zum Snake River und zum Shoshoni-Treffpunkt und von dort ins Gebiet der Nez Percé, Flathead, Pend d'Oreilles, Kutenai und Kalispel. Traditionen des letztgenannten Stammes – typisch für viele – erzählen vom ersten Erscheinen des Tieres: „Einige Leute sahen die Pferdespuren, wo das Tier über eine Strecke Sandes gelaufen war. Sie holten andere herbei und diskutierten darüber, von welchem Tier die Spuren, die ihnen alle fremd waren, wohl stammen mochten. Einige meinten, es könne ein Pferd gewesen sein – sie hatten bereits davon gehört. Andere Leute weiter unten sahen den Mann auf dem galoppierenden Pferd näherkommen. Es fiel ihnen auf, daß er rauchte und daß er sich durchaus wohl zu fühlen schien. Sie sahen, wie er in den Fluß ritt und diesen auf dem Pferderücken überquerte. Dann scharten sie sich um das Tier und untersuchten es mit großer Neugier" (Teit 1930, 352).

Eine amüsante Geschichte von den Okanagan bezieht sich auf die ersten Versuche, diese seltsame Kreatur zu reiten. Anscheinend hatte man am meisten Angst davor, herunterzufallen! „Das erste Pferd [, das wir] erstanden, war sehr sanftmütig. Der erste, der es bestieg, ritt es mit Hilfe zweier langer Stöcke, einen in jeder Hand, um das Gleichgewicht zu halten. Ein zweiter Mann führte das Pferd langsam vorwärts, und der Reiter bewegte die Stöcke einmal dahin und einmal dorthin (wie man es auch mit Spazierstöcken macht), während sie so dahinschritten" (Ebd., 250).

Die Plateau-Region war zu einem großen Teil bestes Pferdeland, wobei die natürlichen Schranken das Tier daran hinderten, zu weit abzuwandern, und auch eventuelle Diebe fernhielten, während die wasserreichen Täler wie das Wallowa und das Grande Ronde Valley[3] nahrhaftes Futter bereithielten und Schutz vor dem Winter boten. Das Pferd paßte ausgezeichnet in die traditionellen saisonalen Wanderbewegungen der Plateau-Indianer. Durch sorgfältige und selektive Zucht bauten Stämme wie die Nez Percé und ihre engen Verwandten, die Cayuse, riesige Pferdeherden auf. Indem sie die weniger tüchtigen Hengste durch Kastration ausschalteten, erreichten die Nez Percé bei ihren Pferden eine überlegene Schnelligkeit und Ausdauer, wofür sie zurecht berühmt wurden. Zu den charakteristischsten Tieren zählte das traditionelle Streitroß, bekannt unter dem Namen Appaloosa.

Es war Meriwether Lewis, der 1806 den ersten definitiven Hinweis auf den höchstwahrscheinlichen Ahnvater des Appaloosa gab, als er einige Nez-Percé-Pferde beschrieb, deren Kennzeichen große weiße, unregelmäßig verstreute Flecken waren, vermischt mit Dunkelbraun und anderen dunklen Farbtönen. Später, im Jahr 1820, beobachtete Alexander Ross von der Hudson's Bay Company, daß die Nez Percé eine Vorliebe für völlig weiße Pferde hatten, die sie für den Krieg „mit einer Vielfalt hieroglyphischer Zeichen" bemalten: „Kopf und Hals waren mit rotgelben Streifen gescheckt; die Mähne war schwarz gefärbt, der Schwanz rot, zu einem Knoten zusammengelegt und kurzgebunden ... Reiter und Pferd waren so mit roter, gelber und blauer Farbe beschmiert, daß niemand zu sagen vermochte, was die natürliche Farbe des einen wie des anderen war" (Ross 1855, 307). Zu der Zeit waren nach den Schimmeln die gefleckten und die schwarzweißen Tiere am gefragtesten, zwei- bis dreimal soviel wert als andere Pferde. Sie waren mehr als nur schön bemalt, in der Regel größer und schwerer als die durchschnittliche Plateau-Rasse, sicher auf den Beinen und von großer Ausdauer; so paßten sie gut in die abwechslungsreiche Plateau-Landschaft, für stark bewaldetes und gebirgiges Terrain gleichermaßen gut geeignet. Zwar ist der Name Appaloosa unauslöschlich mit den Nez Percé verknüpft, doch ist es möglich, daß sich das Wort von den Palus herleitet, einem mit den Nez Percé und Cayuse eng assoziierten Stamm. Die Cayuse waren für die Zucht einer besonderen Ponyrasse bekannt.

Die Eingliederung des Pferdes in die Plateau-Kultur – wohl im ersten Viertel des 18. Jahrhunderts – veränderte die Art des Reisens beträchtlich, was zu verstärktem Kontakt mit weiter entfernten Stämmen auf den Plains im Osten, insbesondere den Blackfeet und den Crow, führte. Ferner kam es zur Ausweitung der schon lange bestehenden saisonalen Aktivitäten, vor allem was den Umfang des Handels anging, der aufgrund der schnelleren und leichteren Transportmöglichkeiten für große Quantitäten von Gütern stark ausgebaut wurde; nicht überraschend wurde das Pferd selbst zu einem hochgeschätzten Handelsartikel.

Anders als auf den Plains waren in der Plateau-Region weder der Hund noch das Schleppgerüst als Transportmittel sonderlich beliebt. Die Plateau-Stämme entwickelten sich zu geschickten Reitern, übernahmen jedoch zusammen mit den Pferden den größten Teil der von ihnen benutzten Ausrüstung wie Pack- und Reitsättel, Zaumzeug, Sattelgurte, Reitpeitschen und Lassos von den Shoshoni. Sobald die Plateau-Völker allerdings ihre eigenen Pferdeausrüstungen herstellten, zeigten sich einige spezifische Züge. Gewöhnlich waren die Männersättel (wie die der Plains-Indianer) Kissensättel und die vier Sattelecken mit Borsten- oder Perlenapplikationen verziert; Frauensättel andererseits besaßen einen hohen Knauf, der an der Vorderseite im allgemeinen mit einem Haken oder Dorn versehen war, und eine hohe Hinter-

Unten: *Die Kettle Falls des Columbia River (gemalt von Paul Kane, 1847) waren die höchsten Fälle des Flusses und bei den Spokane, Colville und Walla Walla der Umgegend der beliebteste Platz zum Lachsfischen.*

pausche, von der dreieckige Lappen herabhingen, die mit Handelsstoff und Perlen prächtig geschmückt waren. Die Steigbügel wurden aus gebogenem Holz gefertigt und mit Rohleder überzogen; die der Flathead-, Pend d'Oreilles- und Nez-Percé-Frauen waren wegen der perlenbesetzten Gehänge an der Unterseite besonders auffällig. Auch breite Schwanzriemen und Kummete wurden benutzt, letztere mit reich verzierten Lappen behängt, die denen an den Steigbügeln ähnelten. Diese gefällige Pferdeausstattung fand sich auch bei den Crow und wird insbesondere mit diesem Stamm in Verbindung gebracht (Wildschut 1959). Doch ist nicht ausgeschlossen, daß sie sich den Stil bei den Plateau-Völkern abgeschaut haben, von wo aus er sich bis zu seinen Wurzeln in den spanischen Niederlassungen von New Mexico und Texas zurückverfolgen läßt. Der presbyterianische Missionar Henry H. Spalding stellte fest, daß die Sättel der Nez-Percé-Frauen, „wenn wir von der Bequemlichkeit der Frauen ausgehen, verglichen mit unseren Damensätteln, eine Verbesserung" darstellten und daß sie stets eine Decke oder Robe benutzten, „die über den Sattel geworfen wurde und so die untere Hälfte der Person verhüllte ... meiner Meinung nach nicht nur die sittsamere, sondern auch die natürlichere und bequemere Art zu reiten" (Fletcher 1930, 3).

Mit dem Erwerb des Pferdes begannen Stämme wie die Coeur d'Alêne, Spokane und Nez Percé Abstecher in die Plains zu machen, um Büffel zu jagen und Handel zu treiben. Die Handelsgüter, die den Weg von Osten nach Westen nahmen, waren hauptsächlich Catlinit und Pfeifen aus diesem Material, Kleidungsstücke, Bisonhäute und -roben. Zwar stellten Plains- und Plateau-Stämme mehr oder weniger die gleichen Sachen her, doch wurden Qualitätsartikel sehr hoch bewertet, weshalb auch anerkannt wurde, daß die eine Gruppe in der Herstellung bestimmter Produkte geschickter war als die andere. Beispielsweise waren die Plateau-Bewohner, obwohl sie selber Federhauben anfertigten, der Ansicht, daß die schönsten von den Sioux kämen[4]. Weicher gegerbt als alle anderen und mit perlen- oder borstenverzierten Bändern geschmückt waren Crow-Roben überall gesucht. „Oft zahlte man ein Pferd und zusätzlich ein gutgemachtes Lederhemd für eine Robe der besten Art" (Teit 1930, 114). Quillwork aus Stachelschweinborsten, perlen- und borstenverzierte Pfeifenbeutel, Mokassins und Falttaschen, alles Dinge, die die Plateau-Stämme von den Plains-Gruppen haben wollten, wurden nicht nur in großen Mengen, sondern auch in qualitätsvollen Einzelstücken hergestellt. Der Handel wirkte sich tiefgreifend auf ihren Kleidungsstil aus, vor allem was die zeremoniellen und repräsentativen Gewänder anging.

Zwar wurde der Pferdehandel aus der Plateau-Region in die Plains in größerem Maßstab betrieben – gelegentlich wurden sogar die seltenen Appaloosas getauscht (Ewers 1955, 217) -, doch gab es daneben noch eine Reihe anderer Artikel, die die Plains-Indianer haben wollten: Lachsöl, Pemmikan, Beeren- und Camas-Kuchen, Hanf und Hanfgarn, Muschelschalen, bestimmte Arten von Perlen, Pfeifen aus grünem Speckstein, Adlerschwanzfedern, Hörner von Dickhornschafen, Löffel aus Horn und gewebte Taschen. Einer der begehrtesten Artikel war jedoch der perfektionierte Bogen, der in der Plateau-Region gebaut wurde und den die Plains-Stämme ihrem eigenen für weit überlegen hielten. Zu den allerbesten gehörten die aus den Hörnern der Dickhornschafe gefertigten, was eine besondere Kunst der Nez Percé war.

Die traditionelle Kleidung in der Plateau-Region bestand aus weichgegerbter und meist enthaarter Antilopen-, Elch- oder Hirschhaut. Die Männer trugen Mokassins mit weicher Sohle, Leggings, Schurz, Hemd und eine Robe, die Frauen Mokassins, wadenlange Leggings, ein langes Kleid und eine Robe darüber. Das Frauenkleid der Coeur d'Alêne war dem der Nez Percé sehr ähnlich. Für das Kleid waren zwei Hirschhäute vonnöten, eine dritte wurde zur Formgebung, zum Säumen und Befransen verarbeitet. „An der Außenseite des Kleides wurden die Oberteile der Häute eingeschlagen, so daß sich vorne und hinten eine Art falscher Passe ergab, die entweder vollständig an das Kleid angenäht oder stellenweise mit Lederriemen angeheftet wurde. Die Ränder des Einschlags wurden oft mit Gehängen und Quasten versehen. Das Haar des Schwanzstücks wurde bahnenweise geschnitten, das Schwanzende meist, aber nicht immer gestutzt. Die Ärmel ließ man meist an der Unterseite offen, manchmal wurden sie aber auch an ein paar Stellen mit Lederriemen zusammengeheftet oder verschnürt. Unterhalb der Taille zogen sich gewöhnlich drei Reihen von eingezogenen Fransen oder Riemen um den Rock. Einzelne Reihen wurden auch auf der Vorder- und Rückseite des Kleides unter der Passe angebracht, aber nur selten ... Häufig war das ganze Paßstück oder der untere Teil mit Perlen- oder Borstenapplikationen geschmückt, die in ihrer Setzung den Konturen des Paßsaums folgten, oder das Kleid war direkt unterhalb der Passe mit Perlen besetzt ... Die meisten Kleider reichten bis zu den Knöcheln hinab. ... Einige wiesen quer über die Brust und den Rücken mehrere Borstenreihen auf, und bei vielen war der Paßsaum langbefranst" (Teit 1930, 70). Auch die Leggings bestanden aus gegerbten Häuten, sie reichten bis ans Knie und hatten außen in der Regel Fransen. Die meisten waren seitlich zu öffnen, wurden um das Bein gewickelt und dann verschnürt, wobei ein Schnürriemen oberhalb der Wade ein Verrutschen der Leggings verhindern sollte. Der untere Teil war oft überreichlich mit Perlen besetzt, und ein schmaleres Perlenband zog sich an der Außenseite empor.

Teit hat fünf Mokassin-Typen identifiziert, die von den Coeur d'Alêne und benachbarten Stämmen getragen wurden (Ebd., 72). Beim beliebtesten und herkömmlichsten Typ der Plateau-Region waren Sohle und Oberteil aus einem Stück Hirschleder genäht, wobei die Hauptnaht, auf der Innenseite bei der großen Zehe ansetzend und einige Zentimeter hinter der Fersennaht endend, außen um die Sohle herumlief. Nahe der Fersennahtbasis befestigte man zusätzliche Wildlederstreifen, die es erlaubten, die Mokassins problemlos auszuziehen, und um das Oberteil wurde ein einzelnes Fellstück geschlagen und angenäht, wodurch eine Art Lasche entstand, die in den Legging gesteckt oder an ihm festgemacht werden konnte. Der weichbesohlte

Unten: *Kutenai-Indianer, wahrscheinlich ca. 1900. Die Frau hat eine für die Plateau-Region typische Babytrage auf dem Rücken, deren rundes Oberteil mit Perlenarbeiten verziert ist – in einer Verbindung aus geometrischen und Blumenmustern.*

Oben: *Flathead-Knaben in Tanzkleidung, ca. 1900. Einer (links) in einer perlenbesetzten ärmellosen Weste mit Schild auf dem Rücken, die anderen mit einem Kopfschmuck aus hochgebürsteten Pferde- und Stachelschweingrannen – Plains-Stil.*

Sommermokassin paßte sich dem Fuß gut an, Wintermokassins hingegen saßen lockerer und wurden nicht selten aus gegerbten Häuten – von Hirsch, Antilope oder Büffel – gefertigt, bei denen man das Haar an der Innenseite beließ.

Nach lang anhaltendem, weitreichendem Kontakt mit den Plains-Stämmen gewann gegen Ende des 19. Jahrhunderts vor allem bei den östlicheren Plateau-Gruppen wie den Kutenai, Flathead und Nez Percé ein zweiteiliger rohlederbesohlter Mokassin zunehmend an Beliebtheit und verdrängte schließlich den alten Weichsohlentyp fast vollständig. Lewis und Clark verglichen die Kleidung der Nez Percé mit der der Shoshoni und gaben zu bedenken, ob die generellen Übereinstimmungen in der Kleidung nicht nur für die Plateau-Region, sondern auch für das Große Becken Geltung hätten. Bei näherer Analyse ergeben sich jedoch beträchtliche Unterschiede. So kam Wissler bei seinen Untersuchungen über die Frauenkleidung der Nez Percé zu dem Schluß, daß es „für den Umriß der Passe und den unteren Rockteil mehrere festgelegte Schnittmuster gab. Innerhalb des Stammes allerdings wird sehr wenig variiert" (Wissler 1915, 65).

Zwei besonders exquisite Frauenkleider, die ziemlich sicher von den Nez Percé stammen und wahrscheinlich zu den ältesten erhaltenen Stücken dieses Volkes gehören, wurden von Henry H. Spalding erworben, der sie 1846 an seinen Bruder in Oberlin, Ohio,

Unten: *Frau und Mädchen der Flathead, ca. 1900. Die Frau hat am Sattelknauf eine Babytrage befestigt; beide verwenden Zaumzeug mit Metallgebiß (Handelsware). Die prächtige Aufmachung der Pferde ist typisch für die Region.*

Thompson

Die salish-sprachigen Thompson-Indianer leben in einem zerklüfteten Gebiet östlich des Küstengebirges von British Columbia. Als 1858 und 1859 die ersten Weißen auftauchten, bewohnten sie zahlreiche Dörfer an den Flüssen Thompson, Fraser und Nicola. Um 1900 waren es noch an die siebzig Dörfer, die in der Einwohnerzahl zwischen zwei oder drei Familien und mehr als hundert Menschen schwankten. Die Winterhäuser waren große, halb unterirdisch angelegte und mit Erde bedeckte Bauten; die Sommerhütten bestanden aus Stangengerüsten, die mit Matten bedeckt wurden. Das Fallenstellen und die Jagd auf Hirsche, kleine Säugetiere und vor allem Vögel spielten eine wichtige Rolle bei der Ernährung, auch die Lachsfischerei. 1900 besorgte man sich die Lebensmittel bereits aus Läden oder aus der Landwirtschaft, denn die Thompson-Indianer bauten mittlerweile Kartoffeln, Bohnen, Mais und Rüben an, züchteten Hühner und Schweine und hielten sich Kühe. Die hier gezeigten Objekte wurden 1897 – 1904 von James A. Teit gesammelt, einem mit einer Thompson-Indianerin verheirateten Weißen, den Franz Boas als Anthropologe ausgebildet und unterstützt hatte.

1 Satteltasche, rotschwarze Stoffapplikation auf befranstem Leder.
2 Spitze eines Biberspeers aus dem Beinknochen eines Hirschs.
3 Ein in Spiralwulsttechnik gefertigter Tragkorb für den Transport von Zedernwurzeln mit einem schuppenartigen Muster, das Kämme wie unter Nr. 17 zu sehen wiedergibt.
4 Von den Mädchen während ihrer Pubertätsseklusion zum Gesichtstrocknen benutzter Wedel aus Zedernrinde.
5 Behälter aus Birkenrinde, mit einem Dekor in rotem Ocker; über Jahre hin zum Beerensammeln etc. verwendet.
6 Tabaksbeutel an Schulterband, aus roter grober Wolle [strouding], mit Seide bestickt, vom „Oktopus-Typ" (wegen der acht Zipfel).
7 Ein Paar Wildledermokassins, von einem jungen Mann getragen, seidenbestickt, mit Blumen- und Pferdekopfmotiven.
8 Dechsel, u.a. beim Kanubau benutzt, aus dem Holz der Nordamerikanischen Felsenbirne [Juneberry oder service berry: kleinwüchsige Bäume und Sträucher der Gattung Amelanchier, besonders Amelanchier canadensis, mit weißen Blüten und eßbaren roten oder purpurroten Beeren; Anm.d.Übs.]; offen-

sichtlich die Rekonstruktion eines aufgegebenen Typs, wobei ein Stein wiederverwendet wurde, der vormals zum Klopfen von Häuten gedient hatte.

9 Aus Binsen gefertigte Hirschfigur; nach dem Tod eines Menschen schoß man vier Nächte lang mit einem Spezialbogen auf dieses Ziel.
10 Holzlöffel.
11 Rassel aus Hirschhufen.
12 Modellkopf, der die Gesichtsbemalung und Haartracht eines Kriegers veranschaulichen soll.
13 Modellkopf, der die Gesichtsbemalung und Haartracht einer Frau veranschaulichen soll.
14 Wie ein Packsattel geformter Reitsattel; Querstreben eines Geweihs, umflochtener Sattelgurt und Steigbügelhalter; mit Hirschfellumhüllung.
15 Tabaksbeutel aus Kitz- oder Rehfell, perlenbesetzt und befranst; unter den Gürtel bzw. die Schärpe gesteckt oder am Arm getragen.
16 Wildlederne Frauenkappe mit Perl- und Knopfverzierung; der Typ war nach 1885 veraltet.
17 Hölzerner Kamm.
18 Knochenflöte, von Knaben und Mädchen bei der Pubertätszeremonie verwendet.
19 Socke aus gezwirntem Gras, im Mokassin getragen.
20 Wildlederner Beutel, mit aufgesticktem Seidenfadendekor.
21 Pinzette aus Horn zum Entfernen von Barthaaren; das eingekerbte Motiv stellt einen Schmetterling dar.
22 Perlenbesetzter Tabaksbeutel von Nawissatken, einem Häuptling der Nicola-River-Bande.
23 Tabaksbeutel („Oktopus"-Typ) an Schärpe, mit Perlen und Knöpfen der Hudson's Bay Company verziert (Motive: wilde Blumen und Blätter). Von Neakyapamuxoa käuflich erworben.

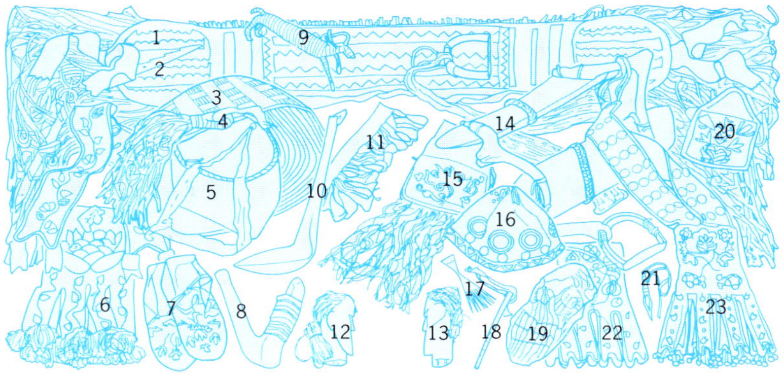

schickte. Jedes Kleid hatte, so Spalding, den Wert von drei Pferden[5]; die Dentaliumschalen, mit denen das eine verziert war, beschrieb er als „sehr wertvoll …" Einmal entfernte „ein Mann aus der Nachbarschaft" die Muschelschalen „von einem einzelnen Kleid und brachte sie in die Berge, wo er sie in kleinen Päckchen zu je 1600 Dollar verkaufte. Eine junge Dame (eine Rote) in einem dieser Kleider, auf einem mit Sattel und Schwanzriemen gut ausgestattetem feurigen Pferd, gibt eine prächtige Erscheinung ab." Spaldings Beschreibung geht im folgenden auf Gegenstände ein, die für die Ausstaffierung der Nez Percé absolut typisch waren: zu einer Zeit, als man noch die ihrer Funktionalität wie ihrem dekorativen Wert nach effektivsten natürlichen Materialien verwendete. Die Elchzähne auf dem anderen Kleid und die Wiege, die er gleichfalls an seinen Bruder schickte, waren, wie er erklärte, von einem „Elchbock, zwei von einem Tier, nach und vor einem gewissen Alter"[6]. Er erwähnt die aus Fasern gewobenen Taschen, für die die Nez Percé zu Recht berühmt sind: „Die Taschen werden aus dem Hanf des Landes hergestellt und zum Packen von Wurzeln etc. verwendet" (Fletcher 1930, 3). Solche Taschen waren begehrte Handelsware; bei den älteren Typen war das Kett- und Schußmaterial aus „Indianerhanf" (Apocynum cannabinum |Indian hemp: hanfartiges Hundsgift Nordamerikas mit zähen Fasern; Anm. d.Übs.|), für die falsche Stickerei verwendete man „Bärengras" (Xerophyllum tenax |Bear grass, auch sour grass (Sauergras) genannt: nordamerikanisches Gewächs mit steifen, grashalmähnlichen Blättern; Anm. d.Übs.|); zusammengenommen ergab dies, in sanften natürlichen Farben eingefärbt, auf der Taschenoberfläche gefällige Muster[7]. Die Nez-Percé-Frauen trugen einen flachen Hut ohne Krempe (schon 1806 von Lewis und Clark erwähnt |Lewis und Clark 1893, III 1017|), der in ähnlichem Verfahren wie die Taschen geflochten war; man hat ihn als die höchstentwickelte Form der Textilkunst der Nez Percé und als „ihr fröhlichstes Kleidungsstück" (Spinden 1908, 220) beschrieben.

Die Plateau-Kultur wurde durch die Adaption des Pferdes und die ausgiebigen Kontakte, die sich daraus in der Folge mit den Plains-Stämmen im Osten ergaben, grundlegend beeinflußt, doch blieben die Stammesgebiete weitgehend intakt, und kriegerische Auseinandersetzungen zwischen den Plateau-Stämmen waren minimal. Das läßt sich von den Streifzügen in die Plains weniger behaupten. Beinahe hundert Jahre lang befanden sich die meisten Plateau-Stämme im Kriegszustand mit den Blackfeet und Crow (auch wenn es Zeiten eines unsicheren Waffenstillstands gab). Insbesondere die Kutenai, Flathead und einige

Links: *Oscar Mark oder The Little Vessel, ca. 1870, ein Wasco-Indianer aus Warm Springs, Oregon. Er trägt ein durchlöchertes und gefranstes Wildlederhemd mit einem breiten, mit Ponyperlen besetzten Schulterband.*

Unten: *Cayuse-Häuptling, bei den Weißen als David Young bekannt, ca. 1900. Man beachte die kunstvolle Pferdemaske mit Martingal |Sprungriemen|. Young trägt einen spektakulären Hörnerkopfputz und ein mit Hermelinfransen besetztes Hemd.*

Gruppen der Nördlichen Shoshoni sahen in den Blackfeet und Crow Eindringlinge in die westlichen Plains, eine Region, die ihnen selbst jahrhundertelang als Büffeljagdgebiet zur Verfügung gestanden hatte. Überlieferungen, die Wissler und Teit[8] zu Anfang des 20. Jahrhunderts bei den Blackfeet und Plateau-Stämmen sammelten, bestätigen die Berichte des Forschers David Thompson, der, in der Gegend des heutigen Calgary (Alberta) unterwegs, die Feststellung machte: „Alle diese Ebenen, die heute die Jagdgründe der oben genannten Indianer (Blackfeet) sind, gehörten früher in ihrem nördlichen Teil ganz und gar den Kootenaes; daran anschließend den Saleesh und ihren Verbündeten und ganz im Süden den Schlangenindianern" (Henry und Thompson 1897, 330)[9].

Mit Gewehren bewaffnet, die sie von den Cree weiter östlich erwarben, zwangen die Blackfeet die Kutenai, Flathead und Shoshoni zur Aufgabe ihrer früheren Jagdgründe; einige von den Banden, die ehemals östlich der Rockies gelebt hatten, wurden nahezu ausgelöscht, andere zogen sich ins Plateau-Gebiet zurück. Die Shoshoni wurden so stark dezimiert, daß ein halbes Jahrhundert später „auf den nordwestlichen Plains nördlich des Yellowstone [keine mehr] gesehen wurden" (Teit 1930, 126). Diese niederschmetternde Erfahrung hatte auf Dauer positive Auswirkungen: sie stärkte in hohem Maße das Ethos der gegenseitigen Abhängigkeit, das so sehr ein Teil der Plateau-Kultur war, und fügte ein neues Element hinzu – die Kultur des Krieges.

Oben: *Eine Cayuse-Frau namens Kupt mit Sohn in einer typischen verschnürten Cayuse-Trage. Deren Reifen konnte hochgezogen werden, um den Kopf des Kindes zu schützen. Kupt trägt einen geflochtenen Hut und eine perlenbesetzte Schärpe.*

Die Flathead luden die Coeur d'Alêne und andere salish-sprachige Stämme ein, sich ihnen als Partner anzuschließen, wenn sie ihre früheren Jagdgründe auf den Plains aufsuchten. Die Folge war, daß sich die Stämme – Plateau gegen Plains – auf breiter Front kriegerisch gegenübertraten. Wegen der ständigen Kämpfe, die die Plains-Gruppen untereinander ausfochten (etwa Crow und Blackfeet), waren sie in dieser Hinsicht die schwächeren. Kriegszüge über die Berge waren daher relativ üblich, und Trupps der Coeur d'Alêne, Spokane, Kalispel, Pend d'Oreilles und Nez Percé jagten in einem Gebiet, das mittlerweile von den Blackfeet und Crow beansprucht wurde. Es begann in der Regel mit einem Treffen bei den Flathead; dann zogen drei oder mehr größere Gruppen, die unterwegs Kontakt zueinander hielten, in die Plains. Die schlimmsten Gegner waren die Blackfeet, doch selbst mit ihnen gingen die Plateau-Stämme, wenn es angebracht schien, eine Waffenruhe ein, damit für einige Tage Tauschhandel möglich war.

Es wurden jedoch auch dauerhafte Freundschaften geschlossen, vor allem von seiten der Nez Percé, deren Banden gewöhnlich auf dem Lolo Trail[10] über die Rocky Mountains ins heutige Montana und Wyoming zogen, wo sie mit einem westlichen Zweig der Absaroka – den Mountain Crow – Tauschgeschäfte machten. Schon 1806 wiesen Lewis und Clark auf diese Kontakte hin, auch wenn sie berichteten, daß von den sieben Gruppen der Nez Percé (die sie als Chopunnish bezeichneten) nur zwei bis an den Missouri reisten. In den 1860er Jahren scheinen es kleine Trupps gewesen zu sein wie die von Looking Glass – der in dem Ruf stand, ein großer Wanderer zu sein –, die diese Bande nicht abbrechen ließen.

Die Kontakte führten bei den betreffenden Nez Percé zur Übernahme einer Reihe von Kulturzügen aus den Plains, besonders aus dem Bereich der materiellen Kultur; in der zweiten Hälfte des 19. Jahrhunderts ließ sich somit auch klarer zwischen zwei Gruppierungen der Nez Percé unterscheiden: einer stark von Missionaren beeinflußten, die die hergebrachte Religion und die traditionellen Stammesbräuche und Lebensweise mehr und mehr aufgab, und einer anderen, die sich ihre Unabhängigkeit und kulturelle Wesensart erhalten wollte. Henry Spalding z.B. unterwies die Nez Percé, „ihre Stammestracht abzulegen, bevor sie den Lohn der Erlösung und die Kraft christlichen Geistes empfangen könnten"; folglich wurden viele Dinge der materiellen Kultur „aufgegeben oder vernichtet, zumeist verbrannt" (Shawley 1974, 259)[11]. Spaltungen wurden zunehmend offensichtlicher; so berichtete der Nez-Percé-Agent John Monteith im August 1872: „Der Stamm ist ungefähr zu gleichen Teilen in die Vertrags- und diejenigen, die sich Nicht-Vertrags-Indianer nennen, gespalten. Die Nicht-Vertrags-Fraktion lebt mit wenigen Ausnahmen außerhalb der Reservation am Snake River und seinen Nebenflüssen. Sie bitten nie um Hilfe..." (Brown 1967, 36).

Vom Gesichtspunkt des weißen Mannes war es zwar bequem, die Nez Percé als eine Einheit zu betrachten, doch stand dies völlig im Widerspruch zur traditionellen Sozialorganisation dieses Volks – der Stamm bestand sowohl auf seiten der Vertrags- als auch der Nicht-Vertrags-Fraktion aus einzelnen Banden, die jede ihren eigenen Führer hatte. Ungeachtet dessen, daß Regierungsbeamte Lawyer zum „Oberhäuptling der Nez-Percé-Nation" ernannten, agierten die Banden weitgehend unabhängig (Ebd., 31).

Um die Mitte des 19. Jahrhunderts nahm die weiße Besiedlung auf dem Plateau zu. Der Stevens-Vertrag

Unten: *Edna Kash-Kash, eine Cayuse-Frau, vor ihrem mit Binsenmatten gedeckten Tipi, ca. 1900. Man beachte die schöne Kleidung – ein geflochtener Korbhut, Wildlederkleid und eine mit Perlenstickerei verzierte Decke (Handelsware).*

Oben: *Eine Gruppe Umatilla, ca. 1900. Die Kleidung ist eine Mischung aus traditionellen Plateau-Elementen – federngeschmückte Kopfbänder, Korbhut und Tasche – und Plains-Elementen wie dem Bisonkopfschmuck.*

von 1855, der das Territorium der Nez Percé festlegte, war ein Versuch, künftige Konflikte zu vermeiden. Man kam ohne große Kontroversen zu einer Einigung; der Vertrag wurde von Lawyer unterzeichnet, einem hochangesehenen Anführer und direkten Nachfahren von Häuptling Twisted Hair, der ein halbes Jahrhundert zuvor Lewis und Clark so freundlich willkommen geheißen hatte[12]. 47 andere unterzeichneten gleichfalls; es schien, als hätten die erwarteten Schwierigkeiten eine Lösung gefunden – bedauerlicherweise nicht für lange. Fünf Jahre später, im Jahr 1860, entdeckte ein Händler namens Elias D. Pierce Spuren von Goldablagerungen in der Reservation, und gegen Ende des Jahres hatte Pierce mit 33 angeheuerten Helfern ein Lager errichtet in der Absicht, das Gold im nächsten Frühjahr abzubauen (Ebd., 30).

Da ein weiterer Zustrom von Goldschürfern abzusehen war, versuchte man mit einem neuerlichen Vertrag, die Reservation noch einmal zu verkleinern. Diesesmal kam es jedoch zu keiner Einigung, und die Unteren Nez Percé – zu denen auch Looking Glass' Bande gehörte – weigerten sich zu unterzeichnen und verließen die Verhandlungen. Wieder war es an Lawyer und anderen zu verhandeln, und dieses Mal traten er und die eng mit ihm assoziierten Bandenhäuptlinge das Land gerade jener Unteren Nez Percé ab, die zum größeren Teil der Nicht-Vertrags-Fraktion angehörten – dies schloß das Wallowa Valley mit ein, das traditionelle Heimatland von Tu-eka-kas oder Old Joseph, als der er bei den Weißen bekannt war; auf beiden Seiten wurde starke Anteilnahme und tiefes Bedauern geäußert. Wie der Indianeragent Monteith 1872 feststellte: „Es ist jammerschade, daß das Tal überhaupt zur

Unten: *Eine Umatilla-Frau, die bei den Weißen Nellie Salmon hieß, ca. 1900. Ihr Kleid ist üppig mit Perlenfransen besetzt. Die Maishülsentasche stammt wahrscheinlich von den Nez Percé und die Leggings dürften von den Sioux kommen.*

Besiedlung freigegeben wurde. Es liegt so hoch und ist so kalt, daß nur die robustesten Pflanzen angebaut werden können … Es ist ausgezeichnetes Grasland, und die Viehzucht ist das einzige, was mit Vorteil betrieben werden kann. Im Tal liegt der einzige Fischgrund der Nez Percé, und sie kommen aus allen Himmelsrichtungen dorthin … Wenn es eine Möglichkeit gibt, das Wallowa Valley den Indianern zu erhalten, würde ich dies empfehlen" (Ebd., 38).

Dieser Bericht wurde einige Monate nach dem Tod von Old Joseph geschrieben, der auf seinem Sterbebett seinem Sohn eingeschärft hatte, das Wallowa und das Grande Valley nicht preiszugeben. „Denke stets daran, daß dein Vater sein Land nie verkauft hat" (Brady 1916, 55). Hein-mot Too-ya-la-kekt[13], der Welt besser unter dem Namen Joseph bekannt: „Ich begrub ihn im Tal der sich schlängelnden-Wasser. Ich liebe dieses Land mehr als den Rest der Welt" (Ebd.).

1872 gab es nach Monteith zwar noch keine von Weißen gebaute Häuser im Tal, aber einige seien für „den Herbst" geplant. „…für die außerhalb der Reservation lebenden Indianer wird [dann] das Problem schnell geklärt werden müssen…" (Brown 1967, 38).

1877 beurteilte Major H. Clay Wood, der Adjutant von General Howard[14], die Rechtmäßigkeit des Vertrags von 1863 und kam zu dem Schluß: „Meiner Meinung nach besteht keine Rechtsgrundlage, wonach diejenigen Nez Percé, die den Vertrag von 1863 nicht unterzeichnet haben, durch ihn gebunden sein sollen; und insofern darin der Versuch unternommen wird, ihnen irgendwelche Land- und Siedlungsrechte abzusprechen, sind seine Bestimmungen null und nichtig (Ebd., 37). Dennoch wurde die Lage gespannt, als immer mehr Weiße in das Tal zogen, die sich auf dem Boden des Gesetzes wähnten. Ein Historiker, der sich mit dem sozialen Status der ankommenden Siedler befaßte, kam zu der Schlußfolgerung, daß sich unter ihnen eine ganze Reihe „menschlicher Parasiten, die in unterschiedlichem Maße unerwünscht waren", befand; er zitiert Major Woods maßgebende Untersuchung des Nez-Percé-Problems mit der Feststellung: „Ich könnte Seite um Seite damit füllen, die Zahl und das Ausmaß der gegen die Indianer und ihre Familien begangenen Greuel zu schildern" (Ebd., 44-5).

Als Howard bei einem letzten Beratungstreffen mit Joseph seine ganze militärische Macht demonstrierte, kapitulierte die Nicht-Vertrags-Fraktion schließlich und erklärte sich dazu bereit, das Wallowa und Grande Ronde Valley aufzugeben. Howard in seinem Bericht: „Wir haben alle Nicht-Vertrags-Indianer in die Reservation gebracht, indem wir Gewalt und Überredungskraft anwandten, ohne Blut zu vergießen."

Die unrealistische Frist von dreißig Tagen für ihren vollständigen Abzug vergrößerte die Bestürzung und den tiefen Groll der Nez Percé noch. Der junge Wahlitits, dessen Vater drei Jahre zuvor von einem Weißen ermordet worden war, entschloß sich zur Rache. Wie ein Historiker es formulierte, war „eine spöttische Bemerkung über den Tod von Eagle's Robe das Streichholz, das die Lunte entzündete" (Ebd., 65). Am 13. Juni 1877, einem Mittwoch, tötete Wahlitits mit zwei jungen Gefährten Richard Devine; am Tag darauf brachten sie Henry J. Elfers, Robert Bland und Harry Becktoge um. Den Dreien schlossen sich siebzehn weitere Männer aus White Birds Lager an. Unter dem Einfluß von gestohlenem Schnaps ging das Wüten weiter. Eine genaue Untersuchung beweist eindeutig, daß die prominenten Anführer – Joseph, sein Bruder

Oben: *Eine Yakima-Frau mit Kind, ca. 1900. Das Baby steckt in einer typischen verschnürten Trage mit dem Reifen als Kopfschutz; die Frau trägt eine schöne, schwere Decke, mit ziemlicher Sicherheit ein Handelsstück von weiter westlich.*

Unten: *Joseph Untushs Familie auf der Veranda ihres Hauses, 1923. Obwohl sich die altehrwürdigen Techniken der Fruchtkonservierung geändert haben, haben sich in der Flechtware traditionelle Stile erhalten.*

Ollokot, Looking Glass und Too-hool-hool-zote – an diesen Ereignissen nicht beteiligt waren und daß ihre Bemühungen, die Schuldigen auszuliefern, von skrupellosen weißen Freischaren vereitelt wurden. Wie der Agent Monteith General Howard mitteilte, „gibt es hier in der Tat eine gewisse Schicht, die befürchtet, es werde keinen Krieg gegen die Indianer geben" (Ebd., 66). In weniger als einer Woche waren die Würfel gefallen und ein Krieg mit den nicht vertragsgebundenen Nez Percé war im Gange.

Die ersten größeren Kampfhandlungen im White Bird Canyon am 17. Juni 1877 stifteten Verwirrung in den Reihen von Howards Soldaten unter Hauptmann David Perry, als annähernd siebzig Krieger „einer Marschkolonne von vier Offizieren und neunundneunzig Mann plus zehn oder elf bewaffneten Bürgern eine schnelle und vollständige Niederlage beibrachten. Nicht nur setzte es gehörige Prügel, die Indianer töteten ein Drittel der Kavalleristen und machten an die dreizehn Meilen weit Jagd auf den Rest." Und „in einer heilsamen Demonstration zeigten die Nez Percé nicht nur, daß sie zu kämpfen beabsichtigten, sondern daß sie auch zu kämpfen verstanden, mit Geschick, Mut und Entschlossenheit, wie sie den besten Truppen der Armee Ehre gemacht hätten" (Ebd., 139-40). Von dieser Niederlage ernüchtert, stellte Howard eine fünfhundert Mann starke und von Artillerie unterstützte Truppe auf. Die Jagd auf etwa 250 Nez-Percé-Krieger und ihre Familien – etwa 500 Frauen und Kinder – war im Gange. Sie dauerte fast vier Monate und ging über 2700 Kilometer durch zerklüftetes Gelände, bevor die Nez Percé knappe 65 Kilometer vor ihrem endgültigen Ziel, Sitting Bulls Lagern in Kanada, aufgehalten werden konnten. Zweifelsohne bereute Howard, das Folgende niedergeschrieben zu haben: „Andere Truppen werden so schnell wie möglich nach vorne gebracht ... [Ich brauche] Befehlsgewalt über fünfundzwanzig indianische Scouts ... Glaube, wir werden damit schnell fertig sein", meldete Howard dem Divisionshauptquartier am 15. Juni 1877 (Ebd., 131).

Obwohl Howard Unterstürzung durch die genannten Verstärkungen erhielt, drehten die Nez Percé erneut den Spieß um. Sie umgingen Howards Truppen und stießen ins Tal des Clearwater vor, wo sie sich verschanzten. Dieses Mal jedoch brachte Howard mit vier Kavallerie-, fünf Infanterie- und fünf Artilleriekompanien, insgesamt etwa 440 Mann ohne seinen Stab, und der Feuerkraft seiner Haubitzen nach vierundzwanzigstündiger Belagerung den Nez Percé eine vernichtende Niederkage bei; sie mußten einen Großteil ihres Hab und Guts zurücklassen, und „viele, viele waren verwundet," wie eine ältere Nez-Percé-Frau erzählte. Joseph war zu diesem Zeitpunkt willens, sich zu ergeben, doch waren die Meinungen im Lager der Nez Percé über einen Friedensvertrag geteilt, wobei White Bird, Looking Glass und Too-hool-hool-zote dafür stimmten, ins Büffelland zu ziehen. Indianische Führer, die an einem Aufstand beteiligt waren, liefen, wie Präzedenzfälle zeigten, Gefahr, gehängt zu werden, und da dies eine der größten Ängste der Nez Percé war, weigerten sie sich, den lebensbedrohlichen Verlusten, die sie am Clearwater erlitten hatten, zum Trotz, zu kapitulieren. Sie wählten den Lolo Trail als Fluchtweg und machten sich auf den 240 Kilometer langen Weg durch die Bitterroot Mountains nach Montana. Erschöpft, aber nach wie vor zum Widerstand bereit schlugen sie an den Ufern des Big Hole River im Bitterroot Valley ihr Lager auf. Dort wurden sie im Morgengrauen des 9. August von einer etwa 200 Mann starken Truppe unter dem Kommando von Oberst John Gibbon angegriffen, der auf Befehl von General Howard von Missoula aus vorgerückt war, um den fliehenden Nez Percé den Weg abzuschneiden, da Howard bei der Verfolgung auf dem Lolo Trail weit zurückgeblieben war.

Die Schlacht vom 9. August am Big Hole führte zu einem schrecklichen Massaker, dem an die achtzig Nez Percé zum Opfer fielen, fünfzig davon Frauen und Kinder: „Viele Frauen und Kinder wurden getötet, bevor sie aus ihren Betten gekrochen waren. In einem Zelt waren fünf Kinder. Ein Soldat ging hinein und tötete sie alle" (Ebd., 254). Andrew Garcia berichtete später, was ihm seine Frau In-who-lise, die als Siebzehnjährige Augenzeugin des Geschehens war, von diesem entsetzlichen Tag erzählt hatte: „Wie Hagelkörner flogen die Kugel durch das Zelt [meines Vaters] Gray Eagle und trafen eine von Hoot Owls Frauen in den Kopf; sie war sofort tot. Eine zweite Kugel traf einen von Hoot Owls Söhnen in die Brust, so daß er hinstürzte und liegen blieb. Bei diesem Kugelregen, der durch das Tipi prasselte, und dem Lärm, den die Gewehre der Soldaten machten, bei dem Gebrüll der Krieger und der weißen Männer ... dem Geschrei und Gekreische der Frauen und Kinder ... Dann versuchten [wir] alle auf einmal, aus dem Tipi hinauszukommen ... aber da waren die Soldaten ... Hoot Owl und seine andere Frau und zwei der kleinen Kinder wurden totgeschossen und [mein] Vater erhielt einen Bauchschuß, ... jetzt fiel [meine] Schwester durch den Kopf geschossen tot um..." In-who-lise wurde an der rechten Schulter getroffen und stürzte am Flußufer hin; als sie sich vom ersten Schock erholte, stand ein Soldat über ihr, nach dessen Bein sie griff, um aufzustehen – der überraschte Soldat stieß sie mit dem Gewehrkolben zurück, wobei er sie am Mund traf. Sie trug Verletzungen an den Lippen davon und büßte einige Zähne ein (Garcia 1977, 215).

Oben: *Looking Glass, ein Nez-Percé-Häuptling, hier in einem Crow-Lager,* 1871. *Looking Glass und seine Gruppe von Nez Percé waren mit den Mountain Crow eng befreundet. Er wurde* 1877 *in den Bear Paw Mountains getötet.*

Obwohl der Angriff in der Anfangsphase erfolgreich war, drehte sich das Schlachtenglück unerwarteterweise. Ein Fachmann für die Nez Percé liefert eine dramatische Schilderung dieses Augenblicks: „Bald war an dem einen Ende des Lagers White Bird und am anderen Ende Looking Glass zu hören. Mit Stimmen, die den Kampflärm wie die Klänge eines Hornsignals übertönten, sammelten die beiden Häuptlinge ihre Krieger und drehten, was wie eine Schlappe begonnen hatte, in einen Verzweiflungskampf um" (Brown 1967, 255). Wie es weiterging, nachdem es den Nez Percé gelungen war, ihr Lager zurückzugewinnen, berichtete Gibbon später: „Wenige von uns werden so schnell den Aufschrei aus Kummer, Wut und Entsetzen vergessen, der aus dem etwa vierhundert Meter entfernten Lager zu uns herüberdrang, als die Indianer bei ihrer Rückkehr die massakrierten Krieger, Frauen und Kinder vorfanden" (Ebd., 258). Mehr als vierzig Frauen und Kinder und sechsundzwanzig Krieger waren tot, weitere würden an ihren Wunden sterben – darunter In-who-lises Vater, Gray Eagle, der auf dem Trail begraben wurde[15]. Aber die Nez Percé wollten nicht aufgeben, sie zogen noch 1600 Kilometer weiter. Stationen auf ihrem Weg: Camas Meadow, wo Ollokot am 20. August mit 27 Kriegern Howards Männer hinhielt, indem er ihre Pferde und Mulis in Panik und wilde Flucht versetzte. – Canyon Creek, 13. September, wo Nez-Percé-Scharfschützen vierhundert Soldaten der 7. Kavallerie unter Oberst Samuel Sturgis aufhielten, bis die Frauen und Kinder mit den Pferden entkommen waren[16]. – Eine Ruhepause auf Cow Island, 23. September, wo ein Vorratslager der Armee, das wegen Niedrigwassers des Missouri nicht nach Fort Benton gebracht werden konnte, erbeutet wurde und für dringend benötigten Nachschub sorgte[17].

Verbindungen zu den Plains: Indianerponies (keine Appaloosas)

Cheyenne/Lakota. Die Hörner der Gabelantilope verweisen auf die Schnelligkeit und die Überlebenskräfte eines der unverfälschtesten Plains-Tiere.

Cheyenne. Die Libelle symbolisiert den Wirbelsturm und wird mit dem Gewittergeist assoziiert. Ein schützendes Symbol.

Cheyenne. Das Pony ist mit Motiven bemalt, die erhaltene Wunden symbolisieren, wobei die getroffene Stelle und die Blutung hervorgehoben sind.

Blackfeet. Pony mit der Figur eines Mannes auf der Brust, was dafür steht, daß der Besitzer des Tieres im Kampf einen Mann niedergeritten hat.

Schließlich kam der 30. September, an dem die Nez Percé auf dem Weg in die Bearpaw Mountains am Snake Creek lagerten, nur noch gute sechzig Kilometer von der kanadischen Grenze entfernt. Da sie Howard – von ihnen mittlerweile „General Übermorgen" genannt – und Sturgis vielleicht zwei oder drei Tagesmärsche hinter sich wähnten, fühlten sich die übriggebliebenen Nez Percé sicher: aber das war ein Irrtum.

Am 18. September brach Oberst Nelson Miles mit etwa 350 Mann von Fort Keogh am Yellowstone auf und ritt in nordwestlicher Richtung auf die Bearpaw Mountains zu, wo er am 29. September nur wenige Kilometer vom Snake Creek ankam. Er hatte eine Nachricht von General Howard und Oberst Sturgis erhalten – die fünf Tage zur Übermittlung gebraucht hatte –, wonach die Nez Percé „sie hoffnungslos abgehängt hatten" (Ebd., 378). Am frühen Morgen des 30. September, eines Sonntags, griff Miles im Schutze eines Schneesturms das Lager der Nez Percé an. Seine Truppen wurden auf entmutigende Weise zurückgeworfen – etwa zwanzig Prozent waren kampfunfähig. Wie es Hauptmann Snyder später formulierte: „Unsere heutigen Verluste Hauptmann Hale & Lt. Biddle & 23 U.u.M. [Unteroffiziere und Mannschaften] getötet und 4 Offiziere & 40 Mann verwundet. Die Indianer halten nach wie vor ihre Stellung" (Ebd., 389).

Aber ein Hauptziel war durch den Angriff erreicht worden – die Nez Percé hatten den größten Teil ihrer Pferde verloren.

Unten: *Dieses Pferd wird traditionell mit den Nez Percé verbunden, möglicherweise stammt der Name aber eigentlich von den Palus, einem eng assoziierten Stamm, der für seine Pferdezucht bekannt war. Charakteristisch waren seine Fleckung, große Ausdauer und Trittsicherheit; der Appaloosa war allgemein größer und schwerer als das typische Indianerpony.*

Am nächsten Tag, dem 1. Oktober, versuchte Joseph unter einer Parlamentärflagge mit Oberst Miles zu verhandeln; viele seiner Verwandten, Freunde und Ratsmitglieder waren inzwischen tot oder vermißt, unter ihnen Looking Glass und Josephs Bruder, Ollokot, der am Vortag gefallen war. Nur der trotzige White Bird und Joseph waren als Anführer übrig. Joseph verbrachte die Nacht in Miles' Lager, die Nez Percé hielten ihrerseits Leutnant Jerome als Geisel. Am nächsten Tag kehrten beide Männer in ihre Lager zurück; man war an einem toten Punkt angelangt.

Einem zeitgenössischen Beobachter zufolge – Leutnant Charles Erskine Scott Wood war Howards stellvertretender Flügeladjutant – hatten die Nez Percé ihren Lagerplatz und querverlaufende Schluchten in der nächsten Umgebung teilweise buchstäblich unterhöhlt und unterirdische Behausungen und Verbindungstunnels angelegt[18]. Ihre toten Pferde benutzten

Der Appaloosa

Nez Percé

Maishülsentaschen sind eine bekannte Spezialität der Nez Percé. Es sind dies flache elastische Taschen, die ohne Webstuhl oder Rahmen im Zwirnbindverfahren gefertigt werden. An der Basis bilden Schnüre aus dem Bast von Indianerhanf (Apocynum cannabinum), der durch Reiben an der Hüfte verdreht wird, Kette und Schuß; weniger gut eignet sich die Rinde von Holunder, Weiden oder anderen Bäumen. Beim Dekor handelt es sich um falsche Stickereien: als Teil des Flechtvorgangs wird der Eintrag (Schuß) jedesmal, wenn er vor der Kette vorbeigeführt wird, mit einer Faser umwikkelt. So ist die Außenfläche der Tasche völlig bedeckt, während die Innenseite nur die losen Schnurenden der Falschstickerei zeigt. Diese Dekorschnüre waren ursprünglich aus „Bärengras" oder Raigras gefertigt, aber mit der Einführung des Maises gegen Ende des 19. Jahrhundert wurden die Gräser durch Schnüre ersetzt, die aus den geschmeidigen glatten Innenteilen einer Maishülse gezwirnt waren. Farbige Dekore wurden erreicht, indem man einige der für die Falschstickerei verwendeten Schnüre einfärbte, mit Farben, die man aus Mineralien, Rinden, Gräsern, Beeren, Grünalgen oder anderen Naturstoffen gewann. Die Dessins bestehen aus geometrischen Elementen, die in einem die ganze Oberfläche bedeckenden Muster sich in Reihen und Kolumnen wiederholen, wobei sich die zwei Seiten einer Tasche normalerweise völlig unterscheiden (siehe Nr. 20 unten). Die Taschen benutzte man zum Aufbewahren und Tragen von Wurzeln, Beeren und Haushaltsutensilien. Für die Nez Percé waren sie mindestens seit ihrer Erwähnung durch Lewis und Clark 1805 ein wichtiges Handels- und Exportprodukt. Die Dekors auf den Maishülsentaschen sind völlig anders als die gemalten Motive auf den Parflèches (Falttaschen),

die früher aus Büffelhaut gefertigt wurden und vor allem zur Fleischaufbewahrung dienten. Diese dehnbaren Behälter waren bei den Plains-Stämmen und in der östlichen Plateau- und Basin-Region weithin im Gebrauch. Vor einer Hochzeit mochte bei den Nez Percé die Familie des Bräutigams der Familie der Braut Parflèches übergeben, die Decken, Schals und Kaliko enthielten; die Familie der Braut revanchierte sich dann mit der gleichen Zahl von Maishülsentaschen, die mit getrockneten Wurzeln gefüllt waren. Die Stücke hier sind aus der Sammlung, die von Livingston Farrand 1902 auf der Nez-Percé-Reservation in Idaho zusammengetragen wurde.

1–5 Maishülsentaschen.
6 Frauenleggings, Wildleder mit Perlverzierung.
7–9 Maishülsentaschen.
10–12 Parflèches – gefaltete Rohlederbehälter mit aufgemalten geometrischen Mustern.
13–14 Maishülsentaschen.
15 Parflèche.
16 Parflèche.
17 Kamm.
18–24 Maishülsentaschen.
25 Flache Ledertasche mit Perlenmuster, das den Parflèchebemalungen entspricht.

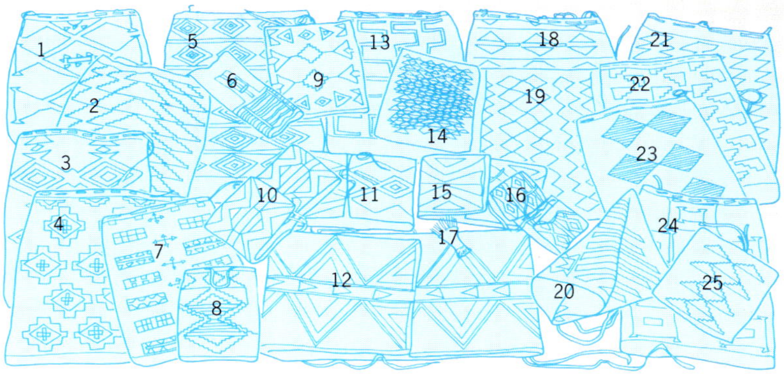

sie als zusätzlichen Schutz und als Nahrungsquelle: „Hier hielten sie stand und lehnten alle Angebote sich zu ergeben ab. Es war, als ob sie sagten: 'Wenn ihr uns haben wollt, kommt uns holen'" (Wood 1884, 141).

Der Verlust ihrer meisten Pferde machte allerdings jede weitere Fluchtmöglichkeit in Richtung der kanadischen Grenze und der Freiheit zunichte[19]. Der Winter war nahe, und das kalte Wetter mit Regen- und Schneefällen machte es beiden Seiten schwer. Am Abend des 4. Oktober, eines Donnerstags, traf Howard mit einer kleinen Eskorte ein, und am nächsten Tag einigte man sich über die Übergabebestimmungen, wobei zwei Vertrags-Indianer, die Töchter in Josephs Lager hatten, eine Botschaft überbrachten. Es gab wenig Raum für Manöver – Howard wies darauf hin, daß sein gesamtes Kommando in höchstens zwei oder drei Tagen hier sein würde. Zusammen mit den Soldaten von Miles ergäbe das eine Streitmacht von mindestens 600 Männern, die gegen nicht mehr als hundert kampffähige Nez-Percé-Krieger antreten würden, die zudem für den Schutz der Frauen und Kinder Verantwortung trugen[20]. Den Indianern wurde gute Behandlung zugesagt, und Joseph fragte, ob seinen Leuten gestattet würde, nach Idaho zurückzukehren. „Dies wurde mit der Einschränkung bejaht, daß von höherer Stelle etwas anderes angeordnet würde" (Ebd.)[21]. Josephs letzte Antwort, der verzweifelten Notlage der Nez Percé Rechnung tragend, bleibt in ihrer Bitterkeit, Eloquenz und Würde für alle Zeiten ein bemerkenswerter Tribut an das Volk, für das er sprach, denn es war das Ende einer Ära:

> „Sagt General Howard, ich kenne sein Herz. Was er mir gesagt hat – ich habe es in meinem Herzen bewahrt. Ich bin des Kämpfens müde. Unsere Häuptlinge sind gefallen. Looking-glass ist tot. Too-hul-hul-suit ist tot. Die alten Männer sind alle tot. Es sind jetzt die jungen Männer, die 'ja' oder 'nein' sagen [d.h. im Rat ihre Stimme abgeben]. Er, der die jungen Männer geführt hat [Josephs Bruder, Ollicut], ist tot. Es ist kalt, und wir haben keine Decken. Die kleinen Kinder erfrieren. Einige meiner Leute sind in die Berge gelaufen, sie haben keine Decken und nichts zu essen. Ich möchte Zeit haben, um meine Kinder zu suchen und zu sehen, wie viele von ihnen ich finden kann; vielleicht finde ich sie unter den Toten. Hört mich an, meine Häuptlinge; mein Herz ist krank und traurig. Vom jetzigen Stand der Sonne an werde ich nie wieder kämpfen!" (Ebd.)

Die Nez Percé „gehören zu den liebenswertesten Menschen, denen wir begegnet sind. Sie sind von ruhigem und sanftem Charakter und lassen sich selten von Leidenschaften hinreißen. ... Die Shoshonees sind nicht nur fröhlich, sondern geradezu ausgelassen; ... im Umgang mit Fremden sind sie freimütig und mitteilsam, in ihren Tauschgeschäften absolut fair, ... [nichts] konnte sie auch nur zu einer einzigen unehrlichen Handlung bewegen"[22].

Obwohl man keinen abrupten Wechsel in der Natur des Landes erlebt, wenn man sich von den Plateaus südwärts in die Region des Great Basin begibt, wird der nachlassende Einfluß der beiden großen Ströme, des Columbia und Fraser, von denen die Plateau-Kultur in solch hohem Maße abhängig war, augenscheinlich. Das Great Basin liegt zwischen den Rocky Mountains im Osten und den Sierra Nevadas im Westen, weist – vor allem im Westen und Süden – nur begrenzte und sehr unterschiedliche Niederschläge auf, mit Flüssen, die das Meer nicht erreichen, und umfaßt den Südteil von Oregon und Idaho, ganz Nevada und Utah und die Westhälfte von Wyoming und Colorado. Die Region wird durch Berge gekennzeichnet, die sich über Ebenen auftürmen, wobei das Terrain ausgesprochen abwechslungsreich ist. In der Mitte und im Südosten der Region, wo der Colorado ungeheure Canyons in die Landschaft gegraben hat, deren steil aufragende Wände farbenprächtige Gesteinsablagerungen präsentieren, überwiegen Saltbush-Gewächse [Saltbush: strauchartige Pflanzen der Familie Chenopodiaceae (Gänsefußgewächse), Anm. d.Übs.] und Sagebrush-Wüsten, während im Norden und Osten in Gebieten, die im Einzugsbereich des Snake und Green River liegen, sich weite Grasflächen von abwechselnder Beschaffenheit hinziehen und in

Links: *Nez-Percé-Junge, der bei den Weißen Joseph Ratunda hieß, ca. 1900. Der Brustschmuck aus Fischotterfell, aufgebürstetes Haarteil und perlenbesetzte Mokassins verraten Plains-Einfluß. Perlendekor im Blumendessin ist Nez-Percé-typisch.*

Unten: *Hein-mot Too-ya-la-kekt, in der Geschichte besser als Häuptling (Chief) Joseph von den Nez Percé bekannt, 1901. Die gesprenkelte Feder in seinem Haar stammt vom Schwanz eines heranwachsenden Steinadlers.*

Nez-Percé-Krieger, 1877

Ein Nez-Percé-Krieger zu Beginn jenes Krieges, der nach einer abenteuerlichen Absetzbewegung in Richtung der kanadischen Grenze unter Führung von Chief Joseph mit der Niederlage gegen die US-Armee ein Ende fand. Der Kopfschmuck besteht aus Pelz, Hermelinschwänzen und geschmückten Bisonhörnern. Das Kriegshemd, das 1876 an die Smithsonian Institution geschickt wurde, ist aus Leder und mit gelbem und rotem Stoff, Stachelschweinborsten und Perlen sowie Pferdehaarquasten und einem Pelzbesatz am unteren Ende dekoriert. Im Kampf benutzt wurden die Büffelhornkappe, die einmal Husis Owyeen gehörte, die knöcherne Kriegsflöte aus dem Besitz von Peopeo Tholekt und der Winchester-Karabiner vom Modell 1866. Die perlenbesetzten Mokassins kamen 1876 ans Smithsonian. Ein schöner Bogen aus dem Horn eines Dickhornschafs (eine Nez-Percé-Besonderheit) wird in einem am Köcher befestigten Bogenfutteral getragen – eine Kombination, die von den Crow übernommen wurde.

Oben: *Tipi und Lager des Shoshoni-Häuptlings Washakie in den Wind River Mountains, Wyoming, 1870. Man beachte die Holzsplinte, mit denen die Zeltdecke an der Vorderseite „verschnürt" ist, und die piktographischen Symbole.*

größerer Höhe vereinzelt lichte Nadelwälder und eine für Hochgebirge typische Pflanzendecke finden.

In diesem riesigen, abwechslungsreichen Gebiet, das annähernd 650 000 Quadratkilometer bedeckt, lebten vorwiegend shoshoni-sprachige Völker[23], deren Territorium sich einmal bis in die nördlichen Plains und südwärts fast bis nach Mexiko erstreckte. Im Nordosten saßen die Shoshoni und Bannock, deren Stammesgebiete sich zeitweise mit denen der Plateau-Nez-Percé und der Flathead überschnitten, im Westen saßen die Paviotso (oder Nördlichen Paiute), während südlich davon die Westlichen Shoshoni, die Paiute und die Ute siedelten. Anders als in der Plateau-Region unterschieden sich diese Stämme stark in ihrer Lebensweise, besonders nach der Adaption des Pferdes durch die weiter östlich sitzenden Shoshoni und Ute; letztere benutzten bereits um 1650 Packpferde, obwohl sie, wie es scheint, noch nicht auf ihnen ritten.

Neueren archäologischen Untersuchungen alter Lagerplätze in den nördlicheren Gebieten des Great Basin – am und westlich des Großen Salzsees (Great Salt Lake) in Utah – verdanken wir bedeutsame Einblicke in die Lebensweise früher Indianer, wie sie wahrscheinlich für einen Gutteil der westlichen und mittleren Becken-Region typisch war. Hier reichte die Variationsbreite der natürlichen Gegebenheiten von Salzsümpfen bis zu Hochgebirgsmatten und der Wohnplätze von großen, gut durchlüfteten Höhlen bis zu kleinen, offenen Lagern. Von besonderem Interesse ist, daß mehr als achtzig Prozent dieser Wohnplätze in Höhen zwischen 1600 und 2300 Metern und nur elf Prozent unter 1600 Metern zu finden sind; aus naheliegenden Gründen mied die indigene Bevölkerung offene Wüstengebiete, da sie keinen Schutz boten und zu heiß und trocken waren. Oberhalb von 2300 Metern war der Wildbestand begrenzt und oft nicht vorhersehbar, und die Winter waren streng. Zweifelsohne gelang es der Bevölkerung des Great Basin mit Erfolg, ein Gleichgewicht zwischen diesen extremen Umweltbedingungen herzustellen und zu behaupten.

Anders als für die Plateau-Region im Norden, wo die natürlichen Ressourcen im allgemeinen einschätzbar waren und eine Subsistenzwirtschaft ermöglichten, in der sich alles um den Tauschhandel zwischen den Stämmen drehte, galt für die Bevölkerung des Great Basin in großem Maße eine Lebensweise, die zu ihrer Charakterisierung als „überragende Generalisten in der Ressourcenausnutzung" (Harper 1986, 51) geführt hat. Wurzeln und Samen waren wesentlicher Nahrungsbestandteil; doch fanden sich überall in der Region verstreut auch Bestände der Gabelantilope, die gemeinsam mit dem häufiger vorkommenden Eselhasen eine wichtige Nahrungsquelle bildete. Die jährlichen Familientreffen im Herbst machten es möglich, diese Tiere auf gemeinsamen Treibjagden zu erbeuten. Im Osten konnten sich die Nördlichen Shoshoni und die Bannock den Luxus erlauben, auf Büffeljagd zu gehen, da die Tiere vor (etwa) 1840 auch westlich der kontinentalen Wasserscheide vorkamen. Danach, als die Büffel hier verschwunden waren, mußten sie sich einmal im Jahr in die Plains-Region aufmachen – ein waghalsiges Unternehmen in einem Gebiet, das von Stämmen beherrscht wurde, die mit Feuerwaffen ausgerüstet waren – oder die harschere Alternative akzeptieren, sich mit den Gegebenheiten des zentralen und westlichen Great Basin zufriedenzugeben, wo Wickiups aus Buschwerk das bequeme Tipi aus Häuten als Obdach ersetzten und eine umfassende Sammelwirtschaft an die Stelle der Jagd trat.

Vor allem um die Mitte des 19. Jahrhunderts, als sie zum erstenmal von Weißen beschrieben wurden, waren diese zentralen und westlichen Shoshoni-Gruppen – deren Siedlungsgebiete im großen und

Unten: *Das Innere eines Shoshoni-Tipi, 1878. Die stehende Frau trägt eine gestreifte Decke aus Witney-Stoff. Das Baby steckt in einer typischen Shoshoni-Kindertrage; im Hintergrund hängen schöne perlenbesetzte Satteltaschen.*

ganzen die Territorien der heutigen Bundesstaaten Utah und Nevada umfaßten – als „Digger Indians" (Grabende Indianer) bekannt, eine geringschätzige Bezeichnung, die vom eifrigen Gebrauch eines spitzen Grabstocks herrührt, mit dem sie Wurzeln und Wildpflanzen aus dem Erdreich stocherten. Diese Gruppen, die abwechselnd als Gosiute, Nördliche Paiute, Panamint, Kawaiisu, Chemehuevi (Südliche Paiute) und Weber Ute[24] bezeichnet wurden, waren locker organisiert, und nach dem jeweiligen Hauptnahrungsmittel gab es z.B. Sonnenblumensamen-, Wurzel-, Kiefernnuß-, Eichhörnchen-, Schaf- und sogar Erd- oder Staubesser. Bemerkenswert anpassungsfähige und praktische Menschen, waren sie Vertreter einer Kultur, die in den Trockengebieten des Great Basin jahrtausendelang Bestand hatte, von der Außenwelt weitgehend abgeschlossen und von den Plateau- oder Plains-Völkern im Norden und Osten wenig beeinflußt. Um zu überleben, lernten sie eine immense Spannbreite an pflanzlichen und tierischen Ressourcen zu nutzen. Zu den wichtigsten Wurzel- und Knollenpflanzen zählten Camas, Amerikanische Lewisie (Lewisia rediviva, eine wasserspeichernde Pflanze der Rocky Mountains; Anm.d.Übs.), Kümmel, Zwiebeln

Oben: *Ein Paiute-Paar, Datum nicht dokumentiert, aber wahrscheinlich vor 1880. Der Mann trägt ein Wildlederhemd mit dekorativen Schulterklappen, die Frau ein Stoffkleid (Handelsware) mit einem reich mit Perlen verzierten Gürtel.*

und „Indianerkartoffeln" (Indian potato: Bezeichnung für verschiedene nordamerikanische Pflanzen mit eßbaren knollenartigen Wurzeln; Anm.d.Übs.). Salatpflanzen waren miner's lettuce (Montia perfoliata, eine wasserhaltige Pflanze der Pazifikküstenregion; Anm. d.Übs.), Wohlriechende Süßdolde (Sweet cicely: Myrrhis odorata, Waldlandpflanze der Gattung Osmorhiza, mit dickfleischigen Wurzeln; Anm.d.Übs.), Veilchen und bestimmte Farnkräuter. In den Vorgebirgs- und Flußuferzonen verbreitete Frucht-, Samen- und Nußpflanzen waren Würgkirschen (Chokecherry: Prunus demissa, wegen ihres bitteren Geschmacks; Anm. d.Übs.), Johannisbeeren, Mahonien (Oregon grapes: Mahonia aquifolium und Mahonia nervosa, zwei Arten kleiner immergrüner Sträucher; Anm.d.Übs.), Blauer Holunder, Amaranthen, Gänsefußgewächse, Sonnenblumen, Eichen und Nußkiefern; die Kiefernnüsse sind gewöhnlich unter dem Namen piñon bekannt und gehörten in einem großen Teil der Region zu den bedeutendsten Nahrungsmitteln, deren Beschaffung im Spätsommer und Frühherbst vor allem im zentralen Great Basin alle Aktivitäten auf sich konzentrierte.

Die komplexe Subsistenztechnologie, die entwikkelt wurde, um die Piñon-Nüsse sowohl eßbar als auch speicherfähig zu machen, begann mit dem Sammeln der grünen Kiefernzapfen mittels Erntestangen und dem Transport der Zapfen in großen kegelförmigen Körben[25]. Die Zapfen wurden danach in Gruben geröstet, wodurch sie sich öffneten, dann auf einen

Unten: *Eine binsengedeckte Behausung der Paiute, wahrscheinlich für den Winter, ca. 1900. Man beachte die Babytrage mit dem breiten abschirmenden Sonnenschutz. Die parallelen Linien auf dem Band weisen auf ein männliches Kind hin.*

Nördliche Paiute

Sprecher des Nördlichen Paiute waren einst in einem hundertundachtzigtausend Quadratkilometer großen Gebiet in Nevada und dem südöstlichen Oregon zu Hause – nicht als ein Stamm, sondern in einer Vielzahl kleiner, halbnomadischer Banden. Die wichtigsten Jagdtiere waren Hirsch und Dickhornschaf, unter den Kleintieren auch Hasen, Murmeltiere und Stachelschweine, und um Enten anzulocken, bedienten sich die Jäger spezieller Vogelmasken. In einigen Gebieten war Fisch eine wesentliche Nahrungsquelle. Wildpflanzen, von denen an die hundertundfünfzig Arten genutzt wurden, bildeten überall die Ernährungsgrundlage. Man sammelte Piñon-Nüsse in Körben und verarbeitete sie darin, und für einige Samenarten hat man spezielle Klopfer benutzt, mit denen die Samen in flache Schalen oder konische Körbe gestreift wurden. Meist wurden sie mittels heißer Steine in einem Korbgefäß zu Brei verkocht. Für die Nördlichen Paiute begann die Reservatszeit in den siebziger Jahren des 19. Jahrhunderts, aber viele weigerten sich, in die zwei oder drei für sie bereitgestellten Gebiete zu ziehen; später richtete man kleinere Reservationen und Siedlungen für sie ein. Die Fallon- und Pyramid-Lake-Reservationen liegen auf ihrem früheren Territorium. Die Regierung förderte die Landwirtschaft in den Reservationen, aber mit wenig Erfolg: Die Böden waren dafür nicht geeignet, und es fehlte an Wasser, insbesondere als Nicht-Indianer damit begannen, Flüsse abzuleiten. Als Robert H. Lowie 1914/15 die hier gezeigten Stücke sammelte, waren viele der für das Sammeln und Verarbeiten von Samen nötigen Techniken und Utensilien noch in Gebrauch; zehn Jahre später hatten sie bereits Seltenheitscharakter. Das einzige, 1914 noch getragene ursprüngliche Kleidungsstück war ein geflochtener Frauenhut.

1 In Zwirnbindung geflochtenes Kindertragbrett, mit Wildlederumhüllung. Pyramid-Lake-Reservation.
2 Säuglingstrage aus Weidenruten in Zwirnbindung. Fallon-Reservation.
3, 4 Lockmasken für die Entenjagd. Entenbalg auf Tulebinsen-Unterlage. Pyramid-Lake-Reservation.
5 In Zwirnbindung geflochtener Wasserkrug, mit Piñonharz wasserdicht gemacht. Pyramid-Lake-Reservation.
6 Frauenkleid, blauer bedruckter Baumwollstoff (Modell). Südliche Paiute, Moapa-River-Reservation, 1915 erworben.
7 Weidenholzspäne zum Korbflechten. Pyramid-Lake-Reservation.
8 In Zwirnbindung geflochtener Samenklopfer. Fallon-Reservation.
9 Umgebogene Gerte zum Rühren von Brei. Pyramid-Lake-Reservation.
10 Steinerner Tabakspfeifenkopf, geraucht mit einem geraden Holzstiel. Fallon-Reservation.
11 Feuerbohrer aus Schilfrohr mit Feuerbock aus Sagebrush-Holz. Fallon-Reservation.
12 Frauenkleid aus bedrucktem Baumwollstoff (Modell). Südliche Paiute, Shivwits-Reservation, Utah, 1915 erworben.
13 Durchbrochen in Zwirnbindung geflochtener Korb für Beeren und Nüsse. Pyramid-Lake-Reservation.
14 In Zwirnbindung geflochtener konischer Erntekorb. Pyramid-Lake-Reservation.
15 Ein Paar Männersandalen, zwirnbindig aus Tulebinsen geflochten (Modell). Fallon-Reservation.
16 Männerhemd aus Stoff (Modell). Südliche Paiute, Moapa-River-Reservation, 1915 erworben.
17 Vier Knochenstücke, zwei davon umwickelt, für ein Mannschaftsratespiel. Pyramid-Lake-Reservation.
18 Ein Set Stöckchen, als Würfel verwendet. Fallon-Reservation.

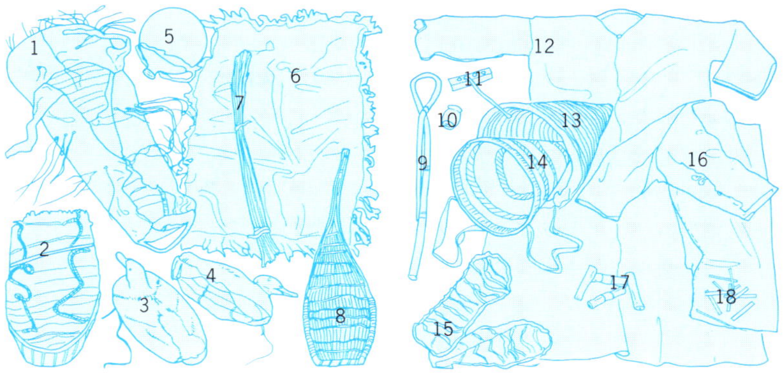

Haufen geworfen und gedroschen, oder man bearbeitete einzelne Zapfen durch leichtes Schlagen, um die Samen freizulegen, die dann in einer flachen Schale leicht gedörrt wurden, was die Samenhülsen spröde und zerbrechlich machte. Durch eine Kombination aus flachem Mahlstein (mit konkaver Oberfläche) und Schälapparat, verbunden mit zusätzlichem Worfeln, wurden schließlich die Samen von den Hülsen getrennt. Nun wurden die Samen ein letztes Mal in flachen Schalen gedörrt und waren jetzt verwendungsfertig: roh oder zu Mehl gemahlen, aus dem man Brei bereitete. Eine andere Möglichkeit war, aus dem Mehl Kuchen zu formen, die dann in der Sonne getrocknet und so in ausgekleideten Erdgruben für den Winter aufgehoben wurden – angesichts der unberechenbaren Natur des Great Basin ein überlebenswichtiger Schritt, haben Untersuchungen doch ergeben, daß „Jahre mit einer guten Nußernte unregelmäßig sind; es gibt keinen genau bestimmbaren Zyklus" (Ebd., 59). Allerdings war die Bevölkerung des Great Basin der Auffassung, daß alle sieben Jahre mit einer Rekordernte zu rechnen war, und hatte damit insofern recht, als jüngere Forschungsergebnisse ergeben haben, daß bereits in einem einzigen Tal die lokalen Umweltfaktoren dafür sorgten, daß es nicht in mehreren Waldgebieten gleichzeitig zur Ernte kam. Zum Piñon-Subsistenzkomplex gehörte ein bestimmtes Zeremonialwesen – Gebete vor der Saison, Tänze bei der Ernte und besondere Danksagungsgebete für die erste Saat. Solche Zeremonien werden immer noch vollzogen, bleiben sie doch „einer der maßgeblichen Züge indianischer Identität" (Fowler 1986, 65).

Unten: *Wovoka, bei den Weißen als Jack Wilson bekannt, ca.1895. Der Paiute-Messias, wie er genannt wurde, begründete die dem Geistertanz zugrundeliegende Lehre: „Ihr dürft nicht kämpfen ... Fügt niemandem Schaden zu ... Tut immer recht."*

Neben den gemeinschaftlich durchgeführten Antilopen- und Hasenjagden gab es auch organisierten Heuschreckenfang. Der erste Priester, der Mitte des 19. Jahrhunderts bei den Westlichen Shoshoni war, Pierre Jean De Smet, berichtet von einer Gegend, in der es vor Heuschrecken nur so wimmelte und die von den lokalen Indianern häufig aufgesucht wurde (wahrscheinlich handelte es sich um Gosiute, die etwa 150 Kilometer westlich des Großen Salzsees lebten). Seine faszinierende Schilderung ist aus erster Hand: „Sie beginnen damit, daß sie ein Loch graben mit einem Durchmesser von zehn oder zwölf Fuß [= 3-3,6m] und einer Tiefe von vier oder fünf Fuß; dann rüsten sie sich mit langen Zweigen aus ... und kreisen ein Feld von vier oder fünf Morgen Fläche ein [= 16-20000 qm], je nachdem, wie viele Personen sich daran beteiligen. Sie stehen in einem Abstand von ungefähr zwanzig Fuß, und ihre ganze Arbeit besteht darin, daß sie auf den Boden schlagen, um die Heuschrecken aufzu-

Oben: *Paiute-Frauen mit dichtgeflochtenen Korbhüten beim Samensammeln, Kaibab-Plateau, ca.1873. Sie tragen große Lastkörbe und in Köper- und Zwirnbindtechnik dichtgeflochtene flache Schalen (meist zum Sichten von Kiefernnüssen).*

Unten: *Drei Paiute-Frauen in traditioneller Sommerkleidung, mit feingeflochtenen Korbkappen und reichlich mit Wildlederfransen besetzten Röcken. Die Frau rechts scheint eine Pelzkappe aus Hasenfell zu tragen.*

scheuchen und dazu zu bringen, vorwärtszuhüpfen. So jagen sie sie allmählich auf die Mitte des Feldes zu – das heißt auf das Loch, das für ihre Aufnahme bestimmt ist. Ihre Zahl ist so beträchtlich, daß häufig drei oder vier Morgen ausreichen, um genügend Heuschrecken zu liefern, die das Reservoir oder Loch füllen" (De Smet 1905, III 1033).

Die Gosiute bewahrten die Heuschrecken auf, indem sie sie zu einer Paste zermanschten und trockneten; war der Bedarf unmittelbarer, bereitete man entweder eine Heuschreckensuppe oder suchte die größten Exemplare aus, um sie am Lagerfeuer zu rösten. Für die weißen Siedler späterer Jahre grenzten solche Myriaden von Heuschrecken an eine Heimsuchung, der einheimischen Bevölkerung galten sie jedoch eindeutig als zusätzliche Nahrungsquelle, in voller Übereinstimmung mit dem zwar so nicht formulierten, aber weithin praktizierten Grundsatz des Great-Basin-Gebiets: Wenn es sich bewegt, kann man es wahrscheinlich essen! In all dem war jedoch ein Element der Bewahrung und der Regulierung enthalten; so gab es beispielsweise ein weitverbreitetes „Tabu" gegen das Töten weiblicher Wildtiere, während sie trächtig waren und sich um ihre Jungen kümmerten, und die Nördlichen Paiute und Shoshoni speerten nur männliche Forellen oder Lachse auf ihren Wanderungen oder an den Laichplätzen. Komplizierte Fischwehren wurden benutzt, um die Fischwanderungen zu steuern. Die Washoe aus der Pyramid-Lake-Region schnitten die oberen Zweige junger Schößlinge ab, um die Hirschherden dazu zu bewegen, während der Wintermonate in der nächsten Umgebung zu bleiben, und zu Zeiten hielt man Antilopen in Pferchen und tötete sie, wenn man Fleisch brauchte. Und auch das Wachstum bestimmter Pflanzen wurde durch selektives Ernten und Stutzen verbessert und erhalten.

Die Knappheit und die Unberechenbarkeit natürlicher Nahrungsmittelressourcen in der Great-Basin-Region begünstigten die Entstehung einer Weltanschauung, die die Achtung für die in einer oft feindlichen Umwelt so lebenswichtigen Pflanzen und Tiere hoch bewertete. So wurden beim Pflanzensammeln Gebete an die Pflanzengeister gesprochen, und die Nördlichen Paiute vergruben meist einen kleinen Stein oder eine Perle in dem Loch, das durch das Herausziehen einer Wurzel entstand, während man getötete Tiere oft mit ihren Köpfen nach Osten legte und Körperteile wie Augen, Drüsen und Gallenblase auslegte oder vergrub. Eine begleitende Ansprache, in einer speziellen Terminologie vorgetragen, spiegelte die Achtung wider, die man dem Tier entgegenbrachte; gleichzeitig war dies ein Appell an die Geistmächte, die Nahrungsressourcen zu bewahren. Die Kraft, Krankheiten zu heilen, rührte häufig von den Tiergeistern her, und mehr als 300 Pflanzenarten wurden – verbrannt, zerquetscht und pulverisiert – als Heilmittel verwendet. Auch die Mythologie des Great Basin war voller Hinweise auf Pflanzen und Tiere, wobei die Abenteuer und Mißgeschicke der letzteren solche Dinge wie die Erschaffung der Erde und ihrer Bewohner, die Entstehung der Jahreszeiten, Speisetabus und die Begründung sozialer Verhaltensweisen erklärten. Besonders interessant ist, daß man Sternbilder nach Tieren benannte, die wiederum mit „Erzählungen von ihren Abenteuern und Mißgeschicken am Himmel" assoziiert wurden (Fowler 1986, 96).

In der Religion der Great-Basin-Indianer spielte die Unsterblichkeit eine herausragende Rolle. Nach dem Tod – so die Westlichen Shoshoni – begab sich der menschliche Geist ins Land des Kojoten, der zusammen mit seinem Bruder Wolf die Welt geschaffen hatte; erst nachdem Wolf den Geist des Verstorbenen wiederbelebt und gewaschen hatte, konnte er seinen Platz, wie es sich gehörte, einnehmen. So stark war der Glaube an die Unsterblichkeit, daß es gelegentlich zu Sati-Bestattungen [Sanskrit sati „gute Frau"; bezeichnete im feudalen Indien die Sitte, wonach die Witwe eines Fürsten oder hohen Würdenträgers mit Sklaven zusammen ihrem Gatten „freiwillig" auf den Scheiterhaufen folgte; Anm.d.Übs.] kam; ein Augenzeugenbericht aus dem Jahre 1861 bezieht sich auf die Tötung einer Shoshoni-Frau im Carson Valley, Nevada, damit ihr Geist ihren Gatten ins Land des Kojoten begleiten konnte. Tod und Wiedergeburt waren in der Religion der Great-Basin-Indianer ein ständig wiederkehrendes Thema. Als Beispiel mögen die von dem Anthropologen Robert H. Lowie aufgezeichneten Traumerlebnisse eines Nördlichen Shoshoni dienen: „... Mein Körper fiel, kalt und tot. Ich sah ihn mir eine zeitlang an; er bewegte sich nicht im geringsten ... Die Sonne sagte mir, ich würde wiederbelebt werden ... Ich weiß nicht, wie ich zurückkam. Plötzlich war ich wieder am Leben ... Bei einer anderen Gelegenheit stieg ich zu den Wolken hinauf. Die Menschen, denen ich dort begegnete, waren nichts anderes als Skelette ..." (Lowie 1909, 233). Ein anderer Wissenschaftler, der sich mit den Shoshoni beschäftigte, schreibt, daß übernatürliche Botschaften überwiegend auf dem Wege „ungesuchter Träume" empfangen wurden (Hultkrantz 1986, 44), und hier passen die Erlebnisse Tavibos, des heiligen Paiute-Manns, und später seines Sohnes Wovoka, auch wenn sie durch die christliche Lehre modifiziert waren, ins schamanistische Bild des Great Basin.

Die großen gemeinschaftlichen Treibjagden auf Antilopen und Eselhasen waren gleichfalls immer mit religiösen Zeremonien verknüpft. Bestimmten Männern wurde die Macht zugeschrieben, das Wild anlokken zu können: Ritual und Gesang begleiteten ihren Tanz. Mit solchen Ritualen waren auch Einschränkungen verbunden, so wurden die Paiute-Frauen ebenso wie menstruierende Frauen bei den Westlichen Shoshoni ausgeschlossen; die herbeigerufenen Mächte, so glaubte man, würden davon beeinträchtigt.

Der Eselhase lieferte der Bevölkerung des inneren Great Basin sowohl Nahrung als auch Kleidung; aus

Unten: *Eine Gruppe Washoe, Angehörige eines kleinen Stammes, der um den Lake Tahoe herum lebte und eine Sprache sprach, die mit keiner anderen verwandt war. Sie tragen Kleidung im euro-amerikanischen Stil, aber traditionelle Frisuren.*

Oben: Ute, die meisten in Tanzkleidung, ca. 1900. Unübersehbar die Ornamente aus Dentaliumschalen, der Brustschmuck aus Röhrenknochen, die perlenverzierten Leggings und Mokassins und die Haartrachten mit aufgebürstetem Fremdhaarteil.

Unten: Eine Frau der Südlichen Paiute (Chemehuevi) beim Korbflechten. Dieser Stamm stellte exzellente Korbwaren her, darunter konische Tragkörbe und in Spiralwulst- und Köpertechnik dichtgeflochtene flache Schalen zum Sieben und Sortieren.

Fellstreifen wurde eine erstklassige Winterkleidung angefertigt, die allerdings sehr aufwendig war, da man bis zu vierzig Felle brauchte, um eine einzige Robe herzustellen. Es handelte sich also um ein Gewand, das nur die Einflußreichsten trugen, während die Mehrheit sich mit ein paar um Füße und Beine geschlungenen Häuten zum Schutz gegen das rauhe Gelände bescheiden mußte. Im Sommer gaben sich die Männer mit einem Lendenschurz und die Frauen mit einem Rock in zwei Lagen zufrieden, der aus einer aus Sagebrush gewonnenen Faser gefertigt war.

Mit Ausnahme der jährlichen Zusammenkünfte verbrachte man die meiste Zeit des Jahres in kleinen Familiengruppen, die das Stammesterritorium durchstreiften und neben dem Sammeln von Wurzeln und anderer pflanzlicher Nahrung kleine Säugetiere, Vögel und Fische mit Schlingen und Netzen fingen. Im Frühjahr und Sommer dienten provisorische Unterkünfte oder Windschirme aus Rohrmatten und Zweigen als Behausung. Eine verbreitete Keramikform war ein flachbödiges zylindrisch geformtes Gefäß mit Löchern im Rand, um es aufhängen zu können[26]. Gemeinsam mit Matten, Mahlsteinen mit konkaver Oberfläche, dem Grabstock, Korbwaren in Spiralwulst- und Zwirnbindtechnik und Babytragen mit offenen Kapuzen machten solche Tonwaren die typischen Haushaltsutensilien aus. Im Winter waren die Behausungen weniger flüchtig, zum Teil unterirdisch mit einer Öffnung im aufgewölbten Dach, die ebenso als Ein- und Ausstieg wie als Rauchloch diente. Beschreibungen zufolge sahen Ansammlungen solcher Erdhäuser aus der Ferne wie eine „Stadt" von Präriehunden aus.

Damit wäre die Lebensweise der Great-Basin-Indianer umrissen: über Jahrtausende hin unverändert, ständig auf der Suche nach Nahrung, Unentbehrliches auf ein Mindestmaß reduziert – in einer Umwelt, in der das Überleben der Anpassungsfähigsten [survival of the fittest: Schlüsselbegriff des Darwinismus, Anm. d.Übs.] eine sehr reale Bedeutung hatte.

Nicht die gesamte Region war jedoch so unwirtlich und unnachgiebig. Wie wir bereits gesagt haben, änderte sich im Osten und Norden die Landschaft; wie

Ältester der Südlichen Paiute, 1872

Als Major J.W. Powell und sein Fotograph John K. Hillers 1872 und 1873 die Südlichen Paiute besuchten, sahen sie einen Kaibab-Mann, der sein Messer (mit einer in Abschlagtechnik bearbeiteten Steinklinge und Holzgriff) schärfte, wobei er (wie hier abgebildet) vor einem Winterhaus – einem mit Gras, Buschwerk und Binsen bedeckten Stangengerüst – saß. Das Mädchen hinter ihm trägt ein schön geschneidertes Wildlederkleid im Plains-Stil, das aus den Häuten zweier Rehkälber und zwei Einzelstücken, die zu einer Passe genäht sind, geschneidert wurde. Die Passe zeigt ein blauweißes Perlenmuster, darunter zwei Reihen durchlöcherter Elchzähne. Der Mann trägt Mokassins mit festen Sohlen und befranste Leggings mit aufgemaltem Dessin. Die unter seinem Kinn verschnürte Wildlederkappe ist mit Falkenfedern versehen. Powell brachte Gewänder, die den hier abgebildeten sehr ähnlich sind, für die Smithsonian-Sammlung nach Washington zurück.

bei den Nördlichen Paiute (Paviotso), Paiute, Washoe und Westlichen Shoshoni war zwar auch hier die Abhängigkeit von der Sammelwirtschaft noch beträchtlich, doch sonst unterschieden sich die Nördlichen und Östlichen Shoshoni und die Ute – sie teilten das südliche Idaho, westliche Wyoming, östliche Nevada und einen Großteil von Colorado unter sich auf – in ihrer Lebensweise auffallend von den erstgenannten Stämmen: nachdem ihnen in der Subsistenz der Sprung weg vom bloß Lebensnotwendigen gelungen war, erlebten sie, ausgelöst durch den Handel zwischen den Stämmen, der die Plateau- wie die Plains-Bevölkerung einschloß, die Jagdzüge ins Büffelland, eine komplexere Sozialorganisation und die zeremonielle Kriegsführung, einen kulturellen Aufschwung, der seit dem frühen 17. Jahrhundert und dem Kontakt mit dem spanischen Südwesten um den größten Reichtum überhaupt ergänzt wurde – das Pferd.

Als Juan de Oñate in New Mexico die spanische Herrschaft (1597-1610) etablierte, kamen mehrere hundert Pferde in ein Gebiet, das für Ute-Banden, vor allem die in der Umgebung des San Juan River im heutigen Süd-Utah und Colorado, vergleichsweise leicht erreichbar war. Diese Gruppen erlangten bald Kenntnisse über das Pferd und benutzten bereits um die Mitte des 17. Jahrhunderts Pferde neben Hunden als Packtiere. Das Stammesterritorium der Ute umfaßte den größten Teil des Colorado-Plateaus, das sich mit hohen durchschnittlichen Niederschlägen und gut-

Oben: *Ein Ute-Lager am Ostabhang der Wasatch Mountains, Utah, ca. 1873. Das Tipi ist aus Elchhaut. Rechts sind zwei kegelförmige Stangengerüste mit schrägstehendem Pfosten zu sehen, auf denen Besitztümer und getrocknetes Fleisch abgelegt sind.*

Unten: *Ein Ute-Krieger, beschrieben als „Der Bote in voller Kleidung", ca. 1873. Der Breitbogen ist für den Stamm typisch, ebenso das Wildlederhemd und die Leggings, beide reichlich befranst. Man beachte seine perlengeschmückten Haarflechten.*

bewässerten Tälern und Graslandschaften scharf vom inneren Great Basin weiter westlich unterscheidet. Für Pferde war dies ein ideales Weideland und wurde daher von den unberittenen Ute rasch als solches genutzt. Der Pueblo-Aufstand von 1680 und die Einrichtung von Missionen bei den Pima und Papago in Zentral-Arizona durch Pater Eusebio Kino lieferten – durch Handel und Diebstahl – neuen „Nachschub" an Pferden, so daß das Pferd um 1730 die Nördlichen Shoshoni erreicht hatte, die sich schnell einem berittenen Lebensstil anpaßten und so ihr Territorium bis weit ins Büffelland der nördlichen Plains ausdehnten – und zwar mindestens bis zum Belly River[27] im südlichen Saskatchewan. Von den Östlichen Shoshoni spaltete sich eine Gruppe ab, wahrscheinlich um näher am Ursprung der Pferde zu sein. Mit Gewehren bewaffnet, die sie von den Franzosen erhielten, beanspruchten sie das Gebiet zwischen dem Platte und New Mexico, verdrängten die Apache nach Süden und hatten nach einem Angriff gegen ihre früheren Verbündeten, die Ute, 1755 bereits den Arkansas überschritten. Aufgrund ihrer Feuerwaffen und Pferde beherrschten sie zusammen mit den Kiowa mehr als ein Jahrhundert lang die südlichen Plains: in der Geschichte wurden sie als Comanche[28] bekannt, die spanische Wiedergabe des Ute-Worts cumanche, das „Feinde" bedeutet. Die Comanche ließen jedoch zu keiner Zeit ihre alten Verbindungen zum Great Basin abreißen und besuchten weiterhin ihre früheren Streifgebiete; einige Gruppen wie die Yamparika Comanche bewahrten sich ihre Vorliebe für Wurzelgemüse und hielten sogar teilweise an einer Subsistenzform nach Art der Sammelwirtschaft der Shoshoni fest, waren jedoch jetzt überwiegend Büffelfleischesser, die – frei und verwegen – in Tipis lebten.

Im Gegensatz dazu war das Reiterleben der Shoshoni auf den nördlichen Plains weniger erfolgreich. Archäologische Beweise sprechen dafür, daß sie als unberittene Jäger schon „vor Christi Geburt" (Hultkrantz 1968, 59) ausgedehnte Exkursionen in die Plains unternommen hatten, ein Gebiet, das ihnen daher vertraut war; aber die Verbreitung des Pferdes von Westen fiel praktisch mit der des Gewehrs von Osten her zusammen, und zieht man noch die verheerende Blatternepidemie von 1781 hinzu, so erwies sich für das neue Reitervolk der Shoshoni der Aufenthalt in den Plains als nur vorübergehend. In weniger als einer Generation zogen sich die Shoshoni unter dem Druck der gutbewaffneten Piegan, die als Vorkämpfer der Blackfeet-Herrschaft[29] auf den kanadischen Plains auftraten, Schritt für Schritt in die Sicherheit der Rocky Mountains zurück. Trotz ihrer äußeren Erscheinung bewahrten diese Östlichen Shoshoni viel von ihrer Great-Basin-Kultur – Mythologie, Religion, Sammelwirtschaft, Sozialorganisation und eine weithin verständliche Sprache –, und obwohl sich eine heftige Diskussion darüber entspann[30], hat die Beobachtung eines Zeitgenossen viel für sich, der versuchte, zwischen den Östlichen und Westlichen Shoshoni zu unterscheiden: Wenn von ersteren einer „zu einem Pferd kam ... (wurde) er damit zum Shoshoni; sobald er es wieder los war, war er erneut ein Shoshoko (Walker [„Wanderer"] oder Digger)" (Trenholm und Carley 1964, 4).

Die Ironie der Geschichte wollte es, daß noch nicht einmal hundert Jahre nach dem Abzug der Shoshoni aus den Plains ein religiöses Echo aus dem Lager ihrer friedfertigen Shoshoko-Verwandten zum endgültigen Zusammenbruch des kriegerischen Geistes – wie er sich in den Lakota verkörperte – der historischen Plains-Indianer führte.

Rechts: *Ein Ute-Krieger, Utah, ca.1873. Das Schulterband aus Fischotterfell hält eine Kombination aus Bogenfutteral und Köcher mit einem langen, spitz zulaufenden Gehänge, das üppig mit Perlarbeiten verziert ist.*

Am Neujahrstag 1889, während einer Sonnenfinsternis, hatte Wovoka, ein heiliger Mann der Paiute, der mit hohem Fieber darniederlag, eine Vision; später erzählte er, daß er, „als die Sonne starb", in den Himmel gebracht wurde, wo er Gott und all die vor langer Zeit verstorbenen Menschen sah. Wovoka behauptete, Gott habe ihm gesagt, er müsse auf die Erde zurückkehren und den Indianern Güte, Fleiß und Frieden predigen. Falls sie seinen Belehrungen folgten, würden sie mit ihren verstorbenen Verwandten und Freunden wieder vereint werden. Eine neue Welt würde geschaffen, in der es weder Tod noch Krankheit oder Greisenalter gäbe (siehe Mooney 1896).

Auf dem Weg zu diesem neuen indianischen Glauben erlangte ein Tanz besondere Bedeutung. Er wurde unter dem Namen Geistertanz bekannt und verbreitete sich über die Great Plains, wo jeder Stamm Wovokas Lehren auf seine Weise deutete (siehe auch das Plains-Kapitel, S. 98-9). Im Falle der kriegerischen und unabhängigen Lakota führte er 1890 zur Tragödie von Wounded Knee und zum Tod von Sitting Bull – und schrieb für alle Zeiten den Namen eines sanften Paiute aus dem Great Basin, dessen Vision die übermächtige und weitverbreitete Sehnsucht nach einem vergangenen Leben widerspiegelte, das unter dem Einfluß der Euro-Amerikaner schnell dahinschwand, in die Annalen der indianischen Geschichte ein.

Nachweise:

1 Etwa hundertundzwanzig Kilometer südöstlich eines mittlerweile besonders berühmten Wahrzeichens – des Mount St. Helen's in Washington.
2 Mylie Lawyer, eine ältere Nez-Percé-Frau, wohnhaft in Lapwai, und direkte Nachfahrin von Chief Lawyer, erzählte, daß während des Kriegsjahres 1877 die Behelfsunterkünfte der Nez Percé aus einer Art Einzelschuppen mit Pultdach bestanden (Gespräch mit dem Verf., 1969).
3 Im Nordosten des heutigen Bundesstaats Oregon.
4 (a) Teit berichtet, daß die Crow sie von den Sioux erwarben und dann als Handelsware an die Plateau-Bevölkerung weitergaben. (b) Mylie Lawyer besaß viele von den Sioux stammende Sachen, die Familienerbstücke waren.
5 Spalding schätzte, daß sich diese Kleider „in den Südstaaten" für „jeweils 50 oder 60 Dollar" würden verkaufen lassen.
6 Diese Milchzähne wurden von den Crow hoch geschätzt, die sie zur Verzierung ihrer Frauenkleider benutzten; weil sie so selten waren, fertigte man auch Knochenimitationen an.
7 Taschen jüngeren Datums sind im allgemeinen mit falschen Stickereien aus Maishülsen (daher die moderne Bezeichnung corn husk bags, „Maishülsentaschen") verziert, in sanftgetönte einheimische oder leuchtendere (kommerzielle) Anilinfarben getaucht oder unter Umständen durch den Zusatz von farbigem Garn koloriert. Das Endprodukt ist jedoch noch immer sehr anziehend, und die Herstellung ein zeitraubender Vorgang. 1969 zeigte mir Ida Blackeagles Tochter Josephine in Lapwai ein erst teilweise fertiggestelltes Täschchen im Maishülsenstil. Es war etwa 18 Zentimeter breit, und sie sagte mir, daß ihre Mutter „etwa eine Stunde" gebraucht habe, um einen 2,5 Zentimeter breiten Streifen fertigzustellen. Gegen solche Taschen wurden nicht selten Rohlederparflèches von den Crow eingetauscht.
8 Wissler 1910, 17; Teit 1930, 304-5.
9 Diese Stammesgebiete scheinen über einen Zeitraum von mehreren tausend Jahren bestanden zu haben. Im Gegensatz zu den Plains-Indianern haben die Plateau-Völker keinerlei Legenden darüber, daß sie zu irgendeinem Zeitpunkt einmal woanders gelebt hätten.
10 Ein uralter Indianerweg über die kontinentale Wasserscheide von Idaho nach Montana.
11 Mylie Lawyer bestätigte dies. Die Missionarin und Lehrerin Kate McBeth soll (ca. 1875/6) ein riesiges Freudenfeuer angezündet haben, um „Lederzeug" zu vernichten.
12 Die freundliche Begrüßung Lewis und Clarks durch die von Twisted Hair geführte Nez-Percé-Gruppe bildete die Grundlage für die besonders freundschaftlichen Beziehungen, die zwischen den Nez Percé und den Amerikanern in der Folge bestanden. Es ist eine interessante Tatsache, daß die Forschungsreisenden an verschiedenen Plätzen amerikanische Flaggen zurückließen und eine als Zeichen der Freundschaft an Twisted Hair schickten (Lewis und Clark 1893, II 610). Spezielle Untersuchungen, die 1969 über die materielle Kultur der Nez Percé durchgeführt wurden, lassen vermuten, daß dieser Stamm eine gewisse „dekorative" Vorliebe für Streifen und Sterne auf Taschen, Hemden, Frauenkleidern und Pferdeausstattung hatte. Das Flaggenmuster beeindruckte die Nez Percé sehr, und als Zeichen der Wertschätzung für die beiden Entdecker fügten sie es ihrem Fundus an Dekormotiven bei. In Yakima zeigte mir der Händler und Sammler Roger Ernesti ein ungewöhnliches Nez-Percé-Hemd, auf dem das Sternensymbol hervorgehoben war. Es war mit Fransen aus blauem Handelsstoff gesäumt, und das weiße Salband jeder Franse war V-förmig zugeschnitten. Wenn man das Hemd schüttelte, hatte man den Eindruck tanzender Sterne.
13 Der Name bedeutet „Donner, der zu den höher ragenden Gipfeln fliegt".
14 Brigadegeneral Oliver O. Howard, der 1876 den Oberbefehl über den Nordwesten erhielt, wurde manchmal der „christliche General" genannt (seine Männer behaupteten, er habe es gehaßt, an Sonntagen zu kämpfen). Howard, der sich sowohl im Bürgerkrieg als auch als militärischer Emissionär zu Cochise ausgezeichnet hatte, war ein Mann mit ausgeprägt humanitären Prinzipien und brachte den Nicht-Vertrags-Nez-Percé große Sympathien entgegen.
15 Zwei Jahre später kehrten Garcia und In-who-lise auf das Schlachtfeld am Big Hole zurück, einen Platz, der mit menschlichen Überresten übersät war. Sie machten endlich das in Unordnung gebrachte Grab von Gray Eagle ausfindig und bestatteten seine Gebeine ein zweites Mal. Mehr als fünfzig Jahre später, 1930, kam Garcia abermals zurück und fand die Lanzenspitze, die er und In-who-lise als Achtungsbezeigung für ihren früheren Besitzer unangetastet gelassen hatten (Garcia 1967, 270).
16 Die Scharfschützen der Nez Percé gingen selektiv, aber wirkungsvoll vor. Am Clearwater in die Enge getrieben, gab der alte Otstotpoo den Rat, sich nicht mit den gemeinen Soldaten abzugeben. „Erschießt den Kommandeur!" war stattdessen sein Vorschlag (McWhorter 1940, 70). Eine Vorgehensweise, an die sich die Nez Percé während ihrer viermonatigen Absetzbewegung immer wieder hielten.
17 Noch heute ist dies eine abgelegene und schwer zugängliche Gegend. Ein Besuch, den der Autor im Sommer 1986 Cow Island abstattete, bot die Gelegenheit, die heute noch anzutreffenden tiefen Schützenlöcher in Augenschein zu nehmen, die während des Scharmützels zwischen den Nez Percé und einem Kontingent der 7. Infanterie unter Oberfeldwebel (First Sergeant) William Moelchert am Abend des 23. September 1877 ausgehoben worden waren.
18 Noch vor etwa zwanzig Jahren war es relativ einfach, Reste dieser Befestigungen zu entdecken, und auch den rechteckigen Lazarettbereich, wo die Soldaten beerdigt worden waren. Eine überraschende Tatsache war die offensichtlich geringe Distanz zwischen Indianern und Soldaten – vielleicht gerade sechshundert Meter.
19 Howard hatte von General Sherman carte blanche bekommen: er konnte den Nez Percé folgen, wohin sie auch gingen, nur nicht nach Kanada.
20 Eines dieser Kinder war Josiah Red Wolf (Heemeen Ilp Ilp), zur Zeit des Rückzugs der Nez Percé ein Junge von fünf Jahren. 1969 besuchte ich diesen 97jährigen Veteranen im Sommerville-Altersheim in Lapwai (Idaho). (Für die Vermittlung bin ich Marcus Ware aus Lewiston zu Dank verpflichtet). Red Wolf war der letzte Überlebende des Krieges von 1877: Es war eine ernüchternde und privilegierte Erfahrung, mit einem Mann zusammen zu sein, der bei einem historischen Ereignis dabei war, das fast ein Jahrhundert früher stattgefunden hatte.
21 Die Hervorhebung stammt von mir: es handelt sich um eine bedeutsame Erklärung. Klar ist, daß die befehlshabenden Offiziere – Howard und Miles – ihr Versprechen in gutem Glauben machten, doch verhinderten politische Komplikationen die Ausführung. Nach mehreren Jahren des Exils im Indianerterritorium (Kansas) wurde Joseph zusammen mit etwa einhundertundfünfzig Nez Percé in eine Reservation in Washington umgesiedelt – nicht ganz vierhundert Kilometer nördlich seines geliebten Wallowa Valley. Man gestand ihm nur einen einzigen Besuch am Grab seines Vaters im Sommer 1900 zu. Vier Jahre später starb er in Nespelem – wie es heißt, an gebrochenem Herzen.
22 Lewis und Clark 1893, 1017 und 556.
23 Man beachte, daß die Sprachen der Shoshoni und der Bannock beide zum numischen Zweig der großen uto-aztekischen Sprachfamilie gehören.
24 Einige Benennungen waren lokaler Art, so zum Beispiel Brigham Youngs Name für die Weber Ute, Cumumbah.
25 Die Menschen des Great Basin waren exzellente Korbflechter, manche Körbe wurden wasserdicht gemacht und konnten (mittels glühender Steine) zum Kochen von Fleisch und Gemüse benutzt werden.
26 Diese Form war sehr weit verbreitet, überall im Great Basin in Gebrauch und sogar in den Plateau- und Plains-Regionen zu finden.
27 „Bauchiger Fluß", ein Name, den die Blackfeet dem South Saskatchewan River unmittelbar westlich vom heutigen Regina gaben.
28 Das von den Nördlichen Shoshoni gesprochene zentralnumische Idiom ist den Comanche verständlich.
29 Die Blackfeet-Konföderation bestand aus den Siksika, Blood und Piegan.
30 Siehe zum Beispiel Hultkrantz 1968.

„Über einen unbekannten Zeitraum hin, bevor der weiße Mann im 17. Jahrhundert eher zufällig auf sie stieß, hatten die Indianer Kaliforniens in verstreuten Banden gelebt, vom Rest der indianischen Welt durch Gebirge und Wüsten abgeschirmt."

KALIFORNIEN

VON DER unter dem Meeresspiegel liegenden Sandwüste des Death Valley, der tiefsten Stelle des Kontinents, bis zu den Gipfeln der Sierras, wo sich der Mount Whitney erhebt, der höchste Punkt der südlichen achtundvierzig amerikanischen Bundesstaaten, ist Kalifornien ein Land der Gegensätze. Seine nahezu 2000 Kilometer lange Küste macht einen so aufregenden Schlenker, daß Eureka im Norden die westlichste Stadt des Landes ist, von Alaska und Hawaii einmal abgesehen. Dabei liegt San Diego am südlichen Ende des Staates weiter östlich als Reno in Nevada. Das ist das Gesicht des modernen Kalifornien. Auch die Städte, Flüsse und Regionen des einstigen Indianergebiets tragen moderne Namen. Im folgenden soll ein eindrückliches Bild gegeben werden vom Reichtum und der Vielfalt des Landes und warum es von den kalifornischen Indianern so hochgeschätzt wurde.

Millionen Jahre lang haben subterrane Platten, Vulkane, Gletscher, Wind und Wasser die Landschaft geformt und solche Charakteristika wie das große Längstal (Great Valley oder nur Valley) hervorgebracht, das vielleicht wichtigste topographische Merkmal Kaliforniens. In einem Gebiet, das vor allem im Nordwesten dicht bewaldet ist, bilden die Siskiyou Mountains eine nördliche Barriere, die heute als Grenze zwischen dem Golden State Kalifornien und Oregon fungiert. Erstarrte Lavaströme ergeben im Nordosten eine surreale Landschaft. Weiter südlich trennen die Gebirgszüge der Tehachapis, der Sierra, der San Bernardino Mountains etc. „das sogenannte Tal von Südkalifornien, einen breiten Streifen zerklüfteten küstennahen Landes, von den trockenen Einöden der Mojave- und der Colorado-Wüste im Hinterland".[1]

Die nördlichen Flüsse, der American, Feather, Indian, Pit, Sacramento und Yuba River, verdanken die Anhebung ihres Wasserstands im Unterlauf in hohem Maße den jährlichen Schmelzwassern des Mount Shasta. Der San Joaquin, nach dem das Tal benannt ist, das er bewässert, fließt von seiner Quelle in den Bergen des heutigen Fresno County nordwärts und nimmt auf seinem Lauf den Calaveras, Consumnes, Fresno, Kings, Mokelumne, Stanislaus und Toulomne River sowie eine beträchtliche Anzahl von Flüßchen und Bächen auf.

Der Klamath, Scott und Trinity entwässern die seewärts geneigten Hänge des Küstengebirges, wobei der Eel, Mad und Russian River nördlich der Bucht von San Francisco ins Meer münden, diesem wunderbaren „Hafen aller Häfen", den die Spanier so schätzten. Im Süden davon fließen der Salinas, Santa Clara, Santa Maria und Santa Inez River; noch weiter südlich verwandeln sich der Los Angeles, San Diego, San Gabriel, San Luis Rey, Santa Ana, Santa Margarita und Ventura River über die meiste Zeit des Jahres in Rinnsale oder trocknen völlig aus, bis die Frühlingsfluten sie wieder ins Leben zurückbringen.

Diese unterschiedlichen Naturgegebenheiten tragen zur Ausformung fast eines halben Dutzends biogeographischer Zonen bei: der arktischen, kanadischen, Hudson-, Übergangs-, Ober-Sonora- und Nieder-Sonora-Zone. Die ersteren sind „in den oberen Höhenbereichen der Siskiyous, der Trinity Mountains, der Sierra, der San-Bernardino- und San-Jacinto-Ketten zu finden." Die Santa Cruz Mountains bilden zusammen mit den oberen Lagen der Santa Lucia Mountains und „dem gesamten Küstenland nördlich von San Francisco, dem stark bewässerten Nordosten und einem langen, zwischen 750 und 1500 Metern hoch gelegenen Gürtel in den Sierras" die Übergangszone. Die Vorberge der Sierras wiederum liegen in der Ober-Sonora-Zone, zu der auch „die Lava-Plateaus der Modoc und Lassen Counties, die Westhänge des Sacramento-Tals, die inneren Höhenzüge des Küstengebirges und die Täler zwischen dem Mendocino County und der San Francisco Bay und die gesamte Küstenregion südlich von San Francisco" gehören, mit Ausnahme jener Abschnitte, die der Übergangszone zugerechnet werden. Die Nieder-Sonora-Zone schließlich besteht aus dem größten Teils des Great Valley zwischen Bakersfield und Red Bluff, „allen großen Wüstenregionen südöstlich der Sierra bis zur Grenze von Nevada und Arizona und mehreren langen schmalen Streifen, die sich vom Salinas Valley nach Süden erstrecken"[2].

Jedes der sechs Ökosysteme trägt eine andere Flora und Fauna. Die hohen Gipfel der Arktisch-Alpinen Zone sind baumlos, aber Alpenhahnenfuß, Alpengötterblume, das blaue und wohlriechende Sperrkraut (Polemonium), Sierra-Schlüsselblume und steershead [Dicentra uniflora, winterfeste Pflanze mit rosa und weißen Blüten; Anm.d.Übs.] sind in diesen großen Höhen zu finden. Der Sierra-Rosenfink ist hier zu Hause. Kolibris und die grauen und weißen Kiefern-

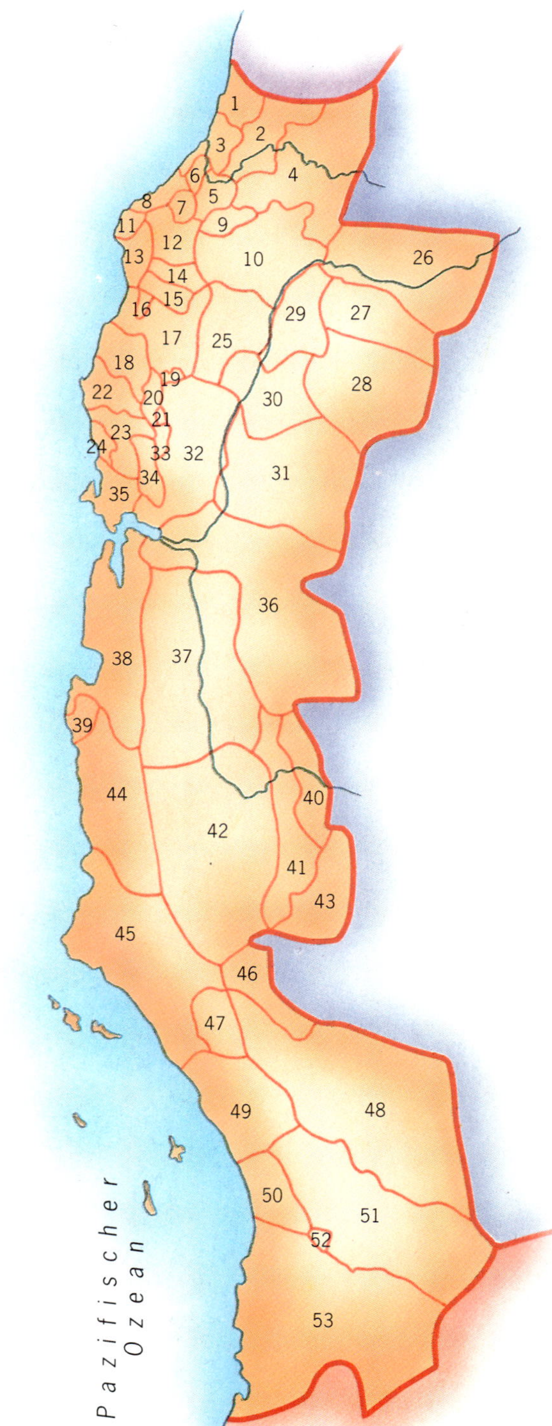

Diese Karte zeigt annähernd die territorialen Verläufe der Stämme und Sprachgruppen um 1850. Danach verloren alle Stämme Land und einige verschwanden.

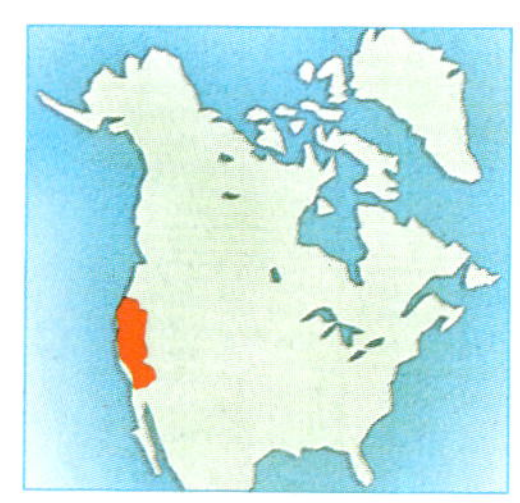

Stammesschlüssel:

1 Tolowa
2 Karok
3 Yurok
4 Shasta
5 Hupa
6 Chilula
7 Whilkut
8 Wiyot
9 Chimariko
10 Wintu
11 Mattole
12 Nongati
13 Sinkyone
14 Lassik
15 Wailaki
16 Cahto
17 Yuki
18 Nördliche Pomo
19 Nordöstliche Pomo
20 Östliche Pomo
21 Südöstliche Pomo
22 Zentrale Pomo
23 Südliche Pomo
24 Kashaya
25 Nomlaki
26 Achumawi
27 Atsugewi
28 Maidu
29 Yana
30 Konkow
31 Nisena
32 Patwin
33 Lake Miwok
34 Wappo
35 Küsten-Miwok
36 Miwok
37 Nördliche Valley-Yokuts
38 Costano
39 Esselen
40 Monache
41 Yokuts der Vorberge
42 Südliche Valley-Yokuts
43 Tubatulabal
44 Salina
45 Chumash
46 Kitanemuk
47 Tataviam
48 Serrano
49 Gabrieliño
50 Luiseño
51 Cahuilla
52 Cupeño
53 Diegueño

Oben: Ein Karok – die Karok waren einer der nördlichsten kalifornischen Stämme – in Kampfkleidung mit Stäbchenpanzer und Helm und einem Fellköcher unter dem Arm. Die Aufnahme stammt wahrscheinlich von John Daggett (ca. 1898).

häher ziehen hier ebenso durch wie der Sierra-Pfeifhase und der Weißschwänzige Eselhase. Einst waren hier auch Dickhornschafe verbreitet.

In leicht niedrigeren Bereichen hat die Hudson-Zone als wichtigste Spezies der Niedrigflora die Murrays Kiefer oder Drehkiefer mit der Kanadischen Zone gemein. Weißstammzirbe, Fuchsschwanz und Silberkiefern wachsen höher hinauf, wo sie dann zusammen mit dem Bergschierling vorkommen. Von Vögeln und Säugetieren finden sich in erster Linie das Gebirgs-Chipmunk, der Kalifornische Hakengimpel, der Berghüttensänger, Sierra-Pfeifhase und Sierra-Kleinstwiesel, das Sierra-Murmeltier, der Dachsammerfink und der Vielfraß in der Hudson-Zone.

Neben der Murrays Kiefer sind in der Kanadischen Zone noch die Gelbkiefer, die Jeffrey-Kiefer, die Bergkiefer und die Rottanne heimisch. Sommerwurz, Ceanothus |Große Gattung amerikanischer Sträucher und kleinwüchsiger Bäume, Familie Rhamanceae; Anm. d.Übs.|, mehrere Arten von Corallorhiza |Gattung blattloser Wurzelparasiten, von Fäulnisprodukten lebende Orchideen; Anm.d.Übs.|, Zwerg-Manzanitas, Krautvegetation, Sierra-Bofisten und Roter Fichtenspargel bedecken den Boden. Der Blaubrüstige Häher, Abendkernbeißer, Felsengebirgshuhn, Sierra-Einsiedlerdrossel, Sierra-Junco, Clarino |Myadestes townsendi, Drosselvogel; Anm.d.Übs.|, Wasseramsel und die westliche Schwirrammer fliegen darüber. Verschiedene Chipmunk-Varietäten teilen sich die Region mit dem Bergwiesel, dem Goldmantelziesel, dem Sierra-Chickaree |Varietät des Roten Amerikanischen Eichhörnchens, Tamasciurus douglasii; Anm.d.Übs.|, dem Schneeschuhhasen und dem Gelbhaarigen Baumstachler.

Die meisten der großen Wälder Kaliforniens liegen jedoch in der Übergangszone; am eindrucksvollsten sind die Sequoien |Redwood: Sequoia sempervirens, populär als Mammutbaum; Anm.d.Übs.|, die mit dem Großblättrigem Ahorn, dem Kalifornischem Lorbeer, der Douglastanne, der Madroña |Arbutus menziesii, Menzies-Erdbeerbaum; Anm.d.Übs.| und der Gerbereiche häufig Mischwälder bilden. Auf der breiten Skala der Vegetation finden sich weitere Baumarten und viele eßbare Pflanzen als Glieder einer ziemlich komplexen Nahrungskette, von denen sich nicht nur die Tierwelt ernährte.

Schwarzbär, Rotluchs, Katzenfrett, Kolumbischer Hirsch, Puma, Elch, Fuchs, Marder, Mink, Bergbiber, Pazifischer Waschbär und Packratte streiften einst in großer Zahl durch die Wälder. Für viele Reptilien und Amphibien, aber auch für eine ganze Reihe von Vögeln – von Meisen bis zu Berghaubenwachteln – ist das Küstengebirge ein geeignetes Habitat. Darüberhinaus sind auch Kojoten, Maultierhirsche, Habichte und einige Ammervögel Bewohner der Kanadischen Zone, Tiere die jedoch auch in anderen Ökoregionen verbreitet sind.

Die Ober-Sonora-Zone umfaßt einen großen Chaparral-Gürtel |von chaparro „immergrüne Zwergeiche", Anm.d.Übs.|, der einst die Heimat des Kalifornischen Grizzly und des fast ausgestorbenen Kalifornischen Kondors war. Blau- und Krüppeleichen, California bukkeyes (Aesculus californica), Ceanothus sowie Manzanita- und Yucca-Arten wachsen hier. Anna-Kolibri, Bells-Ammer, Kalifornischer und Schwarzkopfhäher, Kalifornischer Sichelspötter, Poor-Will |Dusky poorwill: Phalaenoptilus nuttallii, Anm.d.Übs.|, Rosengimpel, Trauertaube, Kalifornische Schopfwachtel sind für die gefiederten Bewohner der Zone typisch. Zu den Landtieren zählen Antilope, Braunfüßige Buschratte, Strauchkaninchen und Katzenfrett.

Auch die Nieder-Sonora-Zone hat ihre Besonderheiten. In der Colorado-Wüste gibt es Bigelowia |Eine Gattung krautiger und strauchiger Pflanzen; Anm. d.Übs.|, eine Litanei von Kakteen, die Kalifornische Fächerpalme, Igelkakteen, Mesquite, Grünholz |Mexikanisch-spanisch palo verde „grüner Baum", Cercidium macrum, C. torreyanum und C. microphyllum, dornige Sträucher und Bäume Mexikos und der südwestlichen USA; Anm.d.Übs.| und Schraubenbohnen. Wieder andere Arten wachsen in der Mojave-Wüste, darunter als herausragender Vertreter der Pflanzenwelt der Joshua-Baum (Yucca brevifolia). In anderen Gegenden dieser Zone wiederum gedeihen Fremont-Pappeln und Kalifornische Weiß- oder Tälereiche.

Diese Region weist ebenfalls einen beträchtlichen Anteil an Nachttieren auf. Alle möglichen Arten von Nagetieren, Präriefüchse, Chipmunks, Opossums, Eselhasen und früher einmal auch der Sumpfelch (tule elk) teilen sich das Land mit Wüstenschildkröten, Eidechsen und Schlangen. In den Lüften schwirrt es von Blaukardinälen, Spottdrosseln, Seidenschnäppern (im engeren Sinne), Texas-Ziegenmelkern während der langbeinige Rennkuckuck erdverbunden ist und sich bei Gefahr eher auf seine Renngeschwindigkeit als aufs Fliegen verläßt.

Die Vielzahl möglicher Nahrungsquellen und auch die zahlreichen klimatischen Vorteile Kaliforniens erwiesen ihre Anziehungskraft auf die frühen Jäger-Sammler-Völker. Niemand weiß zwar mit Sicherheit, wann zuerst der Homo sapiens seinen Fuß auf kalifornischen Boden gesetzt hat, es gibt jedoch Hinweise auf eine Ankunft des Menschen vor mehr als 20 000 Jahren[3]. Obwohl wir keine definitiven Beweise hinsichtlich der Ursprünge haben, so zeigen sich über die Jahrtausende immerhin gesicherte Spuren von Bevölkerungsgruppen mit hochentwickelten territorialen und kulturellen Merkmalen. Davon „gehörte etwa die eine Hälfte Kaliforniens zu penuti-sprachigen Völkern", eine Ansammlung „kleiner Familienverbände, deren Verwandtschaft von den Linguisten angenommen wird, da ihre Sprachen einige grammatikalische Eigenarten gemein haben"[4]. Im allgemeinen folgten die verschiedenen „Stämme" einer einheitlicheren Lebensweise, als dies sonstwo von nordamerikanischen Indianern bezeugt ist. Eine der hauptsächlichen Gemeinsamkeiten entstand durch die Ernährungsgrundlage aus Eicheln. Im Laufe der Jahrhunderte entschlüsselten die ersten der in Kalifornien lebenden Menschen das Geheimnis, wie die bittere, gerbsäurehaltige Frucht der Eiche in „ein nährstoffreiches Lebensmittel" zu verwandeln war, das als Suppe, Brei oder eine Art Brot die Hauptstütze ihres Speisezettels lieferte[5].

Um dies zu erreichen, gab es zwei grundlegende Methoden. Entweder wurden die Eicheln im Sand oder in einem Korb pulverisiert und entbittert, oder man konnte die Eicheln in Wasser oder Schlamm versenken, wodurch man sie nicht zermalmen mußte. Da die kalifornische Erde dieses Produkt und auch andere Pflanzen und Tiere freizügig hervorbrachte, entwickelte sich in der Frühzeit keine Landwirtschaft.

Abwechslung in der Kost boten die Jagd, das Sammeln und der Fischfang. Ihre Reichtümer, an denen sich die Menschen erfreuten, „verschenkte die Natur eher in großer Mannigfaltigkeit als aufgrund besonderer Kriterien in überwältigender Fülle." Auf dem Speiseplan standen, je nach örtlicher Verfügbarkeit, Wildbret, Hasen, Taschenratten, Eidechsen, Schlangen (Klapperschlangen eingeschlossen), Enten und kleine Vögel. Erlegt wurden sie mit Schlingen, Steinschleudern und eben solchen Hilfsmitteln, die aus Steinen und anderen natürlichen Materialien gefertigt werden konnten. Flußkrebse, Mollusken, Schildkröten und ein ganzes Sortiment von Wasser- und Sumpftieren mochten auf verschiedene Weise beigebracht werden, wo-

Oben: *Diese Abbildung der spanischen Garnison von San Francisco im Jahr 1806 stammt von Georg von Langsdorf. Im Vordergrund sieht man ein Binsenboot, das von vier Ohlone-Männern gepaddelt wird.*

Unten: *Männer mehrerer nordkalifornischer Indianergruppen bei Verhandlungen in Round Valley, ca. 1858. Der vierte Weiße von links ist wahrscheinlich Simmon P. Storms, der erste Indianeragent der Nome Cult Farm.*

Oben: *Little Ike, ein Karok, beim Lachsfischen mit einem Stülpnetz von einer Fischplattform zwischen Felsen bei pame.kyá.ra.m am Klamath River. Fotographiert vor 1897.*

Rechts: *Eine Tolowa-Frau. Sie trägt einen schönen geflochtenen Hut, Halsketten mit Perlen aus Muschelschalen und einen schalenverzierten Rock. Diese Fotographie wurde von Edward Curtis (1868-1952) Anfang der 1920er Jahre aufgenommen.*

bei zu den besonderen Mitteln und Methoden, dieser Beute habhaft zu werden, Harpunen, Netze, Grabwerkzeuge und die Betäubung mittels Gift zählen. Raupen, Heuschrecken, Maden und Schnecken kamen als Proteinlieferanten hinzu.

Trotz des breitgefächerten Nahrungsangebots galt nicht alles als speisetauglich. Dafür waren religiöse Vorstellungen oder andere Gründe maßgeblich. Beispielsweise aßen die meisten nördlichen Gruppen keine Hunde, mit Ausnahme der Yokuts, deren südlicher Zweig sich auch „den Skunk schmecken ließ, der seinen ekelhaften Gestank verlor, falls man ihn in seinem Bau mit Rauch erstickte." Umgekehrt mieden diese Liebhaber des Stinktiers „alle Reptilien, die sie für unrein erklärten." Des weiteren verschmähten bestimmte nördliche Stämme Frösche, Indigoschlangen und Wasserschlangen. Gewöhnlich hielten sich die meisten Gruppen bei Grizzlybär und Kojote zurück, hauptsächlich deshalb, weil diese Tiere in vielen spirituellen Bereichen eine Rolle spielten. Manchmal wurde auch der Braunbär gemieden, und „Raub- und Aasvögel vom Adler bis zur Krähe ..." bildeten gleichfalls keine gängige Nahrung[6].

Die Indianer Kaliforniens lebten so gut von den vorhandenen natürlichen Ressourcen, daß die Bevölkerung während des goldenen Zeitalters vor Ankunft der Spanier und anderer Europäer wuchs, und zwar je nach Schätzung um 133 500 bis 350 000 Einwohner. Selbst wenn man die höhere Zahl zugrunde legt, lag die durchschnittliche Bevölkerungsdichte in Gebieten, die nicht als unbewohnbare Wüste galten, nur bei drei Menschen pro Quadratmeile. Die Folgen späterer Ereignisse ließen diese Zahlen dramatisch zusammenschrumpfen, so daß „zwischen 1880 und 1900 mit nachgewiesenen 20 000 oder vielleicht 25 000 Seelen der Tiefpunkt erreicht war"[7].

In ihrer Blütezeit traten diese kulturell und sprachlich reichen Gruppen auf verschiedene Weise miteinander in Kontakt. Eine wichtige Möglichkeit der Verbindung bot der Handel innerhalb der Stämme und zwischen den Stämmen. Handelsrouten und komplexe Tauschsysteme entstanden, durch die ein breites Angebot an Waren, Werkzeugen, Nahrungsmitteln, Kleidung, Töpfer- und Korbwaren, Sklaven, Meeresmuschel- und schneckenschalen zwischen so weitentfernten Gebieten wie dem westlichen Kanada und dem Kernland von Mexiko den Besitzer wechselte[8].

Körbe wurden hochgeschätzt und bleiben ein wichtiges Element der Kontinuität zwischen Vergangenheit und Gegenwart. Es waren brauchbare, ästhetisch gefällige Stücke, die Körbe der ersten festen Bewohner Kaliforniens, sie dienten nützlichen Zwecken und bewiesen das außerordentliche künstlerische Talent ihrer Hersteller. Diese Stücke zeugen von einem hohen Maß an kultureller Kunstfertigkeit und Vielgestaltigkeit. Zu den bekanntesten Könnern gehören die Pomo, die relativ geschlossen im Tal des Russian River lebten. Exemplare ihrer Kunst unterstreichen, was über die Bedeutung der Korbflechterei für Kaliforniens Vergangenheit gesagt worden ist[9]. Die Pomo stellten Korbwaren her, die „unter Amerikanern den Ruf erlangten, die besten in Kalifornien zu sein; und vielen zufolge, auch in der Welt"[10]. Mit zehn oder zwölf verschiedenen Materialien als Arbeitsgrundlage, von

Hupa

Die Hupa lebten am Trinity River in Nordwestkalifornien und ernährten sich hauptsächlich von Lachs und Eicheln. Die Männer verarbeiteten Holz, die Frauen waren erfahrene Korbflechterinnen. Mit den benachbarten Yurok und Karok hatten sie den Weiß-Hirschfell- und den Spring-Tanz gemein, jährlich abgehaltene, jeweils zehn Tage dauernde Zeremonien, die der Welterneuerung und der Zurschaustellung von Reichtum dienten, sowie den Reisig-Tanz zur Heilung kranker Kinder. Die Heiler der Hupa waren fast ausschließlich Frauen. Erwerbsdaten sind jeweils angegeben.

1 Trommelrassel zur Begleitung von Liedern, die bei Glücksspielen gesungen wurden. 1875.
2 Frauenhaarschmuck. 1885.
3 Männerhalsband. Ca. 1928.
4 Tanzhut eines jungen Mannes. Yurok (aber von den Hupa erworben). 1885.
5,6 Adlerfedern, die beim Weiß-Hirschfell- und Reisig-Tanz getragen wurden. 1928.
7 Kopfband aus weißem Mink. 1944.
8 Kopfbekleidung aus Wildleder und Wolfsfell. 1944.
9 Federschmuck für das Maul eines ausgestopften weißen Hirschfells, das bei dem entsprechenden Tanz getragen wurde. 1929.
10 Adlerfedernornament für den Weiß-Hirschfell- und Reisig-Tanz. 1928.
11 Tanzgürtel mit Rasselbehang. Yurok (aber von den Hupa erworben). 1885.
12 Tabakkörbchen. 1899.
13 Pfeife. 1885.
14 Kriegsbogen. 1885.
15 Pfeile. 1885.
16 Köcher. 1885.
17 Mit Tierbalg geschmückter Tanzstock der Männer für den Spring-Tanz. Yurok (aber von den Hupa erworben). 1885.
18 Steinernes Kochgefäß. 1885.
19 Steinfäustel zum Eintreiben der Pfähle für ein Fischwehr. 1929.
20 Netzknüpfgerät. 1889.
21 Knittelschiffchen zum Netzknüpfen. 1875.
22 Steinstößel. 1928.
23 Muschelschalenlöffel einer Frau. 1899.
24 Holzlöffel eines Mannes. 1908.
25-28 Löffel aus Elchgeweih, Männerbesitz. 1875-99.
29 Muschelschalenperlen als Tanzschmuck. 1928.
30 Börse aus Elchgeweih zum Aufbewahren von Dentalium-Muschelgeld. 1890.
31 Geldbörse aus Elchgeweih. 1883.
32 Dentalium-Muschelgeld. 1875.
33 Löffel- oder Schmuckkörbchen. 1899.
34 Korb für die Zubereitung von Eichelbrei. 1885.

35 Vorratskorb. 1890.
36 Flache Korbschale für Eichelbrot. 1899.
37 Flache Korbschale für Lachs oder Fleisch. 1899.
38 Körbchen für Eichelbrei. 1899.
39 Korbschale. 1899.
40 Korbschale zum Schaufeln von Eichelmehl. 1899.
41 Männerschurz aus Katzenfrettfell für den Weiß-Hirschfell-Tanz. 1890.
42 Frauentanzrock. 1885.
43 Frauenhalskette. 1885.
44 Frauentanzschurz. 1885.
45 Stab einer Heilerin, beim Spring-Tanz und bei Heilritualen verwendet. 1928.
46 Frauenhaarschmuck. 1885.
47 Geflochtene Kappe einer Witwe. 1928.
48 Geflochtene Frauenkappe. 1885.
49 Frauenhalskette. 1885.
50 Frauenhaarschmuck. 1885.
51 Kopfputz einer Heilerin, bei Heilritualen getragen. 1944 bereits sehr alt.

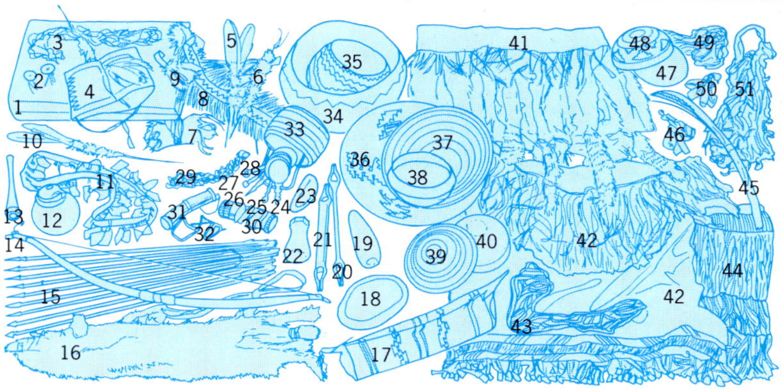

denen fünf weithin verwendet wurden, hatten die Flechtwaren häufig eine komplizierte Struktur[11]. Sowohl für die in Zwirnbindung als auch die in Spiralwulsttechnik hergestellten Exemplare dienten normalerweise Weidenruten als Kettmaterial. Für den Eintrag fanden Wurzeln von Carex (Segge), Rinde von Cercis (Judasbaum), Wurzeln von Scirpus (bulrush; Binse) und Nußkiefer Verwendung, wobei das erstgenannte Material der wichtigste Grundbestandteil war. Andererseits beruhten rote Dessins meist auf den zwirngebundenen Blättern des Judasbaums. Gefärbte Binse ergab schwarze Muster, gewöhnlich für Spiralwulstarbeiten. Rindenfasern der Nußkiefer lieferten vorwiegend den Eintrag für in Maschen-Zwirnbindung geflochtene Körbe. So „bestand praktisch die gesamte Korbware der Pomo ... (aufgrund von) Konventionen und Gewohnheiten" aus diesen fünf Materialien[12].

Anders als die meisten anderen kalifornischen Korbflechter, die gewöhnlich eine oder zwei Techniken anwandten, bedienten sich die Pomo mehr als eines halben Dutzends verschiedener Methoden. Sie gebrauchten nicht nur die Zwirnbindung, die in den meisten nördlichen Gebieten, aber auch für die Achomawi, Atsugewi, Modoc, die Nördlichen Wintu und die Shasta, die Norm war, sondern beherrschten auch die Spiralwulsttechnik, die im allgemeinem im übrigen Kalifornien vorherrschte. Es scheint, als hätten die Pomo abwechselnd beide Techniken mit gleicher Leichtigkeit und Regelmäßigkeit angewandt.

Wenn die Pomo Arbeiten in Spiralwulsttechnik herstellten, fertigten sie diese sowohl auf der Grundlage einer einzigen oder dreier Weidenruten an. In der Zwirnbindtechnik perfektionierten sie fünf Bindungsarten: die Leinwandbindung, das Diagonalflechten,

Oben: *Karok-Korbflechterin, 1896. Bemerkenswert ist der in offener Zwirnbindung geflochtene Tragkorb zum Befördern von Eicheln, Fisch usw. rechts von ihr und die beiden halbfertigen Körbe auf ihrem Schoß und neben ihr.*

Unten: *Ein Hupa-Dorf am Trinity River, 1898 oder früher. Im Vordergrund stehen zwei Häuser in traditioneller Bauweise aus Zedernbrettern mit dreifach geschrägten Dächern, die mit überlappenden Brettern gedeckt sind.*

Oben: *Hupa-Teilnehmer am Spring-Tanz in der Yurok-Niederlassung Pekwon am Klamath River, 1893. Die Männer tragen traditionelle wildlederne Kopfbänder, bedeckt mit den Skalps von Spechten und eingefaßt mit dem weißen Bauchfell von Hirschen.*

Unten: *Weißhirschfell-Tanz der Hupa, 1891, Teil einer der beiden großen Welterneuerungszeremonien, wie sie von den Hupa, Yurok und Karok sprechenden Völkern Nordwestkaliforniens durchgeführt wurden.*

das Gitterflechten, die Dreistreifen-Zwirnbindung und das Dreistreifen-Zopfflechten, abgesehen davon, daß sie in diese Verfahren einen wahren Reichtum an Dekors und Dessinelementen integrierten.

Beispiele der Flechtarbeiten der Pomo zeigen einen Teil des Spektrums dieser Kunst, die so oft mit den Ureinwohnern Kaliforniens in Verbindung gebracht wird. Andere Elemente des kulturellen Potpourris, das die indianische Bevölkerung des Staats einmal darstellte, könnten am besten durch einen kurzen Überblick über mehrere der wichtigsten Gruppen gewürdigt werden, die dort einst ihre so vielfältigen Lebensweisen praktizierten.

Beginnen wir ganz im Nordwesten mit den Tolowa, die einen athapaskischen Dialekt sprechen, dem sie ihren Namen verdanken – eine Bezeichnung, die von den benachbarten Yurok stammt. Sie bewohnten vielleicht eineinhalb Dutzend Ortschaften, die manchmal untereinander in Fehde waren; wenn jedoch ein Unternehmen gegen die Yurok und Karok geplant war, schlossen sich schon mal einige Dörfer zusammen. Solche Auseinandersetzungen dürften jedoch eher selten gewesen sein, da die Tolowa wohl die Zwischenhändler im Handel mit Dentaliumschalen von der Vancouver-Insel waren, ein hochangesehener Artikel, der in der Region als Währung diente. Offensichtlich hielten die Yurok die Tolowa für recht wohlhabend.

Neben ihrer Betätigung als Dentaliumhändler waren die Tolowa auch geschickte Bootsführer, die ihre Kanus aus Sequoienholz bauten. Sie fertigten Seile und Schnüre aus den Blättern einer Iris-Art, wandten beim Korbflechten Zwirnbindtechniken an und stellten aus Hirschhufen Rasseln als Begleitinstrumente für religiöse Zeremonien wie die Mädcheninitiation und den dazugehörenden Tanz her. Andere Rituale umfaßten Kriegstänze, Tänze, die zum Heiler befähigten, den Hirschfelltanz und den sogenannten Lachstanz, der in gewisser Hinsicht etwas von einem Neujahrsfest an sich hatte, „mit dem Fangen und Essen des ersten Lachses der Saison, wonach das Fischen für alle freigegeben war"[13]. Viel später, in den letzten Jahrzehnten des 19. Jahrhunderts, fügten sie ihren religiösen Vorstellungen auch den Geistertanz hinzu.

Die Yurok und Karok waren die Nachbarn der Tolowa im Süden bzw. Südosten. Erstere siedelten am unteren Klamath River und hatten viele Kulturmerkmale mit den sie umgebenden Völkern, aber auch den Bewohnern der pazifischen Nordwestküste bis hinauf nach Alaska gemein. Die Yurok lebten in über fünfzig autonomen Weilern, gingen neben der Jagd und dem Sammeln der Fluß- und Seefischerei nach. Auch sie bauten Einbäume aus Sequoienstämmen, die für ein Paar Dentaliumschnüre (mit je zwölf Muschelschalen) oder zehn große oder sechzig kleine Skalps von Spechten gekauft werden konnten. Wie aus dieser Preisstruktur ersichtlich wird, besaßen die Yurok ein ausgeklügeltes monetäres System und hielten, einer Quelle zufolge, Reichtum in hohem Ansehen. Es gab

> „Blutgeld, Brautkauf, Ausgleich für die Trauernden des Jahres, bevor ein Tanz veranstaltet werden kann ... Jede Verletzung, jedes Privileg oder Unrecht oder Vergehen wird berechnet und ausgeglichen. Ohne genau angemessene Bezahlung ist die Beendigung einer Fehde unmöglich, es sei denn durch völlige Vernichtung einer Partei, ist eine Ehe keine Ehe, sondern öffentliche Schande über Generationen hin, wird die zur Aufrechterhaltung der Weltordnung notwendige Zeremonie nicht abgehalten. Die Konsequenz ist, daß ein Yurok sich in seinem Leben in erster Linie für Eigentum interessiert. Wenn er die Muße dazu hat, denkt er an Geld; ist er in Not, bittet er darum."[14]

Andere Standardkosten geben eine Vorstellung von den relativen Werten in dieser Gesellschaft. Ein Adlerbalg brachte nur eine kleine Dentaliumschale, wohingegen die „Mitgift" für eine Braut bis zu zehn Dentaliumschnüre unterschiedlicher Länge betragen konnte. Dies gibt einen Hinweis auf den Status der Ehe, da ein Fischgrund nur ein bis drei, ein Haus fünf, und ein Stück Land, das Eicheln abwarf, ein bis fünf Schnüre brachte. Der letzte Punkt, der eichenbestandene Grund und Boden, deutet darauf hin, daß sie eine Vorstellung von privatem Grundbesitz hatten. Und tatsächlich war in dieser individualistischen Kultur „alles Land, das irgendeinen Wert hatte und bis zu einer Meile oder weiter vom Fluß entfernt war, Privatbesitz; darüber hinaus gab es keine Ansprüche, noch wurde dort viel gejagt"[15].

Eine Reihe anderer Kulturzüge schied die Yurok von vielen anderen Gruppen. Sie hatten ausgeprägte Vererbungspraktiken und gaben viel von ihrem Besitz an Verwandte weiter. Wenn jemand über ein Gewässer übergesetzt werden wollte, war dies üblicherweise kostenlos. Ein Schamane hingegen erhielt beträchtliche Summen für seine Dienste. Klassenbewußtsein gab es insoweit, als die Yurok bei ihrem Umgang klar zwischen reich und arm unterschieden.

In früheren Zeiten ähnelte die Kleidung der Yurok dem, was fast in ganz Kalifornien gängig war. Junge Männer trugen gewöhnlich ein gefaltetes Hirschfell um die Taille geschlagen, während ältere Männer in wärmeren Jahreszeiten auch nackt sein mochten. Ein mit Wildlederfransen besetztes Vorderteil und „ein breiterer Schurz, ein breiterer Rock ..., der nach vorne

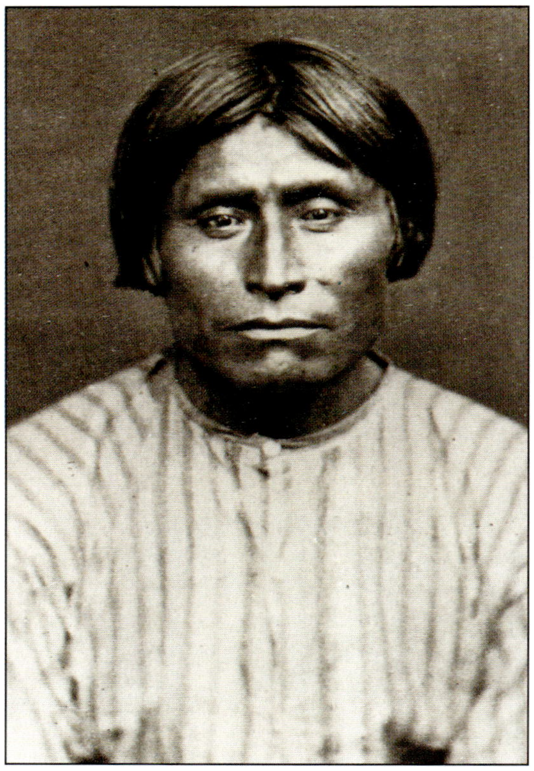

Oben: *Keintpoos, besser bekannt als Captain Jack, einer der Anführer der Modoc bei der Belagerung der Lavafelder, 1873. Von US-Truppen gefangengenommen, wurde Jack zum Tode verurteilt.*

Unten: *Dem Sprichwort folgend, „daß man Diamantenstaub braucht, um Diamanten zu schleifen", stellte die US-Armee Indianerscouts aus der Warm Springs Reservation in ihren Dienst, um die Modoc aufzuspüren und zu verfolgen.*

herumgeschlagen wurde, so daß er an das Vorderteil heranreichte", bildeten die übliche Frauenkleidung. Frauen trugen in der Regel auch Korbhauben. Wenn das Wetter zusätzliche Kleidung erforderlich machte, gewährte ein Umhang oder eine Decke aus zwei zusammengenähten Hirschfellen Schutz. Wohlhabendere Frauen trugen reichlichen Schmuck zur Schau. Als Fußbekleidung genügte ein einfacher, aus einem Stück gefertigter Mokassin mit Vordernaht, den die Frauen meist auf Reisen trugen oder wenn sie Brennholz holten oder wenn sich die Gelegenheit bot, vollbekleidet aufzutreten[16].

Die gleiche äußerliche Beschreibung würde auch auf die Karok zutreffen, deren Name sich von karuk herleitet, was so viel wie „stromaufwärts" bedeutet und auf ihre Wohnsitze bezüglich der Yurok verweist. In einer Hinsicht unterschieden sich die beiden Gruppen allen äußerlichen Ähnlichkeiten zum Trotz: sprachlich. Die Yurok sprachen eine Algonkin-Sprache, die Karok hingegen gehörten zur Hoka-Sprachfamilie.

Überdies waren sie von der stromabwärts zu findenden Kultur auch in zahlreichen anderen Punkten zu unterscheiden. Zum Beispiel spielten die Männer beim Tanz für die heranwachsenden Mädchen eine viel größere Rolle als die Männer der Yurok. Auch die „Weltschöpfungs"-Zeremonien der Karok waren um einiges ausgeprägter. Schließlich rühmten sie sich des Könnens ihrer Schamanen, die nicht ihresgleichen hätten, die Schamanen der Shasta und weniger anderer Gruppen weiter im Osten einmal ausgenommen.

Die Hochachtung vor den Shasta mag auf den regelmäßigen Kontakt zwischen den beiden Völkern zurückzuführen sein. Tatsächlich tauschten die benachbarten Shasta Hirschfelle, Obsidian und die Nüsse der Zuckerkiefer bei den Karok gegen Körbe, Kanus, Dentaliumschalen, Seegras und Eicheln der Gerbereiche ein.

Oben: *Joseppa Beatty, berühmte Korbflechterin der Zentralen Pomo, mit Ehemann und Sohn auf der Yokayo Rancheria, 1892. Sie stellt einen Korb in Einruten-Spiralwulsttechnik her. Man beachte die links von ihr abstehende Rute.*

Unten: *Wintu-Männer und -Jungen vom McCloud River, ca. 1872, auf Colchoolooloo's Rancheria. Die beiden stehenden Männer tragen traditionelle, tiefsitzende Mützen und führen das Schießen mit Pfeil und Bogen vor.*

Nicht aller Verkehr mit der Außenwelt lief friedlich ab. Die Karok unternahmen regelmäßige Raubzüge, wobei die Frauen die Männer manchmal begleiteten, womöglich um zu kochen und die Vorräte zu tragen. Krieger trugen gelegentlich einen Helm aus Tierhaut oder ein Kopfband und einen Stäbchen- oder Elchhautpanzer, wenn sie sich zum Kampf rüsteten.

Wie es scheint, wandten die Shasta ihre Aggressionen nicht gegen ihre Nachbarn im Nordosten, die Modoc, deren Wohngebiete beiderseits der heutigen Staatsgrenze zwischen Oregon und Kalifornien lagen. Hätten die Shasta einen Angriff gewagt, wären sie auf entschlossenen Widerstand gestoßen, „da die Modoc ... wahrscheinlich eine größere Stammessolidarität zeigten als die Mehrzahl der kalifornischen Indianer ..."[17] Obwohl die Modoc in die Karte auf S.100 als Plateau-Stamm eingetragen sind, wird hier die Ansicht vertreten, daß die Grenzlinie zwischen der Plateau-Region und Kalifornien Mitte des 19. Jahrhunderts nicht so eindeutig gezogen werden kann. Wie viele andere Jäger-Sammler-Gesellschaften kannten auch die Modoc keine festen territorialen Grenzen. Aus diesem Grund und wegen der Bedeutung der Ereignisse um den Widerstand der Modoc unter Captain Jack wird ihnen und ihren letzten Tagen des Ruhms in diesem Kapitel größere Aufmerksamkeit geschenkt.

Die Modoc litten schwer unter den Übergriffen der Weißen. Der stete Zustrom an Bergarbeitern und Siedlern in ihr Gebiet führte schließlich zu ihrer Umsiedlung nach Oregon, wo sie Mitte der 1860er Jahre ihren kurzlebigen, turbulenten Aufenthalt bei den Klamath begannen, die wie die Modoc eine Lutuami-Sprache sprechen. In der Reservation verstärkten sich die Spannungen zwischen den beiden Gruppen, und als ein Schamane der Klamath von einem Modoc getötet wurde (der in den darauf folgenden Ereignissen eine bedeutende Rolle spielen sollte), verschlimmerte sich die Situation noch mehr. Wenig später ließen einige Modoc die beengten Verhältnisse in Oregon hinter sich und kehrten, angeführt von John Schonchin und einer anderen Schlüsselfigur, die abwechselnd als Keintpoos, Kintpuash oder – üblicher – Captain Jack bekannt war, in ihr ehemaliges Heimatterritorium am kalifornischen Lost River zurück. Es war Jack gewesen, der den Klamath-Heiler erschossen hatte und deshalb unter Mordanklage stand. Unter diesen Umständen

Wintu

Die Wintu waren ein Bergvolk, dessen Wirtschaft auf der Nutzung von Lachs, Hirsch und Eicheln beruhte. Die hier gezeigten Gegenstände stammen aus einer ausgezeichneten Sammlung, die Livingston Stone in den Jahren 1872-75 anlegte, als er Leiter der Lachszuchtanstalt der US-Regierung am McCloud River war. Die Indianer waren hier damals noch relativ ungestört, andere Wintu hingegen hatten bereits schlimm unter der nach 1830 wütenden Malaria-Epidemie, der von den Goldschürfern verursachten Wasserverschmutzung und der Errichtung von Rinderranches gelitten, ganz zu schweigen von den üblichen Massakern und der Zwangsumsiedlung in Reservationen. Nach Eröffnung einer Eisenbahnstrecke 1875, die zum starken Anwachsen der weißen Bevölkerung beitrug, sahen sich die McCloud-River-Wintu und andere Gruppen einem rasanten Kulturwandel ausgesetzt, im Rahmen dessen auch mehrere neue Indianerreligionen auf den Plan traten. Stone kam mit den Wintu gut aus, und diese Sammlung ist vielleicht ein bedeutsameres Ergebnis seiner Arbeit als sein gescheiterter Versuch, den Laich von kalifornischem Lachs zur Neubesetzung von Lachsflüssen an der Atlantikküste zu verwenden. Keine andere Sammlung dokumentiert die ursprüngliche Kunst und Technologie der Wintu so gut wie diese.

1 In Zwirnbindung geflochtener Vorratskorb.
2 In Zwirnbindung geflochtener Korb zum Kochen, mit Eidechsen- und Rippendekor.
3 In Zwirnbindung geflochtener Korb zum Kochen.
4 In Zwirnbindung geflochtener Vorratskorb.
5 In Zwirnbindung geflochtener Korb, wahrscheinlich ein Frauenhut.
6 Frauenhut, zwirngebundene Flechtarbeit, der Eintrag ist aus naturbelassenen und mit Erlensaft gefärbten Gras- und Farnhalmen.
7 In Zwirnbindung geflochtener Korb, wahrscheinlich Frauenhut.
8 Vorderteil eines Frauenrocks, wildlederne und gezwirnt geflochtene Schnüre, mit Pflanzenfasern umwickelt, Gehänge aus Kiefersamen, Weißblech und Knöpfen.
9 Gürtel aus menschlichem Haar, von Mädchen bei der Pubertätszeremonie (einem wichtigen Ritual) getragen.
10 Kopfzierat aus Pelz, beim Tanz getragen.
11 Fellstreifen, der zum Zusammenbinden des Haars oben auf dem Kopf diente.

12 Vorderteil eines Rocks von der Art, wie ihn die Frauen vor 1870 trugen – auf Wildlederschnüren aufgefädelte Kiefernsamenhülsen.
13 In Zwirnbindung durchbrochen geflochtene Körbe mit Manzanita-Beeren zur Mehlbereitung, in Gras eingeschlagen.
14 Tanzrock aus Federn des wilden Schwans mit kleinen Quadraten aus den Federkielen des Goldspechts [weit verbreiteter Specht der Gattung Colaptes; Anm.d.Übs.].
15 Perlenbesticktes Täschchen in Flechtarbeit für Schrotkugeln oder wilden Tabak.
16 Federkopfschmuck, beim Tanzen getragen.
17 Kopfzierat mit kleinen Quadraten aus den Federkielen des Goldspechts, beim Tanzen getragen.
18 Kopfschmuck zum Tanzen, mit Federn des Westlichen Virginischen Uhus und des Weißkopfspechts [Dendrocopos albolarvatus, Specht der Sierra Nevada und Cascade Mountains mit weißem Kopf und Hals; Anm.d.Übs.].
19 Kopfschmuck zum Tanzen, aus roter Wolle gestrickte Kappe mit Federn darunter ein Spechtskalp) und zwei Klapperschlangenrasseln.
20 In Zwirnbindung geflochtener Korb.
21 Sehnenverstärkter Eibenholzbogen, mit Wildlederumwicklung am Griffteil und tordierter Bogensehne.
22 Pfeile mit Glas- und Obsidianspitzen.
23 Geschnitzte hölzerne Pfeife zum Rauchen wilden Tabaks.
24 Schleuder zum Erlegen von Kleintieren, Wildlederlager, tordierte Sehnenschnüre.
25 In Zwirnbindung geflochtener Korb.
26 Trinkschale.
27 In Zwirnbindung geflochtener Korb.
28 In Zwirnbindung geflochtener Servierkorb.
29 Körbchen eines Schamanen.
30, 31 In Zwirnbindung geflochtener Servierkorb.
32 Flöte aus Vogelknochen, bei Tänzen verwendet.

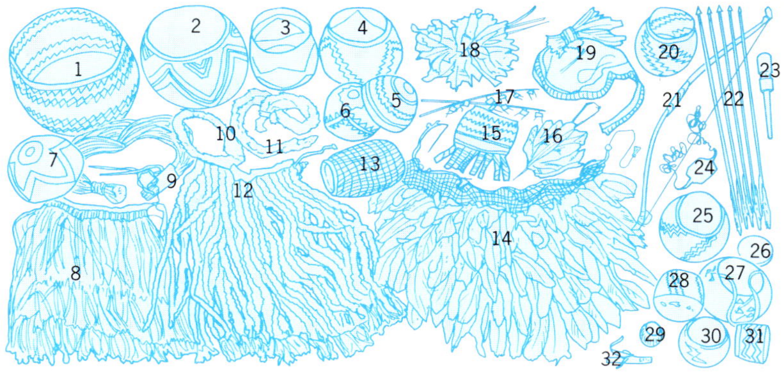

fand er es klüger, sich ins alte Modoc-Land abzusetzen, doch erwuchs daraus ein sehr viel weiterreichender Konflikt, „da gleich nördlich des Tule-Sees schon weiße Siedler mit ihren Herden ins Land gekommen waren und ihre Blockhütten errichtet hatten"[18].

Es vergingen etwa vier Jahre, in denen auf beiden Seiten Unbehagen herrschte. Kintpuash, dessen Vater 1852 von Weißen unter der Führung eines Ben Wright getötet worden war, war nicht dazu zu bewegen, sich wieder den Klamath anzuschließen. Da es den ortsansässigen Weißen nicht gelang, Jack und seine Gefährten zu vertreiben, wandten sie sich an die US-Armee um Unterstützung. Der rangälteste Offizier in der Region, Major John Green, versuchte mit Captain Jack im September 1872 zu reden, hatte aber keinen Erfolg. Binnen weniger Wochen beschloß Greens Vorgesetzter, Brigadegeneral E.R.S. Canby, eine Entscheidung herbeizuführen. Er erteilte den Befehl, Captain Jack und zwei andere wichtige Anführer, Black Jim und Scarface Charley, festzunehmen. Am 29. November 1872 machte sich ein Sonderkommando – Hauptmann James Jackson, Leutnant Frazier A. Boutelle, der stellvertretende Stabsarzt Henry McElderry und vielleicht drei Dutzend Rekruten der B-Kompanie der 1. US-Kavallerie – unter völliger Fehleinschätzung der Folgen dieser Maßnahme auf den Weg ins Modoc-Lager, um Canbys Order auszuführen. Als Jack, der wie die meisten Bewohner des Lagers schlief, aufwachte, sah er sich bewaffneten Männern gegenüber. Die Ankunft der Möchtegern-Häscher führte zu Blutvergießen. Nach einem Feuerwechsel gab es Tote auf beiden Seiten. Die Modoc flohen. Ein Krieg hatte seinen Anfang genommen.

Oben: *Traditionelles Pomo-Fischlager, Clear Lake, ca. 1900. Die festen Stangengerüste der Häuser wurden jedes Jahr mit frischen Tulebinsen gedeckt, die nach dem Kontakt mit den Weißen, manchmal durch große Segeltuchplanen ersetzt wurden.*

Unten: *Cecilia Joaquin, Angehörige der Zentralen Pomo, aus der Gemeinde Sanel bei Hopland, führt die Verwendung des Samenklopfers vor, mit dem sie Samen in einen Korb streift, der in dichter Zwirnbindung geflochten ist. Anfang der 1920er Jahre.*

In dem Durcheinander war Jack mit vielen anderen seiner Gruppe entkommen. Sie teilten sich in mindestens zwei Abteilungen auf, die sich im Gebiet südlich des Lake Tule – das von einigen als eine „Hölle, in der das Feuer erloschen ist", beschrieben wurde – wieder zusammenschlossen. Hier, „in dieser Zeiten Ödnis aus schwarzer Lava, die die Natur zu einer gigantischen Festung aufgetürmt hatte", hielten die Modoc stand. „Sie kannten jeden Spalt, jede Höhle und jeden Durchschlupf. Grasbewachsene Stellen reichten hin, ihr Vieh zu ernähren. Sagebrush und Fettholz lieferten Brennholz. Wasser kam aus dem Tule-See"[19]. Die Wochen, die vergingen, bis die US-Streitkräfte auf dem Schauplatz erschienen, ermöglichten es den Modoc, sich auf die kommende Belagerung vorzubereiten. Vor allem Scarface Charley sollte sich nach der Ankunft der Weißen auszeichnen.

Reguläre Truppen und Freiwilligenverbände umzingelten den Gegner. Nach ihrem ersten Angriff am 17. Januar 1873 mußten die Truppen erkennen, daß die Modoc zähe Freiheitskämpfer waren. Das eröffnende Gefecht endete mit einem klaren Sieg für die Verteidiger der Lavabetten, obwohl sie zahlenmäßig in einem Verhältnis von sieben zu eins unterlegen waren. Geschlagen brachen die Weißen den Kampf ab, um sich um ihre Verwundeten und Toten zu kümmern.

Zeit verging. Die Modoc behaupteten sich gegen Kavallerie, Infanterie, Artillerie und Milizen aus Oregon und Kalifornien. Neue Taktiken schienen angebracht. Kaitchkona (auch als Toby Riddle bekannt), Captain Jacks Vetter, suchte mit ein paar anderen couragierten Personen die verschanzten Modoc auf, um eine Form von Übereinkommen zu erreichen. Zudem traf aus Washington, D.C., eine Friedenskommission ein, und es bestand Hoffnung auf ein Ende der Feindseligkeiten. Sechs Wochen lang versuchte man, Jack und seine Leute an den Verhandlungstisch zu locken, aber ohne Erfolg. Inzwischen war Canby aus seinem Hauptquartier in Salem, Oregon, gekommen, um vor Ort das Kommando zu übernehmen. Captain

Jack traf sich schließlich mit dem General. Dieser Meinungsaustausch erlaubte es den Modoc, ihren Standpunkt klarzumachen. Sie verlangten einen Truppenabzug und ihre eigene Reservation am Lost River; und sie begehrten Schutz „vor der Anklage, eine Anzahl Siedler ermordet zu haben“[20].

Bei dem Treffen kam nichts heraus. Am Karfreitag nahmen Canby und andere Bevollmächtigte die Verhandlungen wieder auf. Mitten in der Besprechung zog Captain Jack eine versteckte Waffe und schoß Canby direkt ins Gesicht. Der verwundete Offizier versuchte zu fliehen. Ein Modoc warf sich auf ihn und erledigte ihn mit einem Messer. Zwei Männer in Canbys Begleitung, Reverend Eleazer Thomas und der leitende Direktor für Indianerangelegenheiten in Oregon, A.B. Meacham, gingen in dem mörderischen Wahnsinn zu Boden. Nach dem Gemetzel waren Canby und Thomas tot und Meacham war mehrfach verwundet, wobei der Verlust seines Skalps am schwersten wog.

Bis zu diesem Zeitpunkt hatten die Modoc viele Sympathien für ihre Sache gewinnen können, wohingegen die US-Truppen als inkompetente Aggressoren dastanden. Jetzt schlug die öffentliche Meinung um. Canbys Nachfolger verdoppelte die Anstrengungen, um den Gegner aus seiner Stellung zu werfen. Nach beträchtlichem Blutvergießen und Leiden kapitulierten die letzten unglückseligen Modoc am 1. Juni 1873. Captain Jack und drei andere wurden zum Tode verurteilt. Die restlichen 153 Modoc erlitten durch die Umsiedlung in die Quapaw-Indianeragentur im heutigen Oklahoma ein anderes Schicksal.

Dieser Zusammenprall zweier Kulturen erregte große Aufmerksamkeit, doch waren die Modoc längst nicht die einzigen Indianer, die unter den Europäern und Euro-Amerikanern zu leiden hatten. Mit der Ankunft der Spanier, die 1769 ihre ersten Siedlungen in Alta California gründeten, begann ein langer trauriger Rückgang der indianischen Bevölkerungszahlen und ein dementsprechender territorialer Verlust. Die ersten ausgedehnten Kontakte gab es im Süden, während die im Norden lebenden Gruppen die letzten waren, die mit den Folgen zurechtkommen mußten, die sich aus der Begegnung mit den Neuankömmlingen ergaben[21]. Selbstverständlich blieben sie nicht unverschont, denn, wie Hauptmann E.D. Townsend, der stellvertretende Generaladjutant für die Pazifik-Division, 1852 seinem Tagebuch anvertraute:

Oben: *Pomo beim Fischen in einem Tulebinsenboot auf dem Clear Lake; der Fischkorb im Bug ist in Zwirnbindung durchbrochen geflochten. Sprecher von sechs eigenständigen Sprachen lebten im Umkreis dieses Sees in mehr als zwölf Gemeinden.*

Unten: *Tänzer der Nordöstlichen Pomo beim Großkopf-Tanz (auch Bole-Maru oder Geistertanz von 1872 genannt), Stony Creek im Colusa County (der „Großkopf“ steht in der Mitte, Charlie Watham ist der Mann links). 1907.*

Pomo

Die Pomo-Stämme sind für ihre qualitätvollen Flechtarbeiten berühmt. Hier sehen wir eine Auswahl der in den 1880er und 1890er Jahren von J.W. Hudson gesammelten Stücke, mit denen er die Formen, Materialien, Techniken und Dessins dokumentieren wollte, die mit jeweils spezifischen Verwendungszwecken einhergingen. Damals begann gerade die Herstellung von Flechtwaren für den Verkauf, da sie im alltäglichen Gebrauch durch Fabrikwaren ersetzt wurden. Wo dies bekannt ist, werden Stamm und Sprachgruppe angegeben. ZP=Zentrale Pomo; ÖP=Östliche Pomo; NP=Nördliche Pomo; SP=Südliche Pomo.

1 Korbschale zur Mehlaufbewahrung, Flechtarbeit in Leinwandbindung. Tsetum, NP.
2 Tragkorb. Yokiah, ZP.
3 Samenklopfer, mit dem man die Samen von der Pflanze in den Tragkorb streifte; aus Weidenschößlingen.
4 In Spiralwulsttechnik geflochtenes Gefäß. Póma, NP.
5 Festbecher. Limma, ZP.
6 Korbschale für Angelwürmer, offene Gitterflechtarbeit in Zwirnbindung aus Weidenschößlingen; der Boden ist ausgebessert.
7 Festterrine. Cokowa, ZP.
8 Aussteuerkorb, bootsförmig in Spiralwulsttechnik geflochten, Segge und Judasbaumrinde auf einrutiger Grundlage, mit Wachtelfedern und Perlen dekoriert. Póma, NP.
9 Festschale, Spiralwulsttechnik, Riedgras und bulrush auf dreirutiger Grundlage, mit roten Specht- und Wachtelfedern und Muschelschalenperlen geschmückt. Yokiah, ZP.
10 Juwelenkörbchen, mit Muschelschalen- und Handelsperlen sowie Wachtel- und Spechtfedern verziert.
11 In Spiralwulsttechnik geflochtene Schüssel, Segge, bulrush und Wachtelfedern. Yokiah, ZP.
12 Juwelenkörbchen, auf Dreirutengrundlage in Spiralwulsttechnik geflochten, Segge, bulrush, Kopffedern von Wachtel und Specht, Perlen. Ano, NP.
13 Netzknüpfgerät (mit Netzgarn), aus Zuckerbirken- [Mountain mahogany: Sträucher und strauchartige Bäume der Gattung Cercocarpus, Familie der Rosengewächse; Anm. d.Übs.] und Manzanita-Holz.
14 Tabaks- und Pfeifenbeutel aus Eichhörnchenfell.
15 Pfeile.
16, 17 Sehnenverstärkter Zedern- bzw. Eschenholzbogen.
18 Schale zur Mehlaufbewahrung, Zwirnbindung und Diagonalflechttechnik (Material: Segge und Bast vom Judasbaum über Weidenschößlingen), mit Wachtelfedern dekoriert. Póma, NP.
19 Juwelenkörbchen, auf Dreirutengrundlage in Spiralwulsttechnik geflochten, Segge, bedeckt mit Muschelschalenperlen, Specht-, Feldlerchen- und Blauhäherfedern. Cikom, ÖP.
20 Heiratsandenken. Yokiah, NP.
21 Würzgefäß, vielleicht von Mary Benson hergestellt. Limma, ZP.
22 Verziertes Gefäß, auf Einrutengrundlage in Spiralwulsttechnik geflochten, Segge, bulrush, Wachtel- und Spechtfedern, Perlen. Amo, NP.

23 Juwelenkörbchen, auf Dreirutengrundlage in Spiralwulsttechnik geflochten, Segge, bulrush, Wachtelfedern, Perlen. Póma, NP.
24 Halsband aus Muschelschalen- und Magnesitperlen.
25 Federnbusch, von den Männern beim Tanzen auf der Scheitelpartie des Kopfes getragen, aus den Schwanzfedern des Seidenspechts [Asyndesmus lewis, nach dem Forschungsreisenden Meriwether Lewis benannt; Anm.d.Übs.].
26 Männerstirnband beim Tanzen, aus Schwanzfedern des Goldspechts.
27 Frauenstirnband, beim Tanzen getragen, aus Wieselfell und vorstehenden Anhängern aus Perlen und Federn des Goldspechts.
28 Kleiner Federnbusch, von den Frauen beim Tanzen auf der Scheitelpartie des Kopfes getragen, aus Truthahnschwanzfedern.
29 Kleines Gefäß, auf Einrutengrundlage in Spiralwulsttechnik geflochten, Segge, Judasbaumrinde. Póma, NP.
30 Bootskörbchen (eines Kindes?), auf Einrutengrundlage in Spiralwulsttechnik geflochten, Segge, Judasbaumrinde. Yokiah, ZP.
31 Mehlschale, auf Einrutengrundlage in Spiralwulsttechnik geflochten, Segge, bulrush. Yokiah, ZP.
32 Aussteuerkorb, diente, mit Nahrungsmitteln gefüllt, bei der Hochzeit als Tauschgabe. Yokiah, ZP.
33 Verziertes Gefäß, auf Einrutengrundlage in Spiralwulsttechnik geflochten, Segge, bulrush, Perlen. Codckai, NP.
34 Schneckenkorb, Flechtarbeit in Leinwandbindung, Segge, bulrush, Judasbaumrinde. Buldam, NP
35 Korbtrichter für Mörser, in Leinwandbindung geflochten, Weidenwurzel, Judasbaumrinde. Póma, NP
36 Krugkörbchen, ähnelt dem Typ, der den Hinterbliebenen beim Begräbnis überreicht wird; auf Dreirutengrundlage in Spiralwulsttechnik geflochten, Segge, bulrush, Handelsperlen, Muschelschalenperlen. Yokiah, ZP.

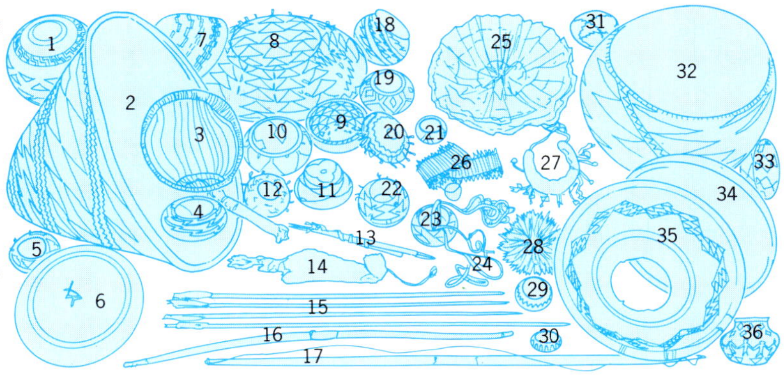

Häuptlingsfrau der Küsten-Miwok, 1833

Am Ufer der Bodega Bay bietet eine Frau Gästen Eichelbrei in einem Festkorb an, der mit Perlen aus Olivella-Muschelschalen und den roten Kopffedern von Spechten dekoriert ist. Die Robe aus Flaumfedern, die nur von prominenten Frauen getragen wurde, ist aus Stricken geknüpft, die ihrerseits aus Doppelschnüren, um die man Federn wickelte, bestanden. Für jede Robe waren ganz bestimmte Federn von Hunderten von Vögeln nötig (darunter Kanada- und Schneegänse, Wildenten). Der Ohrschmuck der Frau besteht aus einem Abalonschalengehänge an einer Schnur mit aufgefädelten Muschelschalenperlen; das obere Ende ist von einem Paar Feldlerchenskalps umhüllt. Sie trägt Halsketten mit Olivella- und anderen Muschelschalenperlen und einen zweiteiligen Schurz aus zerfaserten Tulebinsen. In einem Binsenboot paddeln zwei Männer an Land. Robe, Korb und Ohrschmuck wurden 1833 vom Generalgouverneur von Wrangel für die Russisch-Amerikanische Pelzgesellschaft gesammelt.

„Falls die Geschichte dieser armen Teufel, die die nördlicheren Teile [Kaliforniens] bewohnen, unparteiisch erzählt werden könnte, ergäbe sich ein solches Bild der Grausamkeit, der Ungerechtigkeit und des Grauens, daß selbst das Schicksal der Peruaner zur Zeit Pizarros kaum schlimmer gewesen sein dürfte. In ihrer Goldgier haben die Weißen tollkühn die Wildnisse und Berge weit jenseits aller Ansiedlungen durchdrungen und erforscht. Sie haben sich in vielen Fällen in großen Gemeinden niedergelassen, so daß ganze Indianerstämme zwischen ihnen und den Ansiedlungen standen. Natürlich kam es auf der einen wie der anderen Seite häufig zu Ausbrüchen von Gewalt; die Weißen fanden es passend, sich Indianerland unter den Nagel zu reißen oder die Indianer aus jedem beliebigen Grund zu vertreiben, war es doch ein Leichtes, einen Streit anzufangen, bei dem die Eingeborenen als Schuldige dastanden, woraufhin eine Expedition gegen sie ausgerüstet wurde, die manchmal dreißig, fünfzig oder hundert Männer, Frauen und Kinder abschlachtete".[22]

So knapp faßt Townsend das Schicksal zahlreicher indigener Völker in ganz Nordamerika zusammen.

Bevor allerdings diese Flut die alte Lebensweise hinwegschwemmte, standen die kalifornischen Indianerkulturen in vielfältiger Blüte. Die nördlichen Stämme lebten ihr alltägliches Leben. Da waren die Achumawi, Atsugewi, Chimariko, Pomo (mit den Nordwestlichen, Zentralen, Südlichen, Südöstlichen und Östlichen Pomo als wichtigsten Untergruppen) und Yana, die allesamt Hoka-Dialekte sprachen, wie auch die Shasta, wohingegen die Hupa, Cahto, Lassik, Mattole, Nongatl, Sinkyone, Wailaki und Whilkut das Athapaskische gemeinsam hatten, wie dies auch bei den Tolowa der Fall war. Eine Zweiergruppe von Stämmen, die Yuki und Wappo, hatte das Yuki als Idiom; und als dritte Vertreter dieser Sprache sind mögliche Abkömmlinge der Wappo anzusehen, die in einer kleinen Enklave inmitten der zahlreicheren Östlichen und Südöstlichen Pomo lebten.

Der Rest der nördlichen Gruppen sprach ein altertümliches Penuti. In diese Kategorie gehörten die Konkow, die Lake Miwok, Maidu, Miwok, Nisenan, Nomlaki, die Nördlichen und die Südlichen Valley-Yokuts, Patwin und Wintu ebenso wie die Küsten-Miwok und die Costano[23]. Die letzten beiden Stämmen wollen wir uns näher anschauen, um ein besseres Gespür für eine Reihe repräsentativer Kulturzüge wie für ihre Einzigartigkeit zu erhalten.

Die Territorien der Küsten-Miwok und der Costano umschlossen die Bucht von San Francisco: im Norden bwz. im Süden und Osten sowie vereinzelt im Marin County und auf den Inseln in der Bucht. Neben Ähnlichkeiten in der Sprache hatten sie viele kulturelle Merkmale gemein, die es uns erlauben, Vergleiche anzustellen und Gegensätze festzustellen.

Von den Costano, über die wir beträchtliche ethnographische Informationen besitzen, sind bis zu acht größere Untergruppen nachgewiesen worden. Jede dieser Gruppen sprach eine „eigene Sprache, die voneinander so verschieden waren wie Spanisch und Englisch"[24]. Offenbar hatten sie keinen gemeinsamen Namen für sich, und „der Name Costano entstammt der spanischen Geschichte (costanos bedeutet „Küstenbewohner") und ist als Terminus für eine Sprachfamilie seit langem etabliert"[25]. In neuester Zeit hat man für die Costano die Bezeichnung Ohlone eingeführt. Nachkommen dieser Gruppen ziehen, wie es scheint, die neuere Benennung vor.

In jenen früheren Zeiten, als sie keinen einheitlichen, allseits anerkannten Namen besaßen, bestanden nichtsdestoweniger äußerliche Gemeinsamkeiten, die ihre Zusammengehörigkeit widerspiegelten. Männer und Knaben gingen gewöhnlich nackt, während die Frauenkleidung aus einem Schurz aus Gras oder Tulebinsen bestand, der die Vorder- und Rückseite unterhalb der Taille bedeckte. Vor schlechtem Wetter gewährten Umhänge Schutz, die aus Hirsch- und Hasenfellen, aus den Häuten von Seesäugern und dem Gefieder von Wasservögeln gefertigt waren[26]. Gelegentlich diente sogar Schlamm als „Isoliermaterial gegen die Kälte – ein Brauch, der bei ihren Nachbarn, den Küsten-Miwok, nicht belegt ist"[27].

Die Costano gingen gewöhnlich barfuß und ohne Kopfbedeckung, es sei denn bei zeremoniellen Anlässen. Bemalung und Tatauierungen sorgten für Schmuck und legten Clanverbindungen offen. Die Körperbemalung ließ die Menschen erscheinen, als trügen sie gestreifte Trikots. Die Ohrläppchen wurden durchstochen und mit Perlen, Federn, Blumen oder

Rechts: *Ein Nisenan-Junge mit einer Kopftracht aus den Federn des Goldspechts, einer Halskette mit riesiger Abalonschale und einem Gürtel, den er als Bandelier trägt und der mit Abalongehängen und Perlen bedeckt ist, alles Zeichen von Wohlstand. Vor 1876, porträtiert möglicherweise von A.W. Chase.*

Maidu

Diese Stücke sind eine Auswahl aus einer umfangreichen frühen Sammlung traditioneller Maidu-Gebrauchsgegenstände, die in den Jahren 1899-1903 von Roland B. Dixon angelegt wurde. Die meisten der hier gezeigten Objekte verloren im Laufe unseres Jahrhunderts ihren Gebrauchswert. Die Sammlungsstücke stammen von drei eigenständigen Gruppen oder Stämmen, die zu Dixons Zeit alle als Maidu bekannt waren, heute aber Maidu, Konkow und Nisenan genannt werden. Wo die Stammesherkunft festgestellt werden konnte, wird sie im folgenden benannt.

1 Von männlichen Tänzern getragenes Kopfband aus Goldspechtfedern, an der Stirn angebracht. Konkow.
2 Umhang aus Falkenfedern auf einer Netzunterlage. Konkow.
3 Eine aus den Kokons von Nachtfaltern gefertigte Rassel, kleine Kiesel enthaltend.
4 Zwei Spaltklappern, Begleitinstrumente bei den Zeremonialtänzen der Winterzeit.
5 Längsflöte aus Holunderholz, mit vier Grifflöchern.
6 Federnstab: an einem Holzstab sind die Skalps von Vögeln und die Spitzen von Wachtelfedern befestigt. Konkow.
7 Sogenannte Zitterstäbchen; wurden – eines auf jeder Kopfseite – waagrecht in den zeremoniellen Kopfschmuck gesteckt. Konkow.
8 Federbuschen: halbierte Federn, die in ein Knäuel aus federbesetzten Schnüren gesteckt wurden. Konkow.
9 In einem Hirschmagen gefundener Stein, der von einem Jäger als Zauber um den Hals getragen wurde.
10 Hölzerne Pfeife, in der einheimischer Tabak geraucht wurde. Nisenan.
11 Steinerner Pfeifenkopf, ausgehöhlt durch langwieriges Klopfen mit einer Geweihspitze.
12 In Abschlagtechnik bearbeitetes Obsidianmesser, das als wertvolles und mächtiges Objekt galt, von einem Schamanen am Hals getragen und zur Heilung verwendet.
13 Jagd- und Kriegsbogen aus Eibenholz; der Bogenstab ist durch eine auf der Rückseite festgeleimte Schicht aus Hirschsehnen verstärkt. Konkow.
14 Pfeile für die Hirschjagd, zwei davon haben Obsidianspitzen. Konkow.
15 Pfeile zur Eichhörnchenjagd mit langen Vorschäften. Die Muster, mit denen die Pfeile bemalt wurden, waren für ihre jeweiligen Besitzer charakteristisch. Konkow.
16 Köcher aus gewendetem Wildkatzenfell. Konkow.
17 Ein Paar Schneeschuhe, für den Tiefschnee der Berge.
18 Federbuschen, gefertigt wie Nr. 8, von einem Tänzer in einer Krone aus federbesetzten Schnüren getragen. Konkow.
19 In Spiralwulsttechnik geflochtener Korb, zum Kochen von Eichelbrei oder -suppe. Nisenan.
20 In Spiralwulsttechnik geflochtener Korbteller, fand Verwendung als Speiseplatte, als Behältnis für Eichelmehl, das gesiebt wer-

den sollte, und als Deckel für große konische Körbe. Nisenan.

21 Haarbürste aus Kiefernnadeln.

22 In Spiralwulsttechnik geflochtenes Körbchen mit Adlerfedern-Dekor, Kochgeschirr. Nisenan.

23 Vier Spiel-Knochen für das beliebte Hand-Spiel. Zwei Spieler haben jeweils einen markierten und unmarkierten Knochen, und die gegnerische Seite soll erraten, in welcher Hand sich welche Art von Knochen befindet.

24 In Spiralwulsttechnik geflochtenes kleines Schöpfgefäß. Nisenan.

25 Von den Indianern angefertigtes verkleinertes Modell einer Fischfalle in Form eines Stülpkorbs.

26 Eine Mütze aus genetzten Schnüren, diente hauptsächlich als Unterlage, in der die Federelemente eines kunstvoll gearbeiteten zeremoniellen Kopfschmucks festgemacht wurden. Konkow.

27 Tragband aus gezwirnten Schnüren, um die Stirn oder die Brust gelegt, um einen Tragkorb zu halten. Konkow.

28 Kokonrassel, Tanzinstrument, ähnlich Nr. 3. Nisenan.

29 Modell – in voller Größe – jener Art Figuren, die bei den nach dem Tod eines prominenten Mannes fünf Jahre lang einmal jährlich abgehaltenen Trauerzeremonien Verwendung fanden. Konkow (oder vielleicht Nisenan).

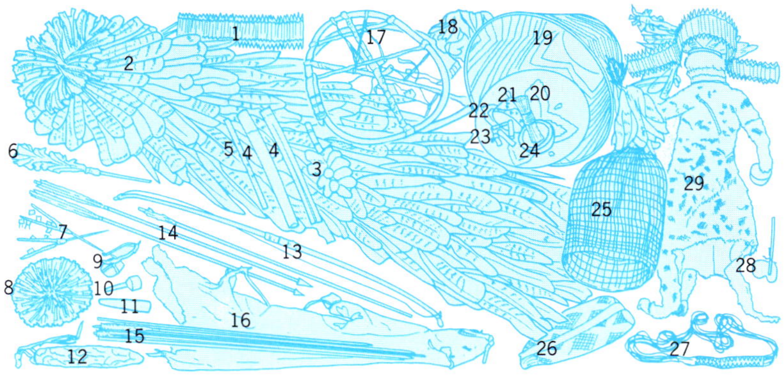

Gras geschmückt, während die durchbohrte Nasenscheidewand einen kleinen Knochen aufnehmen konnte – eine allerdings nicht allgemein befolgte Sitte, wohl auch nur von Männern angewandt. Beide Geschlechter fügten nicht selten Halsbänder aus Perlen, Federn und Abalon- bzw. Olivellaschalen [Olivella: Gattung kleiner Meeresschnecken der Familie Olividae; Anm.d.Übs.] ihrer „Garderobe" hinzu.

Als Unterkünfte genügten kegelförmig zurechtgebogene Stangengerüste, die mit Buschwerk oder Tulebinsen abgedeckt wurden. Gelegentlich diente zerspaltenes Sequoienholz oder -rinde als eigentliches Baumaterial. Auch für die Herstellung von Balsabooten dienten Tulebinsen. Zweiblättrige Paddel trieben dieses leichte Gefährt schnell über das Wasser.

Es wurden auch noch andere Gegenstände produziert. Körbe, häufig mit Perlen-, Federn- und Perlmuttdekor, waren dafür typisch. Bürsten aus Wildzwiebeln oder Seifenwurz, Löffel aus den Schalen von Mollusken, Rührlöffel aus Holz und diverse Steinwerkzeuge[28] erlaubten vielerlei Alltagsbeschäftigungen. Mit einfachen und sehnenverstärkten Bögen wurden Pfeile mit Knochen- und Steinspitzen abgeschossen.

Auch was ihre Nahrung anging, waren die Costano von den für sie leicht erreichbaren natürlichen Ressourcen abhängig. Die überall vorhandenen Eicheln verschiedener immergrüner Eichenarten lieferten den Grundstoff für das Mehl, aus dem Brei und eine Art Brot bereitet wurden. Auch andere Samen konnten geröstet und zu Mehl zermahlen werden und boten zusammen mit Chia-Samen, Kiefernnüssen und Islay-Pflaumen [auch hollyleaf cherry, Prunus ilicifolia, wildwachsende kalifornische Pflaumenart; Anm.d.Übs.] weitere Ernährungsmöglichkeiten. Dem frühen Missionar Francisco Palou zufolge konnte daraus „eine Art kugeliger Klöße von der Größe einer Orange zubereitet werden, die sehr sättigend und schmackhaft waren und an geröstete Mandeln erinnerten"[29]. Erdbeeren, Manzanita- und Toyon-Beeren [Toyon oder Christmasberry, Photinia arbutifolia, immergrüner Strauch; Anm.d.Übs.] lieferten weitere saisonale Verköstigung. Wurzeln wie amhole (Seifenwurz oder Chlorogalum), wildwachsende Karotten, Zwiebeln und eine chuchupate genannte Krautpflanze waren ebenfalls verfügbar.

Neben der pflanzlichen Nahrung gab es die tierische. Von den Landtieren wurden gegessen: Hund, Grizzlybär, Maulwurf, Berglöwe, Maus, Hase, Waschbär, Stinktier und Eichhörnchen, wobei die kleineren Tiere mit Schlingen gefangen wurden. Die Costano jagten auch Hirsche und zwar mit Hilfe einer Hirschkopfmaske als Jagdverkleidung. Und sie erlegten Seehunde, wenn auch nicht genau bekannt ist, wie diese Meeressäuger erbeutet wurden. Wachteln, Falken, Tauben, Enten und Gänsen konnte man – je nach Vogelart – mit Netzen und Fallen habhaft werden. Mit Netzen fing man auch den Stör und den Lachs. Muscheln, insbesondere Abalonen, Miesmuscheln und andere Arten waren eine nahrhafte Kost, wenn sie von Dezember bis Ende April eingesammelt wurden, da ihr Verzehr nur in dieser Zeit ungefährlich ist. Haie, Schwertfische und andere Salzwasserarten konnten mit Speeren getötet oder mit Angelhaken gefischt werden. Hin und wieder hielten die Costano ein Festmahl ab, wenn ein Wal an den Strand geschwemmt wurde, dessen Fleisch sie ganz besonders schätzten.

Die Costano erachteten bestimmte Speisen als tabu für junge Mütter; nach der Geburt aßen sie mehrere Tage lang weder Fleisch noch Fisch noch Salz und tranken kein kaltes Wasser. Junge heranwachsende Mädchen beachteten die gleichen Diätvorschriften. Es gab auch eine Art Pubertätsritus, während die Knaben ihren Übergang ins Mannesalter durch Initiation in den sogenannten „Stechapfel"-Bund feierten.

Oben: *Ein Nisenan-Mädchen mit einem Hals- und Stirnband aus Abalonschalen und einem mit Abalonschalenanhängern geschmückten Gürtel – von großem Wohlstand zeugend. Möglicherweise von A.W. Chase – vor 1876 – fotographiert.*

Ein junger Mann, der das nötige Alter erreicht hatte, konnte heiraten. Mit seinen Verwandten besorgte er ein Geschenk für die Familie der Braut. Danach begann das Paar sein gemeinsames Leben ohne weitere Formalitäten. Kam ein Kind zur Welt, wurde es von der Mutter etwa zwanzig Wochen lang gestillt; während dieser Zeit enthielten sich Mann und Frau sexuell. Padre Palou äußerte sich zu der Tatsache, daß er viele

Unten: *Eine Chumash-Frau beim Ernten von Früchten des Feigenkaktus. Sie trägt einen Rock aus bemalter Hirschhaut, der mit Muschelschalen verziert ist, und einen befransten Vorderschurz sowie ein wertvolles Halsband mit Columella-Perlen.*

Paare sah, „die in perfektester Eintracht und Friedfertigkeit leben und ihre Kinder von ganzem Herzen lieben wie auch die Kinder ihre Eltern"[30]. Falls zwei Personen ihre Beziehung beenden wollten, trennten sie sich einfach. Ende des 18. Jahrhunderts war es offenbar so, daß die Kinder bei den Europäern blieben; wenig später stellten sie die für die Einrichtung mehrerer spanischer Missionen, die südlich des Golden Gate gegründet wurden, erforderliche Bevölkerung[31]. Andererseits führten die Küsten-Miwok (andere Schreibweisen: Mewuk und Meewoc) ihre Verbindung mit fremden Besuchern auf eine viel frühere Zeit zurück. Erstmals 1579 erblickten einige Bewohner der Region nördlich von San Francisco Europäer. Es war die Schiffsbesatzung von Sir Francis Drake, die zur Schiffsüberholung an Land gegangen war. Die Engländer erhielten Geschenke: Köcher, Federn, Häute und Tabak, Drake wurde eine Krone aufgesetzt und wie ein Gott behandelt. Die Seeleute beschrieben diese Indianer als großgewachsene, beeindruckende und kräftige Menschen, die jede Strecke im Laufschritt zurücklegten. Sie hatten ihr langes Haar in der Mitte gescheitelt oder banden es hinten zu einer Art Pferdeschwanz, die Männer trugen Bärte, waren aber bis auf gelegentliche Hirschfellschurze kaum bekleidet.

Der von den Costano-Frauen bevorzugte Doppelschurz fand sich auch bei den Frauen der Küsten-Miwok. Decken oder Umhänge aus dem Fell von Hasen und anderen kleinen Säugern ähnelten denen ihrer südlichen und östlichen Nachbarn. Entsprechend praktizierten sie auch das Tatauieren und die Körperbemalung und schmückten sich mit Federn, die sie zu Gürteln und Armbändern verarbeiteten. Aus Muschelschalen gefertigte Scheibenperlen kamen manchmal hinzu, dienten aber sonst als Währung.

Was die Nahrung anging, teilten die Küsten-Miwok die Vorlieben der Costano. Ihrerseits fügten sie miners' lettuce („Bergmannssalat"), Gauklerblumen und Wasserkresse als Gemüsepflanzen hinzu und haben vielleicht auch Kalifornischen Hahnenfuß und Lupine als Grünzeug oder in Samenform gegessen. Aus anderen Samen stellten sie Mehl her und bereiteten Brei. Spritzgurken, Trichterwinde und andere eßbare Wurzeln, vor allem die Knollen der Kamassie, fanden ihren Weg auf den Speisezettel.

Auch die Nahrungstabus der Küsten-Miwok entsprachen denen der Costano, doch durfte eine junge Mutter Fisch und Riementang zu sich nehmen. Die sexuelle Enthaltung scheint jedoch nicht so lange gedauert zu haben wie bei den Costano. Allerdings beendeten Väter ihre Fischfang- und Jagdaktivitäten für kurze Zeit und rauchten während dieser Zeit der Abstinenz auch nicht.

Diese Menschen neigten zur Monogamie und erwarteten eheliche Treue. Starb ein Ehepartner, wurden seine oder ihre Besitztümer mit ihm/ihr begraben, es sei denn, es stammten viele Kinder aus dieser Ehe. In diesem Fall behielt die Familie das Muschelgeld zu ihrer Verwendung, was insofern von Bedeutung war, als alle Transaktionen bezahlt werden mußten.

So existierte zwar ein monetäres System, doch die Vorstellung von Landbesitz war den Küsten-Miwok fremd. Dennoch betrachteten sie Nahrungsquellen und Fischereirechte als Privateigentum, das zu respektieren war. Dieses Konzept war so stark, daß die Küsten-Miwok ihr Hab und Gut mit einer Art persönlicher Besitzmarken kennzeichneten. Sie waren jedoch keineswegs völlig materialistisch gesinnt und hatten einen Religionsbegriff, der ums Tanzen, Heilen, Fasten, Opfergaben und Gebete kreiste. Viele ihrer Zeremonien begleiteten sie mit Musik, zu der Knochenflöten, Schwirrhölzer, Trommeln, Flöten und Rasseln beitrugen. Wenn sie nicht mit religiösen Praktiken oder der Beschaffung von Nahrungsmitteln, Unter-

Schamanentanz der Yokuts, 1880

Ein Schamane des Tachi-Stamms der Südlichen Valley-Yokuts führt einen säkularen Watiyod (Spring-Tanz) auf. Die Zuschauer geben kleine Geldmengen in den Korb neben dem Sänger, der sich den Ertrag mit dem Tänzer teilt. Der Sänger gibt den Rhythmus mittels zweier Klappern aus gespaltenem Holunderholz vor. Der Schamane trägt einen Rock aus Wolfsmilch-Faserschnüren und eingeflochtenen Eulendaunen und Goldspechtfedern an den Schnurenden und dazu einen geflochtenen Perlengürtel. In seinen Ohrläppchen stecken Falkenfedern, sein Halsband besteht aus Muschelschalen und einem Abalonschalengehänge. Sein Körper ist schwarz und weiß bemalt, und er hält zwei Federbuschen in den Händen. Der schöne Kopfputz des Schamanen ruht auf einer Unterlage aus Eulenfedern. Die mittleren Federn sind Elsterfedern, mit roter Wolle umwickelt und in Mink eingeschlagen und einem Ring von Krähenschwungfedern darunter.

kunft oder Bekleidung beschäftigt waren, spielten diese ersten Bewohner des heutigen Marin County Geschicklichkeits- oder Glücksspiele (die Erwachsenen vor allem), die Kinder hingegen hatten Puppen und anderes Spielzeug[32].

Für andere an der Küste siedelnde Gruppen können solche Freizeitbeschäftigungen nicht mit der gleichen Gewißheit in Erfahrung gebracht werden. Dies hat sich vor allem im Falle der Esselen erwiesen, eines Stamms, der unmittelbar südlich der Costano lebte. Wir haben wenig Kenntnisse über dieses Volk, „zahlenmäßig eine der kleinsten Bevölkerungsgruppen Kaliforniens, deren Siedlungsgebiet äußerst begrenzt war, und die ersten, die vollständig verschwanden und von denen wir folglich heute so gut wie nichts wissen ..."[33]. Bald nach dem Kontakt mit den Spaniern wurden diese Menschen vom Missionszentrum San Carlos aufgesogen und verschwanden als eigenständige unabhängige Ethnie. Die wenigen erhaltenen Daten verdanken wir gewissen Kenntnissen von ihrer Sprache, bei der es sich um einen generalisierten Ableger des Hoka handelte.

Auch die Hoka sprechenden Nachbarn und Verwandten der Esselen, die Salina, erlitten nach Ankunft der Spanier zahlenmäßig Verluste. In der Zeit vor dem Kontakt ernährten sich die Salina von Vögeln, Fischen, Reptilien und den meisten Säugetieren der Region „mit Ausnahme des Stinktiers und möglicherweise auch von Hund und Kojote ..."[34]. Ein halbes Dutzend Eichelsorten, Gräser, Klee, Beeren, Sonnenblumen, Kiefernnüsse, Chia, Roßkastanien und Wildhafer ließen sich auf ihrem Gebiet finden.

Oben: Ein Plattformspeicher der Diegueño zur Aufbewahrung von Mesquiteschoten, bei Santa Isabel im San Diego County. Von Henry W. Henshaw 1892 oder 1893 fotographiert.

Unten: Vier Diegueño-Männer mit traditionellem Federkopfschmuck und schwarzweißer Körperbemalung; die beiden Frauen im Vordergrund tragen Kalikoröcke und buntkarierte Umhangtücher, und eine trägt Gesichtsbemalung (1880er Jahre).

In ihren Glaubensvorstellungen, Bräuchen und handwerklichen Aktivitäten übernahmen sie viel von der Kultur der Yokuts, mit denen sie häufig Handel trieben und auch sonst interaktiv waren. Waren die Yokuts ihre Freunde, so betrachteten die Salina die Costano meist als Feinde. Trotz gemeinsamer Grenze mit den Chumash im Süden wahrten die Salina zu dieser anderen Hoka-Sprachgruppe eher Distanz.

Die Chumash waren den Salina zahlenmäßig weit überlegen und nannten auch ein größeres Territorium ihr eigen. Nichtsdestoweniger hatten auch sie dem Prozeß der Missionsgründungen nichts entgegenzusetzen, umso weniger als sie ihn anfangs bereitwillig akzeptierten. Die Chumash können durchaus die ersten kalifornischen Eingeborenen gewesen sein, die von Seefahrern unter spanischer Flagge „entdeckt" wurden. 1542/3 traf Juan Rodríquez Cabrillo auf Chumash, die nicht nur an der Küste lebten, sondern auch auf einigen vorgelagerten Inseln, „was sie in ihren Gewohnheiten mehr als alle andere kalifornischen Stämme zu einer beinahe maritimen Bevölkerungsgruppe machte"[35]. Ihre Kanus, tomol oder tomolo, waren Plankenboote, die mit Stricken zusammengebunden und dann mit Asphalt abgedichtet wurden, der problemlos an der Küste zu finden war. Es waren leichte und schnelle Fahrzeuge, mit nur zwei oder drei Paddlern bemannt, doch konnten größere Bootstypen von acht Mann vorwärtsbewegt werden und zusätzlich ein halbes Dutzend Passagiere aufnehmen.

Neben diesen Plankenkanus fertigten die Chumash noch ein wichtiges Produkt, nämlich Speerschleudern, die zu Lande und zu Wasser einsetzbar waren, was in letzterem Falle erlaubte, Seehunde und Seeotter zu harpunieren. Obwohl diese Erzeugnisse die Chumash in gewissem Maße von anderen kalifornischen Indianern absetzten, holten sie sich, was das Korbflechten betraf, sehr wohl Anregungen bei den Yokuts und den shoshoni-sprachigen Stämmen Südkaliforniens.

Die Shoshoni-Gruppen bildeten einen Korridor im Osten Kaliforniens, der nahezu die ganzen südlichen zwei Drittel des Staatsgebietes einnahm. Südlich vom heutigen Santa Barbara und oberhalb von San Diego ragte ein Ausläufer nach Westen. Einzelne Untergruppen waren etwa die Kitanemuk, Tubatulabal, Serrano, Gabrieliño, Luiseño, Cahuilla und Cupeño. Ein anderer, östlichen Banden in Richtung Arizona und Nevada zugeordneter gemeinsamer Name war Pah-Ute oder Paiute (siehe das vorhergehende Kapitel). Am Vorabend des amerikanischen Bürgerkriegs gerieten einige dieser Gruppen mit der US-Armee unter Major James Henry Carleton aneinander. Diese Spannungen flauten aber ab, als diese Bewohner der Mojave-Wüste zahlenmäßig dahinschwanden[36].

Die „Vettern" der Paiute – die Gabrieliño und Luiseño –, die in der Gegend des heutigen Groß-Los Angeles und südwärts bis gegen San Diego lebten, hatten keine offenen bewaffneten Auseinandersetzungen mit den Streitkräften Spaniens, Mexikos oder der Vereinigten Staaten, „obwohl sie sich im Krieg mit anderen Stämmen oftmals hervorgetan hatten"[37]. Eine der von den Gabrieliño ersonnenen Kriegswaffen war der Streitkolben, „dessen Formen von einem schweren Stock bis zu einem kürzeren Typ mit einem präzise herausgearbeiteten zylindrischen Ende reichten ..."[38]. Ferner entwickelten sie auch ein makana genanntes Krummholz, das sie mit großem Erfolg gegen Hasen und Vögel als eine Art Bumerang einsetzten.

Innovativ waren die Gabrieliño auch insofern, als sie transportable Steinmörser zum Zerstampfen verschiedenster pflanzlicher Nahrung besaßen und nicht auf Mörserlöcher im felsigen Untergrund angewiesen waren, was sich als vorteilhaft herausstellte, wenn ein Dorf verlegt werden sollte. Die Luiseño benutzten gleichfalls transportable Mörser neben standortgebundenen. Dieser sogenannte tragbare Typ bestand aus einem großen, bis zu 90 Kilogramm schweren Felsbrocken, der ausgehöhlt wurde, bis eine Vertiefung entstand.

Eine kleine Variante des Luiseño-Mörsers fand ihren Weg auch zu den Diegueño. Sie gehörten zu den südlichsten Bevölkerungsgruppen Kaliforniens und lebten zusammen mit den Kamia, Yuma, Halchidhoma und Mojave in einem nach Osten und dann den Colorado aufwärts verlaufenden Bogen. Sie sprachen Hoka-Dialekte. Die Diegueño waren Töpfer und Korbflechter und wiesen auch andere bekannte Elemente kalifornischer Indianerkulturen auf: am bemerkenswertesten waren ihre Binsenboote, die sie mit Doppelblattpaddeln vorwärtsbewegten. Sie fertigten Stein- und Keramikpfeifen an, erstere wohl zu nur religiösen Zwecken[39]. Kalebassen- und Schildpattrasseln wurden bei Zeremonien als Begleitinstrumente eingesetzt. Trommeln kannten weder die Diegueño noch irgendeine andere südkalifornische Gruppe.

Die Diegueño waren unter den ersten kalifornischen Indianern, die in den Bannkreis der spanischen Missionen gerieten. Diese Erfahrung kostete zwar ihren Tribut, doch war das Vorhaben der Missionare sehr viel freundlicher und menschlicher als die Situation, die sich nach dem Krieg mit Mexiko durch den Vertrag von Guadalupe Hidalgo (1848) einstellte, mit dem die Vereinigten Staaten die Kontrolle über das Gebiet erlangten. Auf diesen Besitzerwechsel folgten alsbald die ersten Goldfunde Dieses Ereignis ließ den Druck auf die Indianer anwachsen, die in Reservationen umgesiedelt werden sollten. Dies war

> „von 1853, als es losging, bis weit in unsere Zeit kaum jemals ein Anlaß zum Stolzsein. In den 1850er und 1860er Jahren waren viele der ernannten Indianeragenten für ihren Posten nicht geeignet. Zu oft wurde es selbstsüchtigen Weißen ermöglicht, sich wertvolles Land auf Reservatsterritorium anzueignen, während die Indianer auf felsiges oder sandiges Terrain vertrieben wurden."[40]

Langsam entstanden Reformbewegungen. Helen Hunt Jackson gehörte zu denen, die sich am stärksten für die Sache der kalifornischen Indianer engagierten. Sie schrieb zwei Bücher, in denen sie versuchte, bei ihren Lesern Sympathien für die Notlage dieser Menschen zu wecken. „A Century of Dishonor" und „Ramona" erschienen 1881 und 1884 und schlugen Wellen, die selbst Washington erreichten; ähnlichen Erfolg hatten Mary Hunter Austin und Marah Ellis Ryan, ihre einflußreichsten literarischen Nachfolger[41].

Die Wiedergutmachung kam nur langsam. Der Dawes Act von 1887 versuchte den Auflösungsprozeß, der im 19. Jahrhundert auf seinem Höhepunkt war, rückgängig zu machen. In manchen der übriggebliebenen weniger als sechs Dutzend Reservate lebten in den 1960er Jahren nur noch bis zu siebzig Personen. Dies war die Situation, als der Kampf um die Rückgewinnung verlorenen Landes vor die Gerichte und den Kongreß ging. Ein Bundesausschuß gewährte 29 Millionen Dollar als Entschädigung für die geschätzten 246000 Quadratkilometer, auf denen die indianische Bevölkerung des Bundesstaates einst lebte. Unglücklicherweise „kamen diese gerichtlichen Erfolge ziemlich spät ... und haben sich kaum als nützlich erwiesen, wenn es darum ging, die Integrität eines Stammes zu retten"[42]. Eine Massenabwanderung vor allem in den Großraum Los Angeles hat die Reservate sogar noch menschenleerer gemacht[43]. In einer städtischen Umwelt kämpfen die ersten Menschen, die den Boden dieses Landes betreten haben, angesichts überwältigender Nachteile um die Bewahrung ihrer Identität. Sie sehen sich mit dem Schicksal Ishis konfrontiert, „des letzten der wilden Indianer" Kaliforniens, dessen Tod eine Epoche abschloß[44]. Ein solcher Verlust würde sich nicht nur auf die Menschen aus den vielen Kulturen, die einst in Kalifornien blühten, auswirken, er würde uns alle ärmer machen[45].

Nachweise:

1 Federal Writers' Project 1943, 9.
3 Joseph und Kerry Kona Chartkoff (1984) brachten neuerdings weiteres Licht in diese Sache.
4 Wissler 1966, 202. Die anderen einst in Kalifornien verbreiteten wichtigen Sprachfamilien waren das Algonkin, Hoka (einschließlich Isoma), Lutuami, Shoshoni (auch Uto-Aztekisch genannt) und Yuki (Heizer und Whipple 1971, 111). Nach einer anderen Quelle existierten hier zur einen oder anderen Zeit einmal zweiundzwanzig Sprachfamilien, und es wurden „nicht weniger als 135 regionale Dialekte" gesprochen (Rolle und Gaines 1979, 21).
5 Wissler 1966, 203.
6 Der Abschnitt über die Nahrung beruht auf Heizer und Whipple 1971, 271-300.
7 Cook 1976, 1, 199.
8 Davis 1974 erörtert dieses Thema mit einiger Ausführlichkeit.
9 Überhaupt verdient diese Ethnie mehr Aufmerksamkeit als bloß für ihre Korbwaren. So gibt es, worauf Clark und Williams 1954 hinweisen, in ihrer Weltanschauung Vieles, was von großem Interesse ist.
10 A. L. Kroeber 1970, 244. Wer die Arbeiten der indigenen Korbflechter Kaliforniens im Kontext betrachten will, sei auf Mason 1976 verwiesen.
11 Merrill 1980 untersucht diesen Punkt genauer.
12 Heizer und Whipple 1971, 319.
13 Ebd., 53.
14 A. L. Kroeber 1970, 2.
15 Ebd., 34.
16 Ebd., 76.
17 Ebd., 319.
18 Thompson 1971, 5. Diese empfehlenswerte Publikation gewährt einen guten Überblick über den Konflikt.
20 Members of the Potomac Corral of the Westerners 1966, 196.
21 Wer Näheres zu diesem Thema erfahren möchte, sei auf Cook 1976a verwiesen. Siehe auch Heizer 1974.
22 Edwards 1970, 56.
23 Es sollte besonders vermerkt werden, daß Goldfunde in den Eichenwäldern auf dem Gebiet der Miwok und Yokuts zu Reibungen zwischen den Indianern und den hereindrängenden weißen Schürfern führten. Es ist hier nicht der Platz, diesen Punkt weiter auszuführen, weshalb der Leser auf Crampton 1975 verwiesen sei, eine ausgezeichnete Darstellung dieser turbulenten Zeit.
24 Lang 1979, 3. Im allgemeinen verdankt sich diese Übersicht über die Costano und Küsten-Miwok derselben Quelle, vergleiche ebd., 1-56.
25 Ebd., 7.
26 Ein früher Franziskanermissionar stellte fest, daß viele Costano-Männer kahlköpfig und bärtig waren und „die Gewohnheit hatten, das Haar ihrer Augenbrauen mit den Wurzeln auszureißen ..." In der gleichen Quelle werden auch Umhänge aus Biberhäuten und Pelikanfedern für die Männer und aus „Tulebinsen geflochtene" Röcke für die Frauen erwähnt, „da man sehr wenige Tierhäute bei ihnen findet" (Bolton 1926, 121).
27 Lang 1979, 11.
28 Heizer und Treganza 1972 bieten mehr Details über die Materialien, aus denen Steinwerkzeuge hergestellt wurden.
29 Fray Francisco Palou, „The Founding of the Presidio and Mission of Our Father St. Francis" (in der Übersetzung von George E. Dane). In: California Historical Society Quarterly, XIV (Juni 1953), 109.
30 Ebd., 110. Palou war nicht der einzige Missionar, der wichtige Angaben zu den frühen kalifornischen Indianern machte. Viele andere Padres taten es ihm gleich; ein bedeutendes Beispiel für diese Art von Information findet sich in Geiger und Meighan 1976.
31 Die nördlichen Costano waren auf den Missionsstationen San Francisco Assis, San José, Santa Clara und Santa Cruz zu finden, die südlichen machten den Großteil der Bevölkerung von San Juan Bautista, Soledad und San Carlos aus. Hier wie überall in Neuspanien hatte die Mission – eine führende koloniale Institution, der von der spanischen Krone ein Vorrecht in Indianerfragen zugestanden worden war – „drei fundamentale Funktionen zu erfüllen. Erwünscht war, daß er [der Indianer] bekehrt, zivilisiert und ausgebeutet wurde" (Bolton in: Bannon 1974, 190). Ausführlicheres über bestimmte Aspekte indianischer Aktivitäten innerhalb dieser sowohl religiösen als auch zivilen Unternehmungen bietet Webb 1952.
32 Um einen regionalen Überblick zu gewinnen und die Zusammenhänge zu erkennen, sollte der Leser bei Cullin 1975 nachschlagen.
33 A.L. Kroeber 1970, 544.
34 Ebd., 547.
35 Ebd., 550.
36 Casebiers zwei Monographien, „Carleton's Pah-Ute Campaign" und „The Battle at Camp Cady" (beide Norco/Kalifornien 1972) liefern Details über dieses nur kurz dauernde militärische Unternehmen.
37 Reid 1926, 49.
38 A.L. Kroeber 1970, 632.
39 Die Bewohner dieser Region bearbeiteten Stein und Knochen oft in einer Weise, daß sie das Ausgangsmaterial mit Einlagen in verschiedenen Mustern und Dessins ausschmücken konnten. Burnett 1944 befaßt sich relativ ausführlich damit.
40 Rolle und Gaines 1976, 24.
41 Tuska und Pickasski 1983, 12-14, 190-91, 303-4, bieten eine grundlegende Darstellung des Werks dieser drei Autorinnen.
42 Rolle und Gaines 1976, 27.
43 Wax 1971, 36, 216-17, 222, hat einige nützliche Statistiken für die neuere Zeit.
44 Theodora Kroeber (1976) ging dieser faszinierenden bittersüßen Geschichte nach.
45 Als weitere Lektüre sei auf Heizer 1978 verwiesen – nach wie vor ein Muß.

Diegueño

Diese Gegenstände wurden von Constance Goddard Du Bois in den Jahren 1903-5 bei verschiedenen indianischen Gemeinden im südlichen Kalifornien nahe der mexikanischen Grenze gesammelt, denen allen das gleiche Yuma-Idiom gemein war. Die Angehörigen einiger dieser Gemeinden waren und sind als Kamia, Tipai oder Kumeyaay bekannt. Sie sind Nachfahren jener Gruppen von „Missionsindianern", die gegen ihren nicht unbeträchtlichen Widerstand um die erste, 1769 in San Diego gegründete Franziskanermission in Alta California versammelt wurden – daher ihr Name, Diegueño. Die Missionen wurden 1834 säkularisiert, womit der lange Kampf der Diegueño um die Erhaltung ihres Landbesitzes und ihrer Subsistenz begann. In der Zeit vor den Missionen beruhte der Lebensunterhalt der Diegueño auf Eicheln und Mesquiteschoten, Mehl, das aus den verschiedensten Samen bereitet wurde, Beeren, Früchten und anderer Pflanzennahrung und auf der Jagdbeute der Männer, Wild, Nager (die das meiste Fleisch abwarfen) und Vögel. Auf frisch überfluteten Böden bauten sie etwas Mais und Bohnen an. Für Rituale und schamanistische Praktiken hatte ein Visionen hervorrufender Trank Bedeutung, der aus der Toloache-Wurzel [Datura meteloides, einjährige kalifornische Stechapfelart; bei der Pubertätszeremonie löste der Trank die Erscheinung des individuellen tierischen Schutzgeistes aus; Anm. d. Übs.] zubereitet wurde. Einige Schamanen heilten auch mit Kräutermedizinen. In vielen Diegueño-Gemeinden spielten die Pubertätsriten der Mädchen eine wichtige Rolle. In einer besonders bedeutsamen Zeremonie gedachte man toter Mitglieder eines Klans durch Verteilung von Geschenken an Nicht-Verwandte, durch das Tanzen mit Bildern der Verstorbenen, die dann in der Morgendämmerung verbrannt wurden, mit prächtiger Aufmachung und neuen Produkten. Schamanistische Tricks und Wettkämpfe waren ein Teil dieser Zeremonie.

1 Kochtopf, alter Typ.
2 Krug mit zwei Öffnungen.
3 Keramiktopf. Manzanita.
4 Krug mit zwei Öffnungen.
5 Henkelgefäß aus Keramik. Campo.
6 Werkzeug zum Glätten von Ton.
7 Tönerner Pfeifenkopf, wurde auf einen Stiel aus Hasenknochen gesetzt; Modell eines alten Typs, der in La Jolla hergestellt wurde.
8 Wurfholz für die Hasenjagd.
9 Stockspiel der Frauen.
10 Die Hälfte eines Mädchenrocks aus Holunderrinde, mit einer Schnur aus Wolfsmilchfasern befestigt; zusammen mit einem gleichartigen zweiten Rock vorne oder hinten getragen; Modell eines nicht mehr üblichen Typs. Mesa Grande.
11 Frauen-Korbhaube. Campo.
12 Decke oder Robe aus gezwirnten Hasenfellschnüren. San Felipe.
13 Durchbrochen in Zwirnbindung geflochtener Korb.
14 Bürste aus Yucca-Fasern zum Säubern von Mahlsteinen. San Felipe.
15 Farbenbehälter aus Ton.
16 Tonschale.
17 Frauentragkorb aus Wolfsmilch-Faserschnüren. San Felipe.
18 Ein Paar Sandalen aus Yucca-Fasern. Manzanita.
19 Halfter aus Pferdehaar. Campo.
20 Männer-Tragkorb. La Jolla.
21 Netzumhang mit Adlerfedergehänge, der beim (damals schon nicht mehr üblichen) Adlertanz getragen wurde.
22 Stockspiel. Mesa Grande.
23 Magischer Stab des Schamanen, der zum Heilen, aber auch dazu diente, Schmerzen in einen „Feind" hineinzuzaubern; in den Holzgriff ist ein archäologisches Stück eingefaßt: eine um 1500 angefertigte steinerne Pfeilspitze der Elko-Eared-Kultur.

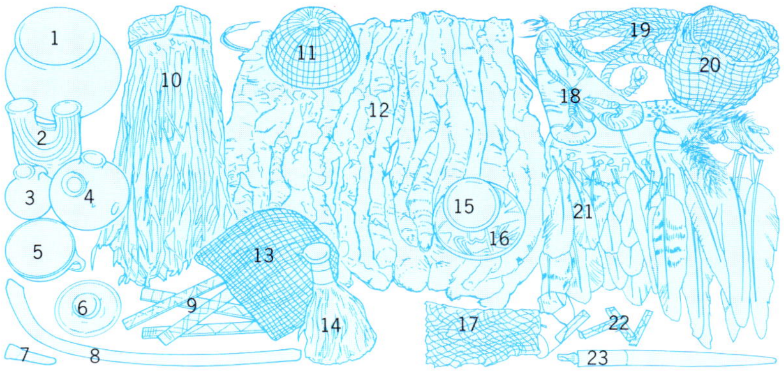

„Die weißen Siedler und ihre Regierung eigneten sich Land an, das den Indianern gehörte, und schränkten den freien Zugang auf dieses Land ein. Der erste Gouverneur ... erkannte das Recht der Eingeborenen auf ihr Land an, seine Nachfolger aber bestritten, daß die Indianer ein solches Recht je besessen hätten."

DIE NORDWESTKÜSTE

Die Nordwestküste hat ein mildes Klima und eine breite Palette von Nahrungsressourcen zu bieten. Mehrere eigenständige Kulturen entwickelten sich hier, vom Columbia River über die Küstenregionen von British Columbia bis hinauf ans Ende des Alaska Panhandle. [„Pfannenstiel", der schmale Fortsatz des Territoriums von Alaska nach Süden; Anm.d.Übs.] Trotz mancher Analogien gibt es auch deutliche Unterschiede. In allen Regionen entfaltete sich ein reiches zeremonielles und spirituelles Leben. Man verwandte enorme schöpferische Kraft auf den künstlerischen Ausdruck, Liedgut, Tänze, Legenden und eine spektakuläre, philosophisch eindrucksvolle bildnerische Kunst.

An der Nordwestküste existieren mehrere verschiedene einheimische Sprachen, die alle ihre eigenen Untergruppen oder Dialekte haben. Da es keine großen politischen Einheiten oberhalb der Dorfebene gab, werden die Kulturen heute der Einfachheit halber nach Sprachen eingeteilt. Der Südteil der Küste einschließlich der Mitte und des Südens von Vancouver Island ist die Heimat der Küsten-Salish. An der Westküste von Vancouver Island lebt das Volk der Nuu-chah-nulth, die früher als Nootka bekannt waren, ein Name, den ihnen Captain Cook gab. Sie sind eng verwandt mit den Makah auf der Spitze der Olympic Peninsula (Olympischen Halbinsel) im Bundesstaat Washington. Die nationalstaatliche Grenze, die sie voneinander trennt, ist eine relativ junge Entwicklung. Die Dörfer der Südlichen Kwakiutl liegen im nordöstlichen Teil von Vancouver Island und auf dem gegenüberliegenden Festland. Abteilungen der Nördlichen Kwakiutl, die andere Dialekte sprechen und sich auch in einigen Kulturzügen von den Südlichen Kwakiutl unterscheiden, bewohnen den zentralen Küstenabschnitt von British Columbia. Die Sprache der benachbarten Bella Coola ist der der Salish verwandt; sie

Unten: *Das Innere eines Tlingit-Häuptlingshauses im Dorf Klukwan, ca. 1895. Die bemalte und geschnitzte Rückwand – als „Regenwand" bekannt – gibt eine Vorstellung vom hohen symbolischen Gehalt der Tlingit-Kunst.*

kamen ursprünglich aus dem Süden nach British Columbia und übernahmen einige kulturelle Merkmale der zentralen Gruppen. Am unteren Nass und Skeena River und an der Küste entlang nach Norden liegen die Dörfer der Tsimshian. Die Queen Charlotte Islands sind die Heimat der Haida-Indianer, deren große seetüchtige Zedernholzboote sie vor Isolation bewahrten. Vor ein paar Jahrhunderten fuhr eine Gruppe von Haida nach Norden und besiedelte den südlichen Teil der heutigen Prince of Wales Island in Alaska. Sie sind jetzt als Kaigani Haida bekannt, haben aber die Verbindungen zu ihren alten Verwandten nicht abreißen lassen: auch hier ist die Staatsgrenze jüngeren Datums und willkürlich. Im Panhandle von Südalaska leben die Tlingit-Indianer; einige drangen auch ins Inland von British Columbia vor.

Die Völker der Nordwestküste erfreuten sich, verglichen mit den meisten anderen Gegenden Nordamerikas, verhältnismäßig günstiger Umweltbedingungen. Zwar ist die ganze Region rauhen Winden und Regen ausgesetzt, doch kennt nur der nördliche Teil eisige Winter und heftige Schneefälle. Die jährlichen Lachszüge bieten eine ziemlich verläßliche Nahrungsquelle; und es gibt noch eine Vielzahl anderer Fischarten, Schalentiere, Seesäuger und Pflanzen, Wurzeln und Beeren, die die Kost ergänzen und in ertragarmen Lachsjahren Ausgleich schaffen. Die indigenen Völker konnten diese Ressourcen jedoch nur dank eines sehr spezialisierten Wissens und höchst effizienter Ernte- und Arbeitswerkzeuge nutzen[1]. Die Menschen speicherten die im Sommer geernteten Vorräte für den Verbrauch im Winter. So hatten sie es wie Ackerbauern nicht nötig, wintersüber nach Nahrung zu suchen, und konnten dauerhafte Dörfer errichten.

Verglichen mit anderen Regionen des Kontinents nördlich von Mexiko, gestatteten die Umweltbedingungen eine relativ große Bevölkerungsdichte. Schätzungen von Bevölkerungszahlen sind immer spekulativ; immerhin sollen im Jahr 1835 in den Küstengebieten von British Columbia 46 700 Indianer gelebt haben[2]. Zweifellos war die Bevölkerung größer, bevor weiße Krankheiten eingeschleppt wurden. 1880 schätzte man die Eingeborenenbevölkerung des südöstlichen Alaska auf 12 000, und unzweifelhaft war auch hier die Zahl seit der Ankunft der Europäer zurückgegangen[3].

Diese Karte zeigt annähernd die territorialen Verläufe der Stämme und Sprachgruppen im frühen 19. Jahrhundert. Danach verloren alle Stämme Land.

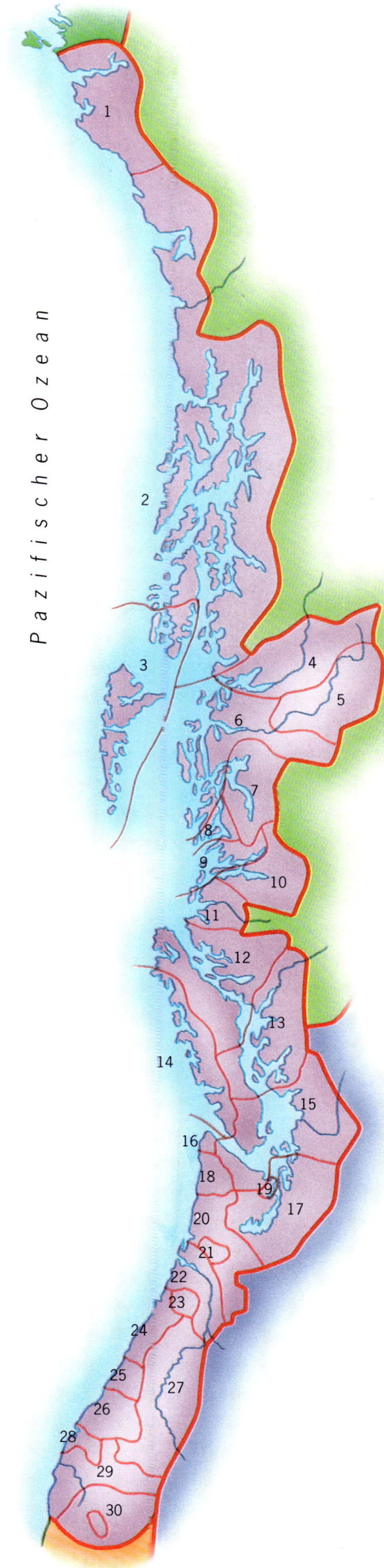

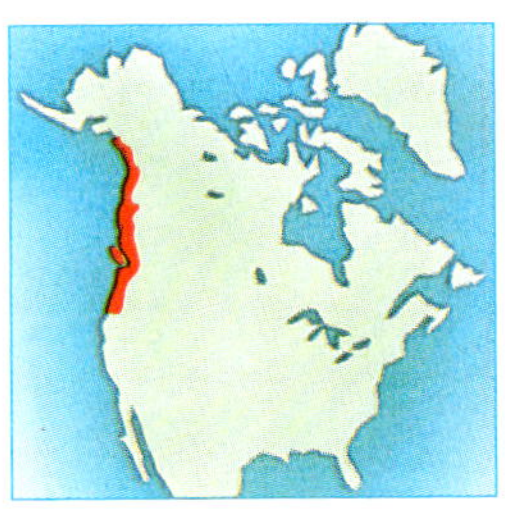

Stammesschlüssel:

1 Eyak
2 Tlingit
3 Haida
4 Nishga
5 Gitksan
6 Tsimshian
7 Haisla
8 Haihais
9 Bella Bella
10 Bella Coola
11 Oowekeeno
12 Kwakiutl
13 Nördliche Küsten-Salish
14 Nootka (Nuu-chah-nulth)
15 Zentrale Küsten-Salish
16 Makah
17 Südliche Küsten-Salish
18 Quileute
19 Chemakum
20 Südwestliche Küsten-Salish
21 Kwalhioqua
22 Chinook
23 Clatskanie
24 Tillamook
25 Alsea
26 Siuslaw
27 Kalapuya
28 Coos
29 Athapasken
30 Takelma

Traditionell lebten die Menschen in zahlreichen Dörfern an der Küste und den Ufern von Flüssen aus dem Inland. Große erweiterte Familien bewohnten häufig Gemeinschaftslanghäuser, die sich in einer Reihe an der Küste entlangzogen. Bei den Dörfern handelte es sich um Dauersiedlungen, die über mehrere Generationen hin oder noch länger bewohnt wurden. Die Menschen machten Ausflüge, um zu jagen und zu fischen, Handel zu treiben, soziale Aktivitäten zu pflegen und Krieg zu führen. Das Dorf war die wichtigste politische Einheit, und die Menschen identifizierten sich vor allem mit den Führern ihres Dorfes.

Die Dörfer lagen immer an Wasserwegen, entweder an der Küste oder an küstennahen Flußläufen. Das Meer lieferte Nahrung, aber auch Materialien, die zur Herstellung von Kleidung und Werkzeugen verwendet wurden – die Häute von Seesäugern, sowie Knochen, Blasen und Sehnen. Die großen, klimatisch gemäßigten Regenwälder waren kulturell ebenfalls lebenswichtig. Bäume, besonders die Zeder, lieferten das Holz für große Gemeinschaftshäuser, stabile Boote und eine Vielzahl von Gebrauchs- und Zeremonialgegenständen[4]. Die Frauen benutzten die innere Rinde der Zeder und die Wurzeln von Zeder und Fichte, um überaus zweckmäßige Körbe, Umhänge, Matten und Taue herzustellen. Manche dieser Körbe waren so dicht geflochten, daß sie gleichermaßen als Wasserbehälter taugten[5].

Neben seiner Funktion als Nahrungsspender war der Ozean als Verkehrsweg von enormer Bedeutung. Die Küstenlinie ist zerklüftet und verläuft unregelmäßig, und Transportwege über Land waren sehr viel weniger praktisch als Seereisen. Und auch hier war es wieder das technische Geschick der Indianer, das es ihnen ermöglichte, daraus ihren Vorteil zu ziehen. Sie bauten große Boote, die sie mit Hilfe von Dampf ausweiteten, bis sie eine praktische Breite erreicht hatten. Bei dieser Methode wird Wasser in den ausgehöhlten Stamm geschüttet und mit erhitzten Steinen zum Dampfen gebracht. Seitenwände und Bootsbreite müssen gut ausbalanciert sein, um ein stabiles seetüchtiges Fahrzeug zu schaffen, und der ganze Arbeitsvorgang erfordert eine beträchtliche Leistung und Geschicklichkeit. Die Boote waren für die Jagd und den Fischfang, aber auch für den Handel und den sozialen Austausch zwischen den Dörfern an der ganzen Küste unabdingbar. Menschen aus dem südöstlichen Alaska können auf ihren Handelszügen nach Süden die Küste entlang bis nach Kalifornien gekommen sein. In manchen mündlichen Überlieferungen der Haida gibt es Erzählungen von Seefahrten nach Hawaii, obwohl diese archäologisch erst noch erhärtet werden müssen.

Die Nordwestküstenregion wurde wahrscheinlich schon sehr bald nach dem Rückzug der Gletscher der letzten Eiszeit besiedelt – d.h. vor etwa 9000 bis 13 000 Jahren. Es dauerte einige Zeit, bis die Verteilung von Land und Wasser sich stabilisiert hatte und Verhältnisse erreicht waren, wie wir sie heute kennen. Die ersten menschlichen Bewohner waren nomadisch, als sich aber eine Flora und Fauna herausgebildet hatte, die der heutigen ähnlich war, entwickelten sie jene Methoden der Nahrungsspeicherung, die Dauersiedlungen möglich machen. Archäologische Funde deuten darauf hin, daß die aus jüngerer Zeit bekannten charakteristischen Kulturzüge bereits vor wenigstens 1500 Jahren und wahrscheinlich noch etwas früher weitgehend ausgeprägt waren[6]. Die Indianer der Nordwestküste trieben Handel mit anderen Küstenbewohnern und Inlandstämmen, sie waren also in keiner Weise isoliert. Einen stärkeren Kontakt zwischen Indianern und Europäern gibt es erst seit dem letzten Viertel des 18. Jahrhunderts. Daher wird diese Zeit oft als der Beginn der historischen Ära beschrieben; doch die Nordwestküstenindianer hatten eine lebendige Geschichte und eine orale Geschichtsüberlieferung lange vor Ankunft der Europäer.

Überall an der Nordwestküste waren familiäre Bande von größter Wichtigkeit. Die Menschen identifizierten sich aufs engste mit erweiterten Familien und Lineages [autonome Verwandtschaftsgruppe, deren Mitglieder sich in unilinearer (d.h. entweder über die mütterliche oder die väterliche Linie) Abstammung von einem gemeinsamen Vorfahren herleiten; im Gegensatz zum Klan ist die tatsächliche Genealogie bekannt; Anm.d.Übs.], und vielerorts waren Rang und politisches Führertum erblich. Jede Lineage besaß gewisse Privilegien. Diese reichten von dem Vorrecht, bestimmte Tänze aufzuführen, zu Nutzungsrechten über Ressourcen in einen bestimmten geographischen Gebiet. Meist existierte eine soziale Schichtung in Personen von hohem Rang, Personen von niedrigerem Rang und Sklaven, die im Kampf gefangen oder durch Handel erworben worden waren[7].

Bei den Tlingit, Haida und Tsimshian des nördlichen Küstenabschnitts war die Gesellschaft matrilinear, und Kinder erbten über ihre Mutter. Einem Anführer folgte also eher der Sohn seiner Schwester als sein eigener Sohn nach, und die Erziehung der Jungen war oft Aufgabe ihrer Onkel mütterlicherseits. Bei den nördlichen Gruppen mit matrilinearer Deszendenz spielte eine verwandtschaftlich begründete soziale Gliederung eine besondere Rolle. Die Tlingit zum Beispiel waren in zwei Hauptgruppen oder Stammeshälften (moieties) unterteilt, in die man hineingeboren wurde; die eine war unter dem Namen des Raben bekannt, die andere wurde Wolf (gelegentlich auch Adler) genannt. Jeder in der Gesellschaft gehörte entweder zur Stammeshälfte des Raben oder des Wolfs, und Heiraten waren nur mit jemandem aus der jeweils anderen moiety möglich. Da die Gesellschaft matrilinear war, gehörten Kinder somit immer zur moiety ihrer Mutter und nicht zu der ihres Vaters. Jede Stammeshälfte war in kleinere Gruppen unterteilt, von Anthropologen Klane oder Sippen genannt. Die Stammeshälfte des Raben bestand aus gut 27 Klanen[8]. In allen Dörfern hatten die dort lebenden Klane ihre jeweils eigenen Anführer. Viele Klane waren so verzweigt, daß sie in mehr als einem Dorf vertreten waren, dennoch blieb das Führertum auf die lokale Ebene beschränkt. Bei den Haida und Tsimshian – und selbst bei einigen Klanen der Nördlichen Kwakiutl – sah die Sozialorganisation ähnlich aus[9].

Bei den Stammesgruppen des südlichen Küstenabschnitts – den Südlichen Kwakiutl, Nuu-chah-nulth, Bella Coola und Küsten-Salish – lief die Erbfolge über beide Eltern. Doch auch hier wurden familiäre Bande und die Verwandtschaftsverhältnisse von Lokalgruppen als äußerst wichtig angesehen. Wie im Norden hatten die Verwandtschaftsgruppen ihre anerkannten Oberhäupter, die in Angelegenheiten wie Ressourcennutzung und Heiraten Weisungen gaben[10].

In allen Küstenabschnitten waren die Verbindungen zwischen den einzelnen Verwandtschaftsgruppen politisch und wirtschaftlich von fundamentaler Bedeutung. Diese Verbindungen wurden durch Handelsbeziehungen untermauert, und – wie in Europa – halfen oft Heiraten, die politischen und ökonomischen Beziehungen zwischen den verschiedenen Verwandtschaftsgruppen oder Dörfern zu fördern[11].

Der weiteren Entwicklung und Stärkung dieser Bindungen dienten auch die zeremoniellen Versammlungen, die es an der ganzen Küste in vielfältigen Formen gab. Heute wird auf sie oft nur ein einziger Begriff angewendet – Potlatch. Das Wort stammt aus der Verkehrs- und Handelssprache Chinook und bedeutet „geben"[12]. Was das Wesen und den Zweck der Zeremo-

Oben: *Das Innere einer Tlingit-Behausung in Sitka, Alaska. Kleidungsstücke und Metallwerkzeuge zeugen von weißem Einfluß. Der offene Innenraum des Plankenhauses ist für viele Wohnungen typisch.*

Unten: *Ein Tlingit-Dorf in Alaska, ca. 1883. Die Lage der Häuser in dieser Dauersiedlung ist typisch: auf niedrigen Uferterrassen nur wenig über der Hochwassermarke des Meeres oder dem Flutspiegel der Flüsse.*

nien anging, herrschte eine enorme Mannigfaltigkeit. Es handelte sich um überaus komplexe Einrichtungen, die soziale, kulturelle, spirituelle, politische und ökonomische Elemente in sich vereinten. Aufgrund ihrer Vielfalt und Komplexität ist es schwierig, sie zu erörtern, ohne sie zu stark zu vereinfachen.

Potlatche wurden, kurz gesagt, von jemandem veranstaltet, der ausdrücklich für diesen Zweck Speisen und materielle Güter gehortet hatte. Gäste aus anderen Verwandtschaftsgruppen und Dörfern wurden eingeladen, und die Feiern konnten tagelang oder auch beträchtlich länger andauern. Während eines Potlatch konnte der Veranstalter gewisse Rechte oder Privilegien hervorkehren, wie beispielsweise das Recht, den Namen, das politische Amt oder andere erblichen Privilegien eines kürzlich verstorbenen Verwandten zu übernehmen. Bei manchem Potlatch übertrugen Eltern oder andere Verwandte bestimmte Vorrechte auf ihre Kinder. Diese Privilegien wurden beim Potlatch in Tänzen, Gesängen, Reden und durch das Zeigen von Kunstwerken zum Ausdruck gebracht[13].

Die Gäste aus anderen Lineages und Dörfern wohnten diesen Anspruchserhebungen als Zeugen bei. Der Gastgeber versorgte sie aus seinen Vorräten reichlich mit Speise und Trank, und machte ihnen Geschenke aus den von ihm angehäuften materiellen Besitztümern. Akzeptierten die Zeugen das Essen und die Geschenke, so hieß das, daß sie das Recht des Gastgebers auf die während des Potlatch vorgezeigten Privilegien bejahten. Praktisch wurden die Zeugen dafür bezahlt, daß sie diese Rechte öffentlich anerkannten und die Erinnerung an den Potlatch lebendig hielten. Geschichten davon schufen so etwas wie eine gemeinschaftliche Erinnerung an das Ereignis, und die Bekräftigung der Rechte des Gastgebers auf die von ihm zur Schau gestellten Privilegien blieb in aller Gedächtnis. Dieses System des Bezeugens, der gemeinschaftlichen Erinnerung und der mündlichen Überlieferung war eine sehr effektive Methode der „Aufzeichnung" und machte eine Schriftsprache überflüssig.

Die Potlatchveranstaltungen waren somit äußerst wichtig, wenn es galt, Rang und Führerschaft zu bestätigen, und sie hatten grundlegende Bedeutung für die Weitergabe des reichen kulturellen Erbes von einer Generation zur nächsten, da die Kinder während der Zeremonien die Gesänge, Tänze und Kunstwerke miterlebten, die auf die Geschichte und Legenden ihrer Familien und ihres Volkes Bezug nahmen. Potlatchfeste erfüllten eine ökonomische Rolle, da sie die Zirkulation von Produkten in mehrfacher Weise aufrechterhielten. Oft verlieh ein Anführer, der für einen Potlatch „sparte", einen Teil seiner Besitztümer und erhielt, wenn die Zeit für die Feierlichkeiten näherrückte, gleichwertige Güter samt Zinsen zurück. Dieser Anführer verteilte dann Geschenke an seine Gäste als Bezahlung für ihre Zeugendienste. Hochrangige Gäste trachteten ihrerseits danach, sich mit einem eigenen Potlatch zu revanchieren, bei dem sie es den Geschenken des vorherigen Veranstalters zumindest gleichtun wollten oder sie zu überbieten suchten. Um dieses Ereignis vorzubereiten, verliehen sie ihrerseits einen Teil ihrer Güter. Auf diese Weise stützte das Potlatchsystem einen Tauschzyklus materiellen Reichtums. Der Veranstalter eines Potlatch mochte am Ende nahezu alle seine materiellen Besitztümer verloren haben, aber sein Gewinn an Ehren wog mehr.

Zeremonien fanden in den Wintermonaten statt, wenn die Familien von den Nahrungsvorräten lebten, die sie den Sommer und Herbst über angelegt hatten. Von der Notwendigkeit befreit, sich auf die Suche nach Essen zu machen, hatten sie die Zeit für große gesellschaftliche Ereignisse. So verlief der Rhythmus des Lebens im Einklang mit den Jahreszeiten, mit den verschiedenen ökonomischen, sozialen und kulturellen Aktivitäten, die sich auf das Jahr verteilten.

Gleichgültig in welcher Jahreszeit, die Völker der Nordwestküste umgaben sich stets mit den Erzeugnissen ihrer künstlerischen Ausdruckskraft. Es gab keine feste Trennungslinie zwischen „Kunst" und „Alltag", wie sie heute in den westlichen Kulturen wohl besteht. Die Kunst der Nordwestküste war eine funktionale Kunst, sie diente dazu, eine Aufgabe zu erfüllen oder eine Botschaft zu vermitteln. Der Zweck der Kunst ging weit über alle ästhetischen Absichten hinaus, und sie zielte auf weit mehr als bloße Betrachtung ab. Die Völker der Nordwestküste schmückten Werkzeuge und Utensilien des alltäglichen Gebrauchs und sie schufen spektakuläre und dramatische Meisterstücke, um Wappen zur Schau zu stellen oder sie bei Tänzen vorzuführen. Die Männer schnitzten in Holz, Knochen und Geweih und bearbeiteten manchmal auch Stein. Die Frauen fertigten Flechtarbeiten aus pflanzlichen und tierischen Fasern an und verzierten ihre Gefäße, Matten und Decken mit sorgfältig ausgearbeiteten Mustern. Die meisten Erwachsenen entwickelten Geschick bei der Herstellung von Gegenständen des täglichen Gebrauchs, doch erforderte es eine spezielle Ausbildung, um monumentale und zeremoniale Kunstwerke zu schaffen. Die Schnitzer von Wap-

Unten: Sitka Jake, ein Tlingit, mit einer Chilkat-Decke und einem beim Tanzen getragenen Kopfputz aus dem gleichen Material. Die Decke wurde von Frauen aus Zedernrindenbast und Bergziegenwolle gewoben, nach Designs, die von Männern auf einem eigenen Musterbrett vorgezeichnet waren.

Tlingit

Die Tlingit sind eine Nationalität, keine vereinte politische Körperschaft. Sie leben auf dem Festlandsstreifen und Hunderten von Inseln unmittelbar vor der Küste des Alaska Panhandle. Es gibt drei Hauptgruppen von Tlingit-Stämmen oder lokalen Gemeinschaften, von denen jede aus nah beieinanderliegenden Dörfern besteht, die ihrerseits wiederum von mehreren matrilinearen Klanen bewohnt werden. Klane besaßen territoriale Rechte, und jedem Klan gehörten mehrere Wappen, die von führenden Mitgliedern auf Wappenpfählen vor Häusern im Lineage-Besitz und auf vielen Gegenständen ausgestellt wurden. Gesellschaftlicher Rang und das Recht, Wappen vorzuführen, wurden durch Potlatche bestätigt, bei denen der Gastgeber/Veranstalter seinen Besitz an die Gäste verteilte. Zu den Tanz- und Festinsignien zählten die berühmten Chilkat- und „Knopfdecken", deren Muster mit importierten Perlmuttknöpfen umrißhaft hervorgehoben waren, und die häufig auch mit schönen Applikationsarbeiten, die Klanwappen wiedergaben, dekoriert wurden. Auf beiden Doppelseiten ist der Herkunftsstamm angegeben, soweit bekannt, und das Sammeldatum.

1 Ein Seil aus verdrehter Zedernrinde, das beim Tanzen als Gürtel getragen wurde. Hutsnuwu, 1881.
2 Hölzerner Hut mit eingeschnitzten Biber- und Potlatchringen. Ca. 1883.
3 Tanzumhang aus Leder mit aufgemaltem Bärendesign, Wollquasten und Hirschhufen an den Fransen. 1903.
4 Geschnitzte Holzschachtel, Eßbehälter. Chilkat, 1882.
5 Hölzerne Rassel eines Schamanen, die einen Austernfischer darstellt. Hoonah, 1884.
6 Zweiklingenkampfmesser im alten klassischen Stil, gehämmertes Handelseisen, die Augen mit Abalonschalen eingelegt. Sitka, vor 1870.
7 Dolch im nördlichen Stil, mit einem geschnitzten Holzgriff, der einen Bären darstellt. Hutsnuwu, 1881.
8 Ein Paar kleiner Bootspaddel. 1876.
9 Beim Tanzen getragener Stirnschmuck, der einen Bären darstellt, aus Holz geschnitzt und bemalt. Haida, Skidegate, 1883.
10 Stirnschmuck, Porträt einer Lieblingstochter eines Haida-Häuptlings. Haida, Skidegate, vor 1903.

11 Bemalte Eßschale, an der Unterseite schräg beschnittenes, gebogenes Holz. Sitka, 1884.
12 Holzlöffel mit geschnitztem Griff.
13 Lederbeutel mit einem Set Spielstöckchen. Chilkat, 1882.
14 In Zwirnbindung geflochtenes Körbchen mit Deckel. 1893.
15 In Zwirnbindung geflochtenes Körbchen mit Deckel. Sitka, 1882.
16 Chilkat-Decke, Zwirnbindung, aus Bergziegenwolle. 1893.
17 Kopfband zum Tanzen aus zwirnbindig geflochtener Zedernrinde, rotgefärbt, mit Abalonschmuck. Stikine, 1905.
18 Aus Horn geschnitzter Kamm. Sitka, 1884.
19 Aus Holz geschnitzter Eßbehälter. Sitka, 1884.
20 Hölzernes Eßgefäß in Robbenform. Hutsnuwu, 1881.
21 Schöpflöffel aus dem Horn des Dickhornschafes. Sitka, 1874.
22 Geschnitzter Holzlöffel. Hutsnuwu, 1881.
23 Seil aus verdrehter Zedernrinde, als Gürtel beim Tanzen getragen. Hutsnuwu, 1881.
24 Zwirnbindig geflochtener Korbhut. Chilkat, 1903.
25 Hölzernes Eßgefäß, die Schmalseiten geschnitzt und bemalt. 1874.
26 Geschnitzte Holzschale für ein Kind. Stikine, 1876.
27 Silberner Armreif mit Rabengravur. Sitka, 1875.
28 Silberner Armreif mit Walgravur. Sitka, 1875.
29 Geschnitzter hölzerner Beerenlöffel. Stikine, 1875.

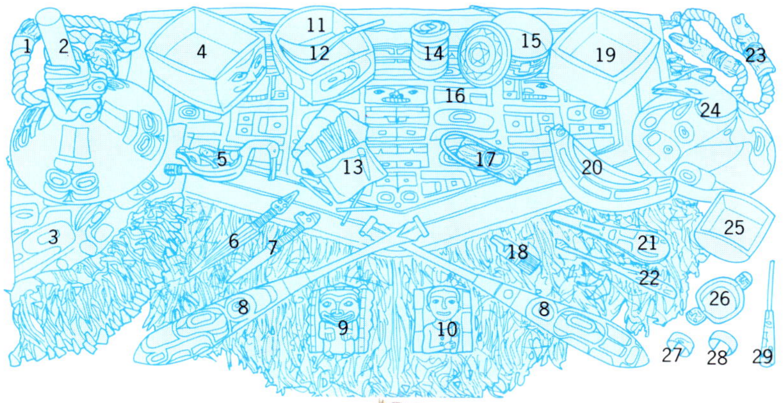

penpfählen [Totem poles, „Totempfähle", wie die populäre, aber inkorrekte Bezeichnung lautet, da die dargestellten Tiere keine Totems wiedergeben, „sondern Wappentiere und Würdezeichen des Besitzers eines Pfahles" (W.Lindig) sind; Anm.d.Übs.], Masken und ähnlichen Kunstwerken gingen deshalb bei Meisterschnitzern in die Lehre, um deren Können zu erlernen. Für ihre Leistungen ernteten sie hohes Ansehen, und Anführer gaben bei solchen Meistern Kunstwerke in Auftrag. Im Tlingit-Gebiet wurden Kunstwerke gewöhnlich bei einem Künstler in Auftrag gegeben, der nicht der Stammeshälfte des Auftraggebers, sondern der konträren moiety angehörte[14].

Die Kunst der Nordwestküstenindianer ist heutzutage international wohlbekannt. Die meisten Menschen verbinden damit entweder die in hohem Grade strukturierte lineare Kunst der nördlichen Küstenregionen oder die dramatischen und farbenprächtigen Tanzmasken der Südlichen Kwakiutl. In Wirklichkeit besteht aber an der ganzen Küste eine enorme Vielfalt an künstlerischen Ausdrucksformen, und es wäre sehr viel präziser, würde man statt von der Kunst von den Künsten der Nordwestküstenindianer sprechen. Es haben sich regionale Stilrichtungen entwickelt, und in einigen Fällen lassen sich ganz bestimmte Stile auf einzelne Dörfer zurückführen. Es gibt gewisse Charakteristika, die überall an der Küste zu finden sind, während bei anderen regionale Unterschiede gelten.

An der Küste existierten drei wesentliche künstlerische Gestaltungsformen: ein zweidimensionales Design in der Malerei und Flachreliefkunst; dreidimensionale Skulpturen, gewöhnlich Holzschnitzereien; und die Fertigung von Körben, Matten, geflochtenen Hüten und Textilien. Zweidimensionales Design erscheint auf den vielfältigsten Gegenständen. Die Farben zum Malen wurden aus Mineralien wie rotem Ocker und Kupfer bereitet und mit Fischrogen als Bindemittel gemischt; in späterer Zeit übernahmen die Künstler Chemiefarben. Häuserfronten und Boote wurden manchmal mit bestimmten Motiven bemalt. Große Vorratstruhen waren oft bemalt oder mit Flachreliefs ausgeschmückt und zusätzlich bemalt. Auch die geflochtenen Hüte wiesen manchmal gemalte Motive auf, was auf eine Zusammenarbeit zwischen weiblichen und männlichen Künstlern hinweist. Hölzernes Eßgeschirr und Schmalzschüsseln waren nicht selten mit zweidimensonalen Reliefdarstellungen versehen, und selbst Utensilien wie Beerenlöffel wurden häufig bemalt oder graviert. Auch Zeremonialgegenstände wie Masken wurden bemalt. Das zweidimensionale Design war bereits lange vor Ankunft der Europäer an

Oben: *Tlingit-Männer und -Jungen in Tanzkleidung. 1895. Die Kleidung ist überwiegend aus Handelsstoffen geschneidert und mit Perlen, Knochen oder Perlmuttknöpfen in traditionellen Mustern verziert.*

Links: *Acht Tlingit-Männer, drei tragen die geschätzten Chilkat-Decken, die Gruppe links trägt Kopfputz (mit geschnitztem hölzernen Stirnschmuck), dekoriert mit den Schnurrbarthaaren von Seelöwen und ganzen Hermelinfellen.*

der Nordwestküste bekannt. Archäologische Funde deuten darauf hin, daß die technisch ausgefeilten, aber weitgehend formalisierten Stilrichtungen der nördlichen Küstenregion sich dort vor mindestens tausend Jahren entwickelt haben.

Auch die dreidimensionale Schnitzkunst hatte ein großes Betätigungsfeld, das vom hölzernen Schnitzwerkzeug bis zu festlichem Geschirr und Zeremonialmasken und, in einigen Küstenabschnitten, Wappenpfählen reichte, derenthalben die ganze Region berühmt ist. Die Tradition der Plastik reicht Jahrhunderte, möglicherweise sogar Jahrtausende zurück. In vielen Gegenden an der Küste hat man überaus expressive Steinskulpturen gefunden, die wenigstens dreitausend Jahre alt sind[15]. Es dürfte so gut wie sicher sein, daß die gleichen Künstler auch in Holz arbeiteten, aber Holz verwittert viel schneller als Stein, und hölzerne Artifakte bleiben daher schwerer erhalten.

Künstlerinnen fertigten geflochtene und in Spiralwulsttechnik gearbeitete Körbe, geflochtene Matten, Hüte, Umhänge und Textilien an. Nachdem der Handel mit den Europäern begonnen hatte, stellten sie auch Perlenarbeiten und Applikationen her. Das Design kommerzieller Ware, etwa wollener Tanzdecken, hoben sie hervor, indem sie die Konturen mit Reihen dekorativer Perlknöpfe besetzten. Bedauerlicherweise wurden diese künstlerischen Ausdrucksformen in der Literatur bis vor kurzem vernachlässigt, dabei erfordeten auch sie beträchtliche Kunstfertigkeit und Kreativität. Wie Holz erhalten sich auch Flechtwaren nicht sonderlich gut und sind deshalb nur unter außergewöhnlichen Umständen archäologisch nachweisbar. Es gibt aber dennoch genügend Anzeichen dafür, daß die Nordwestküstenbewohner seit Tausenden von Jahren Flechtwaren hergestellt haben.

Jede der drei primären Kunstformen hatte ihre regionalen Besonderheiten. Das von den Künstlern der nördlichen Küste – den Haida, Tsimshian und Tlingit – verwendete zweidimensionale Design unterschied sich ziemlich von dem der Südlichen Kwakiutl, Nuu-chah-nulth, Bella Coola und Salish. In den Dörfern der Nördlichen Kwakiutl, die in der Mitte zwischen diesen beiden Regionen lagen, entstanden einesteils Arbeiten, die dem nördlichen Stil verwandt waren, und anderntei̇ls solche, die einen südlichen Einfluß verrieten. Die von den Haida-, Tsimshian- und Tlingit-Künstlern praktizierte zweidimensionale Gestaltung folgt dem gleichen sehr formalisierten Set von Konventionen. Es ist sehr schwierig, die zweidimensionale Kunst dieser Menschen ohne Dokumentation auseinanderzuhalten, es sei denn, das Werk hat zudem plastische Qualitäten. Der sehr komplizierte Kunststil ist heute unter dem Begriff Northern Formline bekannt[16]. Sehr stark vereinfacht heißt das, daß die Künstler sich einer Reihe standardisierter Konventionen bei der Tierdarstellung bedienten und diese in ziemlich gleichbleibender Weise miteinander verbanden. Grundlegende Konturen werden durch krummlinige „Formlinien" hervorgehoben; rechte Winkel sind selten. Die Formlinien sind in ihrer Ausführung von sehr unterschiedlicher Stärke, was dem Design ein dynamisches Gespür für Fluß und Bewegung verleiht. Die Linien laufen zusammen und auseinander, um bestimmte, ständig wiederkehrende Formen zu bilden. Eine annähernd ovale Form, heute „ovoid (eiförmig)" genannt, stellt gewöhnlich Augen und Gelenkverbindungen oder Anhängsel dar. U-Formen zeigen häufig Ohren, Schnauzen und Schwungfedern an, aber auch Rücken- und Schwanzflossen von Seesäugetieren und Fischen. Die Künstler hatten viele Standardmöglichkeiten, die Formlinien so miteinander zu kombinieren, daß diese Elemente entstanden; aber auch der Platz, den ein bestimmtes Design auf einem vom Künstler auszuschmückenden Feld zugewiesen erhielt, unterlag bestimmten Regeln. Ein deutlich erkennbarer individueller Ausdruck wurde nicht angestrebt; dennoch existierte ein persönlicher Stil, der aufgrund seiner Feinheiten umso schöpferischer war.

Im Gegensatz dazu folgte das zweidimensionale Design bei den südlicheren Gruppen weniger festen Schemata. So ist auch die stilistische Spannbreite beträchtlich größer. Es fällt meist nicht schwer, das zweidimensionale Design der Südlichen Kwakiutl, Nuu-chah-nulth und Salish voneinander zu unterscheiden. Jede dieser Gruppen hatte ihre eigenen ästhetischen und künstlerischen Ziele. Bedauerlicherweise wissen wir nicht viel über die Kunst der Südlichen Kwakiutl im 18. Jahrhundert. Im 19. Jahrhundert experimentierten diese Künstler mit Elementen der nördlichen Malerei, die sie so entscheidend veränderten, daß ein Stil daraus entstand, der eindeutig den

Unten: *Tlingit in zeremonieller Tanzkleidung bei einem Potlatch in Klukwan, Alaska. Der Mann links trägt über einem gekauften Hemd eine kunstvoll bemalte Ledertunika. Einige der Männer haben metallene Nasenringe.*

Tlingit

Die Wirtschaft der Tlingit war in der Vergangenheit maritim ausgerichtet, wie auch heute noch weitgehend. Fünf Arten von Lachs sind vor allem im Sommer wichtig. Heilbutt wird im Frühjahr gefangen; früher war das auch die Zeit für die Robben- und Seeotterjagd. Wasservögel wurden im Frühjahr und Sommer gejagt. Die dichten Wälder hinter der Küste lieferten Beeren und Wurzeln und eine Tierwelt mit Hirsch, Bär, Marder, Biber, Dickhornschaf und Bergziege. Die meisten Tlingit-Artifakte sind im nördlichen Stil gehalten, der bestimmten Regeln folgte, die für die Darstellung tierischer und menschlicher Formen maßgeblich waren. So wurden zweidimensionale Designs um dreidimensionale Objekte herumgelegt, wodurch die Körperteile umarrangiert wurden, was eine Entschlüsselung schwierig gestaltete, und man verband Designelemente mit sorgfältig geplanten Formlinien. Die Größe eines Objekts hat wenig zu sagen. Linien und Formen werden, egal ob geschnitzt oder gemalt, gleich behandelt. Holz, doch auch Knochen und Elfenbein finden Verwendung; Einlagearbeiten aus Muschelschalen sind allgemein üblich. Kupfer wurde schon vor Ankunft der Weißen geschätzt.

1 Zylindrischer, zwirnbindig geflochtener Korb mit Deckel. Sitka, 1882.
2 Dechsel zur Holzbearbeitung mit Stahlklinge und Knochengriff; der für das südliche Gebiet charakteristische gerade Typ. Makah (nicht Tlingit), 1876.
3 Bemalte Holzschachtel, mit aufgepaßtem Deckel, der seitlich mit Opercula [Operculum („Verschluß") nennt man die horn- oder schalenartige Platte, die bei vielen gastropoden Mollusken die Rückseite des Fußes bedeckt und das Schneckenhaus verschließt, wenn sich das Tier zurückzieht; Anm.d.Übs.] eingelegt ist. Sitka, 1884.
4 Steinschlegel. Sitka, 1884.
5 Holzschachtel, geschnitzt, mit aufgepaßtem Deckel, der mit Opercula eingelegt ist. Hutsnuwu, 1881.
6 Holzschnitzmesser. 1901.
7 Frauenmesser. Sitka, 1892.
8 Fischmesser. Sitka, 1884.
9 Steinerner Fischstampfer. Sitka, 1874.
10,11 Steinpolierer. 1876.
12 Kleid aus weißgegerbtem Karibu-Fell.
13 Großer, von Frauen getragener Lippenschmuck. 1900.

14 Hölzerner Fischstampfer. Baranof Island (Sitka oder Hutsnuwu).
15 Zwirnbindig geflochtener Korb.
16 Zwirnbindig geflochtener Korb. 1890.
17 Harpunenspitze und -leine. 1890er Jahre.
18 Wildlederhemd. Sitka, 1875.
19 Trommel, das Fell ist über einen Reifen aus Kiefernholz gespannt. Sitka, 1875.
20 Schamanenhalsband aus Elfenbeinanhängern (mit eingeschnittenen Mustern). Sitka, 1884.
21 Schnupftabaksröhrchen aus Knochen. Chilkat, 1882.
22 Steinernes Schnitzwerk – Bär. Killisnoo, Hutsnuwu, 1903.
23 Gravierwerkzeug. 1901.
24 Ahle, die in geschnitztem Griff steckt. Hoonah, 1881.
25 Hölzerner Kopfputz, beim Tanzen getragen. Hoonah, 1881.
26 Bemalter Schamanenumhang, mit Rasseln. Sitka, 1875.
27 Schamanenmaske. Sitka, 1904.
28 Hölzerne Tabakspfeife. Sitka, 1884.
29 Geschnitzter Zauber aus Elfenbein. Sitka, 1882.
30 Kupfermaske, Muschelschaleneinlage, Fellhaare. Yakutat, 1926.
31 Tanzhelm, aus einem einzigen Holzblock geschnitzt, bemalt, mit Haarbüscheln. Sitka, 1875.
32 Holzkragen und Gesichtsmaske, als Panzer getragen; mittels einer Schnur zwischen den Zähnen an seinem Platz gehalten; Aussparungen für die Augen. Sitka, 1874.
33 Körperpanzer aus Holzstäben, zusammengehalten mittels gezwirnter Schnüre. Hutsnuwu, 1882.
34 Messer mit nicht-indianischer Stahlklinge, der Griff wurde von den Tlingit gefertigt. 1881.

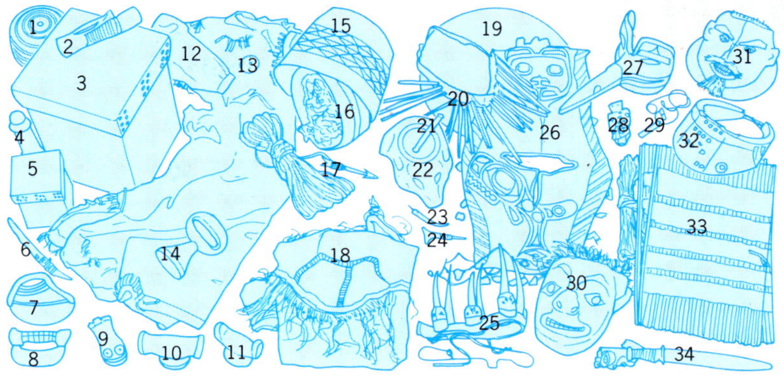

Links: *Haida-Schamane und Patient vollziehen eine Heilung nach. Das Gewand der Schamanen wechselte je nach dem Geist, der von ihnen Besitz ergriffen hatte, bestand aber im allgemeinen aus einem Schurz oder Umhang, der mit esoterischen Mustern bedeckt war.*

Rechts: *Johnnie Kit Elswa, ein Haida aus Skidegate, Queen Charlotte Islands, 1886. Die Tatauierungen sind Anspielungen auf Ereignisse der Familiengeschichte: auf seiner Brust ist ein Braunbär abgebildet, auf jedem Handgelenk ein Hundshai.*

Südlichen Kwakiutl zugeordnet werden kann. Die frühen Kunstwerke der Nuu-chah-nulth, wie sie durch archäologische Funde bekannt sind und von europäischen Reisenden des späten 18. Jahrhunderts gesammelt wurden, lassen auf eine Tradition schließen, in der besonderer Wert auf in Reihen oder Bänder angeordnete geometrische Elemente und die großzügige Verwendung von Kreisen und Punkten gelegt wurde. Einige der Kurvenlinien deuten auf nördlichen Einfluß hin. Um die Mitte des 19. Jahrhunderts begannen einige Nuu-chah-nulth-Künstler auch nördlichere Elemente in ihre Arbeit einfließen zu lassen. Die Linien und Formen des zweidimensionalen Designs der Küsten-Salish haben viel mit der nördlichen graphischen Kunst gemein, doch finden sich auch hier wiederum weniger normierte Traditionen und stattdessen eine große Variationsbreite in den Designs und eine hochentwickelte Ästhetik, für die die Salish-Künstler ihresgleichen suchen. Möglicherweise bestand einmal in einer weit zurückliegenden Vergangenheit ein sehr viel einheitlicherer Kunststil an der Küste, der von den Menschen in den verschiedenen Regionen auf unterschiedliche Weise modifiziert worden ist[17].

Wesentliche stilistische Unterschiede lassen sich in der plastischen Schnitzkunst der Nordwestküste feststellen. Im Norden, wo die zweidimensionale Kunst eine fast völlige Übereinstimmung zeigt, ändert sich der Stil der Skulpturen von Sprachgruppe zu Sprachgruppe erheblich. Noch größer sind die Abweichungen im Süden, wo jede Gruppe einen besonders charakteristischen Schnitzstil und einzigartige Maskenformen ihr eigen nennt[18].

Überall an der Küste waren die Frauen im Flechten von Körben, Matten, Hüten und Umhängen aus Pflanzenfasern bewandert. Zedernbast, Zedern- und Fichtenwurzeln und Gräser waren die meistverwendeten Materialien. Die vorherrschende Technik war die Zwirnbindung; Frauen aus Dörfern der Inland-Salish stellten allerdings auch Körbe in Spiralwulsttechnik her. Gefärbte Gräser und andere gefärbte Pflanzenfasern wurden beim Flechtvorgang in dekorativen, meist geometrischen Mustern eingearbeitet. Designtypen und Korbformen wechselten von Region zu Region nur unwesentlich. Im 18. Jahrhundert flochten die Nuu-chah-nulth einen charakteristischen kegelförmigen Hut mit Walfangszenen als Dekor. Zusammen mit den ihnen nahe verwandten Makah waren sie die einzigen Nordwestküstenindianer, die Wale jagten. Diese Walfanghüte sind in der ganzen Region einmalig[19].

Bei einigen Gruppen – insbesondere den Küsten-Salish und Tlingit – webten (Genaugenommen handelt es sich um Halbweberei (da ohne Weberschiffchen gearbeitet wurde) mit zwirnbindiger Kettstoffbil-

Unten: *Haida-Potlatchtänzer in Klinkwan, Alaska, ca. 1900. Potlatche waren komplexe Zeremonien mit Festlichkeiten und Tänzen, die für die Haida sehr große Bedeutung hatten und verschiedene Formen annehmen konnten.*

Oben: *Ein Dorf der Bella Coola, ca. 1885, an der Küste von British Columbia. Entlang der Küste sind mehrere bemalte Hausfassaden zu sehen und geflochtene Fischreusen hinter den Personen im Vordergrund.*

dung; Anm.d.Übs.] die Frauen auch Decken aus Tierwolle. Die Salish-Frauen nahmen das Haar kleiner Haushunde und die Wolle von Bergziegen, oft vermischt mit Pflanzenfasern[20]. Die Tlingit-Frauen fertigten die berühmten Chilkat-Tanzdecken aus Bergziegenwolle und Zedernbast an. Diese Decken zeigen kunstvolle Figuren im Northern-Formline-Design, die mit großer Fertigkeit nach einer von einem Künstler auf ein Holzbrett gemalten Vorlage ausgeführt wurden[21]. Als über den Handel Perlen aus europäischer Produktion erhältlich wurden, begannen die Frauen sie für Zeremonialobjekte zu verwenden.

Zeremonial- und Monumentalkunst spielten in den traditionellen Kulturen ganz unterschiedliche Rollen. Wie die Stilrichtungen änderten sich diese Rollen von Region zu Region. In den nördlichen Gegenden diente ein Großteil der Zeremonialkunst der Zurschaustellung von Wappen, in denen sich die Lineage des Besitzers repräsentiert sah. Ein Mann, der eine Bärenmaske trug, gehörte zur Bären-Sippe oder zum Bären-Klan. In mancher Weise entsprachen diese Wappen sehr den europäischen Wappen, in anderer Hinsicht unterschieden sie sich von ihnen, da sie sich auch auf die Erfahrungen beziehen konnten, die der Vorfahre des Trägers – der Familiengründer – tatsächlich mit einem Bärgeist gehabt haben mochte.

Ein Großteil verweist in der Tat auf eine Urzeit, in der die Abgrenzungen zwischen Menschen, Geistern und Tieren sehr viel fließender waren, als sie es heute sind. In dieser Zeit konnten Tiere Menschen heiraten, und manchmal verwandelten sich Geister aus tierischer in menschliche Gestalt. Menschen, die mit Tieren und Geistern Erfahrungen dieser Art gemacht hatten, konnten das Recht auf ein bestimmtes Wappentier erlangen, das sie dann an ihre Nachkommen weiterreichen durften. Ein Kunstwerk, das ein Wappentier zeigt, gibt demnach vielleicht mehr an als nur die Genealogie. Es kann auch von der Familiengeschichte sprechen und von den spezifischen Rechten, derer sich diese Familie aufgrund der Erfahrungen der Ahnen erfreut. Praktisch macht das Kunstwerk all die unsichtbaren Rechte, die eine Familie besitzt, sichtbar – das Recht, bestimmte Tänze aufzuführen, bestimmte Lieder zu singen, bestimmte Geschichten zu erzählen und eine bestimmte Klangeschichte beanspruchen zu können. Diese Rechte wurden sorgsam gehütet, und es galt als unpassend, wenn irgendein Mitglied der Gesellschaft einen Tanz tanzte oder ein Lied sang, worauf er oder sie kein Anrecht hatte.

Wappen wurden in vielerlei Zusammenhängen hergezeigt. Masken wurden in Wappenform geschnitzt und bei Tänzen getragen. Zeremonialstirnbänder waren mit Wappenmustern versehen, Chilkat-Decken wurden mit Wappenmustern gewebt und Korbhüte wurden mit Wappenmustern bemalt. Manchmal bemalte man auch die Häuserfronten mit Wappendesigns. Die wahrscheinlich bekannteste Zurschaustellung von Wappen ist der Wappenpfahl, der so etwas wie ein Symbol für die Nordwestküste geworden ist. Entgegen der populären Meinung wurden sie nicht überall an der Küste geschnitzt, sondern waren überwiegend bei den südlichen Tlingit, den Haida, Tsimshian und den Kwakiutl verbreitet. Es hat Diskussionen darüber gegeben, inwieweit die Wappenpfähle schon vor der Ankunft der europäischen Händler mit ihren Eisenwerkzeugen existierten. Heute sind sich fast alle Wissenschaftler darin einig, daß Wappenpfähle bereits eine etablierte Kunstform waren, als die ersten Europäer kamen. Beinahe ebenso gewiß ist jedoch, daß die eisernen Werkzeuge – und die zeremoniellen Aktivitäten, die durch den Pelzhandel gefördert wurden – die Zahl der Wappenpfähle anwachsen ließ.

Es gab viele Arten von Wappenpfählen, die je nach Funktion unterschiedlich groß waren. Häufig, wenn eine hochrangige Person starb, ließen sein Nachfolger oder andere Angehörige seiner Familie zu seinen Ehren einen Pfahl errichten. Der Pfahl zeigte Wappenfiguren, die sich auf die Ahnenschaft des Verstorbenen

Rechts: *Traditionell wurden an der Nordwestküste das aus schweren Zedernholzstämmen bestehende innere Gebälk und die zentralen Giebelpfosten eines Hauses geschnitzt und bemalt. Hiervon leitet sich der Wappen- oder Totempfahl ab. Weit verbreitet entlang des nördlichen Küstenabschnitts, scheint der freistehende Pfahl vor dem Haus eine Einführung neueren Datums zu sein, mit der Blütezeit zwischen ca. 1850 und 1900. Majestätisch, ehrwürdig und eindrucksvoll in ihrer Modellierung, bezog sich jede Figur auf dem Pfahl auf das Wappen des Besitzers und seiner Familie oder auf Ereignisse in ihrer Geschichte.*

Wappen- oder Totempfahl der Haida

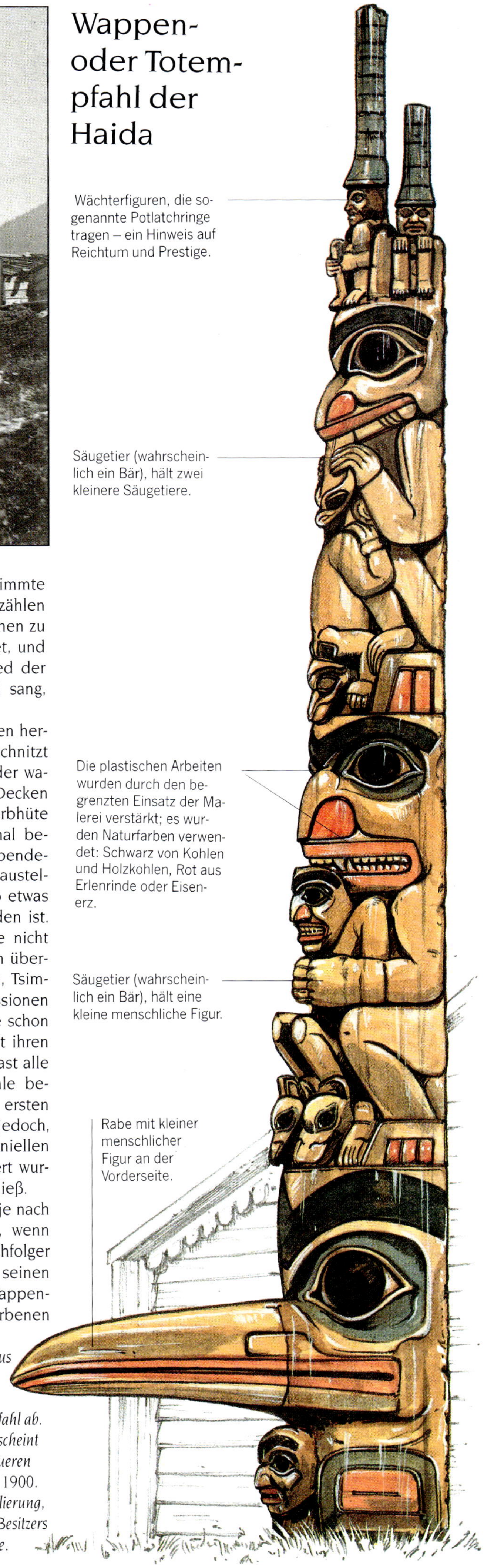

Haida

Das Haida-Territorium besteht aus den Queen Charlotte Islands in British Columbia und einem kleinen, direkt im Norden daran anschließenden Gebiet in Alaska. Ihre traditionelle Sozialorganisation ist matrilinear; die großen Plankenhäuser sind im Besitz der Lineages. Es gab keine allumfassende politische Organisation bei den Haida; regionale Dorfzusammenschlüsse waren als solche anerkannt. Die Wappen waren mit den Lineages und mit Individuen darin assoziiert. Die meisten Wappen stellten Säugetiere und Vögel dar, aber es gab auch einige, die auf Naturerscheinungen wie Wolken, Regenbogen, Abendhimmel Bezug nahmen. Dies war eine hierarchische Klassengesellschaft mit großen Rangunterschieden und Zeremonien, die aufs engste mit dem Status des einzelnen zusammenhingen. Dazu gehörten Feste, Potlatche und Tanzaufführungen, bei denen man durch die Darbietung und Verteilung von Objekten des Wohlstands Prestige und Status erlangte und behauptete. Den Gästen wurden in schönen Gefäßen und Schalen besondere Speisen gereicht. Die Tanzinsignien – Masken und Kopfschmuck beispielsweise – waren vielfältig und kunstvoll ausgeführt; dazu zählten auch spezialisierte Musikinstrumente wie Trommeln, Rasseln und Flöten. Man legte Wert auf ästhetisch vervollkommnetes, sorgfältig kontrolliertes künstlerisches Dekor. Nahezu jedes Artefakt war ausgeschmückt, gewöhnlich mit zoomorphen Motiven. Spezialisten in der Schnitzkunst und Malerei waren hochangesehen. Nicht nur an der Nordwestküste wird dieser Kunststil weithin gewürdigt und tradiert. Die auf den beiden Doppelseiten abgebildeten Objekte wurden zwischen 1875 und 1884 von dem Richter James G. Swan aus dem Washington Territory an den angegebenen Plätzen gesammelt (wenn nichts anderes vermerkt wird).

1 Tanzumhang; Wolldecke mit Perlmuttknöpfen und einem applizierten Design aus rotem Flanell, das einen Schwertwal darstellt, dessen Rückenflossen dreidimensional angebracht wurden. Skidegate.
2 Tanzmaske, einen Sperber darstellend.
3 Tanzmaske, eine alte Frau mit Schmuckstück in der Unterlippe darstellend. Cumshewa.
4 Kopfputz, von einer Frau beim Tanzen getragen.
5 Kugelförmige Rassel aus bemaltem Holz, zwei miteinander verbundene Stücke. Skidegate.
6 Tanzmaske aus bemaltem Holz, mit kupfernen Einlagen, einen Bären darstellend, mit einem Kragen aus Zedernrinde und hölzernen Anhängern.
7 Geschnitztes und bemaltes Figürchen. Sitka.
8 Kopfputz für den Krähentanz. Skidegate.
9 Geschnitzte hölzerne Tabakspfeife. Sitka.
10 Kopfzierat fürs Tanzen, einen Schwertwal darstellend, bemalter hölzerner Kopf mit beweglichen Flossen, durch ein Stoffteil mit dem bemalten Holzschwanz verbunden. Skidegate.
11 Hölzerner Eßbehälter, an der Unterseite schräg beschnitten dann gedämpft und gebogen. Skidegate.
12 Doppelpfeife aus Holz, bei Tänzen gespielt. Skidegate.
13 Tanzrassel, aus Holz geschnitzt und bemalt, einen Raben darstellend mit einem Menschen und einem Frosch auf dem Rükken und einem Sperber auf der Brust. Masset.
14 Großes hölzernes Flöteninstrument, den Ruf eines Bergdämonen verkörpernd. Skidegate.

Haida

In den alten, ursprünglichen Zeiten waren die Haida hauptsächlich von Fisch (insbesondere Heilbutt, Roter Lachs [Sockeye: Oncorrhynchus nerka, kleine, aber wichtige pazifische Lachsart; Anm.d.Übs.] und Lachs) abhängig, dann von Schalentieren, Seesäugern (Robben, Tümmlern, Seelöwen, Seeottern), Pflanzenprodukten (vor allem Beeren, auch Wurzeln, Tang, Schierling und Fichtenrinde), Landtieren (Hirsch, Karibu, Biber, Bär) und Vögeln. Alle sammelten Schalentiere und Vogeleier und machten Jagd auf Vögel. Die Frauen sammelten Wurzeln und Beeren, Tang und Flechtmaterialien. Sie bereiteten alle Speisen vor, kochten und konservierten sie, gerbten Tierhäute, stellten alle Kleider und Korbwaren her. Die Männer fischten, jagten Land- und Seesäugetiere, bauten die Häuser und die großen Boote und fertigten alle Holzschnitzereien und Malereien an. Korbhüte wurden von den Frauen geflochten, die Muster von Männern aufgemalt. Vom Stil her ähnelt die Haida-Kunst der Kunst der Tlingit, Tsimshian und Bella Bella; Argillit [ein schieferähnliches, kompaktes tonhaltiges Gestein, Anm. d.Übs.] -Schnitzereien sind allerdings eine Haida-Spezialität, desgleichen einige Korbmuster.

1 Schöne, aus Argillit geschnitzte Schachtel, für den Verkauf bestimmt; das Muster auf dem Deckel zeigt einen Schwertwal, die angefügten Köpfe stellen einen Bären (Vorderseite) und Wölfe (Schmalseiten) dar.
2 Aus Argillit geschnitztes Relieftäfelchen. Von der Wilkes-Expedition erworben, 1841.
3 Geschnitzter Argillit, für den Verkauf bestimmt, eine Servierplatte mit Fisch darstellend.
4 Tanzumhang, eine dunkelblaue Decke mit appliziertem roten Muster, das Schwertwale darstellt. Skidegate.
5 Aus Holz geschnitztes Relieftäfelchen mit Knocheneinlagen und europäischen (vielleicht russischen) Motiven, für den Verkauf bestimmt. Von der Wilkes-Expedition erworben. 1841.
6 Festliche Speiseplatte aus Holz, mit Opercula-Einlagen am äußeren Rand. Von J.J. McLean 1882 erworben. Hutsnuwu, Tlingit.
7 Schale aus dem Horn eines Dickhornschafes. Von J.J. McLean 1884 erworben. Sitka.
8 Bei Tänzen getragener Pfeil und Bogen eines Häuptlings, aus

dem Besitz von Captain Skedans, dem Häuptling von Kloo.

9 Zwirnbindig geflochtener Korbhut mit aufgemaltem Muster. Masset.

10 Schale aus dem Horn eines Dickhornschafes, durch Dämpfen geformt und mit Abalonschalen-Einlage.

11 Schale aus dem Horn eines Dickhornschafes. Fort Simpson.

12 Tanzhut aus blaubemaltem Holz mit Kupfereinlagen und acht zwirnbindig geflochtenen Potlatch-Ringen.

13 Tanzhemd, mit chinesischen Münzen ausstaffiert, mit Quillarbeit gesäumt und mit Schnäbeln von Papageitauchern befranst. Skidegate.

14 Zwirnbindig geflochtener Korbhut aus feinen Fichtenwurzelfasern, die virtuose Imitation eines Panamahuts. Skidegate.

15 Kopfputz, beim Tanzen getragen, bemaltes Holz, eine Ente auf dem Rücken eines Schwertwals darstellend. Skidegate.

16 Eßschale aus dem Horn einer Bergziege.

17 Eßschale aus dem Horn einer Bergziege geschnitzt, soll eine Ente darstellen. Skidegate.

18 Eiserne Harpunenspitze für die Robbenjagd, mit einer Leine verbunden, daneben eine hölzerne Hülse für die Spitze. Von J.-L-Gould erworben. 1884.

19 Hölzerne Eßschale, eine Robbe darstellend. 1881 von Leutnant L. Curtis erworben.

20 In dichter Zwirnbindung geflochtener Korb aus Fichtenwurzelfasern. Von Leutnant G.T. Emmons erworben. Ca. 1892.

21 Aus Eibenholz geschnitzter Knüppel für die Robbenjagd, soll einen Seelöwen darstellen. Masset.

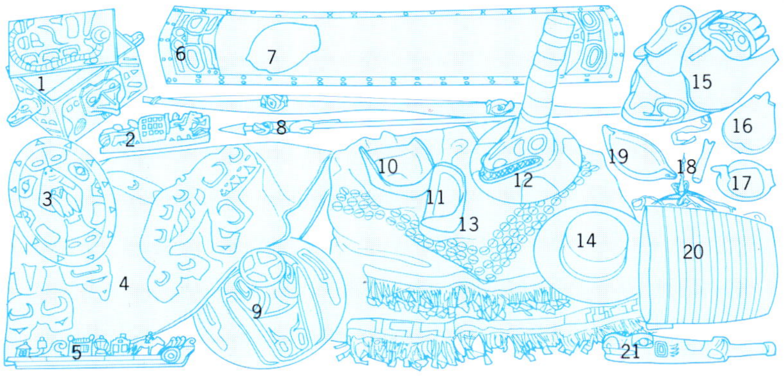

Haida-Kanus

Oben: *Als seefahrendes Inselvolk waren die Haida in höchstem Maße von ihren Booten abhängig, was ihre täglichen Aktivitäten anging. Die Boote der Haida wurden aus Stämmen der Roten Zeder gebaut und zählten zu den besten weit und breit.*

bezogen. Andere Pfähle sind unter der Bezeichnung Frontpfähle bekannt geworden sind; ein solcher Pfahl stand vor der Fassade eines Hauses und zeigte die Wappen der darin lebenden Familie. Innenhauspfähle, die kürzer waren als die meisten Gedenk- und Frontpfähle, stützten die Dachbalken. In einigen Gegenden der Küste, vor allem bei den Haida, wurden menschliche Überreste in Grabkisten an der Spitze von Bestattungspfählen plaziert. Solche Bestattungspfähle waren in der Regel verhältnismäßig kurz und zeigten nur ein oder zwei erstrangige Wappenbilder. Dort, wo die Toten beerdigt wurden, stellte man häufig geschnitzte Figuren auf, um die Grabstätte zu kennzeichnen. Freistehende Holzskulpturen von Menschen, die als Willkommensfiguren bekannt sind, wurden manchmal am Strand eines Dorfes errichtet, um Besucher willkommen zu heißen; dies war vor allem im südlichen Teil der Nordküste der Fall[22].

Unten: *Das Südliche-Kwakiutl-Dorf Koskimo am Quatsino Sound, Vancouver Island, ca.1880. Man beachte die aus handbehauenen Zedernplanken gefertigten Häuser und die verschiedenen Kanutypen und Fischereigeräte am Strand.*

Die Errichtung eines Wappenpfahls geschah im Rahmen eines Potlatch. Die Gäste, die kamen, fungierten als Zeugen, die bestätigten, daß die Familie, die den Pfahl aufstellen ließ, dazu auch berechtigt war. Der Potlatch, der die Errichtung eines Gedenkpfahls begleitete, ehrte den kürzlich Verstorbenen und schuf eine kollektive Erinnerung daran, warum diese Person so geehrt worden war. Wappenpfähle wurden bei Meisterschnitzern in Auftrag gegeben, die für ihre Kunst in die Lehre gegangen waren und sich einen Ruf als ausgezeichnete Künstler erworben hatten. Von den immensen Gesamtkosten, die eine solche Pfahlerrichtung und die als Rahmenveranstaltung abgehaltenen Potlatchzeremonien verursachten, stellte allein schon

der Pfahl einen beträchtlichen finanziellen Aufwand dar.

Eine Kunst, die Wappen zur Schau stellt, stellt auch einen ansehnlichen Reichtum aus. Reichtum bemaß sich an der Nordwestküste ebenso in Anrechten wie in materiellen Besitztümern. Ein Kunstwerk, das ein Wappen zeigte, ließ daher auf einen viel umfassenderen Komplex von Anrechten schließen, die der Familie zustanden, der das Wappen gehörte. Nicht alle Kunst brachte Wappen zur Darstellung, aber auch andere Kunstformen erzählten von Rechten und Ansprüchen. So wurden Zeremonialmasken bei mit sehr viel Prestige verbundenen Tänzen getragen, die vererbt wurden. Man erwarb das Recht, an den Tänzen teilzunehmen und den weniger sichtbaren Reichtum dieses Erbes für sich in Anspruch zu nehmen, durch eine Initiation. Die dramatischen Zeremonialmasken der Südlichen Kwakiutl und der Nuu-chah-nulth sind Beispiele der mit diesen Tänzen assoziierten Kunst[23].

Die Südlichen Kwakiutl sind besonders für ihre Tseyka (populär: Hámatsa) -Tänze oder Winterzeremonien bekannt. Auch diese Tänze nehmen auf die Erfahrungen von Vorfahren mit Geistern Bezug. Der Hámatsa oder Initiierte erlebt selbst die Abenteuer eines Vorfahren mit dem Menschenfressergeist Bakhbakwalanooksiwey. Dieser Geist wurde von zahlreichen wilden Vögeln begleitet, die in der Lage waren, Menschen zu fressen. Der Ahne entkam und brachte seiner Familie das Recht mit nach Hause, Tänze aufzuführen, die er bei der Begegnung gelernt hatte[24].

Während der Winterzeremonien wurden die Grenzen zwischen Menschen und Geistern, zwischen Gegenwart und Vergangenheit und zwischen Initiiertem und Vorfahren zeitweise aufgehoben. Der Initiierte lebte die Erfahrungen des Urahnen bei seiner Begegnung mit Bakhbakwalanooksiwey nach. Nach einer Phase der Isolation kehrte er während der Winterzeremonien in einem Zustand der Wildheit ins Dorf zurück, wurde gezähmt und mit Hilfe einer Reihe spezieller Tänze in seinen früheren menschlichen Zustand zurückversetzt. Schritt für Schritt wurden die Grenzen zwischen Mensch und Geist, Gegenwart und Vergangenheit, Initiiertem und Vorfahren wiederhergestellt.

Bei einigen dieser Tänze tragen die Tänzer große Masken, die die kannibalischen Vögel darstellen, die Bakhbakwalanooksiwey begleiteten. Diese dramatischen Masken waren aus Holz geschnitzt und mit großen, herabfallenden Strängen aus der Rinde der Roten Zeder drapiert. Die Masken haben bewegliche Schnäbel, die von den Tänzern mittels Zugschnüren geöffnet und geschlossen wurden. Die Zedernrindenstränge hingen so dicht, daß sie die Körper des Tänzers und seine Handbewegungen beim Bedienen der Zugschnüre verhüllten. Das Klappern des Schnabels war eine Zugabe aus Klang und Bewegung.

Die Tseyka-Zeremonien zeugten von einem besonderen Privileg, das nur für Menschen galt, die dieses Anrecht besaßen und eigens durch eine Initiation gegangen waren, um das Recht zu erwerben, sie durchzuführen. Das Kunstwerk half die Erlebnisse des Ahnen nachzuvollziehen – oder nachzuleben –, Erleb-

Oben: *Rede des Anführers Hō-letite während einer Winterzeremonie der Kwakiutl, ca. 1894. Seine Decke ist wahrscheinlich aus rotem Handelstuch, mit schwarzem Zierbesatz, von Knochen- bzw. Perlmuttknöpfen gesäumt.*

Unten: *Kwakiutl-Dorf, Fort Rupert, Vancouver Island, ca. 1888. Man beachte die traditionellen fensterlosen Zedernplankenhäuser, eines mit einer bemalten Fassade (links), und mehrere geschnitzte Wappenpfähle.*

Kwakiutl

Kwakiutl ist die Sprache von etwa dreißig namentlich bekannten Stämmen (von denen einer wiederum Kwakiutl heißt) im Nordosten von Vancouver Island und auf dem gegenüberliegenden Festland. Heute gibt es fünfzehn Kwakiutl-Reservate, und jedes wird von einer unabhängigen Ratsversammlung (band council) regiert. Bis auf zwei wurden die hier gezeigten Objekte zwischen 1897 und 1904 von George Hunt (der Abstammung nach halb Tlingit, halb Engländer) gesammelt, der in der Kwakiutl-Ortschaft Fort Rupert aufwuchs, eine Kwakiutl heiratete und ein Vollmitglied der Kwakiutl-Gesellschaft war. Vierzig Jahre lang war er Mitarbeiter und Kollege von Franz Boas; gewaltige Informationsmengen über die traditionelle Kultur der Kwakiutl (einschließlich der Sprache, mündlichen Literatur, Kunst und materiellen Kultur) und die komplizierten Rituale, das Herzstück des Kwakiutl-Lebens, wurden von den beiden aufgezeichnet und veröffentlicht. Zu den religiösen Zeremonien gehören dramatische Aufführungen mit maskierten Tänzern, mit Sängern und Rednern, die oft Mythen nachspielten, die das Eigentum bestimmter Familien waren, innerhalb derer sie weitervererbt wurden.

1 Von Hámatsa-Tänzer beim Winterzeremonial getragene Rabenmaske. Nakwoktak-Stamm.
2 Maske der Leuchtenden Abenddämmerung. Koskimo-Stamm.
3 Maske, die Kniescheibe eines Grizzlybären wiedergebend. Koskimo-Stamm.
4 Sonnen-Maske. Kwakiutl-Stamm.
5 Halsring aus Zedernrinde, welcher beim Winterzeremonial von einem teilweise gezähmten Hámatsa-Initiierten getragen wurde.
6 Kopfring aus Rotzedernrinde, von teilweise gezähmten Hámatsa-Initiierten getragen. Kwakiutl-Stamm.
7 Frauen-Cape aus zwirnbindig geflochtenem Gelbzedernrinde [Yellow cedar, auch Alaska cedar: Chamaecyparis nootkatensis, immergrüner Baum der Pazifikküste mit hartem gelben Holz; Anm.d.Übs.]. Nakwoktak-Stamm.
8 Nasenschmuck. Kwakiutl-Stamm (gesammelt von Boas).
9 Tasche einer jungen Frau aus Zedernrinde. Tsawatainuk-Stamm.
10 Zwirnbindig geflochtene Korbtasche. Kwakiutl-Stamm.

11 Löffel aus dem Horn der Bergziege. Kwakiutl-Stamm.
12 Holzlöffel. Kwakiutl-Stamm.
13 Axt, Waffe des nutlmatl oder „Narrentänzers“, der an der Hämatsa-Zeremonie teilnahm. Tsawatainuk-Stamm.
14 Rassel mit Hämatsa-Gesicht. Koskimo-Stamm.
15 Schlegel zum Töten von Heilbutten. Kwakiutl-Stamm.
16 Keil zum Holzspalten. Kwakiutl-Stamm.
17 Eimer einer Frau. Kwakiutl-Stamm.
18 Trinkgefäß einer Häuptlingsfrau. Koskimo-Stamm.
19 Festliches Gefäß, für gekochte Beeren oder Holzäpfel gedacht. Koskimo-Stamm.
20 Eßschale einer Häuptlingstochter. Kwakiutl-Stamm.
21 Dolch eines Darstellers, der Dzoónokwa verkörperte, eine mächtige übernatürliche Riesin.
22 Arbeitsschachtel eines Mädchens. Kwakiutl-Stamm.
23 Rassel in Form eines Schädels. Koskimo-Stamm.
24 Holzkamm. Kwakiutl-Stamm.
25 Rabenmaske eines Hämatsa-Tänzers. Tsawatainuk-Stamm.
26 Froschpuppe, von einem Darsteller beim Winterzeremonial benutzt. Koskimo-Stamm.
27 Schale zum Servieren von eingeweichtem Trockenlachs. Koskimo-Stamm.
28 Modell einer fünf Meter messenden Festschüssel die beim Winterzeremonial mit der Riesin Dzoónokwa in Verbindung gebracht wurde.
29 Maske für den Tlásulá, den sogenannten Sommer- oder Wiesel-Tanz.
30 Wespentänzer-Maske. Tsawatainuk-Stamm.
31 Dechsel für die Holzbearbeitung. Um 1881 von I.W. Powell gesammelt.

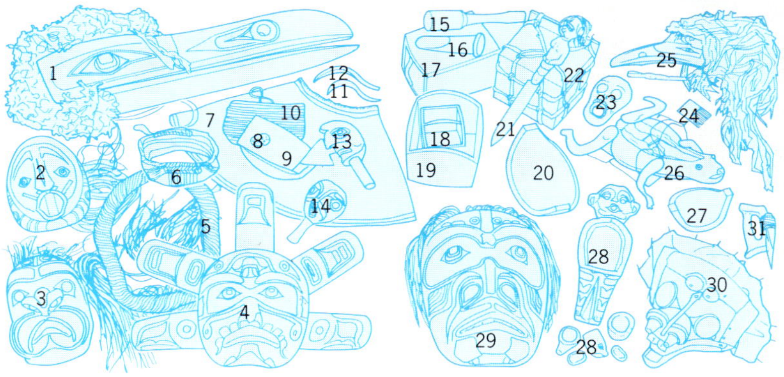

Korbflechten bei den Kwakiutl, 1850

Eine Frau und ihre Enkelin sitzen bei der Arbeit auf einer Plattform über dem Strand vor einem Kwakiutl-Dorf. Ein Einbaum ist aus dem Wasser gehoben worden (rechts), und auf Gerüsten unterhalb der Plattform hängt Fischfleisch zum Trocknen. Die Häuserfassaden aus gedechselten Planken, die mit bestimmten Motiven bemalt sind, und die Wappenpfähle (einer hat als Tür einen beweglichen Schnabel) ähneln denen im Dorf Alert Bay. Beide Personen haben künstliche Schädelformen, Ergebnis des Drucks, den Bündel im Säuglingsalter auf den Kindsschädel ausüben, wie an dem Baby in der Wiege zu sehen ist, die von der Frau mit dem großen Zeh geschaukelt wird. Diese trägt Ohrgehänge aus Abalonschalen und eine Bluse aus Kaliko (Handelsware). Beide tragen Röcke aus zerfaserter Zedernrinde und Roben aus zwirnbindig gewobener Zedernrinde, die mit Seeotterfell eingefaßt sind. Die zum Flechten der Körbe benötigten Rindenstreifen werden in einer Holzschachtel voll Wasser biegsam erhalten.

Rechts: *Eine Gruppe von Kwakiutl ist bei einem Potlatch in Fort Rupert um einen Stapel Decken versammelt (vor 1895). Potlatch-Versammlungen wurden von der kanadischen Regierung 1884 im Rahmen der staatlichen Indianerpolitik verboten und blieben bis 1951 illegal.*

nisse, die den Nachkommen ihre Privilegien verliehen. Eine ähnliche Funktion hatte eine Zeremonie, die bei den Nuu-chah-multh und Makah üblich war. Sie hieß Klookwana bzw. Klookwalli. Bei dieser Zeremonie wurden die Initiierten von übernatürlichen Wölfen entführt, und die Dorfbewohner nahmen an Tänzen teil, die helfen sollten, sie zurückzubringen. Die Bemühungen hatten schließlich Erfolg, die Initiierten kehrten zurück und tanzten bestimmte Tänze, die sie geerbt hatten. Die Tänze wurden nach einer festgelegten Ordnung aufgeführt. Bei einigen dieser Tänze trugen die Tänzer Wolfsmasken. Bei anderen trugen sie einen Kopfputz aus flachen, bemalten Brettchen vor der Stirn, auf denen der Wolf, die mythologische Blitzschlange oder der Donnervogel im Profil abgebildet waren. Auch hier beim Klookwana oder Klookwalli waren die Grenzen zwischen Mensch und Geist, Gegenwart und Vergangenheit, Initiiertem und Vorfahren zeitweise aufgehoben[25].

Einige Salish-Gruppen – die in der Nachbarschaft der Makah auf der Olympischen Halbinsel lebten – beteiligten sich ebenfalls an Tänzen dieser Art. Die Salish am Puget Sound vollzogen andere Zeremonien, die ohne Initiation und Initiierte auskamen. Nichtsdestoweniger sprachen auch sie von fließenden Grenzen. Diese Zeremonien, als Geisterkanu-Zeremonien bekannt, dienten der Heilung von Kranken. Schamanen – Menschen in der Gemeinschaft, die mit besonderen Kräften ausgestattet waren, die ihnen die Kommunikation mit Geisthelfern ermöglichten – vollzogen eine Bootsreise in die Welt unter der Erde nach, wo die Seelen der Toten weilten. Die Zeremonie verfolgte den Zweck, die Geisthelfer der Schamanen dazu zu bringen, die Reise tatsächlich durchzuführen und die Seele des Erkrankten zurückzubringen. Während der Zeremonie sollten besondere Holzbretter und charakteristische Schnitzfiguren helfen, Macht zu beschwören und die Grenze zwischen den Menschen und Geistern zu überbrücken. Aufgrund ihrer Wirksamkeit wurden diese Kunstwerke außerhalb des Dorfes versteckt aufbewahrt, solange sie nicht gebraucht wurden[26].

Selbst die Gebrauchskunst der Küsten-Salish nahm oft auf persönliche Geisthelfer Bezug. Ein besonders charakteristischer Maskenstil war vor allem in British Columbia in Gebrauch. Diese Maske namens Sxwayxwey wurde von Individuen in sehr persönlichen Lebensabschnitten benutzt: bei Geburten, Eheschließungen, Todesfällen und wenn sie sich neue Namen gaben. Diese Masken haben im Gegensatz zu anderen Masken an der Küste stumpfe zylindrisch-abstehende

Unten: *Swinomish-Krieger bringen ein Kanu zu Wasser. Kanus aus ausgehöhlten Zedernstämmen erreichten eine Länge von 15 Metern und erhielten durch lange, geschwungene Vorsprünge an Bug und Heck eine große Stabilität bei rauher See.*

Augen und verwenden nicht selten die Technik des „Vexierbilds", wenn sie z.B. Vogelmuster in die Züge einer größeren mythischen Gestalt integrierten[27].

Diese Technik des Vexierbilds ist an der ganzen Küste verbreitet, verdient also größere Aufmerksamkeit. Beim „Vexieren" sind Teile eines Tiers zugleich die eines anderen. So können die Schwingen eines Adlers auch die Brustflosse eines Wals darstellen, was dem Künstler erlaubt, eine gemeinsame Identität anzudeuten[28]. Auch diese künstlerische Technik impliziert, daß Grenzen sehr fließend sein können. Zwei Präsenzen können denselben Platz zur selben Zeit einnehmen, gerade so wie der Tänzer gleichzeitig in der Gegenwart und der Vergangenheit leben kann.

Die Schamanen oder spirituellen Heiler besaßen besondere Kräfte und konnten daher die Grenzen zwischen Menschen und Geistern überwinden und direkt mit Geistern verkehren. Sie setzten ihre Kräfte ein, um Kranke zu heilen und Ereignisse vorherzusehen. Jeder Schamane hatte einen persönlichen Geisthelfer und eine persönliche Kunstsammlung, mit deren Hilfe er oder sie an die Macht dieser Helfer appellierte. Die Schamanen und ihre Kunstwerke wurden oft abseits der Dörfer bestattet, da ihre Kraft gefährlich war.

Kunst und zeremonieller Ausdruck der Nordwestküste bildeten mit allen Lebensbereichen eine geschlossene Einheit. Gebrauchsgegenstände und Zeremonialobjekte wurden gleichermaßen geschmückt. Die Kunst war eine funktionale Kunst; wenn es galt, genealogisches Wissen zu vermitteln und die historische Erinnerung zu bewahren, ersetzte sie häufig die geschriebene Sprache. Ähnlich hielten die Zeremonien die Erfahrungen der Ahnen lebendig und machten überdies erbliche Privilegien offenkundig. Bestimmte Kunstwerke repräsentierten die Macht des Schamanen, erleichterten ihm zugleich aber seine Aufgabe, übernatürliche Kräfte herbeizurufen. Das Zeremonialleben war äußerst reich und vielfältig an der Nordwestküste. Trotz starker kultureller Unterdrükkung von seiten der Weißen im 19. Jahrhundert sind viele Zeremonien erhalten geblieben und werden auch heute noch durchgeführt.

Der früheste Bericht über einen Kontakt zwischen Nordwestküstenindianern und Europäern stammt aus dem Jahr 1741, als der russische Forschungsreisende Cirikov mit seinem Schiff kurz in der Gegend des heutigen Sitka im südöstlichen Alaska vor Anker ging. Der nächste dokumentierte Kontakt fand 1774 statt, als der spanische Entdecker Juan Perez die Queen Charlotte Islands erreichte und mit den dortigen Haida Tauschhandel trieb. Auf Perez folgte im nächsten Jahr eine zweite spanische Expedition und 1778 der englische Kapitän James Cook[29].

Handel mit anderen indigenen Gruppen war für die Nordwestküstenindianer nichts Neues, und sie interessierten sich für das, was die Europäer mitbrachten. In den ersten Jahren des Tauschhandels mit Europäern war vor allem Eisen – insbesondere eiserne Klingen – gefragt. Die Indianer handelten mit Nahrungsmitteln und Pelzen, vornehmlich dem dichten Fell des Seeotters. Cooks Mannschaft entdeckte, daß sich Seeotterfelle mit hohem Gewinn in China verkaufen ließen. Diese Nachricht wurde zum Allgemeinwissen, als 1784 die Reisetagebücher der Expedition veröffentlicht wurden. Investoren begannen Handelsreisen an die Nordwestküste auszurüsten. Sehr schnell wurde die Nordwestküste für Europa und den Osten der USA zu einem Zentrum des Kommerzes.

Oben: *Culchillum, von den Zentralen Küsten-Salish, Porträt von Paul Kane (1847). Seine Medizinhaube scheint mit Hermelinstreifen und in Quillarbeit gehaltenen Umhüllungen besetzt. Oben sind in diffiziler Weise zwei Adlerfedern befestigt.*

Die Indianer an der Nordwestküste stiegen aktiv in den Handel mit Seeotterfellen ein. Bis 1820 waren diese kleinen Seesäugetiere praktisch verschwunden.

Der maritime Pelzhandel beeinflußte das Leben der Indianer auf verschiedene Weise. Es ging nicht ohne gewalttätige Zwischenfälle ab: die Segelschiffe hatten immer eine Kanone an Bord, und Mißverständnisse aufgrund kultureller und sprachlicher Unterschiede konnten zu Tragödien auf beiden Seiten führen. Die Pelzhändler schleppten ohne ihre Absicht Krankheiten wie die Blattern ein. Da die Eingeborenen keine natürlichen Abwehrkräfte dagegen hatten, trafen die Krankheiten sie schwer. Die Händler führten aber auch Feuerwaffen ein; bis heute ist unklar, ob diese Waffen die Zahl der Toten bei Stammesauseinandersetzungen erhöht haben.

In einem positiveren Licht erscheint der maritime Pelzhandel, wenn man bedenkt, daß er in kurzer Zeit den Gesellschaften der Nordwestküste großen materiellen Wohlstand gebracht hat. Dieser neue Reichtum trug zur Förderung des Zeremonialwesens und der kulturellen Ausdruckskraft bei. Wahrscheinlich wurden in den Jahrzehnten unmittelbar nach Beginn des maritimen Pelzhandels mehr Potlatche veranstaltet und mehr Zeremonialkunst produziert als zuvor. Die Pelzhändler eigneten sich keine indianischen Ressourcen an und hatten nicht den Wunsch, die Kultur und die Wirtschaft der Indianer zu verändern, so lange diese Pelze lieferten. Der Handel hat vielleicht die Sozialstruktur etwas durcheinandergebracht, indem er einer größeren Bevölkerungsgruppe zu Wohlstand verhalf; die Kultur der Indianer wurde jedoch nicht attackiert und in mancher Hinsicht sogar gefördert[30].

Diese Situation begann sich zu verändern, als europäische und euro-amerikanische Siedler an die Nordwestküste vordrangen. Die Siedler rechneten damit zu bleiben und sie wollten Land, das den Indianern gehörte. Diese Entwicklungen ereigneten sich nicht gleichzeitig an der ganzen Küste. Mit Ausnahme der Sitka-Region, wo es die russische Siedlung Neu-Archangelsk gab, spürten die Indianer im südöstlichen Alaska keinen großen Druck von weißer Seite bis nach der Übernahme Alaskas durch die Vereinigten Staaten im Jahr 1867. Im südlichen British Columbia war der

Unten: *Der Einfluß des weißen Mannes auf die Südlichen Küsten-Salish (Puyallup). Das Einsickern von Nicht-Indianern in ihr Territorium an der Nordwestküste hat ihr Leben auf dramatische Weise verändert.*

Druck um einiges früher spürbar. 1849 begann die britische Regierung mit einer Kampagne zur Kolonisierung von Vancouver Island, um die Vereinigten Staaten davon abzuhalten, die Insel für sich zu beanspruchen. In den fünfziger Jahren wurden mit Indianern in British Columbia einige Verträge abgeschlossen. Nach dieser Zeit jedoch wurden Reservationen ohne Verträge eingerichtet. Die weißen Siedler und ihre Regierung eigneten sich Land an, das den Indianern gehörte, und schränkten den freien Zugang auf dieses Land ein. Kanonenboote patrouillierten entlang der Küste, stets bereit, indianische Dörfer unter Beschuß zu nehmen, falls es Zeichen eines Aufstandes geben sollte. Der erste Gouverneur, James Douglas, hatte das Recht der Eingeborenen auf ihr Land anerkannt, aber seine Nachfolger bestritten, daß die Indianer ein solches Recht je besessen hätten. Mehr als hundert Jahre später, zu Beginn der 1990er Jahre, sind die Landprobleme der Indianer in British Columbia noch immer nicht gelöst[31].

Im südöstlichen Alaska war die Situation weitgehend die gleiche. Es wurden keine Verträge ausgehandelt und keine Reservationen eingerichtet, mit einer Ausnahme: sie betraf eine Gruppe von Tsimshian-Indianern aus British Columbia, die 1887 dem Missionar William Duncan über die Grenze folgte. Von 1867, als Alaska den Vereinigten Staaten übergeben wurde, bis 1877 war die US-Armee in Südostalaska stationiert; 1879 wurde sie durch Kanonenboote der Marine abgelöst. In den 1870er Jahren begannen sich Industrielle für die Gegend zu interessieren und Konservenfabriken und Bergbaugesellschaften zu gründen. Die Indianer wurden zu Lohnarbeitern; sie arbeiteten für relativ geringen Lohn und lebten in fabrik- und bergwerkseigenen Unterkünften. Fragen des Landbesitzes in Südostalaska wurden 1959 – nach Jahrzehnten des Drucks auf die Indianer – mit einem Vergleich und 1971 mit dem für ganz Alaska geltenden Native Claims Settlement Act (Gesetz über die Begleichung der Ansprüche der Eingeborenen Alaskas) geregelt.

Zusammen mit den Siedlern kamen christliche Missionare an die Nordwestküste. Russisch-orthodoxe Missionare waren bei den Tlingit in Neu-Archangelsk seit Mitte des 19. Jahrhunderts tätig gewesen. Im letzten Viertel des Jahrhunderts sah das südöstliche Alaska auch die Ankunft römisch-katholischer, presbyterianischer und Quäkermissionare. In British Columbia waren seit der Mitte des Jahrhunderts Katholiken, Anglikaner und Methodisten vertreten. Die Missionare hielten nicht nur Gottesdienste ab, sie gaben auch Schulunterricht für Kinder wie Erwachsene. Einige wie William Duncan gründeten „Modelldörfer", die abseits von den bestehenden Dörfern lagen; hier wohnten die Indianer in Häusern europäischen Stils und hatten sich bereit erklärt, traditionelle Formen kulturellen Ausdrucks wie den Potlatch aufzugeben[32].

Die Indianer der Nordwestküste reagierten mit gemischten Gefühlen auf die Missionare. Viele hatten ein Interesse daran, zum Unterricht der Missionare zugelassen zu werden – vor allem sie ihnen helfen konnten, Englisch zu lernen. Als weiße Siedler sich indianischen Landes bemächtigten und weiße Industrien die Fischgewässer und Nahrungsressourcen der Indianer übernahmen, wurde es für diese schwieriger, völlig an ihrer traditionellen Wirtschaftsweise festzuhalten; stattdessen wurde es immer wichtiger für sie, als Lohnarbeiter zu arbeiten[33]. Missionare konnten ihnen helfen, diese Fähigkeiten zu erlangen, und sie darauf vorbereiten, in einer Gesellschaft zu funktionieren, in der Weiße nur darauf warteten, sie auszubeuten. Missionare werden häufig wegen ihrer paternalistischen, herablassenden und nicht selten diktatorischen Einstellung verurteilt; immerhin sorgten sie sich um das Überleben der Indianer und waren des Glaubens, ihnen mit ihren Aktionen zu helfen.

Links: *John Hunter, ein Nuu-chah-nulth, in Tanzkleidung, ca. 1925. Seine schwere Robe ist aus Tierhaut, wohl (hauptsächlich) rot und schwarz bemalt. Solch schön geschnitzter und bemalter Kopfputz findet sich selten in ethnographischen Sammlungen.*

Unten: *Auswirkungen des Handels auf die Nuu-chah-nulth. Die Hauptperson hält ein eingehandeltes Gewehr wie auch der Mann links von ihr, der außerdem eine Decke trägt, die wahrscheinlich nicht aus indigener Fertigung stammt.*

Makah

Die Makah lebten in großen Plankenhäusern in fünf halbautonomen Dauersiedlungen an der Spitze der Olympischen Halbinsel. Heute leben sie hauptsächlich in Neah Bay, einem dieser Dörfer. Die Dorfoberhäupter und ihre näheren Familienangehörigen nahmen den obersten sozialen Rang ein und bestätigten ihre Position durch Potlatch-Veranstaltungen. Der Walfang war, ritualisiert und erblich, eine besonders prestigeträchtige Beschäftigung. Die großen seetüchtigen Boote wurden auch zur Robbenjagd und für Handelsexpeditionen eingesetzt und zu den Stämmen im Osten und Süden exportiert. Lachs und Heilbutt besorgten einen wichtigen Teil der Ernährung, Landsäugetiere hingegen spielten nur eine geringe Rolle. Ein wesentlicher Beitrag zur Subsistenz wurde von den Frauen geleistet, die Schalentiere, Beeren und Wurzeln sammelten. Die Männer waren mit komplexen Holzbearbeitungstechniken zu Gange. Geschnitzte Eßgefäße hatten ihren Anteil an der aus Prestigegründen aufwendigen Lebenshaltung der führenden Familien. Die Frauen waren vielseitige Flechterinnen. Alle hier gezeigten Stücke wurden von James G. Swan zwischen 1861 und 1884 gesammelt.

1 Zopfgeflochtenes Tragband aus Gras, zum Tragen von Lasten auf dem Rücken; der breite Abschnitt wurde um die Stirn gelegt.
2 Modell eines Walfangbootes in der typischen Makah-Form, mit Harpune und aufgeblasenen Häuten als Schwimmern, und geschnitzten Figuren.
3 Angelhaken für den Heilbuttfang. (Heilbutt und Lachs wurden vor allem im Sommer gefischt.)
4 Bogen.
5 Pfeile mit Messingspitzen.
6 Zwei Angelleinen aus Riementang mit Schwimmern.
7 Messer zum Öffnen von Fischen.
8 Rassel eines Tänzers, aus Kammuschelschalen.
9 Zopfgeflochtenes Tragband aus Gras, zum Tragen von Lasten auf dem Rücken; wie bei Nr. 1 wurde der breite Abschnitt um die Stirn gelegt.
10 Bogen.
11 Köcher aus Holz mit drei Pfeilen.
12 In Köperbindung geflochtene Tasche zur Aufbewahrung von Speerspitzen und anderem Gerät.
13 Kopfputz für einen Medizintanz, aus Zedernrinde, abge-

schnittenen Federn und rotem Flanell.
14 Modisches Arbeitskörbchen mit Fuß und Deckel.
15,16 Großer Untersetzer, für den Verkauf bestimmt.
17 Aus Binsen geflochtene Tasche.
18 Graskörbchen.
19 Geschnitzter Stein mit Wappenfiguren.
20 Flasche, mit einem in Spiralwulsttechnik geflochtenen Überzug.
21 Aus Holz geschnitztes festliches Eßgeschirr.
22 Holzschale in Gestalt einer Schildkröte.
23,24 Kleiner geflochtener Untersetzer, für den Verkauf bestimmt.
25 Kurze Robe, Einträge in Zwirnbindung aus verdrehten flaumigen Vogelhäuten.
26 Graskörbchen.
27 Strohkörbchen, mit drei verschiedenen Techniken angefertigt.
28 Konischer Hut.
29 Geflochtener Strohhut, einen nicht-indianischen Stil nachahmend.
30 Schamanenrassel, mit geschnitztem Wiesel am vorderen Ende.
31 Schamanenrassel, mit geschnitztem Menschenkopf und Vogel am vorderen Ende
32 Modisches Arbeitskörbchen mit Deckel.
33 Flasche, mit schönem, in Spiralwulsttechnik geflochtenem Überzug.
34 In Würfelbindung aus Zedernrinde geflochtene Matte.

Links: *Das Innere eines Zeremonialhauses der Chinook, gezeichnet von* Paul Kane (1846). *Das geräumige Haus besteht aus behauenen Zedernplanken; man beachte das Rauchloch und die Spalten zwischen den Planken, die für eine gute Zirkulation der Luft sorgten.*

Missionare und Regierungsbeamte taten jedoch viel mehr, als nur Englisch zu unterrichten. Ihrer Auffassung nach war die traditionelle Kultur der Indianer bestenfalls „heidnisch" und schlimmstenfalls sittlich verdorben und verkommen.

Sie führten einen regelrechten Feldzug, um die Indianer dazu zu zwingen, sich von ihrer Kultur abzuwenden und sie nicht mehr weiterzugeben. Oftmals entrissen sie die Kinder ihren Eltern und Gemeinschaften mit Gewalt und erzogen sie in Internatsschulen, wo sie bestraft wurden, wenn sie in ihrer eigenen Sprache redeten oder ihre kulturelle Eigenart zu erkennen gaben.

Der Potlatch war sowohl in British Columbia als auch in Südostalaska eine besondere Zielscheibe der Missionare und Regierungsbeamten. Aus einer Vielzahl von Gründen sahen sie eine Bedrohung in ihm. Da sie Reichtum nur in materiellen Besitztümern maßen, erschien es ihnen als Verschwendung, das im Sommer Verdiente während der Winterzeremonien zu verschenken. Indianeragenten wäre es bei weitem lieber gewesen, hätten die Indianer ihr Geld für den Ankauf von landwirtschaftlichem Gerät und Saatgut ausgegeben. Missionare monierten, daß die Kinder bei einem Potlatch aus der Schule genommen würden. Unternehmer beklagten sich über die Unzuverlässigkeit der Arbeiter während der Zeremonien.

Unten: *Das Innere eines Chinook-Hauses mit zentraler Feuerstelle, gemalt von* Paul Kane (1847). *Auf dem starken Querbalken wird Fleisch geräuchert, und Tierhäute werden durch das Räuchern wasserdicht gemacht.*

Wahrscheinlich jedoch war der entscheidende Grund für den Widerstand, der sich gegen den Potlatch aufbaute, die Erkenntnis, daß diese Zeremonien die indianische Kultur am Leben erhielten. Dieser Ausdruck indianischen Zeremonialwesens stärkte die indigene Spiritualität, die politischen und erbrechtlichen Systeme. Der Potlatch gelangte in den Ruf eines Brauchtums, das die Indianer nicht im Sinne der Missionare und Regierungsbeamten „zivilisiert" werden ließ. Also glaubten sie, sie müßten ihn zerstören, wenn die Indianer Christen und Bürger werden sollten[34].

So begann in British Columbia und Südostalaska eine Kampagne gegen das indianische Zeremonialwesen. 1884 hatte sie Erfolg: in Kanada wurden Potlatche von Rechts wegen für illegal erklärt. Dieses Gesetz blieb bis 1951 in den Gesetzbüchern stehen. Viele Indianer – und auch einige weiße Fachleute – protestierten sofort gegen diese Rechtssprechung, aber ohne Erfolg. Wenn das Gesetz auch nicht regulär durchgesetzt wurde, so reichte die drohende Strafverfolgung – zusammen mit anderen Manifestationen der kulturellen Unterdrückung – aus, daß die Zeremonien nicht mehr öffentlich abgehalten wurden. An einigen Stellen der Küste wurden die Zeremonien weiterhin praktiziert – heimlich und einer möglichen Strafverfolgung stets gewärtig. Andernorts gaben die Menschen die Zeremonien aus diesem Grund allmählich auf.

Im südöstlichen Alaska wurden Potlatche nicht gesetzlich verboten, doch übten Regierungsbeamte und Missionare starken Druck auf die Indianer aus, um sie davon abzubringen, und viele verzichteten denn auch „freiwillig"[35]. Einige waren der Auffassung, damit ihre Kinder in angemessener physischer und psychischer Sicherheit leben konnten, dürften sie es nicht riskieren, Nachteile auf sich zu nehmen, die ihnen von weißer Seite drohten, sollten sie ihrer Kultur offen Ausdruck geben. 1904 stimmten viele Führer der Tlingit in Südostalaska zu, als der Gouverneur sie ersuchte, mit dem Potlatch aufzuhören[36].

Zur Landenteignung und krassen kulturellen Unterdrückung kam ein weiterer verheerender Schlag, den die weißen Siedler den indianischen Gesellschaften und Kulturen versetzten: die Einschleppung von Krankheiten und die Verbreitung des Alkohols, zwei Probleme, die erstmals zur Zeit des maritimen Pelzhandels auftraten, die sich aber exponentiell mit dem Anstieg der weißen Bevölkerung verschlimmerten. Als gleichermaßen problematisch erwies sich die Tatsache, daß Indianer aus zahlreichen Dörfern in ganz British Columbia sich in einer einzigen Großstadt einzufinden begannen. Eine Epidemie, die in dieser Stadt ausbrach, konnte sich über das ganze Land verbreiten.

Dieser Fall trat 1862 ein, als ein Schiff aus San Francisco die Blattern nach Victoria brachte. Als die außerhalb der Stadt lagernden Indianer sich ansteckten, wurden sie von den weißen Einwohnern vertrieben. Sie kehrten in ihre Heimatdörfer zurück – den Krankheitskeim brachten sie unweigerlich mit. Die tragische Epidemie löschte mindestens ein Drittel der gesamten indianischen Bevölkerung von British Columbia aus. In einigen Küstenabschnitten wurden praktisch ganze Dörfer ausradiert. Neben den Pocken hatten noch andere Krankheiten wie Masern, Grippe, Tuberkulose, Geschlechtskrankheiten und Alkoholismus schwerwiegende und zerstörerische Auswirkungen auf die indigenen Gesellschaften[37]. Binnen kurzem hatte mit einiger Sicherheit jeder Indianer Freunde

Links: Ein Makah-Fischer mit Walharpune. Harpunen waren im allgemeinen aus Eibenholz und etwa sechs Meter lang. Die Spitze bestand aus Miesmuschelschalen in einer Halterung aus Elchgeweih.

oder Verwandte verloren. Eine Folge des gesellschaftlichen Zerfalls war, daß sich die Bevölkerung in einigen wenigen Küstendörfern konsolidierte. Die Kräfte der kulturellen Unterdrückung hatten es durch die Verwüstung einfacher, ihren Einfluß durchzusetzen.

In den ersten Jahrzehnten des 20. Jahrhunderts hatten die weißen Behörden die offene Darbietung des indianischen Zeremonialwesens wirkungsvoll unterdrückt. In British Columbia konnte strafrechtlich durchgegriffen werden – und wurde es auch. Dies galt insbesondere für die Südlichen Kwakiutl, die in ihrem Zeremonialwesen nach wie vor aktiver waren als die meisten anderen Indianergruppen[38]. Die kulturelle Unterdrückung und andere Formen der Verheerung, denen diese sich ausgesetzt sahen, hatten zur Folge, daß immer weniger Zeremonien veranstaltet wurden. Somit wurden auch die Kontexte weniger, in denen traditionelle Kunst Verwendung fand, und es wurden weniger traditionelle Kunstwerke angefertigt.

In den 1870er Jahren begann das Interesse nordamerikanischer und europäischer Museen an der Kunst der Nordwestküsterindianer[39]. Museumsdirektoren waren fälschlicherweise der Meinung, daß die Indianerkulturen nicht überleben würden, und wollten daher eine wissenschaftliche Dokumentation anlegen, solange dies noch möglich war. Sie schickten Sammler mit dem Auftrag an die Nordwestküste, „repräsentative" Sammlungen der indianischen Kulturen zu machen. Diese kauften von Indianern, die das Geld brauchten, Kunstwerke, die nicht länger zeremoniell verwendet wurden. Häufig allerdings entnahmen Sammler solche ohne Erlaubnis auch aus Gräbern. Innerhalb weniger Jahrzehnte nur hat man zeremoniale Kunstwerke und Wappenpfähle en masse abtransportiert.

Während dieser Zeit wurde, die Kwakiutl- und Salish-Völker ausgenommen, nur noch sehr wenig Zeremonialkunst angefertigt. Einige Künstler arbeiteten, um ihre Produkte an Touristen und andere Nicht-Indianer zu verkaufen. Ein Teil dieser Arbeiten blieb technisch ausgezeichnet, besonders die von den Frauen für weiße Sammler geflochtenen Körbe. Da die Frauen weniger Chancen auf Lohnarbeit in der weißen Wirtschaft hatten, konnten sie sich die Zeit nehmen, die für die Herstellung von Korbwaren notwendig war; die Tätigkeit vertrug sich auch mit der Kinderversorgung. Mit dem Schwinden traditioneller Kontexte für zeremoniale Kunst und den zunehmenden Möglichkeiten, als Industriearbeiter Geld zu verdienen, fanden immer weniger männliche Künstler die Zeit, die es erforderte, ein geschickter Schnitzer oder Maler zu werden. Der Bevölkerungsrückgang ließ auch weniger Meisterkünstler übrig, bei denen man in die Lehre gehen konnte. Wie vorherzusehen war, verschlechterte sich diese Situation im Laufe des 20. Jahrhunderts noch. Als der Kunsthistoriker Bill Holm in den 60er Jahren den Northern-Formline-Stil untersuchte, konnte er in der Bella-Coola-Region keinen einzigen praktizierenden Künstler mehr finden, der seine Kunst noch nach den traditionellen Methoden erlernt hatte[40].

Trotz der extremen kulturellen Unterdrückung und sozialen Zerrüttung erhielten sich die indigenen Völker ihren Sinn für ethnische Identität und ihre kulturellen Werte. Selbst während das Zeremonialwesen unterdrückt war, blieben diese Werte bestehen. Heutzutage, da sich weitaus mehr Menschen für Bürger- und Menschenrechte aussprechen, findet unter den Nordwestküstenindianern eine Revitalisierung des traditionellen Zeremonialwesens statt. Ihre künstlerischen Ausdrucksformen werden wieder offen praktiziert. Traditionell arbeitende Künstler sind wieder aktiv, doch sind ihre Werke sowohl für die Sammler schöner Kunst als auch für eigene zeremonielle Zwecke bestimmt. Die Indianer sind zudem politisch sehr gut organisiert und suchen nach wie vor eine Wiedergutmachung vergangenen Unrechts zu erreichen. Sie spielen auch eine wichtige Rolle in der Umweltschutzbewegung, da die Bewahrung ihrer Kulturen unauflösbar mit der Erhaltung der Wälder in ihrer traditionellen Heimat an der Nordwestküste verbunden ist.

Nachweise:

1 Für eine weitere Erörterung dieser Frage siehe Holm 1983, 15-16. Stewart 1973, 1977, 1984 bietet reichhaltigere und genauere Auskünfte über indigene Methoden der Ausschöpfung von Ressourcen in ihrem natürlichen Environment.
2 Duff 1964, 38-9.
3 Jackson o.J., 62-9.
4 Weiteres in Stewart 1984.
5 Lobb 1990, 21.
6 Was die Archäologie der Nordwestküste betrifft, siehe Carlson 1976; MacDonald und Inglis 1976; Fladmark 1986.
7 Eine prägnante Diskussion der Sozialorganisation der Nordwestküstenindianer findet sich bei Macnair et al. 1984, 15-24, sowie Bancroft-Hunt und Forman 1979, 25-49. Die folgenden Ausführungen basieren auf diesen Quellen.
8 Bancroft-Hunt 1979, 37.
9 Weitere Ausführungen über die Sozialorganisation der Tlingit finden sich bei Jonaitis 1986, 34-9; Holmberg 1965, 10-11; De Laguna 1972, 212-13.
10 Macnair et al. 1984, 21.
11 Ebd., 22.
12 Ebd.
13 Eine knappe Darstellung des Zeremonialwesens der Nordwestküste bietet Halpin 1981, 6-15.
14 Brown in: Corey 1987, 157-75.
15 Duff 1975.
16 Der Stil wurde von Bill Holm (1965) einer gründlichen Untersuchung unterzogen. Er war es auch, der den Terminus Northern Formline definierte. Bei Stewart 1979 findet sich eine popularisierte Darstellung von Holms fachmännischen Ausführungen.
17 Eine klare und knappe Erörterung dieser Stilrichtungen findet sich bei Macnair et al. 1984, 25-42.
18 Macnair et al. 1984, 43-62 bietet eine präzise Darstellung der verschiedenen kulturellen Stile.
19 Über diese Hüte wird man bei Vaughan und Holm 1982, 32-3 informiert.
20 Detaillierter auf die Salish-Webkunst geht Gustafson 1980 ein.
21 Wer Näheres über Chilkat-Decken wissen will, sei an Samuel 1982 verwiesen.
22 Halpin 1981, 16-23.
23 Halpin 1981, 7-12; Holm 1987, 84, 100.
24 Holm 1987: 100; Macnair et al. 1984, 50-51, 96; Holm 1983, 86-7. Die Angaben zum Tseyka beruhen auf diesen Arbeiten.
25 Holm 1987, 84.
26 Holm 1987, 48-9.
27 Macnair et al. 1984, 52-3, 62.
28 Ein klassisches Beispiel ist die in Macnair et al. 1984, 46-7, 50, abgebildete und beschriebene Holzschale der Haida. Die Schale gehört in die Sammlungen des Royal British Columbia Museum, Victoria, B.C.
29 Eine ausführlichere Darstellung der gegenseitigen Beziehungen zwischen Nordwestküstenindianern und europäischen Forschungsreisenden und seefahrenden Pelzhändlern findet sich in Gunther 1972; Pethick 1973; Cook 1973.
30 Der maritime Pelzhandel wird ausführlicher erörtert in Duff 1964, 53-60; Fisher 1977; Vaughan und Holm 1983; Wyatt 1984.
31 Eine umfassende Diskussion der Regierungspolitik in Sachen Indianerland in British Columbia bietet Tennant 1990. Siehe auch Duff 1964, 60-74; Fisher 1977.
32 Mehr über Missionare erfährt man bei Duff 1964, 87-101; LaViolette 1973; Fisher 1977, 119-45, und Fisher in Veillette und White 1977, 1-11.
33 Näheres über den Anteil der Indianer am industriellen Lohnarbeitssektor bietet Knight 1978; siehe auch Wyatt in: Pacific Northwest Quarterly 78 (1-2), 43-9.
34 Zum Widerstand gegen den Potlatch siehe LaViolette 1973; Sewid-Smith 1979; Hou o.J.; Halliday 1935. Ein Buch über das Potlatch-Verbot von Cole und Chaikin erscheint bei der University of Washington Press.
35 Hinckley 1982, 249-53.
36 Ebd., 251-3.
37 Duff 1964, 40-44.
38 Siehe Sewid-Smith 1979, der die Verhaftungen nach einem Potlatch im Jahr 1921 diskutiert.
39 Bei Cole 1985 findet sich mehr über das Sammeln indianischer Kunst.
40 Holm 1965, vii.

„Im Süden und Osten, im traditionellen Chippewa- und Montagnais/Naskapi-Land, erzählten sie, ob vollblütige Indianer oder Métis, alle die gleiche Geschichte: 'Der Biber verschwindet schnell; in weiten Gebieten ist er bereits verschwunden.'“

DIE SUBARKTISCHE REGION

Dieses riesige Areal umspannt den ganzen nordamerikanischen Kontinent von der Labrador-Halbinsel (einschließlich Neufundland) im Osten und einem Ausläufer südlich der Hudson Bay bis nach Alaska hinüber im Westen. Es umfaßt eine Gesamtfläche von mehr als fünf Millionen Quadratkilometern, auf denen nicht mehr als 60000 Athapaskisch oder Algonkin sprechende Menschen leben.

Das subarktische Klima neigt zwar weithin zur Beständigkeit, doch ist das Terrain nicht einheitlich. Es überwiegt eine weite, bewaldete Tundra mit verstreuten Nadelwäldern, an die sich im Norden eine arktisch-alpine Tundra anschließt und im Süden ein boreales Waldgebiet oder Parkland mit großblättrigen Bäumen, die sich auf weiten Grasflächen verteilen.

Ungefähr westlich des Churchill River und der Manitoba-Küste der Hudson Bay lebten die Athapaskisch sprechenden Völker, östlich dieser Linie die Algonkin. Um erfolgreich fischen und jagen zu können, lebten kleine Gruppen erweiterter Familien zusammen, die ein gemeinsamer Dialekt vereinte, und folgten den Wanderungen des Wildes; nur für vergleichsweise kurze Zeit während der Sommermonate kam es zum Zusammentreffen dieser Gruppen. Hierin drückte sich eine gewisse Form von Stammessolidarität aus. Zu den Athapasken zählten die Tanaina, Tanana, Kutchin, Han, Inland-Tlingit, Tahltan, die Hare und Mountain Indians im Nordwesten und die Yellowknife, Dogrib, Slave(y), Beaver und Chipewyan im Osten und südlich des Great Bear und Great Slave Lake. Die Algonkin, wie die Strongwoods Cree, die Westlichen Wald-Cree und die Rocky Cree, lebten östlich und südlich des Slave und Athabasca River. In einem breiten Strom ostwärts bis jenseits des Lake Winnipeg im heutigen Manitoba verteilten sich die Sumpfland-Cree, die Nördlichen Ojibwa, die Saulteaux und die Westlichen Main Cree, deren Territorium an die Hudson und James Bay grenzte. Östlich davon und nördlich des St.Lawrence River waren die Östlichen Cree, die Attikamek, Naskapi und Montagnais zu finden, wobei das Gebiet der beiden letzteren sich bis zur Labrador-See erstreckte. Wegen der riesigen Fläche, die von der subarktischen Region eingenommen wird, hat man sie in einige kleinere Gebiete unterteilt – Yukon-, Makkenzie- und Zentralregion (die an die südliche Hudson Bay angrenzt) sowie die Ost-Region auf der Labrador-Halbinsel. Die Menschen ähnelten sich in ihrer allgemeinen Lebensweise – nirgendwo beispielsweise gab es Ackerbau, alle Gruppen waren Jäger und Fischer, und der Zusammenhalt der Stämme war minimal. In ihren Behausungstypen, der Art des Transports, den Subsistenzformen, der Sorge um die älteren Menschen und den Strukturen der Kriegsführung unterschieden sie sich dagegen oft erheblich. Charakteristisch für die subarktische Sozialorganisation war die Zugehörigkeit zu lokalen Verbänden (bands). Solche Banden paßten sich bereitwillig den alljährlich notwendigen Wanderungen und jahreszeitlich bedingten Sammelstreifzügen an. Sie besaßen ein hohes Maß an Beständigkeit, waren aber sehr locker zusammengesetzt. Ein Ethnologe, der über die Chipewyan arbeitet, hat erst kürzlich auf den großen Wert einer solchen Organisationsform hingewiesen, wenn es gilt, seine Identität inmitten einer Vielzahl von traditionellen und modernen Umweltgegebenheiten zu bewahren. So waren beispielsweise die wandernden Karibu-Herden in ihren Bewegungen vorhersagbar. Traten aber doch einmal Unregelmäßigkeiten auf, konnten sie ausgeglichen werden, weil die räumliche Verteilung der Banden ein Kommunikationsnetzwerk erleichterte, „das über die Richtung der Wanderung, über Zerstreuung und Zusammenballung der Karibu-Herden zu berichten“ imstande war (Smith 1978, 68)[1].

Die Gesamtbevölkerungszahl der verstreut lebenden Banden, die einen lose zusammenhängenden Stamm bildeten, war im allgemeinen klein; sie betrug zum Beispiel um die Mitte des 19. Jahrhunderts für die Montagnais-Naskapi, die ein Territorium von mindestens 25000 Hektar ihr eigen nannten, an die 4000. Die Statistiken für die Chipewyan sind ähnlich; eine

Die Karte zeigt annähernd die territorialen Verläufe der Stämme und Sprachgruppen um 1850 und – in einem großen Gebiet westlich der Hudson Bay – etwas früher. Danach mußten viele Stämme territoriale Verluste hinnehmen, und andere zogen fort.

Bevölkerungsdichte von einer Person auf 250 Quadratkilometer war weder im athapaskisch- noch im algonkin-sprachigen Gebiet ungewöhnlich.

Ein ausgeprägtes soziales Charakteristikum der subarktischen Völker war das große Gewicht, das sie auf persönliche Autonomie legten, woraus ein weitgehend nichtaggressives Verhalten in zwischenmenschlichen Beziehungen erwuchs; Herrschsucht wurde auf diese Weise vermieden und die Handlungsfreiheit des anderen respektiert. Eltern wandten dies bei ihren Kindern an, was zur Entfaltung unabhängiger Persönlichkeiten mit einem hohen Maß an Selbstsicherheit und persönlicher Initiative führte, Charaktermerkmale, die für die Aufrechterhaltung eines harmonischen Zusammenlebens in den kleinen, erweiterten Familienbanden so entscheidend waren. Allerdings war auch eine symbolische Warnung, es mit der Unabhängigkeit nicht zu weit zu treiben, eingebaut; ihre Botschaft wurde durch die Stammesmythologie vermittelt, die vor den Gefahren extremer Isolation vom Gemeinschaftsleben warnte und auf einsame Waldgänger wie den Windigo (Kannibalen) der Cree und Saulteaux und die „Buschmenschen" der Kutchin verwies.

Das enorme Selbstvertrauen und der persönliche Unternehmungsgeist, den die subarktischen Völker zeigten, wird durch eine bemerkenswerte Episode aus der Frühzeit des kanadischen Pelzhandels unterstrichen, die uns von Samuel Hearne (1770) überliefert wurde, der vom Hudson's-Bay-Handelsposten in Fort Churchill eine Expedition anführte, die den Coppermine River östlich des Great Slave Lake finden sollte. Auf ihrem Rückweg stießen sie auf eine Dogrib-Frau, die ihren Cree-Entführern entronnen war. Etwa sieben Monate lang war sie seitdem auf sich allein gestellt gewesen; in dieser Zeit hatte sie sich nicht nur eine kleine Unterkunft gebaut, hatte Schlingen ausgelegt, um Hasen zu fangen (den sogenannten Schneeschuhhasen), Schneeschuhe geflochten und in Erwartung der Frühjahrsschneeschmelze die Arbeit an einem Fischnetz begonnen, sie hatte sogar ihre Fellkleidung geschmückt. „Man kann sich kaum vorstellen, wie jemand in ihrer aussichtslosen Situation so gelassen sein konnte ... alle ihre Kleidungsstücke zeigten neben dem Nützlichkeitsaspekt auch guten Geschmack und keinen geringen Reichtum an ornamentalen Elementen... so daß ihre gesamte Tracht einen sehr angenehmen Eindruck hinterließ" (Hearne 1958, 169).

Hearnes Tagebuch bietet auch einen interessanten Einblick in das Schicksal einer Frau aus der subarktischen Kultur zur Zeit des ersten Kontakts. Von Mattonabee, einem einflußreichen Chipewyan-Häuptling, freundlich empfangen, durfte sich Hearne einen Vortrag über sein Mißgeschick anhören, das daher rühre, daß keine Frauen an Hearnes Unternehmung beteiligt wären. Frauen, so der Häuptling, seien „für die Arbeit geschaffen"; eine könne so viel tragen oder schleppen wie zwei Männer. Sie könnten auch die Zelte aufschlagen und des Nachts auf das Feuer aufpassen. Desweiteren würden sie, obwohl sie alles verrichteten, nur ganz geringfügige Kosten verursachen. Und, fügte er mit sarkastischem Humor hinzu, da sie auch als Köchinnen tätig seien, reichte es in Zeiten der Knappheit, wenn „sie bloß ihre Finger abschleckten", um sie am Leben zu erhalten (Ebd.).

Die üblichste Form der Behausung war das kegelförmige Zelt – der Wigwam der algonkin-sprachigen Gruppen -, das dem Tipi der Plains-Indianer ähnelte

Oben: *Ein Ingalik mit Spieß und Schaufel für den Fischfang, Anvik, Alaska, ca. 1923. Diese Gerätschaften wurden beim Fischen im Winter gebraucht, um ein Loch ins Eis zu hacken und das Loch eisfrei zu halten.*

und in der Tundra mit Elch- oder Karibuhäuten, in den Waldgebieten mit Rinde verkleidet war. Gelegentlich benutzten die Cree kuppelförmige Unterkünfte, die mit „Planen“ aus Birkenrinde bedeckt waren, während die Kutchin, denen es an Birkenrinde mangelte, ähnlich konstruierte kuppelförmige Behausungen mit Häuten abdeckten. Bei beiden Zelttypen war der Feuerplatz in der Mitte; eine Ausnahme in dieser Hinsicht war das shabúktowan der Östlichen Cree, „das Haus, durch das man einfach durchgeht“, das zwei aneinandergefügten Wigwams ähnelte, mit einer Feuerstelle an beiden Enden und jeweils einem Rauchloch darüber (Skinner 1911, 14). Beim Bau des konischen Zeltes wurden zwei Pfähle kreuzartig auf dem Boden übereinandergelegt; diese wurden am Kreuzungspunkt zusammengebunden und aufgestellt, dann wurde ein dritter Pfosten in den Kreuzwinkel plaziert und gleichfalls festgeschnürt. Indem man das so entstandene dreifüßige Gestell an seiner Basis enger zusammenzog, wurde die Zeltspitze emporgehoben, und die Seitenwände wurden steiler. In diese Grundkonstruktion fügte man weitere Stangen ein, die eine Zeltdecke aus Häuten oder Rinde zu tragen hatten. Die Rinde war aufgerollt, und die Rollen selbst waren bis zu einem Meter breit und unterschiedlich lang, je nachdem, wo sie auf dem konischen Gestell angebracht werden sollten. Wenn die Rinde erst einmal ausgebreitet war, wurden weitere Stangen darübergelegt, die die Zeltdecke hielten und verankerten. Mit Häuten verkleidete Wigwams waren ähnlich

Oben: *Vorratslager der Ingalik in Shageluk am unteren Yukon, Alaska. Solche Lager, in denen Nahrungsvorräte gespeichert wurden, standen gleich neben den Häusern im Dorf; man stellte sie auf hohe Pfähle, um die Vorräte vor Raubtieren zu sichern.*

Unten: *Ein Ingalik holt Fische aus einer Reuse; er hat eine Schaufel in der Hand. Hinter ihm stehen ein Eisstichel und eine lange hölzerne Eisschaufel. Große Reusen dieses Typs wurden hauptsächlich zum Fang von Lengfischen benutzt.*

konstruiert und unterschieden sich somit deutlich vom Plains-Tipi, das im allgemeinen nur eine einzige, genähte Zeltdecke aufwies und keine außen angebrachten Halterungen kannte.

Wigwams waren gewiß keine primitiven Unterkünfte, wie eine oberflächliche Besichtigung vermuten lassen könnte: das Nähen der Rindenrollen in verschiedenen Längen, das schindelartige Überlappen und die aufgemalten Dekormotive, die im Falle der Östlichen Cree auf Eigentumsmarken verwiesen, deuten auf eine gutkonstruierte und wohnliche Behausung hin, die zu der Umwelt und nomadischen Lebensweise paßte. In einem Wigwam hatte alles seine Ordnung. Etwa 1,8 – 2,4 Meter über dem Boden waren Seile zwischen den Pfosten gespannt, an denen Mokassins und andere Gebrauchsgegenstände aufgehängt werden konnten; es war nicht unüblich, an einer solchen Querverbindung direkt über dem Feuer Fleisch aufzuhängen, um es langsam zu räuchern. Gästen war der Ehrenplatz genau gegenüber der Tür vorbeihalten.

Die bedeutendsten nahrungsspendenden Großtiere waren Karibu und Elch, und zwar das Barren-Ground-Karibu in den nördlichen Übergangswaldgebieten und der Tundra und in den borealen Wäldern weiter südlich das Wald-Karibu, der Amerikanische Elch (moose) und in geringer Zahl der Waldbison.

Die Chipewyan jagten das Karibu, indem sie es durch eine fünfzehn bis zwanzig Meter breite, mittels Buschwerk oder Pfählen seitlich abgesicherte Engstelle in eine kreisförmige Hürde mit einem Durchmesser von bis zu fünfhundert Metern trieben; diese Hürde schloß ein kompliziertes Labyrinth aus Büschen und Sträuchern ein, zwischen denen Schlingen ausgelegt wurden. Karibus, die sich darin gefangen hatten, wurden mit Speeren erlegt, während man die verbleibenden, frei herumlaufenden mit Pfeilen tötete.

Anders als das Karibu war der riesige Elch kein Herdentier. Ihn zu jagen, bedurfte es einer anderen Methode, die auf der genauen Beobachtung einer charakteristischen Verhaltensweise des Tieres beruhte. Um die Witterung eines Raubtiers auf seiner Fährte aufzunehmen, macht ein Elch, der geäst hat, in der Regel kehrt und verweilt in Windrichtung irgendwo auf seiner eigenen Spur. Der indianische Jäger stellt dieses Verhalten in Rechnung, indem er es vermeidet, der Fährte eines Elchs direkt zu folgen, und stattdessen in halbkreisförmigen Schleifen in Windrichtung vorgeht; sobald der Elch seine Kehrtwende gemacht hat, kann der Jäger ihn genau orten. Während der Brunftzeit konnte man Elche mit einem Lockinstrument aus Birkenrinde herbeirufen und im Spätwinter sie dadurch bewegungsunfähig machen, daß man sie in tiefen Schnee trieb, wo man sie speeren konnte.

Karibu- und Elchfleisch als hauptsächliche Nahrung ergänzte man durch kleinere Tiere wie Biber, Hase, Kaninchen, Bisamratte und Eichhörnchen, die mit Prügelfallen oder Schlingen erlegt wurden. In den subarktischen Gebieten brauchte es große Mengen von Nahrungsmitteln, um eine Familie zu ernähren, wobei nach Schätzungen jeder Erwachsene täglich mindestens vier Pfund Fleisch zu essen vermochte. Entscheidend war, daß ein hoher Anteil dieses Fleisches Fett war, um die nötige Kalorien- und Fettsäurenaufnahme zu gewährleisten. Deshalb war die Art des gegessenen Fleisches wichtig. Hasen oder Kaninchen zum Beispiel wurden von manchen Gruppen als Kraftnahrung nicht sehr geschätzt, da sie die meiste Zeit des Jahres nur eine begrenzte Menge Körperfett haben. Ein gängiges Indianerwort war, daß man „mit Hasen glatt verhungern" könnte! (Rogers und Smith 1981, 135) Ein Händler der Hudson's Bay Company hat darauf hingewiesen, daß für diese subarktischen Völker der Biber – und das galt besonders für die Cree, auf deren Territorium es überreichlich Biber gab – weitgehend das war, was für die Eskimo der Seehund war. Der Biber hat große Mengen von Körperfett; er war, wie die Indianer sagten, „für ihr Wohlergehen im kalten Winter genau so notwendig wie Speck und Butter für den Weißen Mann" (Godsell 1935, 114).

Die Verfügbarkeit von Nahrungsressourcen war von Jahreszeit zu Jahreszeit verschieden; um also eine ausgeglichene Speisekarte zu erhalten, wurden beträchtliche Mengen von Fleisch und Fisch konserviert. Gelegentlich wurde im Winter Fleisch auch eingefroren, aber die üblichsten Methoden der Haltbarma-

Unten: Untere Ahtna aus dem Tal des Copper River im südöstlichen Alaska, ca. 1902. Die Kleider sind mit knöchernen Knöpfen geschmückt, die Tragriemen mit Perlenapplikationen. Man beachte das Moos, das als Windel dient (rechts).

Ingalik

Die Ingalik sprechen eine athapaskische Sprache und lebten Ende des 19. Jahrhunderts hauptsächlich in Anvik am unteren Yukon und in Shageluk an einem nahen Nebenfluß. Sie jagten Karibu, Elch, Bär, Biber und andere Säugetiere und Wasservögel und waren stark von Fisch abhängig, den sie ganzjährig fingen, also auch im Winter, wenn sie Reusen unter das Eis setzten. Mit der Ende des Jahrhunderts eingeführten Fischradfalle stieg die sommerliche Lachsfangquote. Jedes Winterdorf hatte als Zentrum ein großes, halb unterirdisches Gebäude, in dem Zeremonien abgehalten wurden und sich die Männer Gesellschaft leisteten, Waffen und Geräte anfertigten und reparierten. Traditionell kannten die Ingalik sieben wichtige Zeremonien, zu denen Feste, Geschenkleistungen und eine breite Vielfalt dramatischer Tänze gehörten, darunter viele Tänze mit Masken wie jenen speziellen Maskentanz, der die Zahl der Jagdtiere vermehren sollte. Die hier gezeigten Objekte wurden (ausgenommen die Nr.13) vor 1905 vom Reverend John W. Chapman gesammelt, der seit 1887 Missionar in Anvik gewesen war.

1 Ein Paar Masketten [Maskette, von nordamerikanischen Ethnologen geprägter Ausdruck zur Beschreibung eines maskenähnlichen Objekts, das jedoch nicht vor dem Gesicht, sondern darüber oder darunter getragen wurde; Anm.d.Übs.], von Boten benutzt, die Gäste zum Silberlachs-Maskentanz einluden.
2 Waldhuhn-Maske für den Maskentanz.
3 Feuerbohrer: eine Birkenrute wird mittels einer Schnur mit Knebeln am Ende gedreht und das Mundstück mit Knocheneinsatz auf den Feuerbock gepreßt. Anvik.
4 Bärenmaske für den Maskentanz. Shageluk.
5 Mit Ocker bemalte Maske, fürs formlose Tanzen beim Maskentanz. Anvik.
6 Ringe mit Federn, von jenem Tänzer in beiden Händen gehalten, der die in Nr.5 beschriebene Maske trug. Anvik.
7 Stab mit geschnitzter Wolfsfigur, von einem Tanzmeister beim Partner-Potlatch verwendet. Anvik.
8 Steinernes Ulu oder Frauenmesser. Anvik.
9 Halbmensch-Maske für den Maskentanz. Shageluk.
10,11 Zwei Masken, die Holika-

chuk-Männer karikieren, für den Maskentanz. Shageluk.
12 Ottermaske für den Maskentanz.
13 Maskentänze waren auch ein Kulturmerkmal der Nachbarvölker, wie diese Küsten-Inuit-Maske aus Point Hope in Nordalaska (ca. 1903) veranschaulicht.
14 Behälter aus Birkenrinde für Flüssigkeiten, Beeren etc.
15 Holzkelle, als Löffel oder Becher benutzt. Anvik.
16 Aus Fischhaut (von einem Neunauge ?) gefertigter Beutel.
17 Lederbeutel eines Mannes mit Stachelschweinborsten-Dekoration. Von den Holikachuk, Nachbarn der Ingalik.
18 Handgeknüpfter Wollgürtel. Anvik.
19 Lederne Vorratstasche mit Einsätzen aus Vogelhaut.
20 Frauentasche, zwirngebundenes Gras, um Sachen zu tragen oder aufzubewahren.
21 Untertasse aus mit Federn gemagertem Ton; mit Hilfe von Weißfisch oder Robbenöl und einem Docht aus Moos als Leuchtlampe benutzt; 1904 bereits veraltet. Anvik.
22 Maske, ein Sirenenwesen darstellend, für den Maskentanz.
23 Maskette, von einem Boten benutzt, der Gäste zum Ottermaskentanz einlud.
24 Krähenmaske für den Maskentanz. Shageluk.
25 Maske namens „Vater des Moskito" für den Maskentanz. Shageluk.
26 Rabenmaske für den Maskentanz. Shageluk.
27 Maske, ein Sirenenwesen darstellend, für den Maskentanz. Shageluk.
28 Maske.
29 Maske namens „Mutter des Moskito" für den Maskentanz. Shageluk.
30 Maske, die einen Holikachuk karikiert, für den Maskentanz.

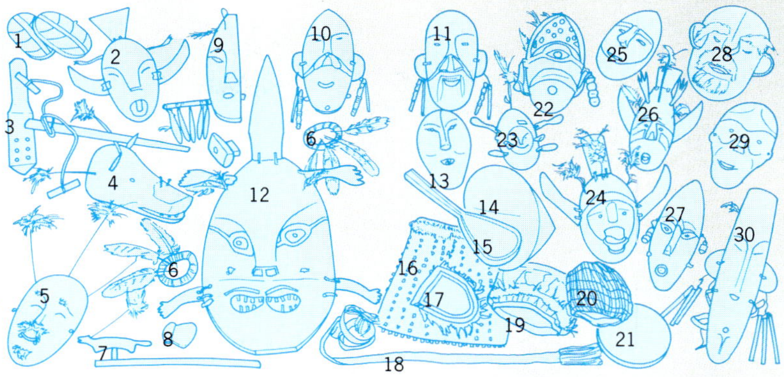

chung waren Räuchern und Lufttrocknen. Ein Beobachter beschrieb die Methode, während man unterwegs war, Elchfleisch zur schnellen Konservierung zu räuchern. Sie bestand darin, „den Saft des Fleisches durch die Hitze des Feuers einzutrocknen" (Skinner 1911, 29). Das Fleisch wurde in Scheiben geschnitten und auf ein etwa ein Meter hohes Gerüst gelegt, das aus vier geraden, in den Boden getriebenen und ein Rechteck bildenden Stecken ungetrockneten Holzes bestand; an den Längsseiten wurden dann lange Stekken festgebunden, die den Grill aus ebenfalls ungetrocknetem Holz trugen, auf dem die Fleischstreifen ausgebreitet wurden. Ein großes Feuer räucherte das Fleisch in zwei bis drei Stunden – was ausreichte, um es ein paar Tage lang zu konservieren –, die Methode verlangte allerdings, daß man das Fleisch fortwährend dem Feuer zudrehte; wer schon längere Zeit unterwegs war, mußte früher am Tag haltmachen, um den Vorgang zu wiederholen. Eine alternative Technik, die für eine dauerhaftere Konservierung sorgte, bestand darin, das Fleisch auf einem Gerüst zu räuchern, das aus drei Stangen aufgebaut war, die etwas unterhalb der Spitze mit Querhölzern zusammengebunden wurden; das Fleisch wurde auf diese Querhölzer gehängt und mehrere Tage lang geräuchert. Auf ähnliche Weise wurden oft auch riesige Mengen von Fisch konserviert, vor allem durch Gruppen wie die Kutchin, einige Hare-Banden, Tanana und Tanaina; bei letzteren war der Lachs eigentliche Grundlage ihrer Subsistenz.

Das Gerben von Häuten spielte in der subarktischen Technologie eine wesentliche Rolle. Was die Chipewyan angeht, so war das Karibu ein zentrales Element ihres gesamten materiellen Kulturkomplexes. Das Tier wurde von Männern gejagt, gehäutet und zerlegt, doch der strapaziöse Gerbvorgang war Frauensache. Anders als das Gerben von Bison- und Elchhäuten, die gedehnt oder zwischen Pflöcken ausgespannt wurden, breiteten die Chipewyan-Frauen die „frische" Haut über einen Baumstamm und entfleischten die Innenseite mit einem Knochenwerkzeug, das eine gezackte Schneide hatte. Die Haut wurde dann mehrere Tage lang in Wasser eingeweicht, wodurch sich das Haar so sehr lockerte, daß es leichter mit einem Knochenschaber entfernt werden konnte. Aus einem Karibuschädel nahm man das Gehirn heraus und verrührte es mit Wasser zu einer suppenähnlichen Substanz, mit der die Haut durch abwechselndes Einweichen und Einreiben bearbeitet wurde. Dieser Schritt mußte mit großer Sorgfalt durchgeführt werden, damit sichergestellt wurde, daß die ganze Haut gründlich durchweicht war, weil eben zu diesem Zeitpunkt die chemische Reaktion einsetzte, die die Konservierung der Haut bewirkte und eine nachfolgende Zerstörung verhinderte. Die Haut wurde dann zum Trocknen ausgebreitet – Temperaturen unter dem Gefrierpunkt waren dabei hilfreich –, bevor man sie erneut einweichte, um die restliche, nicht zur Reaktion gelangte Gerblösung herauszuwaschen. Während der letzten Trockenphase wurde sie geschmeidig gemacht, indem man sie über einen Pfahl zog und mit der Hand bearbeitete. Die Haut konnte eine attraktive braune Färbung erhalten, wenn sie auf einem dreibeinigen Gestell über einem Hartholzfeuer, das mit Moos bedeckt war, geräuchert wurde; das Verfahren hatte den zusätzlichen Vorteil, die Haut teilweise wasserdicht zu machen – was auf Imprägnation durch Harz zurückzuführen war – und Moskitos und Fliegen abzuhalten.

Wenn es auch einige Unterschiede beim oben beschriebenen Verfahren gab (Gruppen wie die Dogrib zum Beispiel benutzten Urin, um überschüssiges Fett aus der Haut zu entfernen; Hatt 1969, 18), so war die grundlegende Technik überall in der subarktischen Region die gleiche – Entfleischen, eventuell Enthaaren, Gerben mit fetthaltigen Substanzen und eine

Oben: *Indianerinnen vom Stamm der Unteren Ahtna, die Töchter von Häuptling Stickwan, ca. 1902, wahrscheinlich unweit des Lower Tonsina oder Taral. Sie führen den Gebrauch von Tragriemen beim Transportieren von Lagerausrüstung vor.*

Unten: *Ansicht eines Beaver-Lagers im Peace-River-Gebiet, ca.1920; der Blick fällt auf eine pultdachähnliche Anordnung, wie sie für die Behausung der Athapasken typisch war. Die Tipis sind Plains-Einfluß.*

Oben: *Eine Gruppe Beaver-Jäger, ca.* 1920. *Obwohl eine späte Szene, unterstreicht sie doch die dokumentierte Tatsache, daß der Nomadismus bei diesen Menschen selbst dann noch weiterbestand, als durch den Pelzhandel die Migrationsstrukturen bereits verändert worden waren.*

mechanische Behandlung von peinlicher Genauigkeit während der abschließenden Trockenphasen.

Die Namen für Jahreszeiten und Monate variierten in der subarktischen Region beträchtlich, der Kreislauf des Jahres jedoch ist relativ typisch in der Hervorhebung wichtiger jahreszeitlicher Ereignisse – Keimen, Blühen, Blättertreiben und Fruchttragen der Vegetation, Haarwechsel bzw. Mauser, Wander- und Paarungszeit der Säugetiere und Vögel und das Zufrieren der Flüsse. Der Eintrag in der Tabelle (rechts) für Januar nennt den Winter einen „alten Gesellen"; er läßt die Kiefern ihre Nadeln verlieren, und sie bedekken den Schnee, gerade so wie ausgelegte Kiefernzweige den Boden eines Wigwams, ein Vorgang, der „Ausbreiten des Reisigs" (Skinner 1911, 48) hieß.

Die Cree unterteilten das Jahr in acht Jahreszeiten mit zwölf Monaten oder Monden, was einen klar definierten Jahreskreislauf ergab (Vgl. Tabelle).

Mit dem Jahreszeitenwechsel verknüpfte Gruppenaktivitäten wurden durch den relativen, lokalen Überfluß an Fisch oder Großtieren veranlaßt. Zum Beispiel spielte bei den Tanana, die am Unterlauf größerer Flüsse mit großer Lachsdichte lebten, der Fischfang als Subsistenzbereich eine herausragende Rolle; die Tanana waren daher, mit einer ziemlich hohen Bevölkerungsdichte, die am wenigsten mobile Ethnie. Im Gegensatz dazu war für die – vielleicht 300 Kilometer entfernten – an den Oberläufen der gleichen Flüsse

JAHRESZEIT		*MONDE/MONATE*	
Cree	**Deutsch**	**Cree**	**Deutsch**
(1) Sigun	Frühjahr, bevor das Eis bricht	*Migisupizun*	Adlermonat (März)
		Miskipizun	Graugansmonat (April)
(2) Miluskamin	Frühjahr, die Gewässer sind eisfrei, Vorsommer	*Aligipizun*	Froschmonat (Mai)
(3) Nipin	Frühsommer	*Sagipukawipizun*	Der Monat, in dem die Blätter hervorkommen (Juni)
(4) Megwanipiu	Mittelsommer	*Opaskwuwipizun*	Der Monat, in dem die Enten mit der Mauser anfangen (Juli)
		Opunhopizun	Der Monat, in dem die jungen Enten zu fliegen beginnen (August)
(5) Tukwagun	Frühherbst	*Weweopizun*	Schneegansmonat (September)
(6) Migiskau	Spätherbst	*Opinahamowipizun*	Der Monat, in dem die Vögel nach dem Süden fliegen (Oktober)
(7) Pichipipun	Frühwinter, gerade vor dem Frost	*Kaskatinopizun*	Der Monat, in dem die Flüsse zufrieren (November)
(8) Megwapipun	Spätwinter	*Papiwatiginashispizun*	Der Monat, in dem der junge Gesell das Reisig ausbreitet (Dezember)
		Gishepapiwatekimumpizun	Der Monat, in dem der alte Gesell das Reisig ausbreitet (Janauar)
		Cepizun	Alter Monat (Februar)

(nach Skinner 1911, 48)

Kutchin

Im frühen 19. Jahrhundert lebten die Kutchin in neun oder zehn Regionalgruppen zu beiden Seiten der heutigen Grenze zwischen Alaska und Kanada, vom Eismeer getrennt durch einen schmalen Streifen Inuit-Territoriums. Wichtige Speisefische waren Lachs, Rotforelle und Hering, die mit Wehren und Angelhaken, Wandnetzen und Speeren erbeutet wurden. Gejagt wurden kleine Säugetiere, Dickhornschaf, Elch und Bär. Die mit dem größten Prestige verbundene Jagd war die Jagd auf Karibus, auf die man Kesseltreiben veranstaltete, sie in die vorbereitete Hürden trieb, mit Pfeil und Bogen oder auch mit Speeren beim Schwimmen erlegte. Karibus lieferten Nahrung, Knochen für die Herstellung von Werkzeugen und Waffen und Häute für das exquisite, weißgegerbte Leder, das vor etwa 1870 zur Kleideranfertigung diente. Männer wie Frauen trugen Überziehhemden und Hosen, letztere oft mit angenähten Mokassins aus Elchleder. Viele der hier gezeigten Objekte wurden gesammelt, bevor sich die Beteiligung am Pelzhandel und andere äußere Einflüsse stark auf die Technologie der Kutchin auswirkten. Erwerbsdaten sind angegeben und (wo bekannt) auch die Herkunfts-band.

1 Männerhemd aus Karibuleder, mit Stachelschweinborsten geschmückt. Yukon Flats (oder Birch Creek) band, 1866.
2 Männerhemd aus Karibuleder, mit Stachelschweinborsten, Ponyperlen, Samenperlen und rotem Ocker dekoriert. Yukon Flats (oder Birch Creek) band, 1866.
3 Sommerhosen mit angenähten Mokassins, aus Karibuleder und mit Perlenstickerei. Yukon Flats (oder Birch Creek) band, ca. 1860.
4 Ein Paar Schneeschuhe, Loucheux-Typ. Solche Schneeschuhe wurden im Westen der subarktischen Region zum Standard. Wohl Arctic Red River band, vor 1905.
5 Männerhemd aus Karibuleder, mit Dentalia und Ponyperlen geschmückt. Yukon Flats (oder Birch Creek) band, ca. 1860.
6 Schulterband einer Frau aus Karibuleder, mit schwarzem Samtbesatz und Perlenapplikationen; es diente dazu, ein in eine Dekke gewickeltes Baby zu tragen. Vor 1905.

7 Sommerfäustlinge an Schnüren. Peel River band, ca. 1860.

8 Männerhemd aus Karibuleder, perlenbesetzt. Dieses schöne Hemd wurde von E.W. Nelson von einem Innoko-River-Kutchin erworben, der nach St. Michael kam, um Handel zu treiben, und den er eines Sommers zwischen 1877 und 1881 mit dem Hemd bekleidet fotographiert hatte.

9 Hosen, die mit obigem Hemd zusammen getragen wurden.

10 Ein Paar Fäustlinge an einer Schnur (die, um einem Verlust vorzubeugen, durch die Hemdsärmel gezogen wurde), zusammen mit obigem Hemd und dazugehörender Hose erworben.

11 Ein Paar Mokassins. Yukon Flats band, ca. 1866.

12 Modell eines einsitzigen Birkenrindenkanus für die Jagd, samt Speer. Vor 1905.

13 Messer. Yukon Flats (oder Birch Creek) band, ca. 1860.

14 Kelle aus dem Horn eines Dickhornschafs; Han (nicht Kutchin) aus dem Quellgebiet des Yukon River, ca. 1866.

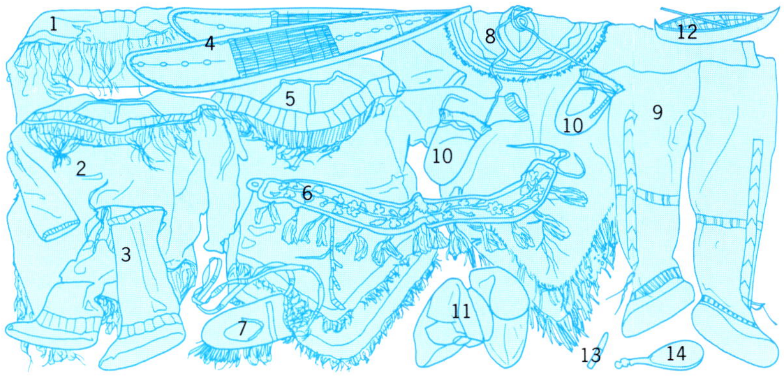

wohnhaften Tanana die Karibujagd das entscheidende Ereignis, das im Juli und August durch den Fang des Weißfischs ergänzt wurde. Gruppen wie diese, die den Karibuherden folgten, waren wiederum unter den beweglichsten und hatten eine geringere Bevölkerungsdichte. Das allgemeine Muster blieb sich in der ganzen subarktischen Region gleich. In den Sommermonaten, wenn sich die lokalen Gruppen an den Ufern der Flüsse und Seen versammelten, verlief das Leben verhältnismäßig seßhaft; die Gegebenheiten, die sie hier vorfanden, machten einen gewissen Schutz vor den großen Moskito- und Kriebelmückenschwärmen erforderlich. Es war die Zeit, in der die sozialen und familiären Bindungen erneuert und verstärkt und Pläne für den kommenden Winter gemacht wurden. Im Frühherbst lösten sich die Sommerlager auf, und Bande für Bande fuhr in ihren Kanus davon. Das Großwild war jetzt in hervorragender Verfassung – die Felle waren am besten, und die Tiere hatten überreichlich Fett angesetzt. Die Jagd war jetzt eine wesentliche Aktivität. Die Banden zogen an ihre Winterplätze und nahmen Fleisch- und Fischvorräte für die langen Wintermonate mit. Im November und Dezember stellte man die Fallen für die Pelztiere auf, weil die Pelze dann die beste Qualität hatten. Felle und Häute wurden während der strengsten Monate, das heißt im Januar und Februar, bearbeitet, wenn Außenaktivitäten aufgrund der großen Kälte und der langen, dunklen Stunden praktisch unmöglich waren.

Es war in diesen erzwungenen Phasen der Untätigkeit, daß die Geschichtenerzähler Legenden erzählten und die orale Literatur des Stammes fortsetzten; daß die Jäger oder Schamanen der Montagnais-Naskapi mögliche Kunden und die Aussichten für die Zukunft abschätzten, Träume deuteten oder eine Diskussion in die Wege leiteten mit Hilfe der Skapulamantie, bei dem sie das Schulterblatt eines Elchs, Karibus oder Hasen über das Feuer hielten: die durch Hitze entstandenen Risse, geschwärzten Stellen und Brüche standen dann in direktem Verhältnis zum Erfindungsreichtum des Interpreten. Die Sitte war uralt und hat sich bis heute erhalten. Schon der Jesuitenmissionar Le Jeune, der bei einer Gruppe von Montagnais 1633 auf 34 überwinterte, hat sie erwähnt (Rogers und Leacock 1981, 184-6), und Hugh Brody hat sie im Herbst 1989 in Pien Penashues Lager Östlicher Montagnais an der Goose Bay von Neufundland gefilmt (Brody 1990).

Oben: *Ein Cree-Indianer aus dem Gebiet von Fort Edmonton, gemalt von Paul Kane (1846). Er trägt ein exquisites Hemd, mit Bändern an den Schulterpartien und Ärmeln, die mit üppigen Ponyperlenapplikationen dekoriert sind.*

Links: *Otisskun oder „Das Horn", ein Krieger der Cree, gemalt von Paul Kane (1846). Er trägt eine Kriegshaube; die Kopfbedeckung besteht aus einer mit weißem Hermelinpelz besetzten Kappe, die von Hörnern gekrönt wird.*

Zusätzlich zu den Geschichten von einsam umherstreifenden Waldgeistern – Kannibalen und Buschmenschen – hieß es auch, daß die Geister den Himmel überquerten. In dem Buch über seine Reisen in Begleitung zweier Sumpfland-Cree berichtet ein erfahrener Beobachter, wie einer seiner Gefährten angesichts des Nordlichtes bemerkte: „Die Choepi (Geister) machen sich heute Nacht eine gute Zeit!... Schau nur, wie die Geister unserer verstorbenen Freunde tanzen... wir nennen das Pahkuk-kar-nemichik – ‚den Tanz der Geister!'" (Godsell 1938, 101).

Im Umgang mit dem Übernatürlichen bezeugten die Östlichen Cree (und darin stimmten sie mit den meisten subarktischen Gruppen überein) der enormen Abhängigkeit von den Produkten der Jagd ihre Anerkennung: dies manifestierte sich in Gestalt von Opfern, mit denen die Tiere, die sie, um zu überleben, töten mußten, versöhnt werden sollten. Ein weitverbreiteter ethischer Grundsatz war es, die Existenz einer Bindung zwischen Tieren und Menschen anzuerkennen. Man ging davon aus, daß jedes Tier einen Geist besaß, dessen Gunst gesucht werden mußte, da er andernfalls seinen Einfluß dahingehend geltend machen konnte, daß die Jäger kein Tier dieser Art mehr zu töten vermochten. Also wurden die Knochen des Bibers mit aller Sorgfalt gereinigt und ins Wasser geworfen, während die Köpfe von Gänsen und Enten, die Zähne von Karibus und Elchen, die Krallen und der Schädel des Bären gesäubert und aufbewahrt nicht nur als Talismane und gewissermaßen als Gegenrechnung dienten, sondern auch und in erster Linie als Opfergaben an die Geister der jeweiligen Tiere. Bären insbesondere genossen hohes Ansehen; ihre Schädel wurden sorgfältig gereinigt, getrocknet und mit zinnoberroten Streifen oder Punkten[2] bemalt. Danach hing man sie aus Achtung vor dem Tier in Bäumen auf.

Oben: *Jagdlager der Cree. Die mit Häuten (oder Rinde) bedeckten kegelförmigen Wigwams haben an der Außenseite zusätzliche Sicherungspfosten, eine weithin übliche Technik, wo die Zeltdecke aus mehreren Stücken bestand.*

In die Enge getrieben, war der Bär ein schrecklicher Gegner; dennoch jagte man die Tiere mit Streitkolben und Messer, da der Bogen nicht für stark genug erachtet wurde. Crees erzählten, daß sowohl Schwarz- als auch Eisbären besonders verletzlich wären, wenn sie aufrecht wie ein Mensch ständen, da sie Schwierigkeiten hätten, sich zur richtigen Seite zu drehen, was es einem flinken Jäger möglich machte, ganz nahe heranzukommen und sie ins Herz zu stechen. Bären wurden oft mit Menschen verglichen, und man glaubte, daß sie alles verstanden, was man zu ihnen sagte; wenn der Jäger sich einem Bären näherte, entschuldigte er sich damit, daß Nahrungsmangel der einzige Grund sei, warum er vorhatte, ihn zu töten; danach bat er die Bärengeister, nicht zornig zu sein. Manchmal blieb der Bär Sieger, doch erklärten die Cree, daß das Tier Mitleid zeigen konnte, wie in dem Fall eines Jägers, der beim Angriff auf einen Bären „fürchterlich entstellt und zerfleischt", aber schließlich laufen gelassen wurde, als er das Tier um Gnade bat (Skinner 1911, 73).

Die subarktischen Völker wandten sich auch an die Kräfte der Natur, damit sie ihnen in ihrem schweren Existenzkampf beistanden[3]. Die Winde galten als vier Brüder, deren ältester und mächtigster der Nordwind war; er brachte die Kälte mit sich und hatte die Macht, Übeltäter zu bestrafen. Die anderen Windrichtungen hatten gleichfalls ihre eigenständigen Charakteristika und Zuschreibungen (siehe Tabelle unten).

Um schnell und effektiv vorwärtszukommen, waren Schneeschuhe während der Wintermonate lebenswichtig. Vom Stil her waren die Schneeschuhe durchaus verschieden, doch beschrieben werden sie meist nur durch einen Hinweis auf die Rahmenform. Verallgemeinert gesagt waren breit-ovale, manchmal fast kreisförmige Rahmen für die Montagnais-Naskapi typisch, während die schmalere und längere Form weiter westlich üblich war. Praktisch alle Schneeschuhe dieser Art hatten einen hölzernen Rahmen, der mit einem Netzwerk aus Rohlederriemen bespannt wurde, die allgemein babiche hießen; sie traten gemeinhin an die Stelle pflanzlicher Materialien, die in diesen Regionen beinahe völlig fehlten. Aus feingeschnittenen Rohlederstreifen wurden Schlingen und netzartige Jagdtaschen angefertigt; festere Streifen wurden zu Tragriemen und Schlepptaue verarbeitet, und manchmal mußten sie sogar für ausgedehnte Zäune herhalten, wenn Karibus in eine Hürde getrieben wurden. Schneeschuhe wurden oft mit Quasten aus gefärbter Handelswolle geschmückt, was den Vorteil hatte, daß man sie auch im Tiefschnee entdecken konnte; das Babiche-Netzwerk wurde meist rot und schwarz eingefärbt. Durch zusätzliche Verschnürungen an den Zehen- und Fersenabschnitten ergaben sich Muster.

In diesem riesigen Gebiet bestand in der Kleidungsanfertigung eine von Süden nach Norden fortschreitende Tendenz der Verfeinerung. Weitverbreitet war der Gebrauch von Leggings oder Hosen mit daran befestigten pelz- oder grasgefütterten Mokassins und eines halbzugeschnittenen Kleides oder ledernen Hemdes. Einige der schönsten Kleidungsstücke sowohl alltäglichen wie zeremonialen Gebrauchs von Stämmen wie den Kutchin und Dogrib befinden sich heute im Royal Scottish Museum, Edinburgh; sie wurden vom Chefhändler der Hudson's Bay Company, Bernard Rogan Ross, 1859 und 1860 gerade noch vor dem alles durchdringenden Einfluß des Weißen Mannes gesammelt und erweisen sich als unschätzbare Informationsgrundlage für alle Untersuchungen zur materiellen Kultur der subarktischen Region (Kerr 1953, 32-5). Bei den Dogrib besteht die Frauenkleidung zunächst aus einem Kleid, gefertigt aus geräucherter, mit Sehnen vernähter Karibuhaut, die mit roten und weißen Stachelschweinborsten-Applikationen und rotem Flanellstoff dekoriert ist; dazu gehörte ein mit roten und weißen Borsten verzierter Gürtel. Die röhrenähnlichen Leggings wurden ebenfalls aus geräucherter sehnenvernähter Karibuhaut hergestellt, desgleichen auch die separaten Mokassins mit einer geraden zentralen Vordernaht und einer T-förmigen Fersennaht (Typ 2 [Ab], Webber 1989, 28). Das Männergewand ist ähnlich aufgebaut, verrät aber leichten weißen Einschlag in seinem seltsamen Militärkragen.

Eine ähnliche Alltagskleidung wurde für die Östlichen Cree ein Dreivierteljahrhundert früher von dem Forschungsreisenden Alexander Mackenzie beschrieben, und Skinner schildert einen schönen, von Jägern getragenen Kapuzenmantel aus Karibufell, bei dem das Haar belassen wurde, wodurch er „eine gewisse Ähnlichkeit mit Eskimo-Parkas zeigte". Besonders interessant ist, daß sie inseitig bemalt waren und in Umrissen die Augen und das Maul des Tiers zeigten, eine symbolische Bestätigung, daß sich die Kraft des lebenden Tiers – seine Schnelligkeit, Ausdauer oder Schlauheit – in der Kleidung erhalten hatte und auf ihren Träger übertragbar war (Skinner 1911, 15-17).

Zeremoniale Tracht stellte eine Verfeinerung der Alltagskleidung dar und war in der Regel durch Stachelschweinborsten, Dentaliumschalen oder Bema-

WIND Deutsch	Cree	*ZUSCHREIBUNG*
West	*Nikapi-hun-nizeo*	„Eine wohlgesinnte Person, gut zu den Menschen und großzügig. Dies ist der beste Wind zum Jagen."
Ost	*Wapanung-nizeo*	„Ein knauseriger Kerl, er macht die Menschen hungrig und will ihnen nichts zu essen geben."
Süd	*Shawanung-nizeo*	„Gibt Essen im Sommer und hat es in Verwahrung. Er gibt die Beeren."

(nach Skinner 1911)

Carrier

Die Carrier in British Columbia waren stark beeinflußt durch ihre Nachbarschaft zu den rangbewußten, Potlatche veranstaltenden Bella Coola und Gitskan, aber auch durch den Pelzhandel, den Goldabbau, die katholische Mission des 19. und die Holzwirtschaft des 20.Jahrhunderts. Der Anthropologe Julian Steward dokumentierte die materielle Kultur während seiner Feldforschung bei den Stuart Lake Carrier im Jahr 1940. Die Namen der Geber, die er seinerzeit sorgfältig notierte, sind hier ebenfalls vermerkt.

1 Modernes Fischnetz aus feinem Handelsgarn, gefertigt von Sophie (Mrs. Sam) Basil.
2 Ein Paar Schneeschuhe mit Einriemenbindung und nach oben gebogener Spitze. Modelle von Keon Sagalon.
3 Stock zum Gehen im Schnee mit skistockähnlichem Teller, dessen Netz aus Sehnen geflochten ist; „Brandspiralen"-Design. Modell von Louie Billy Price.
4 Moderner Fellschaber aus dem Beinknochen eines Elchs, mit ausgekerbter Schneide. Von Mrs.Puis angefertigt.
5 Alte Schaufel, um die Fischlöcher eisfrei zu halten; Sehnenbespannung. Von Louie Billy Price.
6 Alte Netznadel zum Knüpfen eines Fischnetzes. Von Mrs. Stevens.
7 Männerhemd aus Elchleder, mit Faden- (statt Sehnen-) Nähten. Modell von Mrs. Alec McKinnon.
8 Männerleggings aus Elchleder, mit Fadennähten. Modell von Mrs. Stevens.
9 Alte elchlederne Fäustlinge, mit Fadennähten. Von Mrs. George Todd.
10 Weichsohlige Stulpenmokassins aus Elchleder, mit Fadennähten. Modell von Mrs. Isadore Louis.
11 Köcher aus Elchleder. Modell von Mrs. Edward Thomas.
12 Alte stählerne Harpunenspitze mit drei Widerhaken für die Biberjagd. Von Mrs. Jimmy Stevens.
13 Kanupaddel für Binnenseen, Brand-Design auf dem Griff. Modell, etwa drei Viertel der Originalgröße, von J.B. Patrick.
14 Moderner Birkenrindenbehälter mit Holzstreifenrand, angefertigt von Mrs. Isadore Louis.

15 Altes Packnetz aus Elchrohleder, von Frauen benutzt. Von Mrs. D. Todd.
16 Beaver-Harpunenspitze aus dem Beinknochen eines Elchs, zwei Widerhaken. Modell.
17 Spielzeugsummer, Elchgelenk an Sehnenschnüren mit hölzernen Griffen. Modell von Pierre Sagalon.
18 Shinny [Shinny ist eine Art Hockey ohne besondere Regeln, wie es z.B. von Schuljungen gespielt wird; Anm. d.Übs.] -Schläger aus Pappelholz. Verkleinertes Modell von Louie Billy Price.
19 Moderner Shinny-Ball, Elchleder, mit roten und blauen Fadennähten. Angefertigt von Mrs. Sam Sekani.
20 Moderner Hunde-Rucksack, ein Doppelsack aus Elchleder. Angefertigt von Mrs. George Todd.
21 Federball aus Fichtenrinde. Modell von Pierre Sagalon.
22 Schneeschaufel aus Pappelholz. Modell von Daniel Michel.
23 Moderne Tragtasche aus Elchleder mit Schnürverschluß. Angefertigt von Mrs. Isadore Louis.
24 Modernes Birkenrindenkörbchen, mit Holzrand und Stoffhenkel.
25 Reifen aus Zweigen, die mit Weidenrinde verkleidet sind; dient bei einem beliebten Mannschaftsspiel als Zielscheibe für Wurfpfeile. Modell von Mrs. Edward Thomas.

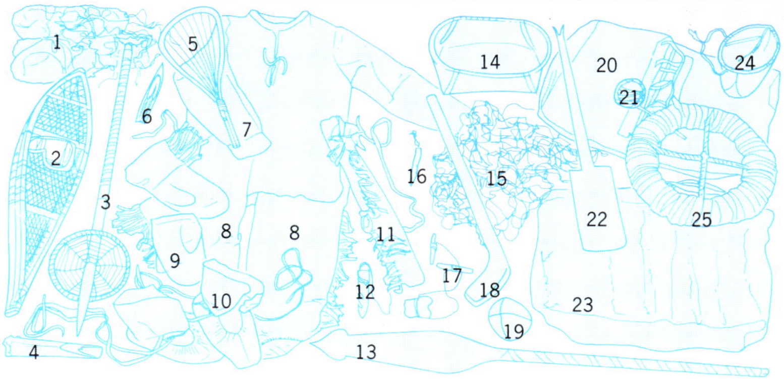

lung verschönert. Die Borstenapplikationen wurden später mit Handelsperlen kombiniert, die die einheimischen Quillarbeiten schließlich so gut wie völlig ersetzten. Mehrere Kleidungsformen sind für diese Gebiete besonders charakteristisch. Die Naskapi beispielsweise waren weithin bekannt für eine Kleidung, die mit Knochen- oder Holzwerkzeugen in ausgeklügelten Mustern bemalt wurde; die wichtigsten Farben waren Rot und Gelb, doch mischte man die Farben auch, um wechselnde Farbtöne zu gewinnen. Langgezogene parallele Linien wurden mit Hilfe eines mehrdornigen Geräts erzeugt, wohingegen feine Linien mit einem krummen Malstab gezeichnet wurden; viele Muster waren geometrisch, aber auch das sogenannte Doppelkurvenmotiv war allgemein bekannt. Ihre perfekteste Ausführung erlangte diese Arbeit auf Männerroben und Sommerjacken. Ein Museumsexemplar geht bis auf das Jahr 1740 zurück (National Museum of Canada, Ottawa, Katalog-Nr.III-B-588). Dieses spezielle Stück ist aus weicher Karibuhaut gefertigt und mit Fransen gesäumt, die einst von roten Stachelschweinborsten verhüllt waren. Neben geraden Linien, Dreiecksfiguren und auf drei Abschnitte verteilten Tupfen, die, wie ein Wissenschaftler vorgeschlagen hat, die drei kosmischen Zonen symbolisieren dürften, in die nur ein Schamane, der diese Robe trug, wirklich eindringen konnte, schmücken unzählige Doppelkurvenmotive das Gewand. Neuere Untersuchungen haben zu der Überlegung geführt, daß solche Roben einen religiösen Mikrokosmos darstellen und daß ihr Träger in Kontakt mit der Geisterwelt trat, daß für ihn die Zeit keine Rolle spielte und er in einen urtümlichen Zustand überwechselte. Man behauptet, daß seine durch das Tragen der Robe erreichte symbolische Wiedergeburt „gleichbedeutend war mit der Wiederkehr der Sonne, der Erneuerung der Welt, der Wiedergeburt seines Volkes und mit ziemlicher Sicherheit auch der Rückkehr der Karibus“ (Webber 1983, 69).

Einige der frühesten Beschreibungen der großartigen Prestigegewänder, wie sie von den Athapaskisch sprechenden Kutchin des Nordwestens getragen wurden, stammen von Alexander Murray in seinem „Journal of the Yukon“, 1847-48. Die charakteristisch geschnittenen, spitz zulaufenden Hemden oder Tuniken waren oft in einem komplizierten Muster aus vielen einzelnen Lederstücken zusammengesetzt, auch wenn das Hauptteil im allgemeinen aus großen Brust- und Rückenpartien bestand. Dieselbe Art wurde auch traditionell von den Chipewyan getragen, die das Land gegen Südosten hin bewohnten. Es wurde die Ansicht geäußert, daß der Name Chipewyan von dem Namen der Cree für diesen Stamm, Chepau-Wayanuk, herrührt, was so viel wie „spitz zulaufende Häute“[4] bedeutet (Godsell 1938, 246; Duncan 1989, 46).

Vor der Einführung von Perlen schmückte man solche Kleidungsstücke mit etwa fünf bis sechs Zentimeter breiten Bändern mit Stachelschweinborsten-Applikationen, die über die Brust und die Schultern verliefen; ähnliche Streifen zierten manchmal auch die Ärmel an den Aufschlägen. Verschiedene Quilltechniken wurden angewandt; in einigen Fällen wurden die Borsten mittels zwei Reihen von Stichen angenäht. Dabei wird der aus Sehnen gefertigte Faden zwischen den einzelnen gefalteten Borsten in die Lederoberseite eingezogen. In einem anderen Falle ergab sich ein davon deutlich verschiedenes Erscheinungsbild durch eine Variante beim Falten der Borsten, die dabei diagonal überkreuz zu liegen kamen, was ein doppeltes Sägezahnmuster erzeugte. Fünf bis sechs solche Reihen ergaben ein Band in voller Breite, mit Mustern wie Dreiecken, einfachen Kreuzen und Streifen, vorwiegend in den Farben Rot, Weiß und Blau. Die unteren Säume wurden überdies meist mit Wildlederfransen verziert, die nahe der Stelle, wo sie angenäht waren, auf eine Länge von etwa sechs Zentimetern vollständig mit Borsten verkleidet wurden; die nächsten sechs Zentimeter ungefähr wechselten borstenverkleidete und freiliegende Abschnitte ab; das Fransenende schließlich lag frei. Das Ganze – aufgenähter Streifen und verkleidete Fransen – verstärkte den Gesamteindruck dieses prestigeträchtigen und wertvollen Kleidungsstück beträchtlich.

Eine alternative Quilltechnik bestand in einer Art oberflächiger Verflechtung der Borsten, die direkt auf das Leder appliziert wurden. Die Technik ist zuerst von Orchard für die Tlingit beschrieben worden (Orchard 1916, 36-7), wird heute aber fest mit den Tanaina in Alaska assoziiert. Die Borsten werden dabei der Länge nach nebeneinander auf die Haut gelegt; Punktstiche (spot stitches) werden versteckt zwischen den Borstenenden angebracht, und in regelmäßigen Abständen werden die Borsten übernäht. Der Faden wird am äußeren Rand des Zierstreifens zunächst ins Leder ein- und unter der ersten Borste durchgezogen, läuft dann über die nächste, wird wieder ein- und unter der dritten Borste durchgezogen, und das geht in der Art eines Eintrags so weiter über die ganze Breite des Zierstreifens. Wo die zweite Reihe von Nahtstichen ansetzt, wird die erste Borste übernäht, der Faden, unter der zweiten durchgezogen, läuft dann über die dritte hinweg, unter der vierten hindurch, über die fünfte und wiederholt so die Abfolge bis zum gegenüberliegenden Rand. Zusätzliche Borsten wurden eingefügt, indem man ein umgebogenes Ende mit dem einer neuen unter dem nächstliegenden Punktstich verband (Ebd., Abb.22).

Eine Variante dieser Technik bestand darin, eine Sehne so als Schußfaden zu benutzen, daß mit Ausnahme der Borsten an der Außenseite jeder sichtbare

Unten: *Lager der Nördlichen Ojibwa, Zeit unbekannt, aber wahrscheinlich um 1900. Die Frau rechts erhitzt Wasser in einem Metallkessel (Handelsware). Man beachte die zum Schutz gegen Moskitoschwärme getragenen Kopftücher.*

Schneeschuhe der Cree

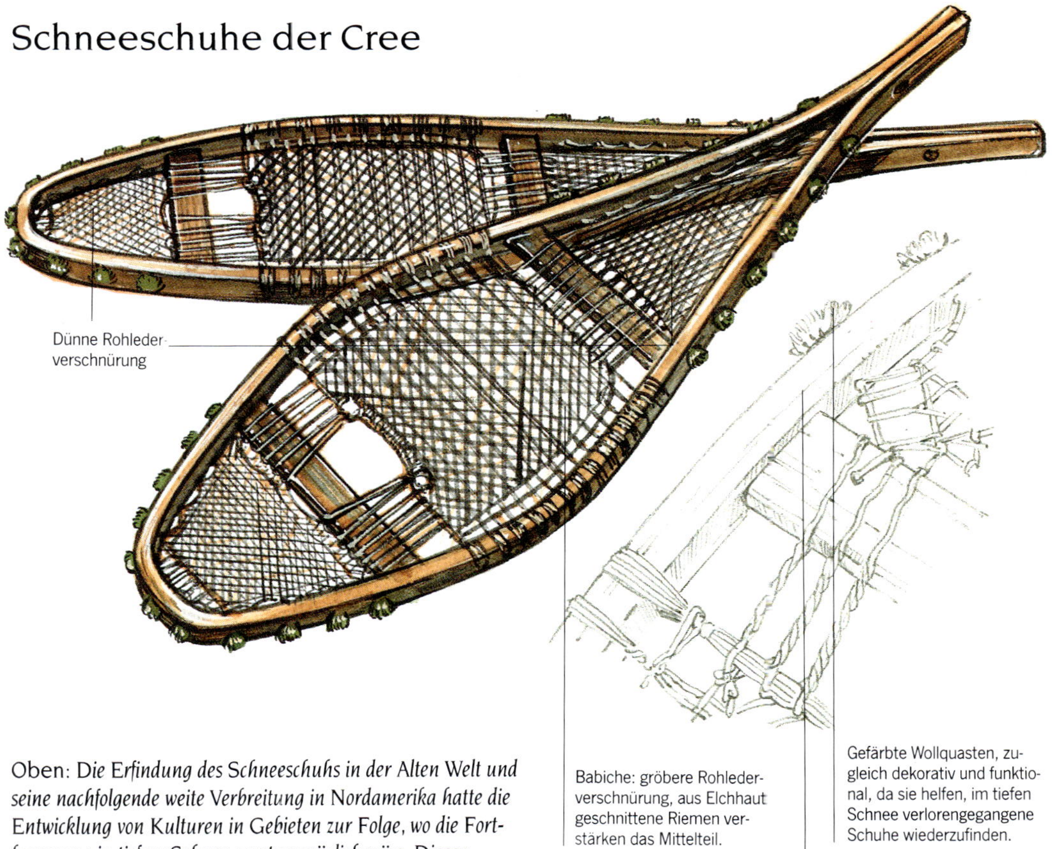

Oben: *Die Erfindung des Schneeschuhs in der Alten Welt und seine nachfolgende weite Verbreitung in Nordamerika hatte die Entwicklung von Kulturen in Gebieten zur Folge, wo die Fortbewegung in tiefem Schnee sonst unmöglich wäre. Dieser „Schneeschuh"-Komplex führte zu einer sich ständig erweiternden Ausbeutung von Landressourcen. Es gab Schneeschuhe in den vielfältigsten, dem Gelände und der Schneedichte angepaßten Formen. Im Westen waren sie lang und schmal wie die hier abgebildeten; bei den östlichen Montagnais-Naskapi waren sie breiter, manchmal oval, in anderen Fällen fast rund. Ihre Namen hatten sie generell nach ihrer Form; Biberschwanz, Bärenpranke und Schwalbenschwanz gehörten zu den bekannteren.*

rechteckige Borstenabschnitt von einem Sehnenfaden umschlossen war. Zwar setzten sich die meisten Muster aus Streifen zusammen, doch war auch die Erzeugung krummliniger Motive problemlos. Besonders bei älteren Stücken fallen die charakteristischen Farben auf: Gelb/Orange, Schwarz/Braun und natürliches Weiß.

Solche Zierstreifen dienten auch der Verschönerung von mukluks (Kombination aus Leggings und Mokassins), Messerscheiden und Fäustlingen[5]. Bei letzteren beiden Fällen wurden die Borsten direkt appliziert, aber bei größeren Artikeln – wie Leggings oder Tuniken – war es üblich, erst einen borstenbesetzten Streifen herzustellen, der dann aufgenäht wurde.

Eigens mit Borstenapplikationen verzierte Streifen und Bänder waren und sind noch heute weitgehend eine Eigenart der Slave und in geringerem Maße der Dogrib, die in der Nachbarschaft des Great Slave Lake in den North West Territories lebten. Anders als bei der soeben beschriebenen Technik der Tanaina wurde hierbei ein hölzernes Bogenwebgerät verwendet. Die Kettfäden wurden an den Enden eines jungen Schößlings befestigt; die Spannung brachte den Schößling in eine Bogenform und zwar so, daß unter den Fäden genügend Platz blieb, um die Arbeit unbehindert auszuführen. Nun wurde an der äußeren Kette ein Schußfaden befestigt und über und unter der Kette auf die andere Seite und wieder zurück geführt; gleichzeitig wurden flachgedrückte Borsten zwischen den Kett- und Schußfäden eingeflochten. Mit fortschreitender Arbeit und jedes Mal, wenn eine Reihe fertig war, wurden die Borsten zusammengedrückt, so daß die Kreuzfäden verborgen blieben. Geometrische Muster wurden erzeugt, indem man an verschiedenen Stellen gefärbte Borsten einfügte. Wenn die Arbeit beendet war, wurden die an der Unterseite vorstehenden Borstenenden abgeschnitten, um das Band leicht an einem anderen Objekt annähen zu können. Das fertige Stück sieht nach Feinarbeit aus, und die zylindrischen Elemente erwecken den Eindruck, als seien die Borsten selbst kurz zugeschnitten und dann eingeflochten worden – wie dies mit Perlen von ähnlicher Größe und Form möglich ist. Die Muster, die sich so ergeben, sind völlig geometrisch und bestehen gewöhnlich aus einer Reihe sich wiederholender Rauten, deren Konturen von roten, grünen, blauen und orangenen Borsten nachgezeichnet sind. Bemerkenswertes Charakteristika einer solchen Arbeit sind die feinen, sich wiederholenden Dekorstrukturen, die sich deutlich von den Borstenwebereien einiger südlicher Algonkingruppen wie der Cree und Métis (Mischlinge von Indianern und Frankokanadiern) des Red-River-Gebiets unterscheiden, wo die Strukturen kühner sind, die Designmotive sich nicht so oft wiederholen und größere Borsten verwendet werden.

Ein weiteres Merkmal der Borstenwebtechnik der Slave ist die gelegentliche Verwendung von Elchhaar in Verbindung mit Stachelschweinborsten. Hierbei treten jeweils einige Haare – vielleicht vier oder fünf, was der Breite einer Borste entspricht – an die Stelle einer Borste und erzeugen so die gestuften Rautenmuster (Turner 1953, 38-9). Üblicherweise als Gürtel getragen, wurden in solcher Technik hergestellte Bänder auch an Elchlederjacken, Jagdtaschen und Gewehrfutteralen angebracht. Dieser Typ der Quillverarbeitung erforderte großes Geschick und viel Geduld und war sehr gesucht; so berichtete Bernard Ross von der Hudson's Bay Company 1862: „Eine geschickte Arbeiterin schafft an einem Tag etwas mehr als sechs Zentimeter von

Links: *Winterlager der Montagnais-Naskapi, ca. 1910; zu sehen ist die weitaus verbreitetste Behausungsform der Region: zwanzig bis dreißig Pfähle ergaben ein kegelförmiges Gerüst, das mit Birkenrindenrollen verkleidet wurde.*

Naskapi-Jäger, 1880

Ein Naskapi-Jäger kehrt heim, einen erlegten Biber hinter sich herziehend. Das zeremoniale Schleppseil, das durch die Nüstern des Tiers gezogen wird, soll in seiner Machart Respekt vor dem Tier bezeugen; rote Stricke wurden für Biber benutzt. Der Jäger trägt einen Wintermantel aus gegerbtem Karibufell mit der Haarseite nach innen, Leggings aus Karibuleder und geräucherte Wildlederfäustlinge. Sein Vorderlader ist zum Schutz vor dem Wetter verpackt; zur Ausrüstung gehören ein Pulverhorn und eine perlenbesetzte Kugeltasche. Seine Frau, eine Steinpfeife rauchend, trägt ihr Haar beidseitig um Holzklötzchen gewikkelt; sie hat eine Stoffmütze auf und perlenverzierte Leggings an. Ihre Oberkleidung ist aus Karibuleder. Die kegelförmigen Wigwams sind mit Häuten und Segeltuch abgedeckt. An der Seite des einen lehnt ein Toboggan, auf dessen Vorderseite ein magisches Muster aufgemalt ist.

einem Gürtel – und für ein ganzes Stück braucht sie ungefähr vierzehn Tage und erhält dann Waren im Wert von 8 Pfund dafür" (Hail und Duncan 1989, 144).

Der Einfluß bestimmter Handelswaren auf die subarktischen Stämme war beträchtlich. Als Alexander Hunter Murray, ein leitender Angestellter der Hudson's Bay Company, im Jahr 1847 Fort Yukon am Porcupine River gründete[6], berief er sich auf die große Bedeutung, die die Perlen für den Handel mit den Kutchin-Indianern hatten: „Ohne Perlen, und zwar viele, kann man hier wenig oder gar nichts erreichen... Wer hier erfolgreich Handel treiben will, sollte, um für ein Jahr gerüstet zu sein, vier Kisten gewöhnlicher weißer Perlen, eine Kiste roter (von gleicher Größe) und eine Kiste Modeperlen haben" (Murray 1910, 94). Perlen waren ein klarer Beweis für Wohlstand und Prestige. „Ich darf hier feststellen, daß alle hiesigen Häuptlinge junge Männer sind... niemand gilt als Häuptling, der nicht den Gegenwert von zweihundert Fellen in Perlen besitzt... Es gibt da einen Mann in der oberen Gruppe, der zwischen neunzig und hundert Marder- und Biberfelle hat, die er alle behält, um sie bei unserer Rückkehr gegen Perlen einzutauschen" (Ebd., 90 und 93). Murray berichtete desweiteren über einen Wettstreit mit russischen Händlern und äußerte sich besorgt über den Zeitaufwand, der nötig war, um geeignete Waren zu den weit entfernten Handelsposten zu schaffen – bis zu sieben Jahren mochte es dauern nach der Anforderung. Er verweist auch auf die hohe Wertschätzung der Indianer für die Dentaliumschalen[7] und fordert mehr davon an: „Sie sind überaus wertvoll, jeder Indianer trägt sie als Nasen- und Ohrenschmuck, für Haarbänder etc." (Ebd., 94).

Perlen und Dentaliumschalen standen bei den Kutchin in hohem Ansehen, und Murray war davon beeindruckt, welch große Mengen sie beibrachten, nur um ihre Kleidung zu verschönern. Seine vor Ort mit Feder und Tinte gemachten Skizzen illustrieren die frühe, ausgiebige Verwendung dieser Materialien und liefern gleichzeitig einen wahren Schatz an ethnologischen Details, die, vergleicht man sie mit existierenden Kleidungsstücken, weitgehend zuverlässig sind, wenn sie auch einige der feineren Punkte (was die Perlenmotive betrifft) vermissen lassen. Die an den Kleidungsstücken angebrachten perlenbestickten Bänder ähnelten den älteren Borstenwebarbeiten, da der Perlenstrang der Längsachse des Bandes folgte. Wie bei den Bahnen von Borstenapplikationen war es auch hier nicht ungewöhnlich, daß sich die Muster aus gestreiften Rechtecken aufbauten, die Borstenarbeiten ähnelten; die benutzten Farben wechselten, doch herrschten Blau, Rot sowie Schwarz und Weiß vor. Vorlieben änderten sich manchmal bemerkenswert schnell[8]. Eine konkrete Untersuchung alter Stücke zeigt, daß die Verwendung großer, an den Enden abgerundeter, zylindrisch geformter Perlen, die der Länge nach und im Durchmesser etwa vier bis fünf Millimeter maßen, auf Kleidungsstücken bis zur Jahrhundertmitte üblich war, wohingegen die kleinere und gerundetere Variante (im allgemeinen unter dem Namen „Ponyperlen" bekannt) sich noch nicht einmal ein Vierteljahrhundert später bereits größerer Beliebtheit erfreute, was auf veränderte Handelsstrukturen schließen läßt.

Die begehrte Dentaliumschale war als Schmuck für Halsbänder und Tragriemen beliebt, wurde aber auch mit schwarzen und blauen Ponyperlen kombiniert und an die Tunika oder das Kleid genäht (meist den Konturen des Schulterumhangs folgend). Zwar konnte man mit diesen Schalen große Bereiche verhältnismäßig schnell abdecken, sie waren jedoch ein äußerst teurer Zierat. Murray berichtet 1847 aus Fort Yukon: „Hierzulande kommen sechs bis acht davon auf einen Biber oder drei Marder, eine Kiste voll von diesen Schalen wäre hier über zweitausend Pfund wert" (Ebd., 71-2).

In den 1850er Jahren gewann eine kleinere Perlenart in der subarktischen Region an Popularität. Allgemein als „Samenperle" (seed bead) bezeichnet, mit einem Durchmesser von ungefähr ein bis zwei Millimetern und in den mannigfaltigsten Farben, wurde sie häufig zusammen mit rotem und schwarzen Tuch zur Verschönerung einer Vielzahl von Objekten verwendet, weit mehr als dies bei älteren kunsthandwerklichen Produkten der Fall war, die wegen der Knappheit der natürlichen Materialien relativ selten waren.

Etwa zur gleichen Zeit wurden Seiden- und Baumwollgarne eingeführt, vor allem in der Lake-Winnipeg-Region, mit Verkaufsstellen der Hudson's Bay Company an Handelsposten wie Norway House am Nordufer dieses großen Sees. Mit solchem Garn ausgeführte Stickereien waren bei den Cree, Saulteaux und Métis besonders beliebt; in einem geringerem Maße auch im Norden und Westen bei den Chipewyan, Slave und Dogrib, die Pferdehaareinlagen[9] mit gefärbtem Garn umwickelten oder Seide und farbige Schleifen und Zwirnband hauptsächlich als Verzierung für den Saum des Mokassin-Oberleders hernahmen.

Zwar können, wie oben angesprochen, manche Muster von Ponyperlen-Dekorationen zu Mustern älterer Borstenapplikationen in Beziehung gesetzt werden, das ist jedoch nicht der Fall bei reinen Stickereien oder Samenperlen-Applikationen, bei denen Blumenmotive dominieren; am weitesten entwickelt waren diese Techniken in der Region des Great Slave Lake und Mackenzie River gerade bei jenen Stämmen – vor allem den Chipewyan, Slave und Dogrib –, die zu den Handelsposten der Hudson's Bay Company wie Fort Chipewyan am Lake Athabasca und die Forts Resolution, Rae und Providence am Great Slave Lake in festen Handelsbeziehungen standen. Die neuen Materialien erlaubten eine größere Freiheit bei der Entwicklung von Designmotiven, die sich früher weitgehend auf die geometrischen Muster der Stachelschweinborsten-Applikationen beschränkten. Hinzukamen starke Einflüsse von außen, nicht zuletzt von seiten der Missionare, die nach der Gründung einer Missionsstation im Jahr 1818 unter den Plains Cree und Chippewa (Ojibwa) am Red River 1849 nach Norden bis zum Lake Athabasca und zum Great Slave Lake vordrangen. Es steht so gut wie außer Zweifel, daß mit Blumenmustern geschmückte Meßgewänder, Altartücher und Kirchenmalereien die Anregungen für die neuen Designmotive der Indianer lieferten. Was die Kirchenmalereien angeht, so haben wir die glaubhafte Aussage einer Mutter Oberin dokumentiert: „Die Indianerfrauen, die eine Vorliebe für Seidengarn, Perlen- und Borstenstickereien haben... kamen herbei,

Unten: *Lager der Montagnais-Naskapi, ca. 1883. Man beachte die fahrbereiten Kanus neben dem Wigwam. Das „gebogene" Kanu war dank seiner Leichtigkeit und Manövrierfähigkeit das geeignete Fahrzeug für die schnellfließenden Ströme der Region.*

Cree

Diese Objekte wurden von dem Anthropologen Alanson Skinner 1908-9 in Ontario und Quebec von Sprechern dreier verschiedener Cree-Dialekte gesammelt. Die Cree von Eastmain und Rupert House sprechen Östliches Cree, die von Moose Factory sprechen Moose Cree und die von Fort Albany sprechen Östliches Sumpfland-Cree; die übrigen sind Westliche Main Cree. Als Skinner seine Feldforschung durchführte, waren sie Jäger und Pelzhändler, die von den Produkten des Waldes (hauptsächlich Wild und Fisch) und im Austausch gegen Felle von Lebensmitteln der Hudson's Bay Company lebten. Sie bewohnten kegel- oder kuppelförmige Wigwams, die mit Segeltuch abgedeckt waren, trugen euro-amerikanische Kleidung (Jäger gingen allerdings häufig in einheimischen Mokassins) und jagten mit Gewehren. Im Sommer waren sie in Rindenbirkenkanus unterwegs, im Winter mit Hundeschlitten und auf Schneeschuhen. Zu ihren handwerklichen Aktivitäten zählten die Holzbearbeitung, das Gerben, die Perlenstickerei und die Herstellung von Kaninchenfelldecken. Seit langem missioniert, waren die Cree katholisch oder anglikanisch, obwohl sich indianische Rituale erhielten.

1 Schabinstrument zum Enthaaren von Fellen. Fort Albany.
2 Netznadel.
3 Holzlöffel zum Essen von gekochtem Karibublut, das mit Moos vermischt wurde. Rupert House.
4 Spielzeug-Schneeschaufel (in Originalgröße 1,2 – 1,5 Meter lang). Rupert House.
5 Schleuder eines Jungen. Rupert House.
6 Gekrümmtes Schnitzmesser; von Tom Bain, Moose Factory.
7 Krummesser alten Stils aus Biberschneidezähnen. Eastmain.
8 Kugeltasche aus perlenverziertem Stoff. Fort Albany.
9 Lederne Arbeitstasche, mit Seidenfäden bestickt. Eastmain.
10 Perlenbesetzte Tasche zur Aufbewahrung von Zündkapseln. Fort Albany.
11 Kugeltasche aus Seehundfell. Eastmain.
12,13 Holzkelle. Fort Albany.
14 Kelle, so geformt, um gekochten Fisch aus dem Topf zu holen. Rupert House.
15 Löffel für mit Moos vermischtes, gekochtes Karibublut. Rupert House.
16 Frauentasche aus der Haut eines Karibufötus. Eastmain.
17 Aus rotem Stein gefertigter

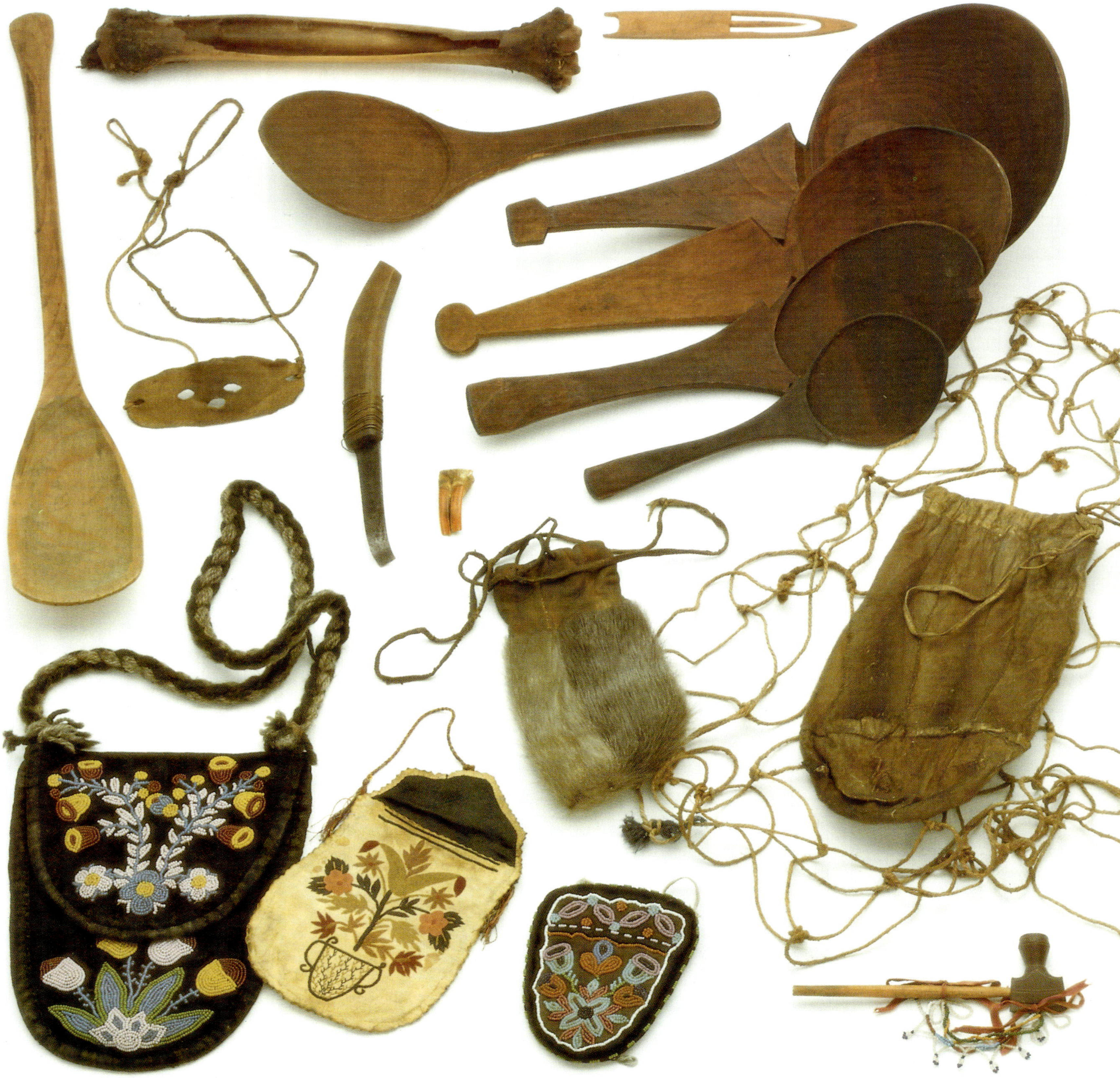

Pfeifenkopf, der an der Küste gefunden wurde; „Bibergröße“ (Handelswert: ein Biberfell). Rupert House.

18 Birkenrindenbehälter mit Stoffoberteil. Moose Factory.

19 Schale für Brei, aus Birkenrinde. Fort Albany.

20 Modell eines hölzernen Speisetabletts; diese Art blieb bei den im Waldlager gespeicherten Vorräten. Rupert House.

21 Modellausfertigung eines Biberfangnetzes. Rupert House.

22 Bemalter Bärenschädel, wurde im Wald aufgehängt, um Erfolg auf der Bärenjagd zu garantieren. Eastmain.

23,24 Zwei Schwarzbärenunterlippen; Jagdzauber oder -trophäe. Rupert House.

25 Schulterblatt eines jungen Bären, als Zauber und Jagdtrophäe aufbewahrt. Eastmain.

26 Zauber aus Karibuzähnen. Rupert House.

27 Krummesser.

28 Ausgestopfter Gänsekopf, als Zauber oder Jagdtrophäe aufbewahrt. Rupert House.

29 Perlenbestickte Kugeltasche. Fort Albany.

30 Perlenverziertes Munitionstäschchen. Fort Albany.

31 Bogenbohrer-Modell zum Feuermachen. Moose Factory.

32 Modell eines Angelhakens alten Stils. Rupert House.

33 Rhythmusrassel, zur Schamanentrommel benutzt. Von Old Swallow, einem Schamanen aus Rupert House

34 Frauentasche aus Karibufellleder. Rupert House.

35 Kinderrassel. Rupert House.

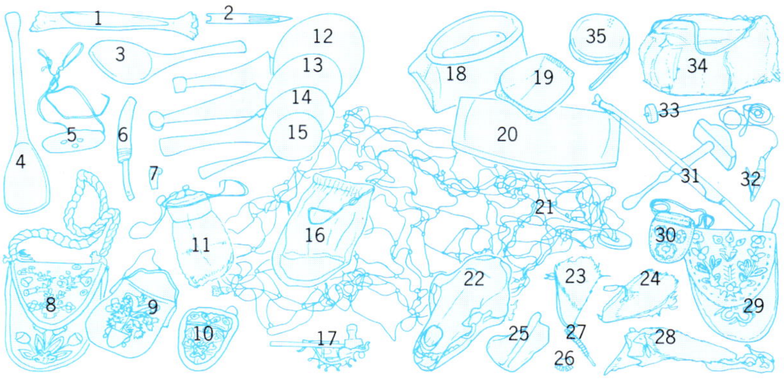

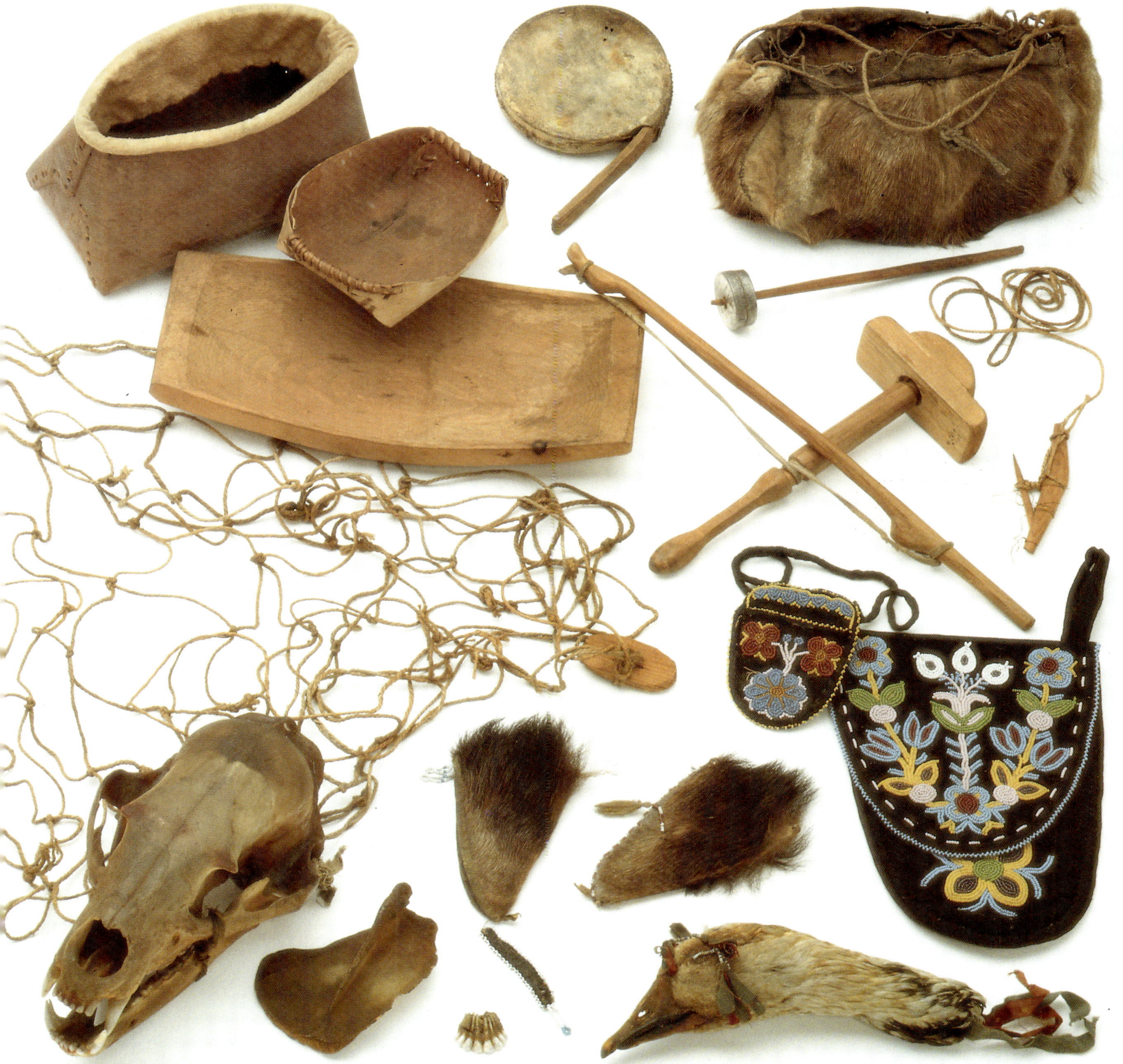

um diese Muster in der Kathedrale zu kopieren." (Duncan 1989, 59)[10].

Anfängliche Versuche, Blumenmuster zu erzeugen, führten nicht selten zu durchaus attraktiven, aber steifen Designs; als man sich jedoch dafür entschied, perlenbesetzte Hintergründe (verbunden mit der Neigung zu erdrückenden Dekors) weitgehend aufzugeben, erwuchsen aus den Motiven dynamische, halbrealistische (weil generell mit Blumenstielen versehene) Muster, die für einen Großteil der im späten 19. und frühen 20. Jahrhundert entstandenen, athapaskischen Perlenstickereien charakteristisch wurden. Diese bereitwillige Übernahme europäischer Techniken gibt eine gute Vorstellung von der Flexibilität der athapaskischen Gesellschaft. Nun wurde daraus auch eine neue Einkommensquelle für die oft verarmten Familien, deren Frauen sich der Produktion von Wandtaschen, Hundedecken, Beuteln, Mokassins, Fäustlingen, Reithandschuhen, Jacken und sogar Regalbehängen zuwandten, die allesamt mit großartigen Perlen- und in geringerem Maße auch Fadenstickereien verziert wurden[11]. Die meisten Rohmaterialien wurden von der „Bay" zur Verfügung gestellt, die seit ihrer Gründung und dem von Charles II. 1670 verliehenen Königlichen Freibrief die Indianerstämme der subarktischen Region dazu angeregt hatte, Tiere wie den Biber, Mink, Hermelin, Fuchs, Wolf, Bär und Otter zu jagen und in oft brutalen Metallfallen zu fangen, die ihnen die „Company" überließ: all dies, um die Nachfrage der europäischen Märkte nach den Fellen exotischer Tiere zu befriedigen. Es ist klar, daß die Indianer, die ihre alten Vorstellungen, wonach Tiere mit Achtung behandelt und nur um des Überlebens willen getötet wurden, mit den neuen Verhältnissen offenbar in Einklang zu bringen verstanden, ihre jägerischen Aktivitäten ausweiteten und sich damit ein etwas leichteres Leben in der rauhen subarktischen Umwelt

Unten: *Blick auf ein Lager der Montagnais-Naskapi am Grand Lake in Labrador, ca. 1891. Man beachte die mit Rinde und Häuten/Stoffen abgedeckten kegelförmigen Behausungen, das Bärenfell-Gestell und die für den Kanubau vorbereiteten Streifen Holzes. Die Wigwams hatten ein Rauchloch direkt über der Feuerstelle. Die neben den Wigwams liegenden Kanus betonen die grundlegende Bedeutung der Mobilität für die Indianer.*

ermöglichten – unter Umweltbedingungen, wie sie zum Ausdruck kamen etwa in dem ewigen Ausruf der Chipewyan: „Dow-diddla! Dow-diddla! – Es ist hart! Es ist hart!" oder in dem Gedanken eines Montagnais: „Wir sind arm … und wir leben zwischen den Bäumen, aber wir haben unsere Kinder" (Godsell 1938, 250; Hubbard 1908, 193).

Aber dafür mußte ein Preis bezahlt werden, denn was sich auf den Großen Plains im Süden im letzten Viertel des 19. Jahrhunderts mit der Dezimierung der riesigen Büffelherden abspielte, wiederholte sich mit den Pelztieren des Nordens. Die ungeheure Zahl, die allein ihres Fells wegen abgeschlachtet wurden, wird durch die Jahresberichte der Pelzhandelsgesellschaften veranschaulicht. Die North West Company[12] erwarb in einer einzigen Saison (ca. 1800):

Biber	106 000
Bär	21 000
Fuchs	15 000
Präriefuchs	40 000
Otter	46 000
Marder	32 000

Handelspreise unterlagen selbstverständlich Schwankungen, vor allem wenn es Konkurrenz gab; dennoch konnten die Gewinne enorm sein. Als Murray 1847 einen Handelsposten im Kutchin-Gebiet errichtete, stellte er fest, daß die russischen Händler zehn blaue Perlen, „etwas größer als eine Gartenerbse", für ein Biberfell gaben (Murray 1910, 71). Das Gemetzel setzte sich unvermindert ein Jahrhundert lang fort. Über eine Periode von neun Jahren (1920-29) hatten die kanadischen Provinzen einen durchschnittlichen Jahresertrag an Fellen wie folgt:

Biber	137 400
Rotfuchs	56 030
Polarfuchs	39 688
Marder	43 480

Im folgenden Jahr erlebte man einen dramatischen Rückgang auf weniger als 50 000 Biber – der Biber gilt allgemein als das Tier, das den ganzen Pelzhandel versinnbildlicht. Die enormen Profite, die gemacht werden konnten, riefen wie schon bei den Büffeljägern sechzig Jahre vorher weiße Trapper auf den Plan, die nicht selten Jagdmethoden anwandten, die kaum Rücksicht auf ein grundlegendes Gesetz der Wälder nahmen, daß weibliche Tiere in der Zeit der Fortpflanzung und Aufzucht von Jungtieren nicht behelligt werden. Sie wurden darin von den Händlern unterstützt, da diese, mit alleiniger „Ausnahme der Hudson's Bay Company" (Cory 1935, 66), auch die gegebenermaßen schlechtere Pelzqualität akzeptierten.

Wütend über die Übergriffe, rächten sich die Dogrib und Slave nördlich des Peace River, indem sie Waldbrände legten, um die weißen Trapper zu vertreiben. Im Süden und Osten, im traditionellen Montagnais/Naskapi-Land, erzählten sie, ob vollblütige Indianer oder Métis, alle die gleiche Geschichte: „Der Biber verschwand schnell; in weiten Gebieten war er bereits verschwunden" (Grey Owl 1935, 48).

Nördlich des Lake Nippising, an der Grenze zwischen den Waldgebieten und der subarktischen Region, fand ein indianischer Jäger im Winter 1925/26 „zwölf weiße Männer auf dem Jagdterritorium seiner Familie vor, die Fallen aufstellten … Da die weißen Neuankömmlinge ihre Fallen so lange aufstellten, bis ein Gebiet verödet war, begannen die Indianer, um sich vor Ausbeutung zu schützen, das gleiche zu tun" (Smith 1990, 80)[13].

Europäische Krankheiten und in manchen Fällen eine schlechte Ernährung schwächten den Widerstand. Wie auf den Plains hatten die Blattern bereits in den Jahren 1791-2 und erneut 1837-8 viele der nördlichen Stämme geschwächt; die Grippeepidemien, gegen die die Indianer kaum natürliche Widerstandskräfte entwickelt hatten, wirkten gar verheerend. Skinner (1911) mußte feststellen, daß es aufgrund der großen Sterblichkeitsrate während der Grippeepidemie, die im Winter 1908/9 über das Nördliche Quebec und Ontario hereinbrach, fast unmöglich war, jemanden zu finden, der ihm die Mythen und Legenden der Östlichen Cree zu erzählen vermocht hätte. Die Grippe von 1917 löschte vierzig Prozent der Chippewa und Cree vom Lake Nipigon aus, und der vom Winter 1927 fielen die meisten Mitglieder der Prophet-River-Bande der Sekani zum Opfer.

Nach 1930 wurde die große subarktische Region Zeuge des schnellen Verschwindens der Grenze zwischen „Zivilisation" und „Wildnis"; dabei wurden in mehreren Fällen Parallelen zu Ereignissen sichtbar, wie sie sich in den Vereinigten Staaten weniger als ein halbes Jahrhundert früher abgespielt hatten. Es wäre jedoch eine zu starke Vereinfachung, wollte man in diesem Fall die Ursache vorwiegend in der Gier suchen – man muß die Ausbeutung vielmehr im Kontext der damaligen Zeit sehen und bewerten. Die Große Wirtschaftskrise der 20er Jahre hatte einen Zustrom zahlreicher weißer Fallensteller und Händler zur Folge, die häufig keinerlei Rücksicht auf die Erhaltung des Tierbestands nahmen oder auf einen möglichst schmerzlosen Tod der Tiere. Es war ein verzweifelter Versuch, „der Arbeitslosigkeit und der Verzweiflung der Großen Depression" (Irving et al. 1985, 23) zu entkommen. Traditionelle indianische Techniken des Fallenstellens bauten auf einem territorialen Reihum-Prinzip auf; zudem baute der erfahrene Jäger seine Falle so, daß nur ganz bestimmte Tiere in die Falle gingen, weshalb er nur wenige unerwünschte und unnötige Fänge machte.

Zu Beginn der vierziger Jahre waren die ökonomischen Auswirkungen der Depression und des Weltkriegs im Norden spürbar; Märkte brachen zusammen, und die Fellpreise stürzten ins Bodenlose. Nur wenige weiße Händler und Trapper blieben, und der Pelzhandel ging an die Dene, Métis und andere indigene Gruppen der subarktischen Region zurück. Der Wandel kam gerade rechtzeitig, und heute soll keine der kommerziell bejagten Felltierarten mehr gefährdet oder vom Aussterben bedroht sein. Die Pelztiere sind „so zahlreich, wie sie jemals waren" (Ebd., 48).

Die subarktischen Völker sehen sich jetzt jedoch einer neuen Bedrohung gegenüber, nämlich den großen Anti-Jagd-Kampagnen, die ihre ureigenste Lebensweise verteufeln. Da sie in einem Land leben, in dem Landwirtschaft nicht möglich ist und in dem die Erschließung von Öl-, Gas- und Mineralvorkommen äußerst kostspielig ist, sind solche Kampagnen eine ernsthafte Bedrohung für eine althergebrachte, gesunde Lebensweise, die an die Umwelt angepaßt ist und ein ökologisches Gleichgewicht gewährleistet[14]. Die subarktischen Völker, so wurde angeregt, müßten auf ihrem Recht bestehen, mit dem Land ihrer Vorfahren und den darauf lebenden Tieren nach den eigenen ererbten Prinzipien umgehen zu dürfen.

Diese Botschaft ist mittlerweile in englischer und französischer Sprache und, wie der Auszug unten belegt, auch in der fast universalen geschriebenen Sprache der großen subarktischen Cree an die Völker Kanadas verbreitet worden:

ᓄᓇᑦᓯᐊᒥᐅᓕᒫᒐᓚᐃᑦ ᐃᓄᐃᑦ ᑲᓇᑕᒥ
ᓄᓇᑦᑲᖅᑳᖅᓯᒪᓂᑰᑦ. ᑲᑎᒪᐅᖅᓯᑎᒃ, ᐃᓕᑦᓯᓯᒪᔪᑦ
ᐱᖅᑯᓯᑐᑦᑲᑦᓂᖅ ᐋᖅᑭᒃᐸᒃᓕᐊᓯᒪᔭᓂᒃ ᐊᑦᓵᒍᓂᒃ
1000-ᐃᑦ ᐅᖓᑖᓄᑦ. ᐹᓇᐅᔭᓕᐅᕆᑦᑲᕋᓯᐊᑦᓃᑦ
ᐊᒻᒪᓗ ᐃᓅᓯᑦᒥ ᐊᓯᐅᔾᔭᖅᐸᒃᓕᐊᔪᑦ ᑕᒪᑦᓯᒥᖓ
ᐱᖅᑯᓯᑐᑦᑲᑦᒥᒃ ᐊᓯᕈᐃᐸᒃᓕᐊᔾᒪᕆᐅᓂᐅᓴᔪᑦ.
ᓄᓇᑦᑲᖅᑳᖅᓯᒪᔪᑦ ᒫᓐᓇᐅᔪᖅ ᐅᔾᔨᕆᓯᓕᖅᐸᒃᓕᐊᔪᑦ
ᐊᐅᓚᑦᓯᓂᐊᑦᓂᕆᑎᒃ ᓯᔪᓂᖕᒥᓐᓂᒃ,
ᑕᑯᓴᐅᑎᑦᓯᔭᕆᐊᑦᑲᖅᐳᑦ ᐱᔪᓐᓇᐅᑎᒋᔭᑦᒥᓐᓂᒃ
ᒥᐊᓂᖅᓯᓂᑦᒥᒃ ᐅᑭᐅᖅᑕᖅᑐᒥ ᓄᓇᑦᑯᑎᒥᓂᒃ
ᐆᒪᔪᑦᑯᑎᒥᓂᓪᓗ ᑐᓐᖓᐱᑦᑲᑦᓗᑎᒃ.
ᐃᓕᓐᓂᐊᖅᑎᑕᐅᔾᔭᑎᑭᓯᒪᔭᑦᒥᓐᓂᒃ ᐃᓕᖅᑯᓯᑦᓂᒃ,
ᐊᑐᖅᑕᐅᑦᑯᔭᐅᓯᒪᔾᔭᑎᑰᕐᑭᑦᑐᖅ ᓗᓕᖅᑎᒍᑦ.

(Ebd., 3)

Nachweise:

1 Die Kommunikation zwischen den einzelnen Banden (bands) führte eindeutig zu Nutzungsstrategien: zwar leben die Chipewyan in einer rauhen Umwelt, doch „haben sie keine Mythen und Legenden, in denen der Hunger eine besondere Rolle spielt" (Smith 1978, 68).

2 Frank G. Speck hat die Verbreitung und Symbolik der Tüpfelverzierung sowohl auf Inuit- als auch indianischen Objekten erörtert (Speck 1925, 151-72).

3 Vergleiche das Motto zu diesem Kapitel.

4 Ein guter Beobachter der Chipewyan äußerte sich über die große Zahl von Karibuhäuten – zehn bis zwölf –, die für die Kleidung eines einzigen Jägers erforderlich waren, und „eine sogar noch größere Menge, um ihn mit Zelt, Leinen, Schlingen und Netzen auszurüsten" (Godsell 1938, 246-7).

5 Speyer 1968, Abb. 2 und 4.

6 Das Fort lag genau genommen auf russischem Territorium. Wie sein Herausgeber Burpee anmerkt, scheint Murray absichtlich in das Gebiet seiner Konkurrenten eingedrungen zu sein, aber es war „alles ein Spiel, und das Spiel hieß Pelzhandel und war bestenfalls eine chaotische Angelegenheit" (Murray 1910, 5).

7 Petroff spricht von dem sehr hohen Wert, den diese Muschelschalen 1802 hatten: „Der Preis für ein Paar dieser Schalen belief sich auf einen Parka aus Eichhörnchenfell" (Ebd., 71).

8 Duncan erwähnt eine Handelsliste der Hudson's Bay Company, auf der „Bernstein- und Kristallperlen, die beide fünf Jahre später unverkäuflich waren, jetzt als akzeptabel eingetragen waren" (Duncan 1989, 44).

9 Pferdehaar war ein anderer wertvoller Handelsartikel (Turner 1955, 64).

10 Ich weiß die Diskussionen mit Katherine Pettipas vom Manitoba Museum of Man and Nature zu schätzen, die erstmals im Sommer 1977 meine Aufmerksamkeit auf Einflüsse dieser Art lenkte.

11 Agnes Cameron, eine Journalistin, die 1909 Fort Chipewyan besuchte, hat sich über den Einfluß einiger besonders rühriger Métis-Frauen auf solche kunsthandwerklichen Tätigkeiten geäußert. Über Mrs. Loutit, eine Métis-Frau mit Chipewyan-, Cree- und schottischem Blut in ihren Adern: „Sie fertigt fantastische Perlengürtel an und diktiert die Mode für den ganzen Norden" (in: Cameron 1921, 321).

12 Der mächtigste unter allen Konkurrenten der Hudson's Bay Company.

13 Die großen Anstrengungen des geborenen Engländers Archibald Belaney – besser als Grey Owl („Graue Eule") bekannt –, in den 1930er Jahren den Biber wieder einzuführen, und seine Begeisterung für den Naturschutz sollten ihm den Titel „Vater des kanadischen Naturschutzes" eintragen.

14 Der kanadische Direktor von Greenpeace hat kürzlich bemerkt: „Natürlich ist Greenpeace auf einer philosophischen Ebene dagegen, daß wildlebenden Tieren aus irgendeinem Grund Schmerzen zugefügt werden. Aber … wo es noch den Anschein eines natürlichen Ökosystems gibt und die wildlebenden Arten reichlich vorkommen …, sehe ich keinen Grund, warum nicht zumindest der Versuch gemacht werden sollte, zu einer Art Gleichgewicht zwischen den dort lebenden ursprünglichen Völkern und den tierischen und pflanzlichen Ressourcen, von denen sie so viele Jahrhunderte lang abhängig waren, zu gelangen" (Bourque 1986, 11).

„In einem Fall stellte der Russe … ein Dutzend Männer … in einer Reihe hintereinander auf und feuerte seine Muskete … ab, um zu sehen, wie viele Alëuten von einer Kugel getötet wurden. Die Antwort war neun. Die Alëuten erkannten, daß sie den Schußwaffen der Russen nichts erfolgreich entgegenzusetzen hatten. Eingeschleppte Krankheiten dezimierten sie zusätzlich. 1799 war von der Bevölkerungszahl vor dem Kontakt nur noch ein Achtel übrig."

DIE ARKTISCHE REGION

DIE ARKTIS beschwört romantische Bilder eines ungezähmten Landes aus Eis und Schnee herauf, eines Landes voller Geheimnisse und Größe. Die Arktis erscheint aber auch als rauher, gnadenloser Lebensraum, wo es bei jeder falschen Entscheidung um Leben und Tod geht. Die Nordwest-Passage ist einer der vielen Orte, an dem Imagination und Wirklichkeit zusammenkommen. Forscher haben sich seit langem im Kampf mit der Arktis erprobt und setzen dies im 20. Jahrhundert fort. Heute gilt die Arktis oft als Refugium, als einer der letzten unverfälschten Lebensräume auf dem Planeten.

Die Arktis ist kein unermeßliches, unbewohntes Land. Es ist die Heimat dreier eigenständiger Sprachgruppen: der Alëuten, der Yup'ik und der Inuit-Inupiaq. Fakt ist, daß nicht alle diese Gruppen innerhalb der geographisch festgelegten Grenzen der Arktis leben. Unter Arktis versteht man gewöhnlich die Region nördlich der Baumgrenze, der mittleren Juli-Isotherme von 10°C und/oder der ständigen Dauerfrostgrenze (Stager und McSkimming 1984, 27). Dementsprechend leben einige Angehörige dieser Sprachgruppen nicht in der Arktis. Diese Menschen gelten jedoch als Nachkommen gemeinsamer Vorfahren, der Eskimo-Alëuten, und werden daher von den Anthropologen als Bewohner der arktischen Region angesehen.

Archäologen vertreten die These, daß die Eskimo-Alëuten vor etwa 8000 – 10 000 Jahren über die Bering-Straße eingewandert sind (Turner 1988; Dumond 1984). Als sie sich über den Norden verbreiteten, sind die drei Sprachgruppen entstanden. Als erste trennten sich die Alëuten von der eskimo-alëutischen Familie, die sich später in Yup'ik und Inuit-Inupiaq aufspaltete. Schließlich besiedelten diese Menschen das Gebiet zwischen dem Prince William Sound im südlichen Alaska und Ostgrönland. Die Völker der Arktis haben viele verschiedene Kulturen. Sie sind zu keiner Zeit statisch gewesen und auch heute verändern sie sich laufend und passen sich neuen sozialen, politischen und ökonomischen Verhältnissen an. (Die gegenüberliegende Karte zeigt einen Schlüssel zu den Stammesterritorien der Arktis; einige der im Text erwähnten Gesellschaften können Teil größerer Gruppierungen sein und sind hier nicht eigens aufgeführt.)

Mein Atem, ich habe ihn hier
Meine Knochen, ich habe sie hier
Mein Fleisch, ich habe es hier
Damit suche ich dich
Damit finde ich dich
Doch sprich zu mir
Sag etwas Nettes zu mir.
(Alëutisches Liebeslied,
19. Jahrhundert,
in Bergsland und Dirks 1990, 687)

Im Jahr 1741 wurde die Kultur der Alëuten unwiederbringlich durch die Ankunft zweier russischer Schiffe verändert. Die Kapitäne Bering und Cirikov, die sich auf Entdeckungsfahrt befanden, waren die ersten Europäer, die den Alëuten-Inseln einen Besuch abstatteten. Zwar starb Bering später nach einem Schiffbruch auf den Kommandeur-Inseln, doch zahlreiche Mannschaftsmitglieder kehrten mit einer Ladung Seeotterfelle nach Rußland zurück. Diese Felle, die beim chinesischen Kaiser und seinem Hof hochgeschätzt wurden, waren so gut wie unerschwinglich geworden, da die Seeotter in den Gewässern des Westpazifiks nahezu ausgerottet worden waren. Die Entdeckung eines neuen Landes, das reich an Seeottern war, brachte die russischen Pelzhändler, die unter dem Namen promyshlenniki bekannt waren, auf die Idee, Boote zu bauen und nach Alaska zu segeln.

Für die Alëuten war der Besuch von Fremden in Schiffen zwar ein merkwürdiges, aber kein singuläres Ereignis. Steller, der Naturforscher auf Berings Schiff, vermerkte das Vorhandensein von Eisen:

> Zwei hatten ein langes eisernes Messer von sehr schlechter Ausführung wie die russischen Bauern, das vielleicht von ihnen selbst hergestellt wurde und nicht aus europäischer Produktion stammte … Aus einiger Entfernung konnte ich die Qualität dieses Messers sehr genau beobachten, als einer der Amerikaner es aus der Scheide zog und damit eine Blase entzweischnitt, und ich sah … daß es keiner europäischen Arbeit ähnelte.
>
> (Steller 1988, 103)

Dieses Eisen mag auf dem Handelsweg aus dem Nordosten gekommen sein, mit größerer Wahrscheinlichkeit stammte es jedoch von japanischen Fischerbooten, die im Sturm vom Kurs abgekommen waren

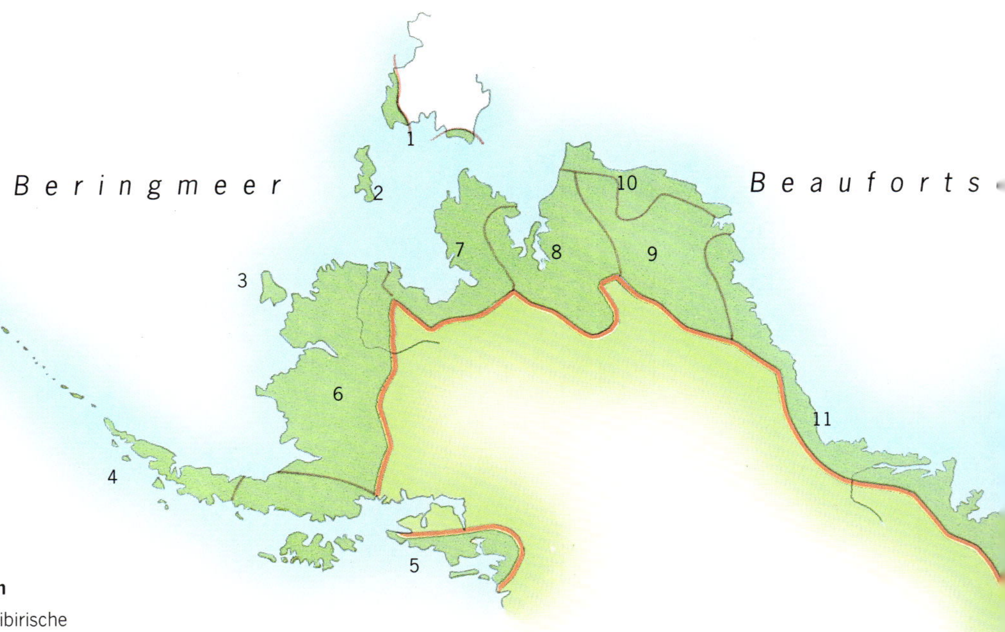

Schlüssel zu den Bevölkerungsgruppen

1 Sibirische Eskimo (Sibirische Yup'ik)
2 St. Lawrence-Island-Eskimo
3 Nuaivak-Eskimo
4 Alëuten
5 Pazifische Eskimo (Pazifische Yup'ik)
6 Südwestalaska-Festlandeskimo (Zentralalaska-Yup'ik)
7 Beringstraßen-Inuit
8 Kotzebue-Sound-Inuit
9 Nordalaska-Inlandinuit
10 Nordalaska-Küsteninuit
11 Mackenzie-Delta-Inuit
12 Copper-Inuit
13 Netsilik
14 Karibu-Inuit
15 Sallirmiut (Sadlermiut)
16 Iglulik
17 Baffinland-Inuit
18 Polar-Eskimo
19 Ostgrönland-Eskimo
20 Westgrönland-Eskimo
21 Labrador-Küsteneskimo
22 Inuit von Quebec

und an den nebligen Inseln Schiffbruch erlitten hatten (Black 1983). Kontakte mit Fremden waren selten, ihr Einfluß auf die alëutische Gesellschaft minimal.

Zu Beginn des 18. Jahrhunderts war die alëutische Gesellschaft noch immer expansiv. Man hat die Bevölkerung in dieser Zeit auf 12–15000 Menschen geschätzt (Lantis 1984, 163), die sich über den gesamten, 1900 Kilometer langen alëutischen Archipel verteilten, eine Kette von aktiven Vulkaninseln, die wie Perlen an einer Kette über den Nordpazifik aufgezogen waren. Die Mehrzahl der Alëuten lebte auf den der Küste Alaskas nächstgelegenen Inseln, aber selbst noch die Near Islands (die Rußland am nächsten liegen) waren bewohnt. Archäologen glauben, daß die Alëuten erstmals vor 8000 Jahren besiedelt wurden, die Near Islands erst vor etwa 1000 Jahren (McCartney 1984). Das riesige Areal läßt sich in zwei Dialektgebiete unterteilen: die östlichen und westlichen Alëuten (Krauss 1988, 146). Innerhalb dieser Gebiete existierten zahlreiche soziale Einheiten auf Dorfebene, mit jeweils eigenen territorialen Grenzen und Anführer.

Oben: *Alëuten in zweisitzigem Kajak (Baidarka), St. Paul Island (Pribilof Islands), ca. 1900. Sie hatten gewöhnlich nur geringen Tiefgang und erweckten im Verhältnis zur Breite den Anschein großer Länge. So wirkten sie leicht und zerbrechlich.*

Die Beziehungen zwischen den Dörfern waren im allgemeinen freundlich. Handelsware wie Kiefern- und Birkenrinde wurde vom Festland auf die baumlosen Inseln geliefert. Feste und Maskentänze, die meist im Dezember abgehalten wurden, boten den Dorfbewohnern die Gelegenheit, einander zu besuchen (Black 1980, 89). Die Beziehungen verliefen allerdings nicht immer harmonisch: Mord, Zauberei und Beleidigungen führten zu heimlichen und mörderischen Überfällen. Gefangene wurden versklavt, und die Getöteten wurden von den Siegern schnell zerstückelt, um die ihnen innewohnende Kraft zu zerstreuen und unschädlich zu machen (Laughlin 1980, 103).

Die Behausungen der Alëuten waren bis zu einer Tiefe von anderthalb bis zwei Metern in den Boden gegraben. Das Dach bestand aus Walknochen und Treibholz, worüber Grasnarben gelegt wurden. „...ältere (Erdhäuser) sind von Gras überwachsen, und ein Dorf hinterläßt den Eindruck eines europäischen Kirchhofs voller Gräber" (Langsdorff in: Lantis 1970, 183). Manche Häuser waren Einfamilienbauten, andere Langhäuser, die zwölf bis zwanzig Meter lang und sechs bis zehn Meter breit waren (Laughlin 1980, 50).

Die Häuser waren nach einer Ost-West-Achse ausgerichtet; dies spiegelte die Bedeutung des Ostens in der Kosmologie der Alëuten wider, denen der Osten als Heimat des Schöpfers galt (Black und Liapunova 1988, 57). Die Langhäuser hatten einen Mittelgang, links und rechts davon lagen die Familienabteile. Alle Familien in einem Langhaus waren miteinander verwandt. Der Anführer und seine Familie beanspruchten das östlichste Abteil, wohingegen die Sklaven am Westende wohnten. Eingang fand man durch ein oder zwei Löcher im Dach; ein Baumstamm mit Trittkerben ermöglichte den Abstieg zum Boden.

Diese Löcher waren die einzige Möglichkeit, Häuser zu betreten oder zu verlassen. Die Bewohner waren bei Überraschungsangriffen also eine leichte Beute. Um diesem Problem entgegenzuwirken, hatten die Alëuten drei Auswege ersonnen. Zum ersten wurden

Diese Karte zeigt annähernd die territorialen Verläufe von Stämmen und Sprachgruppen um etwa 1850 für den Großteil der Region, aber etwas eher für Nordwestalaska und die Labrador-Küste, etwas später für Südalaska und Grönland. Danach verloren viele Gruppen Land und einige verschwanden.

Dörfer meist auf Landengen angelegt, mit dem Meer auf beiden Seiten, um einen Fluchtweg offenzuhaben. Zum zweiten wurden Beobachtungsposten aufgestellt, die nach unerwarteten und unerwünschten Besuchern Ausschau halten mußten. Und drittens höhlte man in den Hauswänden geheime Schlupflöcher aus. Bei einem Angriff konnte der Entdeckung entgehen, wer in diesen Schlupflöchern Schutz suchte.

Bei Überfällen ging es selten um territoriale Fragen. Meist handelte es sich um Vergeltungsakte. Für die Aleuten bestand keine Notwendigkeit, um Gebiete zu kämpfen, da ihnen das Meer und das Land eine Fülle von Ressourcen boten. Hunger war nahezu unbekannt, auch wenn der Monat März eine magere Zeit war. Auf den Aleuten-Inseln gab es sehr wenig Landsäugetiere, aber die fehlende terrestrische Fauna wurde durch eine mannigfaltige Flora, Meeresfauna und Vogelwelt ausgeglichen. Aus den stärkehaltigen Wurzeln mehrerer Pflanzen wurde ein dicker Schleim zubereitet; man aß das Grünzeug von Säuerling [Mountain sorrel, Oxyria digyna, Anm.d.Übs.], Kresse, Götterblume und anderen Pflanzen einschließlich Farnwedel, und manche Kräuter und Wurzeln wurden zu medizinischen Zwekken gesammelt. Schwarze Krähenbeeren, Prachtbrombeeren [Salmonberries, Rubus spectabilis, Anm. d.Übs.] und Kranichbeeren [Rubus chamaemorus, Anm.d.Übs.] wurden sowohl frisch gegessen als auch für den Winter eingemacht. Das Strandgras (Elymus mollis) diente zur Fertigung der außergewöhnlich schönen Körbe und Matten, wie sie die Aleuten-Frauen herstellten. Mit den Fingernägeln teilten sie die Grashalme in feine Streifen, die dann zwirnbindig verflochten wurden. Es entstanden Körbe mit mehr als tausend Stichen pro Quadratzoll [= 6,452 Quadratzentimeter]. Diese handwerkliche Qualität und Detailgenauigkeit war charakteristisch für die von den Aleuten-Frauen geschaffenen Gegenstände. Eisenhut war als Giftpflanze bekannt, und sein Gift fand wahrscheinlich bei der Waljagd Verwendung. Die Frauen legten von diesen nur jahreszeitlich wachsenden Pflanzen Vorräte fürs ganze Jahr an, die sie in Beuteln aufbewahrten, die aus den Mägen von Seehunden oder Seelöwen angefertigt wurden (Collins 1945).

Scharen von Wasservögeln fallen zu Beginn des Frühjahrs auf den Aleuten ein. Enten, Gänse, Schwäne, Lummen, Papageitaucher und viele andere legen Eier, ziehen ihre Jungen auf und fliegen im Herbst in den Süden. Die Aleuten sammelten die Eier und machten Jagd auf die verschiedenen Vogelarten, mit jeweils angepaßten Jagdmethoden. Papageitaucher zum Beispiel bauen ihre Nester in Höhlen, also legten die Jäger eine Schlinge um das Eingangsloch und erdrosselten den Vogel, wenn er seine Höhle am Morgen verließ. Ein anderes Beispiel war die Jagd auf Albatrosse. „Sie fahren aufs Meer hinaus, um sie zu fangen, wenn es nicht windig, aber neblig ist, da die Vögel bei solchem Wetter nicht so gut fliegen können. Die Jäger fahren auf sie zu, da sie wissen, daß die Vögel immer gegen den Wind auffliegen" (Merck 1980, 62).

Das Watt lieferte Schalentiere, Tintenfische und Tange, Nahrung, die problemlos von Frauen, Kindern und älteren Menschen gesammelt werden konnte. Die leichte Verfügbarkeit dieser Nahrungsressourcen gewährte Witwen die Freiheit, über ihre Zukunft selbst zu bestimmen, statt wie bei anderen Völkern des Nordens sofort wieder heiraten zu müssen (Robert-Lamblin 1982, 199). Und die Menschen kamen damit über die mageren Zeiten hinweg, wenn die Vorräte zur Neige gingen und es zu unwirtlich war, zu jagen.

Der Lachsfang dauerte den ganzen Sommer bis in den frühen Herbst hinein an, wenn die Fische die kurzen Inselflüsse hinaufwanderten, um zu laichen. Obwohl viele Lachse gefangen und als Wintervorrat getrocknet wurden, so beruhte die aleutische Ernährung doch hauptsächlich auf Meeressäugetieren, insbesondere Seelöwen (Yesner 1988). Die Männer jagten diese Säuger von ihrer baidarka (die russische Bezeichnung für das Kajak der Aleuten) aus. Seelöwen, Robben und Seeotter wurden mit Wurfspeeren erlegt, die mit Hilfe einer Speerschleuder überhand geschleudert wurden. Damit die Jagd erfolgreich würde, bereitete sich ein Mann sowohl körperlich als auch geistig darauf vor. Zu seiner Jagdausrüstung gehörten Amulette, die die Tiere anziehen und ihre Geister versöhnen sollten. „Ihre Herstellung und ihr Aufbewahrungsort werden geheim gehalten, sonst verlieren die Amulette ihre Kraft. Man muß sie vor Nässe bewahren; falls ein Amulett naß wird, wird sein Besitzer verfaulen" (Jochelson 1968, 78).

Oben: *Oululuk, das Hauptdorf der Aleuten auf Unalaska, mit zweisitziger Baidarka, gemalt von Louis Choris (1816-17). Schon zu dieser Zeit war der weiße Einfluß offensichtlich, wie die russisch-orthodoxe Kirche (links) beweist.*

Nur wenige Männer, die eine besondere Ausbildung hinter sich hatten, gingen auf die Waljagd. Die Jagd begann mit dem Sammeln von Amuletten durch den Walfänger an der Küste. Dann wurde eine spezielle Giftmischung zubereitet, mit der die Wurfspieße bestrichen wurden, um die Wale zu vergiften. Als Ingredienzen für Amulette wurden u.a. Hämatit, die Federn eines Schneefinks und Flüssigkeit aus den mumifizierten Leichen von Jägern benutzt. Letztere galten als äußerst starke Amulette, doch dem Besitzer eines solchen Amuletts würde nur ein kurzes Leben beschieden sein (Ebd.). Wurde ein Wal gesichtet, fuhr ein einzelner Jäger in seiner Baidarka aufs Meer hinaus, schoß seinen Wurfspieß auf den Wal ab und kehrte ans Ufer zurück, wo er in eine Seklusionshütte ging und dort drei Tage lang bewegungslos unter einer Decke liegend verbrachte. „Er verhielt sich ... wie ein kranker Mann und versuchte so, mittels sympathetischer Magie, den Wal davon zu überzeugen, daß auch er krank sei" (Laughlin 1980, 41). Am dritten Tag, wenn der Wal zu sterben schien, stand der Mann von seinem Lager auf. Der Wal wurde daraufhin von den anderen schnell getötet und an Land gebracht. Es ist nicht bekannt, wie erfolgreich diese Jagdmethode war. Trieb der Wal nicht in sein eigenes Territorium, konnte er sehr wohl als Beute eines anderen Dorfes enden (Ebd.).

Gejagt wurde in all diesen Fällen mit der Baidarka, einem Wasserfahrzeug, das für seine Schnelligkeit und die Robustheit berühmt war, mit der es die rauhen Gewässer des Golfs von Alaska überstand (Zimmerly 1986, 18). Unter den Kajaks war die Baidarka der Aleuten einmalig, da sie einen gegabelten Bug und ein gerades Heck hatte. Diese Konstruktionselemente ermöglichten es, über die Wellen zu reiten bzw. „...das Ansteigen des Bugs auszugleichen, wenn er auf eine Welle traf" (Heath 1987, 24). Bei einem plötzlich auftretenden Sturm banden die Aleuten ihre Baidarkas zusammen und hatten damit ein stabileres Fahrzeug.

Bereits im frühen Alter begannen die Jungen das Kajakfahren zu lernen. Ihre Sehnen und Bänder wurden gedehnt, damit sie sich daran gewöhnten, Stunden in der Baidarka zu sitzen (Laughlin 1980, 28). Und sie ahmten die Jagd mit der Baidarka im Spiel nach (Ebd., 2), bevor sie mit einem richtigen Boot in ruhigem Wasser zu üben anfingen. Später wagten sie sich mit einem erfahrenen Jäger, der oft ein Onkel mütterlicherseits war, in einer zweisitzigen Baidarka aufs Meer hinaus. Ein Junge beendete seine Jugendjahre und wurde zum Mann, wenn er seine eigene Badarka baute. Danach sah man ihn auch als heiratsfähig an.

Der Bau einer Baidarka war äußerst kompliziert. Zuerst wurde Treibholz für das Gerippe gesammelt. Dann wurde sie nach den genauen Maßen ihres Besitzers angefertigt. Viele Konstruktionstechniken waren argwöhnisch gehütete Geheimnisse, die vom Vater oder Onkel an den Jungen weitergegeben wurden.

> Manchenorts band man dort, wo die verschiedenen Teile des Bootsgerippes aneinander befestigt wurden, zwei flache Knochen kreuzweise über die innere Verbindungsstelle, und dies war, wie mir der Häuptling versicherte, bei stürmischem Wetter überaus zweckdienlich. Da die Verknüpfungen durch den Ansturm der Wellen sich leicht lockern können, tragen diese Knochen entscheidend dazu bei, ein solches Mißgeschick zu verhindern; aber dieses Wissen ist nicht allen bekannt und wird von denen, die es haben, als strenges Geheimnis bewahrt.
>
> (Langsdorff in: Dyson 1986, 42)

Abschließend überzogen die Frauen die Baidarka mit Seelöwenhäuten. Die Frauen hatten darauf zu achten, daß keines ihrer Haare in eine der Nähte geriet, sonst mochte ein Seelöwe, zornig ob dieser Verunreinigung, ein Loch ins Boot beißen.

Als die ersten promyshlenniki auf die Aleuten kamen, jagten sie noch selbst. Die Aleuten galten lediglich als nützliche Handelspartner. Dann erkannten die Russen die Möglichkeiten, die die Baidarka für die Seeotterjagd bot. Sie begannen die aleutischen Jäger auszubeuten und zwangen ganze Dörfer zur Jagd, indem sie Geiseln nahmen, die sie nach Ende der Jagdsaison wieder zurückschickten (Pierce 1988, 21).

Anfang der 1760er Jahre wurde ein Aufstand der östlichen Aleuten mit brutaler Gewalt niedergeschlagen. In einem Fall stellte der Russe Solovjev ein Dutzend Männer aus Kashega in einer Reihe hintereinander auf und feuerte seine Muskete auf Kern-

Oben: *Eine Studie von Bewohnern der Alëuten-Inseln, von Louis Choris (1816-17). Der Kontakt mit Händlern, Forschungsreisenden und Missionaren wird aus diesen frühen Porträts bereits ersichtlich.*

schußweite ab, um zu sehen, wie viele Alëuten von einer Kugel getötet wurden. Die Antwort war neun (Laughlin 1980, 129). Die Alëuten erkannten, daß sie den Schußwaffen der Russen nichts erfolgreich entgegenzusetzen hatten. Eingeschleppte Krankheiten dezimierten sie zusätzlich. 1799 war von der Bevölkerungszahl vor dem Kontakt nur noch ein Achtel übrig (Ebd., 130).

Die Russische Amerika-Kompagnie (RAK) wurde 1799 gegründet und erhielt von der russischen Krone das Handelsmonopol. Für die meisten Alëuten bedeutete dieser Freibrief, daß sie zu Vasallen der Handelsgesellschaft wurden. Die RAK besaß die Erlaubnis, die Hälfte aller körperlich leistungsfähigen Männer eines Dorfes in ihre Dienste zu stellen, und brauchte ihnen nur ein Fünftel des Lohns, den ein Russe erhalten hätte, zu bezahlen (Hansen 1982, 67); oft wurden jedoch selbst diese Bestimmungen von der Gesellschaft mißachtet. Das führte zu Beschwerden der Alëuten bei der Krone und 1821 zu einer Revision des RAK-Handelsbriefs. Neu war jetzt, daß die Gesellschaft die Hälfte aller leistungsfähigen Männer eines Dorfes nicht mehr länger als für drei Jahre dienstverpflichten durfte (Laughlin 1980, 130). Um 1800 waren Alëuten von der RAK auch auf den Kommandeur- und Pribilof-Inseln angesiedelt worden, wo die Nördlichen Seebären zur Fortpflanzung und Aufzucht der Jungen hinkamen, und Alëutenjäger waren in Sitka und in Fort Ross stationiert, einem Stützpunkt der Gesellschaft an der kalifornischen Küste. Die Einsamkeit eines alëutischen Jägers weit weg von seiner Heimat ist in diesem Lied besonders eingefangen:

Oh, was wird daraus werden?
Was wird er sagen?

Ich erwartete nicht, so zu sein,
und ließ mich doch wieder darauf ein.

Meine Inseln, meine geliebten Inseln dort im Osten!
Über ihnen werden die Wolken ganz leicht sein am Morgen.

Auch dort drüben wird es so sein am Morgen.
Wenn ich so weiterlebe, endlos, unaufhörlich.

Diese Langeweile, dieser Kummer!
(Bergsland und Dirks 1990, 697)

In der 1821 durchgeführten Revision des Handelsbriefes wurde ausdrücklich festgestellt, daß die RAK Schulen und Kirchen bauen, einen Gesundheitsdienst einrichten und für Missionare zu sorgen hätte. Die Schulen boten nicht nur Unterricht in Lesen und Schreiben, sondern auch handwerkliche Ausbildungsmöglichkeiten wie Schiffsbau, Zimmermannslehre und Metallbearbeitung. Viele der Schüler waren Kinder aus russisch-alëutischen Verbindungen, sogenannte Kreolen. Daraus entstand eine neue Klasse. An der Spitze standen die Russen, gefolgt von den Kreolen, und am unteren Ende die Alëuten. Die Gesundheitsfürsorge war rudimentär; nach der verheerenden Pokkenepidemie von 1838 kam es jedoch zu einem umfassenden Impfprogramm (Black 1980, 103).

Die meisten Alëuten wurden von Laienpredigern, die auch kleine Kirchen errichteten, zum russisch-orthodoxen Glauben bekehrt. 1824 kam mit Pater Venjaminov der erste Missionar auf die Alëuten. Dieser Priester, den seine Pfarrkinder in Alaska liebten, wurde später zum Metropoliten geweiht und wird heute als Heiliger Innokentij verehrt. Unter den ersten Priestern war ein Kreole, Pater Necvetov, der in Rußland ausgebildet worden war (Black in: Netsvetov 1980, xv). Warum haben die Alëuten das Christentum so bereit-

Unten: *Das Fischerdorf Karluk mit Konservenfabrik auf Kodiak Island (Alaska), ca. 1900. Alëutische Fischer brachten den Fisch in die Fabrik, die zu der Zeit chinesische Saisonarbeiter aus San Francisco beschäftigte.*

Alëuten

Diese Stücke veranschaulichen die Bedeutung, die die maritime Jagd vom Kajak aus für die Alëuten hatte, sie veranschaulichen die Verarbeitung von Eingeweiden zu wasserdichter Kleidung und zeigen spezialisierte Flechtarbeiten, exzellente Produkte, die in Zwirnbindung aus längsgeteilten Dünengrashalmen angefertigt wurden. Russischer Einfluß, der mit der Ankunft von Pelzhändlern in den 1740er Jahren begann, wird in manchen formalen und dekorativen Aspekten sichtbar. Wo die Herkunftsinsel bekannt ist, wird sie unten angegeben. Die Jahreszahlen verweisen auf das Jahr, in dem die Stücke gesammelt wurden oder ins Museum gelangten.

1 Aus Dünengras zwirnbindig geflochtener Korb mit einem Design aus falscher Stickerei, zum Transport von Fischen. Atka, 1882.
2 In durchbrochener Zwirnbindung geflochtener Korb mit einem Dekor aus buntem Garn. 1903.
3 In feiner Zwirnbindung geflochtenes Körbchen mit festsitzendem Deckel, mit blauem, rotem und gelbem Seidengarn verziert; wahrscheinlich für den Verkauf bestimmt. Attu, 1927.
4 Zigarrenetui, sehr fein gezwirnte Flechtarbeit, mit falscher Stickerei; eine populäre Spezialität der Alëuten, zum Verkauf bestimmt. Attu, 1874.
5 Kajakmodell, vom charakteristischen zweisitzigen Typ, mit Paddlern, die Hüte aus geschweiftem Holz tragen. Gesammelt von der Wilkes-Expedition, 1841.
6 Kegelförmiger Hut aus dünnem geschweiftem Holz, mehrfarbig mit abstrakten Mustern bemalt, Seelöwenbarthaare auf der Rückseite. 1868.
7 Kappe aus schwarzem Leder, mit weißem Pelz und rotem Garn geschmückt, in Form eines russischen Hutes. Unalaska Island, 1868.
8 Hut aus dünnem Holz, mit aufgemaltem Vogelmotiv. Kayaligmiut (Yup'ik, nicht alëutisch).
9 Zigarrenetui aus fein gezwirntem Dünengras, mit falscher Stickerei aus Wollfäden, zu Verkaufszwecken hergestellt. 1921.
10 Korb mit einem Dekor aus Wollfäden unter dem Rand. Attu, 1894.
11 In durchbrochener Zwirnbindung geflochtener Korb zum Transport von Fischen. Atka, 1879.
12 Zwirnbindig geflochtenes Körbchen mit festsitzendem Deckel und falscher Stickerei als Design. Atka, 1879.
13 Arbeitskörbchen einer Frau mit festsitzendem Deckel, aus gezwirntem Dünengras, mit einem Design aus bunten Wollfäden. Attu, 1920.

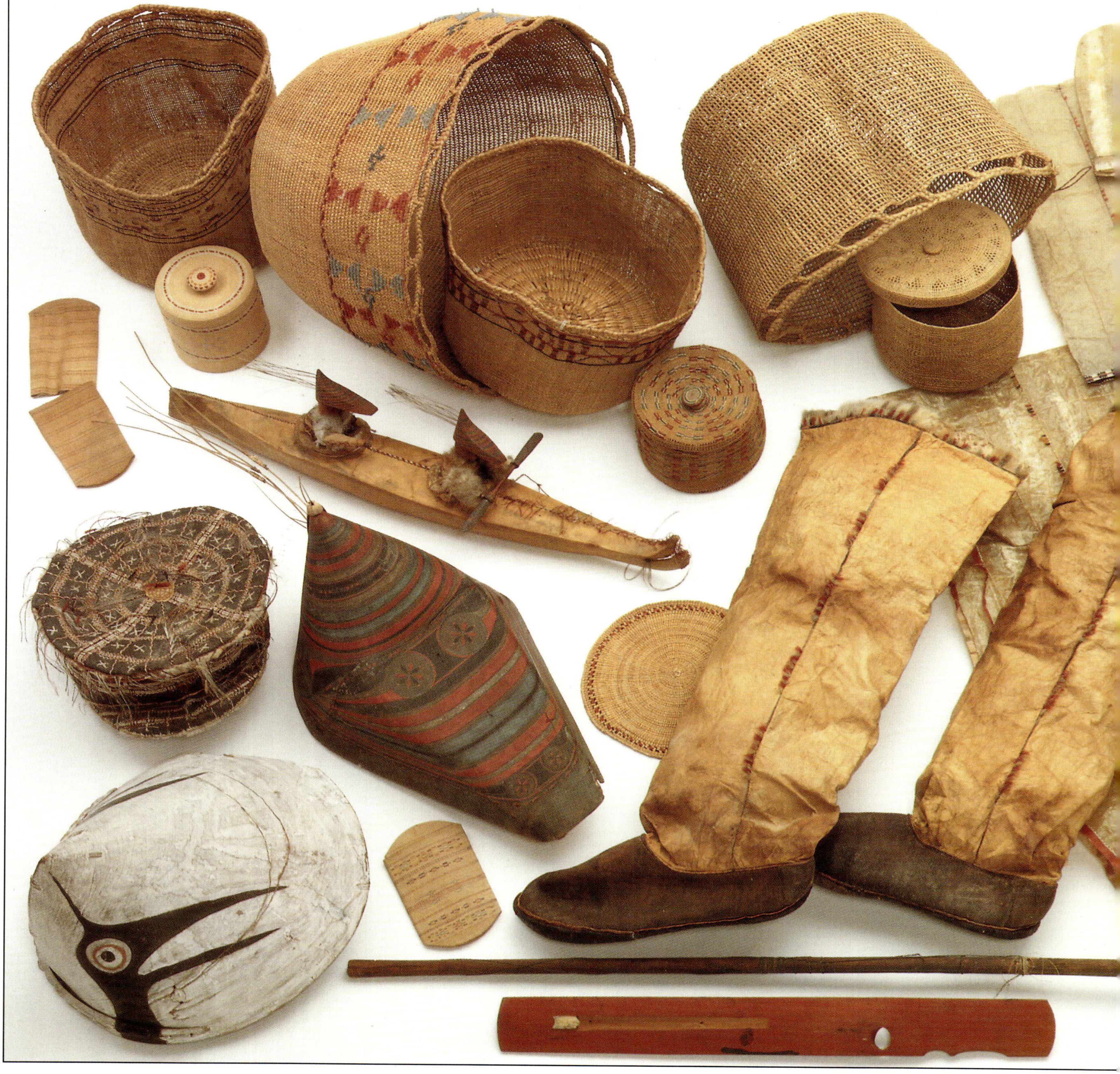

14 Tischuntersetzer, gezwirntes Dünengras, zum Verkauf bestimmt. Atka, 1879.
15 Hochstulpige Stiefel, dunkel- und hellfarbiges Leder, mit Pelz und roter und grüner Wolle dekoriert. Attu, 1890er Jahre.
16 Vogelspeer, Holz mit mehrfachen Knochenspitzen. 1890er Jahre.
17 Speerschleuder, um Harpunen oder Wurfspeere vom Kajak aus mit größerer Wucht zu werfen; mit einem Haken aus Elfenbein und einer Rille für das stumpfe Ende des aufliegenden Speers; das Loch und die Kerben sind für die Finger der Wurfhand. Auf der Oberseite rot, auf der Unterseite schwarz bemalt. Unalaska Island, 1892.
18 Arbeitstäschchen aus Seelöwendarm. Atka, 1879.
19 Täschchen aus Seelöwendarm, mit Zierstreifen. Gesammelt von der Wilkes-Expedition, 1841.
20 Große Tasche, aus dem Gedärm eines Seelöwen gefertigt. Gesammelt von der Wilkes-Expedition, 1841.
21 Wasserdichte Kleidung zum Überziehen, aus Därmen. 1896.
22 Hosen aus Robbenleder. Atka, 1879.
23 Kleiner, in Zwirnbindung geflochtener Beutel, mit einem Dekor aus buntem Garn. 1921.
24 Tischuntersetzer, aus gezwirntem Dünengras, zum Verkauf bestimmt. Atka 1879.
25 Ein Paar Stiefel (mukluk), mit schöner Applikation als Dekor. Attu, 1890er Jahre.

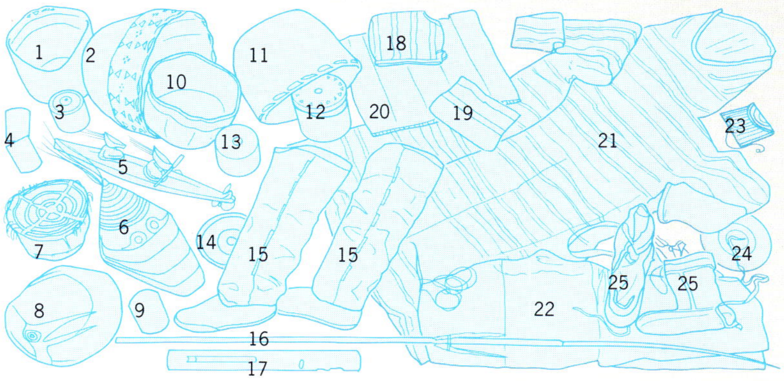

Oben: *Ein Alëuten-Mann, gemalt von Louis Choris (1816-17). Er trägt ein aus Därmen gefertigtes Hemd mit Kapuze und einen Hut aus dünnem, in diese Form gebogenem Holz samt bemaltem Augenschirm; der rückwärtige Rand ist genäht, um einen tiefen, dem Kopf angepaßten Ausschnitt zu erhalten.*

willig angenommen? Ein Teil der Antwort mag darin liegen, daß die Kirche Hoffnung und Beistand zu bieten vermochte, ein anderer in dem Verhältnis der Patenschaft, das die Russen Alëuten gegenüber ausübten, woraus verwandtschaftliche und ökonomisch profitable Bande erwuchsen (Black 1984, 94; Kan 1988, 506).

1867 hatte sich die alëutische Gesellschaft der russischen Präsenz angepaßt. Die Bevölkerungszahlen zeigten Anzeichen der Erholung, viele Alëuten-Kinder gingen immerhin zeitweise zur Schule, und alle hingen sie dem russisch-orthodoxen Glauben an. Durch den Opiumkrieg war jedoch der chinesische Markt für Seeotterfelle zusammengebrochen, und Anstrengungen der RAK, die wirtschaftlichen Verhältnisse in Alaska zu beleben, hatten sich als vergeblich herausgestellt (Black 1988: 80). Zudem war das russische Amerika von Moskau sehr weit entfernt. Deshalb nahm das Russische Reich ein amerikanisches Angebot an, Alaska für 7,2 Millionen Dollar in Gold zu kaufen.

Wieder einmal änderte sich das Leben für die Alëuten ohne Vorwarnung. Die RAK war weg, die Schulen waren ebenso geschlossen wie die Krankenstationen, und viele der gebildeten Kreolen zogen es vor, nach Rußland abzuwandern. Von der russischen Gegenwart zeugte nur noch die Kirche, deren Priester bleiben durften. Die Alëuten waren immer noch Vasallen, aber Vasallen ohne Einfluß. Die Russen hatten die Alëuten gebraucht, so war ein symbiotisches Verhältnis entstanden. Die Zeiten der Seeotterjagd waren vorbei, und die Alëuten hatten keinen Zugang mehr zu den Handelswaren, von denen sie abhängig waren. Die Alëuten-Inseln wurden zu einem abseits gelegenen, vergessenen Winkel der USA. Erst 1885, 18 Jahre, nachdem die RAK die Inseln verlassen hatte, wurde eine Mission mit Schule eingerichtet (Morgan 1980, 114).

Allmählich begannen die Amerikaner ihre neue Kolonie zu entdecken. Ein Konzern aus San Francisco erwarb die Aktiva der RAK und benannte sie in Alaska Commercial Company (ACC) um (VanStone 1967, 57). Die ACC war an Profiten interessiert; sie konzentrierte sich auf die lukrativen Robbengründe auf den Pribilof-Inseln. Die Amerikaner weiteten die Jagd aus und warfen alle Quotenregelungen über Bord, die von der RAK zum Schutz der Tierpopulationen erlassen worden waren. In den 1880er Jahren zeigte die Robbenpopulation Anzeichen der Überjagung, und die Seeotterpopulation war am Rande des völligen Verschwindens. 1911 wurde die Jagd auf Seeotter durch einen internationalen Vertrag eingeschränkt, und Robbenjäger mußten sich an strikte Abschußquoten halten.

Auf einigen wenigen Alëuten-Inseln lebten einheimische Füchse, und die Russen hatten zusätzlich welche eingeführt. 1880 begannen amerikanische Trapper und Händler ganze Inseln von der amerikanischen Regierung zu pachten. Ohne natürliche Feinde und mit zahlreichen Wasservögeln als Beutetieren gediehen die Füchse prächtig, und entsprechend prosperierten auch einige der unabhängigen Unternehmer. Der Zusammenbruch des Pelzmarktes 1941 brachte das Ende dieser Industrie. Ein jäher Aufstieg, auf den ein genau so jäher Zusammenbruch folgte, war auch für andere ökonomische Unternehmungen auf den Alëuten vor dem 2. Weltkrieg bezeichnend. Eine Goldmine brachte von 1886 bis 1908 vorübergehend frischen Wind in die Aktivitäten. 1876 nahm ein Pökelbetrieb für Kabeljau die Arbeit auf; es folgten Lachskonservenfabriken, und an der Küste war eine norwegische Walfangstation 1907-39 in Betrieb, mit durchschnittlich 100 erlegten Walen pro Saison (Morgan 1980, 119).

Oben: *Eine Alëuten-Frau, gemalt von Louis Choris (1816-17). Ihr Kleid, das aus Handelstuch besteht, und das Kreuz weisen auf beträchtlichen weißen Einfluß hin, der zweifellos auf die russisch-orthodoxen Missionare zurückgeht.*

Unten: *Die Alëuten-Siedlung Karluk, Alaska, ca. 1900. Auf der linken Seite befindet sich eine russisch-orthodoxe Kirche samt Friedhof (Die Russen brachten zumindest ein Jahrhundert früher ihre eigene Religion nach Alaska); im Vordergrund sind einige halbunterirdische alëutische Behausungen zu sehen.*

St. Lawrence-Island-Eskimo, 1930

Ein Mann und seine Frau arbeiten am Gerippe eines kleinen umiak, bevor sie sich an die Bespannung mit zerteilter Walroßhaut machen. Er trägt den typischen sibirischen Haarschnitt, wie er auch auf St. Lawrence Island üblich war, sowie Ohrgehänge und ein Halsband mit Zauberamuletten. An seinem Gürtel hängen Perlen, ein Tabaksbeutel und eine Messerscheide. Sein Parka ist aus gegerbtem und rotgefärbtem Karibufell gefertigt und hat einen Hundsfellkragen. Die Hosen sind aus Robbenfell mit der Haarseite nach außen, die Stiefel aus feinem Leder und mit Bändern verschnürt, die Fellapplikationen aufweisen. Die Frau zeigt Tatauierungen auf Gesicht und Armen und trägt einen Zauber an ihrem Armband. Ihr Parka ist aus dem dunklen Fell eines Karibukalbs gefertigt, hat Einsätze aus weißem Karibufell und ist mit dem weißem Fell von sibirischen Hunden gesäumt. Ihre Stiefel sind aus rotgefärbtem Robbenfell mit der Haarseite nach innen.

Oben: *St.Lawrence-Island-Eskimo, Bering-See, Alaska. Das Boot ist ein umiak, aus Treibholz gebaut und mit Walroßhäuten überzogen. Für die Waljagd wurden Segel gesetzt.*

Der Beginn des 2. Weltkriegs brachte für die nie sehr stabile Wirtschaft der Aleuten-Inseln einen neuerlichen Zusammenbruch.

Nur der Verstand
läßt jemanden
weitermachen,
nur sein Wille, es den
Erfolgreichen gleichzutun,
wird ihn schließlich ans Ziel bringen.
Kein großer Reichtum wird ihn
so weit bringen,
nur sein Wille, es den
Erfolgreichen gleichzutun.
Wer sehr wenig hat,
muß danach trachten,
wie jene um ihn herum zu handeln,
die erfolgreicher sind als er.

Er muß versuchen, diejenigen
nachzuahmen, es ihnen gleichzutun und
ihnen zuzuhören, denen er ähnlich
werden will, und nur so kann er
im Leben Erfolg haben.

(Leo Moses in: Woodbury 1984a, 69)

Seit Jahrhunderten leben Sprecher von Yup'ik-Sprachen auf beiden Seiten der Beringstraße. Sie trieben Handel über diese enge Wasserstraße, kamen zu Besuch und gelegentlich auch in kriegerischer Absicht. Zu den Handelsgütern, die von Sibirien nach Alaska gebracht wurden, gehörten Eisen, Tabak und Felle des domestizierten Rentiers. Dessen gesprenkelte Varietät lieferte Felle, die sich bei den Yup'ik des südwestlichen Alaska besonderer Wertschätzung erfreuten, da sie farbenfroher waren als die Felle des wilden Alaska-

Unten: *Siedlung der Pazifik-Eskimo, ca. 1900. Man sieht eine halbunterirdische strohgedeckte Behausung aus Grassoden. Bis zu zwanzig Personen lebten in diesen Häusern, die aus einem großen Raum mit Zentralfeuer bestanden.*

Karibus. Der Tabak, eine andere geschätzte Handelsware, reiste von seinem Ursprungsland im östlichen Nordamerika fast um den ganzen Globus, bevor er Alaska erreichte. Trotz diesen Verbindungen sind die Unterschiede zwischen den yup'ik-sprachigen Gruppen enorm. Es existieren fünf eigenständige Yup'ik-Sprachen: Sireniski, Zentralsibirisches Yup'ik, Naukanski (Sibirisches Eskimo), Zentralalaska-Yup'ik (Südwestalaska-Festlandeskimo) und Pazifisches Yup'ik (Pazifikeskimo) (Woodbury 1984a). Faktisch weisen die Sibirischen Yup'ik (Sibirische Eskimo) größere Übereinstimmungen mit ihren tschuktschischen Nachbarn auf als mit ihren amerikanischen Verwandten (Hughes 1984, 249). Diese Unterschiede reichen von der Sprache bis zu den Glaubensvorstellungen, zur Wirtschaft, Sozialorganisation und Kontaktgeschichte. Hier befassen wir uns nur mit einer Sprachgruppe, den Zentralalaska-Yup'ik, die den Südwesten Alaskas bewohnen.

Im Zentrum der Sozialorganisation der Yup'ik, wie sie vor dem Kontakt mit Europäern aussah, stand wie bei den Aléuten die Familie, doch waren weder die Strukturen so hierarchisch, noch gab es Sklaven. Die Dorfgemeinschaften behaupteten Territorien, die groß genug für ihre Lebensbedürfnisse waren. Das Yukon-Kuskokwim-Delta ist ein wahres Tierparadies, auch wenn ein Großteil dieser Tiere – Vögel, zur Laichzeit flußaufwärts wandernde Fische und Karibus – nicht ganzjährig bleiben. Diese Fülle ermöglichte es den Yup'ik, an den Flußufern in dauerhaften Siedlungen zu leben. Im Frühling, Sommer und Herbst zogen sie ins Landesinnere, um die Tierwanderungen abzupassen. Jedes Dorf bestand aus zahlreichen Einfamilienhäusern und einem oder zwei qasgiq, das sind Gemeinschaftshäuser für die Männer. Die Einfamilienhäuser gehörten den Frauen und waren ihre Domäne. Hier nähten und kochten sie und zogen die Kinder auf. Etwa mit sechs Jahren zog ein Junge aus dem Haus seiner Mutter in das qasgiq. Dieses große Gebäude nahm im Leben der Männer einen bedeutenden Platz ein – es war der Ort, wo sie aßen, arbeiteten, spielten, Zeremonien abhielten, Schwitzbäder nahmen und schliefen. Der Eintritt in das qasgiq markierte den Beginn der Erziehung eines Jungen zum Mannsein.

„Es war gut für uns, die Ermahnungen derjenigen im qasgiq zu hören, die dort das Sagen hatten, auch wenn wir nicht immer mit ihnen übereinstimmten. Ich Armer! Manchmal glaubte ich, sie könnten glatt in mich hineinschauen, in mein Leben, wenn sie sprachen. Es war entmutigend, ich zitterte am ganzen Körper. Wie konnten sie mich so gut kennen … Es stimmt, der qasgiq ist der Platz der Belehrung, der einzige Ort, an dem die notwendigen Unterweisungen vollständig gegeben werden können."
(Joseph Eriday aus Chevak, wie er es 1978 Anthony C. Woodbury erzählte, in: Fitzhugh und Kaplan 1982, 210)

Diese Unterweisungen waren äußerst wichtig. Es reichte nicht aus, daß die Jugendlichen technische Fähigkeiten erlernten; sie mußten etwas über ihren Platz im Universum erfahren. In der Yup'ik-Kosmologie bestand das Universum aus vielen verschiedenen Schichten, die in einem diffizilen Gleichgewicht gehalten wurden. Die schlecht bedachten Handlungen von Menschen konnten die Geister beleidigen und damit dieses Gleichgewicht stören. Die Folge mochte Krankheit sein, fehlendes Jagdglück oder stürmisches Wetter. Deshalb durften etwa die Verwandten eines Verstorbenen keine scharfen Werkzeuge benutzen, damit sie den Geist des Toten nicht versehentlich schnitten. Der Geist „würde sehr zornig werden und Krankheit oder Tod über die Menschen bringen" (Nelson 1899, 312). Während die Jungen im Gemeinschaftshaus der Männer lernten, gingen die Mädchen bei ihren Müttern und weiblichen Verwandten in die Schule.

Die Yup'ik glaubten zudem an zwei verschiedene Welten: die sichtbare und die unsichtbare. Sie nahmen den gleichen physikalischen Raum ein, auch wenn die Geister der letzteren sich den Bewohnern der ersteren selten zeigten. Die Grenze zwischen diesen Welten war durchlässig und in Zeiten des Übergangs wie bei der

Unten: *Südwestalaska-Festlandeskimo in einer Siedlung am Kuskokwim River, Alaska, ca. 1880. Ihre Winterkleidung, wahrscheinlich aus Erdhörnchen-, Biber- und Bisamrattenfell, sitzt lose und läßt die Schneiderkünste einiger nördlicherer Gruppen vermissen.*

Geburt, beim Tod oder während der Pubertät am leichtesten zu überschreiten. Dann mußte man sich exakt an die richtigen Rituale halten, wollte man nicht, daß die tunghat, meistens böswillige Geister, freikamen und den Menschen Schaden zufügten.

Alle Dinge, ob belebt oder unbelebt, hatten Geister oder yua in menschlicher Gestalt. In der Vergangenheit besaßen alle Tiere die Fähigkeit, sich zu verwandeln, wie sie wollten.

> Nach einer Weile sah sie einen grimmigen alten Wolf über die Anhöhe am See kommen. Seine rote Zunge hing heraus. Als er die Steigung herabkam, ging er zu dem Mädchen hinüber und stieß sie mit seiner Nase in die Seite. Dann richtete er sich neben ihr auf und wurde in einen großen, kräftigen Mann in den besten Jahren verwandelt. Alles was er trug, war ein Wolfsfellumhang.
> (aus Adventures of a Young Girl, erzählt von Ella Lewis, in: Tennant und Bitar 1981, 173)

Als es zum Kontakt mit den Weißen kam, hatten die Tiere diese Macht verloren.

Hin und wieder gelang es einem Jäger doch noch, die Ahnung eines menschlichen Gesichts im Auge eines Tieres, das er verfolgte, zu erhaschen; dann wußte er, daß er dessen yua gesehen hatte. Daraufhin schnitzte er, seiner Vision folgend, eine Maske und sang und tanzte mit der Maske vor dem Gesicht auf dem nächsten Fest von seiner Begegnung. Schamanen machten ähnliche Erfahrungen mit tunghat, die nur sie sehen konnten. Der folgende Tanz wurde von Leutnant Zagoskin zu Beginn der 1840er Jahre miterlebt:

Oben: *Kinder von St.Lawrence-Island-Eskimo, 1888. Die Mädchen trugen ihr Haar lang, die Knaben hatten die obere Schädelhälfte rasiert; in beiden Fällen wurde die Haartracht der Erwachsenen nachgeahmt. Die Parkas sind aus Rentierfell mit der Haarseite nach innen.*

> Nun aber öffnet sich die Dachluke, und rasch, wie ein Blitz, gleitet ein Tänzer an einem Strick herab und ist mit einem behenden Satz auf der Bühne; zwei Frauenpaare nehmen ihre Plätze neben ihm ein. Er trägt eine Maske, die einen fantastischen Rabenkopf darstellt. Und schon springt er auf der Bühne umher und ruft wie ein Rabe; die Trommeln ertönen in ihrem Rhythmus, die Sänger stimmen ein Lied an. Der Tänzer repräsentiert einmal einen Raben, der nach Vogelart dasitzt und herumhüpft, ein andermal stellt er die Aktionen eines Mannes dar, der in allem erfolglos bleibt. Der Inhalt des Tanzes wird mit den Worten des Liedes erklärt und läßt sich in Kürze wie folgt beschreiben. Ein Schamane lebt in seinem Jagdlager. Er ist hungrig; da fällt ihm auf, daß, wohin er auch geht, überall ein Rabe ihn begleitet und ihm in die Quere kommt. Wenn das Wild, das er verfolgt, ein Hirsch ist, krächzt der Rabe von irgendwoher, schreckt den Hirsch auf und verhindert so, daß er bis auf Bogenschußweite an ihn herankriechen kann. Legt der Mann eine Schlinge für Hasen oder Rebhühner aus, bringt der Rabe sie in Unordnung oder läuft mit ihr davon. Wenn er eine Reuse für imagnat aufstellt, findet der Rabe auch hier einen Weg, ihm zu schaden. „Wer bist du?" schreit der Schamane zuletzt. Der Geist in Gestalt eines Rabens lächelt und antwortet: „Dein böses Geschick."
> (Michael 1967, 227)

Schamanen waren ganzheitliche Heiler, die die körperlichen, psychischen und geistigen Symptome ihrer Patienten behandelten. Als begabte Individuen vermochten sie die Ursache für eine Krankheit oder mangelndes Jagdglück zu erkennen. Wenn die Übertretungen der Menschen das Universum erschütterten, flog der Schamane als Vermittler in die Welt der Geister, um das Gleichgewicht wiederherzustellen.

Schamanen und Älteste waren für den jährlichen Zeremonialzyklus verantwortlich. Es gab vier wichtige Jahresfeste: das Bittfest (Petugtaq), das Fest der Toten (Merr'aq), das Blasenfest (Nakaciuq) und das Fest des Hereinbittens (Kelek/Itruka'ar). Das Bittfest war stets auf das Dorf beschränkt, in dem es stattfand, und ein Anlaß, um Verwandtschaftsbeziehungen, insbesondere die zwischen Kreuzvettern/basen, zu erneuern und durch den Austausch von erbetenen Geschenken zu festigen. Das Totenfest stellte sicher, daß die Toten im Jenseits auch etwas zu essen, trinken und anzuziehen hatten. Beim Blasenfest wurden die Blasen aller während des Jahres erlegten Seehunde aufgeblasen, bemalt und im qasgiq aufgehängt. Die Seelen der Robben lebten in den Blasen, und so wurden ihnen mehrere Tage lang Speisen, Gesänge und Tänze angeboten. Schließlich brachte man die Seelen in den Blasen ins Meer zurück. Wenn die Seehunde respektvoll behandelt worden waren, würden sie es zulassen, daß man sie wieder erbeutete. Das letzte Fest im Jahr war das Fest des Hereinbittens. Es wurde abgehalten, wenn die Nahrung am knappsten war. Zu dieser Zeremonie bat man die Geister herein, um mit ihnen zu teilen, was noch übrig war. Wenn man sie an ihren früheren Beistand erinnerte, so würden sie im kommenden Jahr eine erfolgreiche Jagd garantieren.

Andere Festlichkeiten fanden zu verschiedenen Zeitpunkten statt. Darunter war das Große Fest der Toten, das oft zehn Jahre nach jemands Tod abgehalten wurde; dabei wurden Geschenke verteilt, um den Toten zu ehren. Man glaubte, daß der Geist des Verstorbenen während des Festes in seinen Namensvetter einging. Der Namensvetter erhielt viele Geschenke und Kleidungsstücke, die damit auch dem Verstorbenen geschenkt wurden.

Wenn dieses Fest einmal stattgefunden hatte, war es nicht länger notwendig, beim jährlichen Fest der Toten der einzelnen Verstorbenen zu gedenken.

Meine Kinder, wo seit ihr?
Ai-ya-ya-yai.
Kommt zurück zu uns, unsere Kinder,
Wir sind einsam und traurig.
Ai-ya-ya-yai.
Denn unsere Kinder sind gegangen,
Während die unserer Freunde bleiben.
Ai-ya-ya-yai.
Komm zurück, Neffe, komm zurück, wir vermissen dich:
Ai-ya-ya-yai.
Kommt zurück zu uns, die wir euch verloren haben,
Wir haben Geschenke für euch.
Ai-ya-ya-yai.
(Nelson 1899, 374-5)

Die Bedeutung der Geisterwelt beschränkte sich nicht auf Verhaltensregeln und Zeremonien, sondern erfaßte alle Aspekte des Lebens der Yup'ik. Jagdausrüstungen waren von exquisiter Machart, um dem yua eines Tiers zu gefallen und es davon zu überzeugen, sich dem Jäger als Beute zu überlassen. Indem er Bären, Wölfe und Otter in seine Waffen schnitzte, eignete sich der Jäger die Qualitäten dieser Räuber an. Diese eigentlich unvereinbaren Konzepte, Versöhnung des Geistes und Aneignung spiritueller Macht, wurden auch in die von den Frauen genähte Kleidung übernommen (Chaussonnet 1988).

In den Symbolen auf Kleidung und Werkzeugen wurden sehr komplexe Vorstellungen zum Ausdruck gebracht. Ein Loch in der Handfläche einer Hand ohne Daumen symbolisierte das Spiel, das es den tunghat ermöglichte, aus der Himmelswelt zu entkommen und Menschen zu fressen. Ein einfaches Symbol, das Kreis-mit-Punkt-Motiv, repräsentierte die Weltsicht der Yup'ik. Wie das Universum selbst hatte es verschiedene Bedeutungsebenen; es stand für das allsehende Auge, die Welt und die Schichten des Universums und den Durchgang von dieser Welt in die nächste (Morrow 1984; Mather 1985; Fienup-Riordan 1988).

Den ersten unmittelbaren Kontakt mit Europäern hatten die Zentralalaska-Yup'ik mit Russen. Der Kontakt begann nach der Durchsetzung des Handelsmonopols der RAK im Jahr 1799. Als die Seeotterpopulationen zurückgingen, wuchs das russische Interesse an den Bibern. Die RAK richtete Anfang des 19. Jahrhunderts mehrere Handelsposten auf dem Festland ein. Russisch-orthodoxe Missionare hatten sich an den meisten dieser Posten niedergelassen (Shalkop 1987). Die Yup'ik bewahrten sich jedoch ihre Unabhängigkeit von der RAK und widersetzten sich teilweise sogar der Christianisierung (Kan 1988, 513).

Nach dem Verkauf Alaskas an die Vereinigten Staaten trat die ACC an die Stelle der RAK; ihr Einfluß auf die Bevölkerung blieb sehr gering, und nur Menge und Vielfalt der Handelsprodukte stiegen (VanStone 1984, 154). Der Wunsch der Yup'ik nach Handelsgütern führte allerdings zu einem allmählichen Wandel in ihrer Wirtschaftsweise. Wer mehr Zeit damit verbrachte, Biberfallen aufzustellen, hatte dementsprechend weniger Zeit für die Jagd zur Verfügung. Am Ende stand so die Abhängigkeit von den Handelsposten (VanStone 1984). In vielen Gemeinschaften jedoch wurde die Subsistenzwirtschaft mit ihrem saisonalen Jagd- und Sammelzyklus kaum beeinträchtigt.

Die russisch-orthodoxe Kirche spielte auch weiterhin eine wichtige Rolle im Leben der Yup'ik. Missionare anderer Konfessionen versuchten die Yup'ik zu bekehren, meist erfolglos. Die Tätigkeit eines einflußreichen Inuit-Geistlichen führte 1885 zur Gründung einer Herrnhuter Mission in Bethel (VanStone 1967, 38).

Des „reichen Mannes Route" zum Klondike-Goldrausch führte von Saint Michael in Alaska auf dem Schaufelraddampfer den Yukon hinauf. Im Yup'ik-Territorium wurde jedoch kein Gold gefunden, weswegen die Tausende von Goldschürfern, die 1896 bis 1899 ins Yukon-Territorium strömten, fast keinen Einfluß auf die lokale Bevölkerung nahmen (VanStone 1984).

1883 wurde die erste Lachskonservenfabrik eröffnet, der dann schnell weitere folgten (VanStone 1967, 67). Zunächst stellten diese Konservenfabriken euro-amerikanische und philippinische Arbeiter ein, aber bereits in den 1920er Jahren auch Eingeborene aus Alaska. Die Möglichkeit zur Saisonarbeit verursachte eine Abwanderung aus einigen nördlichen und Inlandgemeinden zur Bristol Bay. Vor dem 2. Weltkrieg fanden die Yup'ik hauptsächlich in diesen Konservenfabriken und in der Pelzindustrie Arbeit (VanStone 1984).

Das Christentum und schindelgedeckte Erdhäuser einmal ausgenommen, war die Yup'ik-Kultur vor dem Krieg der Kultur vor dem Kontakt mit Europäern durchaus noch ähnlich. Die letzten Maskentanzzeremonien wurden in den dreißiger Jahren durchgeführt.

Unten: *Südwestalaska-Festlandeskimo vor Vorratshäusern in Togiak, Alaska, ca. 1877. Die Häuser bestanden aus halbierten Holzstämmen und hatten geschwungene Dächer, gedeckt mit ausgestochenen Grassoden und Stroh; hier mit stabilisierenden Pfosten, die als Verschalungshölzer dienen.*

In jüngster Zeit haben diese und andere Traditionen eine Erneuerung erlebt.

Es ist so still im Haus,
Im Haus herrscht Ruhe;
Da draußen heult der Schneesturm,
Und die Hunde liegen zusammengerollt mit ihren Schnauzen unter dem Schwanz.
Mein kleiner Junge schläft auf dem Sims,
Auf seinem Rücken, lebendig, atmet er durch den offenen Mund.
Sein Bäuchlein wölbt sich rund –
Ist es seltsam, wenn ich vor Freude zu weinen beginne?
(Gedicht einer Mutter, aufgezeichnet in: Freuchen 1961, 276)

Sprecher des Inuit-Inupiaq leben in vier Ländern – der GUS, den USA, Kanada und Grönland (früher ein Teil Dänemarks). Den Tausenden von Kilometern zum Trotz, über die sie sich verteilen, wird das Inuit-Inupiaq von den Linguisten als eine einzige Sprache mit vielen verschiedenen Dialekten angesehen (Woodbury 1984b; Krauss 1988). Der Zusammenhalt der Sprache erklärt sich daraus, daß es um 1000 n.Chr. zu einer Wanderbewegung aus dem nördlichen Alaska nach Grönland kam. Das nördliche Kanada und Grönland waren schon um 2500 v.Chr. bevölkert, diese Menschen wurden jedoch von den späteren Zuwanderern, die ihre Kultur und Sprache annahmen, überwältigt und assimiliert.

Der geduldige, in Felle gekleidete Mann über dem Atemloch eines Seehunds. Das lächelnde Baby, das aus dem Parka seiner Mutter hervorguckt. Ein heulender Wind, der über Hunde und ein Iglu hinwegfegt. Ein Mann, der ein Kajak paddelt. In diesen Bildern gestaltet sich die stereotype Vorstellung von den Inuit – das Klischee eines lächelnden, freundlichen Volkes, das in einer überaus rauhen Umwelt ein Leben am Rande der Existenzmöglichkeit fristet. Diese Stereotype mißachtet die Vielfalt und Komplexität der Inuit-Gesellschaften. Die Nuvugmiut (eine Untergruppe der Nordalaska-Küsteninuit) des nördlichen Alaska waren Waljäger und lebten in großen Dauersiedlungen in halbunterirdischen Holzhäusern. Sie fuhren selten in Kajaks und bauten nur dann Iglus, wenn sie an Land von einem Schneesturm überrascht wurden. Ihre Gesellschaft war in starkem Maße strukturiert, wobei dem umialik oder Besitzer eines Walfangbootes ein besonderer Status zukam. Im Gegensatz dazu führten die Padlirmiut (eine Untergruppe der Karibu-Inuit) ein nomadisches Leben an der Westküste der Hudson Bay. Im Frühjahr jagten sie Seehunde, die sich auf dem Eis sonnten, den Rest des Jahres jedoch verbrachten sie im Landesinneren mit der Jagd auf Karibus und Moschusochsen. Die Gesellschaft der Padlirmiut war stark egalitär; kenntnisreiche und kluge Individuen wurden um Rat gebeten, aber jeder besaß die Freiheit, Entscheidungen selbst zu fällen.

Schilderungen britischer Forscher von den Zentral-Inuit, den Menschen der kanadischen Arktis, stehen am Beginn des Eskimo-Stereotyps (Brody 1987). Die Zentral-Inuit sind in zahlreiche Abteilungen gegliedert; eine dieser Untergruppen sind die Iglulik Inuit. Diese bestehen aus vier Gesellschaften: den Tununirusirmiut (Nord-Baffinland), den Tununirmiut (Nord-Baffinland), den Iglulingmiut (nördliches Foxe Basin) und den Aivilingmiut (Nordwestküste der Hudson Bay) (Mary-Rousselière 1984, 432). Hier wollen wir die Kultur und Kontaktgeschichte einer der Iglulik-Gesellschaften – der Aivilingmiut – näher betrachten.

Es gibt unzählige ökologische Nischen im ganzen Norden, und jede ist für die Inuit eine Herausforderung, ihre komplexen Möglichkeiten zu entdecken und Jagdstrategien zur Nutzung ihrer Ressourcen zu entwerfen. Die orale Geschichte der Inuit enthält Berichte von Individuen oder Gruppen, die in neue Gegenden wanderten und verhungerten, weil sie mit den örtlichen Gegebenheiten nicht vertraut waren. In einem Fall flüchteten ein Mörder und seine erweiterte Familie (Tununirusirmiut) aus ihrer heimatlichen Umgebung, um der Rache zu entkommen. Sie fanden eine unbewohnte Insel mit einem reichen Meeresleben und beschlossen, dazubleiben. Den ganzen Winter über warteten sie darauf, daß das Meer zufror – was nicht geschah, so daß alle bis auf eine Frau verhungerten. Die hier lebende Bevölkerung (Iglulingmiut) hatte gelernt, auf den treibenden Eisschollen und dem dünnen, elastischen Eis (das nur ein paar Zentimeter dick war) zu jagen. Die Zuwanderer, dessen unkundig, verhungerten letztlich, umgeben von einem Meer der Fülle (Mary-Rousselière 1954).

Das Inuit-Inupiaq ist ebenso wie das Aleütische und Yup'iq eine agglutinierende Sprache. Zum Beispiel besteht der Name Aivilingmiut aus den Komponenten aivik (Walroß), -lik (Ort) und -miut (Menschen von); er bedeutet „Menschen vom Ort der Walrosse". Die Aivilingmiut waren berühmte Walroßjäger und zugleich wegen ihrer starken Hundegespanne bekannt. Mit ihnen konnten sie über weite Strecken jagen, Verwandte und später auch Handelsposten besuchen. Lange Reisen fanden im Frühling statt, wenn die Tage länger und wärmer wurden, die Zugvögel an ihre Brutplätze zurückkehrten und auf dem Eis in der Sonne liegende Seehunde eine relativ leichte Beute abgaben.

Wenn der Sommer näher rückte, zogen die Jäger an den Rand des Treibeises, um Walrosse zu jagen. Walrosse wurden entweder vom Eisrand oder von Kajaks aus harpuniert. Die Kajakspitze war so schmal, daß der Jäger sie zwischen die Stoßzähne eines wütenden Walrosses bugsieren konnte und damit verhinderte, daß das Walroß die Kajakbespannung aufriß und den Insassen ertränkte (G.Quluat, persönliche Mitteilung). Einmal harpuniert, wurde das Walroß erschlagen. Das meiste Fleisch kam zur späteren Verwendung in ein Vorratslager. Einige Teile wurden auf der Stelle gegessen, entweder roh oder über einem Feuer aus Knochen und Öl gekocht. Die Nahrung der Inuit besteht

Unten: *Beringstraßen-Inuit, der einen Bogenbohrer betätigt, um ein Markierbrett aus Elfenbein herzustellen; ca.* 1902. *Diese Inuit-Gruppe verkaufte ihre kunsthandwerkliche Produkte, vor allem Skulpturen aus Holz und Elfenbein, an Seeleute.*

Oben: *Beringstraßen-Inuit im einsitzigen Kajak; er schleudert eine Harpune mit Hilfe einer Speerschleuder; ca. 1888. Die Speerschleuder fügte dem Wurfarm ein zusätzliches Gelenk hinzu und gab der Harpune einen größeren Schub.*

Unten: *Kajaks und Umiaks der Westgrönland-Eskimo. Der Lebensunterhalt dieser Menschen beruhte fast ausschließlich auf Meeressäugetieren wie Seehund, Sattel- und Mützenrobbe, Walroß und Wal.*

fast vollständig aus Fleisch. Fleisch enthält alle Nährstoffe, die zum Leben erforderlich sind, bis sowohl das Fett als auch das Fleisch verbraucht sind; bemerkenswert viel wird roh gegessen (Stefansson 1946).

Im Herbst teilte man sich in kleinere Gruppen auf, die oft nur eine oder zwei Familien umfaßten, und reiste in die Sommerjagdgründe. Die Familien hatten Gebiete, die sie immer wieder aufsuchten (Damas 1963), und obzwar es keinen individuellen Landbesitz gab, war es nur höflich, wenn andere, die in diesen Gebieten jagen wollten, um Erlaubnis baten (R. Inuksuk, persönliche Mitteilung). Die Herbstjagd war abwechslungsreich. Meist blieben die älteren Männer an der Küste, um Walrosse, Robben und Wale zu jagen, bis das Meer zufror, während jüngere häufig im Landesinneren Karibus jagten (Mathiassen 1928, 24).

Für die Karibujagd gab es viele verschiedene Methoden. So schlichen sich Jäger manchmal an die Karibus heran und hielten ihre Hände über den Kopf, als wären es Geweihenden. Eine andere Methode bestand darin, aus Steinen Jagdblenden zu beiden Seiten der Karibu-Wanderwege zu errichten, und bei einer weiteren war die Beteiligung der ganzen Familie erforderlich. Aus Steinen wurde eine Reihe von inukshiut (das heißt: „sehen wie Menschen aus") entlang eines Karibu-Trampelpfads aufgehäuft. Die Karibus hielten diese Steinhaufen für Menschen und wurden auf diese Weise entweder in einen Fluß oder in ein enges Tal geleitet. Diese Methode der Hürdenjagd gestattete es, viele in kurzer Zeit zu erlegen. Die Rentiere sorgten nicht nur für die Ernährung, sondern lieferten auch Knochen und Geweihe für die Werkzeugherstellung. Im September und Oktober getötete Karibus wurden für die Anfertigung von Kleidungsstücken bevorzugt. Die Häute von Tieren, die man später im Jahr erbeutete, wenn das Karibu ein längeres Haarkleid hatte, wurden für Bettzeug verwendet.

Wenn das Meer zufror (gewöhnlich Mitte September; Mathiassen 1928, 24), gingen auch die älteren Männer und ihre Familien auf Karibu-Jagd. In dieser Zeit des Jahres fing man die Arktische Rotforelle mit Hilfe von Steinwehren und Fischspeeren. Die Fische wurden zum Teil getrocknet und konnten bequem befördert werden, wenn die Familie das Lager abbrach und weiterzog. Der Rest kam in ein verstecktes Vorratslager und wurde später von einer Hundeschlitten-Mannschaft eingesammelt.

Im Januar/Februar kamen die Aivilingmiut in großen Dörfern aus Schneehäusern zusammen. Schnee ist ein vielseitig verwendbares Baumaterial; er hat nicht nur plastische Qualitäten, sondern isoliert auch gut. Auf Reisen bauten die Aivilingmiut einräumige Iglus. In den Winterdörfern mußten die Häuser mehrere Mona-

Zentral-Inuit

Die Zentral-Inuit, nördlich und westlich der Hudson Bay, sprechen die gleiche Sprache wie die Inuktitut und sind ihnen auch kulturell ziemlich ähnlich. Die Copper-Inuit und Netsilik jagten im Winter Seehunde auf dem Eis und Karibus im Sommer. Die Sallirmiut (die 1904 bereits ausgestorben waren), Iglulik und Baffinland-Inuit waren von großen Seesäugetieren abhängig. Die Karibu-Inuit lebten vom Karibu und ergänzten diese Nahrung durch Fisch. Die wichtigsten Stücke materieller Kultur (darunter einige der hier gezeigten) wurden, unter der Anleitung von Franz Boas, von George Comer gesammelt, während er Kapitän eines Walfängers aus New England war, der zwischen 1895 und 1908 bei diesen Inuit überwinterte. Inuit-Gruppen hatten mit Unterbrechungen seit mehreren Jahrhunderten Kontakt mit europäischen und amerikanischen Schiffsmannschaften gehabt, aber ihre materielle Kultur war den extremen Umweltbedingungen so gut angepaßt, daß sie, von der Nutzung von Metall, Perlen, etwas Stoff und der Gewöhnung an Tabak und einige europäische Lebensmittel einmal abgesehen, weitgehend unverändert blieb. Ig = Iglulik; KI = Karibu-Inuit; LKI = Labrador-Küsteninuit.

1 Schneeschaufel. Ig.
2 Modell eines Kajaks, mit zwei Paddeln. KI.
3 Zugseil für die Seehundjagd, mit Knebel aus Knochen. Ig.
4 Elfenbeinbehälter zur Aufbewahrung von Nadeln. Ig.
5 Elfenbeinbehälter zur Aufbewahrung von verschiedenen Nadeln. Ig.
6 Nadelbehälter aus Elfenbein. Ig.
7 Pfeife. Hudson Bay (Ig?).
8 Zugseil für die Seehundjagd, mit Knebel aus Elfenbein. Ig.
9 Nadelbehälter aus Elfenbein an Schnur. Ig.
10 Harpunenspitze, an Lederleine befestigt. Tununa (Ig?).
11 Parka eines Jungen mit Kapuze. Savage Island, LKI.
12 Knochenmesser zum Schneeschneiden; Schneeblöcke wurden für den Iglubau benötigt, oder man ließ sie schmelzen, wenn man Wasser brauchte. KI.
13 Säge. Netsilik.
14 Schaber aus abgeschlagenem Feuerstein, in einen Knochengriff eingesetzt. Sallirmiut.
15 Messer, mit Kupferklinge, Bergungsgut von einem Schiff der gescheiterten Franklin-Expedition. Netsilik.

16 Hölzerne Speerschleuder (atlatl). Kl.
17 Schaber aus Knochen. Kl.
18 Großes Messer, Stahlklinge in traditionellem Griff. Sallirmiut.
19 Schneebrillen nach Art der Iglulik. Kl.
20 Frauenparka, auf der Vorderseite mit kurzer, auf der Rückseite mit langer „Zunge". Kl.
21 Kinderanzug. Savage Island, LKl.
22 Holzschüssel mit Knochenaufsätzen. Kl.
23 Schachtel aus gebogenem Walbein. Netsilik.
24 Schäufelchen zum Entfernen von Schnee um das Atemloch eines Seehunds. Netsilik.
25 Löffel, mit Knochengriff, der eigentliche Löffel ist aus Moschusochsenhorn. Netsilik.
26 Kupferkessel, Bergungsgut von einem Schiff der gescheiterten Franklin-Expedition. Netsilik.
27 Eimerchen aus Walbein. Sallirmiut.
28 Flache Schüssel aus Walbein auf einem Holzboden. Hudson Bay (Kl?).
29 Frauenmesser (ulu). Kl.
30 Schöpfkelle aus Moschusochsenhorn. Netsilik.
31 Holztablett. Hudson Bay (Kl?).
32 Wasserschöpfer. Netsilik.
33 Löffel aus Moschusochsenhorn. Kidlingnukniut, westlich des Back River (Netsilik?).
34 Große Felltasche, mit der Haarseite nach außen. Southampton Island (Ig?).
35 Schachtel aus hartem Leder mit Metallbeschlag. Kl.
36, 37 Elfenbeinkämme. Kl.
38, 39 Elfenbeinkämme. Ig.
40 Ein Domino-Set aus Knochen. Savage Island, LKl.

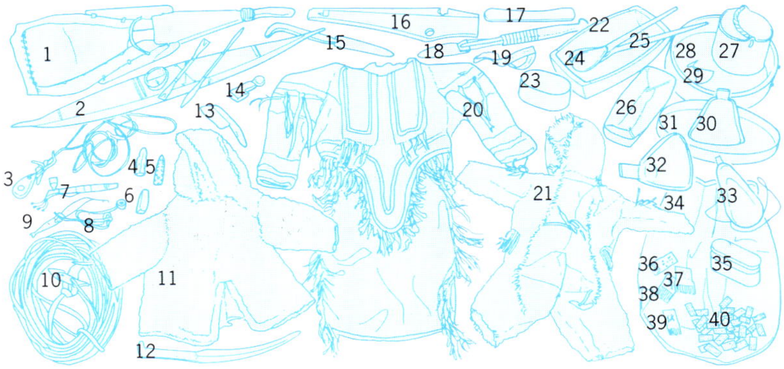

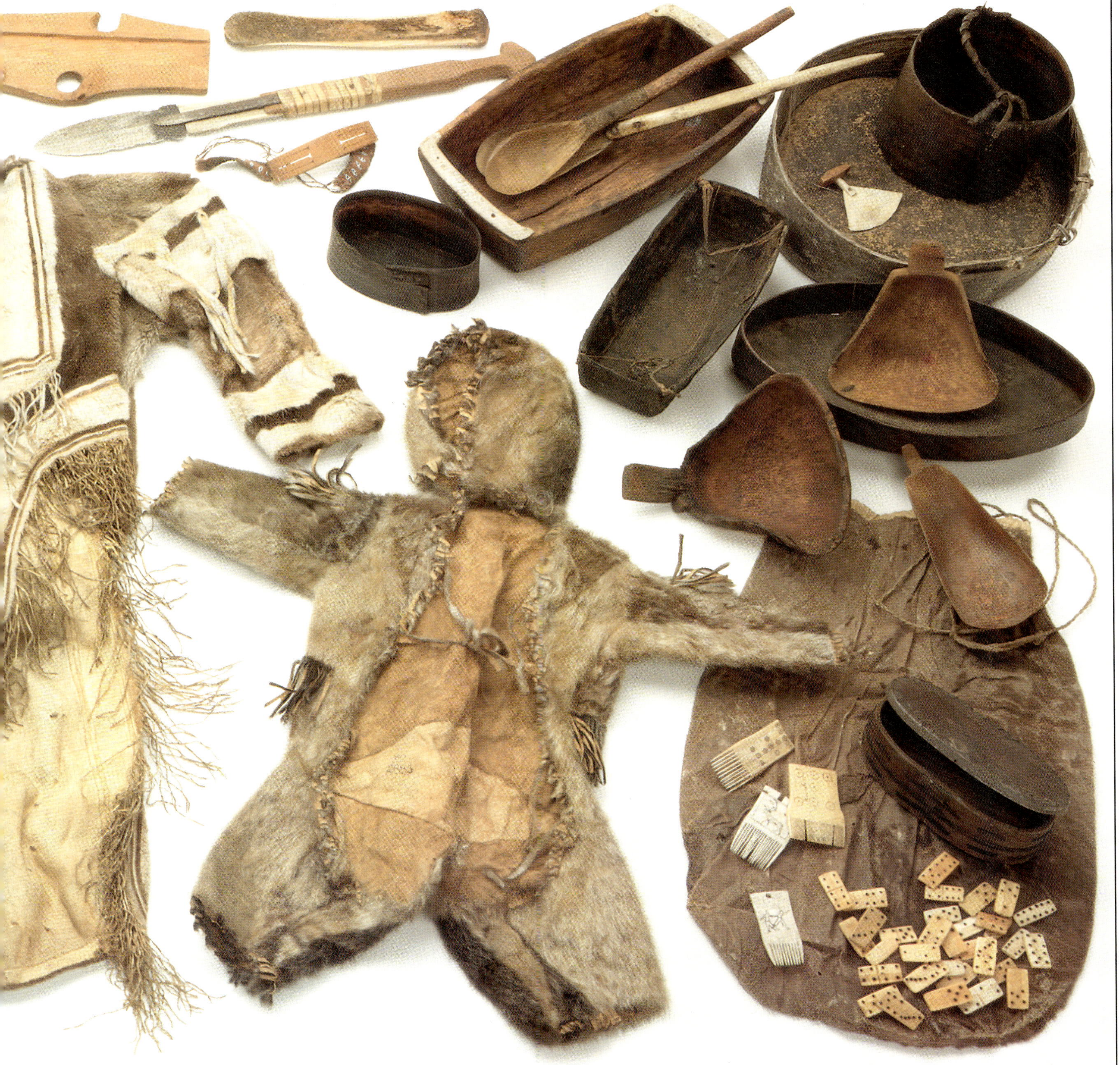

te überdauern. Diese komplexen Behausungen hatten Eingangspassagen und auf den Seiten Kleiderkammern und Vorratskammern für Fleisch. Manchmal waren Häuser miteinander verbunden, so daß die Menschen einander besuchen konnten, ohne nach draußen zu gehen (vgl. Rasmussen 1929, 46).

Im Winter, wenn das Wetter schlecht war, lebten die Menschen von ihren Vorräten. Ruhige Tage nutzten sie jedoch, um Seehunde an ihren Luftlöchern zu jagen. Seehunde halten viele Atemlöcher offen. Die Aivilingmiut kannten mehrere Methoden, um ihre Erfolgschancen zu erhöhen. Gewöhnlich ging eine Gruppe von Jägern gemeinsam aufs Eis, einer an jedes Atemloch. Manchmal verscheuchten die Frauen und Kinder einen Seehund von seinen anderen Luftlöchern, so daß er dort auftauchen mußte, wo der Jäger wartete. Und einmal fuhr ein Junge mit einem Hundegespann in einem weiten Kreis um das vom Jäger bewachte Loch; die erschreckten Seehunde schwammen dann genau dorthin (Mathiassen 1928, 44).

Der Winter war auch eine gesellige Zeit, in der Geschichten erzählt und Freundschaften und Bindungen erneuert wurden. Das Iglu einer einzelnen Familie war zu klein, um die ganze Gemeinschaft zu versammeln: folglich baute man ein riesiges Schneehaus, ein architektonisches Wunder, das manchmal mehr als sieben Meter Durchmesser erreichte. In diesem Gebäude wurden Trommeltänze und schamanistische Seancen abgehalten. Bei den Tänzen sangen die Menschen ihre persönlichen Gesänge. Der folgende ist von einem großen Jäger und bescheidenen Menschen:

Es ist eine Zeit des Hungers,
Aber mir ist nicht nach Jagen.
Ich höre nicht auf den Rat der alten Leute,
Mich interessieren nur meine Träume, Wünsche, sonst nichts.
Mich interessiert nur der Klatsch;
Ich mag junge Karibus, das Alter, wenn ihre Geweihe zu wachsen beginnen;
Niemand ist wie ich,
Ich bin zu faul, einfach zu faul,
Ich kann mich nicht dazu aufraffen, etwas Fleisch zu beschaffen.
(Arnatkoak in: Columbo 1981, 90)

Oben: *Karibu-Jäger der Copper-Inuit. Karibus wurden hauptsächlich mit Pfeil und Bogen gejagt; die Bogen waren zusammengesetzt, die Teile des Bogenstabs mittels Sehnen verbunden; als Materialien dienten Holz, Geweihe und Moschusochsenhörner.*

Unten: *Copper-Inuit beim Bau eines Schneehauses, ca. 1915. Solche kuppelförmigen Behausungen wurden von Oktober bis Mai bezogen. Charakteristisch für das Copper-Inuit-Iglu war der hier nur zum Teil erkennbare, oben abgeflachte Eingang.*

Die Glaubensvorstellungen der Aivilingmiut waren denen der Yup'ik ähnlich. Wenn das Wetter schlecht war oder das Wild verschwand, hielt der Schamane eine Seance ab, um die Ursache zu ergründen. Dabei verwandelten sich Schamanen in Bären und besuchten Uiniyumayuittuq (wörtlich: „eine, die keinen Ehemann haben will"), deren Händen alle Seesäugetiere entsprangen und die deshalb Macht über sie hatte. Der Schamane kämmte ihr Haar und bat um Vergebung für die Verfehlungen der Menschen:

Jene Frau dort unter dem Meer,
Sie will die Seehunde vor uns verstecken.
Diese Jäger im Tanzhaus,
Sie können die Dinge nicht richten.
Sie können die Dinge nicht bessern.
In die Geisterwelt
Gehen werde ich,
Wo keine Menschen hausen.
Die Dinge in Ordnung bringen werde ich.
Die Dinge in Ordnung bringen werde ich.
(Houston 1972, 71)

Schamanen waren hochangesehene Personen, aber sie galten nicht als Führer. In ähnlicher Weise achtete man die Ältesten und suchte ihre Meinung zu hören oder wandte sich an erfahrene Menschen. Ein Mann, der mehrere dieser Funktionen in sich vereinte, war als ein isumataq (wörtlich: „einer der denkt") bekannt. Er konnte einzelnen Personen befehlen und neue Lager errichten. Seine Position beruhte auf allgemeiner Anerkennung, nicht auf Zwang oder Vererbung.

Die Gesellschaft der Aivilingmiut war ziemlich flexibel, die Menschen konnten kommen und gehen, wie

Oben: *Familiengruppe mit Hunden und beladenem Schlitten, Beringstraßen-Inuit, ca. 1880. Die Schlitten wurden meistens von drei Hunden gezogen, aber hier ist ein besonders großer Schlitten mit mehr Hunden im Gespann zu sehen.*

Unten: *Eine Iglulik-Frau im Iglu, die ein Stück Fell durch Kauen weich macht. Beim Gerben wurden zuerst das Fett und Fleisch entfernt, danach die Haut getrocknet. Das Weichmachen konnte mittels eines Steinschabers erfolgen oder durch Kauen.*

es ihnen beliebte. Diese Flexibilität war äußerst wichtig in einer Umgebung, in der nichts vorhersehbar war. Wenn es zu einer unerwarteten Umweltkrise kam und eine Hungerperiode drohte, lösten sich die Lager auf und zerstreuten sich. Für solche Zeiten bedurfte es eines zusätzlichen und verstärkenden Netzwerks neben dem der Verwandtschaft. Die Aivilingmiut hielten ein ausgetüfteltes Allianzsystem aufrecht, das auf vielen Ebenen funktionierte. Manche dieser Allianzen oder fiktiven Verwandtschaftsbeziehungen bestanden zu Namensvettern oder -schwestern, Scherz-, Sing-, Handels- und Gattentauschpartnern (das bezieht sich auf den oft fälschlich so genannten Frauentausch) oder liefen über Adoption. „Das Ideal der Eskimo war es, ein möglichst weitgespanntes Netzwerk aus Verwandtschafts- und fiktiven Verwandtschaftsbeziehungen zu haben" (Mary-Rousselière 1984, 436). Zu normalen Zeiten machten diese Partnerschaften Spaß und erleichterten Reisen in neue Gegenden; wenn die Zeiten schwer waren, verbanden sich Hilfsverpflichtungen mit ihnen, die üblicherweise im Gewähren von Unterkunft und Nahrung bestanden. Bei einem Gattentausch kamen die Paare überein, für kurze Zeit die Partner zu tauschen; daraus ergab sich für die Zukunft eine gegenseitige Verpflichtung zur Hilfe und Unterstützung. Der Tausch betraf aber auch die nächste Generation noch, denn die Kinder der daran beteiligten Paare, ob Blutsverwandte oder nicht, betrachteten

sich als Geschwister (Guemple 1961). Hier handelt es sich um ein ganz anderes Arrangement als das von den meisten Euro-Amerikanern beschriebene.

Der früheste Kontakt der Aivilingmiut mit Europäern war indirekt. Die ersten britischen Entdeckungsfahrten auf der Suche nach der Nordwest-Passage (etwa 1570–1630) ließen sie unberührt. 1670 gewährte die britische Krone der Hudson's Bay Company das Handelsmonopol für Rupert's Land. Die Company gründete Forts „am unteren Ende der Bay". Im Norden gab es keine Biber, und so war die Company nur spärlich an Unternehmungen interessiert (Sie probierten es mit dem Walfang an der Westküste der Bay, auf Padlirmiut-Territorium; das war 1765-72 [Ross 1975]. Gelegentlich entsandte man eine Erkundungsexpedition, wenn ihr Monopol bedroht war.) Anfang des 19. Jahrhunderts reisten Inuit von der Westküste der Hudson Bay zum Handelsposten Churchill, um Robbenfelle zu verkaufen. So weit wir wissen, waren es keine Aivilingmiut; aber als die britischen Forscher Parry und Lyon sie 1821 aufsuchten, fanden sie bereits Eisenmesser und Kupferkessel in ihrem Besitz (Parry 1842; Lyon 1824). Solche Produkte hatten sie höchstwahrscheinlich durch den Handel mit ihren südlichen Nachbarn erworben.

Parry und Lyon suchten die Nordwest-Passage, indem sie der Küste des nordamerikanischen Kontinents folgten. Nach zwei Jahren vergeblicher Versuche, die Fury und Hecla Strait zu durchfahren, kehrten sie nach Britannien zurück und berichteten korrekt, daß kein fahrbarer Seeweg an der Festlandküste entlang existiere. Die Aivilingmiut blieben somit bis 1860 ungestört, als amerikanische Walfänger ihre Jagdgebiete bis in die Hudson Bay ausdehnten. Dies führte zur Südwanderung der Aivilingmiut, die sich um die Walfänger sammelten und auf ihren Schiffen anheuerten.

Inuit-Mannschaften erhielten von den Walfängern kein Geld, sondern Handelsgüter und Nahrungsmittel. Ein Jäger, der einen Wal tötete, mochte mit einem Walfangboot entlohnt werden (Eber 1989, 102-3). Hemden, Gewehre, Munition und Messer wurden ebenfalls akzeptiert. Auch Frauen arbeiteten für die Walfänger: sie schrubbten Decks, reinigten Kleidungsstücke und nähten Winterkleidung. Ihre Vergütung bestand in Kleidern, Messern, Scheren, Nadeln und Perlen.

Die Walfänger überwinterten in der Hudson Bay. Wenn das Meer zufror, ließen sie ihre Schiffe einfrieren. An Deck errichteten sie ein „Haus", in dem Tänze und Theateraufführungen veranstaltet wurden. Die Aivilingmiut bauten ihre Dörfer neben dem Schiff und kamen zu Mahlzeiten und Vergnügungen an Bord. Den Winter über versorgten sie das Schiff mit Frischfleisch.

Die Anwesenheit der Walfänger veränderte das Leben der Aivilingmiut in vielerlei Hinsicht. Feuerwaffen und Walfangboote ersetzen Pfeil und Bogen und das Kajak (Mathiassen 1928, 92). Die Versorgung der Walfänger mit Frischfleisch reduzierte den Tierbestand vor Ort. Diese brachten neue Lebensmittel mit – Alkohol eingeschlossen. Auch andere Inuit-Gruppen, darunter ehemalige Feinde der Aivilingmiut, wanderten in die Nähe der Fanggebiete ab, um für die Walfänger zu arbeiten. Manchmal entluden sich die Spannungen zwischen den Gruppen in Faustkämpfen (Mathiassen 1928, 101).

Wie in allen Kontaktsituationen, forderten auch hier Krankheiten ihren Tribut. Am tückischsten waren vielleicht Syphilis und Tuberkulose, aber selbst ganz gewöhnliche Krankheiten konnten katastrophale Auswirkungen haben. 1902 hatte der schottische Walfänger Active einen an Ruhr erkrankten Matrosen an Bord. Diese Krankheit erwies sich als derart ansteckend, daß die Aivilingmiut vom Lyon Inlet der Ansicht waren, sie seien von ihren Nachbarn verhext worden (Rose 1975, 117). Die gleiche Epidemie hatte praktisch die Auslöschung der ursprünglichen Bevölkerung von Southampton Island, der Sadlermiut (Sallirmiut), zur Folge. Die verlassene Insel wurde später von den Aivilingmiut neu besiedelt (Comer 1906).

Oben: *Bering-Straßen-Inuit beim Tauschhandel mit Passagieren des Dampfers „Roanoke", ca. 1900. Sie fahren in traditionellen einsitzigen Kajaks mit Gestellaufbauten für den Transport der Waren.*

Viele Auswirkungen des Walfangs waren negativ; die Aivilingmiut und andere Inuit erinnern sich jedoch gerne an diese Periode. Es war eine aufregende Zeit, voller neuer Dinge und eine Zeit der großen Jäger. Als das letzte Walfängerschiff 1915 ohne Aussicht auf Rückkehr davonsegelte, waren die Menschen traurig.

> Wir wunderten uns, erfuhren aber nie wirklich, warum die Walfänger nicht zurückkamen. Irgendwie bedauerten wir es, weil wir daran dachten, wie gut ihr Essen geschmeckt hatte; und uns erinnerten, daß alle wie eine große Familie zusammengekommen waren.
>
> (Leah Arnaujaq, in Eber 1989: 105)

Unten: *Sommerlager der Nordalaska-Küsteninuit mit sowohl dreieckigen wie kuppelförmigen Behausungen. Da Karibus die Hauptnahrung dieser Gruppe bildeten, sind die Behausungen wahrscheinlich mit den Häuten dieser Tiere gedeckt.*

Oben: *Vier Mackenzie-Delta-Inuit mit Hunden und Schlitten. Diese hatten gewöhnlich Kufen aus Knochen oder Geweihstangen. Meist wurden sie zur Jagd auf Landsäugetiere in der Tundra benutzt und zur Robbenjagd am Rande des Treibeises.*

Unten: *Männer vom Icy Cape am Polarmeer, Alaska, ca. 1880. Man beachte die Verwendung von Lippenpflöcken – aus Knochen und Elfenbein; hierfür mußten die Lippen durchbohrt werden. Bei den Männern geschah dies während der Pubertät.*

Die Royal Canadian Mounted Police (RCMP) errichtete 1903 ihren ersten Stützpunkt in der östlichen Arktis bei den Aivilingmiut. Er sollte die kanadische Souveränität über das Gebiet sicherstellen, und man wollte bei den amerikanischen Walfängern Zollgebühren erheben. Als sie verschwanden, blieb die RCMP, um dem Norden Gesetz und Ordnung zu bringen.

Die Hudson's Bay Company, die jetzt an Seehunden und Polarfüchsen interessiert war, erschien in der Region, um die von den Walfängern hinterlassene Lücke zu schließen. Mit ihr kamen die katholischen und anglikanischen Missionare. Sie alle, die Hudson's Bay Company, die RCMP und die Missionare, wollten die Inuit-Kultur verändern. Die Company war von Jägern abhängig und begünstigte ihrerseits deren Abhängigkeit von den Handelsgütern, die von den Walfängern eingeführt worden waren. Sie brachten eine neue Ordnung, änderten die Subsistenzwirtschaft der Inuit jedoch nicht radikal. Die Missionare suchten die Kosmologie der Inuit durch das Christentum zu ersetzen. Es gelang ihnen zwar, die Menschen zu bekehren und die Schamanen auszuschalten, doch hatten sie weniger Erfolg damit, ihre grundlegenden Vorstellungen über die Welt zu ändern.

Die Männer der RCMP waren natürlich im Auftrag der kanadischen Regierung im Norden. Sie sollten gewährleisten, daß Gerechtigkeit geübt wurde. Die Durchsetzung eines unbekannten Rechtssystems verwirrte die Menschen, die ihr eigenes Gewohnheitsrecht besaßen. Trotz der paternalistischen Rolle, die die Company, die RCMP und die Missionen im Norden spielten, hatten sie verhältnismäßig wenige Repräsentanten hier. Folglich blieb ihr Einfluß auch begrenzt. Erst nach dem 2. Weltkrieg sahen sich die meisten kanadischen Inuit-Gruppen dem südkanadischen Bildungssystem stärker ausgesetzt, und zuguterletzt wurden auch sie zu Nutznießern eines regulären Gesundheitsdienstes und Wohlfahrtswesens.

„Eine Forscherin ... wurde von der Schönheit der nördlichen Waldgebiete angerührt, vertraut mit den wechselnden Jahreszeiten, der materiellen Fülle und Anregung, aus denen ... die Poesie und geistige Substanz der Chippewa-Kultur erwuchs."

DER NORDOSTEN

Das geographische Gebiet „Nordosten" erstreckt sich ungefähr von der Nordwestküste des Lake Superior südwärts zum Zusammenfluß von Ohio und Cumberland River und dann nach Osten bis zur Atlantikküste. Seine Nordgrenze verläuft gerade südlich des Lake of the Woods; im Süden erreicht das Gebiet die Küstenebene von Virginia und North Carolina.

Es ist zwar sinnvoll, sich über das Konzept der Kulturareale in Nordamerika und deren behauptete innere Homogeneität Gedanken zu machen; es ist aber – und das gilt besonders für den Nordosten – ebenso wichtig, mit Nachdruck auf die große Vielfalt in den Lebensweisen der indianischen Gruppen hinzuweisen. Algonkin und Irokesisch sprechende Völker dominierten, doch waren im Westen – und möglicherweise ebenso im Osten – auch einige Sioux-Sprachen vertreten. Im Bewußtsein der Schwierigkeiten, die eine allumfassende Kulturbeschreibung mit sich bringt, haben neuere Untersuchungen das Gebiet in drei weitere geographische Regionen unterteilt: die Küstengebiete, die Niederungen des St. Lawrence River und das Gebiet der Großen Seen und der dazugehörenden Flußsysteme. Diese Dreiteilung hat immer noch ihre Unzulänglichkeiten, aber gemeinsame Lebensweisen lassen sich hiermit genauer abgrenzen. So waren beispielsweise die St. Lawrence-Niederungen die Heimat des mächtigen und berühmten Irokesenbundes – der „Menschen des Langhauses" –, die Kulturzüge gemein hatten wie den Fischfang und Gartenfeldbau, eine Siedlungsweise in meist befestigten Dörfern, die rituelle Opferung von Gefangenen, Zeremonien und ein matrilineares Verwandtschaftssystem.

Die wesentlichen Charakteristika dieser drei Kulturregionen des Nordostens werden in der Tabelle auf S. 225 aufgelistet, die auch die wichtigsten Stämme des Nordostens und die Sprachgruppen, denen sie angehören, nennt, sowie die hauptsächlichen Kulturmerkmale (und Ereignisse, die die Stämme betrafen).

Zahlenmäßig waren die Stämme oder Gruppen klein. Die Irokesen zählten im späten 17. Jahrhundert sicherlich nicht mehr als 16000, die Huronen vor der Pockenepidemie des Winters 1639/40, die die Bevölkerung um die Hälfte reduzierte, nicht mehr als 20000 und die Chippewa im Jahr 1760 nicht mehr als etwa 25000. Natürlich sind dies nur Schätzungen, da in der Frühzeit nur eine begrenzte Zahl von Angehörigen dieser Stämme irgendwann einmal mit Weißen in Berührung kam, so wie dies bei den Chippewa der Fall war, die in der frühen historischen Epoche in vielen weitverstreuten kleinen Banden siedelten. Das Schicksal der indianischen Stämme, die Veränderungen in ihrer Lebensweise und Bevölkerungszahl lassen sich mit dem Hinweis auf einen Stamm – die Micmac – veranschaulichen, der zu den ersten gehörte, die Europäern begegneten.

Man hat die Bevölkerungszahl dieses algonkinsprachigen Stammes auf viertausend vor dem Kontakt

Diese Karte zeigt annähernd die territorialen Verläufe der Stämme und Sprachgruppen im 17. Jahrhundert. Danach gab es für alle Stämme Gebietsverluste, einige verschwanden, einige wanderten ab und ein paar neue entstanden.

Stammesschlüssel:
1 Chippewa (Ojibwa)
2 Menominee
3 Winnebago
4 Illinois
5 Potawatomi
6 Sauk
7 Fox
8 Mascouten
9 Miami
10 Shawnee
11 Kickapoo
12 Algonkin
13 Nipissing
14 Huronen
15 Ottawa
16 Petun
17 Das Neutrale Volk
18 Wenro
19 Erie
20 Seneca
21 Cayuga
22 Onondaga
23 Oneida
24 Mohawk
25 Mahican (Mohikaner)
26 Delaware
27 Susquehannock
28 Nanticoke und Nachbarstämme
29 Virginia-Algonkin
30 Virginia- und North-Carolina-Irokesen
31 North-Carolina-Algonkin
32 St. Lawrence-Irokesen
33 Westliche Abenaki
34 Östliche Abenaki
35 Maliseet-Passamaquoddy
36 Micmac
37 Südliche New-England- und östliche Long-Island-Algonkin

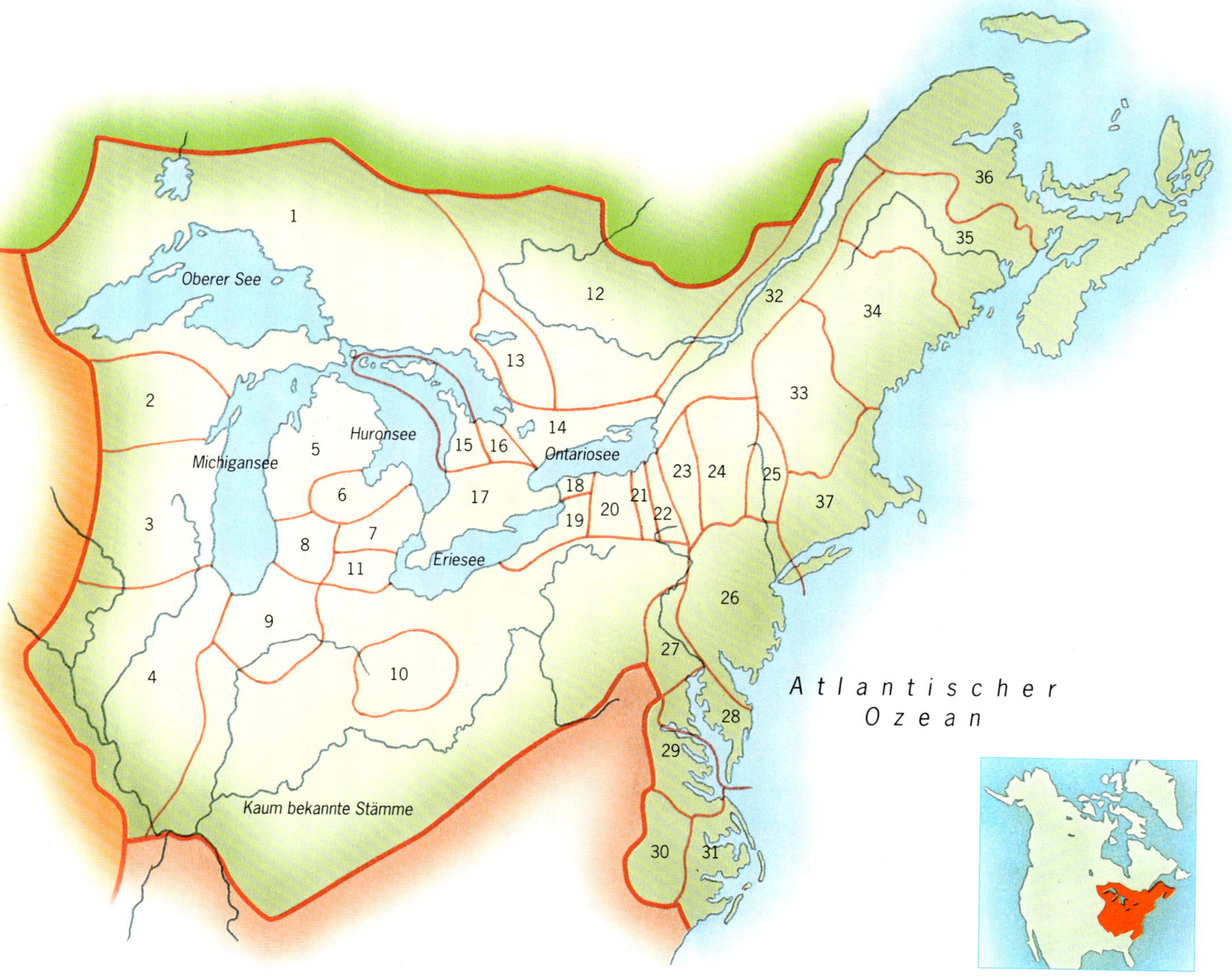

mit den Weißen geschätzt. Ihr Territorium umfaßte das Gebiet südlich und westlich des St.Lawrence-Golfs, die Gaspé-Halbinsel und Kanadas maritime Provinzen. Dies ist eine stark bewaldete Gegend mit vielen Seen und Flüssen und natürlichen Häfen an einer sich lang dahinziehenden Küste. In sieben Bezirke hatten die Micmac ihr Territorium traditionell unterteilt[1]; kleine, verstreut lebende Banden bewahrten sich eine starke ethnische Identität, da sie mit Hilfe des Kanus die Verbindungen zwischen den einzelnen Bezirken aufrechterhielten. Wegen der strengen Winter wurde nur Tabak angebaut; die Subsistenz beruhte überwiegend und fest auf einem jährlichen Kreislauf von Jagd und Fischfang. Eine der umfassendsten und zweifelsohne genauesten Beschreibungen der Micmac und ihrer Lebensweise, die sich seit Jahrhunderten nur wenig verändert hatte, stammt aus der Feder des Missionars Pierre Biard (ca. 1616). Bei seiner Schilderung der Gruppen des südlichen Nova Scotia geht er auf einen Zwei-Phasen-Jahreszyklus ein, der heute nach den Kriterien „zerstreute" und „geschlossene" Siedlungsweise klassifiziert wird.

In der ersten Phase, die mit der Wintersaison zusammenfällt, war die Bevölkerung weit über die sieben Bezirke zerstreut; Hauptaktivitäten dieser Zeit waren die Jagd auf Biber, Fischotter, Elch, Karibu und Bär, womit man die Monate Januar bis März beschäftigt war. „Nach dem Stint kommen die Heringe Ende April; und zur gleichen Zeit ‚Trappen' [gemeint sind Kanada-Gänse]… Stör und Lachs und die große Suche nach Eiern [von Wasservögeln] in der Inselwelt… Vom Monat Mai bis Mitte September sind sie von allen Nahrungssorgen befreit; denn der Kabeljau erscheint an der Küste und alle möglichen Fische und Schalentiere…" (Bock 1978, 110).

(i) **Küstenzone.** Atlantische Provinzen Kanadas und die Küstengebiete der Vereinigten Staaten bis North Carolina. Vom Landesinneren durch die Appalachen getrennt.

Sprachgruppe	Wichtigste Stämme	Kulturzüge/Ereignisse
ÖSTLICHE ALGONKIN	Micmac Maliseet-Passamaquoddy Östliche Abenaki Lenni-Lenape (Delaware) Nanticoke Powhatan	Die verschiedenen Ost-Algonkin-Sprachen scheinen ein Variationskontinuum entlang der Küste gebildet zu haben. Nach Süden hin nahmen die Bevölkerungszahlen und die Abhängigkeit vom Ackerbau zu. Die Formen politischer Organisation reichten von kleinen Jagdgruppen im Norden bis zu rudimentären Staaten im Süden. Diese Ostküstenstämme waren die ersten im Nordosten, die in engen Kontakt mit Europäern kamen. Da sie nicht die Zeit hatten, sich unter dem Ansturm der Europäer neu zu organisieren, waren sie von allen Stämmen des Nordostens diejenigen, die am stärksten dezimiert und zerstreut wurden.

(ii) **Saint-Lawrence-Niederungen.** Süd-Ontario, Upper New York State und der größte Teil des Saint-Lawrence- und Susquehanna-Tals

Sprachgruppe	Wichtigste Stämme	Kulturzüge/Ereignisse
NÖRDLICHE IROKESEN	Saint-Lawrence-Irokesen Mohawk Oneida Onondaga Cayuga Seneca Tuscarora (nach ca. 1720) Huronen Erie Susquehannock	Praktischer intensiver Gartenfeldbau und Fischfang; lebten oft in befestigten Dörfern. Anfangs waren sie hinreichend weit entfernt von den frühesten Zentren des Kontakts mit den Europäern, so daß sie bis 1760 wenig davon betroffen waren; nach dem Fall von Neu-Frankreich behaupteten die Irokesen ihre Autonomie. Von diesem Zeitpunkt an wurden ihre Wohngebiete jedoch zunehmend durch weiße Siedlungen bedrängt.

(iii) **Gebiet der Großen Seen und der dazugehörenden Flußsysteme.** Angrenzend an den Lake Superior, Lake Michigan und Lake Huron und westwärts fast bis zum Mississippi.

Sprachgruppe	Wichtigste Stämme	Kulturzüge/Ereignisse
ZENTRALE ALGONKIN	Chippewa (Ojibwa) Ottawa Potawatomi Menominee Sauk und Fox Kickapoo Miami Illinois Shawnee	Alle diese Stämme waren vom Gartenfeldbau abhängig, wenn auch in wechselndem Maße. Ihr Verwandtschaftssystem war patrilinear. Als die Europäer in diese Region vordrangen, wurde sie – durch Bündnisse und Kooperation zwischen den Stämmen – zum zentralen Widerstandsgebiet gegen die europäische Vorherrschaft, wie die Erhebungen von Pontiac 1763 und Tecumseh 1811 zeigen.

Unten: *Traditioneller Wigwam der Micmac aus Stangen und Ästen, mit Zedernrindenfasern zusammengebunden und überlappenden Birkenrindenstreifen und Grasmatten bedeckt;* 1873.

In dieser reichlich gesegneten Zeit versammelten sich große Gruppen – die „geschlossenen Siedlungen“ – an bevorzugten Lagerplätzen entlang der Küste oder an Flüssen. Es war eine Zeit, in der Freundschaften erneuert oder geschlossen wurden und in der vor allem die Stammessolidarität Anerkennung fand. Besonders in dieser Zeit „machten sie“, wie Biard berichtete, „ihre Besuche und hielten ihren Staatsrat ab; ich meine, daß mehrere Sagamores [Häuptlinge] zusammenkommen und beraten… über Frieden und Krieg, Freundschaftsverträge und Verträge zum allgemeinen Besten“ (Biard in: J.R. 1896-1901, III 89-91).

Die Franzosen waren von den Micmac tief beeindruckt. Junge Franzosen paßten sich der indianischen Lebensweise schnell an und erlernten die Sprache, ermutigt auch von den französischen Händlern, die so tüchtige Dolmetscher und Bevollmächtigte für den

Oben: *Eine Gruppe Passamaquoddy mit Kanus. Sie waren praktisch identisch mit den Maliseet. Die Angehörigen dieser vereinten Gruppe waren geschickte Holzarbeiter; ihr bestes Produkt war das leichte manövrierfähige Birkenrindenkanu.*

Links: *Jennie Bobb und ihre Tochter Nellie Longhat, Westliche Delaware, 1910-15, in der traditionellen Aufmachung der Delaware-Frauen, gekennzeichnet durch schwere Halsketten, Silberbroschen und Mokassins, die mit Ponyperlen „inkrustiert“ waren.*

lukrativen Pelzhandel gewannen. Die Franzosen sahen in den Micmac einen kraftvollen, gutaussehenden und gesunden Menschenschlag, der jene Franzosen geringschätzte, die schielten oder einäugig, plattnasig oder stark behaart waren. Die Micmac hatten wenige Krankheiten; sie kannten nicht Fieber, Gicht oder Rheumatismus. Die Franzosen waren davon beeindruckt, wie viel sie über Pflanzen wußten, „um Wunden und andere Unfälle“ zu behandeln (Bishop 1949, 112). Die Micmac schlossen enge Freundschaft mit den Franzosen[2] und wurden in zunehmendem Maße abhängig von Handelswaren, Gerätschaften vor allem wie Äxten, Metallmessern und Kesseln. Diese Verbesserung ihrer materiellen Besitztümer wurde zunehmend wettgemacht durch rapide Bevölkerungsverluste, wofür Blattern und andere Krankheiten verantwortlich waren, gegen die sie kaum Resistenz entwikkelte. Zu Beginn des 18. Jahrhunderts, schätzt man, war ihre Zahl auf etwa 2000 gesunken.

Zwischen 1610 bis etwa 1760 wuchs die Abhängigkeit vom Pelzhandel – der hauptsächlich von Franzosen betrieben wurde – immer stärker. Zwar wurde im Vertrag von Utrecht 1713 Acadia[3] an die Engländer abgetreten, doch fanden es die neuen Besitzer unmöglich, die Kontrolle über den Pelzhandel zu erlangen, der von den Franzosen schon so lange monopolisiert worden war; allen Versuchen, etwas zu ändern, widersetzten sich die Micmac heftig, und so endeten die Schwierigkeiten erst 1779 wirklich.

Die englische Art der Kolonisierung wurde rasch in die Tat umgesetzt, die Micmac sperrte man in Reservationen, und mit der freien alten Jagd- und Fischwirtschaft hatte es für immer ein Ende. Die folgende Ausbeutung – weiterer Landverlust, Verlust von Wasserressourcen und lediglich saisonale Arbeitsmöglichkeiten gegen Löhne, die das Existenzminimum nicht überschritten – stellt ein schändliches Kapitel in der Besiedlung von Acadia dar, bewies aber die große Unverwüstlichkeit dieses Volkes. Sie paßten sich dem schnellen Wandel an: die Männer fabrizierten Holzgegenstände und Körbe, die Frauen nutzten ihre traditionellen Kenntnisse und verbanden sie mit neuen, von Quebecer Ursulinerinnen erworbenen Fertigkeiten, um hochgeschätzte Souvenirs herzustellen, die mit Borstenapplikationen, Elchhaar und Perlen verziert waren. Anders als die Beothuk von Neufundland, die bis 1830 auf brutale Weise fast alle ausgerottet waren, nahm die Micmac-Bevölkerung zur großen Überraschung jener Weißer, die sich um ihr Wohlergehen kümmerten, wieder laufend zu und näherte sich um 1900 erneut der alten Zahl von viertausend.

Es gab zumindest drei grundlegende Prinzipien, die von den Algonkin- und Irokesenstämmen, die in diesem riesigen Gebiet lebten, geteilt wurden. Erstens: die Betonung und Definition individueller Rechte, was bedeutete, daß alle Handlungen auf individuellen Entscheidungen beruhten und daß alle Gruppenaktivitäten vom Konsens der Beteiligten abhingen. Zweitens: alle teilten miteinander, und in Zeiten der Not mußte das Wohlergehen aller berücksichtigt werden; Barmherzigkeit und Freigebigkeit galten als übergeordnete Prinzipien, an die sich jeder halten sollte. Drittens: der Mensch war ein Teil der Natur – er stand nicht außerhalb von ihr, er war nur ein Teil des Gewebes der natürlichen Welt; Erde und Wälder konnten daher weder jemandes Eigentum sein, noch ausgebeutet werden. Cleland verstand es, dieses letzte Prinzip besonders gut auszudrücken:

> „So wird ein Mensch geboren und wird für eine Zeitlang zum Kannibalen, der von seinen Mitgeschöpfen ißt und Kraft bezieht; wenn seine Seele und sein Schatten seinen Körper verlassen, nimmt Mutter Erde sie zurück, um die Pflanzen zu nähren, die ihrerseits wiederum die Tiere und Menschen ernähren. Seine Schuld ist beglichen, sein Geist befreit, und der Kreislauf des Lebens vollendet."
> (Cleland 1973, XIII)

Diese zentralen Prinzipien wurden von der berühmten Konföderation des irokesischen Bundes übernommen, dessen Gründung noch heute gefeiert wird. Nach irokesischer Tradition wurde der Bund von dem Propheten Deganawida[4] gegründet, der in einer Vision eine Fichte sah, die so hoch war, daß sie durch den Himmel hinaufreichte und mit dem Herrn des Lebens in Verbindung stand. In diesem Baum sah man das schwesterliche Verhältnis aller Stämme verkörpert, während seine Wurzeln die fünf Irokesenstämme repräsentierten – Seneca, Cayuga, Onondaga, Oneida und Mohawk –, aus denen die Konföderation besteht[5]. Die Eigennamen dieser Stämme geben interessante Einblicke auf ihre Wohnsitze, Aktivitäten und Reichtümer (siehe Stammestabelle).

Der Irokesenbund wurde etwa um 1570 als Antwort auf den fortdauernden Kriegszustand zwischen den Stämmen der Region gegründet. Er sollte einen doppelten Zweck erfüllen: den Frieden zu erreichen und durchzusetzen und so viel Macht zu gewinnen, daß man sich Eindringlingen in Zukunft widersetzen konnte. Ein Adler, der sich in Deganawidas Vision auf der Spitze der hohen Fichte niederließ, war ein symbolischer Hinweis auf den Zustand der Wachsamkeit gegenüber jedem Feind, der den Frieden brechen mochte. Dem Bund lag eine sorgfältig erarbeitete Verfassung zugrunde, deren Gesetze und Bestimmungen durch ausgewählte Führer mündlich von einer Generation auf die nächste weitergegeben wurden. Als der Irokesenbund gegründet wurde, wählte man die Onondaga mit ihren zentralen Wohnsitzen sowohl zu „Hütern des Feuers" als auch zu „Hütern des Wampums" [Eine Art Geld, bestehend aus zu Schnüren aufgereihten Wampumperlen, die aus Meeresschnecken (Fulgur carica etc.) und der Venusmuschel

Stamm	Eigenbezeichnung
Seneca	„Das große Volk der Hügel"
Cayuga	„Menschen im schmutzigen Land"
Onondaga	„Das Volk auf den Hügeln" (Der Name rührt daher, daß sie auf den Gipfeln von Bergen und Hügeln siedelten)
Oneida	„Das Volk des stehenden Steins"
Mohawk	„Die Feuersteinbesitzer"
Tuscarora	„Die Hanfsammler" oder „Das Hemden tragende (nach 1722) Volk"

(nach Lyford 1945, 9)

hergestellt wurden. Bei besonderen Ereignissen (Verträgen, Friedensschlüssen u.ä.m.) überreichte man sie der anderen Partei, was die Wampumgürtel zu wichtigen Dokumenten machte; Anm.d.Übs.]. Als „Hüter des Bundfeuers" lag es in der Verantwortung der Onondaga, jährliche Ratsversammlungen einzuberufen, auf denen die Verfassung und die Gesetze vorgetragen und Meinungsverschiedenheiten gelöst wurden. Bei seiner Gründung berücksichtigte der Bund das bestehende Klansystem, das von den fünf Stämmen von altersher benutzt wurde. Jedem Klan gehörten mehrere persönliche Namen; sie halfen bestimmte Rollen in den Stämmen zu definieren. Die fünfzig Häuptlinge, die zum „Namensaufruf der Häuptlinge" erschienen, wurden aus geeigneten Klanmitgliedern gewählt. So bestand die alte Sozialorganisation weiter und verlieh dem Bund Stabilität und Einheit, die nicht so ohne

Rechts: *Mann und Frau der Micmac, Nova Scotia, ca. 1865. Obgleich nicht identifiziert, handelt es sich bei der Frau wahrscheinlich um Christiane Morris, die für ihre exquisiten Perlenstickereien und Borstenapplikationen bekannt war.*

Micmac

Die Micmac leben in zahlreichen Siedlungen innerhalb jener sieben traditionellen Bezirke in Nova Scotia und New Brunswick, die sie schon im 16. Jahrhundert und noch früher bewohnt hatten. Es ist ein Land der dichten Wälder mit einer langen, gezackten Küstenlinie und vielen Flüssen und Seen. Das Klima gestattet keinen Ackerbau, und in den alten Zeiten war Tabak die einzige Anbaupflanze. Die Micmac lebten von Schalentieren, Hering, Lachs und anderen Fischarten, von Elch und Karibu, von Vogeleiern, Wasservögeln, Rebhühnern, Seehund, Biber, Hase, Fischotter und Stachelschwein, die sie nicht nur der Nahrung wegen erlegten, sondern auch, um Häute, Federn und Borsten zu erhalten. Sie fuhren in schönen, großen Rindenbirkenkanus und reisten im Winter auf Schneeschuhen. Rindenbirke war ein wichtiges Material für Gefäße und Behälter und zum Abdecken der konischen Wigwams, in denen sie wohnten. In der französischen Kolonialepoche zwischen 1600 und 1760 verwandelte das Fallenstellen für den Pelzhandel das Leben der Micmac. Während des 19. Jahrhunderts jagte man Tümmler, deren Öl an Händler verkauft wurde. Gegen Ende des 19. Jahrhunderts waren die Micmac Katholiken und arbeiteten hauptsächlich in der Holzwirtschaft und als Führer für Sportjäger und -fischer. Mit dem Fallenstellen war es vorbei. Um 1900 verdingten sich die Micmac als Arbeiter bei der Kartoffel- und Blaubeerenernte. Männer wie Frauen trugen bei besonderen Anlässen kunstvoll mit Perlen geschmückte Kleidung. Die hier gezeigten Stücke wurden 1913 und 1914 von G.A. Paul, einem Maliseet-Penobscot-Indianer aus Oldtown, Maine, gesammelt (mit Ausnahme einer Frauenmütze, die 1916 von seinem Freund, dem Anthropologen F.G. Speck, erstanden wurde).

1 Kalibrierholz für Birkenrinde.
2 In Zwirnbindung aus Fichtenwurzelfasern geflochtener Korb mit Henkel.
3 Birkenrindenschachtel mit Holzenden.
4 Spielplättchen aus Knochen.
5 Aus einem Baumknoten hergestellte Schale zum Werfen der Spielplättchen.
6 Holzstäbchen als Spielmarken. Die geschnitzten Stäbchen haben den vier- bis fünffachen Wert der ungeschnitzten.
7 Ein Paar perlenbestickter Kniebänder; alt bei Sammlung.
8 Perlenbesticktes Knieband.
9 Perlenbesetzte Babymütze.
10 Spitze Frauenmütze aus rotem Tuch, in Doppelkurvendesign mit Perlen bestickt. Von F. G. Speck um 1916 erworben.
11 Männermütze aus perlenbesetztem roten Tuch (für besondere Anlässe).
12 Blaues Tuch, mit rotem Stoff und Perlen geschmückt, bei besonderen Stammesangelegenheiten von Männern getragen.
13 Halskette, Perlenflechtarbeit.
14 Spielzeugmokassins.
15 Spielzeugschüssel aus Birkenrinde.
16 Holzspatel zum Kochen.
17, 18 Kalibrierhölzer mit zwischenräumig angeordneten Metallklingen, mit denen man Späne zum Flechten schnitt.
19 Rassel aus Kuhhorn, mit eingeschnittenem Dekor.
20 Rassel aus Kuhhorn.
21 Die Einzelteile werden am Ende eines Lachsspeers zusammengebunden: die eigentliche Spitze aus Eisen und zwei hölzerne Widerhaken, die den gespeerten Fisch festhalten.
22 Männerhut aus Elchfell mit langem Haar vom Hals des Tieres; mit perlenverziertem Aufsatz an der Rückseite.
23 Feingeschnitzter Holzgriff für ein Krummesser.

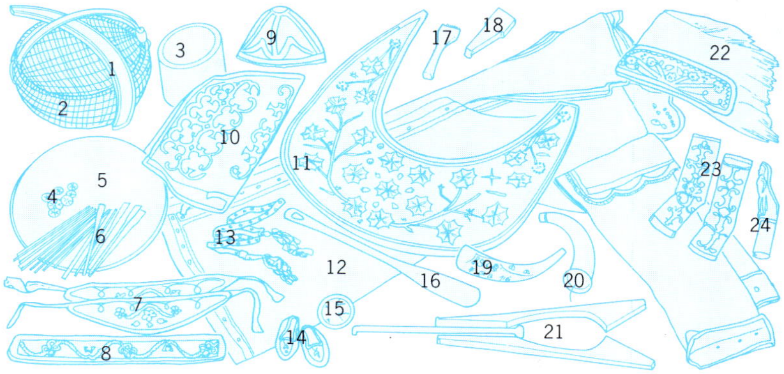

Mohawk-Krieger, 1750

Ein Mohawk-Krieger läuft an einem Baum vorbei, an dem ein Kriegsbericht in Piktogrammen ausgestellt ist. Er trägt ein englisches Brown-Bess-Steinschloßgewehr und einen Metalltomahawk mit Skalplocken am Stielende. Sein Pulverhorn ist französischer Herkunft; es hängt über einem perlenbestickten Wollbeutel; auch der Gürtel und die Kniebänder sind aus Wolle und perlenverziert. Die Scheide seines Messers und die schwarzen Wildledermokassins sind mit Stachelschweinborsten geschmückt. Er trägt einen Wildlederschurz und perlengesäumte Leggings. Um seinen Hals hängt eine Indianermedaille Georges I. Er ist tatauiert wie der Mohawk in Benjamin Wests Gemälde „Death of Wolfe", während Kleidung, Ornamente und Waffen stark an die beiden marmornen Mohawk-Trägerfiguren des Westminster-Abbey-Denkmals zu Ehren Oberstleutnant Roger Townshends. Die Mohawk kämpften auf seiten der Engländer.

weiteres erlangt worden wären, hätte man die alte Sozialstruktur aufgelöst (Tooker 1978, 426-8)[6].

Das irokesische Klansystem war matrilinear, was dadurch betont wurde, das das Kind einen Namen erhielt, der dem Klan der Mutter gehörte. Wirklich interessant ist, welche Macht die Frauen bei der Wahl der Klanhäuptlinge hatten: „Wenn einer dieser 'Bundes'-Häuptlinge starb, wählte die Klan-Mutter (eine Klan-Älteste, d.h. die als solche allseits anerkannte 'bejahrte, vernünftige' Frau) in Absprache mit anderen Frauen aus dem gleichen Klan des Stamms den Mann, der den Namen annehmen und deshalb Nachfolger des toten Häuptlings werden würde. Oft wählte sie einen Mann aus ihrer eigenen Lineage (und der Lineage des verstorbenen Häuptlings), wenn es aber in dieser Lineage keinen passenden Mann gab, konnte ein Mann aus einer anderen Lineage des Klans bestimmt werden. War im ganzen Klan kein geeigneter Mann zu finden, konnte der Name an einen anderen Klan 'ausgeliehen' werden, d.h. er wurde einem Mann gegeben, der einem anderen Klan angehörte, unter der Voraussetzung, daß bei dessen Tod der Name an den Klan zurückging, der ihn verliehen hatte" (Ebd., 425-6). Obwohl der Irokesenbund den Eindruck einer nur aus Männern bestehenden Regierung erweckte, war in Wirklichkeit jedes Mitglied dieser regierenden Körperschaft den Frauen seiner Matrilineage gegenüber verantwortlich – faktisch hieß das einer einzigen, der „bejahrten, vernünftigen" Frau. Es kann wenig Zweifel darüber bestehen, daß diese von den Frauen ausgeübte Macht ihren Ursprung in der Struktur der irokesischen Subsistenzwirtschaft hatte, die hauptsächlich auf Gartenfeldbau beruhte.

Mais, Bohnen und Kürbisse waren die drei wichtigsten Nutzpflanzen der Irokesen; sie galten als heilige Geschenke des Schöpfers und wurden „die drei Schwestern" genannt. Diese Speisepflanzen spielten eine wichtige zeremonielle Rolle, insbesondere jene, die mit dem Geist der Dankbarkeit in Verbindung gebracht wurden. Bei der Ernte und Lagerung dieser Feldfrüchte feierten die Dorfgemeinschaften die Vollendung des Zyklus: „,Die drei Schwestern' sind glücklich, weil sie von ihrem Sommer auf den Feldern wieder zu Hause sind" (Fenton 1978, 301)[7]. Ein Überblick über die gartenbaulichen Errungenschaften der Irokesen, zusammen mit ihrem Wissen über Wildpflanzen, läßt wenig Zweifel darüber, daß ebenso wie bei ihren nördlichen Nachbarn, den Huronen, Fleisch für die Subsistenz von eher untergeordneter Bedeutung war. Bis zu siebzehn verschiedene Sorten Mais, an die sechzig Sorten Bohnen und sieben Kürbisvarietäten wurden angebaut. Zusätzlich wurden vierunddreißig Wildfrüchte gesammelt, elf Arten von Nüssen, zwölf Arten eßbarer Wurzeln, achtunddreißig verschiedene Rinden, Stengel- und Blatt-Produkte und sechs Pilzarten. Darüber hinaus bereiteten sie an die zwölf Sorten Getränke zu und elf Aufgüsse aus Pflanzenteilen. Salz wurde wenig verwendet. Ahornsirup war hingegen sehr beliebt und gab dem Maismehl Aroma, süßte den Maismehlbrei und konnte auch als Getränk herhalten. Kein Wunder, daß Kulturstatistiker bei einem Vergleich der Völker der Alten und Neuen Welt, was die „Entdeckung und Gewinnung neuer Nahrungsmöglichkeiten" angeht, den Indianern der östlichen Waldgebiete einen hohen Rang zuwiesen (Speck 1945, 38).

Die Dörfer der Irokesen bestanden aus rindengedeckten Häusern mit einer durchschnittlichen Länge von zwanzig und einer durchschnittlichen Breite und Höhe von sechs Metern. Die Irokesen nannten sie ganonh'sees, „Langhaus"; es konnte je nach Größe zwischen fünf und zwanzig Familien beherbergen. Es gab nur zwei Türen, an jedem Ende eine, und in der Mitte verlief über die ganze Länge des Hauses ein Korridor, der zwei bis drei Meter breit war; zu beiden Seiten dieses Gangs erstreckte sich in einer Höhe von fünfzig Zentimetern über dem Boden eine Plattform, die sowohl zum Sitzen als auch zum Schlafen diente. Darüber, vielleicht zweieinhalb Meter über dem Boden, befand sich eine zweite Plattform, die als Speicherfläche Verwendung fand und, wenn nötig, weitere Schlafplätze bot. Das Langhaus war in Familienabteile unterteilt, die etwa drei Meter breit waren und auf beiden Seiten des Mittelgangs lagen. In bestimmten Abständen waren kleine Feuerstellen über die ganze Länge des Hauses verteilt, eine für jeweils zwei Familien. Im Dach waren Löcher, damit der Rauch abziehen konnte und Licht ins Innere fiel; die Öffnungen konnten, falls nötig, durch ein Stück Dachrinde abgedeckt werden. Das Langhaus war warm und wetterfest, anders als in den Plains-Tipis war der aufsteigende Rauch jedoch nicht direkt zu kontrollieren. Zweifellos bewirkten die großen Türen an beiden Enden des Hauses einen starken Zuglufteffekt, der den Rauch durch die Öffnungen im Dach blies.

Beim Bau eines Langhauses begann man mit einem Grundgerüst aus aufrechtstehenden Pfosten, die in den Boden eingelassen wurden und einen rechteckigen Bereich einschlossen. An den oberen Enden dieser Pfosten wurden biegsame Stangen festgebunden; zurechtgebogen bildeten sie das Dachgebälk. Große Rindenstücke – bevorzugt Ulme, aber auch Linde, Esche, Schierlingstanne und Zeder – von anderthalb Metern Breite und zwei Metern Länge wurden dann auf den Dachsparren überlappend angebracht. Zur Befestigung dienten Streifen Hickory- oder Lindenbastes. Der Hausbau war wie das Roden von Feldern Sache der Männer; dennoch galten die Langhäuser als Eigentum der Frauen.

Obwohl ähnliche Haustypen auch von anderen Stämmen der Region gebaut wurden – so von den Huronen weiter nördlich (die Zedernrinde gegenüber der Ulmenrinde bevorzugten) –, war das Langhaus doch das auffälligste Merkmal irokesischer Dörfer; jedes war ein Mikrokosmos der ganzen Gemeinschaft und wurde zum Identitätssymbol. Sie verstanden sich nachdrücklich als „Menschen des Langhauses".

Oben: *Sechs Häuptlinge der Irokesen, fotographiert auf der Reservation der Sechs Nationen (Six Nations Reserve), Ontario, Kanada, im September 1871. Die meisten Stämme ergriffen während der Amerikanischen Revolution die Partei der Briten, weshalb in der Folgezeit viele nach Ontario abwanderten, wo sie sich am Grand River niederließen. Diese Männer halten die Wampumgürtel ihrer Stämme, Flechtarbeiten aus weißen und purpurfarbenen Perlen mit Motiven, die Vereinbarungen und Verträge mit Weißen und anderen Stämmen symbolisierten. Das Geschenk einer Wampumschnur hatte immensen Wert.*

Rechts: *Ein Mohawk-Mädchen mit Bühnennamen White Deer; sie trägt das neotraditionelle Kostüm für besondere Gelegenheiten, das gut zu ihrem Auftritt als „Reitwunder" auf der Pan-American Exposition von 1901 in Buffalo, New York, paßte.*

Gegen Ende des 18. Jahrhunderts wurde das Langhaus allmählich zugunsten von Einfamilienhäusern aufgegeben. Doch ist es nunmehr zum Ratsgebäude der Dorfgemeinschaft geworden. Heute sieht ein Langhaus zwar häufig einem modernen Gebäude ähnlich, doch symbolisiert es nach wie vor die Stammeseinheit und stellt das Zentrum dar, in dem die Lehren des Seneca-Propheten Handsome Lake tradiert werden, der 1799 angesichts des herrschenden Zerfalls der irokesischen Gesellschaft darauf drang, zu den alten jährlichen Zeremonien zurückzukehren. Damit ist die sogenannte „Langhaus-Religion" zur „fortdauernden Erklärung einer unverfälschten ethnischen Identität der Irokesen" geworden (Wallace 1978, 442).

Frühe Beschreibungen irokesischer Dörfer sprechen von ausgetüftelten Befestigungsanlagen mit Palisaden und gelegentlichen Wassergräben. Auf einer Illustration, die den Angriff des französischen Entdekkers Samuel Champlain auf die Onondaga im Jahr 1615 zeigt, sind massive Palisaden zu sehen; die Irokesen hatten zwei Reihen von Baumstämmen gegeneinander geneigt in den Boden gerammt, so daß sie ungefähr fünf Meter über dem Boden überkreuz standen; den Zwischenraum füllten sie mit Holzblöcken und -balken. An den Kreuzpunkten wurden die Baumstämme zusammengebunden und in das so entstandene V Balken gelegt, die einen schmalen Laufgang bildeten, der zur Außenseite hin mit Rindenplatten gesichert

Oben: *Die Niederlage der Irokesen 1609 am Lake Champlain gegen Huronen, Montagnais und Ottawa, auf deren Seite auch Champlain mit seinen Kanonen stand. Palmen, Hängematten und die Nacktheit der Krieger sind vom Künstler erfunden.*

Unten: *Häuptlinge der Irokesen-Konföderation im Ratsgebäude auf der Six Nations Reserve, ca. 1910. Der Häuptling der Onondaga hält Wampumschnüre. Die Flaggen oben repräsentieren den Hirsch- bzw. Schildkrötenklan.*

wurde. Gekerbte Pfähle an der Innenseite der Palisade dienten als Behelfsleitern, so daß die Verteidiger den geschützten Laufgang erreichen konnten (Bishop 1949, 232). Es waren beeindruckende Befestigungen, und die Onondaga hielten selbst dem Einsatz eines beweglichen Belagerungsturms durch die mit Feuerwaffen ausgerüsteten Franzosen und ihre huronischen Verbündeten nahezu eine Woche lang stand, bis die Angreifer die Aktion abbrachen, was sich sehr zum Schaden Champlains auswirkte[8].

Der Überfall auf das Onondaga-Dorf war – die Hilfestellung durch die Franzosen einmal beiseitegelassen – typisch für den Krieg zwischen Irokesisch sprechenden Stämmen. Die Art der irokesischen Kriegsführung macht es unwahrscheinlich, daß die Huronen die Belagerung der Onondaga als Fehlschlag angesehen haben; denn meistens war bei feindseligen Auseinandersetzungen nicht der Kampf um Jagdgründe oder Land der Anlaß, viel wichtiger war, daß ein Krieger seine Tapferkeit erprobte, einen oder zwei Skalps und vielleicht Gefangene für den Marterpfahl nahm.

Vor einem Kriegszug gegen den Feind und einem allgemeinen Ratsbeschluß veranstalteten die Huronen gewöhnlich ein Kriegsfest, das von den Frauen vorbereitet wurde. Das Fest ist mythologischen Ursprungs – woraus sich bedingt auch der kriegerische Charakter der Irokesen erklären mag – und wurde auf einen Riesen zurückgeführt, dem am Ufer eines großen Sees eine Gruppe Huronen über den Weg gelaufen war. Einer der Huronen verwundete den Riesen, der seinen Gruß nicht höflich erwidert hatte, an der Stirn. Als Strafe säte der Riese die Saat der Zwietracht unter die Huronen, bevor er aber in der Erde verschwand, empfahl er den Krieg und die Ononharoia-Feste und den Einsatz des Kriegsschreis wiiiiii. Zu dem Fest gehörten die Gesänge und Tänze der jungen Krieger, die den Feind mit Siegesversprechungen beschimpften; und während sie von einem Ende des Langhauses zum anderen tanzten, „schlugen sie andere, die sie nicht leiden konnten, unter dem Vorwand, daß alles nur Spaß sei, nieder" (Trigger 1969, 46).

Unten: *Caroline Parker, eine Seneca und Schwester von General Ely Parker, ca. 1850, auf einer Studioaufnahme. Sie trägt ein von ihr selbst gefertigtes traditionelles Kostüm mit kunstvollen Perlenarbeiten auf dem Wickelrock aus feinem Wollstoff.*

Es war nichts Ungewöhnliches, wenn mehrere hundert Huronenkrieger ein Irokesendorf belagerten; meist ging es gegen die Seneca, die dem Huronengebiet am nächsten lebten. Solche Unternehmungen fanden gewöhnlich im Sommer statt, wenn das dichte Laubwerk reichlich Deckung bot, und hatten oft den Anflug einer Landpartie, wie es für Champlain aussah, als er den Auftakt zu einer Schlacht zwischen Huronen und Irokesen beschrieb: „Dieser Krieg hatte viel vom Charakter einer organisierten Sportveranstaltung" (Bishop 1949, 147). Die Männer reisten gemächlich in Richtung des feindlichen Territoriums, sie fischten und jagten unterwegs. Erst nachdem sie den Ontario-See im Kanu in südlicher Richtung überquert hatten, versteckten sie sich, spalteten sich in kleinere Gruppen auf und gingen dann zu Fuß weiter, bis sie die Irokesendörfer erreichten. Nicht selten wurden Frauen und Kinder gefangengenommen, bevor die Belagerung des Dorfes begonnen hatte. Vor dem Kontakt mit den Weißen und in der frühen Kolonialzeit war die wichtigste Waffe eine Steinaxt oder eine Kugelkopfkeule. Letztere war im Nahkampf eine fürchterliche Waffe; gewöhnlich war sie aus Eisenholz gefertigt und bis zu sechzig Zentimeter lang, vorne mit einem großen Knauf oder einer Kugel mit einem Durchmesser von zwölf bis fünfzehn Zentimetern, die oft mit Tierfiguren beschnitzt war, die vielleicht das persönliche Totem und die Schutzmacht des Besitzers versinnbildlichten[9]. An die Stelle der Kugelkopfkeule trat später der metallene Pfeifentomahawk, so wie das Gewehr Pfeil und Bogen ersetzte. Die Übernahme von Feuerwaffen wirkte auf die Kampfweise: so wurde der hölzerne Brustpanzer aufgegeben (Trigger 1969, 47, Abb.), und die Schlachtaufstellungen änderten sich[10].

Stets blieben die Verluste gering, legten die jungen, ehrgeizigen Krieger doch größeren Wert auf waghalsige Taten. Im allgemeinen zogen sich die Angreifer, sobald es einige Verletzte und Tote gegeben hatte, in ihre temporären Befestigungen zurück, die sie in der Nähe des feindlichen Dorfes errichtet hatten. Offene Feldschlachten wurden nach Möglichkeit vermieden, und wenn Verstärkungen aus anderen Siedlungen drohten, machten sich die Angreifer auf den Heimweg. Die Verwundeten wurden auf dem Rücken ihrer Gefährten in einer provisorischen Trage nach Hause gebracht; im dichten Wald war das zwar eine praktische Art der Beförderung, für die Verwundeten allerdings offensichtlich sehr unbequem. Champlain, der selbst durch zwei Irokesenpfeile an Bein und Knie verwundet wurde, beschreibt, wie die Huronen-Männer aus Ulmen- oder Hickoryholz ein Gerüst herstellten und mit Riemen aus Fell oder verflochtenem Ulmenbast einen Sitz daran befestigten. Traggestell und Last wurden durch einen über die Stirn des Trägers laufenden Tragriemen gehalten. Der verwundete Krieger saß die Knie unterm Kinn auf dem Sitz und war in dieser Position festgebunden. Champlain beschrieb seine Prüfung, die schon viele bewegungsunfähige irokesische Krieger über sich hatten ergehen lassen:

> „Es war unmöglich, sich mehr zu bewegen als ein kleines Kind in seinen Windeln… und den Verwundeten bereitet das große und extreme Schmerzen. Ich kann das aus eigener Erfahrung bestätigen, bin ich doch, der ich vor allem wegen der Pfeilwunde in meinem Knie nicht fähig war zu stehen, mehrere Tage lang getragen worden, und nie habe ich mich in einer solchen Hölle befunden wie in dieser Zeit; denn der Schmerz, den ich von meiner Kniewunde litt, war nichts im Vergleich mit dem, was ich zusammengebunden auf dem Rücken eines unserer Wilden ertrug…"
>
> (Bishop 1949, 238)

Seneca

Die Seneca sind einer der sechs Stämme, die den Irokesenbund gebildet haben. Seit die Konföderation sich 1784 in zwei einander entsprechende politische Organisationen, eine kanadische und eine amerikanische, aufgespalten hat, leben viele in Kanada. Die Mehrheit der Seneca blieb allerdings in New York, wo sie in drei Reservationen im Westteil des Bundesstaats lebten. Die Allegany- und Cattaraugus-Reservationen haben sich als Seneca Nation organisiert, die sich 1848 von der Konföderation lossagte. Die Seneca auf der Tonawanda-Reservation gehören nicht zu dieser Seneca Nation, sie blieben der Konföderation im Staat New York verbunden. Anderweitig sind sich alle Seneca kulturell sehr ähnlich. Die Mehrzahl der heutigen Seneca sind Christen, die Anhänger der von dem Seneca-Propheten Handsome Lake zwischen 1799 und 1815 begründeten Langhaus-Religion bilden allerdings eine große Minorität. In allen Seneca-Reservationen gibt es ein Langhaus, ein rituelles Gebäude, das mit dieser Religion zusammenhängt. Das Tonawanda-Langhaus dient als Hauptquartier. Als die hier gezeigten Objekte auf allen drei Reservationen im Bundesstaat New York gesammelt wurden (1905-10), waren viele Seneca noch Gartenbauern, die Mais, Bohnen und Kürbisse kultivierten, die traditionellen „Drei Schwestern", von den Irokesen als „unsere Lebensspender" bezeichnet. Verschiedene Typen traditioneller Gerätschaften waren mit der Ernte und Verarbeitung des Maises assoziiert; andere Artifakte waren die Musikinstrumente, die bei den Ritualen im Langhaus gespielt wurden. Der nur bei besonderen Anlässen getragene traditional dress bewahrte die irokesischen Kleidungsstile des frühen 19. Jahrhunderts.

1 Große hölzerne Brotschale, in den Schoß genommen diente sie auch dazu, Mahlsteine zu halten, oder für andere Küchenzwecke.
2 Aus Holzspänen geflochtener Korb, zum Trocknen von Beeren oder jungem Mais.
3 Aus Hickoryspänen geflochtenes Sieb zum Kornmahlen.
4 In Halbwebtechnik hergestellter Gürtel eines Mannes aus roter Wolle und weißen Perlen.
5 Männerrock aus Karibuleder mit aufgesticktem Blumenmuster; Teil der förmlichen Kleidung eines Mannes.
6 Wiegenbrett.
7 Tragriemen aus gezwirnter Rindenfaser.
8 Erntekorb für Mais, mit Tragriemen.
9 Hirschkiefer; damit schabte man den jungen Mais von den Kolben.
10 Krummesser zum Holzschnitzen.
11 Waschkorb, um die Hülsen aus dem gekochten Maisbrei zu entfernen.
12 Korb zum Maispflanzen und Beerensammeln.
13 Bedrucktes Baumwoll-Frauenkleid (lange Bluse), perlengesäumt, mit Silberbroschen in vier traditionell irokesischen Formen.
14 Frauenleggings aus rotem Flanell mit Perlenmuster.
15 Stoffbeutel oder -börse mit einem Blumenmuster in Hochstickerei (Perlenarbeit).
16 Rassel aus dem Schildpatt einer Schmuckschildkröte, für den Frauentanz.
17 Rassel aus dem Schildpatt einer Schnappschildkröte; die Haut vom Hals und der Kopf bilden den Griff; von Maskentänzern bei Heilritualen benutzt.
18 Flaschenkürbisrassel zur Begleitung von Sängern.
19 Kuhhornrassel, von Sängern bei Tänzen benutzt.

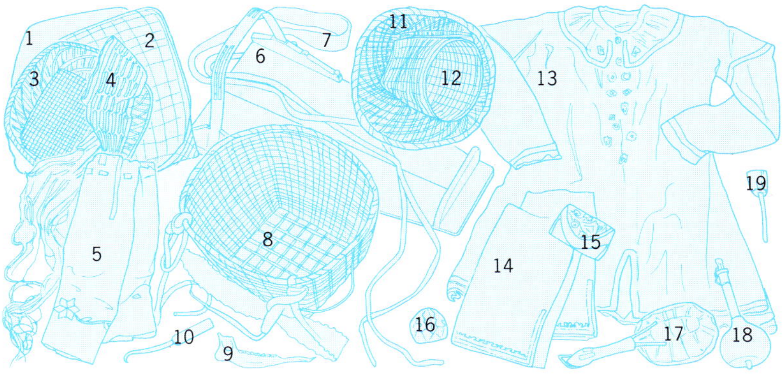

Solche Märsche setzten den hilflosen Betroffenen einem endlosen Geschüttelt- und Gestoßenwerden aus, er wurde von zurückschnellenden Zweigen gepeitscht und manchmal bis zur Hälfte, manchmal völlig untergetaucht, wenn der Träger sich seinen Weg durch Wald und Flüsse bahnte, und doch war es in hohem Maße dem Schicksal vorzuziehen, in die Hände der Feinde der Irokesen zu fallen.

Frühe Forschungsreisende fanden an der irokesischen Gesellschaft Vieles zu bewundern; sie beschreiben zum Beispiel die großartige körperliche Konstitution der Männer und die Schönheit der jungen Frauen. Es gab in den überfüllten Dörfern erstaunlich wenig innere Konflikte, und alle liebten es zu lachen und zu scherzen, handelten vernünftig und gerecht in ihren Angelegenheiten, bewiesen große Gastfreundschaft und zuzeiten auch große Freundlichkeit. Sie besaßen scharfe Sinne, großen Mut, Ausdauer und bewiesen Schmerzen gegenüber Gleichmut.

Wie die Irokesen ihre Gefangenen behandelten, das war jedoch eine andere Sache, und viele Weiße hat das, was sie gesehen haben, entsetzt und sprachlos gemacht. Das kriegerische Ethos der Irokesen kannte nichts Erstrebenswerteres, als einen feindlichen Krieger gefangenzunehmen. Falls mehrere Männer sich der Gefangennahme eines bestimmten Mannes rühmten, bat man ihn, selbst zu entscheiden, wer ihn offiziell gefangengenommen habe. Listige Gefangene, die in der Psychologie der Stammeskriege gut beschlagen waren, benannten dann nicht selten jemanden, der mit ihrer Gefangennahme wenig zu tun hatte. Das brachte Mißgunst unter die Bezwinger und führte manchmal dazu, daß man lieber dem Gefangenen die Flucht ermöglichte, als dem Falschen die Ehre zu gönnen. Während Frauen und Kinder entweder auf der Stelle erschlagen oder mitgenommen wurden, weil man sie adoptieren wollte, wurden männliche Gefangene – es sei denn, es waren zu viele – in die Dörfer der Sieger gebracht. Bei einigen Gelegenheiten wurden Männer ganz förmlich adoptiert und erhielten den Namen eines gefallenen Verwandten, was „die Tränen der Hinterbliebenen trocknen half" (Trigger 1969, 49), in den meisten Fällen wurden sie jedoch einer rituellen Folter unterzogen, die aus irgendeinem unerklärten Grund Teil der irokesischen und huronischen Psychologie war, wohingegen sie bei den Algonkin-Stämmen viel weniger üblich war.

Der Historiker Francis Parkman hat in großer Ausführlichkeit das Schicksal eines irokesischen Gefangenen beschrieben, der während des grausamen Kriegs zwischen Irokesen und Huronen in den Jahren 1648-50 von den Huronen gefangengenommen wurde[11]. Saouandanancous wurde von seinen huronischen Bezwingern zurückgebracht und von einem alten Häuptling adoptiert, der einen Sohn verloren hatte und nun hoffte, er würde seinen Platz einnehmen; die Hände des Gefangenen waren jedoch ernstlich verletzt worden[12] und aus diesem Grund wurde er, während man ihn höflich behandelte und ihm nach außen hin echte Zuneigung zeigte, zum Tode verurteilt. Man quälte ihn mit Feuer zu Tode und ging dabei so umsichtig zu Werk, daß es über zwölf Stunden dauerte, bevor er starb. Erstaunlicherweise zeigten seine Peiniger keine Anzeichen mangelnder Selbstbeherrschung, und während sie einer nach dem anderen ihre speziellen Foltereinfälle ausführten, redeten sie ganz freundlich mit dem Gefangenen. Ebenso außergewöhnlich ist, daß Saouandanancous den Mut und die Standhaftigkeit zeigte, die von einem Krieger der Irokesen erwartet wurde: in den Pausen zwischen den Torturen erzählte er nicht nur von Huronen, die in seinen Stamm aufgenommen worden waren, er sang auch. Als er schließlich verschied, wurde er zerstückelt, und man verteilte kleine Stücke seines Fleisches zum Verzehr.

Oben: *Now-on-dhu-go, ein Ottawa-Häuptling vom Lake Michigan, gemalt von Paul Kane (1845). Die Zinnoberstreifen auf seinem Gesicht sind symbolisch; sein Haar scheint vorne mit einer Schleife aus rotem Handelsstoff gebunden zu sein.*

1609 beschrieb Champlain eine ähnliche Episode; nach der Schlacht von Ticonderoga wurde einer von dem runden Dutzend Gefangener für die Folter ausgesucht. Die Huronen hielten ihm in großer Ausführlichkeit die Grausamkeiten vor, die er und Angehörige seines Stammes an ihnen verübt hätten, und daß er sich darauf vorbereiten solle, das gleiche zu erdulden. Sie sagten ihm, er solle singen, „wenn er das Herz dazu habe"; Champlain: „aber es war ein sehr trauriger Gesang, den wir hörten" (Bishop 1949, 150).

Zwar gibt es Berichte darüber, daß hin und wieder der Körper eines toten Mannes als Opfer für das mächtigste übernatürliche Wesen der Huronen, Oki, den „Himmel"[13], verbrannt wurde, doch standen die rituell gefolterten Gefangenen wahrscheinlich symbolisch für den Stamm, den sie repräsentierten; wie ein Anthropologe jüngst erklärt hat, wurden die Gefangenen „zum Haßobjekt, an dem die Enttäuschungen des Lebens und vergangene Kränkungen abreagiert werden konnten" (Heidenreich 1978, 386).

Westlich und nördlich von Huronia war das Gebiet eines ebenso mächtigen, aber politisch weit weniger koordinierten Stammes: der algonkin-sprachigen Chippewa, der einen großen Teil des heutigen Bundesstaats Wisconsin (USA), das südwestliche Ontario (Kanada) und das nordöstliche Minnesota (USA) einnahm. Anders als die Irokesen, deren südlichere Wohnsitze sie dazu zwangen, für den Bau ihrer Langhäuser und die Herstellung von Gerätschaften und Kanus sich mit Ulmenrinde zu begnügen, stand den Chippewa problemlos ein überlegeneres natürliches Material zur Verfügung: Birkenrinde. Auch waren sie, ein weiterer Gegensatz, sehr viel weniger vom Gartenfeldbau abhängig; die Rolle, die der Mais bei ihren südlichen Nachbarn spielte, nahm weitgehend der vorzügliche wilde „Reis" ein, der überreichlich in den zahllosen Gewässern und Seen wuchs, die für das Quellgebiet des Mississippi so charakteristisch sind.

Wilder „Reis" (Zizania aquatica) ist kein echter Reis, sondern ein Wassergras. Frühe Forschungsreisende waren von seinem Nährwert stark beeindruckt. Für die Völker rings um die westlichen Großen Seen, insbesondere die Chippewa und Menominee, deren Stammesname von dem Chippewa-Wort für Wildreis, manomini, herrührt, war diese Pflanze ein wesentliches Element ihrer Ernährung, ja die wichtigste pflanzliche Nahrung überhaupt, und nur aus religiösen Gründen machten sie keine Anstalten, sie zu kultivieren – Folge, wie es scheint, ihrer Abneigung, „ihre Mutter, die Erde, zu verletzen" (Hodge 1907-10, 843).

Der Reis wurde Ende August oder Anfang September gesammelt[14]; die Arbeit erfolgte in Gruppen. Bestimmte Gebiete wurden als Besitz bestimmter Familien anerkannt, ein Recht, das selten angefochten wurde. Oft wuchs der Reis so dicht, daß der Anblick an weite, grüne Wiesen erinnerte und die Kanus mit Stangen durch die trägen Wasserläufe und flachen Seen gestakt werden mußten, was in der Regel ein männliches Mitglied der Gruppe besorgte, während die Frauen den Reis ernteten. Das Abernten geschah mit Hilfe zweier etwa sechzig Zentimeter langer Stökke; die Frauen saßen dabei im hinteren Teil des Kanus. Mit dem einen Stock drückten sie die Halme (die bis über sechs Meter hoch werden konnten) nieder, mit dem anderen schlugen sie die Körner ins Kanu. Das ging so lange, bis das Kanu voll war. Sobald man in das temporäre Lager am Seeufer zurückgekehrt war, wurde der „Reis" auf Planen aus Birkenrinde zum Trocknen ausgebreitet. Danach schüttete man die Körner in ein verkleidetes Loch im Erdboden und zerstampfte sie mit langen Stößeln oder gebogenen Stöcken, um die Hülsen abzulösen; diesen Teil der Arbeit erledigten meist mehrere Frauen gemeinsam. Schließlich wurde der „Reis" geworfelt, indem man ihn von einem großen, eigens dafür bestimmten Rindentablett auf ein anderes schüttete. Es gab Reis von verschiedener Qualität, Größe und Geschmack, und bestimmte Gebiete brachten anerkanntermaßen besonders gute Qualität – „die Körner dort sind klein und schmecken besser als die hier in der Gegend", und die Körner auf der La Pointe Reservation waren „besser als die von Red Lake" (Hilger 1951, 147). Dennoch bot die Reisernte, wie das Zapfen von Ahornsirup im Frühjahr, die Gelegenheit zu Gruppenaktivitäten und fröhlichem Beisammensein.

Das Einbringen von Ahornsirup hatte große Bedeutung, da man ihn für Feste und Zeremonien brauchte; es wurde erwartet, daß man alles aufaß, was einem vorgesetzt wurde. Den Zucker brauchte man für Früchte, Gemüse, Getreide und sogar Fisch. Obgleich das Sammeln von Ahornzucker – das normal im März begann – eine Zeit der Arbeit war, war es auch eine Zeit des Vergnügens, und in bestimmten Gegenden behielt man über die Jahre hin besondere Wigwams bei. Es war die Gelegenheit für gesellschaftliche und zeremonielle Zusammenkünfte und eine Chance, den Stammesklatsch des vergangenen Jahrs aufzufrischen.

Die Ahornbäume wurden angezapft, indem man etwa einen Meter über dem Boden einen Einschnitt in den Stamm machte. Dann trieb man ein zugespitztes Stück Zedernholz in einem bestimmten Winkel in den Stamm, so daß der Saft sich an diesem Holz sammelte und in einen daruntergestellten Eimer aus Birkenrinde tropfte. Der Saft wurde dann gekocht; wenn er in Schnüren vom Rührholz herabhing, galt er als fertig und wurde durch eine Matte aus Lindenholzfasern gepreßt und in einen Trog gegeben, wo er auskristallisieren konnte. Dort ließ man ihn abkühlen, bevor man ihn weiterbearbeitete; der entstandene Kristallzucker wurde zermahlen, bis er eine feinere Konsistenz aufwies. Einen Teil des Zuckers tat man in Formen, um kleine Kuchen zu backen, das meiste kam jedoch in Vorratsbehälter aus Birkenrinde (makuk) und wurde zum Verbrauch übers Jahr mit nach Hause genommen. Aber es war nicht nur ein sehr nährstoffreiches Lebensmittel, mit Wasser vermischt gab der Ahornzucker auch einen erfrischenden Trunk ab. Eine kleine Menge Zucker wurde immer Manito[15] geopfert – diese Art des Zeremonials – das Opfer der Erstfrucht oder des ersten Wilds – wurde bei der erstmaligen Zubereitung jeder saisonalen Nahrung vollzogen.

Die weiten Waldgebiete lieferten eine Fülle an Wildfrüchten, so zum Beispiel Preiselbeeren, Stachelbeeren, Schwarze und Rote Johannisbeeren, Kirschen und Trauben, Hickory-, Hasel-, Graunüsse und Bucheckern sowie wilde Zwiebeln und Kartoffeln, wobei erstere besonders beliebt waren. Später im Sommer, wenn die Pflanzen vollausgebildet waren, richtete sich die besondere Aufmerksamkeit beim Sammeln auf Heilpflanzen. Wer Heilkräuter sammelte, opferte den vier Himmelsrichtungen, dem Himmel und der Erde Tabak. Und mit leiser Stimme sprach man Gebete, in denen man versicherte, nicht mehr als nötig nehmen zu wollen; zugleich verlieh man der Hoffnung Ausdruck, daß die geheimnisvollen Kräfte ihre erfolgreiche Anwendung garantierten. Hatte man die verschiedenen Pflanzen gesammelt, wurden sie getrocknet und jede Art getrennt von den anderen aufbewahrt. Die meisten Pflanzen dienten als Medizin bei entzündeten Augen, Unterleibsproblemen, Hautkrankheiten

Oben: *Ein Kickapoo-Mann, gemalt von Karl Bodmer (1833). Als Maximilian Prinz zu Wied Angehörige dieses Stammes traf, waren sie gerade aus ihrem ursprünglichen Wohngebiet in Wisconsin auf eine Reservation in Kansas umgesiedelt worden.*

Unten: *Blackhawk und Winneshiek, Winnebago, vor 1900. Beide waren um 1870 berühmte Anführer jener Winnebago-Banden, die sich der Umsiedlung aus ihren traditionellen Wohngebieten in Wisconsin nach Nebraska widersetzten.*

Unten: *Eine Winnebago-Frau beim Gerben eines Hirschfells, ca.1880. Die Haut ist in einen senkrecht angebrachten Holzrahmen gespannt und wird mit meißelähnlichem Werkzeug von Fleischresten befreit. Man beachte die Hütten im Hintergrund.*

Mahlzeit in Secotan, 1585

1585 besuchte der englische Maler John White das Algonkin-Dorf Secotan bei Roanoke in North Carolina. Der Mann und die Frau sitzen in typischer Haltung auf einer aus Katzenschwanz geflochtenen Matte und essen gekochten Maisbrei aus einer flachen Schale, die aus einem Baumknoten hergestellt wurde. Sie hält einen Truthahnfederwedel als Feuerfächer; in einem großen Tontopf mit spitzzulaufendem Boden köcheln Mais und Fisch vor sich hin. Neben dem Mann liegt eine Tonpfeife. Ein Flaschenkürbisgefäß (links vorne) ist mit einem Maiskolbenstöpsel verschlossen. Die Frau ist tatauiert und trägt ein Muschelschalen-Stirnband, während der Mann die Körperbemalung eines Kriegers zeigt und einen Halsanhänger aus einheimischem Kupfer sowie Ohrschmuck aus Fell und Perlen trägt. Beide tragen Wildlederkleidung; ihr Rock ist mit aus Muschelschalen gefertigten Perlen gesäumt.

Oben: *Chippewa beim Bau eines Birkenrindenkanus. Birkenrinde bildete die „Haut" dieses eleganten Fahrzeugs von anmutiger Linienführung. Das Gerippe des halbfertigen Kanus zeigt das Fortschreiten der Arbeit.*

und Lungenleiden, einige wurden allerdings auch als Jagdzauber benutzt; pulverisiert oder in der Form von Würzelchen mischte man sie mit Tabak oder red willow [Verschiedene Weidenarten mit rötlichen oder purpurfarbenen Zweigen; Anm.d.Übs.] und rauchte sie in der Pfeife. Auf der Spur des Wildes setzte sich der Jäger gelegentlich hin und rauchte eine der Kräutermischungen, und, „wie man sagt, dauerte es nicht lange, bis der Hirsch schnuppernd und Witterung nehmend herbeikam" (Densmore 1929, 129). Für so viele dieser Subsistenztätigkeiten, genauer: die dabei verwendeten Gerätschaften – das Kanu für das Ernten von Wildreis, die Worfeltabletts zum Scheiden der Spreu, die makuk fürs Beerensammeln, die abgedichteten Sirup- und Wasserbehälter –, und für den Häuserbau waren die Chippewa in hohem Maße von einem bemerkenswerten natürlichen Material abhängig – der Birkenrinde, wigass genannt; es war die eigentliche Grundlage ihrer materiellen Kultur.

Die Chippewa wußten, wann sie die Rinde entfernen konnten, ohne den Baum zu zerstören – die Zeit dafür war nicht überall die gleiche, im allgemeinen aber waren es die letzten Wochen des Frühjahrs und die ersten des Sommers. Den Vorgang des Entrindens demonstrierte eine Chippewa-Frau vom Lac Courte (Wisconsin) vor den Augen von Schwester Inez Hilger: mit ihrem Taschenmesser in der Rechten, „dessen Klinge über ihren kleinen Finger hinausragte, schälte [sie] die äußere Rinde (nur sie wird entfernt) sorgfältig ab, oben – so weit sie hinaufreichen konnte – beginnend bis hinunter zur Wurzel. Dabei bewegte sie sich im Uhrzeigersinn um den Baum herum und achtete sehr darauf, die Rinde beim Ablösen nicht zu brechen" (Hilger 1951, 133). Wenn man große Rindenstükke (wie beim Bau von Kanus) benötigte, so erfuhr die Ethnologin später, wurden Bäume gefällt und der ganze Stamm geschält. Die Rinde wurde dann zusammengerollt oder -gefaltet, mit Lindenholzfasern verschnürt und auf dem Rücken nach Hause getragen. In den Wigwams oder nahebei waren Stapel gerollter bzw. gefalteter Birkenrinde immer gebrauchsfertig zur Hand. Die Stärke der Rinde bestimmte ihren Verwendungszweck; Rinde, die von mächtigen Bäumen geschält wurde, konnte bis zu sieben verschiedene Schichten haben und eignete sich für den Kanubau. Andere wiederum war so dünn und geschmeidig wie Seidenpapier, aber so robust und haltbar, daß sie als Verpackungsmaterial verwendet wurde. Zwischen diesen Extremen gab es mehrere Abstufungen, Rinden, die zur Herstellung von Behältern und flachen Schalen oder Tabletts dienten; dreischichtige Rinde eignete sich für die spitzzulaufenden oder kuppelförmigen Winterwigwams, während zwei Schichten für die konischen Sommerbehausungen ausreichten.

Der kuppelförmige Wigwam bestand aus einem Gerüst von biegsamen Stangen oder Eisenbaum- bzw. Ulmenschößlingen, die in den Boden gerammt und dann nach unten gedrückt wurden, so daß sie eine Reihe von Bögen bildeten. Ringförmig um sie herum wurden dann horizontal weitere Stangen angebracht und mit Lindenholzfasern befestigt, so daß ein gitterförmiges Gerüst entstand. Auf eine Isolationsschicht aus geflochtenen Katzenschwanz (Typha latifolia)-Matten wurden dann die vielleicht zwei mal einen Meter großen Rindenplatten gelegt, und zwar überlappend, so wie man ein Dach mit Schindeln deckt; oben wurde ein Rauchloch freigelassen. Die Feuerstelle war klein und bestand aus drei Holzklötzen, die sternförmig angeordnet mit dem einen Ende im Feuer lagen; während sie abbrannten, schob man sie immer wieder ins Zentrum. Wenn man das Brennholz sorgfältig aussuchte, konnte man eine Flamme erhalten, die praktisch keinen Rauch erzeugte. Im Innern der festen

Unten: *Ne Shiw Shkak (Jack Davis) und Wis Ki gete (Rising Smoke), Potawatomi. Auf den von Rising Smoke getragenen Leggings fallen die schönen Bänderapplikationen auf (eine besondere Kunst dieses Stammes).*

ten sie Makuks oder Schüsseln. Die jungen Männer erholten sich im Wigwam, und immer lag eine Trommel griffbereit ... der Winter war die Zeit des Geschichtenerzählens, und viele alte Frauen waren in dieser Kunst sehr bewandert. Eine alte Frau pflegte ihre Geschichten darzustellen, sie rannte ums Feuer und schauspielerte, während sie redete“ (Densmore 1929, 29).

In einer Region, die wie das Gebiet der Großen Seen mit Seen übersät und von Strömen und Flüssen gesäumt war, hing sehr viel vom Transport mit Kanus ab; die besten wurden aus der vielseitig verwendbaren Birkenrinde hergestellt[16]. Wie die anderen Stämme dieser Region galten auch die Chippewa als ausgezeichnete Kanuten und Bootsbauer, die sich einem von mindestens drei Stilen verschrieben hatten; es ist allerdings wahrscheinlich, daß der sogenannte „Stil mit erhöhtem Heck“ die alte Stammesform darstellte, die dem Kanutyp der östlicheren Algonkinstämme ähnelte. Dieser besondere Kanutyp wurde noch im 19. Jahrhundert von den Chippewa am Lake Nipigon in Ontario und auch von den Menominee in Wisconsin benutzt. Der Maler und Forschungsreisende George Catlin war vom Kanu der Chippewa und dem vollendeten Formsinn besonders beeindruckt:

> „Das Rindenkanu der Chippewa ist vielleicht das schönste und leichteste Modell aller Wasserfahrzeuge, die je erfunden wurden. Sie haben... eine so sinnreiche Form und sind so einfallsreich mit Tamarack-Wurzeln [Tamarack: die Nordamerikanische Lärche (Larix laricina),

Behausungen fand sich meistens eine etwa 45 Zentimeter breite Plattform, die nicht ganz rundherum lief; sie bot sowohl Sitz- als auch Schlafgelegenheiten. Auf vielen Wigwams saß obenauf ein vielleicht sechs Meter hoher Medizinpfahl, ein kleines Opfer an die geheimnisvollen und unergründlichen Mächte und Kräfte des Lebens und Universums – Manito.

Eine Forscherin, Frances Densmore, die mehr als zwanzig Jahre damit verbrachte, das Leben der Chippewa zu studieren, empfand höchste Achtung vor diesen Menschen. Sie wurde von der Schönheit der nördlichen Waldgebiete angerührt, vertraut mit den wechselnden Jahreszeiten, kam sie zu dem Schluß, daß es der Reichtum der Natur, ihre materielle Fülle und Anregung waren, aus denen die Poesie und geistige Substanz der Chippewa-Kultur erwuchs. Densmore fing verbal die Wärme und Schönheit des Winterwigwams ein, in dem die „Winterabende gesellig und angenehm waren. Das Feuer brannte hell, aber man erledigte keine Arbeiten, die die Augen angestrengt hätten. Ein beliebter Zeitvertreib war die Anfertigung von Bildern aus dünnster, durchscheinender Birkenrinde. Die Frauen flochten Schnüre aus Lindenholzfasern oder knüpften Fischnetze und manchmal mach-

Oben: *Chippewa-Frau beim Weben einer Binsenmatte, einer typischen Sommerbeschäftigung alter Frauen. Dies hier scheint eine Zedernrindenmatte in einem natürlich goldenen Braunton zu werden, mit Mustern aus eingearbeiteten gefärbten Zedernrindenstreifen.*

Unten: *Ein Ojibwa-Dorf nahe Sault Sainte Marie, gemalt von Paul Kane (1846). Der größte Wigwam, oben mit Silberbirkenrinde und weiter unten mit Matten abgedeckt, läßt auf ein behelfsmäßiges Lager schließen. Man beachte die Kinderwiege (Mitte) mit dem Kopfschutzbügel.*

Anm.d.Übs.] zusammengenäht..., daß sie... so leicht auf dem Wasser liegen wie Kork."

Auch die Geschicklichkeit, die erforderlich war, um mit diesen Booten umzugehen, entging Catlin nicht:

> „Anmutig gehorchen sie und flitzen, von einem Indianer gekonnt im Gleichgewicht gehalten, übers Wasser... verhalten sich aber, von einem weißen Mann geführt, wie alles Wilde ängstlich und heimtückisch; und wer kein erfahrener Akrobat ist, kann sich dessen gewiß sein, bei seinen ersten Versuchen, mit ihnen nähere Bekanntschaft zu schließen, zwei- oder dreimal ein unfreiwilliges Bad zu nehmen."
>
> (Catlin 1841, II 138)

Die Größe des Kanus hing von seinem Verwendungszweck ab. Das typische Chippewa-Kanu hatte eine Länge von knapp unter fünf Metern, war in der Mitte einen Meter breit und fünfzig Zentimeter tief. Ein solches Kanu konnte an die sechs Erwachsene tragen. Alle Abmessungen beruhten auf den Abständen zwischen einzelnen Teilen des menschlichen Körpers; eine von vielen guten Kanubauern benutzte Grundeinheit war die „Handspanne", gemessen vom Ende des Mittelfingers bis zur Daumenspitze. Es bedurfte großen Könnens, um diese Fahrzeuge herzustellen. Gewöhnlich bereiteten die Frauen den Untergrund und die Materialien, Rinde und Pech, vor, während die Männer das Holz für den Bootsboden, die Rippen, Heck und Bug bearbeiteten. Der ganze Herstellungsprozeß wurde herkömmlicherweise von einem hochangesehenen, erfahrenen Kanubauer überwacht, wobei solche Fachkenntnisse nicht selten vom Vater auf den Sohn weitergegeben wurden, so daß die traditionellen Fertigkeiten bewahrt blieben.

Oben: *Großer Medizintanz in der Lac Courte Oreille Reservation, Wisconsin, 1899, eine der wichtigsten Zeremonien des Midewiwin (Medizinhüttenbund) der Chippewa. Das Foto zeigt eine Initiandin mit Mutter innerhalb des Gerüstbaus.*

Unten: *Fünf Chippewa- und Menominee-Trommler und zwei Chippewa-Tänzer bei einer Trommelzeremonie, ca. 1910, Menominee Reservation. Hier wurde den Geistern mittels der heiligen Trommel (vor dem sitzenden Sänger) Bitten vorgetragen.*

Chippewa

Die Chippewa in den USA (Wisconsin, Minnesota, Michigan, North Dakota) und im südlichen Ontario und die Ojibwa im westlichen Ontario und Saskatchewan sprachen alle die Ojibwa-Sprache (und viele tun es heute noch). 1900 waren sie hauptsächlich Waldlandbewohner, abhängig vom Fischfang, von der Jagd und vom Sammeln wilder Pflanzen (hauptsächlich Wildreis). Die wichtigste religiöse Zeremonie war der Medizintanz des Mide-Bundes. Mit einigen Ausnahmen wurden alle Stücke hier von Frances Densmore 1907 bis 1930 gesammelt.

1 Birkenrindeneimer. White Earth Reservation, Minnesota.
2 Provisorisches Gefäß aus Birkenrinde. White Earth Reservation.
3 Puppen von Mann und Frau aus der Rinde der Rotulme. Red Lake Reservation, Minnesota.
4 Puppen von Mann und Frau aus Katzenschwanz-Wurzeln.
5 Hölzernes Wiegenbrett mit Umwicklung und Ornamenten. Das Baby ist ein im Museum hergestelltes Gipsmodell.
6 Teil einer Katzenschwanz-Matte von der Art, wie sie zum Abdekken von Wigwams benutzt wurden. Bois Fort Reservation.
7 Täschchen aus Zedernrinde. Bois Fort Reservation.
8 Teil einer Katzenschwanz-Matte von der Art, wie sie für Wigwamwände benutzt wurden. White Earth Reservation.
9 Birkenrindenschüssel für wilden Reis. White Earth Reservation.
10 Ein Spiel: Hirschknochen, Fingerhut, Leder mit Löchern darin, mit einer Eisennadel zusammengeknüpft, mit der die Löcher getroffen werden mußten. White Earth Reservation.
11 Holzlöffel. White Earth Res.
12 Holzlöffel zum Umrühren von Ahornzucker. White Earth Res.
13 Wie Blätter geschnittene Vorlagen aus Birkenrinde für Perlenstickereimuster.
14 Zählstock für Ratespiel, bei dem man Kugeln in den Mokassins versteckte. Minnesota, 1891 (Sammlung W.J. Hoffman).
15 Mattenstück aus Zedernrinde von der Art, wie sie für Bodenbeläge benutzt wurden. Bois Fort Reservation.
16 Holzschale zur Aufnahme des Bärenkopfs beim Mide-Fest. White Earth Reservation.
17 Unfertiger Beutel aus Rotulmenrinde, war für wilden Reis gedacht. Minnesota.
18 Stirnband eines Häuptlings aus Stoff. Leech Lake Reservation, Minnesota, 1891-2 (Sammlung Hoffman).
19 Kinderspielzeug: das Fell eines Grauhörnchens, mit Wildreis gestopft. White Earth Res.
20 Mattenstück aus Katzenschwanz von der Art, wie sie für Bodenbeläge benutzt werden. Bois Fort Reservation.
21 Zedernrindentasche, gefüllt mit wildem Reis zur Speicherung.
22 Kleines Schneeschuhmodell.
23 Nadel zum Knüpfen eines Schneeschuhnetzes.
24 Knöcherne Angelhaken.
25 Bogen aus Eichenholz, 1928 von Kawakatusk von der Rainy

Lake Reserve, Ontario, für den Anthropologen J.M. Cooper angefertigt.

26 Fünf Pfeile mit Knochensitzen. Manitou Rapids Reserve, Ontario (von Cooper gesammelt).

27 Knieband aus Stinktierfell; Teil des Kostüms von Keekweechiweepinank („Versucht zu werfen") oder Red Blanket; das Stück wurde ihm abgekauft, als er 1899 als Abgesandter in Washington war.

28 Stirnband aus Pelz und Gürtel (?) aus schwarzem Samt, weißem Pelz und Federn. Teil des Kostüms von Red Blanket (siehe Nr.27).

29 Schurz aus roter Wolle (gehörte ebenfalls Red Blanket).

30 Ein Paar perlenbestickter Mokassins (gehörten ebenfalls Red Blanket).

31 Kugelkopfkeule, von einem Mann namens Odjibwe. White Earth Reservation.

32 Rassel eines Mide [= Mitglied des Midewiwin]. Red Lake Res.

33 Rassel eines Mide. White Earth Reservation.

34 Mit zwei Fellen bespannte Trommel, der Trommelstock ist mit roten Borten umwickelt; begleitete die beim Mokassinspiel (siehe Nr.14) vorgetragenen Gesänge.

35 Wildlederjacke, mit Bändern aus Wieselschwänzen und Perlenstickerei über den Rücken (aus Red Blankets Besitz).

36 Wildledergürtel mit Perlenstickerei (aus dem Besitz Red Blankets).

37 Bemalte und perlenbestickte wildlederne Messerscheide (aus dem Besitz Red Blankets).

38 Wildlederne Leggings mit Perlenzier (aus dem Besitz Red Blankets).

39 Steinpfeife (von Red Blanket).

40 Pfeife einer Frau.

41 Stoffbeutel, perlenverziert. White Earth Reservation, 1891 (Sammlung Hoffman).

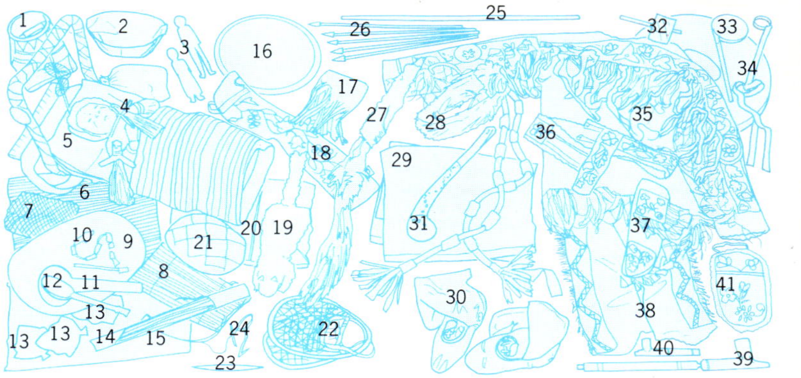

In einer Beschreibung von der Herstellung eines Birkenrindenkanus heißt es, daß es etwa eine Woche dauerte, um alle Materialien zusammenzubekommen und das Boot zu bauen. Alle Werkstoffe kamen von Bäumen, Gerippe und Auskleidung waren aus leichtem Zedernholz, die Stricke, mit denen das Gerippe und andere Teile zusammengehalten wurden, aus Fichtenwurzeln und das Pech für die Nähte aus Fichtenharz, das gewöhnlich gekocht wurde, um es zu verdicken (Das Pech für die Hauptnähte wurde mit pulverisierter Holzkohle vermischt, was nicht nur das Harz, wenn es trocknete, weniger spröde machte, sondern dem ganzen einen ornamentalen Anstrich gab.) Der Untergrund, auf dem das Kanu gebaut werden sollte, wurde mit einer dicken Sandschicht bedeckt, um dem Kanuboden seine Form geben zu können; dann wurden lange dicke Rindenplatten (mit der Innenseite der Rinde nach außen) ausgelegt und mit Hilfe eines flachen Rahmens, der die ungefähre Länge und Breite des Kanus festlegte, auf den Boden gedrückt; große Steine gewährleisteten, daß Rahmen und Rinde nicht verrutschten. Nun wurden vierzehn oder sechzehn Pfosten jeweils paarweise und mit einer leicht von der Senkrechten abweichenden Neigung in den Boden getrieben, der Form des niedrigen Rahmens angepaßt, standen sie in der Mitte vielleicht einen Meter auseinander; während die Pfosten eingeschlagen wurden, bog und zog man die Rinde, sie dem Neigungswinkel der Pfosten anpassend, vorsichtig nach oben – langsam nahm das Kanu Gestalt an. Der Länge nach wurden jetzt die Dollborde angebracht und die Rinde mit Fichtenwurzeln zusammengenäht; das Dollbord bildete und verstärkte den oberen Rand des Kanus und wurde im voraus gefertigt, damit es die richtige Form und Krümmung hatte; das gilt auch für die Zedernholzteile für Bug und Heck, die an den beiden Bootsenden zwischen den Rindenwänden eingepaßt wurden. Die Wände wurden dann so beschnitten, daß sie mit der akzeptierten Konturlinie übereinstimmten. Die noch fehlenden Nähte wurden von den Frauen angebracht, die dazu traditionellerweise eine Knochenahle benutzten; für feinere Nähte verwendeten sie aufgefaserte und eingeweichte Fichtenwurzeln. Mehrere Frauen konnten die fälligen Näharbeiten wohl an einem Tag abschließen; manche Nahtstiche, besonders an den Bootsenden, wurden absichtlich ungleichmäßig lang ausgeführt, um die Wahrscheinlichkeit, daß die Rinde splitterte, zu reduzieren.

Es war wichtig, daß alle überstehenden Rindenstükke zum Heck hin ausgerichtet waren, um eine laminare Strömung um das Kanu herum zu gewährleisten, und daß alle Gehren und überstehenden Teile mit Fichtenharz fest zusammengepicht waren. Die Rippen wurden nun in der richtigen Länge und Form zugeschnitten und fortschreitend an ihrem jeweiligen Platz eingepaßt, mit dünnen Streifen Zedernholzes zwischen den Rippen und der Rinde als Futter, zum Schutz des Bodens und der Seitenwände des Kanus. Rippen, Futter und Rinde wurden feucht gehalten, doch die verschieden langen Querstücke, die dem oberen Teil des Kanus seine dauerhafte Form gaben, wurden trocken vernäht.

Links: *Ein Häuptling der Sauk und Fox. Sein charakteristischer turbanähnlicher Hirschwedel-Kopfputz wird von einer Adlerfeder gekrönt. Ein weiteres Abzeichen seines hohen Rangs ist das geteilte Bären-Fischotter-Fell über seiner Schulter.*

Unten: *Haushaltsszene, Sauk und Fox, ca. 1900. Die Männer stehen vor den mit Binsenmatten abgedeckten Winterwigwams; zwischen den Wigwams unter einem mit Buschwerk bedeckten Dach ein Sommerarbeitsplatz.*

Oben: *Kiyo' Kaga oder Keokuk, ein berühmter Sauk-Häuptling, der von einem Angehörigen seiner eigenen Bande vergiftet wurde. Auf diesem frühen Foto (1847) trägt er eine Halskette aus Bärenklauen über einem Kragen aus Fischotterfell.*

Unten: *Abgesandte der Sauk, Fox und Kansa 1867 in Washington; mit von der Partie ist Keokuks Sohn Moses. Sie hatten gerade einen Vertrag unterschrieben, mit dem sie das ihnen verbliebene Land in Kansas für $ 1 pro Acre verkauften.*

Das Kanu mußte nun mehrere Tage lang trocknen und wenn nötig in die richtige Form gezogen werden, indem man es zwischen Endpfosten festband. Es wurde dann umgedreht, seine Nähte mit dem schwarzen Fichtenharz abgedichtet.

Die Paddel waren aus Birken- oder Zedernholz, etwa 1,2 Meter lang, wovon das zwölf bis fünfzehn Zentimeter breite Blatt etwa die Hälfte einnahm. Sowohl Männer als auch Frauen paddelten; der Mann saß gewöhnlich vorne im Bug und die Frau hinten im Heck. Für eine schnelle Fahrt jedoch mochten bis zu vier Männer gleichzeitig paddeln.

Eine Familie kam mit einem guten, leistungsfähigen Kanu ungefähr ein Jahr lang aus. Ende des 19. Jahrhunderts war eine „Dreispitzen"-Decke der Hudson's Bay Company ein gängiger Preis für ein Kanu.

Berücksichtigt man den großen Wert der Birkenrinde im Leben der Waldlandstämme, so kann es nicht weiter überraschen, wenn man Anzeichen dafür findet, daß sie als heilig angesehen wurde. Die Abenaki zum Beispiel nannten die Birke nach einem ihrer Heldengötter Gluskabe, der, wie berichtet wird, den Baum gebeten hatte, „sich um die Indianer zu kümmern" (Butler und Hadlock 1957, 49). Eine weitverbreitete mythologische Erzählung erklärt, warum die Vögel nach strengen Wintern zurück in die Wälder des Nordens fliegen. Die Vögel sitzen gefangen in Birkenrindenbehältern, die von wildlebenden Tiermenschen aus dem Norden aufgerissen werden; die befreiten Vögel fliegen in den Norden und bringen die Wärme des Sommers und das neuerliche Wachstum mit. Symbolisch gesehen kommt das Leben aus dem Birkenrindenbehälter, daher die mittels einer Kratztechnik (Sgraffito) erzeugten Muster von Vögeln, Pflanzen und Sträuchern als Oberflächendekoration[17].

Das geistige Leben der Stämme im Gebiet der westlichen Seen kreiste um die Zeremonien der Midewiwin[18] oder Großen Medizin-Gesellschaft, über die wir hinsichtlich der Chippewa besonders gut unterrichtet sind. Die „Berichte der Jesuiten" (die die Periode von 1640 bis 1700 abdecken) wissen nichts

Sauk und Fox

Die Stämme der Sauk und Fox, die die gleiche Sprache sprechen und sich kulturell sehr ähnlich sind, sind seit 1733 enge Verbündete, haben sich aber ihre eigene Identität bewahrt. Beide gingen traditionell im Herbst und Winter auf die Jagd und stellten Fallen – in dieser Zeit lebten sie in mattengedeckten Wigwams in Jagdlagern -, während sie im Sommer Mais, Bohnen und Kürbisse anbauten und in großen rindengedeckten Behausungen wohnten, in Dörfern, die in Flußniederungen angelegt wurden. Personennamen waren Eigentum der patrilinearen Klane, die verschiedene rituelle Aufgaben übernahmen. In jedem der beiden Stämme gab es zwei politische Organisationen für Krieg und Frieden mit weitgehend den gleichen Mitgliedern, aber verschiedenen Führern für die unterschiedlichen Aufgaben. Die Sauk und Fox waren Feinde der Dakota und Chippewa und Verbündete der Iowa, Winnebago und Potawatomi. Während der Kolonialzeit kämpften sie bis 1737 gegen die Franzosen. Von der US-Armee 1832 im sogenannten Black Hawks Krieg besiegt, wurden die beiden Stämme 1837 und 1842 nach Kansas umgesiedelt. Viele von den Fox kehrten in den fünfziger Jahren nach Iowa zurück, wo sie Land kauften, das später als Reservation anerkannt wurde, das Mesquakie Settlement in der Nähe von Tama. Die in Kansas verbliebenen Fox schlossen sich den Sauk an und zogen mit den meisten von ihnen 1869 ins „Indianerterritorium" (das heutige Oklahoma); eine kleine Gruppe der Sauk blieb in Kansas. Die hier gezeigten Gegenstände wurden in den Jahren 1901-3 von dem Ethnologen William Jones (der selbst ein Fox aus dem Indianerterritorium war) bei den Mesquakie (Fox) von Tama oder, wo spezifiziert, bei den Sauk und Fox im Indianerterritorium gesammelt.

1 Frauenrock mit Seidenbänderapplikation auf rotem Flanell; Zeremonialgewand.
2 Hölzernes Webgitter zur Herstellung von Perlenarbeiten.
3 Frauenkleid, mit Bänderapplikation geschmückt. Sauk, Oklahoma.
4 Frauen-Leggings mit Bänderapplikation, Perlenstickerei und Knöpfen.
5 Paddelholz zur Speisebereitung.
6 Schwarze Flaschenkürbisrassel eines Kriegers.
7 Kleiner Beutel mit Perlenmuster, einen Unterwasser-Panther und das Wort TAMA abbildend.
8 Täschchen aus gewebtem Zwirn und den aufgedröselten Fäden einer Decke.
9 Federfächer.
10 Knäuel einheimischen Garns.
11 Zopfgeflochtener Strang aus Schilffasern zum Weben von Taschen.
12 Gewebte Tasche.
13 Packsattel.
14 Pelzturban eines Mannes.
15 In Zwirnbindung geflochtene Schilfmatte.
16 Gewebte Tasche, mit Donnervogelmuster.
17 Tasche in Zwirnbindung.
18 Fellschaber für die Gerbarbeit.
19 Ein Set von knöchernen Spielplättchen.
20 Holzschale zum Werfen der Spielplättchen.
21 Hemd eines jungen Mannes mit Bänderapplikation.
22 Wildlederne Leggings eines Jungen. Fox, Oklahoma.
23 Wildlederne Leggings eines Mannes. Fox, Oklahoma.
24 Perlenbesticktes „Liebestäschchen" eines jungen Mannes.
25 Knochenspreizer für hochgebürstete Frisur.
26 „Knallbüchse", eines Jungen.
27 Ein Paar gewebter Kniebänder, perlenbestickt. Fox, Oklahoma.
28 Lacrosse-Schläger. Oklahoma.
29 Ein Bündel Spielstäbchen.

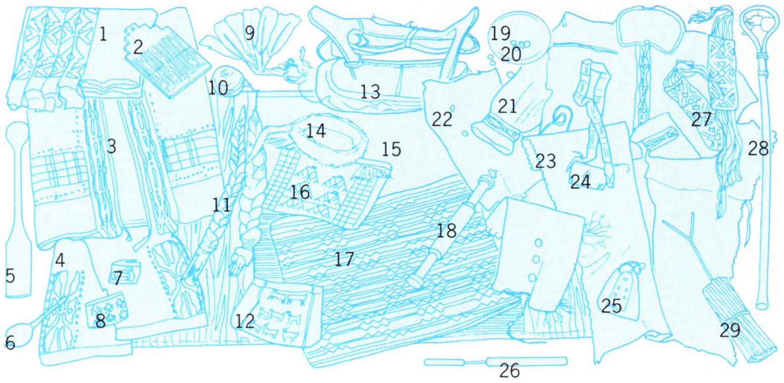

von der Existenz des Midewiwin-Bundes. Man hat jedoch darauf hingewiesen, daß die Bundesmitglieder alles daran gesetzt haben dürften, einen religiösen Ritus geheimzuhalten, der in direktem Widerspruch zur Botschaft der Missionare stand[19]. Auf ein wohl eher hohes Alter des Bundes weist seine ausgedehnte Verbreitung in der Region der westlichen Großen Seen hin, wo die Potawatomi, Menominee, Winnebago, Sauk, Fox und Kickapoo seit „früher historischer Zeit" (Ritzenthaler 1978, 755) Anhänger waren.

Es gab zwar regionale Varianten des Midewiwin-Zeremonials, doch galten für die Aktivitäten des Bundes überall die Prinzipien ethischen Verhaltens, der Wunsch, ein langes Leben zu erreichen, und die Deutung der Träume bzw. der Phänomene der natürlichen Welt. Es war die grundlegende Lehre des Midewiwin, daß das richtige Verhalten ein langes Leben zur Folge hatte und daß eine schlechte Lebensführung sich letztlich gegen den Missetäter richtete. Stehlen und Lügen und das Trinken von Alkohol waren strengstens untersagt und auf Respekt gegenüber Frauen wurde besonderer Wert gelegt. Männliche Mitglieder des Midewiwin lernten, ein ruhiges Verhalten an den Tag zu legen, sich in ihrer Rede zurückzuhalten und nicht übereilt zu handeln. Wie Densmore feststellte, „lenkte dies [meine] Aufmerksamkeit auf die sanften Stimmen, die Geduld und die Höflichkeit der alten Leute, die im Midewiwin geschult worden waren" (Densmore 1929, 87). Die Aufnahmezeremonie diente dazu, dem Initianden eine geistige Kraft „einzuschießen", indem man einen besonderen Medizinbeutel auf ihn richtete, was ihn bewußtlos zu Boden sinken ließ. Diese Beutel waren aus der Haut jener Säugetiere oder Vögel gefertigt, die die vier Rangordnungen kennzeichneten, die man als Mitglied des Midewiwin-Bundes erreichen konnte. Von einem Beobachter wurde die Initiation eines Kandidaten, der in der Mitte des Großen Medizinhauses saß, wie folgt beschrieben:

„Die Medizinmänner, vier oder fünf an der Zahl, kamen tanzend herein. Sie trugen Beutel aus Biber-, Otter-, Hermelin- oder Wieselfell – allesamt wie Schlangenhäute in die Länge gezogen. Die Tänzer tanzten auf dem Weg des Wigwams, und als sie sich meinem Onkel näherten, schleuderten sie ihre Beutel auf ihn. Die 'Medizin' darin war so stark, daß er vorneüber fiel und ihm die Sinne schwanden. Alle hoben ihre Beutel auf und legten sie auf ihn, und er kam wieder zu sich."
(Hilger 1951, 69).

Die Midewiwin-Medizinbeutel enthielten eine kleine weiße Muschel, migis genannt[20]. Sie galt als das heilige Symbol des Bundes und wurde traditionell mit Unsterblichkeit assoziiert. Sie übertrug die geistige Kraft:

Hier ist es
Hier ist es
Das Wieselfell [der Medizinbeutel]
Ich schieße die weißen Muscheln hindurch.
Es versagt nie
Die Muschel
Fliegt auf sie zu
Und sie fallen
(Initiationsgesänge des Midewiwin, Densmore 1910: Gesänge Nr. 52 und 63)

Die Zeremonie sollte kranke Menschen heilen oder auf einen Traum antworten, der ein gezieltes Ersuchen um Mitgliedschaft befürwortete. Die Midewiwin-Zeremonie wurde meist jährlich im späten Frühling oder frühen Herbst abgehalten und dauerte bis zu fünf Tagen, je nach Anzahl der Kandidaten. Ein möglicher Grund für die Popularität des Bundes bei den Chippewa ist, wie ein Anthropologe behauptete, das ungewöhnliche Interesse, das sie für Gesundheit aufbringen, was sich etwa in den verschiedensten Wurzeln und Kräutern zeigt, die sie zu medizinischen Zwecken benutzten; Kenntnisse auf diesem Gebiet zu sammeln, war eines der Hauptziele der Mitglieder des Midewiwin.

Bemerkenswert waren die mit dem Bund assoziierten Rindenrollen, die mit Piktogrammen „beschriftet"

Unten: Ein Sommerhaus der Sauk, mit Rinde gedeckt, um 1884 im Indianerterritorium fotographiert. Ein ungewöhnlich großer Bau, wahrscheinlich das zentrale Ratsgebäude des Dorfes. Dritter von links ist der Häuptling Pashipaho, auch unter dem Namen Little Stabber bekannt.

waren, die sich auf Anweisungen bezogen, die die Mitglieder erhielten; mit diesen Piktogrammen wurden auch die Gesänge und Lehren des Midewiwin festgehalten. Die Rollen maßen etwa 75 x 30 Zentimeter; die Piktogramme wurden mit einem Knochengriffel eingeritzt. Nur für den Initiierten verständlich, hatten die Figuren einen unschätzbaren Wert als Gedächtnisstützen. Diese Aufzeichnungen wurden von einer Generation an die nächste tradiert. Solche piktographischen Überlieferungen waren in der Waldlandregion keineswegs auf die Chippewa beschränkt; dank ihrer Verbindung mit deren religiösen Vorstellungen sind wir aber sehr ausgiebig über sie informiert (Hoffman 1891; Mallery 1893; Densmore 1929).

Untersuchungen haben gezeigt, daß sich die Birkenrinden-Piktogramme im gesamten algonkin-sprachigen Gebiet zwischen der Atlantik-Küste im Nordosten und der Gegend westlich der Großen Seen ähnlich waren; die Abenaki in Maine modifizierten sogar die alten piktographischen Techniken, als sie Ende des 19. Jahrhunderts „sich an zivilisierten Erwerbsmöglichkeiten beteiligten und es folglich für nötig befanden, Konten zu führen" (Mallery 1893, 259). Darauf aufbauend, hat W.C. Sturtevant kürzlich gezeigt, daß es mit irokesischen Hieroglyphen[21] möglich war, umfangreiche und anspruchsvolle Ideen an Personen zu übermitteln, die mit den Zeichen vertraut waren. Solche Piktographien waren wohl die größte Annäherung an eine Schrift seitens der indigenen Völker Nordamerikas[22]; der europäische Einfluß führte zu ihrer Aufgabe, bevor Weiterentwicklungen stattfinden konnten.

„Wären die Weißen ein Jahrhundert später gekommen... so hätten diese Indianer inzwischen vielleicht mit Erfolg einen dauerhaften Staat gegründet, beruhend auf den sechs Grundsteinen des [Irokesen-]Bundes – Gesundheit, Glück, Rechtschaffenheit, Gerechtigkeit, Macht und Charakterstärke"[23].

Oben: *Wakusásse, ein Fox-Krieger, gemalt von Karl Bodmer (1833). Auf diesem frühen Porträt trägt der Krieger eine Haartracht aus aufgebürsteten Hirsch- und Stachelschweinhaaren; der Federschmuck ist ein Zeichen des Erfolgs im Kampf. Sein Gesicht ist in Zinnober und braunem Ocker – mit möglicherweise einem Blitzsymbol – bemalt.*

Rechts: *Wah-com-mo (Fast Walker), ein Fox-Krieger, 1868. Dieser Stamm, der in enger Beziehung zu den Sauk stand, nannte sich selbst Meskwahki haki oder Mesquaki, „Die roten Erden". Wah-com-mo trägt eine Halskette aus Grizzlykrallen und hält einen Adlerfederfächer und Pfeifentomahawk – traditionelle Insignien hochrangiger Sauk- und Fox-Krieger.*

Nachweise:

1 Der Cape-Breton-Distrikt, von den Micmac Onamag genannt, war – und ist heute noch – der Sitz des Oberhäuptlings.

2 Obwohl es bereits 1497 zu Kontakten mit Engländern gekommen sein mag, als Sebastian Cabot angeblich drei Micmac-Indianer nach England brachte, entwickelte sich das Verhältnis der Franzosen zu den Micmac in merklichem Kontrast zu der Haltung der Überlegenheit, die die meisten englischen Kolonisten kennzeichnete.

3 Der frühe französische Name für die Gebiete von Nova Scotia und New Brunswick.

4 Deganawida war der Abstammung nach möglicherweise Hurone. Mit ihm eng verbunden waren der Irokesenhäuptling Hiawatha und der berühmte weibliche Häuptling des „Neutralen Volkes" (Neutral Nation) namens Djigonsasen.

5 Etwa um 1720 schlossen sich die Tuscarora der Konföderation an.

6 Die Ideale, die hinter der Gründung des Irokesenbundes standen, könnten die Formulierung der Amerikanischen Verfassung angeregt haben, da wir wissen, daß eine Reihe der wichtigsten Autoren der Verfassung mit der Struktur des Bundes gründlich vertraut waren.

7 Festliches Lied der Irokesenfrauen.

8 Eine der entscheidendsten Schlachten der amerikanischen Geschichte, wie geschrieben wurde. Hätten die Huronen und Franzosen nämlich das Land der Irokesen erobert, wäre „Iroquoia" zum französischen Herrschaftsgebiet geworden, die Holländer hätten weichen müssen und der Lauf der Kolonialgeschichte hätte sich geändert (Bishop 1940, 240).

9 Eine besonders schöne irokesische Kugelkopfkeule befindet sich in den Sammlungen von Skokloster in Schweden (Ryden 1963, 114-15). Eine ähnliche Keule, die gleichfalls ein eidechsenähnliches Geschöpf am Griffende eingeschnitzt hat, ist im Museum of Mankind in London (King 1982, 85).

10 Champlains intensive Beschreibung der Schlacht zwischen Huronen und Irokesen im Jahr 1609, an der er selbst beteiligt war, legt dar, wie nutzlos „Schilde aus verwobenen Baumwollfäden und Holz" gegen Feuerwaffen waren (Bishop 1949, 148).

11 Der Krieg zwischen Huronen und Irokesen datiert von vorkolonialen Zeiten; dieser besondere Konflikt zerstörte jedoch schließlich den Huronenbund.

12 Sobald die Huronen einen Feind in ihrer Gewalt hatten, rissen sie ihm die Fingernägel aus und bissen oder schnitten ihm die Finger ab, mit denen er die Bogensehne spannte. Dies verursachte oft eine ernste Infektion, führte aber selten zum Tod des Gefangenen, bevor er die Huronen-Siedlungen erreichte; man ernährte ihn sogar ausgesprochen gut, um sicherzustellen, daß er „die Qualen, die ihn erwarteten, besser ertragen" konnte (Trigger 1969, 48).

13 Auch Schamanen und mächtige Krieger wurden als Oki bezeichnet. Eine lebendige Beschreibung eines Oki der Huronen aus dem Jahr 1616 findet sich bei Bishop (1949, 252).

14 Dies war kurz bevor der Reis reif war; wollte man ihn später abernten, hätte man eine große Menge verloren.

15 Varianten davon waren Manitto, Manetto, Manitoa und, in der populäreren Form, Manitou, die auch in die englische Sprache Eingang gefunden hat. Manito kann man als die „geheimnisvollen und unbekannten Wirkungskräfte und Mächte des Lebens und des Universums" beschreiben (Hodge 1907-10, 800).

16 Obwohl die Irokesen große „Reisende" waren, blieben sie im Grunde genommen – verglichen mit den Chippewa – Landratten, denen Birkenrinde auch nur in begrenztem Maße zur Verfügung stand. Ihre Kanus waren aus Ulmenrinde gefertigt und wurden als „plumpe Fahrzeuge, ungeeignet für weite Strecken, gefährlich, wenn man einen See überquerte, und in Wildwasser der reinste Selbstmord" beschrieben (Fenton 1978, 303). Für die weiter nördlich lebenden Huronen (Wyandot) war das Land der Birkenrinde in zugänglicher Reichweite; sie lernten daher sowohl die Fertigungstechnik als auch den Umgang mit Birkenrindenkanus von ihren Algonkin-Nachbarn. (Siehe vor allem Adney und Chapelle 1964, 214-15, bei denen sich eine ausführlichere Darstellung der irokesischen Kanutypen und ihrer Besonderheiten findet.)

17 Mit Dank an Alika Webber (1978, 57-61). Der Autor möchte an dieser Stelle betonen, daß er nicht behaupten will, solche Designs wären unbedingt weltweit interpretiert und verstanden worden. Die Wurzeln solchen Symbolismus konnten jedoch von Stammesschamanen in der erwähnten mythologischen Begrifflichkeit sehr wohl erläutert werden.

18 Die Vokale der Chippewa-Sprache werden wie folgt ausgesprochen: a wie in Vater; e wie [ei] in englisch they; ĕ wie in Bett; i wie in Mine; ĭ wie in wind; o wie [ou] in englisch note; u wie in Uhu; û wie a in Watt (Dank an Densmore 1929, 10).

19 Die diplomatische Kunst der Algonkin fand bei den launischeren Irokesen keine Entsprechung. Es sei daran erinnert, daß das gutgemeinte, aber eifernde Drängen der Missionare bei den Huronen und Irokesen zum Martyrium mehrerer Priester führte.

20 Hoffman bemerkt, daß die migis irgendeine weiße Muschel sein konnte; in einer Tradition wurde eine Kaurischale benutzt (Hoffman 1891, 167). Auch Ritzenthaler, der die Zeremonie in den 1940er Jahren beobachtete, spricht von einer Kaurischale, mikiss (Ritzenthaler 1978, 754).

21 American Indian Workshop, Wien, April 1989.

22 Es sollte betont werden, daß wir uns hier auf die Völker nördlich von Mexiko beziehen. Was die Schrift in Mittelamerika betrifft, siehe Brotherston (1979, 15-19). Die Schrift der Cree (Vgl. „Die Subarktische Region") ist von dem Missionar James Evans etwa um 1840 entwickelt worden; der Cherokee-Mischling Sequoyah entwickelte bereits 1821 ein Alphabet. Beide Entwicklungen scheinen jedoch eher europäisch beeinflußt worden zu sein, als daß sie aus indigen amerikanischen Wurzeln entstanden wären.

23 Observations on the League of the Iroquois, Palmer 1949, 102-3.

BIBLIOGRAPHIE

Einführung

Fagan, B.M. 1987. *The Great Journey: The Peopling of Ancient America*. London: Thames and Hudson.

MacNeish, R.F. 1986. The Preceramic of Middle America. *Advances in World Archaeology*, Bd.5, 93-130.

Martin, P.S. 1973. The Discovery of America. *Science*, Bd.179, S.969-74.

Martin, P.S. und R. Klein 1974. *A Pleistocene Revolution*. Tucson: University of Arizona Press.

Turner, C. 1984. Advances in the Dental Search for Native American Origins. *Acta Anthropogenetica*, Bd.8 (1&2), S.23-78.

Williams, R.C. et al. 1985. Gm allotypes in Native Americans:
Evidence for Three Distinct Migrations Across the Bering Land Bridge, *American Journal of Physical Anthropology*, Bd.66, 1-19.

Der Südosten

Fagan, Brian M. 1991. *Ancient North America: The Archeology of a Continent*. New York: Thames and Hudson.

Hudson, Charles. 1976. *The Southeastern Indians*. Knoxville: University of Tennessee Press.

Smith, Marvin T. 1987. *Archeology of Aboriginal Culture Change in the Interior Southeast: Depopulation during the Early Historic Period*. (Ripley P. Bullen Monographs in Anthropology and History Nr.6.) Gainesville: University Presses of Florida.

Swanton, John R. 1946. The Indians of the Southeastern United States. *Bureau of American Ethnology Bulletin* 137, Smithsonian Institution. Washington, D.C.: U.S. Government Printing Office. [Reprint 1979. Smithsonian Institution Press.]

Der Südwesten

Bahti, Tom 1968. *Southwestern Indian Tribes*. Flagstaff: KC Publication.

Baldwin, Gordon 1965. *The Warrior Apaches*. Globe: Dale Stewart King.

Ball, Eve 1970. *In the Days of Victorio*. Tucson: University of Arizona Press.

Bunzel, Ruth 1932. Introduction to Zuni Ceremonialism, Zuni Kachinas, Zuni Ritual Poetry, Zuni Prayers. *47th Annual Report of the Bureau of American Ethnology*. Washington D.C.: Government Printing Office.

Collier, John 1947. *Indians of the Americas*. New York: W. W. Norton and Company.

Dobyns, Henry F. und Robert C. Euler 1971. *The Havasupai People*. Phoenix: Indian Tribal Series.

Dutton, Bertha 1975. *Indians of the American Southwest*. Englewood Cliffs, New Jersey: Prentice-Hall.

Eggan Fred 1950. *Social Organization of the Western Pueblos*. Chicago: University of Chicago Press.

Euler, Robert C. 1972. *The Paiute People*. Phoenix: Indian Tribal Series.

Goodwin, Grenville 1942. *The Social Organization of the Western Apache*. Chicago: University of Chicago Press.

Hewett, Edgar Lee und Bertha P. Dutton 1945. *The Pueblo Indian World*. Albuquerque: University of New Mexico Press.

Hoijer, Harry 1938. *Chiricahua and Mescalero Apache Texts*. Chicago: University of Chicago Press.

James, Harry C. 1956. *The Hopi Indians*. Caldwell, Idaho: The Caxton Press.

Johnston, Bernice 1970. *Speaking of Indians*. Tucson: University of Arizona Press.

Kluckhohn, Clyde und Dorothea Leighton 1962. *The Navajo*. Garden City, New York: Doubleday and Co.

Lumholtz, Carl 1902. *Unknown Mexico*. New York: Charles Scribner's Sons.

Lurie, Nancy O. und Stuart Levine (Hg.) 1968. *The American Indian Today*. Deland, Florida: Everett/Edwards.

Matthews, Washington 1897. *Navaho Legends*. New York: American Folklore Society.

Opler, Morris E. 1938. *Mescalero and Apache Texts*. New York: Memoirs of the American Folklore Society, Bd.31.

Opler, Morris E. 1941. *An Apache Way of Life*. Chicago: University of Chicago Press.

Ortiz, Alfonso 1969. *The Tewa World*. Chicago: University of Chicago Press.

Oritz, Alfonso (Hg.) 1979. *Handbook of North American Indians*, Bd.9 und 10, Southwest. Smithsonian Institution, Washington, D.C.

Parsons, Elsie Clews 1925. *The Pueblo of Jemez*. Andover, Mass.: Phillips Academy.

Reichard, Gladys A. 1963. *Navajo Religion*. New York: Pantheon Books.

Smith, Anne 1965. *New Mexico Indians Today*. Santa Fe: Museum of New Mexico.

Sonnichsen, C. L. 1958. *The Mescalero Apaches*.. Norman, Oklahoma: University of Oklahoma Press.

Spicer, Edward 1962. *Cycles of Conquest: The Impact of Spain, Mexico, and the United States on the Indians of the Southwest*, 1533-1960. Tucson: University of Arizona Press.

Spier, Leslie 1928. *Havasupai Ethnography*. New York: American Museum of Natural History.

Underhill, Ruth M. 1938. *Singing for Power*. Berkeley: University of California Press.

Weaver, Thomas (Hg.) 1974. *Indians of Arizona. A Contemporary Perspective*. Tucson: University of Arizona Press.

White, Leslie A. 1935. *The Pueblo of Santo Domingo, New Mexico*. Memoirs of the American Anthropological Association Nr.43.

Die Plains

Bell, W. 1869. *New Tracks in North America*. London.

Bourke, John G. 1890. *Mackenzie's Last Fight With The Cheyennes*. Governor's Island, N.Y.H. (Reprint The Old Army Press, Bellevue, Nebraska. 1970).

Brasser, Ted J. 1982. The Tipi as an Element in the Emergence of Historic Plains Indian Nomadism. *Plain's Anthropologist*, Bd.27, Nr.98. Lincoln, Nebraska.

Brasser, Ted J. 1987. By The Power of their Dreams, in *The Spirit Sings*. Toronto: McClelland and Stewart.

Butler, W.F. 1891. *The Great Lone Land*. London: Sampson Low, Marston & Company.

Carver, Jonathan 1976. *The Journals of Jonathan Carver: and Related Documents* 1766-1770. Hg. von John Parker. St. Paul, Minnesota: Minnesota Historical Society Press.

Catlin, George 1926. *The North American Indians*. 2 Bde. Edinburgh: John Grant.

Dempsey, Hugh A. 1972. *Crowfoot, Chief of the Blackfeet*. Norman, Oklahoma: University of Oklahoma Press.

Dodge, R.I. 1876: *Hunting Grounds of the Great West*. London: Chatto and Windus (Reprint 1976).

Hassrick, Royal B. 1964. *The Sioux. Life and Customs of a Warrior Society*. Norman, Oklahoma: University of Oklahoma Press.

Hughes, Thomas 1909. History of Blue Earth County, in *Minnesota Historical Society Collections*. Bd.12.

Johnson, Barry C. 1989. *'A Captain of Chivalric Courage': Thomas H. French, 7th Cavalry*. The Brand Book, Bd.25, Nr.1&2. 1987/88. London: The English Westerner's Society.

Kroeber, Alfred L. 1939 Cultural and Natural Areas of Native North America. *Publ. Amer. Archaeol. and Ethnol.* Bd.38. University of California.

Laubin, Reginald und Gladys 1957. *The Indian Tipi*. Norman, Oklahoma: University of Oklahoma Press.

Lavender, David 1965. *The American West*. Harmondsworth, Middlesex: Penguin Books.

Lewis, Oscar 1942. The Effects of White Contact Upon Blackfoot Culture. Centennial Anniversary Publication, American Ethnological Society 1842-1942, University of Washington Press, Seattle.

Mackenzie, Charles 1889. *The Mississouri Indians. An Narrative of Four Trading Expeditions to the Mississouri* 1804-1805-1806; in Masson, 1889, Bd.1, Masson, L.R. (Hg.) 1889. *Les Bourgeois de la Compagnie du Nord-Ouest*, Bd.1.

McCann, Lloyd E. 1956. The Grattan Massacre. Reprint from *Nebraska History*. Bd.37, Nr.1, März 1956.

McDonald, J. Douglas, A.L. McDonald, Bill Tallbull und Ted Risingsun 1989. The Cheyenne Outbreak Revisited: The Employment of Archaeological Methodology in the Substantiation of Oral History. *Plains Anthropologist*, Bd.34, Nr.125: S.265-9. Lincoln, Nebraska.

Miles, N.A. 1896. *Personal Recollections and Observations of General Nelson A. Miles*. Chicago und New York.

Neihardt, John G. 1932. *Black Elk Speaks*. New York: William Morrow.

Nye, Wilbur Sturtevant 1968. *Plains Indian Raiders*. Norman, Oklahoma: University of Oklahoma Press.

Pakes, Fraser J. 1989. *Making War Attractive*. The Brand Book, The English Westerners' Society, Bd.26, Nr.2, London.

Smith, DeCost 1943. *Indian Experiences*. Caldwell, Idaho: The Caxton Printers.

Smith, Rex Alan 1975. *Moon of Popping Trees: The Tragedy at Wounded Knee and the End of the Indian Wars*. Lincoln: University of Nebraska Press.

Swanton, John R. 1952. The Indian Tribes of North America. Bulletin 45, *Bureau of American Ethnology*. Smithsonian Institution, Washington, D.C.

Taunton, Francis B. 1977. *Sufficient Reason?* Special Publication Nr.5, The English Westerners' Society, London.

Taunton, Francis B. 1986. *Custer's Field: 'A Scene of Sickening Ghastly Horror'*. In Zusammenarbeit mit Brian C. Pohanka. The Johnson-Taunton Military Press, London.

Taylor, Colin 1975. *The Warriors of the Plains*. London: Hamlyn.

Taylor. Colin 1980. *Ho, For The Great West!* Titelessay in The Silver Jubilee Publication of the English Westerners' Society, London. Hg. von Barry C. Johnson.

Taylor, Colin 1981. *Crow Rendezvous: The Place of the River- & Mountain Crow in the Material Culture Patterns of the Plateau- & Central Plains circa* 1800-1807. American Indian Studies Series Nr.1, English Westerners' Society, London.

Taylor, Colin 1984. Crow Rendezvous, in *Crow Indian Art*. Hg. von D. und R. Lessard. Mission, South Dakota: Chandler Institute.

Thompson, David 1916. *David Thompson's Narrative of His Explorations in Western America*, 1784-1812. Hg. von Joseph Burr Tyrell. The Champlain Society Publications, Bd.12, Toronto.

Utley, Robert M. 1963. *The Last Days of the Sioux Nation*. New Haven: Yale University Press.

Utley, Robert M. 1967. *Frontiersmen in Blue: The United States Army and the Indian* 1848-1865. New York: Macmillan.

Utley, Robert M. 1973. *Bluecoats and Redskins: The United States Army and the Indian* 1866-1891. London: Cassell.

Vestal, Stanley 1948. *Warpath and Council Fire*. Norman, Oklahoma: University of Oklahoma Press.

Vestal, Stanley 1957. *Sitting Bull: Champion of the Sioux*. Norman, Oklahoma: University of Oklahoma Press.

Wallace, Ernest und Hoebel E. Adamson 1952. *The Comanches: Lords of the South Plains*. Norman, Oklahoma: University of Oklahoma Press.

Wissler, Clark 1904. Decorative Art of the Sioux Indians. *American Museum of Natural History*. Bd.18, New York.

Wissler, Clark und D. C. Duvall 1908. Mythology of the Blackfoot Indians. *Anthropological Papers of the American Museum of Natural History*. Bd.2, New York.

Plateaus und Hochbecken

Brady, Cyrus Townsend 1916. *Northwestern Fights and Fighters*. New York: Doubleday, Page.

Brown, Mark H. 1967. *The Flight of the Nez Perce: A History of the Nez Perce War*. New York: Putnam's Sons.

D'Azevedo, Warren L. (Hg.) 1986. *Great Basin*. Bd.2 des *Handbook of North American Indians*. Smithsonian Institution, Washington, D.C.

De Smet, Pierre Jean 1905. *Life, Letters, and Travels of Father Pierre-Jean De Smet*. Hg. von Hiram M. Chittenden und Alfred T. Richardson. 4 Bde., New York: F. P. Harper.

Ewers, John C. 1955. The Horse in Blackfoot Indian Culture. *Bureau of American Ethnology Bulletin* 159. Smithsonian Institution, Washington, D.C.

Fletcher, Robert S. 1930. The Spalding-Allen Indian Collection. Neudruck vom *The Oberlin Alumni Magazine*, Oberlin, Ohio.

Fowler, Catherine S. 1986. Subsistence, in *Handbook of North American Indians*, Bd. 2, *Great Basin*: S.64-97. Hg. von Warren L. D'Azevedo. Smithsonian Institution, Washington, D.C.

Garcia, Andrew 1977. *Tough Trip Through Paradise*. Hg. von Bennett H. Stein. London: Abacus, Sphere Books.

Harper, Kimball T. 1986. Historical Environments, in *Handbook of North American Indians*, Bd.2, *Great Basin*: S.51-63. Hg. von Warren L. D'Azevedo. Smithsonian Institution, Washington, D.C.

Henry, Alexander und David Thompson 1897. *New Light on the Early History of the Greater Northwest. The Manuscript Journals of Alexander Henry and David Thompson* 1799-1814. Hg. von Elliott Coues. 3 Bde. New York.

Hultkrantz, Åke 1968. *Shoshoni Indians on the Plains: An Appraisal of the Documentary Evidence*. Sonderdruck: Zeitschrift für Ethnologie, Bd.93, H.1 u. 2, Braunschweig.

Hultkrantz, Åke 1986. The Peril of Visions: Changes of Vision Patterns Among the Wind River Shoshoni, in *History of Religions*, Bd.26, Nr.1. Chicago: University of Chicago Press.

Lewis, Meriwether and William Clark 1893. *The History of the Lewis and Clark Expedition*. Hg. von Elliott Coues. 3 Bde. New York: Dover (Reprint).

Lowie, Robert H. 1909. The Northern Shoshoni. *Anthropological Papers*, Bd.2, Tl.2. American Museum of Natural History, New York.

McWorther, L.V. 1940. *Yellow Wolf*: His Own Story. Caldwell, Idaho: The Caxton Printers Ltd.

Mooney, James 1896. The Ghost-Dance Religion and the Sioux Outbreak of 1890. *14th Annual Report of the Bureau of American Ethnology to the Smithsonian Institution* 1892-3, Washington, D.C., New York: Dover (Reprint 1973).

Ross, Alexander 1855. *The Fur Hunters of the Far West: A Narrative of Adventure in the Oregon an Rocky Mountanins*. 2 Bde. London: Smith, Elder.

Shawley, Stephen Douglas 1974. *Nez Perce Dress: A Study in Culture Change*. University of Idaho.

Spinden, Herbert Joseph 1908. The Nez Percé Indians. *Memoirs of the American Anthropological Association*, Bd.2, Tl.3. Millwood, New York: Kraus Reprint Co. (1974).

Teit, James A. 1930. The Salishan Tribes of the Western Plateaus. Hg. von Franz Boas. *Extract from 45th Annual Report of the Bureau of American Ethnology to the Smithsonian Institution*, Washington, D.C.

Trenholm, Virginia Cole and Maurine Carley 1964. *The Shoshonis: Sentinels of the Rockies*. Norman, Oklahoma: University of Oklahoma Press.

Wildschut, William 1959. *Crow Indian Beadwork*. Hg. von J.C. Ewers. Museum of the American Indian, Heye Foundation, New York.

Wissler, Clark 1910. Material Culture of the Blackfoot Indians. *Anthropological Papers of the American Museum of Natural History*, Bd.5, Tl.1, New York.

Wissler, Clark 1915. Costumes of the Plains Indians. *American Museum of Natural History*, Bd.17, New York.

Wood, C.E.S 1884. Chief Joseph, *The Nez-Percé*. *The Century Magazine*, 6. New York.

Kalifornien

Bannon, Francis (Hg.) 1974. *Bolton and the Spanish Borderlands.* Norman: University of Oklahoma Press.
Bolton, Herbert E. (Hg.) 1976. *Historical Memoirs of New California by Fray Francisco Palou, O.F.M.* 4 Bde. Berkeley: University of California Press.
Burnett, E.K. 1944. *Inlaid Stone and Bone Artifacts from Southern California.* New York: Museum of the American Indian, Heye Foundation.
Casebier, Dennis G. 1972a. *The Battle at Camp Cady.* Norco, Kalifornien: Dennis G. Casebier.
Casebier, Dennis G. 1972b. *Carleton's Pah-Ute Campaign.* Norco: Dennis G. Casebier.
Chartkoff, Joseph L. und Kerry Kona Chartkoff 1984. *The Archeology of California.* Stanford: Stanford University Press.
Clark, Cora and Texa Bowen Williams 1954. *Pomo Indians Myths.* New York: Vantage Press.
Cook, Sherburn F. 1976a. *The Conflict Between the California Indians and White Civilization.* Berkeley: University of California Press.
Cook, Sherburn F. 1976. *The Population of California Indians, 1769-1870.* Berkeley: University of California Press.
Crampton, C. Gregory (Hg.) 1975. *The Mariposa Indian War 1850-1851. Diaries of Robert Eccleston: The California Gold Rush, Yosemite, High Sierra.* Salt Lake City: University of Utah Press.
Cullin, Stewart 1975. *Games of the North American Indians.* New York: Dover Publications, Inc.
Davis, James T. 1974. *Trade Routes and Economic Exchange Among the Indians of California.* Ramona, Kalifornien: Ballena Press.
Edwards, Malcolm (Hg.) 1970. *The California Diary of E.D. Townsend.* O.O.: The Ward Ritchie Press.
Federal Writers' Project 1943. *California. A Guide to the Golden State.* New York: Mabel R. Gillis.
Geiger, Maynard und Clement W. Meighan 1976. *As the Padres Saw Them: California Indian Life and Customs as Reported by the Franciscan Missionaries 1813-1815.* Santa Barbara: Santa Barbara Missions Archives.
Heizer, R.F. und M.A. Whipple (Hg.) 1971. *The California Indians: A Source Book.* Berkeley: University of California Press.
Heizer, Robert F. (Hg.) 1974. *The Destruction of the California Indians.* Santa Barbara und Salt Lake City: Peregrine Smith, Inc.
Heizer, Robert F. (Hg.). 1978. *Handbook of North American Indians.* Bd.8 *California.* Washington, D.C.: Smithsonian Institution.
Heizer Robert F. und Adan E. Treganza 1972. *Mines and Quarries of the Indians of California.* Ramona, Kalifornien: Ballena Press.
Kroeber, A.L. 1970. *Handbook of the Indians of California.* Berkeley: California Book Company Ltd.
Kroeber, Theodora 1976. *Ishi in Two Worlds.* Berkeley: University of California Press.
Lang, Kathryn M. 1979. Golden Gate National Recreation Area: The Indian and Hispanic Heritage of a Modern Urban Park. San Francisco: Golden Gate National Recreation Area, National Park Service.
Mason, Tufton 1976. *Aboriginal American Indian Basketry.* Santa Barbara: Peregrine Smith, Inc.
Members of the Potomac Corral of the Westerners 1966. *Great Western Indian Fights.* Lincoln: University of Nebraska Press.
Merrill, Ruth E. 1980. *Plants Used in Basketry by the California Indians.* Ramona, Kalifornien: Acoma Books.
Reid, Hugo 1926. *The Indians of Los Angeles County.* Los Angeles (Privatdruck).
Rolle, Andrew F. und John S. Gaines 1979. *The Golden State: A History of California.* Arlington Heights, Illinois: AHM Publishing Corporation.
Thompson, Erwin N. 1971. *Modoc War: Its Military History & Topography.* Sacramento: Argus Books.
Tuska, Jon und Vicki Pierkaski 1983. *Encyclopedia of Frontier and Western Fiction.* New York: McGraw-Hill.
Utley, Robert M. 1984. *The Indian Frontier of the American West 1846-1890.* Albuquerque: University of New Mexico Press.
Wax, Murray L. 1971. *Indian Americans Unity and Diversity.* Englewood Cliffs, New Jersey: Prentice-Hall.
Webb, Edith Buckland 1952. *Indian Life and the Old Missions.* Los Angeles: Warren F. Lewis.
Wissler, Clark 1966. *Indians of the United States.* Garden City, New York: Anchor Books.

Die Nordwestküste

Bancroft-Hunt, Norman und Werner Forman 1979. *People of the Totem:*
The Indians of the Pacific Northwest. New York: Putnam's Sons.
Brown, Steve. From Taquan to Klukwan: Tracing the Work of an Early Tlingit Master Artist, S.173, in Peter L. Corey (Hg.), *Faces, Voices and Dreams: A Celebration of the Centennial of the Sheldon Jackson Museum.* Seattle: Division of Alaska State Museums and Friends of the Alaska State Museum, 1987.
Carlson, Roy L. (Hg.) 1976. *Indian Art Traditions of the Northwest Coast.* Burnaby: Simon Fraser University Archeology Press.
Cole, Douglas 1985. *Captured Heritage: The Scramble for Northwest Coast Artifacts.* Vancouver: Douglas & McIntyre.
Cole, Douglas und Ira Chaikin 1990. *An Iron Hand upon the People: The Law against the Potlatch on the Northwest Coast.* Vancouver: Douglas & McIntyre.
Cook, Warren L. 1973. *Flood Tide of Empire. Spain and the Pacific Northwest, 1543-1819.* New Haven: Yale University Press.
Duff, Wilson 1964. *The Indian History of British Columbia, Band 1: The Impact of the White Man.* Anthropology in British Columbia, Memoir Nr.5. Victoria: Provincial Museum of British Columbia.
Duff, Wilson 1975. *Images: Stone: B[ritish]C[olumbia]: Thirty Centuries of Northwest Coast Indian Sculpture.* Seattle: University of Washington Press.
Fisher, Robin 1977. *Contact and Conflict: Indian-European Relations in British Columbia, 1774-1890.* Vancouver: University of British Columbia Press
Fisher, Robin 1977. Missions to the Indians of British Columbia, in John Veilette and Gary White, *Early Indian Village Churches. Wooden Frontier Architecture in British Columbia.* Vancouver: University of British Columbia Press, S.1-11.
Fladmark, Knut 1986. *British Columbia Prehistory.* Ottawa: National Museum of Man.
Gunther, Erna 1972. *Indian Life on the Northwest Coast of North America as seen by the Early Explorers and Fur Traders during the Last Decades of the Eighteenth Century.* Chicago: University of Chicago Press.
Gustafson, Paula 1980. *Salish Weaving.* Vancouver: Douglas & McIntyre.
Halliday, W.M. 1935. *Potlatch and Totem and the Recollections of an Indian Agent.* Toronto: J.M. Dent.
Hinckley, Ted C. 1982. *Alaskan John G. Brady: Missionary, Businessman, Judge, and Governor, 1878-1918.* Ohio State University Press.
Holm, Bill 1965. *Northwest Coast Indian Art: An Analysis of Form.* Seattle: University of Washington Press.
Holm, Bill 1983. *Smoky-Top: The Art and Times of Willie Seaweed.* Seattle: University of Washington Press.
Holm, Bill 1987. *Spirit and Ancestor: A Century of Northwest Coast Indian Art at the Burke Museum.* Thomas Burke Memorial Washington State Museum Monograph 4. Seattle: Burke Museum und University of Washington Press.
Holmberg, Heinrich Johan 1985. *Holberg's Ethnographic Sketches,* hg. von Marwin W. Falk und übersetzt von Fritz Jaensch. Fairbanks, Alaska: University of Alaska Press.
Hou, Charles o.J. *To Potlatch or Not to Potlatch: An In-Depth Study of Culture-Conflict Between the B.C. Coastal Indian and the White Man.* Vancouver: British Columbia Teachers' Federation.
Jackson, Sheldon. *Alaska and Missions on the North Pacific Coast.* New York: Dodd, Mead.
Jonaitis, Aldona 1986. *Art of the Northern Tlingit.* Seattle: University of Washington Press.
Knight, Rolf 1978. *Indians At Work: An Informal History of Native Indian Labour in British Columbia, 1858-1930.* Vancouver: New Star Books.
Laguna, Frederica de 1972. *Under Mt. Saint Alias.* Washington, D.C.: U.S. Government Printing Office.
LaViolette, Forrest E. 1973. *The Struggle for Survival: Indian Cultures and the Protestant Ethic in British Columbia.* Toronto: University of Toronto Press.
Lobb, Allan 1990. *Indian Baskets of The Pacific Northwest and Alaska.* Portland: Graphic Arts Center Publishing Company.
MacDonald, George F. und Richard I. Inglis 1976. *The Dig: An Archeological Reconstruction of a West Coast Village.* Ottawa: National Museum of Man.
Macnair, Peter L. et al. 1984. *The Legacy: Tradition and Innovation in Northwest Coast Indian Art.* Vancouver: Douglas & McIntyre.
Pethick 1973. First Approaches to the Northwest Coast.
Samuel, Cheryl 1982. *The Chilkat Dancing Blanket.* Seattle: Pacific Search Press.
Sewid-Smith, Daisy 1979. *Prosecution or Persecution.* Nu-Yum-Baleess Society.
Stewart, Hilary 1973. *Artifacts of the Northwest Coast.* Vancouver: Hancock House Publishers.
Stewart, Hilary 1977. *Indian Fishing: Early Methods on the Northwest Coast.* Vancouver: Douglas & McIntyre.
Stewart, Hilary 1979. *Looking at Indian Art of the Northwest Coast.* Seattle: University of Washington Press.
Stewart, Hilary 1984. *Cedar: Tree of Life to the Northwest Coast Indians.* Vancouver: Douglas & McIntyre.
Tennant, Paul 1990. *Aboriginal Peoples and Politics: The Indian Land Question in British Columbia, 1849-1989.* Vancouver: University of British Columbia Press.
Vaughan, Thomas und Bill Holm 1982. *Soft Gold: The Fur Trade and Cultural Exchange on the Northwest Coast.* Portland: Oregon Historical Society.
Wyatt, Victoria 1984. *Shapes of Their Thoughts: Reflections of Culture Contact on the Northwest Coast.* New Haven: Yale Peabody
Museum of Natural History und University of Oklahoma Press.
Wyatt, Victoria. Alaskan Indian Wage Earners in the 19th Century: Economic Choices and Ethnic Identity of Southeast Alaska's Frontier. *Pacific Northwest Quarterly* 78 (1-2): S.43-9.

Die subarktische Region

Boudreau, Norman J. (Hg. 1974. *The Athapaskans: Strangers of the North.* National Museum of Man, Ottawa.
Bourque, Jim 1986. *This Land Is Our Life.* Government of Northwest Territories, Yellowknife, NWT.
Brasser, Ted J. 1976. *Bo'jou, Neejee!.* National Museum of Man, Ottawa.
Brody, Hugh 1990. Hunters and Bombers, in *The Independent*, 30. Juni 1990.
Cameron, Agnes D. 1912. *The New North.* New York: Appleton and Company.
Cory, Harper 1935. *Grey Owl and the Beaver.* London: Thomas Nelson.
Dickason, Olive Patricia 1972. *Indian Arts in Canada.* Department of Indian Affairs and Northern Development, Ottawa.
Dickson, Lovat 1973. *Wilderness Man: The Strange Story of Grey Owl.* Toronto: Macmillan.
Duncan, Kate C. 1989. *Northern Athapaskan Art: A Beadwork Tradition.* Seattle: University of Washington Press.
Duncan, Kate C. und Eunice Carney 1988. *A Special Gift: The Kutchin Beadwork Tradition.* Seattle: University of Washington Press.
Godsell, Philip H. 1935. *Arctic Trader.* London: Putnam.
Godsell, Philip H. 1938. *Red Hunters of the Snows.* London: Robert Hale.
Grey Owl (Wa-Sha-Quon-Asin) 1935. *Pilgrims of the Wild.* London, Lovat Dickson.
Hail, Babara A. und Kate C. Duncan 1989. *Out of the North: The Subarctic Collection of the Haffenreffer Museum of Anthropology.* Brown University, Bristol, Rhode Island.
Hatt, Gudmund 1969. Arctic Skin Clothing in Eurasia and America: An Ethographic Study. *Arctic Anthropology.* Bd.5, Nr.2. University of Wisconsin Press.
Hearne, Samuel 1958. *A Journey from Prince of Wales's Fort in Hudson's Bay to the Northern Ocean in the Years 1769, 1770, 1771, and 1772.* Hg. von R. Glover. Toronto: Macmillan.
Helm, June (Hg.) 1981. *Subarctic.* Bd.6 des *Handbook of North American Indians.* Smithsonian Institution, Washington, D.C.
Honigmann, John J. 1981. Expressive Aspects of Subarctic Indian Culture, in Ebd.: S.718-38.
Hosley, Edward H. 1981. Intercultural Relation and Cultural Change in the Alaska Plateau, in Ebd.: S.546-55
Hubbarb, Mrs Leonidas, Junior 1908. *A Woman's Way Through Unknown Labrador.* London: John Murray.
Irving, Susan et al. 1985. *Trapline Lifeline/Sur La Piste Des Trappeurs.* Prince of Wales Northern Heritage Centre. Northwest Territories Culture and Communications.
Kerr, Robert 1953. For the Royal Scottish Museum, in *The Beaver: A Magazine of the North,* 284, June 1953. Hudson's Bay Company, Winnipeg.
Murray, Alexander Hunter 1910. *Journal of the Yukon 1847-48.* Hg. von L.J. Burpee. *Publications of the Canadian Archives,* Nr.4. Government Printing Bureau, Ottawa.
Orchard, William C. 1916. The Technique of Porcupine Quill Decoration Among the Indians of North America. *Museum of the American Indian, Heye Foundation,* New York (Reprint 1971).
Rogers, Edward S. und Eleanor Leacock 1981. Montagnais-Naskapi, in *Handbook of North American Indians,* Bd.6, *Subarctic:* S.169-89. Hg. von June Helm. Smithsonian Institution, Washington, D.C.
Rogers, Edward S. und James G.E. Smith 1981. Environment and Culture in the Shield and Mackenzie Borderlands, in Ebd.: S.130-45.
Skinner, Alanson 1911. Notes on the Eastern Cree and Northern Saulteaux. Hg. von Clark Wissler. *Anthropological Papers of the American Museum of Natural History,* Bd.9 (1912), New York.
Smith, Donald B. 1990. *From the Land of Shadows: The Making of Grey Owl.* Western Producer Prairie Books, Saskatoon, Saskatchewan.
Smith, James G.E. 1978. Economic Uncertainty in an 'Original Affluent Society': Caribou and Caribou Eater Chipewyan Adaptive Strategies. *Arctic Anthropology,* Bd.15, Nr.1, University of Wisconsin Press.
Smith, James G.E. 1981. Chipewyan, in *Handbook of North American Indians,* Bd.6, *Subarctic:* S. 271-84. Hg. von June Helm. Smithsonian Institution, Washington, D.C.
Speck, Frank G. 1925. *Central Eskimo and Indian Dot Ornamentation.* Indian Notes, Bd.2, Nr.3. Museum of the American Indian, Heye Foundation, New York
Speck, Frank G. 1930. Mistassini Notes. *Indian Notes,* Bd. 7, Nr.4. Museum of the American Indian, Heye Foundation, New York.
Speyer, Arthur 1968. *Indianer Nordamerikas 1760-1860.* Deutsches Ledermuseum-Deutsches Schuhmuseum, Offenbach.
Thompson, Judy 1983. Turn-of-the-Century Métis Decorative Art from the Frederick Bell Collection, in *American Indian Art,* Autumn 1983, Scottsdale, Arizona.
Thompson, Judy 1987. No Little Variety of Ornament: Northern Athapaskan Artistic Traditions, in *The Spirit Sings.* Toronto: McClelland and Stewart.
Turner, Geoffrey 1955. *Hair Embroidery in Siberia and North America.* Pitt Rivers Museum, University of Oxford, Oxford.
VanStone, James W. 1981. Athapaskan Clothing and Related Objects in the Collections of the Field Museum of Natural History. *Fieldiana Anthropology.* Neue Folge Nr.4, Field Museum, Chicago.
Webber, Alika Podolinsky 1983. Ceremonial Robes of the Montagnais-Naskapi, in *American Indian Art,* Winter 1983, Scottsdale, Arizona.
Webber, Alika Podolinsky 1989. *North American Indian and Eskimo Footwear. A Typology and Glossary.* The Bata Shoe Museum Foundation, Toronto.

Die arktische Region

Bergsland, Knut und Moses L. Dirks (Hg.) 1990. *Aleut Tales and Narratives Collected by W. Jochelson*. Fairbanks, Alaska: Alaska Native Language Center.

Black, Lydia T. 1980. Early History, in Morgan, Lael (Hg.) *Alaska Geographic – The Aleutians*, Bd.7 (3): S.82-105.

Black, Lydia T. 1983. Some Problems in the Interpretation of Aleut Prehistory. *Arctic Anthropology*, Bd.20 (1): S.49-78.

Black, Lydia T. 1984. *Atka: An Ethnohistory of the Western Aleutians*. Kingston, Ontario: The Limestone Press.

Black, Lydia T. 1988. The Story of Russian America, in Fitzhugh, William W. und Aron Crowell. *Crossroads of Continents: Cultures of Siberia and Alaska*. Washington, D.C.: Smithsonian Institution Press, S.70-82.

Black, Lydia T. und R.G. Liapunova 1988. Aleut: Islanders of the North Pacific, in Ebd.: S.52-7.

Brody, Hugh 1987. *Living Arctic: Hunters of the Canadian North*. Vancouver: Douglas & McIntyre.

Chaussonnet, Valerie 1988. Needles and Animals: Women's Magic, in Fitzhugh, William W. und Aron Crowell. *Crossroads of Continents: Cultures of Siberia and Alaska*. Washington, D.C.: Smithsonian Instituion Press, S.209-26.

Collins, Henry B. Jr. 1945. The Islands and their People, in Collins, Henry B. Jr., Austin B. Clark und Egbert H. Walker. *The Aleutian Islands: Their People and Natural History*. Washington, D.C.: Smithsonian Institution Press.

Colombo, John Robert (Hg.) 1981. *Poems of the Inuit*. Ottawa: Oberon.

Comer, George 1906. Whaling in Hudson Bay, with notes on Southampton Island. *Boas Anniversary Volume: Anthropological Papers Written in Honor of Franz Boas*. New York: G.E. Stewart, S.475-84.

Damas, David 1963: Igluligmiut Kinship and Local Croupings: A Structural Approach. *Anthropological Series 64, National Museum of Canada Bulletin*, S.196.

Dumond, Don E. 1984. Prehistory: Summary, *Handbook of North American Indians*, Bd.5, *Arctic*: S.72-9. Hg. von David Damas. Smithsonian Institution, Washington, D.C.

Dyson, George 1986. *Baidarka*. Edmonds, Washington: Alaska Northwest Publishing Company.

Eber, Dorothy, H. 1989. *When Whalers were up North: Inuit Memories from the Eastern Arctic*. Kingston, Ontario: McGill-Queen's University Press.

Fienup-Riordan, Ann 1988. Eye of the Dance: Spiritual Life of the Bering Sea Eskimo, in Fitzhugh, William W. und Aron Crowell. *Crossroads of Continents: Cultures of Siberia and Alaska*. Washington, D.C.: Smithsonian Institution Press, S.256-70.

Fitzhugh, William W. und Susan A. Kaplan 1982. *Inua: Spirit World of the Bering Sea Eskimo*. Washington: Smithsonian Institution Press.

Freuchen, Peter 1961. *Peter Freuchen's Book of the Eskimos*. Cleveland, Ohio: The World Publishing Company.

Guemple, D. Lee 1961. *Inuit Spouse Exchange*. Chicago: Department of Anthropology, University of Chicago.

Hansen, Craig A. 1982. Exploration and Development, in Henning, Robert A. (Hg.) *Alaska Geographic – Islands of the Seals: The Pribilofs*, Bd.9 (3): S.75-85.

Heath, John D. 1987. Baidarka Bow Variations, in Corey, Peter L. *Faces, Voices and Dreams: A Celebration of the Centennial of the Sheldon Jackson Museum*. Juneau, Alaska: Division of Alaska State Museums, S.93-6.

Houston, Raymond L. 1987. *Designs in Aleut Basketry*, in Corey, Peter L. *Faces, Voices and Dreams: A Celebration of the Centennial of the Sheldon Jackson Museum*. Juneau, Alaska: Divison of Alaska State Museums, S.63-92.

Hughes, Charles C. 1984. Siberian Eskimo, in *Handbook of North American Indians*, Bd. 5, *Arctic*: S.247-61. Hg. von David Damas. Smtihsonian Institution, Washington, D.C.

Jochelson, Waldemar 1968. *History, Ethnology and Anthropology of the Aleut*. Oosterhout, Holland: Anthropological Publications.

Kan, Sergei 1988. The Russian Orthodox Church in Alaska, in *Handbook of North American Indians*, Bd. 4, *History of Indian-White Relations*: S.506-21. Hg. von Wilcombe E. Washburn. Smithsonian Institution, Washington, D.C.

Krauss, Michael E. 1988. Many Tongues – Ancient Tales, in Fitzhugh, William W. und Aron Crowell. *Crossroads of Continents: Cultures of Siberia and Alska*. Washington, D.C.: Smithsonian Institution Press, S.14

Lantis, Margaret 1970. The Aleut Social System, 1750-1810, from Early Historical Sources, in Lantis, Margaret (Hg.) *Ethnohistory in Southwestern Alaska and the Southern Yukon: Method and Content*. Lexington, Kentucky: University Press of Kentucky.

Lantis, Margaret 1984. Aleut, in *Handbook of North American Indians*, Bd. 5, *Arctic*: S.161-84. Hg. von David Damas. Smithsonian Institution, Washington, D.C.

Laughlin, William S. 1980. *Aleuts: Survivors of the Bering Land Bridge*. New York: Holt, Rinehart and Winston.

Lyon, George F. 1824. *The Private Journal of Captain G. F. Lyon, of H.M.S. Hecla, during the recent voyage of discovery under Captain Parry*. London: John Murray.

Mary-Rousselière, Guy 1954. Issingut: The starvation camp. *Eskimo*, Bd.33 (Dezember): S.9-13.

Mary-Rousselière, Guy 1984. Iglulik, in *Handbook of North American Indians*, Bd. 5, *Arctic*: S.431-46. Hg. von David Damas. Smithsonian Institution, Washington, D.C.

Mather, Elsie 1985. *Cauyarnariuq*. Bethel, Alaska: Lower Kuskokwim School District Bilingual-Bicultural Department.

Mathiassen, Therkel 1928. Material Culture of the Iglulik Eskimos. *Report of the Fifth Thule Expedition* 1921-24, Bd.6 (1). Kopenhagen: Gyldendanske Boghandel.

McCartney, Allen P. 1984. Prehistory of the Aleutian Region, in *Handbook of North American Indians*, Bd.5, *Arctic*: S.119-35. Hg. von David Damas. Smithsonian Institution, Washington, D.C.

Merck, Carl Heinrich 1980. *Siberia and Northwestern America 1788-1792: The Journal of Carl Heinrich Merck, Naturalist with the Russian Scientific Expedition led by Captains Joseph Billings and Gavrill Sarychev*. Kingston, Ontario: The Limestone Press.

Michael, Henry N. (Hg.) 1967. Lieutenant Zagoskin's Travels in Russian America, 1842-44: The First Ethnographic and Geographic Investigations on the Yukon and Kuskokwim Valleys of Alaska. *Anthropology of the North: Translations from Russian Sources* 7. Toronto: Arctic Institute of North America und University of Toronto Press.

Morgan, Lael (Hg.) 1980. *Alaska Geographic – The Aleutians*, Bd.7 (3).

Morrow, Phyllis 1984. It is Time for Drumming: A Study of Recent Research on Yup'ik Ceremonialism. *Etudes/Inuit/Studies*. Bd.8: S.113-40.

Nelson, Edward W. 1899. *The Eskimo about Bering Strait*. Washington, D.C.: Smithsonian Institution Press.

Netsvetov, Iakov 1980. *The Journals of Iakov Netsvetov: The Atkha Years, 1828-44*, Kingston, Ontario: The Limestone Press.

Parry, William E. 1824. *Journal of a second voyage for the discovery of a Northwest Passage from the Atlantic to the Pacific: Performed in the years 1921-22-23, in His Majesty's Ships Fury and Hecla, under the orders of Captain William Edward Parry, R.N., F.R.S., and Commander of the Expedition*. London: John Murray.

Pierce, Richard A. 1988. Russian and Soviet Eskimo Indian Policies, in *Handbook of North American Indians*, Bd.4, *History of Indian-White Relations*: S.119-27. Hg. von Wilcomb E. Washburn. Smithsonian Institution, Washington, D.C.

Rasmussen, Knud 1929. Intellectual Culture of the Iglulik Eskimos. *Report of the Fifth Thule Expedition*, 1921-24. Bd.7 (1). Kopenhagen: Gyldendanske Boghandel.

Robert-Lamblin, Joelle 1982. Women's Role and Power within Traditional Aleut Society. *Folk*, Bd.24, S.197-202.

Ross, W. Gillies 1975. *Whaling and Eskimos: Hudson Bay 1860-1915*. Publications in Ethnology Nr.10. Ottawa: National Museums of Canada.

Shalkop, Antoinette 1987. The Russian Orthodox Church in Alaska, in Starr, S. Frederick (Hg.) *Russia's American Colony*. Durham, North Carolina: Duke University Press, S.196-217.

Stager, John K. und Robert J. McSkimming 1984. Physical Environment, in *Handbook of North American Indians*, Bd.5, *Arctic*: S.27-35. Hg. von David Damas. Smithsonian Institution, Washington, D.C.

Stefansson, Viljhalmur 1946. *Not by Bread Alone*. New York: MacMillan.

Steller, Georg Wilhelm 1988. *Journal of a Voyage with Bering, 1741-1742*. Stanford, California: Stanford University Press.

Tennant, Edward A. und Joseph N. Bitar (Hg.). *Yupik Lore: Oral Traditions of an Eskimo People*. Bethel, Alaska: Lower Kuskokwim School District.

Turner, Christy G. II 1988. Ancient People of the North Pacific Rim, in Fitzhugh, William W. und Aron Crowell. *Crossroads of Continents: Cultures of Siberia and Alaska*. Washington, D.C.: Smithsonian Institution Press, S.111-16.

VanStone, James W. 1967. *Eskimos of the Nushagak River: An Ethnographic History*. Seattle, Washington: University of Washington Press.

VanStone, James W. 1984. Mainland Southwest Alaska Eskimo, in *Handbook of North American Indians*, Bd.5, *Arctic*: S.224-42. Hg. von David Damas, Smithsonian Institution, Washington, D.C.

Veniaminov, Ivan 1984. *Notes on the Islands of the Unalashka District*. Kingston, Ontario: The Limestone Press.

Woodbury, Anthony C. (Hg.) 1984. *Cev'armiut Qanemciit Qulirait-llu: Eskimo Narratives and Tales from Chevak, Alaska*. Fairbanks, Alaska: Alaska Native Language Center.

Woodbury, Anthony C. 1984. Eskimo and Aleut Languages, in *Handbook of North American Indians*, Bd.5, *Arctic*: S.49-65. Hg. von David Damas. Smithsonian Institution, Washington. D.C.

Yesner, David R. 1988. Effects of Prehistoric Human Exploitation on Aleutian Sea Mammal Populations. *Arctic Anthropology*, Bd.25 (1): S.28-43.

Zimmerly, David W. 1986. *Qajaq: Kajaks of Siberia and Alaska*. Juneau, Alaska: Division of State Museums.

Der Nordosten

Adney, Edwin Tappan und Howard I. Chapelle 1964. *The Bark Canoes and Skin Boats of North America*. Museum of History and Technology, Smithsonian Institution, Washington, D.C.

Bedford, June *et al.* 1985. *Mohawk Micmac Maliseet ... and other Indian Souvenir Art from Victorian Canada*. Canada House Cultural Centre Gallery, London.

Biard, Pierre. Siehe J.R.

Bishop, Morris 1949. *Champlain: The Life of fortitude*. London: MacDonald.

Bock, Philip K. 1978. Micmac, in *Handbook of North American Indians*, Bd.15, *Northeast*: S.109-122. Hg. von Bruce G. Trigger. Smithsonian Institution, Washington D.C.

Brotherston, Gordon 1979. *Image of the New World: The American Continent Portrayed in Native Texts*. London: Thames and Hudson.

Butler, Eva L. und Wendell S. Hadlock 1957. *Uses of Birch-Bark in the Northeast*. The Robert Abbe Museum, Bar Harbor, Maine.

Catlin, George 1841. *Letters and Notes on the Manners, Customs, and Condition of the North American Indians*. 2 Bde. Egyptian Hall, Piccadilly, London.

Cleland, Charles E. 1973. *Art of the Great Lakes Indians*. Flint Institute of Arts, Flint, Michigan.

Densmore, Frances 1910 & 1913. *Chippewa Music. Parts I and II. Bureau of American Ethnology Bulletins* 45 and 53. Smithsonian Institution, Washington, D.C.

Densmore, Frances 1929. *Chippewa Customs. Bureau of American Ethnology Bulletin* 86. Smithsonian Institution, Washington, D.C.

Fenton, William N. 1978. Northern Iroquoian Culture Patterns, in *Handbook of North American Indians*, Bd.15, *Northeast*: S.296-321. Hg. von Bruce G. Trigger. Smithsonian Institution, Washington, D.C.

Hilger, Sister M. Inez 1951. *Chippewa Child Life and its Cultural Background. Bureau of American Ethnology Bulletin* 146. Smithsonian Institution, Washington, D.C.

Hodge, Frederick Webb (Hg.) 1907-10. Handbook of American Indians North of Mexico. 2 Bde. *Bureau of American Ethnology Bulletin* 30. Smithsonian Institution, Washington, D.C.

Hodge, G. Stuart 1973. *Art of the Great Lakes Indians* (Foreword). Flint Institute of Arts, Flint, Michigan.

Hoffman, Walter J. 1891. *The Midewiwin or 'Grand Medicine Society' of the Ojibwa. 7th Annual Report of the Bureau of American Ethnology for the Years* 1885-6, Washington, D.C.

J.R. = Thwaites, Reuben G. (Hg.) 1896-1901. *The Jesuit Relations and Allied Documents: Travel and Explorations of the Jesuit Missionaries in New France*, 1610-1791. 73 Bde. Burrows Brothers, Cleveland (Reprint: Pageant, New York, 1959).

Kenton, Edna (Hg.) 1954. *Black Gown and Redskins: The adventures and explorations of the first missionaries among the North American Indians*. London, New York & Toronto: Longmans, Green.

King, J.C.H. 1982. *Thunderbird and Lightning*. London: British Museum Publications Ltd.

Lyford, Carrie A. 1945. *Iroquois Crafts*. United States Indian Service, Haskell Institute, Lawrence, Kansas.

Lyford, Carrie A. 1953. *Ojibwa Crafts*. Bureau of Indian Affairs. Haskell Institute, Lawrence, Kansas.

Mallery, Garrick 1893. *Picture Writing of the American Indians. 10th Annual Report of the Bureau of American Ethnology*. 2 Bde. Government Printing Office, Washington, D.C.

Palmer, Rose A. 1949. *The North American Indians: An Account of the American Indians North of Mexico, Compiled from the Original Sources*. The Smithsonian Series Bd.4. Hg. von Charles Greeley Abbot. New York: The Series Publishers.

Parkman, Francis 1883. *La Salle and the Discovery of the Great West*. Boston: Little, Brown.

Pelletier, Gaby (Hg.) 1977. *Micmac & Maliseet Decorative Traditions*. The New Brunswick Museum, Saint John, New Brunswick.

Phillips, Ruth B. 1989. Souvenirs from North America: The Miniature as Image of Woodlands Indian Life, in *American Indian Art*, Bd.14, Nr.2, Scottsdale, Arizona.

Pohrt, Richard A. 1986. Pipe Tomahawks from Michigan and the Great Lakes Area, in *Bulletin of the Detroit Institute of Arts*, Bd.62, Nr.1, Detroit, Michigan.

Quimby, George Irving 1960. *Indian Life in the Upper Great Lakes*: 11.000 B.C. to A.D. 1800. Chicago: University of Chicago Press.

Ritzenthaler, Robert E. 1953. *The Potawatomi Indians of Wisconsin. Milwaukee Public Museum Bulletin*, Bd.19, Nr.3, Milwaukee, Wisconsin.

Ritzenthaler, Robert E. 1978. Southwestern Chippewa, in *Handbook of North American Indians*, Bd.15, *Northeast*: S.743-59. Hg. von Bruce G. Trigger. Smithsonian Institution, Washington, D.C.

Ritzenthaler, Robert E. und Frederick A. Peterson 1956. *The Mexican Kickapoo Indians. Milwaukee Public Museum Publications in Anthropology*, Nr. 2, Milwaukee, Wisconsin.

Rydén, Stig 1963. *A 17-Century Indian Head Dress from Delaware. Ethnos* 2-4. The Ethnographical Museum of Sweden, Stockholm.

Speck, Frank Gouldsmith 1945. *The Iroquois: A Study in Cultural Evolution. Cranbrook Institute of Science. Bulletin* 23, Bloomfield Hills, Michigan.

Stron, William Duncan 1938. *The Indian Tribes of the Chicago Region. Field Museum of Natural History. Anthropology Leaflet* 24, Chicago.

Tooker, Elisabeth 1978. The League of the Iroquois: Its History, Politics, and Ritual, in *Handbook of North American Indians*. Bd.15, *Northeast*: S.418-41. Hg. von Bruce G. Trigger. Smithsonian Institution, Washington, D.C.

Trigger, Bruce G. 1969. *The Huron: Farmers of the North*. New York: Holt, Rinehart and Winston.

Trigger, Bruce G. (Hg.) 1978. *Northeast*. Bd.15 des *Handbook of North American Indians*. Smithsonian Institution, Washington, D.C.

Turner, Geoffrey 1955. *Hair Embroidery in Siberia and North America*. Pitt Rivers Museum, University Press, Oxford.

Webber, Alika 1978. Wigwamatew: *Old Birch Bark Containers*, in *American Indian Art*, Bd.4, Nr.1, Scottsdale, Arizona.

Whitehead, Ruth Holmes 1982. *Micmac Quillwork*. The Nova Scotia Museum, Halifax.

REGISTER

Fett gesetzte Ziffern verweisen auf Illustrationen; Querstriche auf nachfolgend vermerkte Anmerkungs-Nachweise (z.B. 151/N4).

J

K

L

M

N

O

P

Abbildungsnachweis

Alle Fotographien, sofern nicht unten eigens aufgeführt, werden veröffentlicht mit der Erlaubnis der National Anthropological Archives, Smithsonian Institution, Washington. Dank gebührt ferner
- dem Joslyn Art Museum, Omaha, Nebraska: S.1, 3, 15, 33 (l.), 66 (l. u. r.), 76, 94 (o.), 237 (o.), 249 (o.); für die Aquarelle von Karl Bodmer (das Porträt auf der Titelseite ist von Mató-Tópe [Four Bears], Häuptling der Mandan)
- dem Stark Museum of Art, Orange, Texas: S.102 (o.), 176 (o.), 180, 192, 236; für die Ölgemälde und Aquarelle von Paul Kane
- dem Pitt Rivers Museum, Oxford: S.63, 225, 231
- Royal Ontario Museum, Toronto: S.102 (u.), 103, 240 (u.)
- Bancroft Library, University of California, Berkeley: S.130 (o.)
- Peter Palmquist: S.136
- Mendocino City Historical Society, Robert J. Lee Collection: S. 130 (u.)
- Department Library Services, American Museum of Natural History, New York: S.188 (u.) u. 189, beide Fotographien von P.E. Goddard; 193, 196 und 205, Fotographien von H.D. Chichester; 220 (o.), Fotogaphie von V.Stefansson; 221 (u.), Fotographie von George Comer
- dem Anchorage Museum of History and Art: S.206, 207 (o.), 210 (o., beide); für die Aquarelle von Louis Choris.
Artworks von Lois Sloan erscheinen auf den Seiten 26, 40, 51, 84, 117, 125, 144, 149, 174, 198, 211, 230 und 238.